KB237075

강화 양명학 연구 총서 2

강화 양명학 연구사 Ⅱ

강화양명학 연구팀

(학술진흥재단 기초학문육성 인문사회분야 지원사업)

강화 양명학 연구총서 2

강화 양명학 연구사 Ⅱ

강화 양명학 연구팀 지음

KSI 한국학술정보㈜

"이 저서는 2004년 정부(교육인적자원부)의 재원으로 한국학술진흥
재단의 지원을 받아 수행된 연구임"
(KRF-2004-074-AS0032)

차 례

Ⅰ. 유적지

1. 유적지 발굴조사의 목적

강화도는 서울에 가까운 위치에 있으면서도 아주 다양한 유적지를 지니고 있다. 불교적 유적지, 사학적 유적지, 그리고 철학적 유적지이다. 한 많은 유배지[1]로, 피난처로, 외세의 거센 소용돌이를 몸으로 막아 내던 곳이다.

본 연구에서는 이미 알려진 유적지를 도록으로 정리하고, 알려지지 않은 유적지는 최대한 문헌과 지역주민의 구술을 근거로 발굴하고자 한다. 강화학파와 관련된 유적지는 정제두의 숭모비(강화군 양도면 하우고개 소재)와 정제두의 부친 정상징의 묘와 정제두의 묘(이상 인천광역시 강화군 양도면 하일리 62-5번지 소재), 이건창의 묘(인천광역시 강화군 양도면 건평리 소재), 이건창의 생가, 이진위, 이광명, 이대성, 이시원의 묘(이상 강화도 화도면 사기리 소재)이다. 이 이외에 이건승의 『가승』에 나오는 도록을 정리하여 알려지지 않은 유적지를 정리하였다.

발굴조사의 목적은 강화학파 양명학 연구에 많은 연구의 실마리를

---

1) 참조, 『강화군사편찬위원회』, 「신편강화사」 중, 187-203쪽. 강화도는 지형적인 특성으로 고려조부터 역대 왕들, 왕족, 후궁들의 유배지였다. 왕족 이외의 사람들은 더 북쪽으로, 또는 더 남쪽으로 유배를 보냈다. 왕족 이하의 사람이 강화도로 귀양 간 경우는 조선조의 선략장군 김용삼 경우뿐이다. 조선조의 강화유배역사를 간략히 보면 계유정난 때의 안평대군, 중종반정 때의 연산군, 광해군 때의 임해군·영창대군, 인조반정 때의 광해군, 정조대의 은언군 등이다. 또한 왕이 서거하고 세자가 보위에 오르게 되면 정비를 제외한 후궁들은 모두 궁궐을 떠나 생활하게 되는데, 이를 피난이라 한다. 강화는 후궁들의 중요한 피난처가 되었다.

제공함과 동시에 각 지역의 철학적 유물과 유적들에 대하여 자세한 설명을 붙이고 정리하여 알리고 보존하기 위함이다. 현재 이 땅에 살고 있는 사람들에게 유물유적 등 문화적 가치가 있는 것을 공유할 수 있도록 알려주어야 하는 일과, 유물유적 등을 정리하고 보존해야 하는 책임은 바로 우리에게 있기 때문이다.

2. 유적지 개관(유적지 개관의 차례는 연대순서로 정리하였다.)

유적지명	위 치	유물, 유적지 내용	참 고
① 정근 묘 (하곡의 증조부)	강화군 양도면 하일리 66-4	봉분 1, 큰 문인상 2, 작은 문인상 2, 망주석 2, 상석 1, 향로석 1, 혼유석 1.	안내문이 없음.
② 정유성 묘 (하곡의 조부)	강화군 양도면 하일리 66-4	봉분 1, 큰 문인상 2, 작은 문인상 2, 망주석 2, 상석 1, 향로석 1, 혼유석 1,동자석 1.	정유성, 정근 두 분의 묘 뒷부분에 특이하게 동자석이 있음. 안내문 없음.
③ 정상징 묘 (하곡의 부친)	강화군 양도면 하일리 산56	봉분 1, 비석 1, 문인상 2, 상석 1, 혼유석 1, 향로석 1.	망주석이 없음
④ 정제두 숭모비	강화군 양도면 하일리 하우고개	숭모비 1, 안내문 1.	

유적지명	위 치	유물, 유적지 내용	참 고
⑤ 정제두 묘	강화군 양도면 하일리 산56	봉분 1, 안내문 1, 비석 1, 문인상 2, 망주석 2, 상석 1, 혼유석, 향로석 1.	
⑥ 이대성 묘 (이광명의 조부)	강화군 화도면 사기리 167 −3의 뒷산	봉분 1, 비석 1, 망주석 2.	
⑦ 이진위 묘 (이광명의 부친)	강화군 화도면 사기리 167 −3의 뒷산	봉분 1, 망주석 2, 상석 1, 향로석 1.	묘의 주인을 알 수 없었으나 이건승의 『가승』도면으로 이진위의 묘임이 확인됨
⑧ 이광명 묘	강화군 화도면 사기리 167 −3의 뒷산	봉분 1, 안내문 1.	석물이 없음
⑨ 이시원 묘(이광명의 증손, 이건창의 조부)	강화군 화도면 사기리 167 −3의 뒷산	봉분 1, 안내문 1.	석물이 없음
⑩ 이건창 생가	강화군 화도면 사기리 167 −3 인천광역시 기념물 제30호	ㄱ자형 초가집 1채, 안내문 1, 문인비 1, 『명미당』 당호 글씨 액자1.	
⑪ 이건창 묘	강화군 양도면 하일리 건평리 655 −1번지. 인천광역시 기념물 제29호	봉분 1, 안내문 1.	석물이 없음
⑫ 정제두의 경기도 안산 추곡 유적지	현지명은 경기도 시흥시 화정동 가래울 마을	정제두가 살았던 집으로 추정되는 터를 찍은 사진(1970년대)이 있음	시흥시청 소속 향토자료실에서 찍은 작은 사진이 있음

3. 강화학파의 유적지 분포도

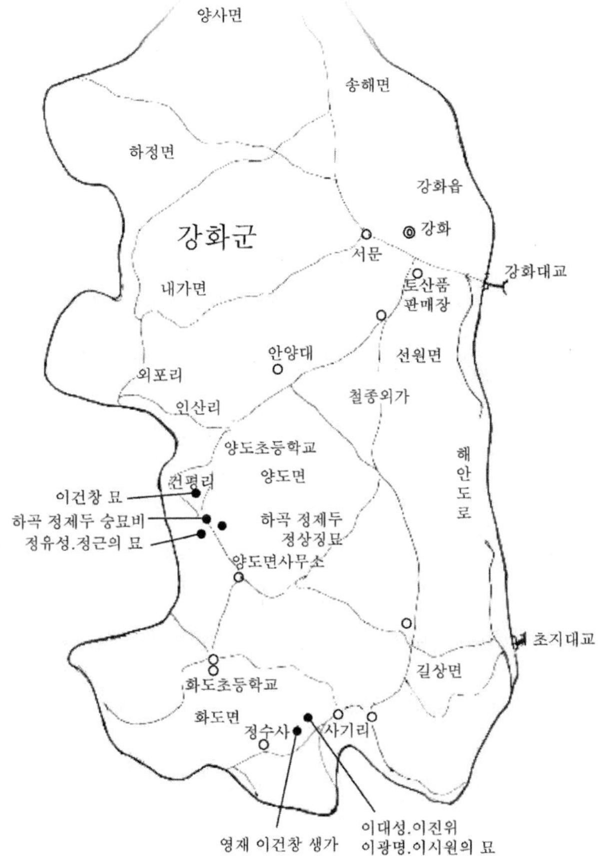

4. 각 유적지 도록

1) 정근(하곡 정제두의 증조부)의 묘 유적지

■ 위치: 강화군 양도면 하일리 산 66-4
■ 유적지 현황: 봉분 1, 비석 1, 큰 문인석 2, 작은 문인석 2, 향
로석 1, 상석 1, 혼유석 1, 망주석 2, 동자석 1.

(1) 봉 분

사진 2: 정근의 봉분. 좌우로 큰 문인상, 작은 문인상이 있고, 상석 바
로 뒤에 비석이 있으며, 묘 뒷부분에 동자석의 머리 부분이 조
금 보인다.

(2) 비　석

비문: “贈大匡輔國　崇祿大夫　議政府　領議政　兼領經筵　弘文館
藝文館　春秋館象監事行務功郎　承文院博士　鄭公諱謹之墓”.

사진 3: 정근의 묘비 앞면, 옆면과 뒷면의 글씨는 퇴
락하여 거의 보이지 않는다.

(3) 문인상

사진4: 정근 묘의 작은 문인상 1   사진5: 정근 묘의 작은 문인상 2

사진6: 정근 묘의 큰 문인상 1   사진7: 정근 묘의 큰 문인상 2

(4) 망주석

사진 8: 정근 묘의 망주석 1   사진 9: 정근 묘의 망주석 2

(5) 동자석

특이하게 정근 묘에만 동자석이 있다. 동자석은 서울 근방에서는 보기 드문 일이다. 동자석에 있는 글씨가 거의 퇴락하여 보이지 않으나 탁본을 하여 내용을 연구해야 함이 과제로 남는다. 일반적으로 동자석은 죽은 자를 보필하라는 의미로 세웠다고 하며 제주도 지방에서 많이 보인다.

사진 10: 정근 묘 뒤편에 있는 동자석. 앞뒤로 글자가 있으나 퇴락하여 거의
읽을 수 없음

(6) 상 석

사진 11: 정근 묘의 향로석, 상석, 혼유석의 모습. 혼유석은 상석 뒤에
있어 보이지 않음

　　정상징과 정근의 묘 유적지에서 보충해야 할 점은 비석 뒷면의
내용을 탁본하여 스캔하고 내용을 번역하는 점이다.

2) 정유성(하곡 정제두의 조부) 묘 유적지

■ 위치: 강화군 양도면 하일리 산 66 - 4
■ 유적지 현황: 봉분 1, 비석 1, 큰 문인석 2, 작은 문인석 2, 향
　로석 1, 상석 1, 혼유석 1, 망주석 2.

■ 참고: 1665년(하곡 16세)조부 사망, 1666년에 강화에 장사지냄.
1694년(하곡 46세) 조모 사망하여 안산에 장사지냈다가 1697년
이곳 진강으로 합장함

(1) 정유성과 정근의 봉분

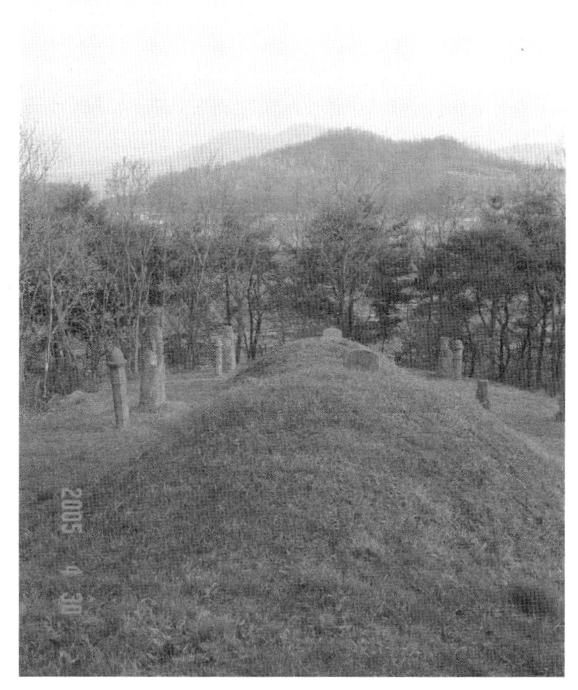

사진 12: 산 아래쪽의 묘가 조부 정유성의 봉분이고 위쪽의 묘가 증조부
정근의 묘이다. 멀리 보이는 산이 안산이다.

(2) 정유성의 봉분

사진 13: 정유성의 봉분 전경. 특이하게 봉분 정중앙 상석 뒤편에 비석이
있고, 작은 문인상이 있다.

(3) 비 석

하곡 정제두는 부친이 일찍 사망하여 조부 정유성이 양육한다. 정
제두는 조부의 묘에 음기(비석 뒷부분의 기록)가 없음을 안타까워하
여 『충정공(정유성의 시호)묘표』를 쓴다. 안타깝게도 비석의 음기가
거의 보이지 않는다.

<비 문>

"貞敬夫人 全州李氏祔葬 大匡輔國 崇祿大夫 議政府右議政兼

領 經筵事 監春秋 館事 贈諡忠貞公 鄭維城之墓”

사진 14: 정유성의 비석 앞면, 묘비의 후면은 퇴락하여
글씨가 거의 보이지 않는다.

(4) 상 석

사진 15: 정상징 묘의 향로석, 상석, 혼유석의 모습. 혼유석은 상석 앞에 있
어 보이지 않음

(5) 문인상과 망주석

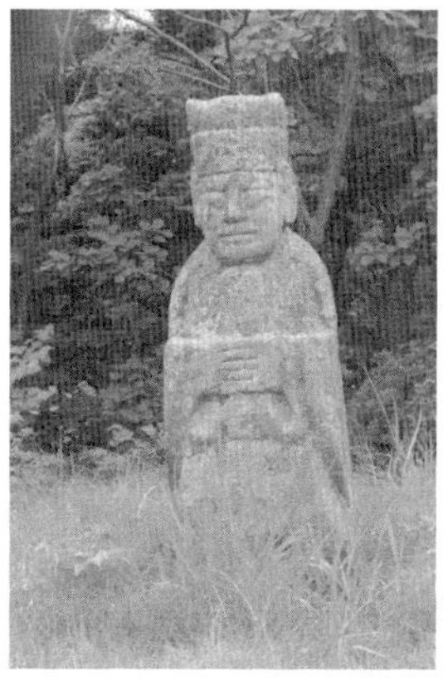

사진 16: 정유성 묘의 큰 문
인상 1

사진 17: 정유성 묘의 큰 문
인상 2

사진 18: 정유성 묘의 작은
문인상

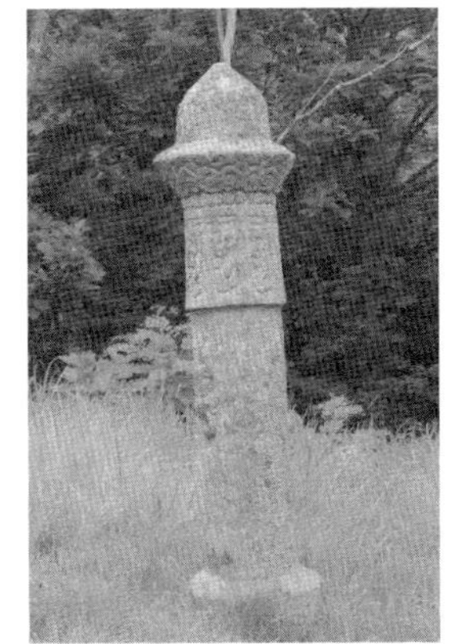

사진 19: 정유성 묘의 망주
석 1

사진 20: 정유성 묘의 망주
석 2

3) 정상징(정제두의 부친)묘 유적지

■ 위치: 강화군 양도면 하일리 산 56
■ 유적지 현황: 봉분 1, 비석 1, 문인석 2, 향로석 1, 상석 1, 혼유석 1
■ 참고: 1654년(하곡 5세)에 사망하여 안산 추곡에 장사지냈다가
1691년(하곡 43세)에 강화도 조부의 묘 동쪽으로 이장했다.[2]
하곡은 46세(1694년)에 모친이 사망하자 경기도 안산에 장사
지내고, 49세(1697년)에 강화로 이장하여 부친의 묘와 어머니
묘를 합장하게 되며, 이때 「先考妣行狀」을 쓴다. 하곡은 5세
에 아버지를 여의고 16세에 할아버지 돌아가시고, 홀어머니와

---

2) 참조: 『하곡집』「연보」

40여 년을 살아 어머님에 대한 공경심이 남달랐던 것으로 보인다. 다음은 부친의 묘 이장에 대하여 설명한 것이다.

"(조모께서)숭정 기사년 8월25일에 선인(부친)을 낳으셨는데 임진년에 사마시에 합격하시었고, 이듬해 계사년 9월 13일에 돌아가셨다. (부친의) 연세가 25세였으며, 안산에 장례하였다가 선의정공의 묘를 따라 강화로 옮겼다. 신미년에 진강산 서쪽 기슭 大峴 동남 卯坐의 언덕에 자리잡았으니 서쪽으로는 충정공 산소를 백 보쯤에 바라보는 곳이다"3)

(1) 봉 분

사진 21: 정상징 봉분 전경(앞의 묘가 정상징의 묘이고, 뒷부분의 묘가 정제두의 묘이다.) 정제두의 묘와 다르게 망주석이 없다.

---

3) 참조: 『하곡집』「先考妣行狀」

(2) 문인석

  문인석 1, 2 모두 좌우로 코가 떨어져 나갔으니 이는 민속신앙 때문이다.

사진 22: 문인석 1

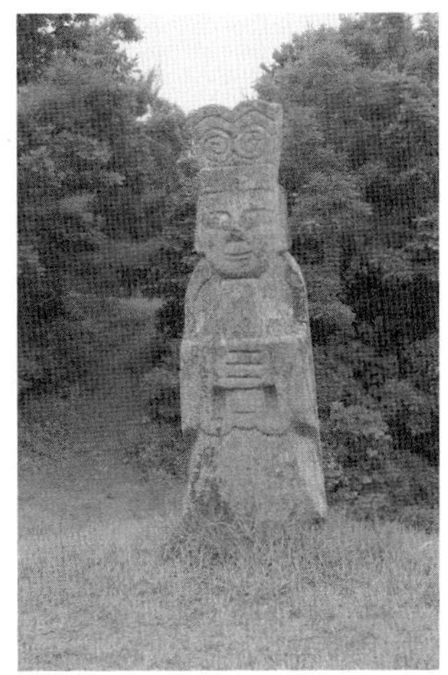

사진 23: 문인석 2.

(3) 비 석

<비 문>

"贈　崇祿大夫　議政府　左贊成兼判義禁府事　五衛都摠府　都摠管
成均進士　鄭尙徵墓　贈貞敬婦人　漢山李氏祔左."

| 사진 24: 정상징의 비석 앞면 | 사진 25: 정상징의 비석 뒷면 |

4) 하곡 정제두 묘 유적지

■ 위치: 강화군 양도면 하일리 산 56
■ 유적지 현황: 봉분 1, 비석 1, 문인석 2, 망주석 2, 안내문 1, 향로석 1, 상석 1, 혼유석[4] 1.

---

4) 참고: 혼유석(魂遊石)은 상석의 뒤와 무덤의 앞에 놓는 긴 네모 모양의 돌. 넋이 놀게 하는 뜻으로 둔다고 한다.

(1) 봉　분

사진 30: 봉분 전경

　하우고개를 뒤로 하고 언덕을 넘어서면 양옆으로 넓게 산이 둘러
싸여 있으니, 왼쪽으로 진강산이 병풍처럼 둘러쳐져 있고 앞으로는
넓고 평화로운 평야가 펼쳐진다. 왼쪽 산자락에 정제두와 부친 정상
징의 묘가 보이고, 오른쪽 산에 하곡의 조부, 증조부의 묘가 있다. 조
부와 증조부의 묘는 길에서 보이지 않는다. 하곡은 손자 사망(1709)
후 강화 하곡으로 이주하여 선묘 밑에서 살다가 사후에 선묘 옆에 묻
히게 된다. "영종12년 8월 임신(壬申)에 의정부 우찬성 성균좨주 문
강공 하곡 정 선생이 돌아가시니 춘추는 88세이다. 그해 10월 모 갑

에 강화부 霞峴의 언덕 사시던 집 뒤에 장사하였다."5)

서여 민영규가 1987년에 하곡의 묘에 대하여 쓴 글을 보면

"도촌6)과 하곡의 신도비를 갖춘 두 분의 묘는 지금도 강화군 하일리에 있다. 진강산 기슭에 자리잡은 두 분묘는 왕가의 원묘를 방불케 하는 규모다. 20수년 전 내가 마지막으로 그 일대를 방문했을 때 기와로 올린 재실과 거기에 딸린 몇 채의 초가가 남아 있었다."7)

이 글의 내용으로 본다면 1967년 전후의 모습에 대한 설명이니, 지금으로부터 약 40년 전쯤의 모습을 설명한 것이다. 그러나 지금은 묘와 신도비만 남아 있고 어디를 보아도 재실과 초가의 흔적이 없다. 몇 십 년 사이에 그렇게 소중한 유산이 무지와 무관심으로 사라지니 안타까운 일이다. 그 재실에서 1894년 갑오정국에 문원 홍승헌(홍양호8)의 5대손)과 대사헌 기당 정원하9)와 명미당 이건창, 해경당

---

5) 『하곡집』, 「묘표」, 『완구유집』권6, 「하곡선생신도표」
6) 서여 민영규 선생이 하곡의 조부인 도촌 정유성의 묘라고 했으나, 조부의 묘가 아니다. 하곡의 묘 바로 아래에 있는 묘는 부친의 묘이다. 조부의 묘는 서쪽으로 약 50 여m 떨어진 곳에 증조부의 묘와 같이 있다.
7) 민영규, 『회귀』, 제3집, 1987, 6.
8) 耳溪 洪良浩는 조부와 부친이 잇따라 돌아가게 되어 외가에서 성장하게 된다. 그러한 연유로 하곡 정제두의 제자인 樗村 沈錥(홍양호의 외삼촌)에게 글을 배운다. 이러한 인연으로 하곡의 후손과 전주이씨 덕천군파 후손과 이계의 후손의 접촉이 구한말까지 이어진다. 이건승의 아들 이석하와 문원 홍승헌의 딸과 결혼을 한다.
9) 참조: 하곡의 가계도: 정근-정유성-정상징-정제두-정후일-정지윤-정술인-정문영-정기석-정원하-정상섭으로 이어진다.

이건승 형제 등이 모여서 국가의 난제에 대하여 논의하고 하곡[10]의 齋室에서 양명학을 공부하였으며, 명미당 이건창은 억울한 귀양길이 끝나자 하곡으로 돌아가 다시는 한양 땅을 밟지 않고 이건승, 황현, 이건방 등과 후일을 이곳에서 도모하니 이들의 정신적인 지주로써의 하곡땅이었다.

1998년 답사 때에 동네 어르신께 하곡 정제두에 대하여 여쭈어 보니, 하곡의 묘에서 내려와 첫 번째 만나는 조그만 집을 가리켜 말씀하시기를 '저 집이 이 동네에서 제일 오래된 집인데 말 탄 사람들

사진 31: 하곡이 살았던 곳으로 추정되는 집. 사진 뒤편으로 멀리 하곡의
묘가 보인다.

---

10) 하곡집에는 '하곡'이 지명으로 나오고 있으나, 지금은 하곡이라는 지명
은 사용하지 않는다.

도 그냥 못 지나간 집이여!'라고 하신다. 다음 <사진 31>의 집이 바로 그 집이다. 1998년에 방문했을 때는 다 쓸어져가는 슬레이트 지붕의 집이었는데 2005년에 다시 방문해 보니 어느새 새집으로 바뀌었다. 이 집의 터가 아마도 하곡 정제두가 살던 곳으로 추정된다.[11]

하곡의 집터를 찾을 수 있는 자료를 찾던 중 시흥문화원에서 정제두가 살던 집을 1970년대에 찍어놓은 사진을 찾았으니 다음의 <사진 32>이다. 시흥문화원을 방문하여 사진 원본을 확인코자 했으나 사진 원본은 찾을 수 없었다. 다음 <사진 32>는 시흥문화원홈페이지[12]에

사진 32: 1970년대에 찍은 사진. 강화군 하일리에 있는 정제두가 살았던
집 시흥문화원 홈페이지 사진을 스캔한 것임.

---

11) 참조, 『하곡집』 「묘표」, "하곡정선생이 돌아가시니…… 강화부 하현의 언덕 사시던 집 뒤에 장사지냈다"
12) 시흥문화원 홈페이지 주소는 www.shculture.or.kr이다.

있는 것을 스캔한 것이다. 이 사진[13]으로 본다면 현재 남아 있는 집보다는 훨씬 규모가 큰 것으로 보아 1970년대에 민영규 선생이 "몇 채의 초가가 딸려 있었다"고 한 설명과 일치한다. 2~30년 전만해도 있었던 유적이 흔적도 없이 사라진 것이 못내 아쉽고, 지금 방문하여 아무리 그 흔적을 짐작해 봐도 상상이 되지 않으니 참으로 아쉬운 일이다. 이곳은 하곡 선생이 제자들을 양성했던 곳이고, 그 후손들은 나라가 어려운 때에 모여 담론을 주고받았던 곳이니, 그 유적이 그대로 있다면 살아 있는 우리들에게 많은 가르침과 힘이 되었을 만한 곳이니 참으로 애석한 일이다.

사진 33: 2001년 경기도 시흥시 가래울 마을의 전경, 하곡이 살았던 곳.

---

13) 사진 31과 사진 32는 서로 다른 곳의 사진으로 보이나, 사진을 찍은 각도가 서로 다르기 때문으로 생각된다.

하곡은 손자 사망 후 거주지를 강화로 이전하게 된다. 강화로 이사 가기 전까지 경기도 안산 추곡마을에서 살았다. 하곡의 경기도 안산 유적지를 알아보았으나 그 흔적을 전혀 짐작할 수 없었다. 다만 시흥문화원에서 1970년대에 찍어 놓은 사진이 있으니 다음의 사진이다. 이 사진의 내용은 하곡이 살던 집을 찍은 것이 아니라 집터를 찍은 것이며 지금은 개발되어 사진의 내용과 다르게 많이 개발되었다. 하곡집에 나오는 경기도 '안산 추곡'이라는 지명은 현재는 사용하지 않으며 현재의 지명은 '화정동 가래울' 마을이다.

(2) 문인상과 망주석

사진 34: 문인상 1

사진 35: 문인상 2

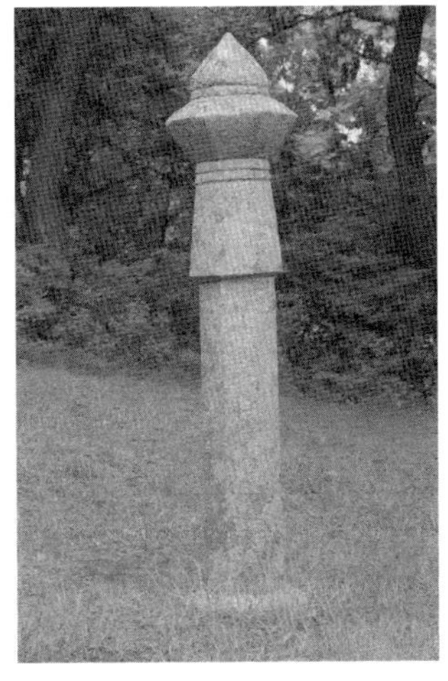

사진 36: 망주석 1　　　　　　사진 37: 망주석 2

(3) 상 석

사진 38: 향로석, 상석, 혼유석의 모습. 혼유석은 상석 앞에 있어
　　　　보이지 않음

사진 39: 묘 안내문

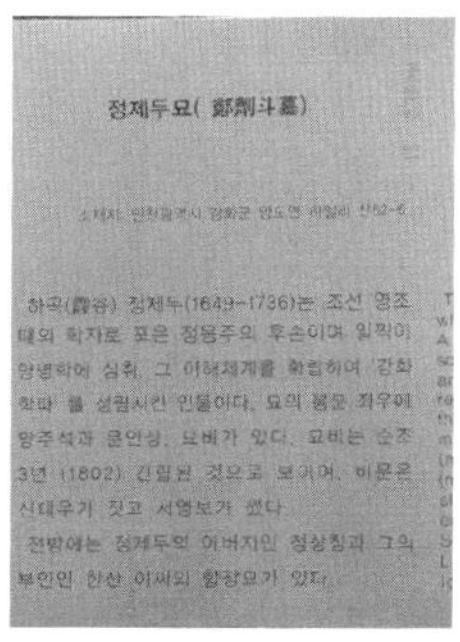

사진 40: 안내문의 글자가
오자가 있음. 齊
자가 劑자로 되
어 있음

(4) 비 석

사진 41: 비석 앞부분

사진 42: 비석 뒷부분

정제두 묘 신도표의 내용

원문:

1) 앞면: 朝鮮 議政府 右贊成 兼世子貳師 成均館祭酒 諡文康公
鄭先生齊斗之墓.

2) 뒷면: 朝鮮故右贊成文康公鄭先生神道表 英宗十二年八月壬申
議政府右贊成成均祭酒文康公霞谷鄭先生卒春秋八十八用， 其年十月
某甲葬江華府霞峴之原所居宅後庀賵視大臣將葬， 門人太學士尹淳爲
文祭先生, 曰存此心而精萬理, 實此心而應萬事, 洒先生之學之所以明
通淵塞卒以底乎坦泰安履， 然其處也默而成之樂其本然之天， 而不以
辨博英華耀於人， 其進也禮以行之恭爲世臣之節， 而不以道德賓師尊
其身, 雖驚外者惑焉, 好高者疑焉, 而先生之所自信而弗悔, 有不求知
乎人而謂孔顏之我師, 又曰唐虞之大法堙晦, 祖宗之六典浸乖, 先生之
存也, 若可以遠契近述, 用行而有爲先生之歸也後見其世衰運否, 學絶
而不嗣, 烏呼徵先生於百世之下者, 不其在此乎不其在此乎. 先生諱齊
斗字士仰, 嶺南迎日縣人, 高麗侍中文忠公夢周其十一世祖也. 曾祖諱
謹承文博士, 祖諱維城右議政忠貞公, 考諱尙徵成均進士, 先生生于我
仁祖二十七年， 歷事肅宗景宗英宗莊獻世子降膺輔養官貳師之命， 其
束帛之隆禮, 告后之嘉謨在國史墓碑, 先生器宇渾璞和而不同淆世, 不
可以反淳也. 故懷寶以優游, 果忘非所以爲訓也, 故時出以羽儀若乃篤
志而力行博學而多聞, 自六藝羣聖之法百家衆流之書歷代柱下之藏 國
朝象魏之典, 凡載籍所紀知無不周, 海湧嶽蓄賁用靡竭, 而其要又約之
於爾雅， 藝法先進制同時王經緯足以開物財輔足以矯時， 于是羣公懷
義交口迭薦官內外， 凡三十一遷而先生皆遂不至至亦不能久居也， 然
國有大疑大政, 先生未嘗不与聞有大事未嘗不造也, 進不近榮, 退不近

名, 無適無莫, 維義之比, 不喜著述不延生從, 卓然獨立於甲乙焚爭之
際, 而物莫与競所謂不可得以貴, 不可得以賤, 不可得以親, 不可得以
疏者, 先生有之矣. 夫人坡平尹氏早卒. 有男厚一富平府使, 女適成川
府使李徵成, 後夫人南陽徐氏, 亦先先生卒二夫人皆葬

　3) 옆면: 湖西之天安郡不祔, 先生卒六十八年曾孫述仁樹石以表神
道, 命大羽序之, 系以銘曰六部分族鄭一爲氏, 鼻祖襲明著節麗代, 憲
憲侍中左海儒宗, 不羨其川而源其豊, 先生之作間氣懿德, 聰叡明哲,
溫良淵篤, 功迺愼獨道在含章, 潛心會通, 默契遺經, 堯舜人同, 孔顔我
師, 繇是囂囂, 人莫我知, 倬彼孔明, 容光必照, 爰表景行永垂後曜, 後
學通政大夫, 承政院左副承旨兼經筵叅贊官, 平州申大羽 撰. 嘉善大夫
京畿觀察使兼奎章閣檢校直閣, 達城徐榮輔 書. 今上三年八月 日 立」

번역문

　1) 앞면: 조선 의정부 우찬성 겸 세자이사 성균관 좨주 시문강공
정 선생 제두지 묘

　2) 뒷면: 조선 고 우찬성 문강공 정 선생 신도표

　영종[英宗] 12년 8월 임신[11일]에 의정부 우찬성 성균좨주 문강
공 하곡 정 선생이 돌아가시니 춘추는 88세였고, 그해 10월 모갑(某
甲)에 강화부 하현의 언덕, 사시던 집 뒤에 장사하였다. 나라에서 내
린 부의는 대신의 장례에 견주어 같이하였다.

　장례를 지낼 때 문인인 태학사 윤순이 제문을 지어 선생에게 올
렸다. 그 제문에 이르기를, "선생은 마음을 잘 가꿈으로써 만 가지
이치에 통하였고, 이 마음을 참되게 하여 만 가지 일에 응하였다.
선생의 학문이 밝게 통하고 깊고 충실하여 마침내 탄탄대로를 가게

된 것은 이 때문이었다. 그러나 처신할 때에는 묵묵한 가운데 모든 것을 이루었고, 본연의 천성을 즐기나, 말이 많거나 꾸미고 과장함으로써 남에게 들어내 보이려 하지 않았다. 나아갈 때에는 예로써 행동하고 공경으로 신하의 절의를 지켰으며, 도덕이나 빈사로 자신을 높이려 하지 아니하였다. 비록 겉만을 힘쓰는 자가 의심을 하고 높은 것만을 좋아하는 사람이 의심한다 해도, 선생은 스스로를 믿으시고 후회하지 않았을뿐더러 남이 알아주기를 원하지도 않았고, 공자와 안자로 자신의 스승을 삼았다"라고 하였다.

또 제문에 이르기를, "당우의 대법이 사라지고 조종의 육전이 무너졌다 해도, 선생이 살아 계실 때에는 멀게는 도가 합하였고 가깝게는 말로 서술하시어, 힘써 행하면 이루어지는 일이 있었다. 그런데 선생이 돌아가신 뒤로는 세상이 쇠퇴하고 운수가 막히는가 하면 학문은 끊어져서 이어지지 못하였다"라고 하였다. 오호라! 선생을 백세 뒤에까지 증명할 수 있는 바가 바로 여기에 있지 아니한가? 여기에 있지 아니한가?

선생의 휘는 제두요, 자는 사앙인데, 영남 영일현 사람이다. 고려 때에 시중인 문충공 몽주는 그의 11대조이며, 증조부의 휘는 근이며 승문박사다, 조부의 휘는 유성인데 우의정 충정공이며, 부친의 휘는 상징이며 성균진사였다. 선생은 우리 인조 27년[1649]에 태어나, 숙종·경종·영종을 대대로 섬기었고, 장헌세자가 태어나자 보양관과 이사(貳師)에 임명되었다. 스승을 청하는 높은 예와 임금께 아뢰던 좋은 계책은 국사와 묘비에 자세히 실려 있다.

선생의 도량은 박옥처럼 혼후하여 화합하면서도 남들과 함께 섞이지는 않았다. 혼잡한 세상을 순박하게 돌려놓을 수 없었던 까닭에 선생은 훌륭한 재주를 품고서도 한가하게 지내셨던 것이다. 그러나 세상을 잊고 사는 것은 성현의 가르침은 아니었기 때문에 선생은 때때로 조정에 드나들었다.

뜻을 돈독히 하여 힘써 행하고 널리 배워서 아는 것이 많았으니, 육예에서부터 여러 성인들의 법, 백가중류의 책, 역대 주하(柱下)의 장서, 국조상위의 법전 등 무릇 서적에 기록된 것은 모르는 것이 없었다. 마치 바닷물이 용출하듯 하고 산이 첩첩하듯 하여 아무리 자용(資用)해도 다함이 없었고, 그 요점은 또한 ≪이아(爾雅)≫에다 요약했던 것이다. 예는 선진을 따랐으며, 제도는 시왕(時王)과 같이하였다. 그리고 경위는 족히 만물을 열 수 있었고 재보는 족히 시대를 바르게 할 수 있었다.

여러 사람들이 의로운 생각으로 입을 모아 선생을 서로서로 내외관으로 천거하였으니 합하여 무려 서른한 차례였다. 그렇지만 선생은 모두 끝내 나아가지 않았으며, 나아갔다 하여도 오래 있지 아니하였다. 그러나 나라에 큰 의혹이 있거나 큰 정사가 있을 때에는 반드시 참여하였고, 큰일이 있다는 소문만 들어도 나아가지 않은 때가 없었다. 나아가더라도 영화스러운 것을 가까이하지 않았으며 물러날 때에도 역시 명예를 가까이하지 않았다.

꼭 주장하는 것도 없고[無適] 꼭 아니하는 것도 없었으며[無莫] 오직 의만을 따랐을 뿐이다. 저술하기를 즐겨하지 않았으며 생도들을 청하지도 않았다. 갑과 을이 서로 싸우는 데에 있으면서도 탁연히 홀로 서서 같이 다투는 일이 없었으니, 이른바 귀하다거나 천하다거나 또는 친근하다거나 멀다거나 하는 말로써 표현할 수 없는 분이 선생이었다.

부인 파평 윤씨는 일찍 죽었는데, 아들 후일은 부평부사였고, 딸은 성천부사 이징성에게 출가하였다. 후부인 남양 서씨도 역시 선생보다 먼저 죽었다.

3) 옆면: (두 부인은) 모두 호서 지방 천안군에 장사하였고 선생과 합장하지 않았다. 선생이 돌아가신 지 68년 지난 후에 증손 술인이 석물을 세우고 신도를 표하고자 대우에게 청하여 서문을 쓰게 하였다. 이어서 명(銘)하노라. "육부가 분족하여 그중 하나가 정씨되었고, 비조인 습명은 고려 때에 절개가 높았도다. 훌륭한 시중은 해동의 유종이 되었으니, 풍성한 근원은 시냇물 줄기를 부러워하지 않았도다. 선생의 태어나심은 드문 기운에다 아름다운 덕을 겸하였으니, 총명하고 명철하며 온화하고 돈독했다. 공부는 신독에 말미암고 도학은 함장에 간직하였으며, 회통에 잠심했고 경전에 묵묵히 합하였도다. 요순을 본받고 공자와 안자를 스승 삼았으며, 경쟁하지 않고 자득한 역량이 있었는지라, 사람들이 나를 몰라본다고 관심하지 아니하였도다. 탁월한 그분의 크나큰 밝음은 빛이 되어 반드시 비춰질지어다. 훌륭한 행적을 표(表)하노니 길이 후세에 빛날지어다!"

후학 통정대부 승정원좌부승지 겸 경연참찬관 평주(신씨) 신대우(1735~1809) 지음. 가선대부 경기관찰사 겸 규장각검교직각 달성 서영보(1759~1816) 쓰다. 금상[純祖] 3년[1803] 8월 일 세움.[14]

이제까지 논한 하곡 정제두와 관련된 유적지 이외의 유적지, 유물로는 하곡이 태어나 자란 '한성부 반곡방' 유적지를 찾아내는 것이

---

14) 참조, 『하곡집』, 고전국역총서70, 민족문화추진회.

며, 유물로는 하곡의 친필유묵을 조사하여 정리하는 것이 숙제로 남
아 있다.

5) 하곡 정제두 숭모비 유적지

■ 위치: 강화군 양도면 하일리 하우고개
■ 유적지 현황: 숭모비 1, 안내문 1.

(1) 숭모비(1997년 건립)

① 앞모습

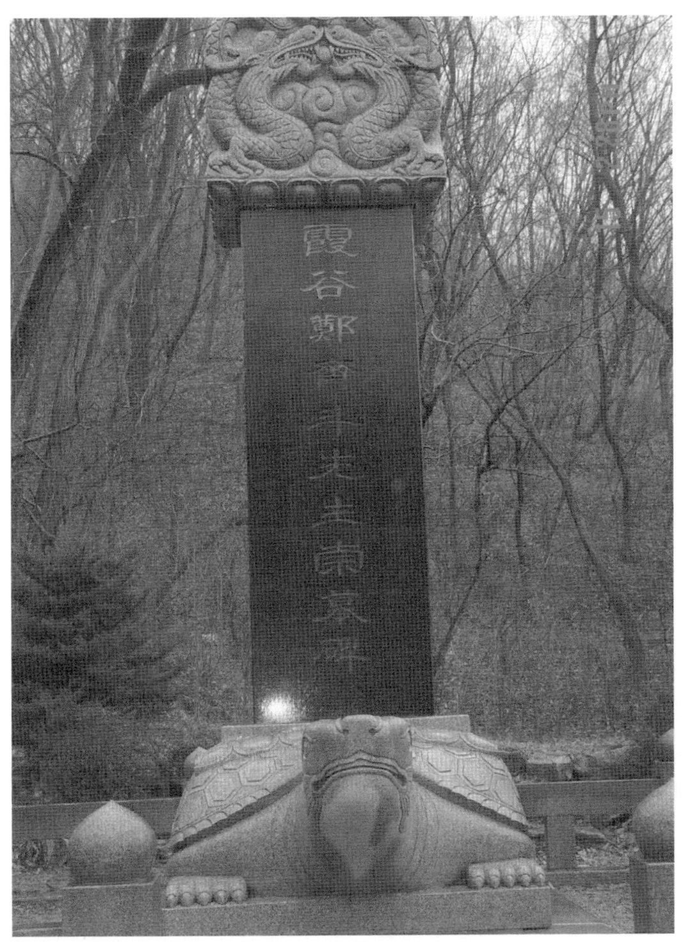

사진 26: 하곡 정제두 선생 숭모비 앞모습

② 뒷모습

사진 27: 하곡 정제두 선생 숭모비 뒷모습

■ **숭모비 비문:** "양명학의 태두이며 한국사상의 거성으로 하곡 정제두 선생은 조선 후기 높은 학덕을 바탕으로 강화학파의 뿌리를 내린 고매한 선비였다. 선생의 본관은 영일, 자는 사앙, 강화태생 정승 유성공의 손자로 1649년 서울에서 출생하여 1736년 88세를 일기로 강화 진강산 기슭 하곡에서 하세하니 이곳 선영에 장사하였다. 공이 서거하자 영조왕은 시호를 문강으로, 장례품과 제수를 하사하였다. 선생의 학덕을 높이 산 조정에서는 여러 차례 벼슬을 내렸으나 대부분 사양하다가 대사헌, 이조판서, 우찬성, 세자이사를 잠시 지냈을 뿐 일생을 학문탐구에 정려하여 하곡사상집 백여 책을 저술하였는데 오랜 세월 산질이 거듭되어 지금은 22책만이 전한다. 당초에는 주자학을 공부하였으나 공리공론과 당쟁에 몰두하는 세태에 환멸을 느끼고 지행합일을 중시하는 양명학을 택하여 연구를 거듭하였으나, 그 학문 또한 정에 끌리어 욕심을 쫓을 임정종욕 가능성이 있다고 보고 그 문제를 해결하는 과정에 독자적인 철학을 연구 마침내 강화학으로 승화시켰다. 선생의 가르침은 명선궁행이었으며 사람은 누구나 양지를 지니고 태어난다 하고 양반과 노비의 구분이 없는 평등한 사회와 이국편민의 이상국가 건설을 설파하였다. 뿐만 아니라 천문성력과 경제론에도 조예가 밝았으며 청나라와 대등한 외교를 주장하였다. 선생의 학문은 정후일, 이광명, 신대우 등을 통해 계승되었으며 훗날 이건창, 이능화, 정인보 같은 대석학을 배출하였다. 하일고개 이곳은 강화학의 산실이었으며 민족자강의 성역이었음을 만천하에 전하고, 이 사실을 영원히 기리기 위하여 이 비를 세운다. 서기 1997년 10월 29일 진강처사 이호영 짓고, 철학박사 김교빈 감수, 강촌 정규은 쓰다."

사진 28: 하곡 정제두 선생 숭모비 안내문

안내문 내용: 양명학의 태두 하곡 정제두 선생은 상신 유성공의 손자로 태어나 평등적 신분관을 주장하여 이국편민하는 사회를 부르짖고 강화학으로 승화시키셨다. 1736년(영조12)에 이곳 하곡에서 하세하시니 묘소는 현 위치에서 화도방향400m 지점 도로 좌측에 안치하여 계십니다.

③ 옆모습

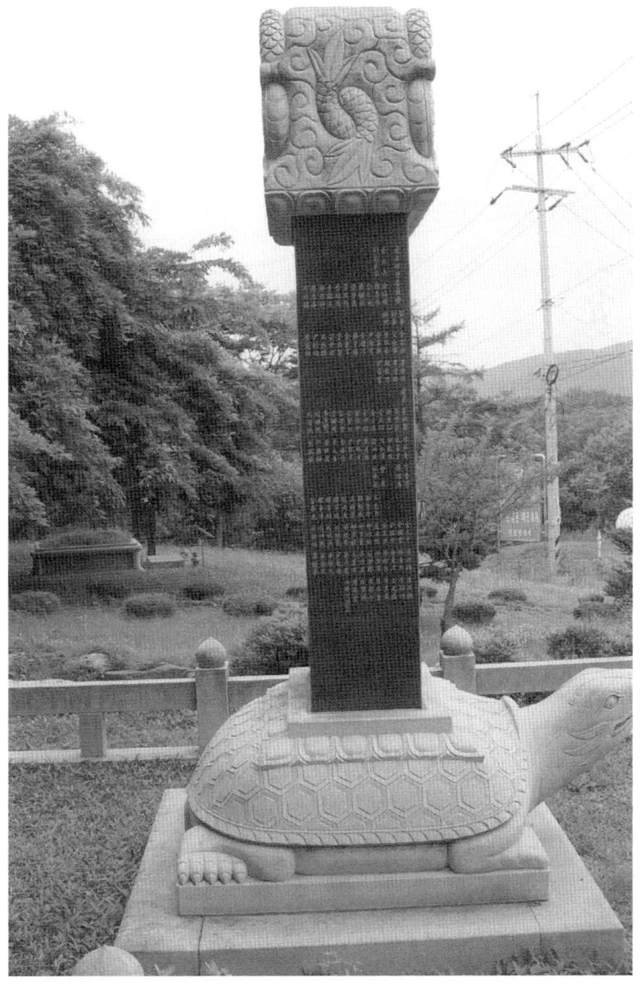

사진 29: 하곡 정제두 선생 숭모비의 옆모습

6) 이대성 묘 유적지

■ 위치: 강화군 화도면 사기리 167-3
■ 유적지 현황: 봉분 1, 비석 1, 망주석 2.
■ 참고: 이진위, 이대성, 이광명, 이시원의 묘가 모두 이건창의 생가 뒤에 모여 있다. 이대성의 묘에만 묘비, 상석, 망주석이 있고, 나머지 봉분은 석물이 없다.

(1) 봉 분

사진 43: 비석이 있는 뒤편이 이대성의 봉분이고, 앞쪽이 이시원의 봉분이다.

(2) 비 석

사진 44: 이대성의 비석

사진 45: 비석의 뒷면

① 비석의 앞면 원문

"貞夫人 豊山洪氏 祔左 贈吏曹判書 行嘉善大夫 戶曹參判 李
公 大成之墓"

② 비석의 뒷면 원문15)

"公諱大成 字時叔 宗姓定宗 別子德泉君 諱厚生 8代孫歷 三世
贈□成 諱秀光 贈議政 惟侃 贈議政 行戶曹判書 諡孝敏 諱景稷
卽公之高曾祖 孝 諱正英 行判敦寧 兼禮曹判書 諡孝簡 妣貞敬

---

15) □ 표시는 글자가 훼손되었거나, 퇴락하여 알 수 없는 부분이다.

夫人 文化柳氏 公生於孝宗2年 辛卯 壬戌 中進士 第五人 甲戌
仕金吾卽間換司□別檢 厚別提轉長興主簿 戶曹佐郎己卯 擢文科
歷兵 卽持平□言 龍潭縣 令司書文學帶三字 衛修撰校理 直講吏
曹佐郎 擢授廣州府 尹參議 吏戶禮兵工曹 大司成 承旨陞嘉善參
判 戶兵刑曹 兼司知義禁剖摠管 □留江都 充副价使燕 戊戌8月19
日 卒壽68 葬于高陽木稀里 乙向原今 上甲辰 贈資憲大夫 吏曹
判書 以子眞儉貴也 配豊産洪氏 判書萬容女與公同年生生公 二
年卒同穴異室生五男一女 男眞儒文科吏曹參判 眞儉文科禮曹判
書 眞休生員壯元 眞伋文科弘文館副校理 眞僅司馬女崔尙觀眞儒
爲伯氏 都心公 浚子匡翼 司馬女洪啓欽金聖厦禁府都事趙潢彬□
□□□□□眞儉子匡泰 司馬匡濟 司馬匡鼎 匡師女柳奎垣 眞休子
匡臣 眞伋子匡彦 匡贊司馬 匡顯一幼 眞偉 子匡明□□□□□□□
□ 家孝友立朝事行俱載誌文及神道碑 非不肖之所敢述 只以世系
□歷子孫錄略識于此□禽 男嘉善大夫 吏曹參判兼同知經筵義禁府
事 成均館大司成 世弟左副賓客眞儒謹識 男資憲大夫 禮曹判書
眞儉謹書 葬後49年 遷于江華沙器洞 向丙原 崇禎 甲申浚 81年
月 日 立"

(3) 망주석

사진 46: 망주석 2

사진 47: 망주석 1

(4) 상 석

사진 48: 상석과 향로석의 모습. 풀이 우거져서 상석이 잘 보이지 않는다.

7) 이진위 묘 유적지

■ 위치: 강화군 화도면 사기리 167 − 3

■ 유적지 현황: 봉분 1, 망주석 2, 상석 1, 향로석 1.

■ 참고: 전주이씨가 강화도와 인연을 맺게 된 것은 이진위의 묘
를 강화도 현 지점에 만들면서부터이다. 아들인 이광명이 10세
에 부친의 묘를 여기에 묻고 바로 아래에서 기거하면서 대대
로 이곳에서 산다.

(1) 봉 분

사진 49: 사진의 뒷부분 망주석이 있는 묘가 이진위의 묘이고, 앞부분의 묘
가 이광명의 묘이다.

8) 이광명 묘 유적지

■ 위치: 강화군 화도면 사기리 167-3
■ 유적지 현황: 봉분 1, 안내문 1.

(1) 봉 분

사진 50: 이광명의 묘를 위에서 찍은 모습. 봉분 이외에는 아무것도 없다.
앞에 안내판의 뒷모습이 보인다.

녹슨 안내문이 쓰러질 듯이 겨우 버티고 서 있으니 아마도 먼 훗
날 그 안내문마저 쓰러져 없어진다면 이 봉분의 주인은 알 수 없게
될 것이다. 왜냐하면 석물이 전혀 없기 때문이다. 묘에 걸맞은 안내
문 하나라도 올바로 세우는 일이 시급한 우리의 과제로 보인다.

(2) 안내문

안내문의 내용: "이조참의 벼슬을 추증받은 이광명 선생은 지금으로부터 287년 전인 1710년 이곳 강화군 사기리에 아버님 선영을 받들고 세거하게 된 입행조로 하곡 정재두[16] 문하에서 양명학을 일으켜 강화학파의 새벽을 연 명현이다. 1710년 서울 서대문 밖 반송방에서 전주이씨 덕천군 집안의 진위 진사와 은진 송 씨 부인 사이에서 외아들로 태어났는데 고조 경직, 증조 정영, 조고 대성 다 판서와 참판을 지낸 명관이었고, 선생의 증손으로 시원과 그 장손으로

---

16) 안내문의 글자가 오류가 있으니 하곡 선생의 함자 '제'를 '재'로 잘못 기록하였으니 빠른 시일 안에 정정해야 하겠다.

영재 건창이 나왔다. 하곡의 대표제자로 손녀사위이기도 한 선생은 당쟁의 제물로 4반세기 후 반생을 갑산에 유배된 채 1778년 78수로 서거하여 여기 묻혔다. 귀양 도중에 애절한 장문의『적소시가』와『이주풍속통』을 쓴바 이 작품은 가사문학의 명편으로 남아 있다. 참의공 서세 220(1997)년 기일 11월 1일 현판"

9) 이시원 묘 유적지

■ 위치: 강화군 화도면 사기리 167−3
■ 유적지 현황: 봉분 1, 안내문 1. 석물이 없음.
■ 참고: 길상면 길직리에 봉안되어 있었는데 1975년 이장하였고, 1985년 청송 심씨 부인과 합장하였다.

(1) 봉　분

사진 52: 사진 뒷부분의 상석이 있는 묘가 이대성의 묘이고, 앞부분의 묘가
　　　　이시원의 묘이다.

　이시원의 묘에는 석물이 전혀 없다. 다만 묘 앞에 서 있는 녹슨
안내문이 묘의 주인을 알려 줄 뿐이다. 그 안내문마저도 앞집 대나
무 때문에 잘 보이질 않고, 비바람에 버텨온 양철 안내문도 언제까
지 버텨줄지 알 수가 없다.

(2) 안내문

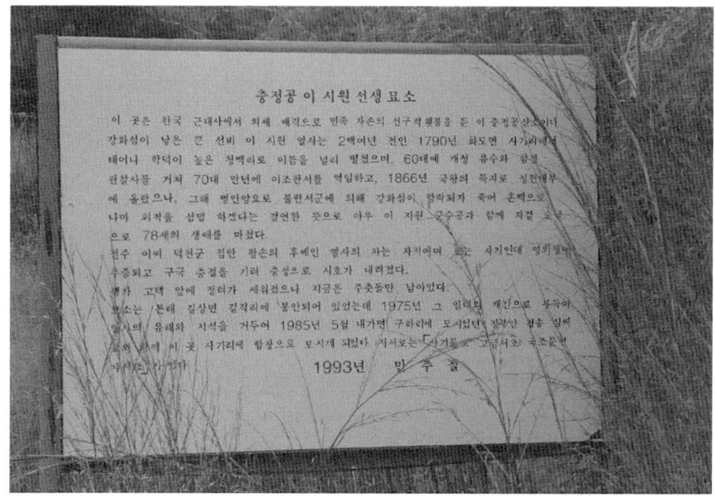

사진 53: 1985년에 이곳으로 이장한 것임을 알려 준다.

안내문의 내용: "이곳은 한국 근대사에서 외세 배격으로 민족자존의 선구적 횃불을 든 이 충정공 산소이다. 강화섬이 낳은 큰 선비 이 시원 열사는 1백여 년 전인 1790년 화도면 사기리에서 태어나 학덕이 높은 청백리로 이름을 널리 떨쳤으며 60대에 개성유수와 함경관찰사를 거쳐 70대 만년에 이조판서를 역임하고, 1866년 국왕의 특지로 정헌대부에 올랐으나 그해 병인양요로 불란서군에 의해 강화섬이 함락되자 죽어 혼백으로 나마 외적을 섬멸하겠다는 결연한 뜻으로 아우 이지원 군수공과 하게 자결 순국으로 78세의 생애를 마쳤다. 전주이씨 덕천군 집안 왕손의 후예인 열사의 자는 자직이며,

호는 사기인데 영의정에 추증되고 구국 충절을 기려 충정으로 시호가 내려졌다. 생가고택 앞에 정려가 세워졌으나 지금은 주춧돌만 남아 있다. 묘소는 본래 길상면 길직리에 봉안되어 있었는데 1975년 그 일대의 개간으로 부득이 열사의 유해와 지석을 거두어 1985년 5월 내가면 구하리에 모시었던 정부인 청송 심씨 묘와 함께 이곳 사기리에 합장으로 모시게 되었다. 저서로는 『사기문고 고금서초 국조문헌 야사초』가 있다. 1993년 만추절"

10) 이 건창 생가 유적지

■ 위치: 강화군 화도면 사기리 167−3
■ 유적지 현황: ㄱ자형 초가집 1채, 안내문, 문인비 1, 명미당 당호 글씨 1점.
■ 참고: 복원된 생가의 모습은 이건창이 살았던 집의 모양과는 전혀 다르다. 생가 안내문에 의하면 왜정 때 사랑채는 없어지고 안채만 보존되어 오다가 1970년대 초 새마을 사업으로 개량한 것이다. 복원전의 생가의 분위기와는 사뭇 다르다.

(1) 생가 전경

① 복원 전의 생가

사진 54: 1986년 사진. 沙磯·寧齋 양 선생 기념사업회에서 찍어놓은 사진을
스캔한 것임. 사기공 정문(旌門)의 주춧돌이 표기되어 있다. 복원된
생가의 모습과는 다른 배치이다. 안채와 사랑채가 있는 ㄷ자형 집으
로 보인다.

강화학의 주축이 되는 영일정 씨 집안과 전주이씨 집안이 만나게
되는 계기는 이광명의 모친이 남편 이진위의 묘를 이곳 뒷산에 묻고

산 아래 바로 이 집에서 거주하기 시작하면서이다.

"숙종 경인년 진사 공 진위께서(이광명의 부친) 세상을 떠나서 沙谷[17])에 장사지내고 송부인(이광명의 어머니)이 참의공(이광명)을 데리고 산 아래에서 살았다."[18])

"우리 집은 본래 경성서쪽에서 대대로 살았는데 강화도에 살게 된 것은 송유인으로부터 시작된다."[19])

"선고(이광명)는 강화의 진강산 아래에 자주 오가며 문강공(하곡 정제두)에게서 배웠다. 선고는 문호가 성할 때에도 이미 서울 살기를 즐기지 않아서 마니산 동쪽에 터를 가려서 사니 진강과의 거리가 십여 리이다."[20])

이광명은 이 집에서 10여 리 떨어진 진강산 뒤편의 하일리에서 학문을 하던 하곡에게 공부하러 다닌 것이다. 현재 복원된 이건창 생가의 모습은 뎅그런 마당에 나무 한 그루, 꽃 한 포기도 없는, 한눈에 방치돼 버린 듯한 집, 안방 1칸, 대청, 건넌방 1칸, 좁은 부엌이 전부인 집으로 전형적인 ㄱ자형 농촌집이다.

---

17) 현재 사용하는 지명은 사곡, 사골이 아니라 사기리이다.
18) 이건승, 『家乘續上』, 「沙谷局內前後事實年條」, "庚寅(숙종)年進士公下世, 葬于沙谷, 宋夫人率贈參議公卜居山下"
19) 같은책, 進士公合葬墓誌, "吾家本京城西, 世居江華自孺人始."
20) 이충익, 『초원유고』, 「先考妣合葬誌」. "先考於門戶盛時, 已不戀京居, 卜宅於摩尼山東, 去鎭江山十餘里."

이 집이 이광명(1701~1778)으로부터 시작하여 그의 직계손인, 椒圓 李忠翊(1744~1816), 垈淵 李勉伯(1767~1830), 沙磯 李是遠(1790~1866), 李象學, 寧齋 李建昌(1852~1898), 경재 이건승 등의 직계 손들이 몇 백 년을 거쳐서 강화학을 키워왔던 곳이다. 또한 이광명의 직계 손 말고 그들의 주변인인 항재 이광신(1700~1744), 원교 이광사(1705~1777), 연려실 이긍익(1736~1806), 신재 이영익(1738~1780), 宛丘 申大羽(1735~1810) 등이 서로 친구 되고 스승도 되면서 서로가 서로를 안아주고 북돋아주던 집이다.

사진 55: 브리태니커사진의 이건창 생가

② 복원된 생가: 앞모습

사진 56: 복원된 생가의 앞모습

③ 복원된 생가: 안채의 모습

사진 57: 생가의 안채 모습. 문헌에 나오는 월사매는 없고 충정공 이시원
이 받았다고 하는 旌門의 주춧돌도 없다. 정원이 없는 허허로운
안채의 모습이다.

사진 58: 안채의 앞마당(우물터만 남아 있다)

④ 복원된 생가: 산에서 내려다본 모습

사진 59: 생가 뒷산의 이대성 묘에서 찍은 모습

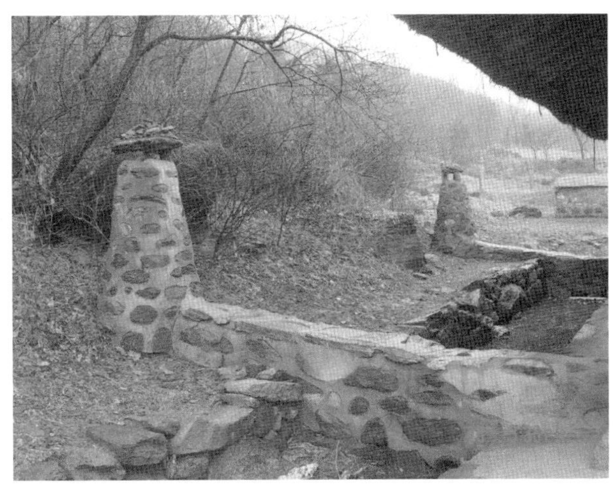

사진 60: 생가 뒤의 굴뚝모양

(2) 명미당 당호 글씨

사진 61: 대청에 걸려 있는 『명미당』 당호. 매천이라는 낙관이 있으나, 황현의 일반적인 낙관과 다르다 하여 황현의 친필인지의 진위여부가 확실치 않다고 한다.

梅泉 黃玹(1855~1910)은 역사가이자 시인이며 경술국치소식을 듣고 자결한 우국지사이다. 24세 때 처음으로 서울에 올라와 이건창, 김택영 등과 교유하면서 매천의 글이 장안에 알려지게 된다. 과거에 응시하여 합격하였으나 벼슬길을 단념하고 이건창처럼 구례에 호양학교를 세워 학문을 가르쳤다. 56세(1910년) 나라가 망한 소식을 듣고 자결 순국하였으니, 다음이 그의 절명시이다.

絕命詩[21]

어지러운 세상 부대끼며 흰 머리 되기까지,

몇 번이나 목숨을 끊으려 했으나 뜻을 이루지 못했도다.

이제는 참으로 어찌할 수 없게 되니,

가물거리는 촛불이 푸른 하늘을 비치는구나.

요망한 기운에 가려 임금 자리 옮겨지더니,

구중궁궐 침침하여 해만 더디 드네.

이제부터 조칙을 받을 길이 없으니,

구슬 같은 눈물이 종이를 적시네.

---

21) 황현의 절명시 원문 "難離滾到白頭年 幾合捐生却未然 今日眞成無可奈 輝輝風燭照蒼天, 妖氛晻翳帝星移 九闕沈沈晝漏遲 詔勅從今無復有 琳琅一紙淚千絲, 鳥獸哀鳴海岳嚬 槿花世界已沈淪 秋燈掩卷懷千古 難作人間識字人, 曾無支廈半椽功 只是成仁不是忠 止竟僅能追尹穀 當時愧不蹈陳東."

새와 짐승들도 슬피 울고 강산도 찡그리니,

무궁화 온 세상이 속절없이 망하는구나.

가을 등잔불 아래 책 덮고 수천 년 역사를 회고하니,

인간 세상에 지식인이 되어 한평생 굳게 살기 어렵구나

일찍이 나라를 위해 서까래 놓은 작은 공도 없었더니,

단지 살신성인 할 뿐이요, 충을 이루진 못했어라.

겨우 송나라의 윤곡처럼 자결할 뿐이니,

송나라의 진동처럼 의병을 일으키지 못하는 것이 부끄럽도다.

(3) 명미당 이건창 선생 문학비: 1997년에 세움

문학비의 내용:『숭양가는 길에』
"개성을 육년 사이에 다섯 번 지났지만, 부소산과 채하동 들르지 못했네.
자세히 헤아리니 일생동안 벼슬살이에서 마음에 맞는 일보다는 몸만 고달팠네."
(菘陽大載　五經過, 不見扶山與彩霞, 細□一生遊宦事, 會心□少役刑多)

① 앞모습

사진 62: 문학비 앞모습

② 뒷모습

사진 63: 문학비 뒷모습

(4) 생가 안내문: 1993년에 세움

사진 64: 생가의 안내문

안내문 내용: "조선조를 통해 충직하고 깨끗한 선비상을 몸소 정립한 조선말의 거학 문호 형재 이건창 선생이 140년 전에 태어나 반세기에 걸쳐 수난과 시련의 역사를 주름잡던 이름난 생가가 여기다. 병인양요 때 순국열사로 강화인의 선비 얼을 한반도 전역에 드날린 사기 이시원 영상도 2백여 년 전 이 집에서 출생하였는데 선생의 할아버지가 된다. 충정공 이시원의 아드님 군수공 이상학 장자로 1852년 5월 26일 이곳에서 태어난 선생의 아호는 영재, 당호는 명미당인데 일찍이 소년 등과하여 약관으로 옥당에 들어 세상을 놀

라게 했다. 더욱이 23세 서장관으로 북경에서 당대의 명류들과 문장가로서 국위 선양을 하였으며, 대 문호 김택영은 1천 년 우리 역사상 9대 문장의 1위로 뽑을 정도였다. 26세부터 충청, 경기 암행어사, 안핵사로 영명을 날린 한편 고난도 엇갈렸으나 한성부 소윤, 승지, 공조참판, 황해도 관찰사 등 공직에서든 재야에서든 애민구국의 충절로 일관한 청백리의 사표로서 추앙받았다. 고군산도 유배에서 돌아와 기울어져가는 국운을 만회하지 못함에 1898년 6월 18일 47세로 분한 속 비통스런 최후를 여기에서 마쳤다. 당대의 거학과 문호다. 계명성 같은 선생의 인격과 학덕을 찬탄해 마지않았다. 유저로는 『당의 통략』과 『명미당집』 등이 있어 명저로 정평이 있다. 한 일자 사랑채는 왜정 때 헐려 중수했으며, 초가 안채만이 그대로 보존되어 오다가 20년 전 새마을 사업으로 지붕만 개량하여 오늘에 이른다. 1993년 늦가을.”

11) 영재 이건창(1852~1898) 묘 유적지

■ 위치: 강화군 양도면 건평리 655-1번지.
■ 유적지 현황: 봉분, 안내문 1.
■ 참고: 이 건창 생가는 화도면 사기리에 있고, 묘는 양도면 건평리에 있다. 유적지는 전혀 관리되지 않고 있음을 알 수 있으며, 석물이 전혀 없어 안내문만이 이건창의 묘임을 알려준다.

(1) 이정표

사진 65: 이건창 묘 이정

(2) 묘 안내문

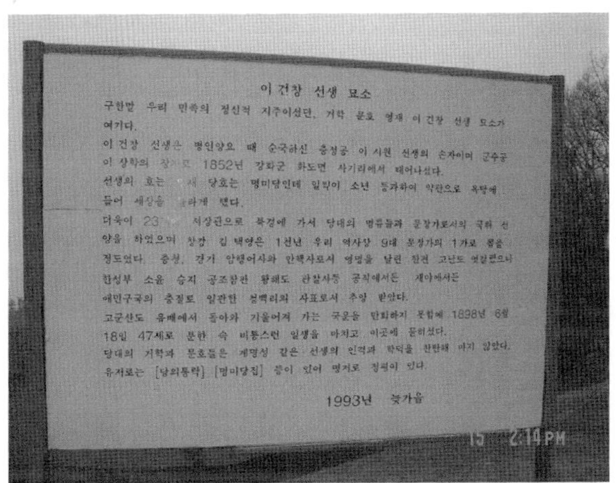

사진 66: 영재 이건창 묘 안내문

안내문 내용: "구한 말 우리 민족의 정신적 지주이셨던 거학 문호 영재 이건창 선생 묘소가 여기다. 이건창 선생은 병인양요 때 순국하신 충정공 이시원 선생의 손자이며, 군수공 이상학의 장자로, 1852년 강화군 화도면 사기리에서 태어나셨다. 선생의 호는 영재 당호는 명미당인데 일찍이 소년 등과하여 약관으로 옥당에 들어 세상을 놀라게 했다. 더욱이 23세에 서장관으로 북경에 가서 당대의 명유들과 문장가로서의 국위 선양을 하였으며, 창강 김택영은 1천 년 우리 역사상 9대 문장가의 1가로 뽑을 정도였다. 충청, 경기 암행어사와 안핵사로서 영명을 날린 한편 고난도 엇갈렸으니 한성부 소윤·승지·공조참판·황해도 관찰사 등, 공직에서든 재야에서든 애민구국의 충절로 일관한 청백리의 사표로서 추앙받았다. 고군산도 유배에서 돌아와 기울어져 가는 국운을 만회하지 못함에 1898년 6월 18일 47세로 분한 속 비통스런 일생을 마치고 이곳에 묻히셨다. 당대의 거학과 문호들은 계명성 같은 선생의 인격과 학덕을 찬탄해마지 않았다. 유저로는 『당의 통략』, 『명미당집』 등이 있어 명저로 정평이 있다. 1993년 늦가을"

(3) 봉 분

사진 67: 영재 이건창 묘. 쓰러지려고 하는 안내문의 뒷부분이 보인다

영재 이건창과 시인인 매천 황현과는 심교를 나눈 사이이니 다음과 같은 사연이 있다. "매천 황현이 자결하기 직전에 마지막으로 한 번 더 영재 이건창의 무덤을 찾는 것이 한풀이로 남는다. 구례에서 서울까지 혼자서 걸어 난곡 이건방을 찾고 강화도 사골(사기리)의 경재 이건승을 찾아 셋이서 건평리 어느 초가집 뒤쪽에 애무덤처럼 누워 있는 영재 이건창의 무덤 앞에 엎드린다. '죽어서 외롭다고 서러워 말 것이 그대는 살아서도 혼자가 아니었던가'(無庸悲獨臥 在日已離群)22)"1905년 을사조약이 맺어지고 1909년 사법권이 일본으로

넘어갔을 때 매천 황현은 이미 삶의 의미를 잃고 마지막으로 생을 정리하기 위하여 건평리를 찾는다. 마침내 다음해 1910년 자결하기에 이른다. 이건창의 묘 유적지는 관리가 되지 않아 애무덤같이 되어 있고, 석물이 없어 녹슬어 쓰러져가는 안내문이 힘겹게 버티고 서서 묘의 주인을 알려줄 뿐이다.

5. 이건승의 『가승』에 나타난 유적지 지도

　영재 이건창의 동생 해경당 이건승은 대대로 내려오는 『家乘』이 시조로부터 7세조 참판공까지만 되어 있고 그 후대의 기록이 없음을 안타까워하였다. 그리하여 인친척들의 가전, 묘지, 족보 등을 모아 망명지인 만주 서간도 회인현에서 『續家乘上下』23)를 편집한다. 즉 시조부터 15대까지의 집안의 역사를 엮어놓은 것이다. 선대의 분묘의 지도와 묘의 좌향 그리고 당시의 강화에서 살던 집터 등을 그림으로 첨부하고 덕천군파 인친척들이 쓴 글을 모아 『속가승』상하 2책으로 엮은 것이다. 이 『가승』의 일부내용은 그의 문집 『海耕堂收草』에도 실려 있다. 분묘의 지도와 선대 묘의 좌향을 그림으로 그리고, 산의 명칭과 지명을 써 놓았다. 그러므로 강화학파의 유적지를 추적

---

22) 민영규, 『강화학 최후의 광경』, 우반출판사, 1994, 26쪽.
23) 『가승』상하와 『속가승』上下는 정신문화연구원에 마이크로필름(MF006127번)으로 보관되어 있다.

해보는 것과 인맥 등을 연구하는 데 중요한 자료이다. 왜 전주 이씨 덕천군파의 후손들이 강화도와 인연을 맺게 되는지에 대하여 이건승이 '沙谷局內前後事實年條'[24]라 하여 밝혀두고 있으며 이 기록이 하곡과 전주 이씨와의 인연이 어떻게 시작되는지의 실마리를 캐게 되는 유일한 자료가 된다.

1) <그림 1>: 위량면 건평동 유적지: 위량면의 현재 지명은 양도면이다

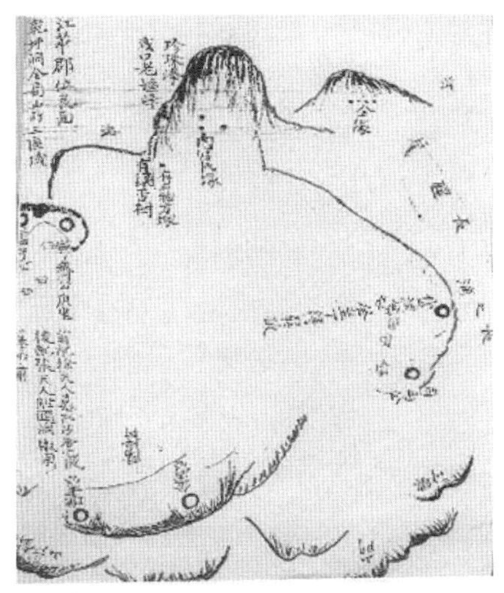

그림 1: 가승에 있는 건평동 유적지

---

24) 이건승, 같은 책, 「進士府君合葬이건墓誌」, "吾家本京城西世居, 江華自 孺人始".

　지금 알려져 있는 영재 이건창의 묘가 있는 건평동 주변의 그림
이다. 위치를 알 수 없었던 대연 이면백의 묘의 위치를 알려 준다.

2) <그림 2>: 길상면 반두동 유적지

그림 2: 『가승』에 있는 반두동 유적지

길상면은 이건창 생가의 동쪽에 위치한 곳이다. 초원 이충익의 묘가 표기되어 있다. 초원 이충익의 묘 앞의 장부인 묘는 영재 이건창의 두 번째 부인의 묘이다.

3) <그림 3>: 하도면 사기동 유적지, 하도면의 현재 지명은 화도면이다

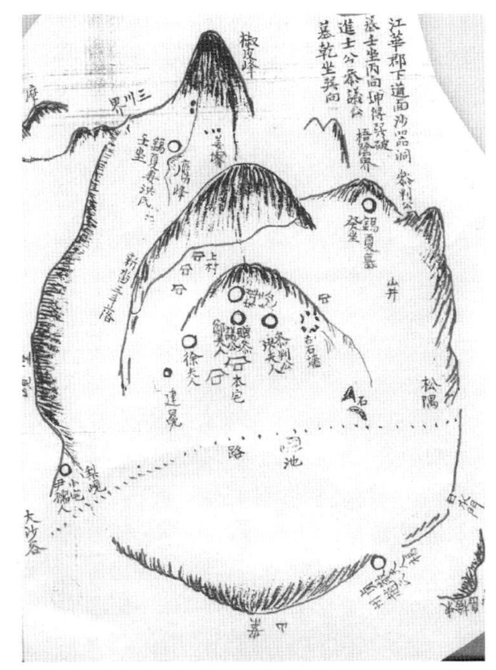

그림 3: 『가승』에 있는 이건창 생가 주변 유적지 그림

이 한 장의 그림 덕분에 <진사공 송부인>의 묘의 임자를 알 수 있게 되었다. 여러 차례 생가를 방문할 때마다 안내문도 없고 비석도 없는 묘의 주인이 누구일까 매우 궁금했는데 우연히 가승의 도면을 보고서야 이광명의 부친 진사공 이진위의 묘임을 알 수 있었다. 이진위의 묘는 지금도 누구의 묘인지 알 수 있는 표지석과 안내문이 없다. <서부인 묘>는 영재 이건창의 첫 부인이다. 두 번째 부인 장부인의 묘는 반두동에 있고, 이건창25)의 묘는 건평리에 있다. 그림에 다양한 호칭이 나온다. 정리해보면 進士公은 이진위, 參議公은 이광명, 參判公은 이대성, 忠貞公·沙磯公은 이시원이다.

---

25) 이건창의 가문의 계보를 보면 이경직−이정영−이대성−이진위−이광명
    −이충익−이면맥−이시원−이상학−이건창−이건승−이건면−이석하−
    이범하이다.

4) <그림 4>: 하도면 사기동 유적지

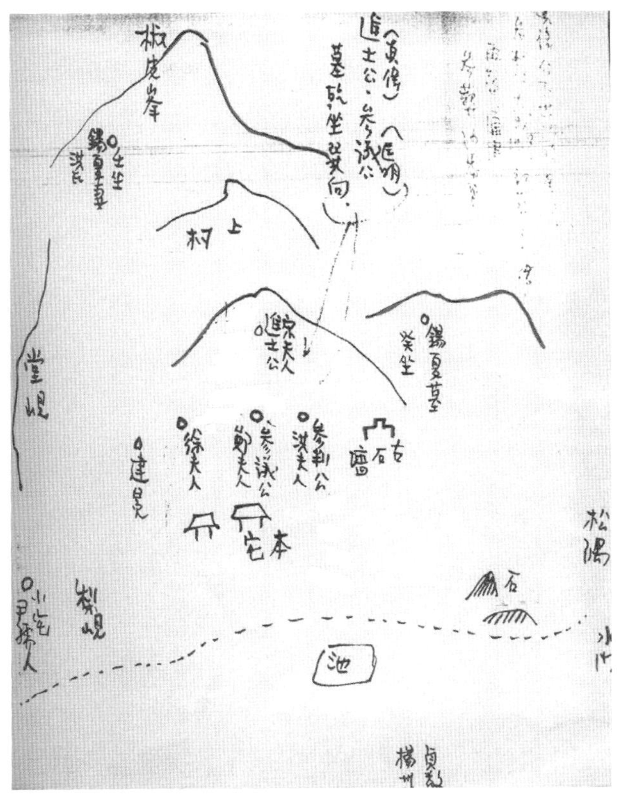

그림 4: 『기승』에 있는 〈그림 3〉을 간략하게 그린 그림

<그림>의 <본댁>은 이건창 생가를 말한다. 충정공 이시원과 심부인의 묘는 참판공홍부인의 묘 아래로 1975년에 이장하여 현재는 進士公 이진위, 參議公 이광명, 參判公 이대성, 忠貞公·沙磯公 이시

원의 묘 4기가 있다. 본댁이라고 그려진 집의 그림이 두 채인 것은 아마도 영재 이건창의 동생 해경당 이건승의 집이 아닌가 생각된다. 문헌에 보면 이건청과 이건승이 같은 마을에 거주한 것으로 보인다. <그림>의 건면은 이건창의 셋째 동생이다. 또한 <석하 묘><석하 처 홍씨>의 錫夏는 바로 이건승의 아들이며, 석하 처 홍씨는 汶園 洪 承憲의 딸이다. 이 부부는 부친인 이건승보다 먼저 죽는다.

6. 후 기

강화학파와 관련된 유적지에 대하여 알아보았다. 앞으로 남은 과 제를 살펴본다면

첫 번째 이미 알게 된 유적지를 잘 보존하는 일과 이 유적지를 일반 사람들에게 알리는 일이다. 철학이 살아서 숨을 쉬려면 대중 속으로 내려와야 한다고 생각한다. 유적지를 알리는 일에 적극적이 어야 한다는 점이다. 안내문 하나를 작성한다 해도 이해하기 쉽게 자세하게 해야 한다. 예를 들면 정제두 묘의 안내문에 조부와 증조 부의 묘가 맞은편 산에 있다는 것을 첨가한다면 훨씬 더 나을 것으 로 보인다. 이건창 생가에도 생가의 안내문만 있지, 생가 바로 뒷산 에 있는 그의 선대의 묘 유적지에 대하여는 알려주는 내용이 전혀 없다. 또한 기존에 세워진 안내문이 너무 낡고 유적지의 분위기와

전혀 어울리지 않는 것이 대부분이며, 이미 세워진 안내문마저도 언제 퇴락하여 쓰러질지 알 수 없을 지경이다. 또한 기존의 안내문의 내용에 가감해야 할 내용도 많은 것으로 보인다.

두 번째 강화학파에 관련된 유적지 이외에 한국철학에 관련된 전국의 유적지 등을 찾아 도록으로 정리하고 해설하여 유물과 유적지 등이 무지로 훼손되는 일이 없도록 해야 하는 일이다.

우리나라는 지자제가 된 이후로 전국적으로 매년 10월 전후로 각 지역의 문화를 알리는 문화축제가 성행한다. 우리는 각 지역의 철학적 유물과 유적들에 대하여 자세한 설명을 붙이고 정리하여 알려야 한다고 생각한다. 현재 이 땅에 살고 있는 사람들에게 유물유적 등 문화적 가치가 있는 것을 공유할 수 있도록 알려주어야 하는 일과, 유물유적 등을 정리하고 보존해서 후세에 고스란히 넘겨주어야 하는 책임도 바로 우리에게 있기 때문이다.

(서경숙)

Ⅱ. 문헌조사

1. 문헌조사의 목적

조선반도에 있어서 선진유학 및 宋代의 주자학은 본고장인 중국에 못지않게 성황을 이루었다. 특히 주자학은 고려 후기에 받아들여진 이래 조선이 몰락할 때까지 官學으로서의 지위를 넘기지 않았을 정도로 막대한 영향력을 유지하였다.

14세기 후반 주자학 이념에 근거하여 새로운 왕조인 조선이 건국되고, 16세기에는 주자학의 토착화가 이루어졌다. 이 시기에 이황과 이이로 대표되는 조선 성리학의 대가들이 등장하여 조선유학의 정체성을 찾아가는 현상이 조성되었다. 특히 조선 성리학으로서의 내면화가 심화되면서 특기할 만한 철학적 논쟁이 부각되었다. 첫 번째는 이황과 기대승 간의 논의에서 촉발되었던 四端七情論爭, 두 번째는 心의 본질적 의미와 本然之性의 문제에 관한 논쟁인 湖洛論爭, 세 번째는 사회 규범으로 자리잡은 주자학의 실천규범에 따른 禮學論爭, 네 번째는 조선 성리학의 특징인 心 개념의 강조와 연관되는 心說論爭이다.

이들 논쟁은 조선의 성리학이 그 발생지인 중국에서조차 찾아볼 수 없는 이론적 발전과 대사회적 영향력을 가지고 있었던 것을 논증한다. 특히 이러한 논쟁들은 어느 쪽도 공통적으로 주자의 학설을 정통으로 삼고 거기에 근거하여 이루어졌다는 특징이 있다. 상대방이 주장하는 주자의 학문세계를 다른 학설에 근거하여 비판하거나 이견을 내세우는 구조가 아니었다. 따라서 이론적인 면에서는 중국

보다도 精緻한 논리로 발전하였고, 또 주자학의 보급 면에 있어서도 조선적 현실에 알맞은 응용이 개발되었다.

하지만 주자학에의 지나친 편향은 양명학 등 기타의 새로운 사상의 유입과 전개에 대해서는 관심이 미약하였다. 이것은 동 시기에 중국의 주자학을 비롯하여 조선의 주자학 그리고 양명학 등을 수용하여 다양한 사상세계를 열었던 일본의 학문적 성향과는 비교되는 차이점이기도 하다.26) 이전에는 이러한 조선의 학문성향을 '주자학 일존주의'라고 폄하하는 경향도 있었지만, 그것은 조선적 역사상황에 따른 결과이기 때문에 우열을 가를 문제가 아니다.

다만 우리가 밝혀야 할 것은 표면적으로 학문의 극치를 이루었던 조선 주자학의 사상적 특성과 그런 발전을 가져오게 하였던 그 당시 조선의 역사적 상황 및 사회적 상황을 밝히는 일이다. 아울러 주자학에 비교하면 분명 드러나는 영향력을 가지지 못하였지만, 당시 유교문화권의 사상적 편향에 지대한 영향력을 행사하였던 양명학의 조선적 수용과 전개를 밝혀내야 한다. 이는 조선 오백 년의 사상적 맥락을 밝히는 데 필요불가결의 문제라고 판단된다.

15세기에 형성된 중국 양명학은 12세기에 형성된 주자학의 가치체계를 상당부분 수정하거나 변화시켰다.27) 이는 양명학이 배태된

---

26) 일본에 본격적으로 주자학을 수용한 학자는 16세기 후반 에도시대 초기의 후지와라 세이카(藤原惺窩)이다. 그는 임진왜란 때 잡혀간 강항(姜沆)을 통하여 조선 주자학을 접한 뒤, 적극적으로 주자학을 수용하였을 뿐만 아니라 육왕학에 대하여도 수용적 자세를 가지는 등 절충적 입장이었다. 그런 토대 위에 본래 주자학을 공부하던 나카에 토주(中江藤樹)가 적극적으로 양명학을 수용하여 전개한 시기도 거의 동 시대적인 17세기 초반이었다. 즉 주자학과 양명학이 거의 동시에 수용되어 발전하여 나갔다고 할 수 있다.

사회현실과 주자학적 사회상황과의 차이, 특히 사상의 담당층의 변화, 사상의 사회적 역할의 변화 등 여러 가지 방향에서 분석할 수 있을 것이다. 그중에 양명학의 궤적이 미약하였던 조선에 있어서 조선양명학의 학문적 상황과 사회적 상황을 밝혀낸다면, 조선유학의 정체성을 좀 더 선명하게 부각시킬 수 있을 것으로 판단된다.

2. 한국 양명학 문헌 정리의 기초

양명학이 조선에 언제 누구에 의하여 최초로 전해졌는지에 대해서는 아직 定論이 없는 실정이다. 李能和는 東岡 南彦經과 慶安令 李瑤가 그 최초의 인물이라고 한다. 宣祖가 이요에게 양명학에 대하여 질문한 것으로 보아(1594년) 그 이전에 양명학이 이미 전파되었음을 알 수 있다. 西厓 柳成龍은 17세 때(1558년) 燕京에 謝恩使로 다녀오던 沈通源의 행탁(行橐) 속에서 양명의 글을 발견하고 이를 등서(謄書)했다고 하며, 이전에는 양명의 글이 들어온 적이 없다고 밝히었다.

그러나 吳鍾逸은 1521년 이전 왕양명이 생존했을 때 이미 『傳習錄』初刊本이 전래되었다고 한다. 訥齋 朴祥(1474~1530)의 연보에 「변왕양명수인전록(辨王陽明守仁傳錄)」이란 것이 있고, 十淸軒 金世

---

27) 단적으로 욕망론의 문제를 보더라도 주자학은 욕망을 부정하는 입장에서 '금욕'을 추구하였지만, 양명학은 맹자의 '과욕'을 근거로 하여 욕망을 긍정하는 방향으로 나아갔다.

弼, 1473~1533)의 十清軒集에 「우화눌재(又和訥齋)」라는 三絶詩에
'陽明老子治心學'이란 글이 있음을 근거로 하여 중종 16년(1521) 이
전에 양명학이 전래되었다고 보고 있다.

하지만 尹南漢은 양명학의 형성을 중종말(1528)에서 명종초(1533),
정주학이 心學化되는 과정에서 비롯되었다고 주장한다. 초기 양명학
수용과정에서 이요가 선조에게 양명학을 찬양하자, 선조도 이에 적
극 동조하면서 유성룡의 양명학 배척을 거부하였다는 것이다. 특히
선조는 양명학을 배우지 않는 것보다는 배우는 것이 좋다고 강경하
게 주장하였다고 전한다. 이처럼 선조 때에는 양명학을 수용하려는
논의가 있었으나 退溪의 「傳習錄辨」 이후에 양명학은 '異端邪說'로
배척당하였다고 한다. 퇴계의 문하생 유성룡이 양명의 心卽理 학설
과 지행합일설 및 치양지설까지도 비판하였으며, 1594년 선조와의
대담에서 양명학과 이를 숭상하는 이요·남언경을 비난하였고, 그
후 老論이 국가권력을 장악하게 되자, 노론 영수인 宋時烈의 문하인
韓元震은 왕양명의 학설을 조목조목 비판하였고, 소론의 영수인 朴
世采도 『王陽明學辨』을 지어 양명학을 비판하였다.28)

이렇듯 주자학 신봉자들에 의하여 양명학이 배척을 당하였으나 그
명맥은 끊임없이 이어져왔다. 선조 때의 남언경·이요를 비롯하여 張
維(1587~1638)·崔鳴吉(1586~1647) 등 양명학에 관심을 갖고 이를
연구하려는 학자들이 나타났다. 장유는 왕양명의 치양지설을 높이
평가하고, 주자와 양명의 격물치지설을 비교하여 주자는 전적으로
'知'를 위주로 하지만 양명은 '知行'을 겸한 것이라고 하여, 양명학

---

28) 그뿐 아니라 南人 계열의 李瀷(1579~1624), 安鼎福(1712~1791), 丁若
鏞(1762~1836)도 양명학에 대하여 비판적인 시각을 가지고 있었다.

을 더 높이 평가하였다.

하지만 조선의 본격적 양명학 연구는 霞谷 鄭齊斗(1649~1736)를 기다리지 않을 수 없었다. 그는 스승 南溪 박세채에게 올린 서신에서 양명학설의 정당함을 강하게 주장하였다. 하곡은 양명학이야말로 '聖學의 올바른 길'이라고 확신하고 있었다. 양명학에 관한 하곡의 논의는 주로 「存言」,「學辨」 그리고 閔彦暉에게 준 「辨言正術」에 자세히 나타나 있다. 하곡은 많은 학자와의 토론을 거쳐 양명학의 본지를 설명하였으며, 양명학을 배척하는 풍토에서 끝내 자기 뜻을 굽히지 않고 한국 양명학을 이론적으로 정립하는 데 일생을 바치었다. 그 후 하곡은 한국양명학사에서 유일한 양명학자로이자 대표적인 한국양명학의 얼굴로 추숭되고 있다.

이 외에 劉明鍾은 蛟山 許筠(1569~1618)도 양명학파로 다루고 있다. 허균은 양명좌파인 李卓吾의 사상의 영향을 받아『焚書』를 인용하는가 하면, '童心說'의 주장을 반영하고 있음에 착안한 것이다. 유명종은 芝峰 李睟光(1563~1628) 또한 양명학과 西學을 수용하여 주자학적 권위에 구속되지 않는 인물로 평가하였다. 지봉은『芝峰類說』에서 象山學과 陽明學을 지지하였으며, 양명의 핵심사상인 '치양지'와 '4구교'도 언급하였다. 그리고 양명우파인 羅洪先과 좌파인 초횡(焦竑)을 동시에 소개하였으며, 마테오리치의『천주실의』를 소개하면서, 務實을 추구하는 과정에서 양명학을 받아들여 후기 실학파가 양명학을 도입하는 선례가 되었다고 하였다. 유명종은 정인보의 설을 받아들여 湛軒 洪大容을 실학파와 양명학 절충으로 보고, 그 밖에 燕巖 朴趾源과 楚亭 朴齊家 등도 같은 부류로 다루고 있다. 양명학과 천주교의 관계는 柳承國에 의하여 소개되었는데, 그는『천주실의』나 『上宰相書』 같은 천주교리를 권면함에 있어서 그들의 대표적 저술에 양명학이 그 중심을 이루고, 정약용·권철신·이벽 같은 이들이 양명의 논지를 원용하였다고 하였다.[29]

하곡이 강화도로 이주한 뒤에 이른바 강화학파의 양명학이 형성되어, 현대 한국 양명학의 대표자인 정인보에까지 전수되었다. 강화학파는 圓嶠 李匡師·恒齋 李匡臣·李匡明 일족이 모두 양명학을 신봉하였으며, 원교의 아들 李肯翊·李令翊은 조선조 학술사를 정리했고, 이광명의 아들 李忠翊, 그의 아들 李勉伯은 『海東惇史』를 저술하였고, 李時遠은 병인양요(1866년) 때 강화에서 자결하고, 아들 李象學도 양명학을 계승하였으며, 손자 李建昌과 李建昇 그리고 李建芳 등은 이른바 강화학파의 중심인물이 되었다. 강화의 양명학은 사실 하곡의 아들인 鄭厚一에 의하여 계승되고, 하곡의 외손인 申綽에 의하여 실질적으로 계승되었다. 그리고 이광사의 문인 鄭東愈, 하곡의 현손(玄孫)인 鄭文升, 그의 아들 鄭箕錫 등은 모두 家學을 이어받은 학자들이라 할 수 있다. 그 밖에 金澤榮도 이 학파에서 빼놓을 수 없는 인물이다.

---

29) 서종태는 성호학파의 양명학 수용을 주장한다. 성호의 조카이자 제자인 李秉休(1710~1776)를 통해 李基讓(1744~1802)·權哲身(1736~1801)·韓鼎運(1741~1819)·丁若銓(1758~1816) 등이 양명학을 공부한 것으로 파악하고 있으며, 그들은 양명좌파의 경향을 띠고 있다고 주장하였다.

3. 한국 양명학 문헌조사의 방향성

양명학연구 제1기(1933～1970년대): 한국양명학에 대한 근대적 연구는 朴殷植(1859～1925)과 鄭寅普(1893～?)에 의하여 시작되었다. 박은식은 『儒敎求新論』에서 "주자학은 지리하고 양명학은 간단하고 쉬운 학문이므로 현대학문을 수용하는 데 오히려 양명학이 더 적절하다"고 하면서 양명학과 서양 근대학문을 연계하려고 시도하였다. 정인보는 『양명학연론』을 저술하여 주자학파의 허(虛)와 거짓(假)을 비판하고, 지행합일의 실천력으로 조선민족의 독립정신을 삼자고 하였다.

특히 정인보는 한국 양명학자를 세 부류로 나누어 놓았다. 첫째, 양명학에 관한 뚜렷한 저서나 증거가 있는 인물로서 정제두·장유·최명길을 선정하였다. 둘째, 겉으로는 주자학인 듯하지만, 내면으로는 양명학에 근접한 인물로 이광사를 비롯한 강화학파 사람들이 거론되었다. 끝으로 양명학에 대한 일체의 언급은 없었다 할지라도 양명학 정신을 소유한 인물로서 홍대용을 지목하였다.

이렇듯 초기의 한국양명학에 대한 관심은 일본 근대화에서의 양명학의 역할에 자극받아 한국양명학의 근대성에 주목한 결과라고 본다. 따라서 초기의 연구에서는 다양한 자료들의 정리와 분석 및 한글화 작업은 이루어지지 않은 채 근대화 담론의 한 자료로 부각되는 것에 그치었다.

양명학연구 제2기 이능화는 『朝鮮儒界之陽明學派』에서,[30] 현상윤

---

30) 이능화, 「朝鮮儒界之陽明學派」, 청구학총, 1936. p52.

은 『朝鮮儒學史』에서[31] 양명학의 유입과 그 배척의 항목으로 밝혀내었다.[32] 즉 1933년부터 1970년대에 이르는 동안의 양명학 연구들은 양명학 사상 자체의 연구보다는, 주로 조선에 양명학이 전래되는 시기 혹은 수용 과정 등에 일어났던 諸問題들과 퇴계를 위시로 하는 양명학 배척 상황, 또는 그 후에 양명학적 성향의 인물들에 대한 조사·결과 등을 서술하는 데에 그쳤다고 할 수 있다.[33]

양명학연구 제3기 이윽고 1974년 윤남한의 「조선시대의 양명학 연구」가 나오면서 한국 양명학연구는 그 방법론과 체계적인 분석이 시도되었다.[34] 윤남한의 이 연구를 토대로 한국 양명학에 대한 연구는 활성화되기 시작하였고, 특히 하곡 정제두에 대한 사상은 1972년 『國譯 霞谷集(1)』, 1977년 『國譯 霞谷集(2)』 등의 성과물이 나오게 된다. 이로부터 한국 양명학의 巨星이라 할 수 있는 하곡 정제두의

---

31) 현상윤, 『朝鮮儒學史』, 민중서관, 1949.

32) 이 밖에도, 고교형의 「朝鮮陽明學派」(『조선학보』 4집, 1953)와 이병도의 「陽明書之與退溪之辨斥」(『백락준박사환갑기념국하논총』, 1955), 유명종의 「退溪의 異學觀」(『고병한박사화갑기념특집논문집』, 1960), 김능근의 「陽明學의 傳來와 韓國儒家의 動向」(『숭실대논문집』, 제1집, 1967), 이을호의 「茶山 經學의 陸王學的 斷面」(『동방학지』 8집, 1967) 阿部吉雄의 「朝鮮陽明學」(『양명학대계』, 제1권, 『양명학입문』, 1971) 등의 양명학 전래와 그 배척에 관한 연구가 발표되었다.

33) 최재목, 「한국에서의 양명학 연구 성과의 회고와 전망」, 『중국학보』 38집, 한국중국학회, 1998.

34) 윤남한의 이 논문은 후일 1982년 『朝鮮時代의 陽明學 研究』라는 책으로 출간되었다. 혹자들은 이 논문이 歷史學的 觀點에서 밝혀진 논문이라 일축하기도 하지만, 분명 기존 연구물들에 비해 한국 양명학을 연구하는 데에 있어서 하나의 획기적인 연구물이라 생각된다. 여기에서 그는 한국 양명학의 전반에 대한 논증과 함께, 대표적인 양명학자로 손꼽히는 하곡 정제두에 대해서도 적지 않은 해설을 다루었다.

양명학 사상에 대한 본격적인 연구가 시작된다.[35]

위와 같은 한국 양명학 연구에서 우선 시급한 것은 양명학 관련 자료를 다양하게 수집하여 분석하고 객관화시키는 일이다. 원문 자료의 현대어 번역은 고사하고 종합적 목록조차 마련되지 못한 현실에서 한국 양명학에 대한 전체그림을 그리는 지난한 일이기 때문이다.

4. 강화 양명학 연구의 문헌 정리

본 문헌조사 분과팀은 하곡 정제두 이래 강화학파와 강화학인들에 관한 문헌을 조사하고 그 내용을 정리하여 보았고, 향후 새로운 자료를 발굴 조사하여 정리하고자 한다. 한국 양명학을 연구함에 있어서 강화학파는 가장 주목받아 마땅한 위치에 있다. 사실 강화학파가 형성되고 대두됨으로써 한국 양명학은 양명학으로서의 면모를 갖추었다고 하여도 과언이 아닐 정도이다. 따라서 한국 양명학 연구란 강화학인들의 자료들을 분석해 나가는 작업에서 시작된다. 그들을 둘러싼 양명학에 관한 찬반의 논쟁을 그들의 문헌 속에서 찾아 분석함으로

---

35) 박연수는 「하곡 정제두의 사상에 있어서 인간 이해에 관한 연구」(1989년)를, 김교빈은 박사학위 논문으로「하곡 철학사상에 관한 연구 − 존재론·인성론·사회의식에 대한 구조적 이해를 중심으로−」(1992년)를, 송석준도 「한국양명학과 실학 및 천주교와의 사상적 연관성에 대한 연구」(1992년)을 박사학위 논문을 내놓음으로써 양명학 연구의 새로운 지평을 열어놓았다.

써 한국철학사의 다양하고 액티브한 모습이 부각될 것이라고 본다.

5. 강화 양명학 관련 문헌 목록 일람표

順　序	書　名	著　者	板　本	卷冊數	備　考
1	霞谷集	鄭齊斗	寫本	22권 22책	文集叢刊160
2	椒村遺稿	沈錥	寫本	47권 18책	文集叢刊 207－208
3	先藁	李匡臣	筆寫本	3책4권	
4	圓嶠集	李匡師	寫本	10권 4책	文集叢刊221
5	李參奉集	李匡呂	木板本	4卷2冊	文集叢刊 237
6	宛丘遺集	申大羽	木版本	10권 2책	文集叢刊 251
7	信齋集	李令翊	寫本	不分卷 2책	文集叢刊 252
8	椒園遺藁	李忠翊	寫本	不分卷 2책	文集叢刊 255
9	修山集	李種徽	芸閣印書體字本	14권 7책	文集叢刊 247
10	晝永編	鄭東愈	乙酉文化社		
11	石泉遺稿	申綽	寫本	3卷3冊	文集叢刊 279
12	岱淵遺藁	李勉伯	寫本	2권 2책	文集叢刊 289,290
13	沙磯集	李是遠	寫本	不分卷5冊	文集叢刊 302
15	海耕堂收草, 家乘	李建昇	筆寫本		
14	蕉泉集	鄭文升	木版本	4권 2책	
16	篋中集				
17	明美堂集	李建昌		20권 8책	靑丘文化社
18	蘭谷存稿	李建芳	筆寫本	13권 4책	
19	양명학연론	정인보			

6. 강화 양명학 문헌에 대한 목록 및 해제 자료집

1) 하곡집

저자 및 생몰연대	鄭齊斗(霞谷) / 1649(인조 27)~1736(영조 12)
권수제 및 총간	霞谷先生文集 / 〈韓國文集叢刊160〉 / 22권 22책
刊印年度 및 版種	哲宗年間筆寫 / 寫本, 1966年 影印 / 寫本影印本
소창처(소장도서번호)	국립중앙도서관(古3648－文70－22)

목　차	
<正集> **권1. 書1(34편)** 上宋尤齋問目丙辰 上宋尤齋書己未 上宋尤齋書癸亥 復上宋尤齋書 答宋尤齋書甲子 答尹明齋書壬申 上明齋書丁丑 答尹明齋書丁丑 / 二 上尹明齋書丙子 上尹明齋書己卯 答尹明齋書壬午 上尹明齋書乙酉 答尹明齋書丙戌 上尹明齋書己丑 上朴南溪書 上朴南溪書庚申 擬上朴南溪書壬戌 上朴南溪書甲子	答閔彦暉書三 答閔誠齋書二 **권2. 書3(27편)** 答閔彦暉書十二 與閔彦暉書 與李君輔書丙子 答閔彦暉書 答崔汝和錫鼎書癸酉 答崔汝和書癸酉或疑甲戌 答崔汝和書辛巳 答崔汝和書癸未 答崔汝和書甲申 / 二 與崔汝和書乙酉 與崔汝和書甲申 與崔汝和論親民書 答崔汝和書 與崔汝和問目 答崔汝和問目甲申 與崔汝和問目乙酉

저자 및 생몰연대	鄭齊斗(霞谷) / 1649(인조 27)~1736(영조 12)
권수제 및 총간	霞谷先生文集 / 〈韓國文集叢刊160〉 / 22권 22책
刊印年度 및 版種	哲宗年間筆寫 / 寫本, 1966年 影印 / 寫本影印本
소창처(소장도서번호)	국립중앙도서관(古3648-文70-22)

목 차

저자 및 생몰연대	鄭齊斗(霞谷) / 1649(인조 27)~1736(영조 12)
권수제 및 총간	霞谷先生文集 / 〈韓國文集叢刊160〉 / 22권 22책
刊印年度 및 版種	哲宗年間筆寫 / 寫本, 1966年 影印 / 寫本影印本
소창처(소장도서번호)	국립중앙도서관(古3648-文70-22)

목 차

<table>
<tr><td>저자 및 생몰연대</td><td colspan="2">鄭齊斗(霞谷) / 1649(인조 27)~1736(영조 12)</td></tr>
<tr><td>권수제 및 총간</td><td colspan="2">霞谷先生文集 / 〈韓國文集叢刊160〉 / 22권 22책</td></tr>
<tr><td>刊印年度 및 版種</td><td colspan="2">哲宗年間筆寫 / 寫本, 1966年 影印 / 寫本影印本</td></tr>
<tr><td>소창처(소장도서번호)</td><td colspan="2">국립중앙도서관(古3648−文70−22)</td></tr>
<tr><td colspan="3" align="center">목 차</td></tr>
<tr><td colspan="2">答橫溪宗人書甲辰</td><td>辭執義疏戊子七月</td></tr>
<tr><td colspan="2">答橫溪宗人書二</td><td>再疏</td></tr>
<tr><td colspan="2">與宗人葵陽書庚戌</td><td>辭執義疏己丑九月</td></tr>
<tr><td colspan="2">答永川諸宗人書</td><td>再疏</td></tr>
<tr><td colspan="2">答永川宗人書二</td><td>辭戶曹參議疏己丑十月</td></tr>
<tr><td colspan="2">答宗人鄭鋧書甲辰</td><td>再疏十一月</td></tr>
<tr><td colspan="2">答宗人鄭錫書</td><td>三疏</td></tr>
<tr><td colspan="2">答龍仁宗人書丙戌</td><td>辭特賜食物疏四月</td></tr>
<tr><td colspan="2">四疏庚寅二月</td><td>陳賀仍告歸疏戊申四月</td></tr>
<tr><td colspan="2">辭江原監司疏庚寅九月</td><td>回對四月</td></tr>
<tr><td colspan="2">再疏十月</td><td>回對同日夜</td></tr>
<tr><td colspan="2">三疏十月</td><td>請收偕來史官疏四月</td></tr>
<tr><td colspan="2">辭左尹疏己亥十一月</td><td>傳諭回對</td></tr>
<tr><td colspan="2">別諭後辭敦召疏同月</td><td>回啓</td></tr>
<tr><td colspan="2">辭大司憲疏壬寅三月</td><td>回對</td></tr>
<tr><td colspan="2">辭贊善疏壬寅九月</td><td>辭歸筵對時手教</td></tr>
<tr><td colspan="2">辭吏曹參判兼任贊善疏壬寅十月</td><td>辭參贊諸職疏五月</td></tr>
<tr><td colspan="2">再疏十一月</td><td>承候疏戊申十一月</td></tr>
<tr><td colspan="2">仍任後辭疏癸卯二月</td><td>批答傳諭回對</td></tr>
<tr><td colspan="2">再疏三月</td><td>回對</td></tr>
<tr><td colspan="2">三疏逸</td><td>陳慰仍辭召命疏十一月</td></tr>
<tr><td colspan="2">四疏癸卯七月</td><td>回對</td></tr>
<tr><td colspan="2">回對</td><td>辭都憲疏戊申十一月</td></tr>
<tr><td colspan="2">辭召命及贊善疏甲辰七月</td><td>回對</td></tr>
<tr><td colspan="2">辭贊善兼任國子疏七月</td><td>辭都憲召命疏戊申十二月</td></tr>
<tr><td colspan="2">書啓甲辰九月 / 五</td><td>書啓己酉正月</td></tr>
<tr><td colspan="2">辭召命疏九月</td><td>回啓</td></tr>
<tr><td colspan="2">過因山後上疏甲辰十二月</td><td></td></tr>
</table>

저자 및 생몰연대	鄭齊斗(霞谷) / 1649(인조 27)~1736(영조 12)
권수제 및 총간	霞谷先生文集 / 〈韓國文集叢刊160〉 / 22권 22책
刊印年度 및 版種	哲宗年間筆寫 / 寫本, 1966年 影印 / 寫本影印本
소장처(소장도서번호)	국립중앙도서관(古3648-文70-22)

<table>
<tr><td colspan="2" align="center">목　차</td></tr>
<tr><td>

辭吏曹參判疏丁未七月
辭贊善疏逸 / 丁未八月
書啓逸
辭命召疏逸
書啓逸
回啓
辭大司憲疏十月
書啓逸
再疏逸
辭資憲及諸職疏戊申正月
疏批傳諭後回對
辭右參贊疏二月
回對
再疏三月
批答回對
三疏
聞賊變疏三月
遣史官命召回對
登筵退出後宣諭回對
詣闕下辭召命疏戊申四月初三日
書啓
三疏九月
四疏甲寅十月
辭食物題給命疏乙卯正月
回對二
辭贊成疏乙卯
回對八月
辭輔養官召命疏乙卯八月

</td><td>

권5. 疏2(37편)
辭大司憲疏己酉三月
回對二
辭兼職疏
回對
逆變後陳慰疏庚戌五月
回對
史官傳諭後書啓庚戌七月
辭御醫隨往之命仍陳戒疏七月
應旨書啓十月
回對十月
回對
辭周急疏壬子
回對
謝周急疏癸丑三月
辭知中樞疏逸 / 甲寅三月
回對
辭右贊成初疏甲寅三月
再疏五月
葬前朔望參議對十二月
殯宮祭禮議對十二月
卒哭前後服色議對十二月
錢貨便否議對己酉正月
魂宮練後享官服色議對十月
逆女夫及父緣坐律議對庚戌三月
德宗室祝辭屬稱議對九月
德宗室屬稱議復對十月
長陵遷奉議對辛亥三月

</td></tr>
</table>

<table>
<tr><td>저자 및 생몰연대</td><td>鄭齊斗(霞谷) / 1649(인조 27)~1736(영조 12)</td></tr>
<tr><td>권수제 및 총간</td><td>霞谷先生文集 / 〈韓國文集叢刊160〉 / 22권 22책</td></tr>
<tr><td>刊印年度 및 版種</td><td>哲宗年間筆寫 / 寫本, 1966年 影印 / 寫本影印本</td></tr>
<tr><td>소창처(소장도서번호)</td><td>국립중앙도서관(古3648-文70-22)</td></tr>
</table>

목 차

<table>
<tr><td>저자 및 생몰연대</td><td>鄭齊斗(霞谷) / 1649(인조 27)~1736(영조 12)</td></tr>
<tr><td>권수제 및 총간</td><td>霞谷先生文集 / 〈韓國文集叢刊160〉 / 22권 22책</td></tr>
<tr><td>刊印年度 및 版種</td><td>哲宗年間筆寫 / 寫本, 1966年 影印 / 寫本影印本</td></tr>
<tr><td>소창처(소장도서번호)</td><td>국립중앙도서관(古3648-文70-22)</td></tr>
<tr><td colspan="2" align="center">목 차</td></tr>
</table>

<table>
<tr><td>

辭對宗廟移安儀議回啓乙巳九月
辭對四賢祠合享議回啓乙巳十一月
孝章世子喪兩殿服制議對戊申十一月
葬前私家祭行否議十一月
祭江華某山文
祭崔艮齋奎瑞文
柏山書院兩丁祝文李龜川
李平仲哀詞癸丑

墓表(10편)
監察公[鄭仁昌]墓表
檢閱公[鄭光胤]墓表
贈判書公[鄭雲]墓表
博士公[鄭謹]墓表
贈貞敬夫人昌原黃氏[鄭謹妻]墓表
忠貞公[鄭維城]墓表
從兄寅平尉鄭公[齊賢]墓表
徵士黃公[信之]墓表附答權綵籤付問
目書
贈通政大夫承政院左承旨沈公[若漢]
墓表丙寅
將仕郎永禧殿參奉李公墓表辛卯

墓碣(1편)
贈贊成公[鄭尙徵]墓碣

墓誌(2편)
德天壙誌

</td><td>

祭洪永川禹相文癸未
祭朴芝浦鐔文丁亥
祭李參判廷謙文
祭內從弟李君聖諧文
感夢
山溪
東湖九秋夕登
用諸公韻臨瀛別金垣卿
和金兄汝和寄臨瀛
臨瀛送金兄象卿用前韻
臨瀛寄歸淵李伯祥
送崔文叔之連山
臨瀛留別金仲溫
次仲舅白巖山韻
次內從李聖諧韻
陪過慈闈周甲於長城府衙
次通津村壁韻
暮雲
臘梅
白鷺二首
次靜觀齋集中韻
贈女兒
次姨兄金汝和韻三首
過松都拜先祖舊墟感圃牧二先生遺事
草亭新居
[失題]

挽辭(75편)

</td></tr>
</table>

저자 및 생몰연대	鄭齊斗(霞谷) / 1649(인조 27)~1736(영조 12)
권수제 및 총간	霞谷先生文集 / 〈韓國文集叢刊160〉 / 22권 22책
刊印年度 및 版種	哲宗年間筆寫 / 寫本, 1966年 影印 / 寫本影印本
소장처(소장도서번호)	국립중앙도서관(古3648－文70－22)

목 차

저자 및 생몰연대	鄭齊斗(霞谷) / 1649(인조 27)~1736(영조 12)
권수제 및 총간	霞谷先生文集 / 〈韓國文集叢刊160〉 / 22권 22책
刊印年度 및 版種	哲宗年間筆寫 / 寫本, 1966年 影印 / 寫本影印本
소장처(소장도서번호)	국립중앙도서관(古3648－文70－22)

목 차

저자 및 생몰연대	鄭齊斗(霞谷) / 1649(인조 27)~1736(영조 12)
권수제 및 총간	霞谷先生文集 / 〈韓國文集叢刊160〉 / 22권 22책
刊印年度 및 版種	哲宗年間筆寫 / 寫本, 1966年 影印 / 寫本影印本
소창처(소장도서번호)	국립중앙도서관(古3648-文70-22)

목　차

저자 및 생몰연대	鄭齊斗(霞谷) / 1649(인조 27)~1736(영조 12)
권수제 및 총간	霞谷先生文集 / 〈韓國文集叢刊160〉 / 22권 22책
刊印年度 및 版種	哲宗年間筆寫 / 寫本, 1966年 影印 / 寫本影印本
소장처(소장도서번호)	국립중앙도서관(古3648-文70-22)

목　차

<table>
<tr><td>저자 및 생몰연대</td><td>鄭齊斗(霞谷) / 1649(인조 27)~1736(영조 12)</td></tr>
<tr><td>권수제 및 총간</td><td>霞谷先生文集 / 〈韓國文集叢刊160〉 / 22권 22책</td></tr>
<tr><td>刊印年度 및 版種</td><td>哲宗年間筆寫 / 寫本, 1966年 影印 / 寫本影印本</td></tr>
<tr><td>소창처(소장도서번호)</td><td>국립중앙도서관(古3648-文70-22)</td></tr>
</table>

목 차

저자 및 생몰연대	鄭齊斗(霞谷) / 1649(인조 27)~1736(영조 12)
권수제 및 총간	霞谷先生文集 / 〈韓國文集叢刊160〉 / 22권 22책
刊印年度 및 版種	哲宗年間筆寫 / 寫本, 1966年 影印 / 寫本影印本
소창처(소장도서번호)	국립중앙도서관(古3648-文70-22)

목 차

저자 및 생몰연대	鄭齊斗(霞谷) / 1649(인조 27)~1736(영조 12)
권수제 및 총간	霞谷先生文集 / 〈韓國文集叢刊160〉 / 22권 22책
刊印年度 및 版種	哲宗年間筆寫 / 寫本, 1966年 影印 / 寫本影印本
소장처(소장도서번호)	국립중앙도서관(古3648-文70-22)

목 차

(1) 연 보

왕 력	서 기	간 지	연 호	연 령	기 사
인조 27	1649	기 축	順治 6	1	6월 27일, 서울 盤石坊에서 태어나다
효종 4	1653	계 사	10	5	부친상을 당하다. 安山 楸谷에 장사지내다
9	1658	무 술	15	10	敎官 李商翼에게 글을 배우다.
현종 5	1664	갑 진	康熙 3	16	봄, 관례를 행하다. ○11월, 조부인 鄭維城이 卒하다.
6	1665	을 사	4	17	겨울, 崔鳴吉의 외종손녀이자 尹鴻擧의 딸 坡平尹氏와 혼인하다
9	1668	무 신	7	20	겨울, 別試 初試에 聲氣策으로 합격하다
12	1671	신 해	10	23	2월, 아들 厚一이 태어나다. ○11월, 부인 윤씨의 상을 당하다
13	1672	임 자	11	24	별시에 합격하였으나 殿試에 낙방하다. 이때까지 외삼촌 星齡에게 科文을 익혔으나 동생 齊泰가 급제하자 科業을 그만두고 南溪 朴世采의 문하에 다니며 경학에 몰두하다. 經史와 百家의 서적을 두루 섭렵하여 陰陽星曆의 數와 兵農醫藥, 堪輿卜筮, 稗官小說 등 典故에 이르기까지 모두 통달하다.
15	1674	갑 인	13	26	徐漢桂의 딸 南陽徐氏와 혼인하다.
숙종 3	1677	정 사	16	29	관동 강릉부를 유람하다
6	1680	경 신	19	32	여름, 金壽恒의 천거를 받아 司圃署 別提에 제수되었으나 나가지 않다.
8	1682	임 술	21	34	12월, 宗簿寺 主簿에 제수되었으나 나가지 않다. ○<擬上朴南溪書>를 짓고 양명학에 대한 입장을 밝히다.
10	1684	갑 자	23	36	3월, 공조 좌랑에 제수되었으나 병으로 체직되다.
12	1686	병 인	25	38	아들 후일이 李端相의 딸과 혼인하다.

왕 력	서 기	간 지	연 호	연 령	기 사
14	1688	무 진	27	40	겨울, 모친을 모시고 동생 제태의 임소인 長城으로 가다. ○12월, 평택 현감에 제수되다.
15	1689	기 사	28	41	李珥, 成渾이 문묘에서 축출되자 벼슬을 그만두고 떠나 안산 추곡에 집을 짓고 살다.
20	1694	갑 술	33	46	1월, 모친상을 당하다. ○동생이 관서로 유배되다.
21	1695	을 해	34	47	남계 박세채 선생을 곡하다.
22	1696	병 자	35	48	6월, 書筵官에 뽑혔으나 申鈗의 소척을 받자 상소하여 사직하다.
24	1698	무 인	37	50	동생이 廣州 府尹 제태를 곡하다. ○경기 都事에 제수되었으나 나가지 않다. ○11월, 세자익위사 익찬에 제수되었으나 상소하여 사직하다.
26	1700	경 진	39	52	1월, 부인 서 씨의 상을 당하다. ○朔寧 군수에 제수되었으나 사직하다. ○10월, 여주로 가다.
28	1702	임 오	41	54	12월, 사도시 주부에 제수되었으나 사직하다.
29	1703	계 미	42	55	1월, 조부인 忠貞公의 延諡禮를 행하다.
31	1705	을 유	44	57	2월, 종부시 주부에 제수되다.
32	1706	병 술	45	58	尹趾完의 천거로 장령에 제수되었으나 상소해 체직되다.
33	1707	정 해	46	59	사복시 정에 제수되었으나 상소하여 체직되다.
34	1708	무 자	47	60	知友인 芝浦 朴鐔을 곡하다. ○장령, 집의에 제수되었으나 상소하여 사직하다.
35	1709	기 축	48	61	7월, 徐宗泰의 천거로 세자익위사 익위에 제수되다. ○8월 강화 霞谷으로 들어가 은둔하다. ○10월, 호조 참의에 제수되었으나 상소하여 사직하다.
36	1710	경 인	49	62	9월, 강원 監司에 제수되었으나 병으로 체직되다.

왕 력	서 기	간 지	연 호	연 령	기 사
37	1711	신 묘		50	63	7월, 淮陽 府使에 제수되어 부임하다. ○9월 금강산을 유람하다. ○10월, 집으로 돌아오다. ○「心經集義」를 편찬하다
40	1714	갑 오		53	66	明道先生의 要語를 뽑고 問目으로 나누어 「程門遺訓」3편을 편찬하고 定性書의 註解를 짓다.
42	1716	병 신		55	68	明谷 崔錫鼎을 곡하다
43	1717	정 유		56	69	3월, 上이 溫陽에 행차하니 蠶室 江郊에 나가 迎送하다.
44	1718	무 술		57	70	2월, 端懿嬪이 졸하자 服制에 대해 獻議하다.
45	1719	기 해		58	71	2월, 嘉善大夫로 오르다. ○8월, 동지충추부사에 제수되다. ○11월, 漢城 左尹에 제수되었으나 상소하여 사직하다.
46	1720	경 자		59	72	入京하여 숙종이 승하하자 君臣燕居服에 대해 헌의하다. ○<中庸說>을 짓다.
경종 1	1721	신 축		60	73	「經學集要」를 찬술하다.
2	1722	임 인		61	74	3월, 대사헌에 제수되다. ○7월, 세제시강원 찬선에 제수되다. ○9월, 이조 참판에 제수되다.
경종 4	1724	갑 진	雍正 2	76	明陵誌文의 일로 收議하였으나 대답하지 않다. ○6월, 사관을 보내 召命이 내렸으나 상소하여 사양하다.
					○7월, 성균관 祭酒에 제수되다. ○8월, 경종이 승하하자 奔哭하고 服制와 儀節에 대해 헌의하다.
					○9월, 영조 즉위 후 계속 召命을 내렸으나 사양하고 나가지 않다.
영조 2	1726	병 오	4	78	세자의 賓師로서 陸·王의 양명학을 한다는 이유로 지평 李廷樸의 비난을 받다.
3	1727	정 미	5	79	7월, 이조 참판에 제수되다. ○8월, 세자시강원 찬선에 제수되었으나 상소하여 고사하다.

왕 력	서 기	간 지	연 호	연 령	기 사
4	1728	무 신	6	80	○10월, 대사헌에 제수되자 상소하여 고사하다. ○「經學集義」와 「經學集錄」을 수정하다. 1월, 資憲大夫에 오르다. ○우참찬에 제수되다. ○戊申亂이 발생하자 상경하여 入對하다. 이후 몇 차례 세자의 書筵에 참석하다. ○9월, 안산으로 성묘하러 가다. ○孝章世子가 죽자 입궐하여 喪禮에 대해 헌의하다. ○11월, 대사헌에 제수되다.
5	1729	기 유	7	81	화폐의 편부에 대해 헌의하다.
6	1730	경 술	8	82	緣坐律에 관해 아뢰다. ○逆變이 일어나자 상소하여 위문하다. ○「集經書」가 완성되다. ○역법에 관한 <天元說>을 짓다. ○이후 上이 해마다 계속해서 藥物과 食物을 하사하고 在問하다.
7	1731	신 해	9	83	長陵의 遷葬에 대해 헌의하다
10	1734	갑 인	12	86	知友인 艮齋 崔奎瑞를 곡하다. ○3월, 지충추부사에 제수되다. ○우찬성이 되다.
11	1735	을 묘	13	87	元子輔養官에 제수되어 元子相見禮를 행하다.
12	1736	병 진	乾隆 1	88	1월, 세자의 冊禮를 마치고 貳師를 더하여 崇祿으로 자급이 오르다. ○상소해 겸직 등을 모두 解免해 주기를 청하였으나 허락받지 못하다. ○8월 11일 正寢에서 졸하다. ○상이 祭需를 하사하고 예관을 보내 賜祭하다. ○강화 先塋에 장사지내다.
18	1742	임 술	7		'文康'으로 시호를 내리다.

(2) 해 제

　鄭齊斗는 1649년(인조 27)에 태어나 1736년(영조 12)에 졸하였다. 자는 士仰. 호는 霞谷. 본관은 延日. 시호는 文康이다. 朴世采의 문인으로 崔錫鼎, 崔奎瑞 등과 교유하였고, 양명학자로서 江華學派의 시조로 칭하여진다. 尹拯·朴世采에게서 배우고 崔錫鼎·閔以升 등과 교유하였다. 1668년(현종 9) 별시문과 초시에 급제하였으나, 24세 때부터 벼슬을 단념하고 강화도에 은거하면서 학문연구에만 전념하였다. 80년(숙종 6) 학행으로 金壽恒의 천거를 받아 司圃署別提에 임명된 이래 30여 차례 요직에 임명되었으나 대부분 사직하고 대사헌·이조참판·성균좨주(成均祭酒)·우찬성·元子輔養官을 잠시 지냈을 뿐 학문연구에 평생을 바쳤다. 처음에는 주자학을 공부했으나 권위주의적이고 이론에만 치우친 주자학에 대한 반성적 자각에서 20여 세 때부터 양명학에 심취하였다. 양명학을 이단시하던 당시의 풍토 속에서 師友로부터 양명학을 버리도록 수차 종용받았으나 확고한 신념으로 이를 연구·발전시켜, 한국 최초로 양명학의 사상적 체계를 완성하고 양명학파를 수립하였다. 또한 주자학도인 최석정·민이승 등과 心卽理·致良知·知行合一·親民 등 양명학에 관한 문제를 놓고 논쟁을 벌임으로써, 양명학과 주자학의 본격적인 토론을 전개하였다. 그러나 王學右派의 경향을 견지하여 상당히 보수적인 태도를 취했으며, 정주학에도 접근하여 朱·王을 절충하려는 경향마저 드러냈다. 그는 양명학뿐만 아니라, 경학·예설·천문·星曆과 경세론까지 폭넓게 연구했으나, 기성 정주학의 권위에 밀려 제대로 계승·발전되지 못하고 후손들과 소론 일부 세력들에 의해 家學으로 이어졌다.

정인보, 1955, 「古書解題－霞谷全書」, 담원國學散藁所收
이상은, 1971, 「하곡집 해제」, 국역 하곡집 제1집, 민족문화추진회刊
유승국, 1972, 「霞谷集 解題」, 한국 고전에의 초대, 독서출판사
윤남한, 1972～1974, 「古書解題－霞谷集」 Ⅰ－Ⅴ, 국회도서관보』, 통권
　　　　81,94,96,100,101권
윤남한, 1973, 「鄭齊斗」, 『人物로 본 韓國史』, 월간중앙 1973년 1월호
　　　　부록
윤남한, 1973, 「하곡집 해제」, 『국역 하곡집』 2집, 민족문화추진회刊
김성애, 2001, 「하곡집」, 『한국문집총간해제4』, 민족문화추진회

(3) 판본비교

　현존하는 하곡집은 4종류가 있다. 4종류 모두 未定稿의 필사본이다. 오랫동안 집안에 전해져 오던 것을 문인과 손들이 정리와 편집을 반복하는 가운데 많은 부분이 散失된 채 현재까지 필사본으로 남아 있다.

　① ≪정계섭필사본≫: 규장각의 11책본(古3428－326)
　하곡의 7세손 鄭啓爕 필사본
　1935년에 저자의 7세손 鄭啓爕이 신작의 정리본을 底本으로 하여 다시 저자의 유고를 11책으로 정리하였다. 이것을 日人 高橋亨이 빌려서 다시 등사해 京城대학에 보관한 것이 현재 규장각에 소장되어

있는 11책본이다.

② 규장각의 8책본(奎15738)

書, 疏 등 일부만 실려 있는 가장 소략한 필사본

③ ≪정문승편집본≫: 국립중앙도서관의 返還文化財인

　　22책본(古3648－文70－72)

하곡의 5대손 鄭文升(1788~1875)이 편집한 필사본

정문승은 심육, 신대우가 정리했다가 산일되고 남은 기록과 원래 본가에 간직되어 있던 난초 등을 모두 모아서 편차하였으므로 그래도 본 편집본이 저자의 문집 중 가장 완비된 善本으로서 평가받고 있다. 이것이 1929년경 일본으로 건너가 宮內廳圖書가 되었다가 1960년대 반환문화재로 돌려받아 국립중앙도서관에 소장되어 있는 22책본이다. 전체적으로 필사본의 상태는 깨끗한 편이며 본문 중 글자가 빠진 부분은 결자 수만큼 □□로 표시하였고, 오자는 頭註로 표시되어 있다.

④ 성균관대학교 중앙도서관의 11책본(D3B－1115)

규장각의 11책본(鄭啓變 필사본)을 傳寫한 것이다.

하곡의 유문을 처음 정리하려고 시도한 이는 아들 정후일과 사위 李徵成, 문인인 沈鋿, 李震炳, 尹淳 등이었다. 하곡은 생전에 원고를 정리해 成書해두었거나 自編하지 않아, 程門遺訓, 註解定性書, 經說 약간 등 경학에 관한 몇 편의 저작 외에는 말 그대로 亂稿의 상태

로 전하여졌다고 한다. 이런 亂稿를 심육과 이진병이 정리하였고, 年譜와 遺事의 작성 등 행적의 정리는 후일이 대략 草를 잡았다. 이런 가운데 윤순과 후일이 1741년 죽고 이어서 심육 등 문인들이 세상을 잇달아 떠나면서 1차 정리는 문집의 초본조차 내지 못하고 중단되었으며, 이 가운데 초고의 태반이 산실되었다.

이후 두 번째로 본집의 정리가 시도된 것은 하곡의 증손 述仁과 孫婿 申大羽 등에 의해서이다. 宛丘 申大羽(1735~1809)는 술인의 부탁으로 1802년경 저자의 墓表를 짓고, 문집의 정리에도 착수하였으며 이 작업에 아들인 石泉 申綽(1760~1828)도 참가한 듯하다. 신대우는 하곡의 단편 저작들을 모아 편집하여 목록을 만들었고, 신작은 1802년 하곡연보를 완성하고(申綽年譜, 石泉遺集) 1822년에 散集跋文을 지었다.

이와 같은 배경하에 두 개의 필사본이 나왔는데 그중 하나가 1856년경 하곡의 5대손 鄭文升이 편집한 22책본이다. 이는 문고가 간직된 지 120년 만이고 신공의 편집 이후 40~50년 만이라는 데서 연도를 추정할 수 있는데, 이미 상당한 양의 유고가 유실된 후였다.

(4) 내 용

*권두에 22권의 전체 목록과 정문승이 1856년경 본집을 편차할 때 지은 목록발이 실려 있다.

*편집의 특징: 정집과 부집은 일반 문집의 원집에 해당하는 부분으로 문집편찬의 일반적 체제에 맞춰 구성되었다. 그러나 내·외집은 저자의 사상과 학문을 엿볼 수 있는 정수를 별도로 뽑아놓은 부분이다.

①-1 正集의 권1~3

서간문 270여 편을 편집할 때의 대상과 분량을 고려하여 적절히 6등분하여 재분류하여 놓았다.

㉠ 보낸 대상은 50여 명에게 이르고 간단히 분류하면 다음과 같다.

書1: 宋時烈(5), 스승인 尹拯(10), 朴世采(13) 등에게 보낸 것

書2~書4: 閔以升(21), 崔錫鼎(30), 朴鐔(4), 李世弼(7), 李喜朝(9), 鄭纘輝(5) 등 동료들에게 보낸 것.

書5~書6: 심육, 윤순, 이진병, 閔允昌 등 문인 및 宗人과 院儒, 아들에게 보낸 편지.

㉡ 시기적으로는 書1의 송시열과 박세채, 閔震遠에 대한 편지는 주로 저자가 서울에서 거주하던 청년기의 것이다.

書2~5는 장년기 안산에 거주하던 시기의 저작으로 동료, 문인들과 저자가 본격적으로 연구하던 양명학에 대해 활발하게 토론하는 내용이 많다.

書6은 노년기 강화 은거시기에 지은 것으로 종인, 친지들과 家事, 安否, 禮說에 대해 논한 내용이다.

㉢ 내용상의 특색: 윤증, 박세채, 최석정, 민이승, 박심과의 편지에서는 王學(양명학)에 대한 논변이 많이 실려 있는데 왕학도 性理를 구하는 하나의 학문으로 정주학에서 벗어난 이단이 아니라는 저자의 입장이 잘 나타나 있다.

①-2 正集의 권4~5

㉠ 疏1,2;상소의 대부분은 辭職疏로서 1696년(숙종 22) 書筵官을 사직하는 상소로부터 1736년(영조 12) 崇祿大夫의 자급을 사양하는

상소까지 모두 120여 편이 저작 연대순으로 실려 있다.

간간이 書啓와 回啓, 回對가 섞여 있으며, 왕의 批答과 回諭, 別諭 등도 함께 날짜별로 실려 있고, 傳諭한 史官이나 비답을 작성한 注書의 이름까지 小註로 자세히 달려 있는 것으로 보아 상소 부분은 비교적 일찍부터 정리되어 다른 문체에 비해 산일된 부분이 적은 듯하다. 그러나 <辭書筵官再疏>처럼 제목만 남아 있고 내용 전체가 빠진 소도 6편정도 있으며 다른 상소들도 본문 중에 글자가 빠진 곳이 많아 제대로 교정을 보지 못한 면도 보인다.

ⓛ 獻議:헌의는 1718년 端懿嬪喪의 복제에 관한 의논부터 1733년 <視學時所講冊子……>까지 모두 31편이고, 이 중 <辭對明陵誌文事議>와 <進講冊子議對>는 본문이 일실된 채 제목만 있는데 대강의 내용은 연보에서 알 수 있다. 헌의의 내용은 대부분 복제나 의절, 상례 등 예에 관한 것이다. 저자가 노년에 영조로부터 儒賢으로 후한 대우를 받았기에 상소와 헌의 모두 영조 연간의 것이 많다.

①-3 正集의 권6

㉠ 祭文:제문은 모두 20편이다. 숙종 연간에 지은 것이 많으며 대상은 박세채, 민이승, 최규서 등 師友와 伯從姪, 姑夫, 內從弟, 宗人 등 친척으로 대부분 편지를 주고받은 대상과 중복되고 있어 저자의 교유관계를 말해준다.

㉡ 묘도문자: 墓表(10편), 墓碣(1편), 墓誌(2편), 誌銘(3편), 行狀(2편), 遺事(1편)으로 저자의 7대조인 鄭仁昌, 6대조인 鄭光胤, 5대조인 鄭雲, 증조 鄭謹, 증조모 昌寧黃氏, 조부 鄭維城, 부친 鄭尙徵, 종형 鄭齊賢 등 대부분 일가의 묘표, 묘지, 행장이다.

①-4 正集의 권7

㉠ 拾遺: 詩(25), 挽詞(54), 序(5), 記(1), 說(1), 跋(1) 등 일반적인 시문이다. 편수가 매우 적고 또 저작 시기도 젊은 시절의 것이 대부분이어서 대상도 한정적이지만 내용도 도학적인 것으로 한정되어 있다. 만사도 편지나 묘도문자의 대상과 거의 중복되어 인척, 小論系의 인물, 師友 등에 대한 것이며 이 밖에 羅良佐, 趙相愚, 尹抗, 李翊周, 金有萬, 吳遂一, 숙종의 만사가 있다. 또 <石室書院會遊詩序>와 李世弼, 柳尙運, 李聖益의 送序는 모두 20대에 지은 것이고, <府學行鄕飮酒禮序>는 저자가 회양 부사로 부임할 때이니 63세경의 저작인데 결자가 많아 내용을 알아보기가 쉽지 않다.

㉡ 雜著: 잡저는 모두 6편이다. 題名이 <잡저>인 글 두 편은 모두 성리와 天道에 대해 논한 글인데 결론 부분이 결문으로 되어 있어 불완전한 글이다.

①-5 正集의 권8~9

㉠ 學辨: <학변>은 성리학의 골격을 諸書에서 추출하여 요약한 것이다. 저자가 양명학에 심취한 것을 알고 박세채는 <王陽明學辨>을 짓고, 최석정도 <辨學>을 지어 책망하였는데 이에 대한 저자의 답변이라고도 할 수 있다.

㉡ 存言: <존언>은 조선의 유일한 양명학서라고 불리는 저자의 대표적인 글로써 저자가 양명학에 가장 심취해 있던 장년기에 저술된 것이라 한다. 상, 중, 하로 나뉘어 있으며 상은 <乾龍四爻說>, <一點生理說> 등 주제를 가진 15편의 설로 이루어져 있고, 중과 하는 차록의 형식으로 제목 없이 나열되어 있다.

②-1 附集의 권10~11

㉠ 年譜: 신작이 완성한 것으로 알려져 있는데 앞에서도 말했듯이 아들 정후일이 수습한 것을 기반으로 여러 차례 수정과 윤색이 이루어진 듯하다. 그러나 본 연보는 하곡의 양명학 사상을 의식적으로 塗抹하고 주자학적 측면을 강조했으며 특히 영조조에 儒賢으로 대우받았음을 드러내는 데 치중하여 비판을 받기도 하였다.

㉡ 行狀: 문인 심육이 지은 것으로 하곡의 부록문자 중 가장초기의 것이다.

㉢ 墓表: 신대우 찬으로 1802년경 작이다.

㉣ 기타: 제문, 문인어록은 李匡臣, 이진병, 李匡師 등이 찬한 것이며, 그 외에도 저자와 관련된 상소와 <江華邑誌>의 저자 관련 기록, 연주 기록이 부기되어 있다. 마지막의 <門人等以先生文集事往復書牘>은 초기 문인인 심육, 이진병 등이 1741년경 저자의 문집을 수습, 정리하면서 주고받은 편지인데 발문 대신 실어 놓은 것이다.

③-1 內集의 권12~15 「四書說」

㉠ 권12 중용설:

㉡ 권13 대학설:

㉢ 권14 논어설과 맹자설 상: 논어설은 사서 중 분량이 가장 적다. 「논어」의 장구와 주의 내용을 그대로 이용하고 자신이 견해를 이어서 짧게 서술하거나 다른 경문을 이용해 자신의 해석을 표현한 정도이다.

㉣ 권15 맹자설 하: 맹자설은 분량이 가장 많아 상, 하로 나뉘어 있는데 특히 浩然章의 해석이 그 중심이 되고 있다. <浩然章圖>는 호연장의 내용을 도식화하여 그 구조를 알아보기 쉽게 만든 것이며

<浩然章解>는 5단계로 나누고 解1은 다시 상, 중, 하로 나누었으며 마지막 잡해에서는 주자가 道와 義를 분리한 것이 잘못임을 변론하였다. 또 四端章解, 生之謂性章解 등 주로 맹자의 성리설에 중점을 두어 변론하였다.

③-2 內集의 권16

㉠ 삼경차록: 삼경에 대한 단편적인 견해를 습록한 것

詩차록: 周南, 召南 등 13조목의 문제점과 의심처를 논변한 것이다.

書차록: 說命, 武成, 洪範篇을 分章하여 해설한 것이다. 특히 홍범 중 範十章과 皇極, 五行五事에 대해 중점을 두어 설명하고 있다.

춘추차록: 구체적인 기사 내용보다 「춘추」의 체제와 의미 그리고 左傳, 穀梁, 公羊 三傳에 대한 저자의 견해를 간략히 밝히고 「춘추」의 사적 가치와 서술 형식에 대해서도 언급하고 있다

㉡ 拾遺: 기타 성리서에 대한 재해석이다.

定性書解: 저자가 66세 때 저술한 것인데 <존언>에도 <정성문>이 보이듯이 저자는 정성서를 爲學의 지침으로 삼아 매우 중요하게 여겼다.

詩誦: 첫 부분만 「시경」의 大雅 내용이고, 제8항부터는 정자나 장자, 역, 대학, 중용 등도 모두 포함되어 있다.

③-3 內集의 권17

㉠ 經學集錄: 저자 만년의 경학에 대한 연구 결과를 집적한 것이라 할 수 있다. 연보에서는 "73세경 경학집요를 찬했으며 82세에 집경서가 완성되었으니, 단순히 경문을 모은 것이 아니라 학자들이 箋疏에 빠져 도리어 경문을 소홀히 함을 딱하게 여겨 경전의 요지를 엮어 책

을 이루었다.”고 하였는데 이것이 경학집록을 가리킨 것이다. 전체적으로 「역경」이 가장 많이 인용되었으며 그 외에 「중용」, 「대학」,「논어」 등을 인용하고 이에 해당하는 정자나 주자, 저자의 설을 주로 부기하였다. 상편은 統道와 性道, 중편은 言道, 하편은 言德을 주제로 하였다.

③-4 內集의 권18
㉠ 心經集義: 「심경」을 대상으로 「心經附註」의 지리 번잡함을 지적하며 저자 나름대로 주석서를 지은 것인데 2권 1책 21장으로 새롭게 편성하여 독립된 別著와 같은 형식을 지니고 있다. 저자가 양명학을 통해 깨달은 심학을 체계화한 것이라고 볼 수 있다.

③-5 內集의 권19
㉠ 經儀: 경의는 일상생활에서 지켜야 할 의절로 경례와 같은 의미로 쓰였다. 본래 성현의 경언 중에서 편의대로 추출한 것이고 성책하려는 의도는 없었기 때문에 범례나 차례가 정돈되어 있지 않은 원고를 신대우가 정리한 것이다. 목록에 신대우의 발이 있어 그가 정리한 본의 일부임을 알 수 있다. 또 마지막 유집은 박세채의 수필이 있어 그의 질정을 거친 글로 보이는데 <夙興夜寐箴>, <敬齋箴>으로 끝맺고 있다. 이 외에 <唐虞紀年>, <虞書記年>, <夫子紀年> 등이 있는데 경서에 나온 사실을 바탕으로 이해하기 쉽게 연표를 작성한 것으로 보인다.

④-1 外集의 권20
㉠ 河洛易象: 河圖와 先後天圖說에 대해 다양한 도해로 풀이한

것인데 先天太極圖의 경우는 목록만 있고 실제 도해는 일실되었다.

④-2 外集의 권21

㉠ 璇元經學通攷; 저자가 평소 관심을 갖고 있던 역법에 대한 해설로 연보에서 말한 <天元說>이 이것이다. 天元故驗篇, 坤厚久成篇, 忠信道器篇, 說卦則象篇으로 구성되어 있다. <朞三百說>도 「서경」의 요전에 나오는 구절을 저자의 천문학적 지식을 이용해 증명한 것이며, 이 외에 <天地方位里度說>, <七曜右行說>, <潮汐說> 등이 실려 있다.

④-3 外集의 권22

㉠ 차록: 저자의 경세론에 대한 총괄적 저술로 다섯 부분으로 나누어 놓았다.

ⓐ 冗官의 퇴출과 인재의 등용에 대한 것

ⓑ 궁궐의 私人 罷黜과 재정, 회계의 투명성을 제안한 것인데, 軍籍을 불사르고 私債를 없애야 한다는 등의 과격한 주장도 있다.

ⓒ 舊制를 혁파하고 新法을 실시해야 한다는 것.

ⓓ ⓒ에 따른 행정조직의 개편, 노비제도, 군제, 부세 등 광범위한 주제를 제목만 나열하였다.

ⓔ 공물과 신분제도, 戶布, 貢賦가 다시 다루어져 있다.

㉡ 기타: 관작, 과거의 개혁, 새로운 관제 개편에 대한 저자의 구상이 실려 있다. 특히 저자는 관제에 대해 많은 연구를 한 듯 보이는데 중앙뿐만 아니라 지방의 행정구역, 문무관의 안배와 그 적절한 녹봉 수준까지 언급하고 있다.

2) 저촌유고

저자 및 생몰연대	沈鏽 (樗村) / 1685년(숙종11)~1753년(영조 29)
권수제 및 총간	樗村先生遺稿 / 〈文集叢刊 207-208〉/ 47권 18책
刊印年度 및 版種	1938年筆寫 / 寫本
소장처(소장도서번호)	서울대학교 규장각(古3428-437)

목 차

저자 및 생몰연대	沈鈺 (樗村) / 1685년(숙종11)~1753년(영조 29)
권수제 및 총간	樗 村先生遺稿 / 〈文集叢刊 207-208〉 / 47권 18책
刊印年度 및 版種	1938年筆寫 / 寫本
소장처(소장도서번호)	서울대학교 규장각(古3428-437)

목 차

저자 및 생몰연대	沈鎬 (樗村) / 1685년(숙종11)~1753년(영조 29)
권수제 및 총간	樗 村先生遺稿 /〈文集叢刊 207－208〉/ 47권 18책
刊印年度 및 版種	1938年筆寫 / 寫本
소장처(소장도서번호)	서울대학교 규장각(古3428－437)

목 차

저자 및 생몰연대	沈鏽 (樗村) / 1685년(숙종11)~1753년(영조 29)
권수제 및 총간	樗 村先生遺稿 / 〈文集叢刊 207-208〉 / 47권 18책
刊印年度 및 版種	1938年筆寫 / 寫本
소장처(소장도서번호)	서울대학교 규장각(古3428-437)

목　차

저자 및 생몰연대	沈鏑 (樗村) / 1685년(숙종11)~1753년(영조 29)
권수제 및 총간	樗 村先生遺稿 / 〈文集叢刊 207－208〉/ 47권 18책
刊印年度 및 版種	1938年筆寫 / 寫本
소장처(소장도서번호)	서울대학교 규장각(古3428－437)

목 차

저자 및 생몰연대	沈鎬 (樗村) / 1685년(숙종11)~1753년(영조 29)
권수제 및 총간	樗 村先生遺稿 / 〈文集叢刊 207－208〉/ 47권 18책
刊印年度 및 版種	1938年筆寫 / 寫本
소장처(소장도서번호)	서울대학교 규장각(古3428－437)

목　차

<table>
<tr><td>저자 및 생몰연대</td><td>沈鏏 (樗村) / 1685년(숙종11)~1753년(영조 29)</td></tr>
<tr><td>권수제 및 총간</td><td>樗 村先生遺稿 / 〈文集叢刊 207−208〉 / 47권 18책</td></tr>
<tr><td>刊印年度 및 版種</td><td>1938年筆寫 / 寫本</td></tr>
<tr><td>소장처(소장도서번호)</td><td>서울대학교 규장각(古3428−437)</td></tr>
</table>

목 차

저자 및 생몰연대	沈銶 (樗村) / 1685년(숙종11)~1753년(영조 29)	
권수제 및 총간	樗 村先生遺稿 / 〈文集叢刊 207—208〉 / 47권 18책	
刊印年度 및 版種	1938年筆寫 / 寫本	
소장처(소장도서번호)	서울대학교 규장각(古3428—437)	

목 차

저자 및 생몰연대	沈鏽 (樗村) / 1685년(숙종11)~1753년(영조 29)
권수제 및 총간	樗村先生遺稿 / 〈文集叢刊 207−208〉 / 47권 18책
刊印年度 및 版種	1938年筆寫 / 寫本
소장처(소장도서번호)	서울대학교 규장각(古3428−437)

목 차

저자 및 생몰연대	沈鋪 (樗村) / 1685년(숙종11)~1753년(영조 29)
권수제 및 총간	樗 村先生遺稿 / 〈文集叢刊 207−208〉 / 47권 18책
刊印年度 및 版種	1938年筆寫 / 寫本
소장처(소장도서번호)	서울대학교 규장각(古3428−437)

목 차

저자 및 생몰연대	沈鏥 (樗村) / 1685년(숙종11)~1753년(영조 29)
권수제 및 총간	樗 村先生遺稿 / 〈文集叢刊 207−208〉 / 47권 18책
刊印年度 및 版種	1938年筆寫 / 寫本
소장처(소장도서번호)	서울대학교 규장각(古3428−437)

목 차

저자 및 생몰연대	沈鋿 (樗村) / 1685년(숙종11)~1753년(영조 29)
권수제 및 총간	樗 村先生遺稿 / 〈文集叢刊 207−208〉 / 47권 18책
刊印年度 및 版種	1938年筆寫 / 寫本
소장처(소장도서번호)	서울대학교 규장각(古3428−437)

목 차

저자 및 생몰연대	沈鋿 (樗村) / 1685년(숙종11)~1753년(영조 29)
권수제 및 총간	樗 村先生遺稿 / 〈文集叢刊 207−208〉 / 47권 18책
刊印年度 및 版種	1938年筆寫 / 寫本
소장처(소장도서번호)	서울대학교 규장각(古3428−437)

목 차

저자 및 생몰연대	沈錥 (樗村) / 1685년(숙종11)~1753년(영조 29)
권수제 및 총간	樗 村先生遺稿 / 〈文集叢刊 207−208〉 / 47권 18책
刊印年度 및 版種	1938年筆寫 / 寫本
소장처(소장도서번호)	서울대학교 규장각(古3428−437)

목　차

저자 및 생몰연대	沈鍒 (樗村) / 1685년(숙종11)~1753년(영조 29)
권수제 및 총간	樗村先生遺稿 / 〈文集叢刊 207-208〉 / 47권 18책
刊印年度 및 版種	1938年筆寫 / 寫本
소장처(소장도서번호)	서울대학교 규장각(古3428-437)

목 차

저자 및 생몰연대	沈錥 (樗村) / 1685년(숙종11)~1753년(영조 29)
권수제 및 총간	樗 村先生遺稿 / 〈文集叢刊 207-208〉/ 47권 18책
刊印年度 및 版種	1938年筆寫 / 寫本
소장처(소장도서번호)	서울대학교 규장각(古3428-437)

목 차

저자 및 생몰연대	沈錥 (樗村) / 1685년(숙종11)~1753년(영조 29)
권수제 및 총간	樗 村先生遺稿 / 〈文集叢刊 207-208〉 / 47권 18책
刊印年度 및 版種	1938年筆寫 / 寫本
소장처(소장도서번호)	서울대학교 규장각(古3428-437)

목 차

저자 및 생몰연대	沈錥 (樗村) / 1685년(숙종11)~1753년(영조 29)
권수제 및 총간	樗 村先生遺稿 / 〈文集叢刊 207-208〉 / 47권 18책
刊印年度 및 版種	1938年筆寫 / 寫本
소장처(소장도서번호)	서울대학교 규장각(古3428-437)

목 차

저자 및 생몰연대	沈鏥 (樗村) / 1685년(숙종11)~1753년(영조 29)
권수제 및 총간	樗 村先生遺稿 / 〈文集叢刊 207—208〉 / 47권 18책
刊印年度 및 版種	1938年筆寫 / 寫本
소장처(소장도서번호)	서울대학교 규장각(古3428—437)

목 차

저자 및 생몰연대	沈鏥 (樗村) / 1685년(숙종11)~1753년(영조 29)
권수제 및 총간	樗 村先生遺稿 / 〈文集叢刊 207−208〉 / 47권 18책
刊印年度 및 版種	1938年筆寫 / 寫本
소장처(소장도서번호)	서울대학교 규장각(古3428−437)

목　차

저자 및 생몰연대	沈錥 (檟村) / 1685년(숙종11)~1753년(영조 29)
권수제 및 총간	檟村先生遺稿 / 〈文集叢刊 207-208〉 / 47권 18책
刊印年度 및 版種	1938年筆寫 / 寫本
소장처(소장도서번호)	서울대학교 규장각(古3428-437)

목 차

저자 및 생몰연대	沈錥 (樗村) / 1685년(숙종11)~1753년(영조 29)
권수제 및 총간	樗 村先生遺稿 / 〈文集叢刊 207-208〉 / 47권 18책
刊印年度 및 版種	1938年筆寫 / 寫本
소장처(소장도서번호)	서울대학교 규장각(古3428-437)

목 차

저자 및 생몰연대	沈鏴 (樗村) / 1685년(숙종11)~1753년(영조 29)
권수제 및 총간	樗 村先生遺稿 / 〈文集叢刊 207−208〉 / 47권 18책
刊印年度 및 版種	1938年筆寫 / 寫本
소장처(소장도서번호)	서울대학교 규장각(古3428−437)

목 차

저자 및 생몰연대	沈銷 (樗村) / 1685년(숙종11)~1753년(영조 29)
권수제 및 총간	樗 村先生遺稿 / 〈文集叢刊 207－208〉 / 47권 18책
刊印年度 및 版種	1938年筆寫 / 寫本
소장처(소장도서번호)	서울대학교 규장각(古3428－437)

목　차

<table>
<tr><td>저자 및 생몰연대</td><td>沈鎬 (樗村) / 1685년(숙종11)~1753년(영조 29)</td></tr>
<tr><td>권수제 및 총간</td><td>樗 村先生遺稿 / 〈文集叢刊 207-208〉/ 47권 18책</td></tr>
<tr><td>刊印年度 및 版種</td><td>1938年筆寫 / 寫本</td></tr>
<tr><td>소장처(소장도서번호)</td><td>서울대학교 규장각(古3428-437)</td></tr>
</table>

목 차

저자 및 생몰연대	沈鏽 (樗村) / 1685년(숙종11)~1753년(영조 29)
권수제 및 총간	樗 村先生遺稿 /〈文集叢刊 207－208〉/ 47권 18책
刊印年度 및 版種	1938年筆寫 / 寫本
소장처(소장도서번호)	서울대학교 규장각(古3428－437)

목　차

저자 및 생몰연대	沈錥 (樗村) / 1685년(숙종11)~1753년(영조 29)
권수제 및 총간	樗村先生遺稿 / 〈文集叢刊 207−208〉 / 47권 18책
刊印年度 및 版種	1938年筆寫 / 寫本
소장처(소장도서번호)	서울대학교 규장각(古3428−437)

목 차

저자 및 생몰연대	沈錥 (樗村) / 1685년(숙종11)~1753년(영조 29)
권수제 및 총간	樗 村先生遺稿 / 〈文集叢刊 207-208〉 / 47권 18책
刊印年度 및 版種	1938年筆寫 / 寫本
소장처(소장도서번호)	서울대학교 규장각(古3428-437)

목 차

저자 및 생몰연대	沈鏽 (樗村) / 1685년(숙종11)~1753년(영조 29)
권수제 및 총간	樗 村先生遺稿 / 〈文集叢刊 207−208〉 / 47권 18책
刊印年度 및 版種	1938年筆寫 / 寫本
소장처(소장도서번호)	서울대학교 규장각(古3428−437)

목　차

저자 및 생몰연대	沈鏽 (樗村) / 1685년(숙종11)~1753년(영조 29)
권수제 및 총간	樗村先生遺稿 / 〈文集叢刊 207−208〉 / 47권 18책
刊印年度 및 版種	1938年筆寫 / 寫本
소장처(소장도서번호)	서울대학교 규장각(古3428−437)

목　차

저자 및 생몰연대	沈鋿 (樗村) / 1685년(숙종11)~1753년(영조 29)
권수제 및 총간	樗 村先生遺稿 / 〈文集叢刊 207-208〉 / 47권 18책
刊印年度 및 版種	1938年筆寫 / 寫本
소장처(소장도서번호)	서울대학교 규장각(古3428-437)

목 차

<table>
<tr><td>저자 및 생몰연대</td><td>沈鋿 (樗村) / 1685년(숙종11)~1753년(영조 29)</td></tr>
<tr><td>권수제 및 총간</td><td>樗 村先生遺稿 / 〈文集叢刊 207−208〉 / 47권 18책</td></tr>
<tr><td>刊印年度 및 版種</td><td>1938年筆寫 / 寫本</td></tr>
<tr><td>소장처(소장도서번호)</td><td>서울대학교 규장각(古3428−437)</td></tr>
</table>

목 차

저자 및 생몰연대	沈銷 (樗村) / 1685년(숙종11)~1753년(영조 29)
권수제 및 총간	樗 村先生遺稿 / 〈文集叢刊 207－208〉 / 47권 18책
刊印年度 및 版種	1938年筆寫 / 寫本
소장처(소장도서번호)	서울대학교 규장각(古3428－437)

목 차

저자 및 생몰연대	沈錥 (樗村) / 1685년(숙종11)~1753년(영조 29)
권수제 및 총간	樗 村先生遺稿 /〈文集叢刊 207－208〉/ 47권 18책
刊印年度 및 版種	1938年筆寫 / 寫本
소장처(소장도서번호)	서울대학교 규장각(古3428－437)

목 차

저자 및 생몰연대	沈錥 (樗村) / 1685년(숙종11)~1753년(영조 29)
권수제 및 총간	樗 村先生遺稿 / 〈文集叢刊 207—208〉 / 47권 18책
刊印年度 및 版種	1938年筆寫 / 寫本
소장처(소장도서번호)	서울대학교 규장각(古3428—437)

목 차

저자 및 생몰연대	沈錥 (樗村) / 1685년(숙종11)~1753년(영조 29)
권수제 및 총간	樗 村先生遺稿 / 〈文集叢刊 207－208〉 / 47권 18책
刊印年度 및 版種	1938年筆寫 / 寫本
소장처(소장도서번호)	서울대학교 규장각(古3428－437)

목　차

저자 및 생몰연대	沈鎬 (樗村) / 1685년(숙종11)~1753년(영조 29)
권수제 및 총간	樗 村先生遺稿 / 〈文集叢刊 207-208〉 / 47권 18책
刊印年度 및 版種	1938年筆寫 / 寫本
소장처(소장도서번호)	서울대학교 규장각(古3428-437)

목　차

저자 및 생몰연대	沈銶 (樗村) / 1685년(숙종11)~1753년(영조 29)
권수제 및 총간	樗 村先生遺稿 / 〈文集叢刊 207－208〉 / 47권 18책
刊印年度 및 版種	1938年筆寫 / 寫本
소장처(소장도서번호)	서울대학교 규장각(古3428－437)
목　차	

저자 및 생몰연대	沈鋿 (樗村) / 1685년(숙종11)~1753년(영조 29)
권수제 및 총간	樗 村先生遺稿 / 〈文集叢刊 207−208〉/ 47권 18책
刊印年度 및 版種	1938年筆寫 / 寫本
소장처(소장도서번호)	서울대학교 규장각(古3428−437)

목 차

<table>
<tr><td>저자 및 생몰연대</td><td>沈錥 (樗村) / 1685년(숙종11)~1753년(영조 29)</td></tr>
<tr><td>권수제 및 총간</td><td>樗 村先生遺稿 / 〈文集叢刊 207−208〉 / 47권 18책</td></tr>
<tr><td>刊印年度 및 版種</td><td>1938年筆寫 / 寫本</td></tr>
<tr><td>소장처(소장도서번호)</td><td>서울대학교 규장각(古3428−437)</td></tr>
</table>

목 차

저자 및 생몰연대	沈鍀 (樗村) / 1685년(숙종11)~1753년(영조 29)
권수제 및 총간	樗 村先生遺稿 / 〈文集叢刊 207−208〉 / 47권 18책
刊印年度 및 版種	1938年筆寫 / 寫本
소장처(소장도서번호)	서울대학교 규장각(古3428−437)

목 차

저자 및 생몰연대	沈錥 (樗村) / 1685년(숙종11)~1753년(영조 29)
권수제 및 총간	樗 村先生遺稿 / 〈文集叢刊 207－208〉 / 47권 18책
刊印年度 및 版種	1938年筆寫 / 寫本
소장처(소장도서번호)	서울대학교 규장각(古3428－437)

목 차

저자 및 생몰연대	沈錥 (樗村) / 1685년(숙종11)~1753년(영조 29)
권수제 및 총간	樗 村先生遺稿 / 〈文集叢刊 207－208〉 / 47권 18책
刊印年度 및 版種	1938年筆寫 / 寫本
소장처(소장도서번호)	서울대학교 규장각(古3428－437)

목 차

저자 및 생몰연대	沈錥 (樗村) / 1685년(숙종11)~1753년(영조 29)
권수제 및 총간	樗 村先生遺稿 / 〈文集叢刊 207－208〉 / 47권 18책
刊印年度 및 版種	1938年筆寫 / 寫本
소장처(소장도서번호)	서울대학교 규장각(古3428－437)

목　차

저자 및 생몰연대	沈鋿 (樗村) / 1685년(숙종11)~1753년(영조 29)
권수제 및 총간	樗 村先生遺稿 / 〈文集叢刊 207−208〉 / 47권 18책
刊印年度 및 版種	1938年筆寫 / 寫本
소장처(소장도서번호)	서울대학교 규장각(古3428−437)

목 차

<table>
<tr><td>저자 및 생몰연대</td><td>沈錥 (樗村) / 1685년(숙종11)~1753년(영조 29)</td></tr>
<tr><td>권수제 및 총간</td><td>樗 村先生遺稿 / 〈文集叢刊 207−208〉 / 47권 18책</td></tr>
<tr><td>刊印年度 및 版種</td><td>1938年筆寫 / 寫本</td></tr>
<tr><td>소장처(소장도서번호)</td><td>서울대학교 규장각(古3428−437)</td></tr>
</table>

목 차

저자 및 생몰연대	沈鏞 (樗村) / 1685년(숙종11)~1753년(영조 29)
권수제 및 총간	樗村先生遺稿 / 〈文集叢刊 207−208〉 / 47권 18책
刊印年度 및 版種	1938年筆寫 / 寫本
소장처(소장도서번호)	서울대학교 규장각(古3428−437)

목   차

<table>
<tr><td>저자 및 생몰연대</td><td>沈鏑 (樗村) / 1685년(숙종11)~1753년(영조 29)</td></tr>
<tr><td>권수제 및 총간</td><td>樗 村先生遺稿 / 〈文集叢刊 207-208〉 / 47권 18책</td></tr>
<tr><td>刊印年度 및 版種</td><td>1938年筆寫 / 寫本</td></tr>
<tr><td>소장처(소장도서번호)</td><td>서울대학교 규장각(古3428-437)</td></tr>
</table>

목 차

저자 및 생몰연대	沈錥 (樗村) / 1685년(숙종11)~1753년(영조 29)
권수제 및 총간	樗 村先生遺稿 / 〈文集叢刊 207－208〉 / 47권 18책
刊印年度 및 版種	1938年筆寫 / 寫本
소장처(소장도서번호)	서울대학교 규장각(古3428－437)

목　차

저자 및 생몰연대	沈鋿 (樗村) / 1685년(숙종11)~1753년(영조 29)
권수제 및 총간	樗村先生遺稿 / 〈文集叢刊 207-208〉 / 47권 18책
刊印年度 및 版種	1938年筆寫 / 寫本
소장처(소장도서번호)	서울대학교 규장각(古3428-437)

목 차

<table>
<tr><td>저자 및 생몰연대</td><td>沈鏽 (樗村) / 1685년(숙종11)~1753년(영조 29)</td></tr>
<tr><td>권수제 및 총간</td><td>樗 村先生遺稿 / 〈文集叢刊 207－208〉 / 47권 18책</td></tr>
<tr><td>刊印年度 및 版種</td><td>1938年筆寫 / 寫本</td></tr>
<tr><td>소장처(소장도서번호)</td><td>서울대학교 규장각(古3428－437)</td></tr>
</table>

목　차

저자 및 생몰연대	沈鋿 (樗村) / 1685년(숙종11)~1753년(영조 29)
권수제 및 총간	樗 村先生遺稿 / 〈文集叢刊 207−208〉/ 47권 18책
刊印年度 및 版種	1938年筆寫 / 寫本
소장처(소장도서번호)	서울대학교 규장각(古3428−437)

목 차

저자 및 생몰연대	沈銶 (樗村) / 1685년(숙종11)~1753년(영조 29)
권수제 및 총간	樗 村先生遺稿 / 〈文集叢刊 207−208〉 / 47권 18책
刊印年度 및 版種	1938年筆寫 / 寫本
소장처(소장도서번호)	서울대학교 규장각(古3428−437)

목　차

저자 및 생몰연대	沈錥 (樗村) / 1685년(숙종11)~1753년(영조 29)
권수제 및 총간	樗 村先生遺稿 / 〈文集叢刊 207－208〉 / 47권 18책
刊印年度 및 版種	1938年筆寫 / 寫本
소장처(소장도서번호)	서울대학교 규장각(古3428－437)

목 차

저자 및 생몰연대	沈錥 (樗村) / 1685년(숙종11)~1753년(영조 29)
권수제 및 총간	樗 村先生遺稿 / 〈文集叢刊 207－208〉/ 47권 18책
刊印年度 및 版種	1938年筆寫 / 寫本
소장처(소장도서번호)	서울대학교 규장각(古3428－437)

목　차

<table>
<tr><td>저자 및 생몰연대</td><td>沈鏑 (樗村) / 1685년(숙종11)~1753년(영조 29)</td></tr>
<tr><td>권수제 및 총간</td><td>樗 村先生遺稿 / 〈文集叢刊 207-208〉 / 47권 18책</td></tr>
<tr><td>刊印年度 및 版種</td><td>1938年筆寫 / 寫本</td></tr>
<tr><td>소장처(소장도서번호)</td><td>서울대학교 규장각(古3428-437)</td></tr>
</table>

목 차

<table>
<tr><td>저자 및 생몰연대</td><td>沈鋿 (樗村) / 1685년(숙종11)~1753년(영조 29)</td></tr>
<tr><td>권수제 및 총간</td><td>樗村先生遺稿 / 〈文集叢刊 207—208〉 / 47권 18책</td></tr>
<tr><td>刊印年度 및 版種</td><td>1938年筆寫 / 寫本</td></tr>
<tr><td>소장처(소장도서번호)</td><td>서울대학교 규장각(古3428—437)</td></tr>
</table>

목 차

<table>
<tr><td>저자 및 생몰연대</td><td>沈鏥 (樗村) / 1685년(숙종11)~1753년(영조 29)</td></tr>
<tr><td>권수제 및 총간</td><td>樗村先生遺稿 / 〈文集叢刊 207-208〉 / 47권 18책</td></tr>
<tr><td>刊印年度 및 版種</td><td>1938年筆寫 / 寫本</td></tr>
<tr><td>소장처(소장도서번호)</td><td>서울대학교 규장각(古3428-437)</td></tr>
</table>

목 차

<table>
<tr><td>저자 및 생몰연대</td><td>沈鎬 (樗村) / 1685년(숙종11)~1753년(영조 29)</td></tr>
<tr><td>권수제 및 총간</td><td>樗 村先生遺稿 / 〈文集叢刊 207－208〉 / 47권 18책</td></tr>
<tr><td>刊印年度 및 版種</td><td>1938年筆寫 / 寫本</td></tr>
<tr><td>소장처(소장도서번호)</td><td>서울대학교 규장각(古3428－437)</td></tr>
</table>

목　차

<table>
<tr><td>저자 및 생몰연대</td><td>沈錥 (樗村) / 1685년(숙종11)~1753년(영조 29)</td></tr>
<tr><td>권수제 및 총간</td><td>樗 村先生遺稿 / 〈文集叢刊 207－208〉 / 47권 18책</td></tr>
<tr><td>刊印年度 및 版種</td><td>1938年筆寫 / 寫本</td></tr>
<tr><td>소장처(소장도서번호)</td><td>서울대학교 규장각(古3428－437)</td></tr>
</table>

목 차

저자 및 생몰연대	沈錥 (樗村) / 1685년(숙종11)~1753년(영조 29)
권수제 및 총간	樗村先生遺稿 / 〈文集叢刊 207−208〉 / 47권 18책
刊印年度 및 版種	1938年筆寫 / 寫本
소장처(소장도서번호)	서울대학교 규장각(古3428−437)

목 차

(1) 연 보

왕 력	서 기	간 지	연 호	연 령	기 사
숙종 11	1685	을 축	康熙 24	1	태어나다.
24	1698	무 인	37	14	11월, 모친 全義李氏의 喪을 당하다.
31	1705	을 유	44	21	進士試에 합격하다.
33	1707	정 해	46	23	酉峰으로 가서 明齋 尹拯을 처음 뵙다.
34	1708	무 자	47	24	봄, 백부 沈齊賢이 수령으로 있는 槐山 등 충청도 일대를 다녀오다.
35	1709	기 축	48	25	봄, 天安을 거쳐 潭陽, 長城 등 호남 일대를 유람하고, 文義, 淸州, 華陽洞, 仙遊洞을 유람하다.

왕 력	서 기	간 지	연 호	연 령	기 사
36	1710	경 인	49	26	5월, 義州 府尹으로 부임하는 부친 沈壽賢을 따라가다. 關西錄과 日記<灣館錄>을 남기다.
37	1711	신 묘	50	27	11월, 서울로 돌아오다.
숙종 39	1713	계 사	康熙 52	29	襄陽 府使로 부임한 부친을 따라가다. ○江陵 등 關東 일대를 유람하고 關東錄을 남기다. ○金剛山을 유람하고 일기로 <楓嶽錄>을 남기다.
40	1714	갑 오	53	30	5월, 부친이 충청도 관찰사로 부임하다.
41	1715	을 미	54	31	처자를 데리고 경기 安城으로 이거하다.
45	1719	기 해	58	35	10월, 부친이 慶尙左道 均田使가 되어 부임하다. 이후 嶺南 일대를 유람하다.
경종 2	1722	임 인	61	38	12월, 스승 鄭齊斗와 江華 鎭江에서 문답한 것을 <鎭江問答>으로 남기다.
4	1724	갑 진	雍正 2	40	영조가 즉위한 뒤 11월에 王子師傅에 제수되다.
영조 1	1725	을 사	3	41	2월, 翊衛使 副率에 제수되다.
3	1727	정 미	5	43	8월, 侍講院 諮議에 제수되다. ○12월, 召命을 받고 상경하여 召對에 입시하다.
4	1728	무 신	6	44	1월, 謝恩兼陳奏使로 가는 부친을 따라 燕京으로 출발하다. 이에 앞서 司宰監 主簿가 되다. ○3월, 숙부 沈維賢이 李麟左 亂과 관련된 逆魁로 논죄되고, 다음달 物故되다. ○6월, 연경에서 돌아와 부친이 탄핵을 받고 門外黜送되다.
5	1729	기 유	7	45	7월, 종부시 주부로서 召對에 입시하다. 곧 持平에 제수되다.
7	1731	신 해	9	47	3월, 지평에 제수되었으나 나아가지 않다. ○6월, 朴弼周와 함께 召命이 내리자 상소하여 사양하다. ○10월, 李宗城이 초치하기를 청하다. ○權絿를 곡

왕 력	서 기	간 지	연 호	연 령	기 사
9	1733	계 축	11	49	1월, 부친 沈壽賢이 領議政이 되다. ○5월, 蔭官에 의망하라는 전교가 내려 종부시 주부, 장령에 제수되었으나 나아가지 않다.
10	1734	갑 인	12	50	3월, 병조 판서 윤유가 초치하기를 청하다. ○5월,장령에 제수되었으나 나아가지 않다.
11	1735	을 묘	13	51	9월, 집의에 제수되다. ○10월, 승지에 제수되다. ○12월, 諭善에 제수되다.
12	1736	병 진	乾隆 1	52	1월, 贊善에 제수되다. ○8월, 霞谷 鄭齊斗를 곡하고 제문을 짓다. ○10월, 부친상을 당하다.
17	1741	신 유	6	57	7월, 형조 참의에 제수되었으나 사직하다. ○閔鈺,尹淳을 곡하다.
18	1742	임 술	7	58	3월, 宋寅明의 주달로 別諭가 내렸으나 나아가지 않다.
20	1744	갑 자	9	60	2월, 호조 참의에 제수되었으나 사직하다. ○朴弼

(2) 해 제

沈 銷은 1685년(숙종11)에 태어나 1753년(영조 29)에 졸하다. 자는 和甫, 彦和. 호는 樗村, 樗軒. 본관은 靑松이다. 심육의 증조부 沈若漢의 아내와 정제두의 부친 鄭尙徵의 아내와는 자매 사이이다. 즉 심육과 정제두와는 姻戚관계이다. 심육은 정제두를 위하여 제문 「祭霞谷鄭先生文」을 썼고, 정제두의 아들 厚一을 '鄭叔'이라고 칭하였다. 정제두가 죽은 후, 鄭厚一, 尹淳, 李匡臣, 李震炳 등과 함께 유고정리 작업에 참여할 정도로 초기 강화학파의 핵심 멤버 중의 한 사람이었다. 이 유고 정리작업에서 심육은 정제두의 「行狀」을 집필하였다.

심육은 정제두의 제자이지만, 그의 저작에서는 양명학을 수용한 흔적이 전혀 나타나지 않는다. 뿐만 아니라 심육은 양명학에 대하여 일관되게 비판의 자세를 견지하였다. 오히려 주자를 독실하게 존숭하였다고 할 수 있다. 심육은 「鎭江問答」에서 스승 정제두와의 교류를 적고 있다. 심육은 14년간에 걸쳐 정제두가 은거하고 있는 강화도의 鎭江에 찾아가서 정주학에 관한 의문사항을 질문하고 그에 대한 스승의 답변을 들었다. 심육 자신은 스승에게 한 번도 양명학에 관한 질문을 한 적이 없다고 기술하고 있다.

심육은 평생 몇 번의 소명에 나아갔다가 돌아온 것 이외에는 벼슬에 나아가지 않고 대부분을 講學과 遊覽으로 보냈는데, 특히 영조 때에 영의정까지 올랐던 부친 沈壽賢을 배행하여 義州, 關東, 嶺南 등지는 물론 중국의 燕京에까지 다녀오면서 견문을 넓혔다. 따라서 이때 지은 詩作이나 日記 등이 遺稿로 남아 있다.

심육에 대해서는 묘도문자가 전혀 남아 있지 않으며 저자의 문집으로 현재 전하는 것도 규장각에 소장된 1938년 등사의 필사본(古 3428-437) 하나뿐이다. 이 필사본의 謄寫記에 의하면, 당시 京城의 李建芳이 소장하고 있던 寫本을 1938년에 등사하여 鄭啓爕이 校正한 것이다. 본집의 경우 校正者가 鄭啓爕이라는 연관도 가지고 있는 것으로 보면, 鄭齊斗의 「霞谷集」과 같은 과정을 거쳐 등사, 보관된 것으로 짐작된다.

심육의 후손에 대해서는 알려진 바가 거의 없어 실제 편찬 과정은 알기 어렵다. 다만 본집은 저자의 후배 李匡明 및 그 후손, 저자의 문인들에 의해 유문을 수습하여 校正하는 단계까지 갔으나 산정과 편차를 마무리하지 못한 未定稿의 교정본으로 남아 李匡明의 後

孫家에 家藏되었다가 1938년에 다시 謄寫된 것이라 할 수 있겠다.

참고문헌

金炅希, 2001, 「저촌유고」, 『한국문집총간해제5』, 민족문화추진회
유명종, 1992, 「저촌심육의 심학에 관한 연구」, 『동양철학연구』, 동양철
　　　학회

(3) 내　용

*본집은 47권 18책으로 구성되어 있다. 맨 앞에 總目錄이 있고, 권별 목록이 따로 있으며, 序跋은 없다.

①-1 권1~2 江湖錄(309題)

① 江湖錄1: 1708년 백부 沈齊賢이 수령으로 있는 槐山을 다녀오는 길에 충청도 일대를 유람하면서 지은 시 등을 모은 것.

② 江湖錄2: 1709년 겨울까지 天安, 潭陽, 長城 등지, 文義,淸州, 華陽洞, 仙遊洞 등을 유람한 시를 모은 것.

①-2 권3~4 關西錄(124)

1710년 여름에 義州 府尹으로 부임하는 부친을 따라가면서 松都, 平壤을 거쳐 관서 일대를 유람할 때와 義州 생활 중에 지은 시들을 모은 것이다.

①-3 권5 關東錄(91)

1713년 襄陽 府使로 부임하는 부친을 따라가면서 江陵 등 관동 일대를 유람하고 지은 시이다. 이 시기에 金剛山을 유람하고 日記로 <楓嶽錄>을 남겼으나 詩錄은 따로 이곳에 실리지 않았다.

②-1 권6~7

㉠ 散草(51): 대체로 1719년 경상좌도 균전사로 부임하는 부친을 따라 嶺南, 충청도 일대를 유람하고 지은 시들이다.

㉡ 燕行錄(59): 1728년 부친을 따라 燕京에 다녀올 때의 시들이다.

㉢ 기타: 樗村에서 지은 시, 挽詩, 次韻詩 등 60題가 실려 있는데, 1711년 졸한 南九萬, 1735년 졸한 李森, 1741년에 졸한 閔鈺 등의 만시가 실린 것을 보면 이 앞 시기의 만시들을 모은 것으로 보인다.

㉣ 권7: 권6의 후반을 이어 次韻詩, 挽詩 등 55제가 실려 있는데 1743~1744년경 지은 차운시가 있는가 하면 1731년에 졸한 權緈의 만시 등도 있어 제대로 정리되지 못한 느낌을 준다.

②-2 권8~10

㉠ 권8~9: 1744년 報恩, 知禮, 月城, 靑松, 鎭川 등을 유람하면서 지은 시 80제

㉡ 권10: 1745년 3월에 安陰을 거쳐 昌原, 晉州, 金山 등지를 유람하고 지은 시 114제

②-3 권11~24

1745년(61세) 여름 이후 저자가 졸한 1753년까지의 시들이 연대순

으로 실려 있다. 권16에 報恩, 淸州 등지를 다녀올 때 지은 시들을 제외하면 대체로 安城에 우거하면서 지은 士友 등과의 치운시나 부근을 다녀오면서 감회를 적은 시 등이다. 沙潭 李夏坤, 遁谷 李震炳(炳然), 閒雲 尹璿, 白下 尹淳, 具允斌(子順), 尹審(愼甫), 任得中(善仲) 등과의 차운시가 많은데, 특히 李震炳과는 차운시뿐 아니라 안부를 묻는 글과 함께 보낸 <寄遁谷>, <示遁谷> 등의 시가 권17~19에 집중적으로 실려 있다. 또한 安城의 石南寺, 鏡雲亭 등과 歸晩洞, 歸溪에서 지은 시들도 많다. 이들 외에 본집의 시 전반에 걸쳐 陸遊(劍南, 放翁), 杜甫 등에 차운한 시가 많이 실려 있고, 권21 이후에는 <動>, <靜>, <心統性情>, <九放心>, <動心忍性> 등 성리학적 주제들을 놓고 지은 시가 다수이며, <漫吟>, <閒吟> 등 노년의 감회를 읊은 시가 많다.

③ 권25~34 편지 750여 편이 인물별로 편차되어 있다

㉠ 권25~26: 스승 鄭齊斗, 朴弼成, 李德壽, 趙顯命, 尹淳, 李宗城, 尹光紹 등과 族叔, 族弟, 李顯謨, 尹審, 李成中 등에게 보내고 답한 편지 한두 편씩이 실려 있다. 대부분 안부를 묻고 저자의 근황을 말하는 내용이고, 전반적으로 禮說이나 性理說의 問答 등은 찾아보기 힘들다.

㉡ 권27: 遁谷 李震炳에게 보낸 편지 40편인데, 1743년 이후 졸년까지와 1749년 이후의 年條 未詳 편지들이다.

㉢ 권30~31: 遁谷 李震炳에게 보낸 편지 150편이 편차되어 있는데, 권30에는 1723년과 이후 年條 未詳의 편지들이, 권31에는 1733년과 이후 연조 미상의 편지들이 실려 있다. 역시 안부를 묻는 내용이

대부분이고, 스승 정제두의 年譜와 遺事 편찬을 의논하는 내용, 다수의 詩를 주고받으면서 보낸 사연, 士友들의 동향을 묻는 내용 등이 있다.

ⓔ 권28~29: 李錫予, 吳泰魯, 柳侗, 具允斌 등에게 보낸 편지.

ⓜ 권32~34: 尹東源, 趙震彬, 柳光翼, 閔鈺, 崔弘規, 李一燁, 李一燁, 李毅敬, 尹養東, 尹瑢, 韓思喆, 趙晉伯 등에게 보낸 편지가 실려 있다. 柳光翼(士晦)에게 보낸 편지는 권32와 권34에 나누어 실려 있다. 권33의 <與尹聖在衡瑢>은 저자와 절친하였던 尹瑢에게 보낸 것인데(閒雲居士尹公墓表, 洪良浩 撰, 耳溪集 卷35) 尹衡瑢으로 잘못되어 있다. 대부분 안부를 묻는 내용이고, 喪事에 위문하는 편지, 勤學 勤勉하는 편지가 많으며, 文憲書院에 보낸 편지는 山長을 맡아달라는 부탁을 거절하는 내용이다.

④-1 권35~41 雜著

㉠ 經說: <理氣>, <格物>, <人心道心說>, <性無內外辨>, <四德>, <費隱> 등을 주제로 간단하게 적은 글, 上帝-大君-嚴君-心君의 계통도, 具尹斌, 李震炳, 趙奎運과 각기 異象數의 관계, 知智의 차이, 立志의 문제 등을 논한 편지, 觀善錄, 讀書錄 등에서 뽑은 짤막한 글들이 실려 있다.

㉡ 일기: 초년의 年條 未詳의 일기들, 1738년의 일기, 1722년에 있었던 스승 정제두와의 문답을 정리한 <鎭江問答>, 1710년 의주로 간 뒤부터 이듬해 서울로 돌아올 때까지의 일기인 <灣館錄>, 1713년의 금강산 기행 때 적은 <楓嶽錄>, "因朴子彬……" 이하 1715년 安城 移居 이후의 일기, 1716, 1718, 1720, 1721년의 일기 한두 편

씨이 실려 있다.

④-2 권42 雜著

序(4), 說(1), 論(1), 祭文(24): 柳光翼의 麗澤堂 學約에 지어준 後序, 崔昌傑의 모부인 尹氏의 遺事에 적은 後序, <閒雲洞說>이 있고, 明齋 尹拯을 칭송한 <成德論>이 있다. 祭文은 스승 鄭齊斗, 친구 鄭元始, 尹淳, 任得中, 문인 李夢鯉 등에 대한 것과 櫹村의 土地神에게 올리는 것이 있다.

⑤ 권43~46 墓道文

㉠ 墓碣銘(10): 李世龜, 尹重明, 趙彥彬, 朴弼貞, 金宇集, 尹趾慶 등에 대한 것

㉡ 遺事(5): 백부 沈棻賢, 부친 沈壽賢과 모친 李氏, 외조부 李萬謙, 鄭祭斗에 대한 것

㉢ 墓表(7): 崔奎瑞, 李萬謙과 그 妻, 尹養東, 朴師得 등에 대한 것

㉣ 墓誌銘(6): 權綵, 閔鈺, 任得中, 李錫九 등에 대한 것

⑥ 권47 簡牘(61편)

문인 尹東哲이 家藏하고 있던 간찰을 따로 모아 놓은 부분으로, 윤동석의 부친 尹勉敎(永柔, 朔寧, 羅州 등)가 받은 편지를 앞쪽에, 尹東哲(與叔, 秀士)이 받은 편지를 뒤쪽에 실었다. 각각 1737년 부친상을 당했을 때 받은 위문편지에 답하는 글을 시작으로 저자의 졸년인 1753년까지의 편지가 연도순으로 수록되어 있다. 안부를 묻는 내용이 대부분이고, 윤동석에게는 勸學의 내용이 많다.

3) 선 고

저자 및 생몰연대	李匡臣 (恒齊) / 1700 (숙종 26)~1744 (영조 20)
권수제 및 형태	先藁 / 3책 4권
刊印年度 및 版種	未詳 / 문중본 / 李敬翼 撰
소장처(소장도서번호)	한국학중앙연구원

목　차	
권1. 書 (11篇)	祭叔母文 乙巳
答道甫書 甲寅	祭仲父判書公文
與道甫書 當在上	祭伯父澤軒公文 庚戌
答閔士相書	祭伯母文 辛亥
與趙飛卿書	祭族父觀察公文 壬子
與飛卿書	祭仲父仲母遷葬文 癸丑
答趙飛卿書 辛酉	祭姑母文 丙辰
答崔敬伯再興書 壬戌	祭霞谷鄭先生文
答尹稺繩光紹書 癸亥	祭季行文
與尹稺繩書 癸亥	祭朴判書文
答尹稺繩書 甲子	祭外姑兪氏文 戊午
又答稺繩書	祭鄭宙平文 辛酉
書 (19篇)	祭閔士相文 辛酉
上趙侍直丈 乙巳	祭趙飛卿文 壬戌
與道甫 乙卯	哭趙飛卿文
呈飛卿 乙卯	祭戚淀叔沈公文
呈士相 乙卯	哭趙飛卿文
復飛卿 丁巳	哭趙飛卿文
示安齋 庚申	祭趙飛卿文
寄敬孝 丁巳 當在上	祭沈樵叟文
上飛卿 辛酉	祭林承O文 壬戌 光弼
上月巖	祭菊圃姜公文 壬戌 樣
復安齋 辛酉	祭社谷大姑母文 聯名
復聖任哀 三從弟匡尹 壬戌	祭姑母夫崔公墓文
與李号O正壽頤 癸亥	哭閔士相文

저자 및 생몰연대	李匡臣 (恒齊) / 1700 (숙종 26)~1744 (영조 20)
권수제 및 형태	先藁 / 3책 4권
刊印年度 및 版種	未詳 / 문중본 / 李敬翼 撰
소장처(소장도서번호)	한국학중앙연구원

목 차

저자 및 생몰연대	李匡臣 (恒齋) / 1700 (숙종 26)~1744 (영조 20)
권수제 및 형태	先藁 / 3책 4권
刊印年度 및 版種	未詳 / 문중본 / 李敬翼 撰
소장처(소장도서번호)	한국학중앙연구원

목 차

저자 및 생몰연대	李匡臣 (恒齊) / 1700 (숙종 26)~1744 (영조 20)
권수제 및 형태	先藁 / 3책 4권
刊印年度 및 版種	未詳 / 문중본 / 李敬翼 撰
소장처(소장도서번호)	한국학중앙연구원

목 차

저자 및 생몰연대	李匡臣 (恒齊) / 1700 (숙종 26)~1744 (영조 20)
권수제 및 형태	先藁 / 3책 4권
刊印年度 및 版種	未詳 / 문중본 / 李敬翼 撰
소장처(소장도서번호)	한국학중앙연구원

목 차

저자 및 생몰연대	李匡臣 (恒齋) / 1700 (숙종 26)~1744 (영조 20)
권수제 및 형태	先藁 / 3책 4권
刊印年度 및 版種	未詳 / 문중본 / 李敬翼 撰
소장처(소장도서번호)	한국학중앙연구원

<table>
<tr><td colspan="2" align="center">목　차</td></tr>
<tr><td>往年巳末七月旣望余與士澈士亨與安
齋往復酬唱以成良辰美事今歲今日安
齋處巳○矣俯仰感念淚不自禁今歲今
日是壬戌七月旣望卽蘇仙舊遊之日而
吾生難再之辰不可以孤負而今安齋之
喪在 矣 閉門孤臥輾轉以達朝矣朝者
士澈有感懷作以示誠一般懷也卽次其
韻以和焉
梅花經冬不發春後方開士澈適到共賦
一絶
與澈裏話園通次山谷韻走草</td><td>浩然章義
告子章義
中庸解
論語解
詩傳解</td></tr>
</table>

(1) 해　제

　　李匡臣은 1700년에 태어나 1744년, 나이 마흔다섯에 죽었다. 字는
用直이고 호는 恒齋이다. 전주 이씨 덕천군파로 조부는 호조참판을
지낸 李大成이다. 아버지는 판서의 셋째아들 眞休(1674~1707)로 문
학과 행실로 세상에 이름이 알려졌다. 生員試에 장원으로 급제하고
進士試에 2등하여 이름을 떨쳤으나 일찍 죽었고, 뒤이어 석 달 만에
부인 豊壤 趙氏도 죽고 말았다. 외아들인 항재는 겨우 여덟 살이라
조부모의 손에서 자랐다.

　　항재는 문장에 뜻을 두고 널리 백가를 섭렵하여 글만 지었다 하

면 어른들의 칭찬을 받았으나, 차츰 성장하며 문인이 되기보다는 성현인의 학문을 지향하게 되었다. 강화에 들어가 霞谷을 만난 뒤에는 陽明集을 취하여 읽으면서 주자와의 변별을 꾀하였다. 이후 항재는 진솔하고 합리적인 학문자세로 속마음의 內修에 힘쓰게 되었다. 또 제자양성에 있어서는 조그만 허물도 소홀히 하지 않고, 대인관계에서는 表裏가 일치하는 진실한 모습을 보였다.

항재 본인은 일찍 부모를 여읜 외아들로 외로운 신세였지만, 종형제들과 서로 師友가 되어 즐겁게 생활한 듯하다. 그리고 부인 廣州邊氏가 가정 경제를 도맡아 잘 꾸려나가 의식의 걱정 없이 지내었다. 그러나 항재는 나이 마흔다섯에 염병에 걸려 열흘 만에 죽어 高揚땅에 묻히고 말았다.

참고문헌

심경호, 「恒齋李匡臣論」, 『진단학보』 84, 진단학회, 1997
서경숙, 「恒齋 李匡臣의 理氣論」, 『陽明學』 6호, 한국양명학회, 2001
서경숙, 「초기 강화학파 항재 이광신의 심성론」, 『한국철학논집』 13집, 한국철학사연구회, 2003

4) 원교집

저자 및 생몰연대	李匡師 (圓嶠) / 1705년(숙종 31)~1777년(정조1)
권수제 및 총간	圓嶠集撰 / 〈文集叢刊 221〉 / 10권 4책
刊印年度 및 版種	筆寫年 未詳 / 寫本
소장처(소장도서번호)	서울대학교 규장각(奎15551)
목 차	

저자 및 생몰연대	李匡師 (圓嶠) / 1705년(숙종 31)~1777년(정조1)
권수제 및 총간	圓嶠集撰 / 〈文集叢刊 221〉 / 10권 4책
刊印年度 및 版種	筆寫年 未詳 / 寫本
소장처(소장도서번호)	서울대학교 규장각(奎15551)

목　차

저자 및 생몰연대	李匡師 (圓嶠) / 1705년(숙종 31)~1777년(정조1)
권수제 및 총간	圓嶠集撰 / 〈文集叢刊 221〉 / 10권·4책
刊印年度 및 版種	筆寫年 未詳 / 寫本
소장처(소장도서번호)	서울대학교 규장각(奎15551)

목 차

저자 및 생몰연대	李匡師 (圓嶠) / 1705년(숙종 31)~1777년(정조1)
권수제 및 총간	圓嶠集撰 / 〈文集叢刊 221〉 / 10권 4책
刊印年度 및 版種	筆寫年 未詳 / 寫本
소장처(소장도서번호)	서울대학교 규장각(奎15551)

목　차

(1) 연 보

왕 력		서 기	간 지	연 호		연 령	기 사
숙종	31	1705	을 유	康熙	44	1	태어나다.
	43	1717	정 유		56	13	부친을 따라 서울로 돌아오다.
	～	～	～		～	～	백형인 無妄齋 匡泰에게 수학하다.
숙종	45	1719	기 해	康熙	58	15	高城 郡守 權聖重의 딸 安東權氏와 혼인하다.
경종	1	1721	신 축		60	17	부친이 李頤命을 탄핵하다가 密陽으로 유배되다.
	4	1724	갑 진	雍正	2	20	2월, 모친상을 당하다.
영조	1	1725	을 사		3	21	부친이 다시 康津으로 유배되다. ○이후 白下 尹淳의 문하에 들어가 배우다.
	3	1725	정 미		5	23	9월, 부친상을 당하다. 高陽 선영에 장사지내다.
	6	1730	경 술		8	26	가족을 데리고 楊根 龍津으로 옮기다.
	7	1731	신 해		9	27	봄, 江華에 들어가 霞谷 鄭齊斗를 뵙고 가르침을 청하다. ○5월, 부인 權氏의 상을 당하다.
	8	1732	임 자		10	28	부친의 행장을 짓다. ○다시 강화로 들어가 여러 달 머물며 하곡에게 수학하다.
	9	1733	계 축		11	29	柳宗垣의 딸 文化柳氏와 혼인하다. ○9월, 부친의 묘를 長湍 松南으로 이장하다.
	10	1734	갑 인		12	30	봄, 서울로 돌아오다. ○가을, 高陽 三休里에 거하다.
	12	1736	병 진	乾隆	1	32	長子 肯翊이 태어나다. ○8월, 霞谷先生 鄭齊斗의 상을 당하여 服을 입다.
	13	1737	정 사		2	33	서울 圓嶠로 이사하여 거처를 정하고 圓嶠山의 이름을 따 호로 삼다.
	17	1741	신 유		6	37	백하 윤순을 곡하다. ○鄭厚一을 곡하다.
	20	1744	갑 자		9	40	從兄인 恒齋 李匡臣을 곡하다.
	～	～	～		～	～	40세를 전후하여 書道가 날로 진보해 독특한 圓嶠體로 명성을 떨치다.

왕 력	서 기	간 지	연 호	연 령	기 사
23	1747	정 묘		12	43	仲兄 匡濟가 졸하다.
28	1752	임 신		17	48	霞谷의 손녀를 며느리로 맞아들이다.
30	1754	갑 술		19	50	伯兄 匡泰가 졸하다.
31	1755	을 해		20	51	乙亥獄事에서 李眞儒의 조카로서 尹光哲과 교통하였다는 죄로 匡鼎과 함께 심문을 받고, 濟州에 유배되다.
						○濟州가 인척이 있는 海南과 가깝다는 이유로 富寧으로 이배되다. ○부인 柳氏가 자결하다.
						○12월, 부인 權氏의 묘지명을 짓다.
32	1756	병 자		21	52	부친의 墓表를 짓다. ○<五君詠>을 짓다.
33	1757	정 축		22	53	막내 子婦에게 글을 써 보내다. ○모친의 묘지를 짓다.
38	1762	임 오		27	58	7월, 부령에서 門人들에게 글씨와 글을 가르쳐 선한필수가 絶島에 이배시켜
						외인들과의 접촉을 끊게 하기를 청하니, 薪智島로 유배지를 옮기다.
39	1763	계 미		28	59	三司에서 다시 잡아들여 국문할 것을 청하였으나 상이 허락하지 않다.
영조 40	1764	갑 신	乾隆 29	60	<書訣>을 완성하다.
47	1771	신 묘		36	67	恒齋 李匡臣의 행장을 짓다.
49	1773	계 사		38	69	형 匡鼎이 謫所에서 졸하다.
51	1775	을 미		40	71	四兄 匡鼎의 實記를 짓다.
정조 1	1777	정 유		42	73	8월 26일, 薪智島 적소에서 졸하다.

(2) 해 제

李匡師는 少論界 강화학파의 문인 학자로 1705년(숙종 31)에 태어나 1777년(정조 1)에 졸하였다. 자는 道甫. 호는 圓嶠, 壽北이며, 본관은 全州(德泉君派)이다. 아버지는 禮曹判書 지낸 李眞儉(1671~

1727)이고, 어머니는 尹趾祥(1668~1724)의 딸이다. 아버지 李眞儉은 弘文館 修撰으로 있을 때, 「萬言疏」를 올려 조정의 실책을 바로 잡으려고 극론한 바 있는 올곧은 성품의 소지자이다. 이광사는 이렇게 名臣의 집안에 태어났으나, 伯父 眞儒의 羅州掛書 사건에 말미암은 乙亥獄(1755)에 연좌되어 富寧에서(7년간), 그리고 호남 땅 薪智島에서 모두 23년의 귀양살이를 하다가 그곳 신지도 유배지에서 일흔셋의 목숨을 마치었다. 이때 강화도에 남아 있던 부인은 자살하여, 집안 살림살이는 육경벼슬을 지낸 부친 이진검의 묘비 하나도 세우지 못할 정도로 기울고 말았다.

원교는 젊어서는 道家의 설을 좋아하였고 아울러 佛典도 연구하였으나, 뒤에는 道·佛을 몹시 배척하고 經義에 침잠하였다. 또 원교는 從兄인 匡臣(恒齋)을 통하여 霞谷의 학문을 알게 되었다. 사실 원교의 아버지와 霞谷의 아들 鄭厚一은 동갑으로 서로 잘 지내는 사이였으므로, 원교는 그 덕에 하곡을 뵈올 기회가 있었다. 원교는 하곡에 대한 존숭에서 마침내 그 손녀를 아들인 信齋(令翊)의 아내로 맞아오게 하였다.

원교의 학문은 젊은 시절 종형인 匡臣(恒齋)과 理氣에 관해 토론하면서 性卽理論과 心卽理論을 종합함으로써 나름대로 心學論을 전대하였다. 이런 젊은 시절의 글은 원교의 문집에는 남아 있지 않고, 다만 항재의 문집인 『先藁』에 서한이 몇 편 전하고 있을 뿐이다.

중년 이후 원교는 종형인 匡贊(中翁)과 尙書 및 佛學에 관해 토론하였는데 주자의 해석에 반박하는 주자학 체계에 도전하였다. 원교가 부녕에 유배되었을 때, 광찬도 가까운 갑산에 유배되었기 때문에 두 사람은 서찰로 경학에 관해 토론할 수 있었다. 또 원교는 체계적인 심학론을 전개하지는 않았지만, 子姪들에게 부친 서한 속에서 事上磨鍊의 실학에 힘쓸 것을 권하였다.

富寧 유배지에서 지은 시문을 모아 「斗南集」이란 제명으로 編次해 두었는데, 현재 전하는 문집은 대부분 이를 바탕으로 한 것에다 사후 유문을 더 수집, 정리한 필사본들이다. 斗南이라는 제명은 杜甫의 "無依北斗望京華"란 시 구절에서 취한 것으로 아울러 斗滿江(豆滿江) 남쪽의 謫所에서 대궐을 그린다는 뜻을 담아 지은 것이다. 詩와 文의 구분도 없고, 목차도 책 표지에 난삽하게 기록되어 있어 거의 草稿의 형태를 띠고 있다.

원교는 서예가로서도 일찍이 명성을 떨쳤다. 현재 남아 있는 李匡師의 글은 대부분이 50세 이후의 저작들인데, 이는 李匡呂가 지은 묘지에서 말했듯이 李匡師가 젊었을 때에 글쓰기를 즐기지 않았기 때문이기도 하고 저작을 수습해 두지 않는 강화학파의 한 특징이기도 하다.

李匡師의 사후 글씨와 문장이 뛰어나 촉망받았던 아들 令翊이 시문을 수습하고 묘지를 부탁하는 등 유적을 정리하였으나 곧이어 1780년에 졸하여 중단된 것으로 보인다.

참고문헌

김성애, 2001, 「원교집」, 『한국문집총간해제5』, 민족문화추진회
서경숙, 1999. 12., 「원교 이광사의 양명학」, 『陽明學』 3호, 한국양명학회
심경호, 2005. 9., 『신편 원교 이광사 문집』, 시간의 물레

(3) 내 용

*본집은 10권 4책의 필사본으로 목록, 서발 등은 없다.

①-1 권1 東國樂府(30수)

1758년 富寧에 유배되었을 때 아들 命翊과 함께 수창한 詠史樂府이다. 檀君神話를 읊은 <太伯檀>부터 고려 말의 <杜門洞>까지 주로 우리나라 전래의 건국 신화와 설화 등을 소재로 해서 長短句의 형식으로 실려 있다. 첫머리에 詩序와 같이 간략하게 배경을 설명하고 이어서 악부를 지었는데 형식이나 분량은 일정치 않아 <破鏡合>과 같은 1400여 자가 넘는 장편이 있는가 하면 <文曲星>처럼 20여 자밖에 안 되는 짧은 작품도 있다. <百死歌>는 麗末 鄭夢周의 일화를 읊은 것으로 太宗의 何如歌와 정몽주의 丹心歌가 한글로 인용되어 있어 이채롭다. 마지막으로 <杜門洞>은 고려에 충절을 지키느라 조선에 벼슬하지 않은 선비들의 절개를 높이 찬양한 것으로 저자의 역사의식을 엿볼 수 있는 부분이다.

①-2 권2-3 漢詩(97題)

권2와 3은 97題의 시가 연도순으로 실려 있는데 부령에 유배되었을 때인 1755~1758년 사이에 지은 시와 薪智島로 이배된 뒤인 1760년대의 시가 대부분이다.

권2의 <訓家篇> 이후부터 권3의 <次令兒未歸田>까지는 「斗南集」에 실린 것으로 모두 부령에 있을 때 지은 것이다. 내용도 대부분 아들 슈翊 및 형제들에게 보내는 시와 유배시의 쓸쓸한 심정을 읊거나 고향을 그리는 내용이다.

권3은 신지도로 이배된 이후의 작품이다. <述恩>은 을해옥사 이후 이배되기까지의 과정을 성은에 감사한다는 취지에서 지은 것이고, <記俗>은 유배지의 풍속을 그린 것이며, 아들 영익과 함께 읊은 <立春聯句 >, <晩秋聯句> 등이 실려 있다.

②-1 권4 雜著(7)

<兌說也說>은 주영 태괘의 태를 희열이 아닌 해탈의 의미로 해석한 것이다.

<呂刑辨>과 <樂고변>은 둘 다 「書經」에 나오는 주제로 논한 것인데, 전자는 贖刑에 대한 글이고, 후자는 洛誥의 체제와 내용을 고증한 것으로 蘇氏가 강고의 첫 부분이 洛誥에 해당한다고 한 설에 반박한 글이다. 뒤이은 종형에게 보낸 편지에서도 같은 내용을 논하고 있다.

<法華經>과 <辨佛非周昭王時人>은 유가의 입장에서 「法華經」의 허탄함을 비판하고 부처가 周 초기의 인물이 아니라 漢 중엽의 인물이라고 논변한 것인데, 저자가 불교에서 벗어난 말년의 글인 듯하다.

②-2 권5 書(2)

권5의 편지는 아들 명익과 문장에 대해 논한 글, 조카 忠翊에게 불교에 빠지지 말 것을 충고한 글인데, 저자도 젊었을 때에 불교에 깊이 빠져 선유들의 글을 모두 냉소에 부쳤었다는 고백이 적혀 있다.

③-1 권6 祭文(17)

스승인 霞谷 鄭齊斗, 尹淳, 종형인 恒齋 李匡臣, 누이, 조카, 李濟老, 權宰, 형수 등에 대한 제문이 있으며, 특히 부인 柳氏에 대한 제문이 4편이나 되는 것이 눈에 띈다. 柳氏는 乙亥獄事 때 저자가 투옥되자 미리 자살하였는데 제문 곳곳에서 애도와 안타까운 심정을 표현하고 있다.

③-2 권7 墓誌銘(15)

권7은 墓誌銘(15), 墓表(3), 神道碑銘(1), 墓碣銘(1)으로 저작 연도 순으로 수록되어 있다. 始祖인 德泉君 李厚生의 신도비와 선친 李眞儉, 족부 李眞洙, 李眞卿, 李眞哲의 묘도문을 비롯하여 주로 일가친척과 부인 權氏와 柳氏의 묘도문이 실려 있다. 이 외에 曹命敎, 曹允成, 曹允明, 曹海振 3대의 묘지명과 金光遇, 李光喆의 묘지명이 있다.

④-1 권8 雜文(12)

<讀平淮西碑>, <題赤壁賦後>, <古人碑誌例>, <君公語例>, <論嶧山碑>, <讀廬陵文> 등은 부령 유배 시절에 지은 것으로 「斗南集」에 실려 있는 글이다. 이 외에 <五音正序>는 성음의 발생 원리를 설명한 것인데 특히 한문의 四聲과 우리의 음이 맞지 않는 데서 발생하는 문제점 등을 지적하고 있어 국문학상의 주요 자료가 되고 있다.

④-2 권9 기타

행장 3편과 記實 1편이다.

부친인 李眞儉, 족부 李眞洙와 종형 李匡臣의 행장과 李匡鼎에 대한 記實이 실려 있다.

⑤ 권10 書訣

1764년 薪智島에서 쓴 글로 서예가로서 터득한 書道의 원리와 실제를 정리한 총 7200여 자의 長文이다. 중국과 우리나라의 서법을 비교하고 자신의 서체 이론을 설명한 글인데 저자가 圓嶠體라는 특유의 서법을 창안하여 서예의 일가를 이루었으므로 이 글도 자료적 가치가 크다고 평가받고 있다.

*부록으로는 저자의 門人이자 종제인 李匡呂가 지은 墓誌가 실려 있다.

5) 이참봉집

저자 및 생몰연대	李匡呂(月巖) / 1720(숙종 46)~1783(정조 7)
권수제 및 총간	李參奉集 / 〈文集叢刊 237〉, 〈한국역대문집총서 1087〉 / 4卷2冊
刊印年度 및 版種	1805년(純祖 5) / 木板本
소장처(소장도서번호)	서울대학교 규장각(奎 4349)
목　차	
권1.詩(176首) 挹香亭 送田揆伯 宅良 桂元涉 德海 歸關西梅 二首 義朗宗人輓詞 代作 曺節度汝賢 允成 輓詞 六首	三月小晦會洗心亭次香山韻 三首 五月十三夜小舟賞月 二首 七月二十七日自洗心亭泛舟至鼇頭依翠軒靈通舊令各賦 二首 池上 送桂仁伯 萬長 歸宣川

저자 및 생몰연대	李匡呂(月巖) / 1720(숙종 46)~1783(정조 7)
권수제 및 총간	李參奉集 /〈文集叢刊 237〉, 〈한국역대문집총서 1087〉/ 4卷2册
刊印年度 및 版種	1805년(純祖 5) / 木板本
소장처(소장도서번호)	서울대학교 규장각(奎 4349)

목 차

저자 및 생몰연대	李匡呂(月巖) / 1720(숙종 46)~1783(정조 7)
권수제 및 총간	李參奉集 / 〈文集叢刊 237〉, 〈한국역대문집총서 1087〉/ 4卷2冊
刊印年度 및 版種	1805년(純祖 5) / 木板本
소장처(소장도서번호)	서울대학교 규장각(奎 4349)
목　차	

저자 및 생몰연대	李匡呂(月巖) / 1720(숙종 46)~1783(정조 7)
권수제 및 총간	李參奉集 / 〈文集叢刊 237〉, 〈한국역대문집총서 1087〉 / 4卷2册
刊印年度 및 版種	1805년(純祖 5) / 木板本
소장처(소장도서번호)	서울대학교 규장각(奎 4349)

목 차

저자 및 생몰연대	李匡呂(月巖) / 1720(숙종 46)~1783(정조 7)
권수제 및 총간	李參奉集 / 〈文集叢刊 237〉, 〈한국역대문집총서 1087〉/ 4卷2冊
刊印年度 및 版種	1805년(純祖 5) / 木板本
소장처(소장도서번호)	서울대학교 규장각(奎 4349)

목　차

(1)연 보

왕 력		서 기	간 지	연 호		연 령	기 사
숙 종	46	1720	경 자	康 熙	59	1	태어나다.
영 조	4	1728	무 신	雍 正	6	9	독서를 즐겨 이미 노성한 문인처럼 시를 짓다.
영 조	8	1732	임 자	雍 正	10	13	부친상을 당하다.
영 조	10	1734	갑 인	雍 正	12	15	族兄인 圓嶠 李匡師에게 수학하다. 다시 鄭景淳에게 배우다.
영 조	17	1741	신 유	乾 隆	6	22	式年 進士試에서 1등을 차지하다.
영 조	19	1743	계 해	乾 隆	8	24	모친을 모시고 외가인 連山에 다녀오다.
～	～	～	～	～	～	～	대신의 추천으로 宣陵 參奉, 明陵 參奉에 제수되었으나 나아가지 않다.
영 조	29	1753	계 유	乾 隆	18	34	병이 들자 <終事>를 지어 친지들에게 身後의 일을 부탁하다.
영 조	30	1754	갑 술	乾 隆	19	35	모친상을 당하다. ○ 長湍 麻根潭里 부친의 선영에 합장하다.
영 조	31	1755	을 해	乾 隆	20	36	스승인 李匡師 등 일가가 을해옥사에 연루되어 유배가다.
영 조	35	1759	기 묘	乾 隆	24	40	鄭敾의 挽詞를 짓다.
영 조	38	1762	임 오	乾 隆	27	43	<書群芳譜後>를 지어 고구마의 재배와 보급을 주장하다.
영 조	40	1764	갑 신	乾 隆	29	45	養子 李稚亨이 병으로 죽다.
영 조	41	1765	을 유	乾 隆	30	46	姜啓賢을 통해 東萊에서 고구마 종자를 얻어 서울에 보급하다.
영 조	43	1767	정 해	乾 隆	32	48	田宅良, 형 李匡尹과 妙香山을 유람하다.
영 조	45	1769	기 축	乾 隆	34	50	백형 李匡尹이 졸하다.
영 조	47	1771	신 묘	乾 隆	36	52	田宅良을 곡하다. 후에 墓誌를 짓다.
영 조	51	1775	을 미	乾 隆	40	56	英祖가 승하하자 <英宗大王挽詞>를 지으니, 후에 정조가 이를 보고 찬탄하며 「無寃錄諺解」를 찬수하게 하다.

왕 력		서 기	간 지	연 호		연 령	기 사
정 조	1	1777	정 유	乾 隆	42	58	스승 圓嶠 李匡師를 곡하다. 후에 묘지를 짓다.
~	~	~	~	~	~.	~	서울에 머물며 燕巖 朴趾源과 만나 黨色을 초월하여 문장을 토론하며 교유하다.
정 조	7	1783	계 묘	乾 隆	48	64	서울 西門 平洞 집에서 졸하다.
순 조	5	1805	을 축	嘉 慶	10	–	문집이 간행되다(李晩秀, 申大羽의 序).

(2) 해 제

李匡呂는 1720(숙종 46)에 태어나 1783(정조 7)에 졸하다. 李晩秀가 쓴 序文에 의하면 저자의 이력은 다음과 같다. 本貫은 全州. 英祖의 晚詞와 親族 등의 墓誌銘을 많이 쓴 것으로 보아 詩文에 能하였던 것을 짐작할 수 있으며 고구마를 재배할 것과 여자들이 비녀(계)를 꽂을 것을 주장하였던바 견식이 매우 넓었던 것 같다. 號가 없어 「李參奉集」이라 하였다고 되어 있다.

저자는 霞谷 鄭齊斗로부터 이어지는 江華學(陽明學)을 家學으로 이어받은 少論系의 명문으로서 그의 집안은 六眞(李眞儉, 李眞望, 李眞淳, 李眞儒, 李眞伋, 李眞卿), 八匡(李匡德, 李匡師, 李匡贊, 李匡誼, 李匡會, 李匡世, 李匡輔, 李匡顯)이라고 이를 정도로 학자가 많이 배출되었다. 저자도 평생 학문과 수행에만 힘쓰고 자신의 시문을 정리해두거나 수습하지 않았으나 시문이 한 편 나올 때마다 당시 사대부들이 보배롭게 여기어 傳誦하였으며 말년의 작품은 갈수록 간결하고 소박해져서 평탄하고 편안하였다는 평가를 받고 있다.

저자의 사후 문집을 수습하고 정리하는 데 참가한 李晩秀, 申大

翊, 徐榮輔 등은 모두 저자의 집안과 혼인 관계를 맺은 인척이고, 李忠翊은 族姪이다. 이충익의 서문에 의하면, 자신이 시문을 산정하여 시 2권, 문 2권으로 편차하였는데, 저자가 선비들의 숭앙을 받아 글이 많이 전파되었음에도 불구하고 본래 저술이 적었고 또 평소 시문을 수습하지 않아 문집에 실린 글은 대부분 사람들에게 전해져 기록해 둔 것을 바탕으로 하였다고 한다. 즉 家藏 遺稿가 거의 없어 사후에 수습된 유문을 대상으로 산정하였기 때문에 분량이 적을 수밖에 없었다고 하지만, 詩 중에는 저자의 自註가 붙은 것도 종종 있어 가장된 유문이 전혀 없지는 않았던 듯하다. 또 李晩秀의 서문에서 선생 사후 23년(1805년) 만에 시 326편, 문 31편으로 문집 4권이 간행되었다 하였으며, 서영보 또한 문집의 간행에 참여하였다고 적고 있다. 따라서 본집은 李忠翊과 申大羽, 李晩秀, 徐榮輔가 유문을 수습, 산정하여 4권 2책의 문집을 1805년에 목판으로 간행한 것이다.≪초간본≫

본집의 이름을 문집으로서는 특이하게 「李參奉集」으로 붙이게 된 이유는, 저자가 西門 밖 月巖에서 살아 남들이 '月巖'이라고 칭하기는 하였지만 생전에 自號한 적이 없었기에 일찍이 참봉에 제수되었던 것에서 취하여 「李參奉集」으로 제명하였다고 한다. 현재 규장각(奎4349, 古3428-840), 장서각(4-6408), 국립중앙도서관(한46-가88), 고려대학교 중앙도서관(D1-A27), 연세대학교 중앙도서관 등에 소장되어 있다. 본집에는 李晩秀, 申大羽, 徐榮輔가 1805년에 쓴 서발이 실려 있다.

본서의 저본은 1805년 목판으로 간행된 초간본으로 규장각장본(奎4349)이다.

참고문헌

김성애, 2001, 「이참봉집」, 『한국문집총간해제5』, 민족문화추진회
정양완, 1993, 「월암이광려론」, 『강화학파의 문학과 사상(1)』, 한국정신
　　　문화연구원

(3) 내 용

　*본집은 4권 2책의 적은 분량으로 시 2권, 문 2권으로 구성되어
있다. 권두에 李晚秀, 申大羽가 1805년에 쓴 서문이 있으며, 총목록
이 실려 있다.

　(李昌發, 李繼壽, 李匡度, 申大翼, 吳季淵, 鄭魯淳, 徐命純, 尹志
大, 尹泰國, 閔陽瑞 等)

　① 卷1~2 詩(152題)

　권 1~2는 시로 152題 326수의 시가 대략 연대순으로 실려 있다.
저자는 일찍부터 시로 알려져 당세 제일의 시인이라는 평가를 받았
으나 명성에 비해 작품 수가 별로 많지 않다. 형식 면에서 살펴보면
대부분 오칠언 절구와 율시로 長篇은 없으며, 古詩 20수, 六言詩 2
수인데 오언절구를 가장 즐겨 지었다. 또한 벼슬에 나가지 않은 채
家學으로 전수받은 학문과 수행에만 힘썼으므로 시를 수창한 사람
들도 재야의 학자나 친척 일가가 많은데, 族姪인 李重海(潤甫), 李
性淳(懿甫)과 매부의 종형인 鄭景淳(時晦), 조카뻘인 鄭東愈(愚福),
절친했던 벗인 田宅良(揆伯), 趙榮翼(敬夫), 豹菴 姜世晃 등과 주고

받은 시들이 눈에 띈다. 李德懋에 의하면, 저자는 詩語가 淸新하고 진부하지 않으며 우아하고 기품이 있어 작품이 나올 때마다 인구에 전송되었다고 한다. 특히 <梅>, <發紫浦>, <江行書事次唐人絶句韻> 등은 「靑莊館全書」에도 인용되어 있으며, <英宗大王挽詞>는 근세에 드문 글이라는 正祖의 칭찬을 받은 작품이다. 이 밖에 유람시로는 서울의 北漢山 일대와 栗島 등을 읊은 것, 趙榮翼과 뱃길로 四郡을 유람하고 지은 <江行>, <上島潭>, <發丹陽> 등이 있다. <良丁母>는 黃口나 白骨 등 당시 身布의 가혹한 징렴을 읊어 백성의 고초를 생생하게 표현하고 있다. <贈尹孺文赴燕>과 <復贈孺文>은 중국에 사신가는 尹東昇에게 無花果 나무를 구해줄 것을 부탁하고 후에 감사하다는 내용의 시를 지은 것인데, 고구마나 燒甎法(벽돌 굽는 법)의 수입에서도 볼 수 있듯이 저자는 민생에 도움이 되는 외국 문물을 받아들이는 데 매우 적극적이었던 듯하다.

②-1 卷3 文(31篇)

권3~4는 文 31편이다. 권3에는 묘도문자 20편이 실려 있다. 저자의 스승이자 族兄인 李匡師, 7世祖 李繼壽, 族兄 李匡度, 申大羽의 동생인 申大翼, 매형 鄭尙淳의 동생인 鄭魯淳, 尹志大와 그의 아비 尹凝績, 벗인 田宅良 등의 墓誌가 실려 있다. 田宅良은 호가 東瀨翁이고 자가 撲伯인데 그의 집안과 친분이 돈독하여 주고받은 시도 20여 수나 되며 또 <瀨翁舍利贊>을 짓기도 하였다. 그 밖에 吳命心, 尹泰國, 沈克賢, 閔旭祥 등의 묘지명이 있으며, 맨 뒤에 曺命敎의 墓表와 金世輔의 墓碣銘이 한 편씩 실려 있다.

②-2 卷4 雜文

　권4는 傳, 贊, 書後, 書 등 여러 문체의 글 11편을 모아놓았다.
<書群芳譜後>와 <與徐判書一之志修書>, <贈姜生啓賢>詩 등의 글에
서 고구마(본문에서는 甘藷, 番藷로 되어 있다)의 보급과 경작을 위
해 애쓴 저자의 노력을 볼 수 있다. 저자는 중국의 農書를 통해 고
구마가 구황작물로서 가치가 크다는 것을 알고 우리나라에 보급시키
려고 중국에 가는 譯官이나 使臣에게 여러 차례 부탁하였으나 구하
지 못하고 1763년에 일본에 통신사로 가는 趙曮에게 종자를 부탁하
기도 하였으며, 1765년경에는 姜啓賢을 東萊로 보내어 종자를 구해
오게 하였다. 이처럼 저자가 고구마의 재배와 보급에 힘썼던 것은 위
의 글에서도 거듭 나왔듯이 민생에 대한 깊은 관심에서 나온 것이다.
<與洪判書漢師良浩書> 또한 중국에서 사용하는 벽돌[甀]이 우리나라
의 기와보다 훨씬 단단하고 싸서 효용가치가 높음을 역설하고 國計
와 민생을 위해 그 굽는 방법을 배워 와야 한다고 주장하는 내용이
다. 또 어려운 시기에 집안을 이끌어 번성하게 만든 尹敬龍의 5代祖
母 林夫人에 대한 傳,「老子」에 대한 독후감인 <讀老子>, 우리나라
여자 머리 양식이 古制에 맞지 않음을 논한 글, 저자의 넷째 외숙모
인 李孺人(金溝 妻)에 대한 記事 등이 있다.

6) 완구유집

저자 및 생몰연대	申大羽 (宛丘) / 1735년(영조 11)~1809(순조 9)
권수제 및 총간	宛丘遺集 / 〈文集叢刊 251〉, 〈韓國歷代文集叢書 2897〉 / 10권 2책
刊印年度 및 版種	1820년 / 목판본
소장처(소장도서번호)	서울대학교 규장각 (奎 5637)

목 차

저자 및 생몰연대	申大羽 (宛丘) / 1735년(영조 11)~1809(순조 9)
권수제 및 총간	宛丘遺集 / 〈文集叢刊 251〉, 〈韓國歷代文集叢書 2897〉 / 10권 2책
刊印年度 및 版種	1820년 / 목판본
소장처(소장도서번호)	서울대학교 규장각 (奎 5637)

목 차

(1) 연 보

왕 력	서 기	간 지	연 호	연 령	기 사
영조 11	1735	을 묘	雍正 13	1	8월7일, 서울에서 태어나다.
23	1747	정 묘	乾隆 12	13	山寺에서 독서하다.
25	1749	기 사	14	15	冠禮를 행하다. ○霞谷 鄭齊斗의 손녀이자 鄭厚一의 딸 延日鄭氏와 혼인하다.
26	1750	경 오	15	16	경서를 탐독하여 「易通」, 「春秋考」, 「論語說」, 「孟子求正」, 「庸學旁注」 등을 편찬하다.
29	1753	계 유	18	19	부친상, 모친상을 당하다.
30	1754	갑 술	19	20	처가가 있는 江華의 鎭江 翁逸里로 이주하여 학업에 몰두하다.
36	1760	경 진	25	26	차남 綽이 태어나다.
38	1762	임 오	27	28	아우 大翼이 병으로 죽자, 제문과 행장을 짓다.
41	1765	을 유	30	31	동생과 장녀의 혼인으로 上京하여 머물다. ○장인 鄭厚一의 행장을 짓다.
43	1767	정 해	32	33	가족을 이끌고 다시 江華로 들어가다.
45	1769	기 축	34	35	妙香山을 유람하고 <西征譜>를 짓다.
49	1773	계 사	38	39	容安室을 지어 자제와 친척들을 모아 강학하다. ○장남縉의 관례를 행하다.
～	～	～	～	～	학문과 저술에 힘써 「沁都志」, 「直日記」, 「西漢文類」, 「古文程楷」, 「日月注」 등을 찬하다.
					○그동안의 글을 「鎭江存刪」이란 이름으로 편차하여 강화유수 成天柱에게 보낸다.
정조 8	1784	갑 진	49	50	선공감 감역에 보임되다.
10	1786	병 오	51	52	日蝕으로 인한 求言에 겨울철 토목공사를 자제할 것을 상언하여 상의 칭찬을 듣다.
11	1757	정 미	52	53	사도시 주부, 東部 都事가 되다.

왕 력	서 기	간 지	연 호	연 령	기 사
12	1788	무 신	53	54	6월, 敬陵 令이 되다. ○霞谷 延諡禮에 참가하다. ○겨울, 陰城 縣監이 되어 3년 간 재직하다.
17	1793	계 축	58	59	江東 縣監이 되어 堤堰을 쌓고 농사를 권면하다.
18	1794	갑 인	59	60	三子 絢이 과거에 등제하다.
20	1796	병 진	嘉慶 1	62	淸道 郡守에 선발되어 부임하다.
22	1798	무 오	3	64	元子宮 僚屬으로 선발되어 강학에 참여하다.
23	1799	기 미	4	65	의금부 도사, 사복시 주부가 되다.
24	1800	경 신	5	66	익위사 익위가 되다. 아들 申絢은 시강원 보덕이 되어
순조 1	1801	신 유	6	67	부자가 東宮의 僚屬이 되니 여론이 영광으로 여기다. 3월, 부인상을 당하다. ○李秉模의 추천으로 통정대부
4	1804	갑 자	9	70	에 오르고 우부승지가 되어 經筵에 입시하다. 승지와 형조 참의를 역임하면서 계속 경연에 들다. 嘉善大夫로 올라 도총부 도총관이 되다. ○한성부 우, 좌윤이 되었다가 동지의금부사, 공조 참판에 제수되다. ○申絢이 강원 감사가 되자 사직하고 따라서 원주로 가다.
7	1807	정 묘	12	73	동지중추부사, 동지돈녕부사, 호조 참판이 되다.
8	1808	무 진	13	74	호조 참판이 되다. ○申絢이 成川 도호부사가 되다.
9	1809	기 사	14	75	사직하고 아들을 따라 成川으로 가다. ○11월22일, 成川 官衙에서 졸하다. ○12월, 廣州 社村에 장사지내다.
20	1820	경 진	25		申緯 등이 문집을 간행하다.

(2) 해 제

申大羽는 1735년(영조 11)에 태어나 1809(순조 9)에 졸하였다. 자는 儀父. 호는 宛丘. 본관은 平山. 鄭齊斗의 門人이다. 書藝家로 유명하다.

신대우는 하곡의 손자사위이며 조선조의 대표적 경학가인 石泉 申綽의 아버지이다. 그는 중년 이후에 蔭補로 벼슬길에 나아가고, 三男 絢이 관료로서 성공하자 거처를 동촌(이화장부근)에 두고 世居地를 경기도 광주 社村(사마루)에 마련하였다.

신대우의 집안은 고조 申汝晢 때부터 당색을 小論으로 굳혀 노론과 대립하였다. 신대우는 혼란한 시대를 살아가는 수신 덕목으로 어려서부터 '拙(재능이나 학문을 드러내지 않음)'을 배웠다. 아버지 申曒는 "말은 성실하고 신실되며 행실은 독실하고 경을 다하여 조심하고 조심하여 上帝를 마주할 따름이다"라고 가르치었다.

申大羽의 저술은 아들 申綽이 쓴 事狀을 통해 대략 파악할 수 있는데, 현전하는 것은 거의 없으나 본래 상당량의 편찬서가 있었던 것으로 보인다. 16세 이후 經書의 연구에 몰두하여 「易通」, 「春秋考」, 「論語說」, 「孟子求正」, 「尙書求正」, 「庸學旁注」 등이 있었으나 일찍부터 산일되어 본인이 1762년 상자를 뒤져보았을 때는 「論語說」밖에 남아 있지 않았다고 한다. 또 명산을 둘러보고 쓴 <山海疏>와 <西征譜>, 5일 동안 開城을 유람하고 지은 <五日記>, 江華의 생활을 적은 「沁都志」, 고서를 열람하며 뜻에 맞는 것을 쓴 「直日記」, 西漢의 문장과 先秦古文을 가려 뽑아 만든 「西漢文類」와 「古文程楷」, 肅宗 때까지의 野史를 날짜별로 편찬한 「日月注」 등이 있었다고 하나 모두 현전하지 않는다. 한편 1776년경 중년까지의 詩文으로 「鎭江存刪」을 편찬하여 成天柱에게 보여주었고, 1804년에 차자 申綽에게 「鎭江散稿」를 편찬하게 하는 등 생전에 自編稿도 있었던 듯하다.

저자의 사후 申縉, 申綽, 申絢 형제는 위의 자편고를 바탕으로 시문을 더 精選하여 재편집한 것으로 보인다. 李忠翊이 1816년에 쓴 <宛丘遺集序>(椒園遺稿 冊2)에 의하면 이즈음 신작형제들이 문집의 편차를 완료하여 자신에게 서를 부탁하였는데 그 글을 모두 옛날에 저자에게서 얻어 보았던 것이라고 하였다. 이후 1818년 10월부터 다음해 1월까지 신작이 문집을 간행하기 위하여 板下本을 손수 淨寫하였는데 字體가 楷書 같기도 하고 隸書 같기도 한 八分體여서 읽는 사람들이 어려워했으므로 세간에서는 문집이 있은 이래 처음 있는 일이라고 하였다. 이때 모두 10권 158장이 정사되었는데 1819년 9월부터 1820년 9월까지 京工 崔浩盒과 平壤工 梁禹丹 두 명이 刊役을 시종 담당하여 1년 만에 마쳤고 韓倉澤이 10일 만에 모두 26부를 인출해내었다고 한다. ≪초간본≫ 저자의 문집 간행과 관련된 시종의 기록은 모두 申綽의 「石泉日乘」에 자세한 기사가 실려 있다. 현재 이 초간본은 규장각(奎5637), 장서각(4－6309), 국립중앙도서관(古3648－文40－8), 연세대학교 중앙도서관 등에 소장되어 있다.

본집은 그 간행이나 형식에 있어서 당시에 화제가 될 만큼 파격적이었던 듯하다. 문집의 글자로는 유래가 없는 八分體라는 자체도 그러한데다 詩가 단 한 편도 실리지 않았으며 文 또한 문체별로 나누어 분권하였기 때문에 적은 분량임에도 권수는 10권이나 된다. 洪奭周는 宛丘의 文集 2권은 취사가 자못 엄중한 데다 校訂과 淨寫,

간행과 印裝 등을 工人의 손을 빌리지 않고 자식들이 직접 하였으니 세상에 드문 바라고 평하고 있다. 「石泉日乘」을 통해 몇몇 공인이 참가했던 것은 알 수 있지만 申緯 형제들이 이 문집에 기울인 노력이 남달랐던 것을 짐작할 수 있다.

참고문헌

김성애, 2001, 「완구유집」, 『한국문집총간해제5』, 민족문화추진회
심경호, 1993, 「완구신대론」, 『강화학파의 문학과 사상(1)』

(3) 내 용

* 본집은 10권 2책으로 구성되어 있으며 권두에 總目이 있고, 序跋이나 부록문자는 실려 있지 않다. 2책 159판밖에 안 되는 적은 분량을 10권으로 나눈 것은 문체를 기준으로 분권하였기 때문이다. 또 본집에는 시가 한 편도 실려 있지 않다.

①-1 권1 雜著(14篇)
권1의 첫머리에는 효와 충의 대립을 서술한 <皐陶執法疑> 등 전통적인 논쟁을 다룬 글 4편이 실려 있고, 鄭齊斗의 일화를 담은 <紀鄭先生淮陽治事>, 형제들과 세 아들, 처조카인 鄭述仁의 字說이 실려 있다. 또 兪漢雋의 초상에 대해 찬한 <兪曼倩眞贊>과 李鍾徽의 「修山集」에 대해 쓴 書後가 있다.

①-2 권2 書(7篇)

권2는 편지로, 문장에 대해 논한 南建福(受之)에게 보낸 글, 1762
년 아우의 죽음 이후 개성 일대를 둘러보고 從叔父에게 올린 글, 箕
子廟의 진위에 대해 논한 <答鄭述仁書> 등이 있다.

①-3 권3 序(13篇)

권3에는 北關으로 떠나는 具庠(1765년), 江華 留守였던 成天柱
(1776년)를 전송하는 서가 실려 있는데 이들은 모두 일찍이 저자의
문장을 알아보고 인정해 주었던 인물이다. 또 書法으로 이름을 떨쳤
던 曺允亨(1779년), 燕京에 가는 曺允大(孫婿의 父)에게 보낸 送序
가 있다. 문집에 대한 서로는 李隨의 「敍述集」, 李匡呂의 「李參奉
集」, 趙載道의 「忍菴集」 서문이 있으며, 1775년 先秦의 문장과 韓
愈의 글을 뽑아 15권으로 편찬한 「古文程楷」의 서도 있는데 이 글
에서 저자의 문장관을 살펴볼 수 있다.

①-4 권4 記(6篇)

권4는 記文이다. 圓嶠 李匡師의 글씨를 얻어 자신의 당호를 河上
齋라고 지은 <河上齋記>에서는 韓濩, 尹淳을 동국 제일의 서예가로
꼽으며 書法에 대한 자신의 견해를 서술하고 있다. 건물에 대한 기
문으로는 1796년 江東 縣監 때 지은 <閱波亭重建記>, 陰城 縣監
때 李良會가 관사를 신축하자 지어준 <堤州館新建記>, <浮碧樓重
修記> 등이 있다.

②-1 권5 권6 권7 墓文(31篇)

권5~9는 묘도문이다. 제일 처음에 실려 있는 부인 鄭氏의 묘지명에서는 江華로 이주한 뒤 가난한 살림으로 어린 시동생들을 보살피느라 고생하던 일을 생생하게 기록하여 부인의 덕을 기리고 있다. 이 외에 종조숙부인 申旵, 조카사위인 權萬衡, 孫婿의 백부인 曺允亨의 墓碑와 종조형제인 曺允益의 墓銘, 사돈인 朴在源의 墓碣銘, 沈星鎭의 神道表와 그 부인의 行狀, 三子 申絢의 장인인 李崇培의 묘명과 아비 李德胤의 행장, 그의 동생 李峻培의 묘지명, 江華 留守로 와서 저자의 문장을 서울에 소개했던 成天柱의 묘갈명 등이 실려 있다. 李德胤 일가는 특히 霞谷의 제자로 저자가 스승으로 섬겼을 뿐만 아니라 혈연으로도 얽혀 있어 家學과 혼인으로 이어지는 강화학파의 특징을 보여준다.

권7과 8에는 주로 일가의 묘도문이 실려 있는데, 祖父 申宅夏의 묘갈명과 祖母 李夫人, 재종형제 申大淳의 묘지명, 아우 申大翼, 장인 鄭厚一의 행장이다. 권7 끝에는 일찍 죽은 딸(鄭東迵 妻)의 묘지와 申絢의 처인 며느리 李氏에 대한 묘지가 申緯이 지은 것으로 附記되어 있는데, 저자가 여러 차례 지으려다가 슬픔으로 차마 짓지 못하고 아들에게 시킨 것이라고 한다. 亡女 鄭氏婦에 대한 글은 祭文도 2편이나 나오는데 자식도 없이 20여 세에 죽은 딸에 대한 측은한 정서가 잘 나타나 있다.

②-2 권10 祭文(8篇)

권10은 제문이다. 아우 申大翼과 누이(李運復 妻), 江華로 이주했을 때 친자식처럼 보살펴준 장모 柳夫人(鄭厚一 妻)에 대한 제문이 있으며, 徹齋 鄭志儉, 宮官 요속으로 있던 朴知源 등의 제문이 있다.

7) 신재집

저자 및 생몰연대	李令翊 (信齋) / 1738년(영조 14)~1780(정조 4)
권수제 및 총간	信齋集 / 〈文集叢刊 252〉 / 不分卷 2책
刊印年度 및 版種	筆寫年 未詳 / 寫本
소장처(소장도서번호)	고려대학교 중앙도서관(貴558)
목　차	
冊1. 東國樂府(30篇)	藤原途中
太伯檀	窠山子明發靑陽余如爲北征將成數年
黃河歌	別中夜無寐懷不能
聖母祠	已五言詩相示
林中雞	未歸田 九十韻
夏息曲	有懷次韻 二首
鵄述嶺	傷秋葵
黃昌舞	仲夏 八首
斬馬巷	贈方祥喆
王母去	贈三生
陽山歌	題盤蛇石
破鏡合	上家兄 九十韻
朝蜀使	敍思 四篇
玄鶴琴	南山次退之韻
萬波息笛	余將來南從弟虞臣贐以大篇秋仲有雨
月明巷	無事坐念舊遊偶閱簡牒又得斯詩逐步
上書莊	韻見情
鮑石亭	次凡谷寄示古體 二首
釣龍臺	七戒 七首
落花巖	舂歌

저자 및 생몰연대	李令翊 (信齋) / 1738년(영조 14)~1780(정조 4)
권수제 및 총간	信齋集 / 〈文集叢刊 252〉 / 不分卷 2책
刊印年度 및 版種	筆寫年 未詳 / 寫本
소장처(소장도서번호)	고려대학교 중앙도서관(貴558)

저자 및 생몰연대	李令翊 (信齋) / 1738년(영조 14)~1780(정조 4)
권수제 및 총간	信齋集 /〈文集叢刊 252〉/ 不分卷 2책
刊印年度 및 版種	筆寫年 未詳 / 寫本
소장처(소장도서번호)	고려대학교 중앙도서관(貴558)

목 차

저자 및 생몰연대	李令翊 (信齋) / 1738년(영조 14)~1780(정조 4)
권수제 및 총간	信齋集 / 〈文集叢刊 252〉 / 不分卷 2책
刊印年度 및 版種	筆寫年 未詳 / 寫本
소장처(소장도서번호)	고려대학교 중앙도서관(貴558)

목　차

저자 및 생몰연대	李令翊 (信齋) / 1738년(영조 14)~1780(정조 4)
권수제 및 총간	信齋集 / 〈文集叢刊 252〉 / 不分卷 2책
刊印年度 및 版種	筆寫年 未詳 / 寫本
소장처(소장도서번호)	고려대학교 중앙도서관(貴558)

목　차

(1) 연 보

왕 력	서 기	간 지	연 호	연 령	기 사
영조 14	1738	무 오	乾隆 3	1	태어나다.
28	1752	임 신	17	15	관례를 하고 鄭齊斗의 손녀이자 鄭厚一의 딸인 延日鄭氏와 혼례를 올리다.
영조 31	1755	을 해	乾隆 20	18	羅州掛書 사건에 부친이 연루되어 富寧으로 유배가니 이를 따라가다. ○3월, 모친 柳氏가 자살하다.
33	1757	정 축	22	20	재종형인 窠山 李文翊에게 시를 지어 보내다.
34	1758	무 인	23	21	다시 富寧으로 가서 부친을 모시다. 부친의 시에 화답하여 東國樂府를 짓다.
36	1760	경 진	25	23	鄭敾이 그린 그림에 <題騎牛訪牛溪圖>를 쓰다.
38	1762	임 오	27	25	1월, 堂號를 信齋라 하고 <信齋說>을 짓다. ○부친이 湖南의 薪智島로 移配되자 따라가다.
					○동서 申大羽의 아우인 申大翼이 죽자 哀辭와 묘지명을 짓다.
					○11월, 江華 艸亭으로 거처를 옮기다. ○27세로 요절한 李文翊의 애사를 짓다.
41	1765	을 유	30	28	李尙寬을 위해 <贈薪智島李生>을 짓다. ○7월,<遊薪智島石窟記>를 짓다. ○가을, 서울로 돌아오다.
42	1766	병 술	31	29	李天翊을 위해 <送凡谷從兄言>을 짓다.
43	1767	정 해	32	30	6월, 族父인 李匡贊의 祭文을 짓다.○겨울, 다시 신지도로 가서 봄까지 부친을 모시고 연작시를 짓다. ○申大羽에게 편지하여 安貧의 뜻을 밝히다.
44	1768	무 자	33	31	椒園 李忠翊이 절을 짓다가 그만두었다는 소식을 듣고 시를 지어 기롱하다.
47	1771	신 묘	36	34	10월, 외조부 柳宗垣의 행장을 짓다.
48	1772	임 진	37	35	5월, 형 燃藜室 肯翊이 羅州로 옮기자 시를 지어 보내다. ○서울로 돌아오다.

왕 력	서 기	간 지	연 호	연 령	기 사
50	1774	갑 오	39	37	6월, 꿈을 꾸고 匏客이라 自號하고 <無口匏說>을 짓다.
52	1776	병 신	41	39	11월, 장모 柳夫人의 제문을 짓다.
정조 1	1777	정 유	42	40	부친이 配所에서 졸하자 형과 함께 運柩해 오다.
2	1778	무 술	43	41	2월, 부친을 長湍에 장사지내다. ○陶淵明의 飮酒詩에 차운시를 짓다.
4	1780	경 자	45	43	5월, 平壤을 유람한 뒤 객사에서 급사하다.
6	1782	임 인	47		椒園 李忠翊이 제문을 짓다.

(2) 해 제

李令翊은 1738년(영조 14)에 태어나 1780(정조 4)에 졸하다. 자는 幼公. 호는 信齋, 匏客. 본관은 全州(德泉君派)이다. 李忠翊, 申大羽 등과 교유하였고, 少論으로 鄭齊斗의 陽明學을 계승한 江華學派이다.

李令翊은 문집에 대한 序跋이나 부록문자를 남기지 않아, 평소의 事蹟이나 사후 遺文의 정리 상황을 알기 어렵다. 다만 절친하게 지냈던 從弟 李忠翊이 지은 李令翊의 家傳과 祭文을 통해 약간이나마 더듬어 볼 수 있다.

李令翊은 일찍이 부친 李匡師에게 학문과 서예를 모두 배웠으며, 10여 세에 이미 놀랄 만한 글을 써왔다. 글씨도 圓嶠體로 부친의 글씨를 臨書하면 세상 사람들이 분별하지 못할 정도였다. 李令翊은 저술로 문집 몇 권과 經說 몇 권이 있는데 끊임없이 글을 고쳐서 탈고되지 못한 채 집안에 보관되어 있었다. 그가 죽은 후 遺文은 從弟인 李忠翊이 정리할 것을 자임하였는데, 9살 차이의 종 형제간임에도 선생과 제자처럼 함께 강학하고 일가의 知己로 지내던 사이였으므로 생전에 이미 자신의 사적을 정리해줄 것을 부탁하였다고 한다. 이충익은 1782년에 쓴 祭文에서 詩文의 교정을 아직 끝마치지 못했다고 하였고, 家傳에서는 經說을 수정하여 成書할 것이라고 하였으므로 이 시기를 전후하여 문집이 편찬되었을 것으로 추측된다. 그러나 이후 간행되지 못하여 현재 전하는 것은 필사본으로 고려대학교 중앙도서관(貴)558)에 소장되어 있는 것뿐이고 經說은 전하지 않는다.

참고문헌

김성애, 2001, 「신재집」, 『한국문집총간해제5』, 민족문화추진회
심경호, 1995, 「신재 이영익론」, 『강화학파의 문학과 사상(3)』.

(3) 내 용

*본집은 불분권 2책의 필사본으로 시 1책, 문 1책으로 구성되어 있으며, 서발이나 목록, 저자에 대한 부록문자 등은 실려 있지 않다.

①-1 冊1 東國樂府(30篇)

東國樂府는 부친 李匡師가 富寧에 유배되었을 때에 吳光運의 海東樂府를 보고 따라 지은 뒤 저자에게 和韻하라고 하여 지은 30수이다. 檀君神話부터 高麗末 故事까지 神話와 野史에서 주로 소재를 택하여 나름대로의 역사관을 가지고 기술하였는데 매 편마다 序를

두어 내용을 소개하였다. 부친인 李匡師의 동국악부와 비교해볼 때
神異한 事蹟을 배격하여 處容이나 萬波息笛 등은 허탄한 일로 치부
하였다. 다만 단군신화만은 그대로 수용하여 箕子朝鮮보다 가치를
둔 것이 눈에 띈다.

①-2 古詩 (52題), 律詩(162제), 聯句(8제)

古詩 부분에는 장편시와 연작시가 많다. <未歸田九十韻>은 가문
의 불행과 벼슬길을 바랄 수 없는 처지를 한탄하며 부친을 모시고
농경에나 힘쓸 것을 읊은 내용인데 역시 이에 답한 <次令兒未歸田
九十韻>이 李匡師의 「圓嶠集」에 실려 있다. <上家兄九十韻>은 형
李肯翊이 가난으로 생계를 꾸리기 힘들어 하자 학문에 힘쓰기를 권
면한 내용으로 富寧에서 부친을 모시고 있을 때 보낸 시이다. 또
<春歌>는 가난하여 방아 찧는 것을 업으로 삼은 양반 李命培를 위
해 지은 것이고, <和陶飮酒> 20수는 부친의 사후 우환을 술에 의지
하며 지낼 때 지은 것이다. 저자가 함께 시를 수창한 대상은 家兄인
李肯翊(長卿)과 종형제인 窠山子 李文翊(純士), 椒園 李忠翊(虞臣)
형제, 凡翁 李天翊(性源), 동서인 宛丘 申大羽 등과 유배지에서 사
귄 方祥喆, 李尙寬 등 몇몇 사람뿐이다. 특히 이천익에게 보낸 시가
20여 수가 넘고, 이충익 형제와도 많은 시를 수창하였으며 <憫旱聯
句>, <喜雨聯句> 등 聯句도 함께 지었다. 또 부친인 李匡師의 시에
차운한 것으로 <謹用家大人斗南卷中韻>, <敬次大人感恩律詩韻> 등
이 있다. 律詩 중 <方生祥喆早春自富寧來……>는 부녕에서 수업하
던 方祥喆이란 자가 3000리가 넘는 薪智島까지 찾아와 준 것에 대
한 기쁨을 나타낸 것으로 책2의 <送方祥喆歸北塞序>도 이에 대한

내용이다. 부친이 부녕 유배 시 제자들을 모아 강학했다는 죄목으로
남쪽으로 이배되었던 만큼 위험을 무릅쓰고 찾아온 方生에 대한 감
정이 특별했던 듯하다.

②-1 雜著(32篇)

잡저는 論說과 序, 記, 銘 등 다양한 문체의 글이 고루 들어 있다.
이충익이 지은 家傳에 의하면, 저자는 薪智島에서 經傳에 몰두하여
先儒들의 논설을 대상으로 그 이치의 득실을 논변하였는데 이론이
치밀하고 언사가 매서워 남들이 감히 설을 펴지 못했다고 하였으나,
본집에는 경전에 대한 논설은 없고 풍수지리의 허구성이나 불교 輪
廻說의 황당함, 陰陽家의 궤변, 독자적인 사상 없이 남의 文章만 모
방하는 폐단 등을 변론한 내용이다. <幅巾銘>은 霞谷의 遺服인 幅巾
의 명문을 지어 그 덕을 찬양하고 처조카 鄭述仁을 권면한 것이며,
<申儀父書案銘>도 申大羽의 뛰어난 문장이 후손에게 이어지기를 축
원하는 글이다. 이 외에 종형 李天翊이 泗川으로 떠나는 것을 전송
한 <送凡谷從兄言>, 말을 경계하고 세상에 무용한 자신의 처지를 비
유하여 自號로 삼았던 <無口匏說>, <無口匏解嘲> 등이 있다.

②-2 書(7篇)

편지는 李忠翊에게 보낸 것이 9편, 申大羽에게 보낸 글이 2편이
고, 柳混에게 보낸 편지 1편은 蔡忱의 「皇極內篇」을 雜書라고 평가
한 것이다. 이충익에게 보낸 편지는 「尙書」의 古文 부분이 梅賾의
僞書임을 증명한 것, 陽明學의 시비득실을 논한 것, 朱子 등 道學者
들의 시보다는 감정이 자연스럽게 발로된 시인들의 시가 더 좋다는

것, 椒園에게 재주와 志氣가 있다고 교만하지 말고 남들에게 너그러운 마음을 갖도록 권면하고 자신도 內實이 없었다고 반성하는 내용 등이다.

②-3 祭文·哀辭(16篇), 墓誌表·行狀(6篇)

제문과 애사는 대부분 친인척을 대상으로 하였다. 반역의 집안으로 몰려 벼슬도, 사대부들과의 교유도 제대로 할 수 없었던 저자의 처지를 보자면 당연하다 하겠다. 祖考妣의 遷葬 祭文을 비롯하여 外王母 閔氏, 李文翊, 從叔인 中翁 李匡賛, 族叔인 李匡呂, 장모 柳夫人, 仲厚 申大翼 등에 대한 글이다. 신대익은 동서인 申大羽의 아우로 그에 대한 墓誌도 있다. 또 외조부인 柳宗垣의 행장, 柳鳳長, 金光遇의 처에 대한 묘지, 李匡贊의 손자인 李勉洪의 壙誌 등이 실려 있다.

8) 초원유고

저자 및 생몰연대	李忠翊 (椒園) / 1744년(영조20)~1816년(순조 16)
권수제 및 총간	椒園遺藁 / 〈文集叢刊 255〉 / 不分卷 2책
刊印年度 및 版種	筆寫年未詳 / 寫本
소장처(소장도서번호)	서울대학교 규장각(奎3428-262)
목 차	

冊1. 詩(508首)
小酉樓和金悅卿詩
早踰里父峴 三首
鳥嶺 二首
題淸江村舍
阻雨鷲井寺 二首
還家
憶舊遊
送奴北關謹構三首近詩書上大庭 三首
愁
卽事 三首
十二月二十二日孤坐抒志寄墨坊泗莊
凡谷三從兄
和仲宣除夕見寄
小酉主人入漢中二年尙不一來視故宇
並問拙夫反左思隱士詩以招之
春水
平山深里
石潭李文成先生舊居
葛公庵
丘飯無肉新咬菜根喜而有作
寒食夜
營小庵于望京谷有以官禁沮埋材以俟
後幼公從兄以詩嘲信筆自解
瀑布庵成報幼公從兄

學道
次韻凡翁從兄新年有感見寄 六首
兄女長殤之訃聞於五月十二日十五日
成服月下信筆寄哀女以四月晦沒于湖
西之靑陽縣 八首
十六日又寄恨
曙 二首 ○時在車城
臘日
金井山眺望
東萊城樓
自東萊歸機張途中
淨水洞
乘興至瀑布庵
發北行留別在家諸君
閔可肅有別詩途中追和
三街曉發
過釋王寺聞涵月老宿已寂焰取舍利塔之
高原小憩
暮投德山驛
咸關領
長興驛
途中遇雪
次東坡雪詩韻 二首
鷹德嶺杉檜參天亦詩有松
至人

<table>
<tr><td>저자 및 생몰연대</td><td>李忠翊 (椒園) / 1744년(영조20)~1816년(순조 16)</td></tr>
<tr><td>권수제 및 총간</td><td>椒園遺藁 / 〈文集叢刊 255〉 / 不分卷 2책</td></tr>
<tr><td>刊印年度 및 版種</td><td>筆寫年未詳 / 寫本</td></tr>
<tr><td>소장처(소장도서번호)</td><td>서울대학교 규장각(奎3428-262)</td></tr>
<tr><td colspan="2" align="center">목 차</td></tr>
</table>

<table>
<tr><td>저자 및 생몰연대</td><td>李忠翊 (椒園) / 1744년(영조20)~1816년(순조 16)</td></tr>
<tr><td>권수제 및 총간</td><td>椒園遺藁 / 〈文集叢刊 255〉 / 不分卷 2책</td></tr>
<tr><td>刊印年度 및 版種</td><td>筆寫年未詳 / 寫本</td></tr>
<tr><td>소장처(소장도서번호)</td><td>서울대학교 규장각(奎3428-262)</td></tr>
<tr><td colspan="2" align="center">목 차</td></tr>
</table>

저자 및 생몰연대	李忠翊 (椒園) / 1744년(영조20)~1816년(순조 16)
권수제 및 총간	椒園遺藁 / 〈文集叢刊 255〉 / 不分卷 2책
刊印年度 및 版種	筆寫年未詳 / 寫本
소장처(소장도서번호)	서울대학교 규장각(奎3428-262)

목 차

저자 및 생몰연대	李忠翊 (椒園) / 1744년(영조20)~1816년(순조 16)
권수제 및 총간	椒園遺藁 / 〈文集叢刊 255〉 / 不分卷 2책
刊印年度 및 版種	筆寫年未詳 / 寫本
소장처(소장도서번호)	서울대학교 규장각(奎3428-262)

목　차

저자 및 생몰연대	李忠翊 (椒園) / 1744년(영조20)~1816년(순조 16)
권수제 및 총간	椒園遺藁 / 〈文集叢刊 255〉 / 不分卷 2책
刊印年度 및 版種	筆寫年未詳 / 寫本
소장처(소장도서번호)	서울대학교 규장각(奎3428-262)

목 차

저자 및 생몰연대	李忠翊 (椒園) / 1744년(영조20)~1816년(순조 16)
권수제 및 총간	椒園遺藁 / 〈文集叢刊 255〉 / 不分卷 2책
刊印年度 및 版種	筆寫年未詳 / 寫本
소장처(소장도서번호)	서울대학교 규장각(奎3428-262)

목 차

저자 및 생몰연대	李忠翊 (椒園) / 1744년(영조20)~1816년(순조 16)
권수제 및 총간	椒園遺藁 / 〈文集叢刊 255〉/ 不分卷 2책
刊印年度 및 版種	筆寫年未詳 / 寫本
소장처(소장도서번호)	서울대학교 규장각(奎3428-262)

<table>
<tr><th colspan="2">목　차</th></tr>
<tr><td>君子之過說</td><td>祭戶曹參判申公文</td></tr>
<tr><td>陜川李君(彦祚)墓誌</td><td>鄭伯修哀辭</td></tr>
<tr><td>閔可肅(景涷)墓誌銘</td><td>申仲厚哀辭</td></tr>
<tr><td>戶曹佐郎權君(爀)墓誌銘</td><td>題杜詩略說後</td></tr>
</table>

(1) 연 보

왕　력	서　기	간　지	연　호	연　령	기　사
영조 20	1774	갑　자	乾隆　9	1	태어나다.
~	~	~	~	~	從父인 匡明의 양자로 가다.
31	1755	을　해	20	12	生父와 養父가 모두 乙亥獄事에 연루되어 생부인 匡顯은 嶺南 機張으로, 양부 匡明은 甲山으로 유배되다.
~	~	~	~	~	이후 남북을 오가며 유배된 두 부친을 봉양하다.
36	1760	경　진	25	17	양모인 鄭夫人의 상을 당하다.
37	1761	신　사	26	18	친형인 椽山子 李文翊이 죽다. ○저자가 遺文을 수습하여 문집 2권을 繕寫하였으나 후에 화재로 燒失되다.
38	1762	임　오	27	19	申大羽의 동생 大翼(仲厚)이 죽자 哀辭를 짓다.
43	1767	정　해	32	24	아들 勉伯이 태어나다.
44	1768	무　자	33	25	불교에 심취하여 江華 摩尼山 望景臺에 승려 慧雲과 함께 암자를 짓고 瀑布庵主人으로 自號하다.

왕 력	서 기	간 지	연 호	연 령	기 사
					곧 官禁으로 암자를 철거하자 信齋 李 令翊이 이를 조롱하는 시를 지어 보내 니, 이에 화답하다.
영조 52	1776	병 신	건륭 41	33	7월, 생부인 李匡顯이 유배지에서 졸하 니, 果川에
					임시로 장사지냈다가 다음해에 江華로 移葬하다.
정조 1	1777	정 유	42	34	양부를 봉양하기 위해 沁都에서 甲山으 로 가다.
2	1778	무 술	43	35	11월, 부친이 甲山 유배지에서 졸하다. 현 지인인 康泰雍의 도움을 받아 葬事를 무 사히 치르고, 후에 <記康泰雍事>를 짓다.
4	1780	경 자	45	37	從兄이자 스승으로 섬기던 信齋 李令 翊을 곡하다.
6	1782	임 인	47	39	李令翊의 祭文을 짓고, 문집을 편차하다.
7	1783	계 묘	48	40	族父인 李匡呂의 부음을 듣다. ○후에 遺 文을 편차하여 「李參奉集」으로 간행하다.
10	1786	병 오	51	43	10월, 생모인 林夫人의 상을 당하다.
순조 1	1801	신 유	가경 6	58	아들 勉伯이 增廣試에 합격하다.
3	1803	계 해	8	60	都城의 西江으로 거처를 옮기다.
9	1809	기 사	14	66	本生考妣의 묘지를 짓다. ○11월, 이모부 申大羽를 곡하다. 후에 墓誌銘을 짓다.
15	1815	을 해	20	72	손 是遠이 장원급제하다. ○冬至使로 떠 나는 洪義浩를 시를 지어 전송하다.
16	1816	병 자	21	73	2월, 부인상을 당하다. ○3월, 병으로 졸 하다. ○5월, 江華 仙都浦 吉祥山에 장 사지내다.

(2) 해 제

李忠翊은 1744년(영조 20)에 태어나 1816년(순조 16)에 졸하다. 자
는 虞臣. 호는 椒園, 水觀居士. 본관은 全州(德泉君派)이다. 李令翊,
李泉翊 등과 교유하였고, 少論으로 江華學派에 속한다.

李忠翊은 鄭厚一, 申大羽, 李匡呂, 李令翊 등 江華學派의 주요
인물과 친인척이면서 그들의 학문을 계승하였다. 아들 勉伯이 쓴 先
考妣合葬誌에 의하면 李忠翊 또한 가문의 전통대로 書法과 文章에
뛰어났으나 黨禍로 인해 經世의 듯을 실현할 수 없는 처지였기에
文學을 자처하지 않았다고 한다. 저서로는 문집 2권과 「談老」, 「杜
詩略說」 각 1권이 家藏되어 있었는데, 이 중 문집 2권의 필사본만
현재까지 전해지고 「談老」와 「杜詩略說」은 傳存 여부가 불확실하다.

조선 후기 학자. 자는 우신(虞臣), 호는 초원(椒園). 본관은 전주
(全州). 소론(少論)의 집안에서 태어나 노론(老論)의 배척을 받고 귀
양살이하는 아버지를 따라 평생을 떠돌면서 보냈다. 정제두(鄭齊斗)
의 양명학(陽明學)을 계승, 연구하였으며 유학(儒學) 이외에 노장(老
莊)·선불(禪佛)에도 해박하였다. 이지(李贄)의 절가순진(絶假純眞)에
서 영향을 받아 가(假)와 진(眞)을 엄격히 구별했으며, 공맹(孔孟)이
인의(仁義)에 가탁(假托)함으로써 인의에 화가 미침을 지적하였다.
일진무가(一眞無假)를 학문의 참모습으로 강조하고 학술의 원융(圓
融)과 회통(會通)을 소원으로 하였다. 해서(楷書)와 초서(草書)에 능
하였고, 저서로『초원유고(椒園遺稿)가 있다.

참고문헌

김성애, 2001, 「초원유고」, 한국문집총간해제5, 민족문화추진회 박준호, 1994, 「초원 이충익의 생애와 시」, 한문학연구 9, 계명한문학회.

(3) 내 용

*본집은 불분권 2책으로 책1은 시, 책2는 문으로 구성된 필사본이다. 이 외에 목록이나 서발, 부록 등은 없다.

① 冊1. 詩(508首)

책1에는 詩 508여 題가 저작 연도순으로 수록되어 있다. <還家>와 <憶舊遊> 사이에 책말의 <癸未除夜>(1763)가 있어야 한다는 註로 보아 이때가 두 부친의 귀양살이를 수발하느라 남북으로 분주히 다닐 때인 듯하다. 함께 시를 수창한 대상은 종형제 凡翁 李天翊, 信齋 李令翊(幼公), 조카 權燧(子昇), 閔景涑(可肅), 沈在寬 등이다. <營小庵于望京谷……>은 저자가 불교에 심취하여 江華에 폭포암이란 암자를 지었다가 官禁으로 곧 허물고 재목을 묻었다는 소식을 듣고 李令翊이 조롱하는 시를 지어 보내자 이에 화답한 것이다. 이영익의 시는 「信齋集」에 실려 있다. 결국 저자는 <瀑布庵成報幼公從兄>에서 볼 수 있듯이 후에 암자를 낙성하고 스스로 瀑布庵主人이라고 自號하기도 하였다. 본집의 시는 저자가 중년까지 두 부친을 봉양하느라 機張과 甲山을 왕래한 적이 많기 때문에 기행시가 많다. <題紀行詩卷>에서는 이때의 고생을 기술하며 紀行詩가 천 수라도

刪削하지 말라고 하였다. 노년에는 <椒園秋夕>, <李兄景張與諸老結社賦詩…>, <農家春曉>를 통해 볼 때 椒園에 기거하며 李景張 등과 詩社를 맺는 등 한가한 생활을 즐긴 듯하다.

② 冊2. 文(58篇)

책2는 58편의 文이 문체별로 실려 있다. 편지(2), 記(3), 序(7), 跋後(10), 說(4), 墓誌(16), 墓表(1), 碑文(2), 家傳(4), 祭文(6), 哀辭(2)로서 위에서 말한 대로 雜著와 墓道文, 祭文의 세 부분으로 나뉘어 있다. <答韓生書>는 저자의 文章論을 살펴볼 수 있는 글이다. 한편 「信齋集」에는 李令翊이 저자에게 보낸 편지가 9편이나 되는데 본집에는 이영익과의 편지가 한 편도 실려 있지 않아 遺稿가 제대로 수습되지 못하였거나 遺失이 있었던 듯하다. 저자가 佛教와 陽明學을 공부한 사실도 李令翊의 편지(與虞臣, 信齋集 冊2)에서 살펴볼 수 있으며, 본집의 望月寺 記文이나 「維摩經」의 書後, <題佛經金銀字帖後>, <題眞言集後>와 和尙의 碑文 등을 통해 저자가 불교에 상당한 조예가 있었음을 알 수 있다. 이 외에 저자가 직접 편차한 從祖父 李匡呂의 「李參奉集」, 이모부 申大羽의 「宛丘集」, 申綽의 「詩次故」, 승려 澄公의 「映菴集」에 대한 序跋이 실려 있다. <談老後序>와 <題杜詩略說後>는 자신의 편찬서에 대한 글인데 전자는 老子의 有無論을 논평한 것이고, 후자는 李植의 「杜詩纂註」를 바탕으로 頭註를 달고 수정한 것이다.

묘지명과 제문은 대부분 저자의 친인척이나 知友들에 대한 것이다. 閔景涑과 그 조부 閔昌衍, 申大羽의 묘지명과 그 아우 申大翼(仲厚)에 대한 哀辭, 先考妣合葬誌와 本生考妣의 묘지, 伯兄 李文

翊, 從兄 李榮翊의 묘지명, 從兄 李良翊, 李令翊, 李世翊의 家傳과 조카 權爐의 묘지명이 실려 있으며, 사돈 沈說之에 대한 敍述이 있다. 특히 姊氏(朴崙源 妻)의 묘지명에서는 어려운 상황에서 매우 가난한 집안으로 시집가 고생만 하다가 일찍 죽은 누이에 대한 연민이 매우 잘 나타나 있다. <記康泰雍事>는 유배 간 부친을 뵈러 가는 길에 여러모로 편리를 봐준 夷山의 여관주인의 일을 적은 것이다.

9) 수산집

저자 및 생몰연대	李種徽(修山) / 1731(영조 7)~1797(정조 21)
문헌 제목 및 형태	修山集 /〈韓國文集叢刊 247〉, 〈한국역대문집총서 2979〉/ 14권 7책
刊印年度 및 版種	1799년경간 / 활자본(芸閣印書體字)
소장처(소장도서목록)	서울대학교 규장각(奎 4574)

목　차

洪良浩의 序, 趙重의 後敍	過宿振威秉燭訪古蓮塘亭堂半頹樹木 易面無復舊蹟
1권. 詩(82首)	釜山道中轉訪茅谷宗人
晦雲庵詠雪戊辰	振威蓮塘
南山高	素沙道中
洞簫歌	齋居
夜坐吟	贈報恩寺上人
暮春卽事壬申	聽流堂
平近堂偶吟癸酉 ○ 昌寧衙	偶吟三庚翌日
沒雲臺	玉果涵碧堂重修癸卯
海雲臺	外池
永嘉臺	次聽澗亭韻

저자 및 생몰연대	李種徽(修山) / 1731(영조 7)~1797(정조 21)
문헌 제목 및 형태	修山集 /〈韓國文集叢刊 247〉, 〈한국역대문집총서 2979〉/ 14권 7책
刊印年度 및 版種	1799년경간 / 활자본(芸閣印書體字)
소장처(소장도서목록)	서울대학교 규장각(奎 4574)

목 차

저자 및 생몰연대	李種徽(修山) / 1731(영조 7)~1797(정조 21)
문헌 제목 및 형태	修山集 / 〈韓國文集叢刊 247〉, 〈한국역대문집총서 2979〉 / 14권 7책
刊印年度 및 版種	1799년경간 / 활자본(芸閣印書體字)
소장처(소장도서목록)	서울대학교 규장각(奎 4574)

목 차

저자 및 생몰연대	李種徽(修山) / 1731(영조 7)~1797(정조 21)
문헌 제목 및 형태	修山集 /〈韓國文集叢刊 247〉, 〈한국역대문집총서 2979〉/ 14권 7책
刊印年度 및 版種	1799년경간 / 활자본(芸閣印書體字)
소장처(소장도서목록)	서울대학교 규장각(奎 4574)

목 차

<table>
<tr><td>岐山操</td><td>3권. 記(30篇)</td></tr>
<tr><td>感白賦</td><td>秋月軒記</td></tr>
<tr><td>序(14篇)</td><td>牧丹屛記</td></tr>
<tr><td>水經序</td><td>東臺鼓琴記</td></tr>
<tr><td>孝寧大君靖孝公子孫譜序</td><td>涵海堂記</td></tr>
<tr><td>送翠英師遊關東諸山序</td><td>永慕亭古樹記</td></tr>
<tr><td>明文奇賞後序</td><td>二雲遊記</td></tr>
<tr><td>聘母淑人七十壽序</td><td>皐蘭寺重修記</td></tr>
<tr><td>草溪鄭氏宗稧座目序</td><td>蓬萊山成道庵創建記</td></tr>
<tr><td>人日會注谷詩序</td><td>環碧亭記</td></tr>
<tr><td>送人之蓬萊遊序</td><td>淸虛堂記</td></tr>
<tr><td>送某令之燕序</td><td>古城遊記</td></tr>
<tr><td>送東萊府伯序</td><td>溫王祠記</td></tr>
<tr><td>銅檣記</td><td>河道說</td></tr>
<tr><td>滌愁樓記</td><td>贊・銘 (4篇)</td></tr>
<tr><td>昌山縣學重修記</td><td>許由贊</td></tr>
<tr><td>世管亭記</td><td>王文成公像贊</td></tr>
<tr><td>嘉禾縣學重修記</td><td>項羽贊</td></tr>
<tr><td>獅子庵記</td><td>夢劍銘幷序</td></tr>
<tr><td>臥遊軒記</td><td></td></tr>
<tr><td>百誼堂記</td><td>5권. 論 (22篇)</td></tr>
<tr><td>馭風亭記</td><td>書論</td></tr>
<tr><td>記雷</td><td>春秋論</td></tr>
<tr><td>過露梁記</td><td>二妃論</td></tr>
<tr><td>金生寺重修記</td><td>西周論</td></tr>
<tr><td>林府尹祠堂重修記</td><td>秦論</td></tr>
<tr><td>偃松記</td><td>過漢論</td></tr>
</table>

저자 및 생몰연대	李種徽(修山) / 1731(영조 7)~1797(정조 21)
문헌 제목 및 형태	修山集 / 〈韓國文集叢刊 247〉, 〈한국역대문집총서 2979〉/ 14권 7책
刊印年度 및 版種	1799년경간 / 활자본(芸閣印書體字)
소장처(소장도서목록)	서울대학교 규장각(奎 4574)

목 차

저자 및 생몰연대	李種徽(修山) / 1731(영조 7)~1797(정조 21)
문헌 제목 및 형태	修山集 / 〈韓國文集叢刊 247〉, 〈한국역대문집총서 2979〉 / 14권 7책
刊印年度 및 版種	1799년경간 / 활자본(芸閣印書體字)
소장처(소장도서목록)	서울대학교 규장각(奎 4574)

목 차

저자 및 생몰연대	李種徽(修山) / 1731(영조 7)~1797(정조 21)
문헌 제목 및 형태	修山集 /〈韓國文集叢刊 247〉, 〈한국역대문집총서 2979〉/ 14권 7책
刊印年度 및 版種	1799년경간 / 활자본(芸閣印書體字)
소장처(소장도서목록)	서울대학교 규장각(奎 4574)

목　차

저자 및 생몰연대	李種徽(修山) / 1731(영조 7)~1797(정조 21)
문헌 제목 및 형태	修山集 / 〈韓國文集叢刊 247〉, 〈한국역대문집총서 2979〉 / 14권 7책
刊印年度 및 版種	1799년경간 / 활자본(芸閣印書體字)
소장처(소장도서목록)	서울대학교 규장각(奎 4574)

목 차

(1) 연 보

왕 력		서 기	간 지		연 호		연 령	기 사
영 조	7	1731	신	해	雍 正	9	1	12월, 태어나다.
영 조	14	1738	무	오	乾 隆	3	8	2월, 生母 徐氏의 喪을 당하다.
영 조	24	1748	무	진	乾 隆	13	18	<晦雲庵詠雪>詩를 짓다.
영 조	27	1751	신	미	乾 隆	16	21	장인 崔普興이 縣監으로 있는 稷山에 가다. 그곳에서 <溫王祠記>, <銅檣記>를 짓다. ○<皐蘭寺重修記>를 짓다.
영 조	28	1752	임	신	乾 隆	17	22	昌寧으로 부임하는 부친을 따라가다. ○ 4월, 東萊의 海運臺, 沒雲臺를 유람하다. ○ 8월, 昌寧 북쪽의 龍興寺를 유람하다. ○ 부친을 모시고 靈山 聞巖亭의 辛礎 遺墟를 돌아보고 <辛礎傳>을 짓다.
영 조	29	1753	계	유	乾 隆	18	23	봄, <昌山縣學重修記>를 짓다. ○ 3월, 昌寧 북쪽 火王山 古城을 유람하고 記文을 짓다. ○ 4월, 伯氏 李晩徽를 따라 洛東江을 유람하다. ○ 12월, 모친 申氏의 상을 당하다.
영 조	31	1755	을	해	乾 隆	20	25	<過露梁記>를 짓다. ○ 10월, 부친 李廷一의 喪을 당하다.
영 조	32	1756	병	자	乾 隆	21	26	<利瑪竇南北極圖記>를 짓다.
영 조	34	1758	무	인	乾 隆	23	28	繼妣尹氏를 곡하다.
영 조	39	1763	계	미	乾 隆	28	33	<蓬萊山成道庵創建記>를 짓다.
영 조	45	1769	기	축	乾 隆	34	39	<先春嶺記>, <甲山府學記>를 짓다.

왕 력		서 기	간 지		연 호		연 령	기 사
영조	47	1771	신	묘	乾 隆	36	41	進士試에 합격하다. ○ 振威(釜山)의 先塋에 省墓하다. 紀行詩와 그 序文을 짓다.
영조	50	1774	갑	오	乾 隆	39	44	3월, 朴禮源 형제가 貞齋로 찾아오다. ○ 8월, 淮陽 府使로 나가는 李性源에게 送詩를 지어 주다.
영조	51	1775	을	미	乾 隆	40	45	4월, 伯氏 李晩徽를 곡하다.
영조	52	1776	병	신	乾 隆	41	46	11월, 부인 崔氏의 喪을 당하다.
정조	3	1779	기	해	乾 隆	44	49	12월, 生父 李廷喆의 喪을 당하다.
정조	7	1783	계	묘	乾 隆	48	53	玉果 縣監으로서 <玉果涵碧堂重修>詩와 <涵碧亭重修記>를 짓다.
정조	9	1785	을	사	乾 隆	50	55	玉果 縣監으로서 <六游堂記>, <三樂門記>를 짓다.
정조	16	1792	임	자	乾 隆	57	62	12월, 公州 判官 재직 중, 곤장을 함부로 쳤다는 이유로 충청감사 李亨元이 書啓하여 파직하기를 청하였으나 상이 불허하다.
정조	17	1793	계	축	乾 隆	58	63	5월, 곡식 천여 석을 스스로 마련하여 賑恤한 공으로 벼슬을 올려주라는 명이 내리다. ○ 同月, 암행어사 李肇源의 書啓에 따라 정사를 잘못했다는 이유로 처벌받다.
정조	19	1795	을	묘	乾 隆	60	65	3월, 成時潤, 李道明, 李公振 등과 弼雲臺 등을 유람하다.
～	～	～	～		～	～	～	司宰監에 直宿하다.
정조	21	1797	정	사	嘉 慶	2	67	5월 10일, 졸하다. ○ 楊州 釜淵洞에 장사 지내다.
정조	23	1799	기	미	嘉 慶	4	-	이즈음 아들 李東稷이 芸閣活字로 문집을 인행하다.

(2) 해 제

수산집의 저자 이종휘(李種徽, 1731~1786)는 조선 후기 학자로 자
는 덕숙(德叔), 호는 수산(修山)이다. 본관은 전주(全州)이고, 백부(伯
父) 정걸(廷傑)이 윤증(尹拯)의 문인인 관계로 그 학통을 계승했으며
소론파인 신대우(申大羽)·홍양호(洪良浩)·조중진(趙重鎭)과 교유가
깊었다. 음보(蔭補)로 공주판관(公州判官)을 지내고 양명학적(陽明學
的) 관점에서 사학(史學)을 연구, 사학과 경학(經學)이 표리(表裏) 관
계에 있다고 보았다. 육왕(陸王)의 심학(心學)이 가진 역행실천(力行
實踐)의 면을 높이 평가했으며, 정주학(程朱學)을 알기 위해서도 육
왕학의 연구는 필요하다고 하였다. 뒤에 신채호(申采浩)는 그의 사학
연구가 김부식(金富軾) 이후 사가(史家)의 노예사상을 갈파한 것이라
고 평가했다.

저자는 鄭齊斗 이래의 江華學派 가운데 역사학을 대표하는 인물
로서 良知史觀에 입각하여 역사를 파악하였다. 우리 역사에 대한 관
심으로 古代史를 다룬 <東史>를 비롯하여 7개의 志로 구성된 <高
麗史>를 지었으며, 우리 疆域에 대한 관심으로 옛 영토의 회복을
희망한 <東國輿地雜記>를 지었다.

저자의 시문은 死後에 곧 아들 李東稷이 家藏 遺稿를 수집, 편차
하여 저자와 절친하였던 趙重鎭에게 刪定받아 詩文 10권, 東史 4권
총 14권으로 編定하였다. 1798년 6월에 趙重鎭이 지은 序文을 통하
여 이러한 사실을 알 수 있는데, 이렇게 저자가 졸한 지 1년여 만에
刪定을 마무리할 수 있었던 것은 저자가 저술에 많은 관심을 기울였
던 만큼 자신의 詩文을 생전에 정리해두었기 때문이라 하겠다. 당시

大司諫으로 재직 중이던 李東稷은 이렇게 산정한 定稿本을 다시 洪良浩에게 보여 주고 1799년(정조 23) 중엽에 序文을 받은 뒤 芸閣活字로 문집을 간행하였다.≪초간본≫ 이 본은 현재 규장각(奎4574), 국립중앙도서관(한46-가231), 성균관대학교 중앙도서관(D3B-629), 연세대학교 중앙도서관 등에 소장되어 있다.

한편 본집의 권말에는 1803년(순조 3) 申大羽가 쓴 書後가 실려 있어 1803년 이후에 간행된 것처럼 보이지만 印本에 드러나는 특징은 좀 더 이른 시기에 간행된 듯하다. 즉 본집 卷1 第7板 이후부터 종종 나타나는 匡郭 오른쪽 上段의 끊긴 듯한 형태는 본집 이외에 金元行의 「渼湖集」, 金崇謙의 「觀復菴詩稿」 重刊本, 閔遇洙의 「貞菴集」 등에도 보이고 있다. 이들 문집은 「觀復菴詩稿」 重刊本의 '己未季夏芸閣活字重印'이라는 刊記를 미루어 모두 1799년경에 간행된 것으로 볼 수 있는데, 본집도 이해에 지은 序文이 있고 형태도 매우 유사한 것을 근거로 이즈음 간행된 것으로 보아도 무리가 없을 듯하다.

따라서 1799년경 인행된 본집에 1803년에 申大羽가 지은 書後가 목판으로 첨부되어 각 도서관의 소장본들에 공통적으로 들어가 있는 것은 본집의 배포가 이 이후에 이루어졌기 때문이라고 생각된다. 頒帙이 늦어진 구체적인 이유는 알 수 없으나 다만 아들 李東稷이 1800년 2월에 대사간에서 체직되고 李東冕도 이해 2월에 지평으로 계사를 진달한 이후 1803년에 가서야 實錄을 통하여 이들의 행적을 살필 수 있으니, 그 사이 老論 僻派 정권이 들어서면서 정치 일선에서 밀려났다가 1803년경에 다시 나올 수 있었고 그것이 본집의 頒帙 시기에 영향을 미친 것으로 보인다.

김경희, 2001, 「수산집」, 한국문집총간해제5, 민족문화추진회

(3) 내 용

본집은 14권 7책으로 되어 있다. 맨 앞에 洪良浩가 1799년에 지은 序文, 趙重鎭이 1798년에 지은 後敍가 실려 있다. 總目은 없고 각 권마다 目錄이 따로 있다.

① 권1 詩

권1은 詩, 騷·賦이다. 詩 85題는 18세 때 지은 <晦雲庵詠雪>부터 대체로 저작 연도순으로 편차된 것으로 보인다. 1774년 3월에 朴禮源 형제가 貞齋를 來訪하였을 때 지은 시, 淮陽 府使로 나가는 李性源에게 지어준 送詩, 부친이 부임한 昌寧과 그 부근 東萊 등을 유람할 때 지은 시, 振威(釜山)의 先塋 성묘 길에 지은 시, 玉果 縣監 시절 지은 시, 만년에 弼雲臺를 유람하였을 때 지은 시 등이 실려 있다. 또 朴禮源(穉和), 琶西 李集斗(仲輝), 疎翁 成德雨, 韓光近(季明) 등과 나눈 시가 다수이고, 箕城, 鮑石亭, 鐵原 등의 懷古詩, 鷄林, 百濟, 平壤 등의 宮詞는 저자의 역사의식을 엿볼 수 있는 작품이다. 騷·賦는 <續招隱>, <感白賦> 등 7편이다.

②-1 권2 序(27), 敍(7)

序에는 우리나라 8개 江의 물줄기를 탐구한 「水經」을 저술하고

지은 서문, 1771년 振威 성묘 길의 紀行詩를 모으고 지은 서문, 역대 文衡을 모은 「文衡錄」, 嶺儒의 厚朴한 詩들을 모은 「韻府詩彙」, 평소 備忘用으로 뽑아놓은 蠅頭細字들을 모은 <卮言>, <三蘇文粹>와 <秦漢文粹> 등에 대한 서문과 여러 편의 送序가 있다. 敍는 명나라 陳仁錫이 만든 「明文奇賞」에서 뽑아 「明文選奇」 2책을 만들고 지은 敍, 우리나라의 古代史를 정리하여 「靑丘古史」를 만들면서 지은 敍 등이다.

②-2 권3~4 記(43) 篇(4), 說(3), 贊(3), 銘(1)

記는 대부분이 건물의 記文이다. 稷山 縣監으로 있는 장인 崔普興의 명으로 지은 <溫王祠記>, <銅檣記>, 昌寧으로 부임한 부친을 따라간 뒤 東萊의 海雲臺와 沒雲臺 즉 二雲臺, 火王山 古城을 유람하고 지은 기문, 玉果 縣監 시절 六游堂, 三樂門, 涵碧亭 등에 지은 기문, 북도의 先春嶺, 甲山府學에 대한 기문, 利瑪竇의 南北極圖를 보고 지은 기문 등이다.

篇은 가상의 盧無翁이 魏 武侯에게 烏有子를 천거하였으나 烏有子가 사양하며 그 이유를 설명한 <難仕篇>, 天根이 空中의 主一翁을 만나 陰陽五行부터 眞儒, 小儒의 차이 등에 이르기까지 다양하게 대화한 <大觀篇> 등이다. 說은 技術才藝와 마찬가지로 文章에 능하게 되는 것도 勤勉과 存心에 달려 있음을 설명한 <文說> 등이다. 贊은 許由, 文成公 王守仁, 項羽에 대한 것인데, 특히 王守仁畫像贊에서는 張良과 諸葛亮에 비견되는 인물로 평하였다. 銘은 南以雄의 寶劍에 관한 꿈을 꾸고 지은 <夢劍銘>이다.

②-3 권5~6 論(22), 史論(14), 策(9)

論은 中國史論을 모은 것이다. 「書經」과 「春秋」를 논한 글부터 西周, 秦, 漢의 霍光, 武后 등을 논한 글, 明末의 朋黨, 財用, 科目之弊, 嚴法을 논한 <明季論>, 堯 임금이 舜에게 二女를 시집보내 관찰하였던 뜻을 논한 <觀厥刑于二女論>, 劉備가 劉璋을 취한 것의 잘못을 논한 <先主取劉璋論> 등이다. 史論은 新羅와 高麗, 箕子朝鮮에 관한 것이다. 檀君-箕子-高句麗-渤海를 정통으로, 新羅를 別國으로 보는 기본 입장에서 각기 서술하였으며, 각 史論마다 모두 中國史와 비교하여 논하였다. 箕子朝鮮에 대해서는 禮義를 숭상하고 小國事大의 예를 잘 지켜나갔다고 평하였으며, 新羅와 高麗에 대해서는 崇佛의 잘못을 극론하였다. 고려 太祖에 대해서는 뛰어난 자질로 이룬 공도 모두 佛力으로 돌린 잘못, 同姓近親婚을 장려한 잘못을 논하였고, 睿宗에 대해서는 女眞 정벌을 통해 九城을 설치하였다가 곧 철회한 잘못을 논하였다. <古史高麗儒林傳論>에서는 儒林이 箕子와 朝鮮王朝를 이은 가교였음을 강조하였다. 策은 舊俗의 개혁, 選擧의 공정, 邊圉의 공고, 士氣의 배양 등에 관한 것이다.

③ 권7~9 묘도문

行狀(6)은 백부 李廷傑, 생부 李廷喆, 仲父 李廷弼, 종실 李緖, 烈婦 徐尙輔 妻 등에 관한 것이다.

碑(2)는 崔瑩 장군을 배향한 德物祠의 碑, 金埠의 墓碑銘이고, 誌銘(2)은 金宗翰, 姜百齡에 관한 것이다.

傳(3)은 임진란 때 공을 세운 辛礎, 역병으로 죽은 지아비의 상을 마치고 따라 죽은 節婦 金氏 등에 관한 것이다.

祭文(10)은 從兄 校理公, 백형 李晩徽, 妹 3인, 亡室 崔氏, 子婦 趙氏 등 가족에 대한 제문과 玉果 縣監 시절 古塚에 대해 지은 제문이다.

哀辭(2)는 친구 宋翼謨, 韓子和에 대한 것이다.

雜著(5)는 士民, 僧俗, 奴主의 구분이 흐트러지고, 婦女의 守節이 경시되는 풍조를 비판한 <節義>, 도적의 처리는 다스리는 자의 才智에 따라야 함을 말한 <用盜> 등이다.

書(2)는 함경도 高山 察訪으로 떠난 韓光近에게 준 편지, 陽明學과 心學의 궁구를 강조하여 三從兄 李在徽에게 보낸 편지 2편뿐이다.

④ 권10 題後(26), 跋(5), 讀(3)

題後는 金剛山內外摠圖, 李仁老의 문집 「破閒集」, 後魏의 崔鴻이 지은 「十六國春秋」, 「後漢書」, 司馬遷 「史記」의 律書와 天官書, 滑稽傳, 「東國輿地勝覽」 등에 지은 것이다. 跋은 李在徽의 十世譜, 1730년에 있었던 梨園 耆舊會의 圖帖 등에 지은 것이다. 讀은 項羽本紀, 屈原傳, 揚子를 읽은 독후감이다.

⑤ 권11~13 東史·高麗史

東史는 本紀 4편, 世家 4편, 列傳 7편, 年表 3편, 表 3편, 志 9편이다. 권2의 <靑丘古史敍>에서 보이는 7本紀, 9世家, 49列傳, 10志, 8表로 구상하였던 「靑丘古史」의 未完成稿로 보인다. 本紀는 檀君, 箕子, 三韓, 後朝鮮(衛滿朝鮮)에 대한 것으로, 檀君을 민족의 뿌리로 인정하고, 三韓을 중국 流亡民 집단으로 보지 않고 단군과 기자조선에 臣屬한 나라로서 生民 초기부터 있었다고 보아 衛滿朝鮮의 앞에 실은 점 등이 발전된 역사 서술로 평가받고 있다. 世家는 箕子, 扶餘, 渤海, 伽倻에 대한 것이다. 箕子條는 補遺 부분으로, 本紀에 실린 箕子條와는 달리「箕子通紀」등을 바탕으로 周 나라 王曆과 같은 歷史를 기준으로 서술한 것이니 저자가 원래 東史의 체계속에 넣으려 한 것은 아니었다고 보인다. 한편 渤海에 대해 고구려遺民이 세운 국가로 설명하여 한국 고대사에 편입시킨 것도 높이평가받는 부분이다.

列傳은 濊貊, 沃沮, 沸流, 樂浪, 高句麗 家人, 高句麗 宗室, 耽羅, 陜扶, 乙豆智, 松屋句, 乙支文德, 薛聰, 崔致遠에 대한 것인데, 崔致遠에 관해서는 제목만 실려 있다. 年表는 三朝鮮, 三韓, 六國(扶餘, 濊貊, 沃沮, 沸流, 樂浪)에 대한 것이고, 表는 四郡 二府의 建置沿革, 三韓時代 78國 分屬, 古史古今人에 대한 것이다. 모두 序論格의글들만 실리고 실제 표는 실리지 않았다. 志는 禮樂, 食貨, 神事, 고구려의 藝文, 律曆, 天文, 地理, 刑法, 五行, 신라의 律曆, 地理, 五行, 백제의 地理, 五行에 관한 것이다. 신라와 백제의 志는 따로 항목이 잡히지 않고 모두 고구려의 해당 志에 附記되어 있다. 특히 <神事志>는「史記」封禪書 등의 예를 따른 것으로, 祀典을 밝혀 人心을 바르게 하려는 취지로 檀君, 고구려 東明王 등의 탄생 설화와祀典에 얽힌 사연 등을 자세히 기록한 것이고, <地理志>에서는 우리나라가 小中華의 여건을 갖추고 있다는 기본 인식 아래 고구려의 전성기에는 遼水까지도 차지하였음을 강조하는 등 고대사의 강역을 넓히는 데 주안을 두었다. 高麗史는 天文, 曆, 五行, 選擧, 輿服, 百官, 禮의 7志로 구성되어 있다. 高麗의 史實들을 五行으로 설명한 五行志, 관리 등용방식의 변천을 설명한 選擧志 부분이 특히 자세하다.

⑥ 권14 東國輿地雜記·漫筆

<東國輿地雜記>는 우리의 강역에 대한 지리학적 辯論에 관한 글로, 고대의 옛 땅을 회복하고자 하는 강한 희망이 담겨 있다. 三韓의 地界를 획정하여 설명한 <三韓地方辨>, 檀君 이래의 옛 地名들을 현재의 위치로 비정하여 설명한 <東方地名之辨>, 明나라 때 朝鮮을 地方 三千里가 아니라 六千里라고 한 것이 옳다고 논변한 <朝鮮地方說>, 세조 때 명나라의 請兵에 응해 建州衛를 정벌할 때 공을 세웠던 魚有沼가 고구려와 발해의 옛 땅인 이곳을 우리나라에 떼어달라고 요청하지 못하였던 것을 애석해하며 쓴 <擬與魚有沼將軍書>, 세종 때 六鎭을 개척한 金宗瑞가 頭滿江이 아니라 先春嶺까지를 국경으로 삼지 못하였던 것을 애석해하며 쓴 <擬與金公宗瑞書> 등과 권2에 序文이 실린 <水經>이다. 漫筆은 成夢井, 鄭夢周, 金宏弼, 王守仁, 明 太祖, 明 英宗 등에 대한 짤막한 인물평, 自警의 뜻이 담긴 글, 중국에의 佛敎 유입을 논한 글 등이다. 또 程朱가 扶植시킨 正學을 陸·王의 무리가 어지럽혔고 이에 경도되는 吾黨의 인사들이 있음을 애석해한 글도 있어 陽明學에 대한 저자의 비판적인 시각을 살펴볼 수 있으니, 저자의 학문이 陽朱陰王의 성격을 띠고 있었음을 나타내는 일면으로도 보인다. 끝에 人心道心圖와 圖說이 실려 있는데 도표를 위해 木板으로 인쇄되어 있다.

맨 뒤에 1803년에 申大羽가 지은 書後가 있다.

10) 주영편

저자 및 생몰연대	鄭東愈 / 1744(영조 20)~1808(순조 8)
문헌 제목 및 형태	晝永編 / 4卷 4冊
刊印年度 및 版種	순조 6년(1806) / 寫本 간인자 (서울大學校古典刊行會, 1972)
소장처(소장도서목록)	奎5768

목 차

(1) 해 제

鄭東愈는 1744년(영조 20)에 태어나 1808년(순조 8)에 졸하였다. 본관은 東萊, 호는 玄同이다. 조선 후기의 학자로 관직은 掌樂院正에 이르렀으며, 李匡呂의 문인으로 鄭齊斗의 양명학을 연구하였다. 실학자로서 특히 언어학 분야에서 한글을 분석·연구하여 그 우수성을 입증하였다. 그의 학문은 제자 柳僖에게 계승되었고, 일찍이 朴趾源·金萬重이 주장한 地動說을 지지하기도 하였다.

순조 6년(1806) 晝永編 4권 4책을 저술하였다. 이 책은 天文·曆

象·風俗·制度·言語·文學·風習·物産 등 제 분야에 대하여 隨筆雜記體로 고증 혹은 비판을 가한 책이다. 책명은 필자가 긴 여름의 무료함을 달래기 위해 쓴 것이라는 의미인데, 1805년에서 다음해에 걸쳐 집필된 것이다. 필사본으로만 전해져 오다가 朝鮮古書刊行會에 의해 인쇄·출판되었고 다시 서울大學校 古典刊行會에 의해 影印되었다. 당시의 대개의 隨錄類와 마찬가지로 일정한 체계나 순서 없이 다루고 있다. 필자는 序頭에서 본서의 집필 방침으로서 朝廷의 일, 人物의 평가, 俚俗鄙野의 說은 쓰지 않는다고 밝혔다. 또 당시 著述이 輕妄하게 이루어지고 있는 것에 대해 비판적이었는데 특히 義理에 관계되는 저술이 理致에 맞지 않게 되면 世道에 큰 해가 있으므로 신중해야 한다고 하였다. 이 밖에 저자의 비판적 고증을 보여주는 예로는 漢陽定都時의 無學 등에 얽힌 이야기의 眞僞批判, 高麗 太祖 王建의 名字에 관한 益齋의 誤謬, 各種 邑誌에 보이는 人物 傳記의 오류, 文獻備考, 芝峯類說 등의 典籍에 나타난 잘못을 지적하고 있다. 이 밖에 필자는 곳곳에서 예리한 통찰력을 보여주고 있어 中國 中心說의 비판, 奴婢制度의 人道的 견지에서의 비판, 文弱한 兩班의 비판 등을 가하고 있다. 이러한 비판에서 그가 외국사정에 박식하였음을 보여주고 있다. 그 한 예로 日本學者 伊藤仁齋의 傳記 인용, 琉球에 대한 說明, 基督敎·和蘭人 등에 관한 언급 등이 있다. 그러나 특기해야 할 사항은 그의 한글에 대한 깊은 理解와 관심이라 하겠다. 그의 한글에 대한 체계 정연한 논술은 후일 柳僖의 諺文志의 바탕이 되었다. 그는 또 1801년(純祖 1) 濟州島에 표류한 흑인 5명의 사용어휘를 한글로 기록해 놓고 있기도 하다. 그는 본서를 저술함에 있어 광범한 서적을 섭렵하였으니 經史는 물론 國內의 각종 서적 및 중국의 近刊까지도 참고하고 있다. 國內 것으로는 海東諸國記, 申維翰의 海遊錄　芝蓬類說, 道詵密記, 訓民正音, 各種 地方誌 등이 있고, 中國 近代의 저술로는 三才圖會　皇淸開國方略　四庫全書 目錄 등이 인용되고 있다. 鄭東愈는 그 학문 계보상 陽明學에 연결되고 있다. 그는 詩文보다는 實用的인 학문에 힘을 썼고 吏學과 治用에 밝아 老吏들도 놀랠 정도였다고 한다. 그는 본래부터 經濟之才가 있어 나라의 형편에 대해 항상 큰 관심을 가지고 있었다 한다. 本書도 비록 隨錄이라 하나 그의 이와 같은 경향이 반영되어 實用的인 많은 사실들을 싣고 있음을 볼 수 있다. 한편 그의 이러한 학풍은 英·正시대의 文物의 융성, 이른바 實學이라 불리는 새로운 학풍과도 밀접히 관계되어 있을 것으로 생각되며, 이와 연관시켜 이해될 때에만 본서는 정당히 평가될 수 있다고 하겠다. 본서는 필자의 광범한 지식은 물론 예리하고 깊이 있는 통찰을 보여주어 당시의 지식인에게도 참고가 되었을 것임은 물론 조선후기를 연구하는 사람들에게도 큰 도움을 줄 수 있을 것이다.

11) 석천유고

저자 및 생몰연대	申綽(石泉) / 1760(영조 36)~1828(순조 28)
권수제 및 총간	石泉遺稿 / 〈文集叢刊 279〉, (韓國經學資料集成: 書經(61), 詩經(76-77), 易經(109) / 3권3책
刊印年度 및 版種	筆寫年未詳 / 寫本
소장처(소장도서번호)	

목 차	
권1. 記(1篇) 四郡行記 疏(1篇) 四郡山水疏 祭文(11篇) 祭朴仲耀文 祭景潭朴君文 萬柳堤祭文 祭李淑人文 爲人祭吳學士文 祭叔母尹氏文 祭姨母林孺人文 祭外舅僉知中樞權公文 祭曺尚書文 外舅朴忠獻公致祭文 祭尚書徐公文 挽章(1篇) 大行大王大妃殿挽章 行狀(5篇) 長姊朴淑人(朴性圭妻)行狀	鄭君(敬容)墓碑 戸曹參判宛丘先府君(申大羽)墓碑 金龍宮(獻祚)墓誌 仲母順興安氏(申大翼妻)墓誌 靑山縣監金公(宇槩)墓誌銘 幷序 故羅州牧使李府君(○著)墓誌銘 李府君(思良)墓誌銘 **권2.** 雜著(42篇) 與人書 老子旨略序 霞谷遺聞 先妣(申大羽妻)遺事 辛酉喪考 讀贈文 姊氏奔哭 葬相待 出彊遭喪奔哭 弔賓重來 廟中不廢哭踊 與凶服 祔已主復於寢 祔祝 祔後筵几饋食朔望奠 卒哭行先代忌祭及祭時服着

저자 및 생몰연대	申緯(石泉) / 1760(영조 36)~1828(순조 28)
권수제 및 총간	石泉遺稿 / 〈文集叢刊 279〉, (韓國經學資料集成: 書經(61), 詩經(76-77), 易經(109) / 3권3책
刊印年度 및 版種	筆寫年未詳 / 寫本
소장처(소장도서번호)	

목 차

<table>
<tr><td>저자 및 생몰연대</td><td>申綽(石泉) / 1760(영조 36)~1828(순조 28)</td></tr>
<tr><td>권수제 및 총간</td><td>石泉遺稿 / 〈文集叢刊 279〉, (韓國經學資料集成: 書經(61), 詩經(76−77), 易經(109) / 3권3책</td></tr>
<tr><td>刊印年度 및 版種</td><td>筆寫年未詳 / 寫本</td></tr>
<tr><td>소장처(소장도서번호)</td><td></td></tr>
</table>

목 차

(1) 연 보

왕 력		서 기	간 지		연 호		연 령	기 사
영 조	36	1760	경	신	乾	隆 25	1	8월, 태어나다. 강화 옹일리 출생. 咳名은 仲綽, 名은 綱.
영 조	46	1770	경	인	乾	隆 35	11	小學 善行篇 읽음.
영 조	52	1776	병	신	乾	隆 41	17	冠禮를 함. 冠名은 綱, 字는 在中 반남박씨 校理 在源의 딸(21세)과 결혼함.
정 조	元 年	1777	정	유	乾	隆 42	18	부인 죽음. 論語·孟子를 읽음. 明齋의 언행록을 씀.
정 조	2	1778	무	신	乾	隆 43	19	中庸, 周易, 尙書, 選賻를 읽음. 三經 외움.
정 조	4	1780	경	자	乾	隆 45	21	12월, 洗書飮(책거리)를 함.
정 조	5	1781	신	축	乾	隆 46	22	안동 권씨 樂仁의 딸(20세)과 재혼함
정 조	11	1787	병	자	乾	隆 52	28	<詩次故>를 짓기 시작함.
정 조	12	1788	무	신	乾	隆 53	29	四郡을 유람하고, <四郡記>, <四郡山水疎>를 지음. <放鶴賻>를 지어 일등함. 昇試에서 <踏靑賦>를 지음.
정 조	13	1789	기	유	乾	隆 54	30	<詩次故>를 완성함, 季妹의 墓誌를 지음.
정 조	16	1792	임	자	乾	隆 57	33	아들 名 淵이 태어남, 형 緒에게 양자로 보냄.
정 조	17	1793	계	축	乾	隆 58	34	<老子旨略序>를 엮음. 현재는 남아 있지 않음.
정 조	18	1794	갑	인	乾	隆 59	35	<萬柳堤祭文>지음. 監試 <盖㺚云賦>지음.
정 조	20	1796	병	진	嘉	慶 1	37	別試 初試<文質策>합격. <祭鄭忠州文>지음. <東不盡東海賦>로 초시에 일등함
정 조	21	1797	정	사	嘉	慶 2	38	대구·경주 여행함.

왕 력		서 기	간 지	연 호	연 령	기 사
정 조	22	1798	무 오	嘉 慶	3	39	화재로 집안의 책과 宛丘의 文草, 綽의 <詩次故>, 季氏의 應製, 御考諸卷 및 상감이 내리신 책들이 모두 전소함. 季嫂 李氏의 墓誌銘 및 祭文·<儀禮>를 手圈하여 바침. <祭吳學士文>지음.
정 조	23	1799	기 미	嘉 慶	4	40	아들 又庚이 태어남.
순 조	1	1801	신 유	嘉 慶	6	42	太夫人 喪(68세). <고기명>을 지음. <先妣遺事> <辛酉喪故> <古今禮> 짓다.
순 조	2	1802	임 술	嘉 慶	7	43	<霞谷年譜>완성. 아들 又庚 죽음. <乳兒壙銘>짓다.
순 조	4	1804	갑 자	嘉 慶	9	45	司馬試에 합격. <鎭江散藁>를 정서함. 漢隷諸碑 帖册 20卷을 만듦.
순 조	5	1805	을 축	嘉 慶	10	46	서울로 감. 大王大妃 挽辭를 지음. 杜村 집이 완성됨.
순 조	6	1806	병 인	嘉 慶	11	47	鄭妹墓誌 지음. 季嫂 貞夫人 李氏 墓誌 지음.
순 조	7	1807	정 묘	嘉 慶	12	48	漢碑60, 漢隷碑55, 漢隷殘碑22를 모아 두 권 책으로 만듦. 朴叔人의 行狀 지음.
순 조	8	1808	무 진	嘉 慶	13	49	霞谷의 二夫人 墓表를 씀. 세검정에서 물구경.
순 조	9	1809	기 사	嘉 慶	14	50	<逸詩><詩經異文>을 편찬함. <烈女沈夫人碑>를 지음. <雋語>의 跋文, <詩經異文>의 序를 지음. 9월에 科擧에 응시하여 覆試에서 <辟雍策>으로 일등함. 宛丘별세함. 科擧行으로 아버지의 臨終을 지키지 못함을 한스러워 하여 벼슬길 포기함.

왕　력		서　기	간　지		연　　호		연　령	기　사
순　조	10	1810	경	오	嘉　慶	15	51	<宛丘日乘>완성.
순　조	13	1813	계	유	嘉　慶	18	54	文科　殿試에서　仁政殿銘으로 丙科 제27인이 되다.
순　조	14	1814	갑	술	嘉　慶	19	55	<詩次故>騰畢. 外舅　權公行狀 짓다.
순　조	15	1815	을	해	嘉　慶	20	56	副修撰에 제수되나, 사퇴 상소 올림.
순　조	16	1816	병	자	嘉　慶	21	57	仲母　安氏墓誌 지음. <社村聯句>지음.
순　조	18	1818	무	인	嘉　慶	23	59	季氏와 함께 新寧현감으로 부임한 형을 보러감. <宛丘遺集>의　刊本을　쓰기 시작함.
순　조	19	1819	기	묘	嘉　慶	24	60	정약용과 만남을 시작함.
순　조	20	1819	경	진	嘉　慶	25	61	還甲. <家世年譜>를 씀. <宛丘遺集> 완간함.
순　조	21	1820	신	사	嘉　慶	26	62	<尙書異文>을 완성함.
순　조	23	1823	계	미	嘉　慶	28	64	椒園公　墓表를 짓다. <尙書古注說>을 완성함.
순　조	24	1824	갑	신	嘉　慶	29	65	季氏가 江華留守가 되었으므로, 강화에 가서 외가 여러 산소에 성묘함. <古尙書>를 다 씀. 정약용과 오언칠언율시를 주고받음.
순　조	26	1826	병	술	嘉　慶	31	67	<榮川忠烈傳> 지음.
순　조	28	1828	무	자	嘉　慶	33	69	<季氏事狀>을 지음. 5월25일 임종함.

(2) 해　제

　　申綽은 1760(영조 36)에 강화 翁逸里에서 태어나서 1828(순조 28)에 졸하였다. 자는 在中, 호는 石泉. 본관은 平山이다. 벼슬은 通政

大夫, 承政院 副承旨, 經筵參贊官, 春秋官修官을 겸했다. 본관은 황해도 平山이고, 아버지 申大羽(號 完丘)와 어머니 鄭氏(鄭齊斗의 손녀) 사이에서 3남2녀 중 둘째 아들로 태어났다. 아버지 大羽가 연이어 부모를 잃은 뒤 살길이 없어 부인 정씨가 자라난 강화로 옮겨와 옹일리에서 산 지 7년째 되던 해에 신작을 낳았다. 형은 縉은 翊衛司衛率을 지냈고, 아우는 絢으로 知經筵에 이르렀다. 누이는 牧使 朴性圭의 아내이고, 누이동생은 鄭魯淳의 넷째아들 사인 鄭東迥의 아내이다. 공은 17세에 潘南朴氏 校理 在源의 딸과 결혼하여 1남2녀를 두었는데 아들은 명윤(進士)인데 뒤에 伯氏에게 양자로 들여보냈다. 맏딸은 曺龍振의 아내, 둘째 딸은 徐明輔의 아내가 되었다.

　신작은 하루 한 그릇의 밥도 변변히 먹는 일이 한해에 한 번이나 있을까 말까 하다는 가난 속에서도 아버지 신대우에게 형제 숙질간에 함께 글을 배웠는데 서로 경쟁하듯 공부에 열중하였다. 신작은 벼슬에는 뜻을 두지 않아 45세에야 비로소 사마시에 합격하였고, 51세에 문과에 발탁되었으나, 50세 때 아버지의 명에 따라 과거에 응시하다가 아버지의 임종을 지키지 못한 것을 자책하여 일생 벼슬길을 학문에만 전념하였다. 가학으로 양명학을 전수하고 실학에 힘썼는데, 특히 古經學에 몰두하여 고증학적 방법으로 경서를 주해하여 일가를 이루었고, 노자학 방면에도 남다른 성취가 있었다. 丁若鏞·金邁淳·洪奭周 등과 함께 당시의 대표적 경학자로 손꼽혔다. ≪詩次故≫ ≪易次故≫ ≪尙次故≫ 3부작은 경학연구 성과를 대표한 것으로서, 특히 ≪시차고≫는 시경연구의 전문성을 발휘한 역저이다. 그 밖의 저서로 ≪石泉遺稿≫ ≪春秋左氏傳例≫ ≪老子旨略≫ 등이 있다.

참고문헌

정양완, 1999, 「석천 신작의 일생과 교유」, 강화학파의 문학과 사상(4), 한국정신문화연구원.

심경호, 1999, 「석천 신작의 학문」, 강화학파의 문학과 사상(4), 한국정신문화연구원.

12) 대연유고

저자 및 생몰연대	李勉伯 / 1767(영조 43)~1830(순조 40)
문헌 제목 및 형태	岱淵遺藁 / (文集叢刊 289,290) / 2권 2책
刊印年度 및 版種	筆寫年未詳 / 寫本
소장처(소장도서번호)	서울대학교 규장각(古3428-420)

목 차

<table>
<tr><td>

1권. 詩(494首)
暮投溪上贈士亨 二首
閒中絶句六首
溪上有聯句復步其韻寄士亨兄弟
庭槐
士亨見訪意寫維摩詰居士臥像於淨名
經首
南瓜
蟬
[illegible]
秋日漫吟 五首
自詠 二首
聞阿虯沒
題畫竹
歎息
客鄕送人

</td><td>

悼鄭生伯修 有序
歸讀篇送權子稚蘭之江鄕
四月五月之交天氣淸和每徘徊吟賞於
村堨籬落間心甚樂之時有偶然作得六
言絶句二十首
南養心琵琶潭次壁上韻 二首
南郞麟士寄示自潭至京詩首叙行路所
旦致傷於
流民之無告終感羈遊之苦愧不能自脫
於科擧之累藹然見仁人志士心讀之可
喜爲和寄六十韻以廣其意云○芬
病中讀書二十一首
思古人二篇 有序
俗之壞敗士不讀書之故也士而不讀書
所爲與小民無異是亦小民而已世皆小
民而無君子以治之欲其無壞敗胡得也

</td></tr>
</table>

저자 및 생몰연대	李勉伯 / 1767(영조 43)~1830(순조 40)
문헌 제목 및 형태	岱淵遺藁 / (文集叢刊 289,290) / 2권 2책
刊印年度 및 版種	筆寫年未詳 / 寫本
소장처(소장도서번호)	서울대학교 규장각(古3428−420)

목　차

저자 및 생몰연대	李勉伯 / 1767(영조 43)~1830(순조 40)
문헌 제목 및 형태	岱淵遺藁 / (文集叢刊 289,290) / 2권 2책
刊印年度 및 版種	筆寫年未詳 / 寫本
소장처(소장도서번호)	서울대학교 규장각(古3428−420)

목 차

저자 및 생몰연대	李勉伯 / 1767(영조 43)~1830(순조 40)
문헌 제목 및 형태	岱淵遺藁 / (文集叢刊 289,290) / 2권 2책
刊印年度 및 版種	筆寫年未詳 / 寫本
소장처(소장도서번호)	서울대학교 규장각(古3428-420)

목　차

<table>
<tr><td>

韓翁公呂以紙請詩衰懶不能作書前日
山居一年藁贈之戲題一篇附其末
秋日
悼任玄道學士
實齋明府枉駕留宿次陳后山韻共賦
顯允館壽席大醉醒後還山戲書呈實齋
明府十首
沁都館落成赴速用韓公合江亭韻共實
齋明府作
同實齋明府避暑北　苑用老杜贈韋左
丞韻共賦
實齋明府來宿拈壁上韻共賦

記(2篇)
谷耘記
卯君辰翁室記

墓文(5篇)
韓母康氏墓誌
行戶曹判書李公墓碣銘幷序
先考妣合葬誌
元基墓誌銘
翊衛司衛率鄭君墓誌銘

行狀(1篇)
從祖父凡翁君行狀

</td><td>

王導謝安論
記柳氏婢事
序(6篇)
宛丘齋申先生六十一歲壽序
玄同鄭先生六十一歲壽序
壽玄同先生第二序
表兄江陵府使權公六十一歲壽序
送李禮在監鎭川縣序
道峯二客序

傳(1篇)
桐山處士家傳

祭文(6篇)
祭沈丈人文
祭鄭伯康文
祭掌樂正玄同鄭先生文
祭任校理玄道文
祭實齋申公文
祭鄭叔當文

哀辭(1篇)
姜觀甫哀辭幷序

</td></tr>
</table>

(1) 해　제

이면백의 字는 伯奮 또는 索宣이고, 호는 岱淵이며, 본관은 全州
이다. 현재 그의 생애를 알아볼 行狀은 발견되지 않아 자세한 사항
은 밝혀지고 있지 않지만,[36] 그가 남긴 「先考妣合墓誌」를 통해 소략
한 대로 그의 모습을 짐작할 수 있다. 李勉伯은 조선 2대왕인 定宗
의 열 번째 아들인 德泉君(李厚生)의 후손으로 椒園 李忠翊(1744~
1816)과 어머니 안동 권씨(1743~1816) 사이에서 외아들로 강화도에
서 태어났다.

아버지 초원은 몰락한 가문 속에서 과거를 포기하고 家學을 계승
하여 학문연구에 힘썼지만, 30대 초반에 생부와 양부를 여의고 20여
년 동안 가솔을 이끌고 유랑생활을 하다가 말년에 강화 사기리 서쪽
의 초피산(椒皮山) 밑에 정착하였다. 그는 자신의 옥호를 설명하는
「龜槎說」에서 "눈먼 거북이 망망대해에서 떠다니는 나무 하나 만나
지 못하고 물결 따라 굴러 일생을 마칠 따름"[37]이라고 회고하였다.
초원은 73세로 생을 마감하였고 시집 1권과 문집 1권을 묶은 초원
유고를 남기었다.

---

36) 이면백의 저서인 대연유고에 관한 해제는 아직 마련되어 있지 않고, 다
　만 정인보 선생이 유실된 저서인 『敢書를 해제한 글이 薝園國學散藁에
　남아 있다. 이면백에 대한 연구는 강화학파의 연구에서 조금씩 언급되
　던 수준에 지나지 않았다. 박준호의 「대연 이면백의 생애와 문학」(한문
　학 연구 제11집, 계명한문학회)가 그중 본격적 연구의 시작이라고 할
　수 있다.
37) 譬如盲龜之在大海, 不値浮木之空, 逐浪淪轉, 終世而已 (한국문집총간
　椒園遺藁　518쪽)

대연은 아버지에게서 家學을 전승받았다. 어머니 권 씨의 삯바느질로 제사를 받들고 입에 풀칠을 하는 곤궁함 속에서 대연은 강화에 파묻혀 가학 연구에 전념하였다. 그도 일단 과거에 응시하여 진사시에 합격하였으나, 부친의 뜻을 이어 대과에 응시하지 않았다. 평생 벼슬에 뜻을 두지 않고 부친의 뜻을 이어 학문에 힘썼다.

대연은 아버지 초원공으로 부터 실증적인 正音硏究의 학풍을 이어받아 현실의 부조리를 고발하는 憨書」를 저술하였고, 다시 이런 家學이 대연의 세 아들인 李是遠(1790~1866), 止遠, 喜遠에게 전해졌다. 이런 학풍이 이들 강화에 있었던 전주 이씨 집안에 가학으로 전해졌다.

이시원은 병인양요가 일어나 프랑스군이 강화성을 함락하자 국왕에게 遺疏를 올려 "국가가 위난에 처했을 때 죽는 사람이 한 사람도 없고 모두가 도망한다면 훗날 역사책에 무어라고 기록하겠는가"라고 하면서 동생 이지원과 함께 음독 순국하였다. 실로 '實'을 추구하는 가풍과 家學의 결정판이라고 하겠다. 이러한 가학이 다시 손자 이상학을 거쳐 증손인 이건창 이건승 등에게 전해졌다.

이면백의 저서에는 당시의 사회상을 여실히 묘사하고 있는 ≪함서≫와 ≪岱淵遺稿)≫≪海東惇史≫ 등이 있다. 岱淵遺稿는 생전에 그가 필사한 것으로 짐작된다. 서문과 발문이 없다.

(2) 내 용

① 권1. 詩

권1은 詩 494首로 구성되어 있다. 士亨에게 주는 시, 元基(李勉

始)에게 주는 시, 玄同(鄭東愈)에게 주는 시, 백성의 어려움을 소재로 한 시, 독서를 소재로 한 시, 자연을 노래한 시, 尹 畏心學士에게 주는 시, 소동파의 문집을 읽고 지은 시, 實齋明府와 함께 지은 시, 石泉을 보내며 지은 시, 유적지를 견학하고 지은 시 등이 있다.

②-1 권2. 雜文(3), 序(6), 記(2),

잡문의 「碑誌說」은 碑誌文字에 관한 선명한 관점을 제시한 것이다. 특히 '墓道文字의 阿諛性' 풍조에 대해 비판을 하고 있다. 이러한 '墓道文字의 阿諛性' 풍조에 대한 비판의 시각은 항재 이전에도 李匡師와 信綽의 문장에도 보이는 공통적 관점이다. 그들은 碑誌의 발생과 그 변화추이, 고금의 비지작자의 양상, 碑誌敍事의 常例 및 碑誌類文의 폐단 등에 대해 자신들의 주장을 서술하였고, 이러한 인식의 연장선상에서 대연의 「비지설」이 정리되었다.

「王導謝安論」은 東晋의 명신이었던 王導와 謝安에 관한 평전이다. 그들은 뛰어난 업적을 세운 사람들은 아니었지만, 국가의 위급존망 시기에 임하여 자신의 몸을 돌보지 않는 충절을 보여준 것을 기리고 있다.

「記柳氏婢事」는 천주교 박해가 심할 때, 노복이 주인의 재산을 탐하여 거짓으로 주인을 관에 고소하였으나, 어린 계집종이 노복의 편에 서지 않고 주인을 위하여 바른 말을 하여 주인집을 구했다는 이야기를 기록하고 있다.

「宛丘齋申先生六十一歲壽序」는 완구 신대우가 환갑을 맞이함을 축하하면서, 그는 평생 가난하게 살았지만 독서하기를 좋아하여 古人을 친구로 삼았다고 기리었다. 「玄同鄭先生六十一歲壽序」는 정동유가 뛰어난 자질을 갖추었음에도 하급관료에서 벗어나지 못함을 안타까워 하고, 하지만 그의 목민관으로서의 능력은 이미 실증된 바 있다고 기리고 있다. 또 다른 생일을 축하하는 서문에서는 정동유가 재상의 능력을 갖추고 있으나 빈한하게 살면서도 주변 사람의 사표가 되고 있음을 밝히고 있다.

「表兄江陵府使權公六十一歲壽序」는 강릉 부사인 권공을 위하여 환갑연을 열었을 때, 그 지역 사람들이 부사를 얼마나 존경하고 따르는지를 통하여 권공의 목민관으로서의 능력을 드러내고 있다.

「送李禮在監鎭川縣序」는 대대로 서울에서 사환을 하던 집안 출신이었던 李禮在가 고향인 진천에 부임함에 미쳐 친구로서 禮在의 인물 됨을 밝히고 있다. 지방관들이 자신의 종족이 있는 世居地는 피하고 이름난 지방이나 봉록이 넉넉한 곳을 선호하는 법인데도 禮在가 고향을 선택한 것은 그가 청렴하기 때문이라고 하고 있다.

『道峯二客序』는 예전에 도봉산에 함께 올라 友誼을 다졌던 兪希安·朴季淵 두 친구가 죽음에 다시 두 친구 그리워하게 되어 지은 서문이다.

「谷耘記」는 벼슬하지 않고 산림에 처하여 독서를 하는 선비로서, 생계 마련을 위하여 농사를 짓는 것은 의로운 일이라고 하고 있다. 또 「卯君辰翁室記」는 친구 黃同叔 형제가 외조부모에게 효성이 지극하고 형제 우애가 돈독하였음을 서술하고 있다.

②-2 권2. 墓丈(5), 行狀(1), 傳(1), 祭文(6), 哀辭(1)

「韓母康氏墓誌」는 富平 韓公呂가 자신의 어머니의 묘지명을 부탁하여 왔기에, 효성 지극한 딸의 모습과 현명한 어머니의 모습을 서술

하여 오늘날의 아들이 있기까지의 어머니의 노력을 서술하였다. 「行
戶曹判書李公墓碣銘幷序」는 호조판서를 지낸 李勉兢의 묘갈명이다.
墓主와 임금과의 에피소드를 소개하여 墓主의 인물 됨을 부각시키고,
집안내력을 소개하였다. 「先考妣合葬誌」는 岱淵의 돌아가신 부모님
을 합장하면서 지은 것이다. 이 문서에서 岱淵은 시조 德泉君 이래
의 집안내력과, 특히 부친 초원공과 자신의 자제들에 대하여 소개한
것이 있다. 또 元基(李勉始)의 묘지명도 남아 있다.

行狀은 어릴 적부터 보고 자란 從祖父 凡翁君에 대한 것이 있다.
아버지 초원이 항시 이야기를 전해주던 대상이기에 친숙하기도 하지
만, 자손들이 모두 일찍 죽은 관계로 岱淵이 행장을 꾸렸다. 「桐山
處士家傳」에서는 충주의 金灘에서 벼슬도 마다하고 지극한 효성으
로 청빈한 생을 살았던 동산처사의 삶을 소개하고 있다.

제문으로는 31세 죽은 鄭伯康의 죽음을 추모하는 글과, 장인이 아
들 없이 죽음을 애도하는 글이 있고, 玄同(鄭東愈)의 제삿날에 지은
추모의 글과 친구 鄭淑當을 위한 제문 등이 있다. 그리고 친구 姜國
鎭을 애도하는 애사가 있다. 故人과 서울에 있으면서 과거공부를 할
때의 추억과 고인의 인물 됨을 서술하고 있다.

13) 사기집

저자 및 생몰연대	李是遠 (沙磯) / 1790(정조 14)~1866(고종 3)
권수제 및 총간	沙磯集 / 〈文集叢刊 302〉 / 不分卷5册
刊印年度 및 版種	筆寫年未詳 / 寫本
소장처(소장도서번호)	

<table>
<tr><td colspan="2" align="center">목　차</td></tr>
<tr><td>

册1. 詩(　)
1. 過西溪戊辰
琶潭謹次心淵丈人韻庚午　二首
和南麟士和陶飮酒乙亥　并序　十九首
和南麟士讀書　癸酉十五首
松汀　甲戌　十五首
滯宦過歲於漢京敬上王大人　乙亥
敬次家大人雪詩東坡韻　四首
述德　丙子
企臺小集　丁丑
興南麟士鄭允之登鞍峴　戊寅
聚遠樓用范石潮韻　己卯
社樵丈人之官新寧謹呈長篇
送權橘癡戚叔赴官江界　四首
送族兄宰任實　五首
送朴殷山聖氣　五首
送任江陵
送寤軒金侍郎以副使赴燕
奉送鄭先生出宰順安　五首
晚圃叔父出按北藩謹呈長篇
送尹丈宰青松　五首
健陵遷陵輓　甲申○五首
孝懿王后輓　五首
癸未春爲季弟婚娶兩親入京暫寓賢坊
鄭大始有詩相屬歸以和之　五首

</td><td>

海西省公嘗按海節有甘棠之澤族姪二
人作宰於鄰郡縣他鄉高會宛有然韋家
意顧余有湯藥之憂又値家丕之忌無由
追陪拜別於安興館又呈六絶庸寓頌禱
之意六首
日南樓重葺之役告畢余亦將歸援筆留題
嶺南樓夜吟丁亥
樓上又得一絶
留贈銀海寺僧三首
次永嘉使君韻戊子二首
搜勝臺敬次退溪先生韻
枕上口占壬辰○九首
癸巳春承命持斧按廉畿甸露蹤於驪州
有查簿事名樓咫尺遂阻登臨將發寄題
壁上
漣川路中
幢梁路中二首
三藐寺佛燈誓心祝願四首
七月六日巳時乘船於楊花津申時泊燕
尾亭時江水大漲束風又駛揚帆飛來快
事可冠平生夜宿月串鎭下小店枕上得
四絶
舟宿龍津得二絶
贈甘山子六首
題佩韋子西行詩卷三首

</td></tr>
</table>

저자 및 생몰연대	李是遠 (沙磯) / 1790(정조 14)~1866(고종 3)
권수제 및 총간	沙磯集 / 〈文集叢刊 302〉 / 不分卷5册
刊印年度 및 版種	筆寫年未詳 / 寫本
소장처(소장도서번호)	

목 차

저자 및 생몰연대	李是遠 (沙磯) / 1790(정조 14)~1866(고종 3)
권수제 및 총간	沙磯集 / 〈文集叢刊 302〉 / 不分卷5册
刊印年度 및 版種	筆寫年未詳 / 寫本
소장처(소장도서번호)	

목 차

저자 및 생몰연대	李是遠 (沙磯) / 1790(정조 14)~1866(고종 3)
권수제 및 총간	沙磯集 / 〈文集叢刊 302〉 / 不分卷5册
刊印年度 및 版種	筆寫年未詳 / 寫本
소장처(소장도서번호)	

목 차

저자 및 생몰연대	李是遠 (沙磯) / 1790(정조 14)~1866(고종 3)
권수제 및 총간	沙磯集 / 〈文集叢刊 302〉 / 不分卷5册
刊印年度 및 版種	筆寫年未詳 / 寫本
소장처(소장도서번호)	

목　차

저자 및 생몰연대	李是遠 (沙磯) / 1790(정조 14)~1866(고종 3)
권수제 및 총간	沙磯集 / 〈文集叢刊 302〉 / 不分卷5册
刊印年度 및 版種	筆寫年未詳 / 寫本
소장처(소장도서번호)	

목 차

저자 및 생몰연대	李是遠 (沙磯) / 1790(정조 14)~1866(고종 3)
권수제 및 총간	沙磯集 / 〈文集叢刊 302〉 / 不分卷5册
刊印年度 및 版種	筆寫年未詳 / 寫本
소장처(소장도서번호)	

목　차

<table>
<tr><td>저자 및 생몰연대</td><td>李是遠 (沙磯) / 1790(정조 14)~1866(고종 3)</td></tr>
<tr><td>권수제 및 총간</td><td>沙磯集 / 〈文集叢刊 302〉 / 不分卷5册</td></tr>
<tr><td>刊印年度 및 版種</td><td>筆寫年未詳 / 寫本</td></tr>
<tr><td>소장처(소장도서번호)</td><td></td></tr>
</table>

목 차

저자 및 생몰연대	李是遠 (沙磯) / 1790(정조 14)~1866(고종 3)
권수제 및 총간	沙磯集 / 〈文集叢刊 302〉 / 不分卷5冊
刊印年度 및 版種	筆寫年未詳 / 寫本
소장처(소장도서번호)	

목 차

저자 및 생몰연대	李是遠 (沙磯) / 1790(정조 14)~1866(고종 3)
권수제 및 총간	沙磯集 / 〈文集叢刊 302〉 / 不分卷5冊
刊印年度 및 版種	筆寫年未詳 / 寫本
소장처(소장도서번호)	

목 차

저자 및 생몰연대	李是遠 (沙磯) / 1790(정조 14)~1866(고종 3)
권수제 및 총간	沙磯集 / 〈文集叢刊 302〉 / 不分卷5册
刊印年度 및 版種	筆寫年未詳 / 寫本
소장처(소장도서번호)	

목 차
雜著 (5篇) 傳燈寺對潮樓重修募緣文 淨水寺法堂重修勸善文 衍慶寺重修募緣文 興敎寺重修募緣文 淨水寺佛像改金勸善募緣文

(1) 해 제

李是遠은 1790(정조 14)년에 태어나 1866(고종 3)년에 졸하다. 자는 子直, 호는 沙磯이다. 1815(순조 15)년에 정시문과에 급제, 성균관전적·태천현감·사헌부장령 등을 지냈다. 33년 경기어사로 있을 때는 곳곳을 돌아다니며 백성들의 가난과 풍속 등을 살폈다. 50년(헌종 16) 개성부유수로서 인삼을 홍삼으로 만들어 팔던 곳인 包所의 세금을 驛人들이 포탈하자 이를 엄하게 다스렸다. 그 뒤 승정원좌승지·형조판서 등을 거쳐 대사헌·홍문관제학·동지성균관사 등을 두루 지냈다. 66년(고종 3) 특지로 정헌대부에 올랐으며, 같은 해 병인양요로 프랑스 군함이 楊花津·江華에 들어오자 조정에 나가 경계를 엄중히 할 것을 상소하였다. 그 뒤 강화도가 점령되자 유서를 남기고 아우 지원(止遠)과 함께 자결하였다. 개성인 김헌기(金憲基)를 천거한 사실이 자주 거론되듯이 소외된 지역민에 대해 호의적이었으며, 그것은 가문에서 물려받은 양명학(陽明學)의 소양과 상통하였다. 영의정에 추증되었다. 저서로 ≪야사초≫ ≪고금서초≫ 등이 있고, 편서(編書)로 ≪정주도회과작(定州都會科作)≫이 있다. 시호는 충정(忠貞). 문집으로 ≪사기집≫이 있으며, 학문과 정치에 대해 많은 자료를 편집하여 이건창이 ≪당의통략≫을 저술하는 기반을 마련하였다.

14) 초천집

저자 및 생몰연대	鄭文升(蕉泉) / 1788(정조 12)~1875(고종 12)
권수제 및 형태	蕉泉集 / 4권 2책
刊印年度 및 版種	筆寫年 未詳 / 寫本
소장처(소장도서번호)	

목 차

저자 및 생몰연대	鄭文升(蕉泉) / 1788(정조 12)~1875(고종 12)
권수제 및 형태	蕉泉集 / 4권 2책
刊印年度 및 版種	筆寫年 未詳 / 寫本
소장처(소장도서번호)	

목　차

<table>
<tr><td>저자 및 생몰연대</td><td>鄭文升(蕉泉) / 1788(정조 12)~1875(고종 12)</td></tr>
<tr><td>권수제 및 형태</td><td>蕉泉集 / 4권 2책</td></tr>
<tr><td>刊印年度 및 版種</td><td>筆寫年 未詳 / 寫本</td></tr>
<tr><td>소장처(소장도서번호)</td><td></td></tr>
</table>

목 차

答李時仲喪禮問目	致祭月城尉金漢蓋和順翁主文
答或人經義問目	關西貢獻舊還軍布蕩減 傳敎
答仁賢院儒書	記 題 (4篇)
答徐舜寶書	沁州重修丈人臺記
答族孫元化書	遊大隱巖記
卷之 三	白露亭記
疏 (12篇)	題改粧舊屛後
請文貞公金益熙追配遯菴書院疏	
辭臺憲陳戎疏	祭文 (5篇)
雷異後應 旨陳○疏	貞純王后進香文
冬雷後陳○因辭校理疏	祭叔氏觀善齋文
請 贈領議政忠正公金益兼不묘族閭疏	祭仲氏僉樞公文
請金秀南趙廷翼鄭百亨追配忠烈祠疏	祭伯氏僉樞公文
請先正文敬公金集追亨聖廉疏	祭長孫在性文
辭藝文提學疏	
辭賓客疏	雜著 (1篇)
辭吏曹判書第三疏	湖西繡啓別單

(1) 해 제

　鄭文升은 1788(정조 12)년에 태어나 1875(고종 12)년에 졸하다. 자는 允之, 호는 美堂·蕉泉이고, 본관은 延日이다. 1810년(순조 10) 진사시에 합격하여, 세자익위사세마(世子翊衛司洗馬) 등 여러 벼슬을 거쳐 공조판서·지의금부사·지돈녕부사 등을 지냈다. 70년(고종 7)

정헌대부(正憲大夫)에 올랐고, 75년 숭정대부(崇政大夫)에 올라 판의
금부사에 제수되었다가 이해에 죽었다. 관직에 있는 동안 청렴결백하
였고, 백성의 구휼에 힘썼다. 글씨를 잘 썼고, 산수화에도 능하였다.
더욱이 고인장(古印章)에 대한 조예도 깊어 즐겨 수집하였다. 시호는
효헌(孝憲)이다.

15) 해경당수초

저자 및 생몰연대	李建昇 (耕齋) / 1858 (哲宗9)~1924
문헌 제목 및 형태	
刊印年度 및 版種	

西米偶存(134篇)	藥方篇
二十六日到松京登滿月臺	有饋木頭菜者兮饋汝園旣而汝園亦以
彩霞洞	木頭菜饋余兼　有五言古詩用山谷食
扶山洞	笋韻奉和
示愼周賢	巴江晚釣遇雨戲吟
讀待訪錄有感	饋汝園瓜汝園以詩報之詩甚佳薄往厚
高生小屋有村童時來雜坐○屨燈下談	來受賜大矣聊　以俳諧和之
話絲紜	次春世韻寄之
憶諸孫	題朴白菴東明王實記史論
十月初一日汝園至松京春弟範姪亦來	釣魚
翌日登鐵	述懷
道發行送別弟姪	重陽和汝園
午到淇城	綺堂寓淸人隟舍主人不成火燒其屋徒
到新義州○四幕村店望見安東縣列肆	于航所村距此　十里悵然有作
燈火○江十里照耀如白晝	余方苦眼病夢有道僧誠余有書曰須護
和汝園	惜葡萄因以眼病熾然說法覺不記何說

저자 및 생몰연대	李建昇 (耕齋) / 1858 (哲宗9)~1924
문헌 제목 및 형태	
刊印年度 및 版種	

留四幕行資垂盡乃與汝園謀買長木臨
發賣可得贏及買木無可○因此又遲幾
日相視而笑
至月二十二日冬至從子俊玉以是日加
冠云遙憶寄示春世
又寄春世
和汝園
白馬山城
龍灣江上憶壬辰事有感示汝園
和汝園
夕宿九連城
興道收作
和汝園北山隱居詩
追和汝園除夕詩
辛亥春三月二十二日余買一○於康○
亦興道村也來住新寓寄詩汝園綺堂
余始入興道單身寄綺堂待春暄擬辦若
干錢雲
游四方宗子範夏排眾議西行曰豈可使
吾仲父死於道路耶亟賣田土辦資以辛
亥四月二十四
日至綺堂汝園子弟亦至乃述其事示範夏
汝園方寓杜陵患咳嗽浮脹要余藥方余
則曰脹與嗽皆田氣不升降汝園不喜動
作病不可治汝園又以詩求藥方余用次
其韻以代藥方時余亦苦咳因名其詩曰
和王原初
躬訣以詩代笑
○梨新寓
飯後午睡

但護惜葡萄一語明了○嚴經有眼如葡
萄顆之語僧必引此誠我勿看書護惜眼
也因演而爲詩
○月十一日垂卿生日感懷
余嘗有謝綺堂饋菘詩汝園今次其韻咏
菘示之余復次　其韻咏玉蜀玉蜀者中
國所謂包米古人所不道也
誚臟神
春世○耦後有書曰從今惟與法喜爲妻
讀之悽然可念　寄詩慰之

余沙谷舊宅有千葉白梅所謂月沙梅是
也賞得之於京　東村金姓人品甚佳每雪
殘月白未嘗不黯然思之及　見春弟贈梅
詩重爲之悵然次其韻寄春弟
復次東坡松風亭韻示春弟
憶梅和檀○叢
題梁君基河所述輯安縣高句麗古蹟記
過峽村者耕
甲寅夏汝園綺堂以水土不伏議徙安東
縣汝園
先行余　以七月航載家眷發行
過太平沼
接梨吟稿　甲寅
檀湖寄詩問新寓之趣次其韻答之
往安東縣望見火車因憶檀湖
奉和尹小石惠寄二絶
笑荷亭
笑浯堂
笑閔檀湖

저자 및 생몰연대	李建昇 (耕齋) / 1858 (哲宗9)~1924
문헌 제목 및 형태	
刊印年度 및 版種	

遺○	辛酉十月綺堂往懷仁縣依其堂弟元穆
與守坡兵吟	寓以詩送之
念綺堂	辛酉十二月二日春世弟六十一初度述
接梨新寓	懷寄贈
和尹酉堂鍾均兼示季方	鄭景陽示其近作多淸婉可愛如凌虛臺
○園終祥寄詩代笑	詩尤佳其詩學 遺山但才思敏速不能苦
次棣老亭○奉寄密陽許景武進士	心而發故病在滑熟以詩勉 之
偶讀姜古懽集有感	聖民堂弟小祥寄詩代笑
山淸李明集楓嶺南人也明美堂集之刊	黃○○饋海衣
也山人倡刊議於嶺南余未曾相識今來	寒食日寄從子
訪接共吟	大板橋釣色晩歸
戊午十一月二十八日卽余六十一初度	景施游湖南歸示其紀行詩又以其小照寄之
也以詩述懷	蒿苣飯示春弟
余嘗於丙午歲建私立啓明義塾卒業十	附蘭谷弟次韻
二人以銀○○題箸遙爲弘辰之壽其意	壬戌秋七月旣望安東縣寓諸人將泛舟
可感以詩謝之	鴨江邀余共游 以詩辭不往
黃李方爲文字交十餘年不識面余回甲	奉和朴搜玄惠寄詩兼乞墨蘭竹
日寄其小照	釣魚
○黃錦庭	圃菜十詠
○○○○○○之柩將還故國送訣路次	菘
二堂卿終祥○詩寄呈	○
次朴柱岡老人中秋詩韻	南瓜
去年檀湖贈余壽詩又寄甘菊一封從子	蒿苣
携至安東縣爲偸兒竊去述其事寄檀湖	韭
神仙爐歌	芋
四月二十三日游鳳凰城縣大堡山水明	葱
麗土沃眞南滿名區余○僦居之意	茄子
○大○○號	飛○車
次大訥艾湖釣漁韻	題朴東觀詩稿
奉和朴浯堂先陽	泛冰絶句

저자 및 생몰연대	李建昇 (耕齋) / 1858 (哲宗9)~1924
문헌 제목 및 형태	
刊印年度 및 版種	

次朴眉堂韻	湖溢沿
次眉堂咏蟬	癸亥十二月十一垂卿弟回甲日述懷
鄭景施示其所作墓文甚佳因作論文十	次韻寄柳晦敷
絶寄贈	海耕堂收草
附景施次韻	謙山別號說
束檀湖	田夫闃說
重陽○寄檀湖老人用去年重陽韻	祭邱嫂張夫人文
寄鄭稷山翰○	夢周公論
送從子範夏絜眷還國	西扉子傳
高宗太皇帝終祥日望笑恭述	再祭洪汶園文
懷景施	西扉集序
士儀承宣次余送從子還國詩韻復用其	紫巖書堂記
韻而和之	紀沈妻金氏事 乙卯
祭從叔父惕士先生文 庚寅	紀沈妻金氏事 乙卯
祭外舅敦寧府都正鄭公文	明美堂集跋
遭理枝木枕銘	祭幽谷李老人文
祭舍弟垂卿文	
祭伯氏寧齋先生文	**書牘 (21篇)**
傳燈寺重修記	與金滄江
瓊雷○璧集序	答滄江論文集序
金老僕墓誌銘	與滄江讀刊乙未討復疏
守菴集跋	與滄江刪論詩
崔○日墓碣銘	與滄江論刪詩
	與滄江
副本(16篇)	答滄江
先考妣改葬墓誌－建昇	答滄江議刊讀易隨記
外姑尹夫人墓誌銘	答滄江論隨記之誤 戊午
祭子婦文 丙午	與友人論讀易隨記書
借觀亭記	答友人論金滄江刪詩辨
答黃梅泉書	與金滄江

저자 및 생몰연대	李建昇 (耕齋) / 1858 (哲宗9)~1924
문헌 제목 및 형태	
刊印年度 및 版種	

與王司諫書	琴窩集敍
王原初琴銘 幷序	祭安校理文
烏川鄭氏家乘序	弘文館修撰安公行狀 丁巳
强齋銘 幷序	閔友竹詩集序
送堂弟聖實出視寧遠郡稅務序	遙祭故掌禮院卿二堂李公文
誅高主事原明	書韶濩堂集後
祭戚兄沈公瑞文	答柳晦敷書
祭呂士薰文	祭安守坡返柩文
東華文範序	烈婦曹氏紀蹟碑銘
書明夷待訪錄後	吏曹參判汝園洪公行狀
寫眞眞自贊	祭徐少卿文
西來偶存 **(18篇)**	
邱嫂張夫人墓誌	
祭黃梅泉文	
續家乘序 辛亥	
崔烈婦事畧	
子婦豊山洪氏墓誌銘	
安重根傳	
李在明金貞益傳	
安學士李濟小照贊	

16) 가 승

저자 및 생몰연대	李建昇 (耕齋) / 1858 (哲宗9) ~ 1924
권수제 및 형태	家乘 /
刊印年度 및 版種	1900년 / 筆寫本
소장처(소장도서번호)	

<table>
<tr><td colspan="2" align="center">목 차</td></tr>
<tr>
<td>
始祖德泉君神道碑銘 - 匡師撰(4篇)
承憲大夫新宗君墓誌銘 - 匡師撰
有明朝鮮國正義大夫莞城君墓碣銘 - 中訓
大夫承文院參校沈思順撰
咸豊君墓誌銘 - 匡呂撰

家乘 下
家乘 續上(14篇)
續乘序 - 建昇序
洗馬府君家傳 - 建昌謹識
進士府君合葬墓誌 - 建昇謹誌
贈參議府君鄭夫人合葬墓誌 - 忠翊謹誌
</td>
<td>
學生府君墓誌 - 忠翊謹誌
林孺人墓誌 - 忠翊謹誌
椒園府君權夫人合葬誌 - 勉伯
岱淵府君合葬墓誌 - 是遠 ○
忠貞公行畧 - 建昌
贈大匡輔國崇祿大夫議政府領議政行正憲
大夫吏曹判書兼弘文館提學知宗正卿府事
贈諡忠貞公府君墓誌 - 建昌謹誌
贈大匡輔國崇祿大夫議政府領議政行正憲
大夫吏曹判書兼弘文館提學知宗
正卿府事
諡忠貞李公諡狀 - 敦宇謹撰
</td>
</tr>
</table>

(1) 해 제

이건승(1858~1924)은 조선 말기의 학자이며 문인이었다. 본관은 全州, 자는 保卿, 호는 耕齋이다. 아버지가 象學이고, 寧齋 李建昌의 아우이다. 蘭谷 李建芳의 재종형이다. 이건승은 가학으로 霞谷 鄭齊斗에 연원하는 江華學派의 양명학적인 사상을 지녔다. 梅泉 黃玹과 깊이 교우를 하였고, 黃宗義의 『明夷待訪錄』의 진보적 사상에 공감하였다. 이건방과 함께 薝園 鄭寅普의 스승으로서 양명학적 사상을 그에게 전수하였다.

이건승은 이건창·이건방이나 마찬가지로 갑오정국에 대하여 비판

적이었다. 을사조약이 강압적으로 체결되자 홍승헌(洪承憲)·정원하
(鄭元夏)와 함께 자결하려 하였다. 그러나 뜻을 이루지 못하였다. 이
때에 황현에게 낸 편지에서 이건승은 "이보경(李保卿)은 어리석고
미련하여 구차하게 살고 있다."고 자조적인 말을 한 것으로 유명하
다. 1906년에는 강화도 사기리(沙磯里)에 계명의숙(啓明義塾)을 설립
하였다. 교육구국 운동을 전개하였다. 또한 대한자강회(大韓自強會)
를 지지하였다. 이건승은 1910년 경술국치를 당하자 정원하(鄭元夏)
의 뒤를 따라 만주의 회인현(懷仁縣)으로 망명하였다. 망명길에 개
성에 거주하는 홍문관 시강 왕성순(王性淳)의 집에 십여 일 머물렀
다. 왕성순은 창강(滄江) 김택영(金澤榮)의 ≪여한구가문초 麗韓九家
文鈔≫에 서문을 써 주었다. 김택영의 글을 합하여 '여한십가'로 하
도록 권한 인물이다. 김택영도 이건승과 교유가 있었다.

　정인보는 <경재(耕齋) 이장(李丈)을 제사하는 글>에서 "아 생각건
대 공께서는 맑은 절개를 스스로 힘썼네. 글이란 사람을 바탕삼기에,
나의 깔끔을 더럽힐세라 깨끗해도 깨끗한 양 여기지 않아 더한층 털
로 닦으셨도다. 종이며 먹도 말끔해서 수염이나 눈썹이 비추일 정도.
게다가 유순하고 아름답기까지 하여 요조(窈窕)한 데까지 더듬어 들
어갔네."라고 하였다. 이건승의 인품과 문장의 고결함을 예찬하였다.
이건승은 정인보의 글이 명의 귀유광(歸有光)을 닮았다고 평하였다.

　이건승은 의고문(擬古文: 옛 형식에 맞추어 짓는 문장)을 배격하
고 정통 고문을 존중하였다. "세상은 끝장이 나서, 고문 공부를 험인
양 여기는" 시대가 되었지만, 이건승은 문장을 통하여 높고 통랑(通
朗)하고 깊은 이치를 탐구하였다고 정인보는 술회하였다. 문집으로
는 필사본 ≪해경당수초 海耕堂收草≫가 전한다.

17) 협중집

저자 및 생몰연대	
권수제 및 형태	篋中集 / 불분권 1책
刊印年度 및 版種	筆寫年 未詳 / 寫本
소장처(소장도서)	

목　차

冠陽 李匡德(25篇)	偶吟
深居	
缽花	淸安 李匡度(8篇)
閒居	新年
午睡	洪州道中
宋學士秋水齋	游島栖山
新晴	李參奉廷焯挽
凝淸堂卽事	池蓮落盡有感
趙世仲○	閒居
月出	大化
箕城贈妓	五十翁
山居	
雨	恒齋 李匡臣(7篇)
夏日次皮陸韻	除夕
山村卽事	偶吟呈諸從兄
遠水	次友人韻
無題	又次友人
志悔	士澈將移寓水橋
端居	園中小亭
淸心樓次板止韻	敬和西泉叔父韻
游溪上	
漫成	中翁 李匡贊(18篇)
梅花晩開	詠閣梅
孤坐遣懷	除夕族兄宅呼謹賦
送曺疇卿使日本	新年梅會與西州菊圃拈韻各賦

저자 및 생몰연대	
권수제 및 형태	篋中集 / 불불권 1책
刊印年度 및 版種	筆寫年 未詳 / 寫本
소장처(소장도서)	

목　차

저자 및 생물연대	
권수제 및 형태	篋中集 / 불분권 1책
刊印年度 및 版種	筆寫年 未詳 / 寫本
소장처(소장도서)	

목 차

저자 및 생몰연대	
권수제 및 형태	篋中集 / 불불권 1책
刊印年度 및 版種	筆寫年 未詳 / 寫本
소장처(소장도서)	

목　차

저자 및 생몰연대	
권수제 및 형태	篋中集 / 불불권 1책
刊印年度 및 版種	筆寫年 未詳 / 寫本
소장처(소장도서)	

목 차

18) 명미당집

저자 및 생몰연대	李建昌 / 1852(철종3)~1898(고종 35)
문헌 제목 및 형태	明美堂集 / 20권 8책
刊印年度 및 版種	1917년 / 新鉛活字本 / 南通: 翰墨林書局, 中華6(1917) / 金澤榮

<table>
<tr><td>

【목차】

卷一
賦 (4篇)
淸川江賦己卯
曉賦
芭蕉賦
苦雨賦

卷二
閑居收草(11篇)
西溪曉發癸酉
山樓夜望
天竺寺
北漢失路
北漢
東將臺晚眺
未到白雲臺有厓曰決斷處
白雲臺
再賦白雲臺示同人
過樓院
城北亭

北游詩草(53篇)
十月二十八日以赴燕書狀官辭朝至弘
濟院紀懷甲戌

</td><td>

金石山
到柵門奉呈上使李尙書會正副使沈侍
郎履澤
懷人作
會寧嶺
遼野
遼陽
次古歡遼野韻
夜與古歡談明季事有感
大凌河
十三山望海
錦州感祖大壽事用前韻
進關同古歡
姜女祠
沙河次季文蘭韻
還鄕河
再題姜女祠
玉河館乙亥元朝次古歡乙亥
正月初三日上家大人書
佛手柑
東風
徐宮庶頌閣郵寄便面囑書率題
夜與頌閣談次感念時事仍和李中翰薌
垣有菜見示之作
奉呈黃司寇孝侯鈺
奉題張侍講子騰家驤偶存集

</td></tr>
</table>

저자 및 생몰연대	李建昌 / 1852(철종3)~1898(고종 35)
문헌 제목 및 형태	明美堂集 / 20권 8책
刊印年度 및 版種	1917년 / 新鉛活字本 / 南通: 翰墨林書局, 中華6(1917) / 金澤榮

黃州月波樓	題頌閣蛺蝶圖
箕城雪夜示懚不能出游	題陳郎中筱農福綏詩草
離箕城	重過淀園遇雨
安定館同姜古歡瑋小飮李斯文禹鉉亦至	洪右臣太史良品敎金甫郞中册賢俱贈
嘉山雪夜月極明	大篇屬和奉呈兼及吳春海鴻恩春林鴻
定州南至日	懋兄弟
龍灣道中	潞河道中
統軍亭次月沙先生韻	盧龍道中
戲別諸妓	灤河夷齊廟
渡大凌河雇人擔轎沒水而行危不可言	關內雜絶
次古歡	次古歡論詩見贈韻
角山次古歡	天藏寺
將向桃花洞阻雨次古歡	田家秋夕
檃括頌閣贈言次古歡	定惠寺中菴秋眺
宋家臺	重陽登拱北樓
上巳日	靈隱寺
閭山玉女峯	洪鍾山世丈宅談次奉呈
寄呈趙小荷觀察成夏	落花巖
柵中留題	伐吾龍
宣川桂察訪德海後孫冠童數十人邀余至	汪津觀漁
東林城樓設屛障供酒食屛間翰墨皆余族	安興
祖二參奉公遺迹中有陶詩二篇走筆次韻	留題店舍
以示諸桂察訪號鳳谷以經學詩文名當世	瑞山露蹤日
與二參奉公有至契常千里相訪	次洪內翰汝園承憲見示韻
	洪州官樓
俊游餘草 (18편)	錄囚作
俊游	雙溪寺夜坐
晚晴	永保亭戊寅
寺中薦故宮人以詩代疏	重登拱北樓

저자 및 생몰연대	李建昌 / 1852(철종3)~1898(고종 35)
문헌 제목 및 형태	明美堂集 / 20권 8책
刊印年度 및 版種	1917년 / 新鉛活字本 / 南通: 翰墨林書局, 中華6(1917) / 金澤榮

<table>
<tr><td>

題李韋士根洙浿上詩卷後
寄趙怡庭宇熙承宣旅寓
讀書示仲弟保卿建昇○丙子
題龍槐盧華棟彭溪恨傳奇爲江烈女作
早春會老人亭送呂荷亭圭亨東歸
老人亭口號用前韻
春雪又用前韻
謝荷亭餽木頭菜
餞春日雨中得徐葆堂丙壽小札云冉冉
春竟去瀟瀟雨不止感其辭致足成一篇
古歡老人寄示近稿署曰聽秋閣
鎭海樓書感
謹書道雲閣詩稿後
瀛洲夢游歌
卽事丁丑
望幸

直指行卷(28篇)
靑坡驛舍奉和李二堂寢郎山齋見懷之
作寄呈以爲別
道中口占
振威逆旅滯雨紀懷
牙山過李忠武公墓
謁外王考墓以詩代哭
中秋對月
此屋
新涼
飮酒
秋光

</td><td>

公州官府後園觀燈
書啓成自題
戊寅夏首自湖西還征塵甫息應接稍稀
園居多暇散步林木間隨意口呼令家弟
屬和幷記
月夜
六月十八日急書上事將不測賦詩自慰

卷三
西征紀恩集(46篇)
戊寅六月二十日伏蒙恩讁竄極西之碧潼
郡卽日出城行至綠礬峴述事見感戊寅
叔父惕士先生送余至高陽而還拜辭賦呈
擬古
崧陽道中
七夕詞
渡淸川江
安陵懷古
自朔州至昌城作
大關
過嶺作
碧團
次韻二堂別時見贈
次韻鄭春江升朝見寄
尋眞洞隱身菴
過桐溪鄭公某里
愁送臺歌寄厚卿熙叟
滌愁臺
枕流亭

</td></tr>
</table>

저자 및 생몰연대	李建昌 / 1852(철종3)~1898(고종 35)
문헌 제목 및 형태	明美堂集 / 20권 8책
刊印年度 및 版種	1917년 / 新鉛活字本 / 南通: 翰墨林書局, 中華6(1917) / 金澤榮

次東坡穎州別子由韻寄保卿	海印寺
九日感去年拱北樓題詩事復用其韻	表忠堂
月夜於池上作	籠山亭次孤雲韻
哲仁大妃因山日北望於邑敬賦二篇是	紅流洞戲題
日爲先忠貞忌辰兼寓私懷	水南山下訪韋士
次韻謝小荷尚書	霞鶩亭次漢陰西坰東溟西坡諸公板韻
次韻謝韋士	嶺營澄淸閣觀妓舞呈尹方伯丈滋承
送曹衛將歸鄕	鄭戚元哲携妓夜訪
夢至一處云是忠州陸敬輿祠堂感賦一	雲半庵次韋士
絶覺來了了記之于此	候望臺
述志	寄許舫山薰
木瘿杯	金烏山石灘酒猪肉極美戲贈韋士芳叔
謹次仲叔父下示韻	採薇亭
謹次季叔父下示韻	道中寄漢上諸同人
南至日作	六月二十日聞京師兵變卽日奔問行至
次韻答保卿	沃川楡橋店小歇見其溪山深秀愾然有
次韻徐怡堂丙祐見示	歎走筆題壁
歲暮卽事	
除夕	又直指行卷(12篇)
洪三泉承運寄書勸勿吟詩以此報之己卯	九日與從弟春世至傳燈寺滯雨紀懷
二月十九日恭遇恩赦聞喜有述	天磨山懷于霖金澤榮
別潔堂	記見
九階嶺口呼別潼關諸人	聞二堂魁甲志喜
赦後還沁鄕	無忘樓感懷
賦得盤松	廣州羅
古歡携金小棠奭準白小香之珩夜過劇	伊川道中
飮不辭而去	津寬寺遇荷汀葆堂時荷亭方以減省廳
小荷尚書見枉以詩代謝是夕小荷陪其	郎官議一切事宜葆堂新擧孝廉對策候
伯氏侍郎及南社諸公讌于老人亭	選癸未

저자 및 생몰연대	李建昌 / 1852(철종3)~1898(고종 35)	
문헌 제목 및 형태	明美堂集 / 20권 8책	
刊印年度 및 版種	1917년 / 新鉛活字本 / 南通: 翰墨林書局, 中華6(1917) / 金澤榮	

楊花江
小荷返虞日作辛巳

南樓吟草(23篇)
鎭川拜外從祖游雲先生壬午
余觀安陰將行石觀二堂葆堂趙見山秉
健鄭茂亭萬朝諸君携具枉餞分韻得行
字追賦
光風樓打魚晚食
荷風竹露堂書懷
秋部小吏日來課詩戲題其軸
靈光裵希根伶人也作沈靑歌悲壯感慨
近所罕有
王孺人盧氏焦尾閣遺稿題詞爲張季直
謇作
題鄭寬卿詩稿後仍送其行于咸關
景山宅同二堂荷亭葆堂作
二堂兒郎生日同作
病榻遣悶次前韻
梅花次前韻
東陵
戲爲鵲偸肉歌贈內
韓狗篇丙戌
題東浦同甲會帖
普門寺同從弟閱內典
峽村記事
涵虛瀑布歌
大谷綠陰歌
高靈歎

崧陽書院行士相見禮席間口呼示諸人
自嘲
渡廣城津作
北漢書贈釋戒涵

卷四
少休收草(39篇)
復命後五日作觀行陪雲齋先生聯鑣至
珍山道中次韻癸未

海上吟藁 (39篇)
題永海扇
孫石墳
送崔功曹幷梁邑諸人庚寅
次韻答二松見示
澮池
村居卽事
題警修堂集
京寓自嘲
泉香居士食貧久矣有以重價購其梅柳
二樹者不許余聞之讚歎爲二
秋事二首
神貞王后輓章擬作
夜與鄭衡伯寅杓論學因留飮甚暢朝起
以此寄示
博山呂老園留題
留客
雲齋鄭丈輓
初夏卽事

저자 및 생몰연대	李建昌 / 1852(철종3)~1898(고종 35)
문헌 제목 및 형태	明美堂集 / 20권 8책
刊印年度 및 版種	1917년 / 新鉛活字本 / 南通: 翰墨林書局, 中華6(1917) / 金澤榮

喂馬行	題二堂哲嗣記注範世詩卷
養泉館夜會同荷汀葆堂茂亭讀淨名經分韻	恭遇東宮攝裸大報壇禮成述事仍賀李修堂南珪升資
蘭谷四章	西江
古德村金于霖莊留題	月夜至朴景銘彛陽宅喜其清幽留題
峽居滯雨排悶	與宗人二松鶴遠同舟還鄉次韻
獵無所得罷歸戲題	博山呂園同二松閔檀湖斗鉉讌飲
舟行	憶于霖
悼亡	寄贈尹小石相翊
酒醒	寄贈朴景銘
中秋夜保卿有詩云披雲萬里來相慰苦切氷輪此夜情時余悼亡屬耳故云戲爲長句以示之	候蹕東郊同荷亭小石過開運寺是日重九也
秋日野屋	次荷亭韻自屬辛卯
趙惠人寧夏閔杓庭台鎬再朞日作	荷亭宅賦水仙花
友竹閔台鉉宅有梅無盆忍凍於外而不能花靜堂叔父有詩以咏其事命余和之	寄題朴壺山文鎬楓林精舍用原韻
綠園丁亥	峨冠
夜涼	送二弟赴太學月課
茂亭新舍小集時宋秋塘榮大督學自湖左歸	十一月十五日大雨作
徐養泉周輔邀余同梧西侍郎冒雨賞菊將還鄉同尹念菴秉綬過杏洲	贈朴鳳朝先陽次其水光樓韻
曾經	宿廣城津記船中賽神語
六玩李尙書豐翼輀	戲書贈北靑李擎天應柱
	吶嗒篇
	戲作長句
	泉香館賞梅歸後走筆書寄
	宗友靑皐承鶴遣其子光秀美中來學喜甚拈坡韻示之仍寄靑皐
記聞	夜聽高邦瑞斑柱美中讀書有感書示
	次保卿重陽寄示韻
	附保卿原韻

저자 및 생몰연대	李建昌 / 1852(철종3)~1898(고종 35)
문헌 제목 및 형태	明美堂集 / 20권 8책
刊印年度 및 版種	1917년 / 新鉛活字本 / 南通: 翰墨林書局, 中華6(1917) / 金澤榮

저자 및 생몰연대	李建昌 / 1852(철종3)~1898(고종 35)	
문헌 제목 및 형태	明美堂集 / 20권 8책	
刊印年度 및 版種	1917년 / 新鉛活字本 / 南通: 翰墨林書局, 中華6(1917) / 金澤榮	

夢荷亭	轎中睡覺聞到湖西界
柬荷亭	送曹東谷副使寅承入燕
黃花	
題畫蘭	亂藁 (29篇)
南海僧秉演自大乘菴來訪能詩解書書	歲暮述懷
此贈之且寄菴中諸上人	李洪州勝宇力守孤城屢報馘捷有璽書
有人來誦近處諸人詩多不契至兩行疎	之褒因閱邸報感歎有作
柳一灣沙拂袖亭亭野菊花余爲擊節知	鄭綺堂元夏洪汶園二侍郎自鎭川浮海
其爲黃雲卿	入沁初於霞峴爲第一會談次奉贈
玹也	雨中待法部人不來憩靑丹驛傍村舍次
讀蘇黃詩	離字韻寄保卿
同宋南一明會李荊玉秉瑋拈坡韻	登途
乙未正月次汶園志感乙未	讀延安府志隳括李月川守城事用補白
霞峴口占	沙延安大捷碑之遺
再疊寄汶園	碧瀾渡
聞葆堂爲西京尹	過崷陽
石癡李龍九有歲時詩十首戲書其後	請室雜題
二月八日作	獄中謝淳昌守惠扇
申香農大將軍正熙來涖沁府以詩代候	特旨流二年將赴古群山出獄留題
同汶園綺堂游靑蓮寺香農以廚傳至一宿	禮山拜戚姊貞一軒留五日過生朝
汶園綺堂見訪時余有特進之命	至萬頃鄭稷山翰圭邀至其家有十里荷
汶園寄詩有北山之諷次韻見志	花足爲平生奇絶之游惜花早纔兩三開
自衣制有礙與汶園綺堂過從多卜夜適	耳時嵋堂鄭景賓流落在鄰郡聞吾輩至
得洪三泉書有云丈夫豈可爲蝙蝠戲書	携酒夜訪與韋觀同舟攬景述懷
如此	將渡海留贈
香農大將軍輒用靑蓮寺韻	六月六日自萬頃南浦發船過海夜涼月
孫石遇風	明誦陽明飛錫天風之句頗覺浩然書此
石雲拜文忠公墓志感	奉示韋觀
六臣墓	韋觀與余同庚同罪同島而居殆若有前

저자 및 생몰연대	李建昌 / 1852(철종3)~1898(고종 35)
문헌 제목 및 형태	明美堂集 / 20권 8책
刊印年度 및 版種	1917년 / 新鉛活字本 / 南通: 翰墨林書局, 中華6(1917) / 金澤榮

果川拜孝敏公墓退與諸宗人語錄爲長句
十一月十八日汶園綺堂棄家遠遯往別
于霞山以詩代哭
普門寺
次汶園舟中作幷屬綺堂
聞爲經筵侍講官
垂卿生日以詩敍哀
自聞斷髮令避地棲遑迫除歸家雜題無次
歸家見梅花盛開書懷
丙申元朝丙申
題有學集後
寄茂亭

卷六
碧城紀行(44篇)
將赴海州閔默窩在昇友竹諸君子會于
吳蕙南
泌相宅有詩餞行丙申
延平行
自茅島遇順風一日抵海州水路爲二百里
芙蓉堂
季弟垂卿終祥日在海州正覺寺次東坡
鄭州別子由韻以志哀
淸聖廟
聞免官照律之命待罪九日也
病中次東坡立春五排韻戊戌
深衣
金沙梅花爲何人折枝去友竹有詩情見
于辭爲賦古體一篇以廣其意

定者有詩見示次韻却呈
瘴颺二首
老烏篇
劍嘯樓
以去月初六日渡海入島今月初六日聞
赦將出海是夜月明
述恩示韋觀
別韋觀
藍溪拜申桂田相公應朝
大圓訪綺堂
石村訪三泉
携綺堂訪汶園于虎巖次汶園見懷韻却呈
七月二十五日過畿縣道中瞻望志懷
林灌翁愼源軼
丙申十月四日孫男生志喜
新婦屏風五古
梅花次坡韻
恭聞大駕還御慶運宮
有湖南客過余言春間訪茂亭於島中因誦
其詩若干首中有寄保卿一絶然亦未嘗寄
來也聞之悢悢不能已隨筆次之丁酉
猶子錫夏冠日作
次保卿迎婦絶句
濬池
諸弟同人會于傳燈寺拈般若經應無所
住而生其心八字以生字見屬時余京寓
未歸
綠泉亭
淸溪洪進士丈晉燮軼

저자 및 생몰연대	李建昌 / 1852(철종3)~1898(고종 35)
문헌 제목 및 형태	明美堂集 / 20권 8책
刊印年度 및 版種	1917년 / 新鉛活字本 / 南通: 翰墨林書局, 中華6(1917) / 金澤榮

伏聞大院君捐逝敬賦五律十首以寓疇
昔之感
病風排悶疊用風字

補遺 (28篇)
灣上次南社諸君子見示韻記懷
水仙花
還朝後四日陪耕石樗里出東郊遇雨宿
文巖逆旅翌日訪華溪寺
杏洲訪宋敬山伯玉丈談次奉呈
駒城道中
呈雲齋先生
早秋書懷
夜同荷亭作
雪城歲時詞
園中七咏
杉
梅
枸杞
木蓮
牡丹
丁香
含桃
楊江途中同石觀作
雲齋先生詩云勒石燕然休更慕邦畿處
處遍留名謂道中御史碑頗多也戲作一
首自嘲
記見
家弟於東川新作一小舟

初春赴京道中辛卯
奉餞族祖大將軍察理耽羅
西江
西陵幸行日伏枕書懷
竹林
請室雜題
韋觀新置一床戲贈

卷七
疏 (6篇)
擬論時政疏
論錢幣房屋疏辛卯十一月八日
請勤邪匪附陳勉疏癸巳四月四日
辭經筵侍講疏乙未十二月十四日
辭海州府觀察使疏三
請討復疏

卷八
書 (7篇)
擬客上平津侯書
復唔堂族丈象秀書
答朴斯文尙台書
與舍弟保卿書
答宋敬山將作伯玉書
答友人論作文書
擬上宰相書

저자 및 생몰연대	李建昌 / 1852(철종3)~1898(고종 35)
문헌 제목 및 형태	明美堂集 / 20권 8책
刊印年度 및 版種	1917년 / 新鉛活字本 / 南通: 翰墨林書局, 中華6(1917) / 金澤榮

鄭竹坡景朝歿後擬誄未就聞其再朞愴然作
衆響篇
德源梧月亭懷二堂御史
又以大暑去酷吏淸風來故人爲韻寄葆堂
同登五龍廟
同拈韻遣悶
虎巖三笑圖

再補 (12篇)
古次雜絶
送湖南伯石汀鄭公範朝序
送朴梧西行臺之燕序
送鄭雲齋先生監恩津序
潔谷京鄕稧卷序
峽舲記遊集序
送黃雲卿序
龍頭講案後序
古歡堂詩文集序
送金于霖遊燕序
送季弟序
送呂司諫赴謫序
黨議通略序
征邁夏課錄序
送韓經香太史章錫按北道序

卷十
序 (9篇)
送李聖會榮觀序

卷九
書 (5篇)
與洪汝園論荀彧書
重論荀彧書
答汝園論出處書
上鉢山成吏部大永書
與友人論禫服變除書

序 (14篇)
春耕臺記
淨水寺修理記
修堂記

卷十一
記 (7篇)
寶城亭子川灌水亭記
吉州臨溟大捷碑閣重修記
望美軒記
苟安室記
質齋記
大圓山房記
普門寺大鐘功德板記

論 (5篇)
孟敏論
于忠肅論上
于忠肅論下
論唐順宗事
原論

저자 및 생몰연대	李建昌 / 1852(철종3)~1898(고종 35)
문헌 제목 및 형태	明美堂集 / 20권 8책
刊印年度 및 版種	1917년 / 新鉛活字本 / 南通: 翰墨林書局, 中華6(1917) / 金澤榮

釋函溟歷代紀年序
南菴學契序
易圈序
送韓侯應周移蔚山序
六化集序
畝忠錄序
貞一軒詩藁序
南冥年譜序

記 (16篇)
鎭川舒發翰祠堂記
見山堂記
潔谷記
泰川遺愛記
游尋眞洞記
搜勝臺記
視心堂記代家大人作
第七難得室記
樂園記代從叔父作
麗澤堂記
雪嶽山五歲菴藏經閣記
玉蓮菴記
順天仙巖寺大乘菴重修記

書事 (3篇)
書金秉周事
書李氏事
書新孝子事

卷十二
跋 (4篇)
崧陽耆舊傳跋
紫霞詩鈔跋
石田集跋
農圃集跋

說 (10篇)
過說
鷹說
傳說
雷說
謙說示弟
借竹軒說示諸生
除草說
論啓運宮禮說
論己亥禮說
易圈說
祭韓經香太史文
祭徐秋帆丙建文
祭葵堂鄭相公文
朴生浩德大祥侑語
柳僉使祥鳳小祥侑語
祭季弟垂卿文
代沁都士民祭梁大將軍憲洙文
權忠莊公致祭文代作

저자 및 생몰연대	李建昌 / 1852(철종3)~1898(고종 35)
문헌 제목 및 형태	明美堂集 / 20권 8책
刊印年度 및 版種	1917년 / 新鉛活字本 / 南通: 翰墨林書局, 中華6(1917) / 金澤榮

<table>
<tr><td>

卷十三
雜著 **(16篇)**
謹書先忠貞公記金貞女事後
書李聖養正模傳後
書曾子固論揚雄書後
書李生卷後
以其彙吉頌
讀孟子
鹿言
寶訟
易說僭疑
疑太極不應稱一
疑太極不可圖
疑太極卽作易聖人
疑四象不當稱太少
疑先天易無了時
疑河圖洛書
疑五行

卷十四
雜著 **(3篇)**
伯夷列傳批評
敬題椒園府君舟行詩後
金于霖詩論贈林有瑞圭永○辛卯三月
五日

祭文 **(18篇)**
祭季祖監役府君文
祭從叔父進士府君文

</td><td>

卷十五
祭文 **(6篇)**
禱洞仙嶺神文
甑山縣祈雨祭文代家大人作
社稷
東嶽
南嶽甑峯
告城隍神文代家大人作

哀辭 **(3篇)**
鎭撫中軍魚公哀辭幷序
附哀辭後書
朴侍郎哀辭幷序

家傳 **(2篇)**
本生六代祖考洗馬府君[李眞伋]家傳
謙山[李建昇]篋藁敍傳甲午六月朔

傳 **(6篇)**
李春日傳
李峿堂[象秀]詩傳
百祥月傳
韓心遠子[在濂]傳
韓景晦[成履]小傳
趙文正公[光祖]傳

卷十六
傳 **(4篇)**
淸隱傳

</td></tr>
</table>

저자 및 생몰연대	李建昌 / 1852(철종3)~1898(고종 35)
문헌 제목 및 형태	明美堂集 / 20권 8책
刊印年度 및 版種	1917년 / 新鉛活字本 / 南通: 翰墨林書局, 中華6(1917) / 金澤榮

祭亡妻文
祭小荷趙文獻公文
祭亡室文
祭曺杞山文
祭琴翁大亨文
祭從叔父惕士先生文
祭雲齋鄭公文
祭從叔父靜堂府君文
銘 (7篇)
烈女石氏旌門銘幷序
烈婦韓氏旌門銘
高孝子旌門銘
景峯大師塔銘
离峯和尚塔銘
昌寧縣火旺山龍池曺氏靈蹟碑銘
葛夏帛澹寧窩銘

贊 (1篇)
截江先生牟司諫贊

卷十七
行狀 (1篇)
先府君[李象學]行狀

行略 (2篇)
先忠貞公[李是遠]行略
先母淑人坡平尹氏[李象學妻]行略

李守則傳
秋水子[李根洙]傳
明美堂詩文集敍傳

卷十九
墓誌銘 (12篇)
亡妻徐淑人墓誌銘
許佐郎[灌]墓誌銘
金堯泉[憲基]墓誌銘
迂窩崔公[啓翁]墓誌銘
李杏西[德言]墓誌銘
兪叟墓誌銘
校理李公[命允]墓誌銘
工曹判書梁公[憲洙]墓誌銘
牧使趙公[徹林]墓誌銘
姜古歡[瑋]墓誌銘
判義禁美堂鄭公[文升]墓誌銘
承政院同副承旨徐公[有喬]墓誌銘

卷二十
墓碣銘 (14篇)
石田居士李公[最善]墓碣銘
李潤卿[寅馥]墓碣銘
李後長[悌源]墓碣銘
金訥翁[序]墓碣銘
無苟齋李公[希夔]墓碣銘
漪嵐洪君[祐獻]墓碣銘
吏曹參判洪公[祐命]墓碣銘
敦寧都正鄭公[箕錫]墓碣銘

저자 및 생몰연대	李建昌 / 1852(철종3)~1898(고종 35)
문헌 제목 및 형태	明美堂集 / 20권 8책
刊印年度 및 版種	1917년 / 新鉛活字本 / 南通: 翰墨林書局, 中華6(1917) / 金澤榮

事略 (3篇)	李金浦[重允]墓碣銘
朴吏部[齊敎]事略	灌水翁[林愼源]墓碣銘
鄭睡菴先生[允容]事略	洪州洪氏世葬阡碑銘
鄭桐溪[蘊]事略	朴僉樞[熙命]墓碣銘
	李君[志壽]墓碣陰記
卷十八	老愚曹公[命勳]墓碣銘
事略 (2篇)	
六臣事略	補遺 (7篇)
冠陽公[李匡德]事略	永慕亭記
	姜古歡批評孫武子跋
墓表 (1篇)	跋(李建昇)
慶州金氏二世三墓表	跋(金學權)
	跋(安鍾鶴)
家誌 (3篇)	跋(李爗)
祖考贈大匡輔國崇祿大夫議政府領議政行正憲大夫吏曹判書兼弘文館提學知宗正卿府事贈諡忠貞公府君[李是遠]墓誌	正悞
鳩州墓誌	
從祖考贈參判公[李止遠]墓誌銘	

(1) 해 제

李建昌은 1852(철종 3)년에 태어나 1898(고종 35)년에 졸하다. 자는 봉조(鳳朝, 鳳藻), 호는 寧齋이고, 본관은 全州이다. 경기도 江華에서 출생하였다. 판서 是遠의 손자, 참판 象學의 아들이다. 어려서부터 조부에게 가르침을 받아 1866년(고종 3) 15세에 별시문과에 급제하였으나 너무 어려 19세가 되어서야 홍문관직에 올랐다. 1874년 서장관으로 淸나라를 방문, 黃珏·장가양·서보 등과 교유하여 문장가로 이름을 떨쳤으며, 1875년 충청우도 암행어사가 되어 충청감사 趙秉式을 벌하다가 모함을 받아 碧潼으로 유배당한 지 1년 만에 풀려났다. 1880년 경기도 암행어사로 나가 탐관오리를 벌하고 백성들의 구휼과 세금감면에 힘썼다. 1890년 한성부소윤이 되었으며, 국내거류 청국인·일본인들이 가옥과 토지를 마구 매입하자 이에 따르는 문제에 대비, 금지령을 내려야 한다는 상소를 올렸다. 이는 청나라 공사 당소의(唐紹儀)의 방해로 실시되지 못하였으나 다른 죄목으로 부동산 매매자를 다스려 매매를 못하게 만들었다. 1893년 함흥부의 난민을 다스리기 위해 안핵사로 파견되었고, 1896년 해주관찰사에 제수되었으나 극구 사양하다가 古群山島로 유배, 2개월 뒤에 풀려나와 강화에 은거하였다. 병인양요 때 자결한 조부의 유지를 받들어 척양척왜주의자로 일관하였다. 그는 대문장가로서 글씨에도 능하였으며 청나라의 曾鞏·王安石의 영향을 많이 받았다. 저서로 ≪黨議通略≫ ≪明美堂集≫ 등이 있다.

19) 蘭谷存稿

저자 및 생몰연대	李建芳 / 1861~1939
문헌 제목 및 형태	蘭谷存稿 / 13권 4책
刊印年度 및 版種	1971 / 사진 / 靑丘文化社

【목차】
1권만이 시록(詩錄)이고 나머지는 문록(文錄)

卷一
詩錄 (56首)

除夕前日拈東坡集韻
上元夜部讌拈半山韻
賦庭柏拈杜韻
二月八日病懶書懷
贈鄭綺堂元夏洪汶園承憲兩侍郞
次唐人韻
送黃梅泉玹歸求禮
與呂南變
悼垂卿
晚江
喜雨次杜牧裹使君見迎韻
背郭
用兒輩韻
兒輩有詠蟬詩用其韻戲題
宗兄寧齋先生大暮前日感愴不能寐吟
成長句八絶以抒悲
用兒輩韻
又用兒輩韻
題鄭景壤○書詩卷因寄茂亭
餞春

耕齋從兄六十一初度述懷奉呈
呂荷亭圭亨靷行將發而病不能會下視
定感念存沒爲賦長句七首以抒懷
六十一初度書懷示兒
書寄鄭景施○普
書尹酉堂鍾均詩卷後
安校理孝濟挽
同河晦峰謙鎭趙顯圭登開運寺
同諸友遊開運寺拈韻
過東郊
過圓岑
耕齋終祥日次寧齋哭垂卿終祥詩韻
雲峰花水里奉審 聖蹟有感
踰梅花嶺
道林寺歸路口號
到求禮與黃石田諸人登垂楊山訪金君
炯奭
留金君家
梅泉墓
華嚴同諸人共賦
登龍湖亭
宿五美里宗人南儀家
雙溪寺
至梁山通度寺次板上韻
登龍山望海
梵魚寺
聽琴亭同諸人

저자 및 생몰연대	李建芳 / 1861~1939
문헌 제목 및 형태	蘭谷存稿 / 13권 4책
刊印年度 및 版種	1971 / 사진 / 靑丘文化社

送士薰	挽金滄江澤榮
李明府胤鍾置酒傳燈寺邀耕齋與余	同諸人遊西江
重陽翌日李明府招共耕齋邀淨水寺	病中聞黃石田晬筵己過感念存沒隨意
同社友遊安定寺限韻	賦長句奉
同社友遊新興寺拈韻	
盆梅盛開此梅在沁鄉時所栽而入洛後	寄(32篇)
復接於杏枝者也時悼亡感而有賦	曺深齋競變文壽峰樸有書約爲海印之
悼亡後耕齋從兄寄詩慰之次其韻以呈	遊於是乘車赴之留仁興里文氏莊數日
再疊耕齋韻	仍同諸人以自動車
酒後放歌寄李舜五	行至紅流洞口號
過某里鄭桐溪遺宅	海印寺
見南亭	出山還至紅流洞
過小學堂次板上韻	答梁信默書
聞景施在白羊寺讀書携弼孫追赴仍留	答人問爲人後議書
別院海雲閣荷花方盛開	
雲門菴	卷三
淸流菴	序(16篇)
夜坐	送呂士薰北遊通州序
崔寄園海潤挽	李石亭遺集序
遠寄壽李白郵	精華錄序
題李一海詩卷	雙忠錄序
純宗孝皇帝輓	邦禮草本序
挽愼周賢	陶隱李先生文集序
寄李郎山垕	辨誣錄序
寄壽兪愚堂昌煥周甲	白下先生文集序
李文卿斌承遇車馳而傷幾絶復蘇其明	四禮俗覽序
年是日朋好俱集命曰再生初度請詩	厖邨文集序
同李允起喜鍾景施暨石顚上人入金剛	無苟齋詩文稿序
留摩訶衍菴數日將陟毘盧取道妙吉祥	友竹詩集序
前有作	續刊江都誌序

저자 및 생몰연대	李建芳 / 1861~1939
문헌 제목 및 형태	蘭谷存稿 / 13권 4책
刊印年度 및 版種	1971 / 사진 / 靑丘文化社

<table>
<tr><td>

毗盧峰
題蓉樓會心帖後
爲徐友丙斗題破荷亭
鄭茂亭小亦園同徐初園相勳徐一坡丙
照朴稼軒豊緖李恥齋範世拈韻
徐初園宅同茂亭一坡朴眉堂楚陽拈韻
朴眉堂室同茂亭初園一坡恥齋拈韻
初園室同宋秋堂榮大茂亭一坡拈韻
同諸人遊淨業院
徐晩雲相哲室會飮
洪紹堂承祿招同人上山亭限韻
龍山訪恥齋共賦
初園室會飮
鄭學山○杓終祥賦二律寄其孤以代寢
門之哭

卷二
書(7篇)
答洪汝園少宰承憲書
答曺深齋競變書
答曺深齋第二書
答李玄圭書
答李玄圭書
丁零翟斌起兵攻洛陽秦使慕容垂討之
垂反秦與斌合
宋徐羨之傳亮謝晦廢其主義符爲營陽
王迎宜都王義隆於江陵
宋主廢彭城王義康徙安成郡
魏徙雜民於北邊以餌柔然
宋大擧侵魏

</td><td>

崇蘭館詩稿序
梅泉集序
自省錄序

卷四
記(5篇)
復性齋記
鼎山書堂記
丹山書齋記
慕蓮亭記
永慕亭記

卷五
論(14篇)
不義而富且貴於我如浮雲論
戰必克論
讀通鑑論
江充遇太子家使車行馳道中收而屬吏
袁紹召董卓
諸有忠慮於國者但勤攻吾闕
荀彧
魏延作亂
魏司馬昭援壽春殺諸葛誕

哀辭(1編)
呂士薰哀辭
卷十

家傳(1篇)
從六世祖北谷公家傳

</td></tr>
</table>

저자 및 생몰연대	李建芳 / 1861~1939
문헌 제목 및 형태	蘭谷存稿 / 13권 4책
刊印年度 및 版種	1971 / 사진 / 靑丘文化社

저자 및 생몰연대	李建芳 / 1861~1939
문헌 제목 및 형태	蘭谷存稿 / 13권 4책
刊印年度 및 版種	1971 / 사진 / 靑丘文化社

祭從祖兄耕齋先生文	金議官墓誌銘
祭趙公呂重鼎文	吳聽竹墓誌銘
祭金玄臺春熙文	吏曹參判錦陽君朴公墓誌銘
祭鄭淵齋闇朝文	監役成公墓誌銘
成處士墓誌銘	鄭君墓誌銘
姜愚山墓誌銘	金滄江墓誌銘
尹參奉墓誌銘	卷十三
河而七墓誌銘	墓表(5篇)
安通政墓誌銘	成主事墓表
文章之墓誌銘	左副承旨柳公墓表
洪衡老墓誌銘	學生成君墓表
	學生成君暨配南孺人合葬墓表
	河母權孺人墓表
	行狀(1篇)
	禮曹參判櫟菴姜公行狀

(1) 해 제

　李建芳은 1861년에 태어나 1939년에 졸하다. 자는 春世, 호는 蘭谷이고 경기도 江華에서 출생하였다. 1885년(고종 22) 진사에 합격하였으나, 고향에서 노모를 봉양하며 학문에 전념, 양명학을 공부하였다. 1910년 국권피탈 후 재종형 建昇과 鄭元夏·洪承憲 등과 함께 독립운동을 하기 위해 滿洲로 망명하던 중, 조선 양명학의 학풍을 계승시키기 위해 국내에 남아 후진을 양성하기로 결심하였다. 조선총독부에서 경학원대제학에 임명하였으나 단호히 거절하였다. 독립운동가

李會榮과 교섭 중 26년 순종이 죽자 만세운동을 계획하다가 발각되어 중지당했다. 그의 학문은 중국에까지 알려져 廣東大學의 초빙 교섭을 받기도 하였다. 鄭寅普·崔南善·朴漢永 등이 그의 문하에서 배웠다. 저서로 ≪蘭谷存藁≫가 있다.

　조선 말기 양명학자. 자는 춘세(春世). 호는 난곡(蘭谷). 경기도 강화(江華) 출생. 1885년(고종 22) 진사에 합격하였으나, 고향에서 노모를 봉양하며 학문에 전념, 양명학을 공부하였다. 1910년 국권피탈 후 재종형 건승(建昇)과 정원하(鄭元夏)·홍승헌(洪承憲) 등과 함께 독립운동을 하기 위해 만주(滿洲)로 망명하던 중 조선 양명학의 학풍을 계승시키기 위해 국내에 남아 후진을 양성하기로 결심하였다. 조선총독부에서 경학원대제학에 임명하였으나 단호히 거절하였다. 독립운동가 이회영(李會榮)과 교섭 중 26년 순종이 죽자 만세운동을 계획하다가 발각되어 중지당했다. 그의 학문은 중국에까지 알려져 광둥대학[廣東大學(광동대학)]의 초빙 교섭을 받기도 하였다. 정인보(鄭寅普)·최남선(崔南善)·박한영(朴漢永) 등이 그의 문하에서 배웠다. 저서로 난곡존고(蘭谷存藁)가 있다.

(한예원)

Ⅲ. 강화 양명학 문화사 자료

1. 문화사 조사의 목적과 방법

　　본 연구의 목적은 강화 양명학 연구를 보완하기 위한 기초 정보를 제공하려는 데 있다. 특히 여기에서는 강화학과 직·간접적인 각종 문화사적 사항을 '연표', '도표'로 정리해보는 데 중점을 둔다. 종래 하곡학, 강화학, 나아가서는 양명학 일반의 연구 속에는 적지 않은 연표, 도표가 산발적으로 존재해 있지만 그것을 일목요연하게 정리한 경우는 없었다. 따라서 이것을 이번에 수합할 수 있는 범위 내에서 정리해둠으로써 강화학 관련 연구자들에게 도움을 주고자 한다.

　　종래의 강화 양명학 연구는 주로 개념사(槪念史)나 학설사(學說史)에 치중해 왔다. 이 때문에 강화 양명학과의 복잡한 문화 연관은 많이 결여되어 있었다. 어떤 학문이든 그것이 잉태된 시간, 공간의 사회적 문화적 맥락과 동떨어진 것이 아니다. 종래의 연구에서 문화사적 연구가 결여된 개념사적, 학설사적 편향의 관념적 연구는 이제 차츰 '통합 문화론적 방법'에 의해 보완되어 가야 할 것이다. 이미 일본 등지의 해외에서는 양명학 사상을 규명하는 데에 문화사적 정보가 충분히 동원되어 학술 시장을 넓히고 풍요롭게 해 오고 있다. 아울러 이러한 '통합 문화론적 방법'에 의한 양명학 이해는 연구자들, 혹은 관련 저서를 읽는 독자들의 이해를 도와줄 것이 분명하다. 우선 이번 기회에는 이러한 목적에 이르는 작은 한 걸음으로서 기존의 연구에서 제시된 연표, 도표 등의 자료를 충분히 수합해 보임으로써 강화 양명학 관련 지식과 개념, 학설을 보다 용이하고 평이하게 이해하는 바탕을 삼고자 한다.

우선 여기서는 강화학파문화사 관련 정리를 첫째: 중국 양명학 관련 도표 정리, 둘째: 한국 양명학과 일본의 양명학 관련 내용의 도표와 연표 정리 순으로 하게 될 것이다. 전자는 중국 양명학을 전공한 이상훈(단국대)이, 후자는 일본 양명학에 정통한 최재목(영남대)이 맡아서 정리한다.

2. 문화사 조사의 범위와 내용

양명학은 동아시아 삼국(중국, 한국, 일본)의 사상계에 많은 영향을 미치면서, 각기 특색 있는 학문세계를 전개하였다. 따라서 동아시아 삼국의 양명학 배경을 구심점으로 해서 강화학파 관련 문화사를 재구성해 볼 필요가 있다.

먼저 본 문화사 조사의 중국 양명학에서는, 황종희가 『명유학안』에 기재하였거나 언급한 바 있는 총 7개 왕문(王門) 144인에 달하는 방대한 인원 중에서 대표적인 왕문 제자 33인과 양명의 스승 2인, 그리고 친우 1인을 선별하여 이들의(총 36명) 학맥과 주요사상, 저서 등에 관하여 요약 정리하였고, 또 필요하다고 생각되는 부분은 도표로 정리 보완하여 중국 양명학자들을 이해하는 데 도움을 주고자 하였다. 특히 이 조사에서는 왕양명을 중심으로 하고, 양명의 문인들을 절중(浙中), 강우(江右), 태주(泰州), 남중(南中), 초중(楚中), 북방(北方), 월민(粤閩)의 7개 학파 중에서 비교적 자신의 견해가 분명한 학자들을 중심으로 그들의 주요사상과 생애, 학맥 계보, 저서 등을 서술하거나 도표로 정리함으로써 향후 강화 양명학과의 관계성과 그들의 사상을 이해를 하는 데 도움이 되도록 하였다.

그리고 한국양명학의 조사에서는 하곡과 그 후학들, 특히 소위 강화학파로 그 범위를 정하고 이들의 학문적 전승관계와 관련자료들을 조사하고 이를 간략히 도표와 연표 등으로 정리·첨부하였다. 이를 간략히 정리해보면, 한국 양명학의 태두이자 강화 양명학의 시조인 하곡(霞谷) 정제두(鄭齊斗)는 초년의 「경거기」(京居期. 출생~40세까지)와 중년의 「안산기」(安山期. 41~60세까지)를 거쳐 즉 61세(숙종 36, 1709년) 8월 안산에서 강화도 하일리로 이거(移居)하고부터[38]인 이른바 만년의 「강화기」(江華期. 61~88세 서거까지)에는 그곳(강화도)을 거점으로 저술과 강학을 시작한다. 이후, 당대의 세파를 피하여 1710년 이주해 온 전주이씨(全州李氏) 가문 정종(定宗)의 별자(別子) 덕천군파(德泉君派) 후손[39]인 이광명(李匡明)이 하곡의 최초의 제자가 되고, 그의 직계손들을 중심축으로 구한말의 이건창(李建昌)·이건승(李建昇), 이건방(李建芳)으로 연결되며, 여기서 다시 정인보(鄭寅普)로 학문이 전승된다.[40] 이렇게 하곡과 이광명의 사승관

---

38) 『霞谷全書』(서울: 여강출판사, 1988)상, 「연보」61세조, 322쪽 참조.
39) 이들 王孫은 詩文, 書畵 등 文才에 뛰어났다(구체적인 것은 박연수, 『양명학의 이해: 양명학과 한국 양명학』, (서울: 집문당, 1999), 291~292쪽 참조 바람).
40) 서경숙, 《초기 강화학파의 양명학에 관한 연구》, (성균관대학교 대학원 박사학위논문, 2001), 29쪽, 281쪽 참조.

계, 혼맥관계 등으로 학파적 기초가 형성되어 「강화학파(江華學派)」
가 전개되었다.41) 하곡의 친전제자들을 '초기 강화학파', 재전제자들

---

41) 강화학파 자체에 대한 본격적인 논문은 다음을 참고바람.
  • 빈무식, ≪朝鮮朝 陽明學에 있어서의 江華學派 형성에 關한 硏究≫,
    (인하대학교 대학원 석사학위논문, 1981)
  • 서경숙, ≪초기 강화학파의 양명학에 관한 연구≫, (성균관대학교 대
    학원 박사학위논문, 2001)
     그리고 강화학파의 사상과 문학 등에 대한 개설적인 논의는 아래
    를 참고바람.
  • 유명종, 「江華學派의 양명학 전통」, 『철학연구』제29집, (철학연구회, 1980)
  • 금장태, 「心學(陽明學)의 역할과 강화학파의 성립」, 『한국 종교사상사 —
    유교·기독교 편 —』, (서울: 연세대출판부, 1986)
  • 금장태, 「心學派－江華學派」, 『續儒學近百年』, (서울: 여강출판사, 1989)
  • 민영규, 『江華學 최후의 광경』, (서울: 도서출판 又牛, 1994)
  • 유명종, 『性理學과 陽明學』, (서울: 연세대학교출판부, 1994)
  • 유준기, 『한국근대유교 개혁운동사』, (서울: 도서출판 삼문, 1994)
  • 최영성, 「양명학의 전래와 발전」, 『韓國儒學思想史』Ⅲ, (서울: 아세아
    문화사, 1995)
  • 최재목, 『동아시아의 양명학』, (서울: 예문서원, 1996)
  • 최재목, 『왕양명의 삶과 사상: 내 마음이 등불이다』, (서울: 이학사,
    2003)
  • 박연수, 『양명학의 이해: 양명학과 한국양명학』, (서울: 집문당, 1999)
  • 유명종, 『왕양명과 양명학』, (수원: 청계, 2002)
  • 심경호, 「19세기 말 20세기 초 강화학파의 지적 고뇌와 문학」, 『어문
    논집』제41집, (안암어문학회, 2000)
  • 심경호, 「강화학의 虛假 批判論」, 『大東漢文學』제14집, (대동한문학
    회, 2001)
  • 박준호, 「江華學派의 文學世界에 대한 一考察」, 『大東漢文學』제14
    집, (대동한문학회, 2001)
     참고로 한국정신문화연구원에서 간행한 『강화학파의 문학과 사상
    (1)』(1993), 『강화학파의 문학과 사상(2)』·『강화학파의 문학과 사상
    (3)』(1995), 『강화학파의 문학과 사상(4)』(1999)은 강화학파의 연구의
    발전을 의미한다.

을 '중기 강화학파', 그 이후의 제자들을 '후기 강화학파'로 구분해 보는 방식도 가능할 것이다.[42] 그리고 저술 면에서 보면, 하곡은 「아주 광범위한 학설을 세워서 양명의 문하에서도 미치지 못할 대저(大著)를 남긴 사람」[43]이라고 평가된다. 그가 남긴 저술은 현재 『하곡전집(霞谷全集)』 상·하 2권[44] 속에 온전히 수록되어 있다. 그 대부분은 41세 이후에 이루어진 것들이다. 그의 대표적인 저술로서 양명학적 입장으로 일관하는 「학변(學辨)」과 「존언(存言)」[45]의 대체적인

그리고, 大東漢文學會에서 <陽明學과 韓國漢文學>이란 주제로 학술회의가 개최된 바 있다. 鄭德熙의 「陽明學의 性格과 朝鮮的 展開」, 沈慶昊의 「江華學의 虛假 批判論」, 李熙穆, 「寧齋李建昌의 陽明學과 文學」, 박준호의 「江華學派의 文學世界에 대한 一考察」이 발표되었다(발표문은 모두 『大東漢文學』제14집(대동한문학회, 2001)에 실렸다).

다만, 여기서는 문학, 역사 분야의 연구 업적은 일일이 열거하지 않기로 하고, 아래의 한국 양명학 관련 논문 및 역저서 목록을 참조 바람.

- 최재목, 「한국의 양명학 연구에 대한 회고와 전망」, 『철학회지』제21집, (영남대학교 철학과, 1997)
- 김세정, 「국내 상산학 양명학 연구 목록」, 『양명학: 인간과 자연의 한 몸짜기』, (대전: 문경출판사, 2001), 301~363쪽
- 김세정, 「국내 상산학 양명학 연구 총목록」, 『陽明學』제5호, (한국양명학회, 2001), 309~362쪽.
- 송석준, 「한국 양명학의 형성과 전개」, 『한국양명학회 2004년도 춘계 학술대회 자료집: 한국 현대 양명학의 위상』, (한국양명학회, 2004), 4~28쪽.

42) 서경숙, 《초기 강화학파의 양명학에 관한 연구》, (성균관대학교 대학원 박사학위논문, 2001), 281쪽. 서경숙이 '말기 강화학파'로 한 것을 나는 '후기 강화학파'로 고쳐 불렀다.

43) 鄭寅普, 『陽明學演論』, 삼성문화문고 11, (서울: 삼성문화재단, 1972), 163쪽.

44) 鄭齊斗, 『霞谷全集』(서울: 여강출판사, 1988). 이에 대한 한글 번역은, 『國譯 霞谷集』 1·2, 윤남한 옮김, (서울: 민족문화추진회, 1972)이 있다.

틀이 안산 시기에 만들어지며, 「심경집의(心經集義)」, 「경학집록(經學集錄)」, 「중용설(中庸說)」 등은 강화 시기에 저술되었다.46) 이러한 저술들을 통해서 보면 그의 학문의 중점은 초년의 정주설(程朱說)에서 중년의 왕학설(王學說)로, 그리고 만년의 예설(禮說), 복제설(服制說), 천문(天文), 성력(星曆), 기수론(氣數論) 및 경세론(經世論) 등으로 달라져 가는 것을 알 수 있다. 이에 본 한국양명학 조사에서는 하곡과 기타 강화 양명학 관련 학자들의 문화사적 기본 자료들을 취합하여 이를 연·도표로 정리하고, 또한 한국의 반양명학 문맥과 연구조건까지 간단히 조사 서술함으로써 향후 강화 양명학 연구자들의 연구에 기초 자료로 활용될 수 있도록 하였다.

일본양명학 부분은 양명학의 開祖로 불리는 나카에 토쥬가 자신의 개성 있는 양명학 체제를 구성한 이후에 이것이 재야의 학문으로서 쿠마자와 반잔熊澤蕃山, 미와 싯사이三輪執齋, 사토 잇사이佐藤一齋, 오시오 츄사이大鹽中齋에게로 이어지면서 민간에 널리 퍼져 당시의 서민의 교육과 교화 등에 큰 역할을 하였다. 특히 막부 말기의 일본 양명학은 천황을 섬기는 이른바 근왕勤王의 실천가들을 길러내는 원동력이 되었고, 그 후에도 민족주의, 황국皇國 사상과 강한 결속을 보이는 등 중국과 한국 양명학에서는 보기 드문 독특한 일본만의 양명학 전개 양상을 가지면서 오늘에 이르고 있다. 따라서 본 연구조사에서는 일본양명학 관련 연구조건과 기반, 그리고 일본

---

45) 이 「存言」은 상·중·하 3편이다. 이것은 왕양명의 「傳習錄」 상·중·하 3편에 필적하는 것으로 간주된다(柳承國, 「鄭齊斗－陽明學의 泰斗」, 『韓國의 人間像』 (4) (서울: 新丘文化社, 1966), 280쪽 참조).
46) 尹南漢, 『조선시대의 양명학연구』(서울: 집문당, 1982), 37~38쪽 참조. 정제두의 저술에 대한 총괄적 이해는 같은 책의 231~353쪽을 참조 바람.

양명학자들의 견해를 검토하고, 나아가 중국·한국 양명학과의 차이점 등을 간략히 정리하고, 여기에다 일본 양명학 관련 도표와 자료들을 첨부함으로써 향후 강화 양명학 연구의 문화사 기초자료로서 적절히 활용되기를 기대한다.

3. 중국 양명학

1) 중국 양명학자 연표

(표 1)[47)]

서 기	중국 역사적 동향
1422	양명의 스승 누량(婁諒) 출생
1428	진헌장(陳憲章) 출생
1472	왕양명(王陽明) 출생
1483	장신(蔣信), 왕간(王艮) 출생
1487	서애(徐愛), 섭표(聶豹), 남대길(南大吉) 출생
1491	추수익(鄒守益) 출생, 누량(婁諒)사망
1492	정민정(程敏政)의『心經附注』간행
1496	전덕홍(錢德洪), 구양덕(歐陽德) 출생
1497	진건(陳建)출생

---

47) 본 연표는 <강화학파의 양명학 연구> 제4차 세미나에서 영남대 최재목

서 기	중국 역사적 동향
1498	왕기(王畿) 출생
1500	진헌장(陳憲章) 사망
1504	나홍선(羅洪先) 출생
1507	당순지(唐順之) 출생
1511	왕벽(王襞) 출생
1515	나여방(羅汝芳) 출생
1517	양여원(梁汝元), 서애(徐愛) 사망
1518	왕양명(王陽明)『傳習錄』古本『大學』‘正學論’ 제기, ‘朱子晚年定論’
1521	‘大禮議論爭’ 朱王의 ‘正學論爭’
1522	왕시식(王時植) 출생 제1차陽明學·傳習錄禁止
1525	첨릉(詹陵)『異端辨正』出刊
1528	왕양명(王陽明) 사망
1529	제2차陽明學·傳習錄禁止
1534	『困知記』2차初刊(江西)
1535	『困知記』2차重刊
1537	『困知記』二卷三刊 제3차陽明學·傳習錄 禁止
1538	당학징(唐鶴徵) 출생
1540	왕간(王艮) 사망, 황성증(黃省曾)사망
1541	남대길(南大吉) 사망
1548	양동명(楊東明) 출생 陳建『學蔀通辨』出刊(南閩)
1549	나흠순(羅欽順)『困知記』續四卷 公刊
1554	구양덕(歐陽德) 사망
1559	장신(蔣信) 사망

교수가 발표한 「강화학파 학술문화사 연표」 중에서 한국, 일본 부분을 제외한 중국 양명학자 부분만 제공받아 이를 수정 보완한 후 게재한 것임.

서 기	중국 역사적 동향
1560	당순지(唐順之) 사망, 담약수(湛若水)사망
1562	추수익(鄒守益) 사망
1563	섭표(聶豹) 사망
1564	나홍선(羅洪先) 사망
1567	진건(陳建) 사망 (陽明學 · 傳習금지령 해제)
1574	전서산(錢緖山) 사망
1579	양여원(梁汝元) 사망
1583	왕기(王畿) 사망
1584	王陽明 文廟에 從祀
1587	왕벽(王襞) 사망
1588	나여방(羅汝芳) 사망
1605	왕시식(王時植) 사망
1619	당학징(唐鶴徵) 사망
1624	양동명(楊東明) 사망

2) 왕문(王門) 학맥 계보

(1) 학파별 왕문제자 수(學派別 王門諸子 數)

(표 2)[48)]

		절중 왕문	강우 왕문	태주 왕문	남중 왕문	초중 왕문	북방 왕문	월민 왕문	소 계	합 계
明儒學案(권 11-권36) (黃宗羲 著)	目錄에 실려 있음	18 (附1)	27(부1, 附加 李材)	18 (附3)	9 (附2)	2	7	2	96명	총 144명
	敍論에 거론됨	12	*	6	17	6	*	7	48명	
陽明弟子傳 纂3권 (余 重耀 著)	目錄에 실려 있음	48	32	35	13	5	3	10	146명	총 307명
	年譜, 宗派, 傳本, 서독(書牘) 등에 보이는 제자								161명	

---

48) 본 표 2)는『明儒學案』에 기재되어 있는 王門弟子의 總數를 7개 流派
로 나누어 도표로 정리한 것이다.

(2) 학맥 계보

① 전체 계보도

婁　諒 (1422~1491)　－－ (師)
陳獻章 (1428~1500)　－－ (師)
⇧
王天敍(祖父) / 王　華(父) ⇦ 王陽明 ⇨ 湛若水(1467－1560)　－－ (友)
(1472~1528)
⇩
<u>서애(徐愛)</u> / 채종곤(蔡宗袞) / 주절(朱節), (양명의 最初 及門弟子3人)

⇩

[7개 유파 王門諸子]
|
(절중왕문, 강우왕문, 태주왕문, 북방왕문, 남중왕문, 초중왕문, 월민왕문)

$$\boxed{\text{왕 양 명 (王陽明)}}$$

$\Downarrow$

O 절중왕문파 ⇨ [서애(徐愛, 1487~1517)]
　　　　　　　　[전덕홍(錢德洪, 1497~1574)]
　　　　　　　　[왕기(王畿, 1498~1583)]
　　　　　　　　[계본(季本, 1485~1563)]

O 강우왕문파 ⇨ **[추수익(鄒守益, 1491~1562)]**
　　　　　　　　[구양덕(歐陽德, 1496~1554)]
　　　　　　　　[나흠순(羅欽順, 1465~1547)]
　　　　　　　　[진구천(陳九川, 1494~1562)]
　　　　　　　　[섭표(聶豹, 1487~1563)]
　　　　　　　　[나홍선(羅洪先, 1504~1564)]
　　　　　　　　[황굉강(黃宏綱, 1492~1561)]
　　　　　　　　[유문민(劉文敏, 1493~1572)]
　　　　　　　　[유방채(劉邦采, 생졸연대미상)]

O 태주왕문파 ⇨ **[왕간(王艮, 1483~1540)]**
　　　　　　　　[왕벽(王襞, 1511~1587)]
　　　　　　　　[왕동(王棟, 1503~1581)]
　　　　　　　　[서월(徐樾, 생졸연대미상)]
　　　　　　　　[임춘(林春, 1498~1541)]
　　　　　　　　[안균(安鈞, 생졸연대미상)]
　　　　　　　　[조정길(趙貞吉, 1508~1576)]
　　　　　　　　[하심은(何心隱, 1517~1579)]
　　　　　　　　[나여방(羅汝芳, 1515~1588)]
　　　　　　　　[이지(李贄, 1527~1602)]
　　　　　　　　[주해문(周海門, 1547~1629)]
　　　　　　　　[도망령(陶望齡), 생졸연대미상)]

O 남중왕문파 ⇨ [황성증(黃省曾, ?~1540)]
　　　　　　　　[주득지(朱得之, 생졸연대미상)]
　　　　　　　　[사탁(查鐸, 생졸연대미상)]
　　　　　　　　[당순지(唐順之, 1507~1560)]

O 초중왕문파 ⇨ **[장신(蔣信, 1483~1559)]**

O 북방왕문파 ⇨ [목공휘(穆孔暉, 1479~1539)]
　　　　　　　　[맹추(孟秋, 1525~1589)]
　　　　　　　　[우시희(尤時熙, 1503~1580)]
　　　　　　　　[양동명(楊東明, 1548~1624)]

O 월민왕문파 ⇨ [薛侃(생졸연대미상)]

② 학파별 학맥 계보

㉠ 절중왕문(浙中王門) 제자의 계보

┌─ ○ 及門弟子 ── 서애(徐愛), **전덕홍(錢德洪)**, **왕기(王畿)**, 계본(季本)
│   황관(黃綰), 동운(董澐), 고응상(顧應祥), 육징(陸澄) 등
│   ⇩
└─ ○ 再傳弟子 ── 서용검(徐用檢), 만표(萬表), 왕종목(王宗沐), 장원변(張元汴)

㉡ 강우왕문(江右王門) 제자의 계보

── 『明儒學案』의 권16~권24까지 총 9권에는 총 34인이 열거되어 있으나, 여기에서는 21인만을 선정해서 분류한다.

┌─ ○ 及門弟子 ── **추수익(鄒守益)**, 구양덕(歐陽德), 진구천(陳九川), **섭표(聶豹)**,
│   **나홍선(羅洪先)**, 황굉강(黃宏綱), 유문민(劉文敏), **유방채(劉邦采)**
│   하정인(何廷仁), 유괴(劉魁), 설간(薛侃) 등
│   ⇩
├─ ○ 再傳弟子 ── 등이찬(鄧以讚), 유원경(劉元卿), 등원석(鄧元錫), **왕시괴(王時槐)**,
│   진가모(陳嘉謨), 송의망(宋儀望), 장항(張潢)
│   ⇩
├─ ○ 三傳弟子 ── **추원표(鄒元標)**, 라대굉(羅大紘),
│   ⇩
└─ ○ 四傳弟子 ── **풍응경(馮應京)**

㉢ 태주왕문(泰州王門) 제자의 계보

── 오늘날 江蘇省 泰州縣 일원 출신의 왕문제자들을 태주왕문이라 하나, 실제로는 江蘇를 중심으로 다양한(江西, 浙江, 湖北, 四川, 심지어는 廣東) 지방출신으로 구성되어 있다.

(3.1) 제자 계보

○ 及門弟子 - - **왕간(王艮)**
⇩
○ 再傳弟子 - - 왕벽(王襞), 왕동(王棟), **서월(徐越)**, 임춘(林春)
⇩
○ 三傳弟子 - - **안균(安鈞)**, 조정길趙貞吉, 방학점方學漸, 장후각(張後覺)
⇩
○ 四傳弟子 - - **하심은(何心隱)**, **나여방(羅汝芳)**
⇩
○ 五傳弟子 - - **주해문(周海門)**
⇩
○ 六傳弟子 - - **도망령(陶望齡)**

* 참고) 耿定向의 門人 - - **초굉(蕉竑)**, 반사조(潘士藻), **축세록(祝世祿)**, 관지도(管志道)
　　　　耿定理의 門人 - - **방학점(方學漸)**
　　　　趙貞吉의 門人 - - 하상(何祥), **등활거(鄧豁渠)**

(3.2) 태주왕문(泰州王門)의 출신지와 이름

(표 3)[49]

출신 지역	江　蘇	江　西	安　徽	浙　江	湖　北	四　川	廣　東
이름	王艮, 王襞, 王棟, 林春, 焦竑(초굉), 管志道, 朱恕, 韓貞, 夏廷美	徐　樾, 顏　鈞 梁汝元, 羅汝芳, 祝世祿	潘士藻, 方學漸	周汝登, 陶望齡, 劉塙 (유각)	耿定向, 耿定理, 方與時, 程學顏	趙貞吉, 何　祥, 鄧豁崛	楊起元

---

49) 본 표 3)는『明儒學案』에 기재되어 있는 태주 왕문 제자들을 출신 지역
별로 나누어 도표로 정리한 것이다.

㉣ 남중왕문(南中王門) 제자의 계보

-- 중국의 南北朝시대에 南方지역(오늘날 江蘇省, 安徽省) 출신의 왕문학자 계보

(4.1) 제자 계보

```
┌─ O 及門弟子--황성증(黃省曾), 주충(周衝), 주득지(朱得之),
│         척현(戚賢), 풍은(馮恩), 정묵(程默)
│      ⇩
├─ O 再傳弟子 (錢緒山에게 師事)--정대빈(程大賓), 소언(蕭彦), 소양간(蕭良幹)
│         (王龍溪에게 受學)--사탁(査鐸), 당순지(唐順之), 척곤(戚袞)
│         (鄒東廓에게 受學)--주이(周怡), 장시란(章時鸞)
│         (歐陽德에게 受學)--설응기(薛應旂), 공안국(貢安國), 장계(張棨)
│      ⇩
└─ O 三傳弟子 (唐順之에게 受學)--강현(姜賢)
          (何廷仁과 함께 공부)--은매(殷邁)
          (貢安國에게 師事)--심총(沈寵)
```

(4.2) 남중왕문(南中王門)의 출신지와 이름

(표 4)[50]

성(省)	현(縣)	學案에 열거된 학자 (11명)	서론(敍論)에 열거된 학자(총17인)
강소(江蘇)	무진(武進)	薛應旂(설응기),唐順之,唐鶴徵	
	송강(松江)	徐階,楊豫孫	馮恩
	수강(綏江)	朱得之	
	오현(吳縣)	黃省曾	

---

50) 본 표 4)는 『明儒學案』에 기재되어 있는 남중(南中) 왕문 제자들의 출신 지역을 조사하고 이를 분류한 것이다.

성(省)	현(縣)	學案에 열거된 학자 (11명)	서론(敍論)에 열거된 학자(총17인)
강소(江蘇)	무진(武進)	薛應旂(설응기), 唐順之, 唐鶴徵	
	송강(松江)	徐階, 楊豫孫	馮恩
	수강(綏江)	朱得之	
	오현(吳縣)	黃省曾	
강소(江蘇)	의흥(宜興)	周衝	
	강음(江陰)	薛甲	
	남경(南京)		姚汝循
	단양(丹陽)		姜寶
안휘(安徽)	태평(太平)	周怡	
	경현(涇縣)	查鐸	蕭彦, 張繁(장계)
	전초(全椒)		戚賢
	의성(宜城)		貢安國, 沈寵, 戚袞(척곤)
	청양(靑陽)		章時鸞(장시란)
	흡현(歙縣)		程大賓, 鄭燭
	휴녕(休寧)		程默
기　타			殷邁(은매), 宛溪, 蕭良幹

　㉤ 초중왕문(楚中王門) 제자의 계보

　--중국의 兩湖 유역의 왕문 학자

　ㅇ 왕양명(38세 貴陽書院 講學) ⇨ **장신(蔣信)**

　　　　　⇨ 기원형(冀元亨)

　　　　　⇨ 유관시(劉觀時)

ⓑ 북방왕문(北方王門) 제자의 계보

－－중국의 南北朝시대에 南方지역(오늘날 山東省) 출신의 왕문 학자

○ **왕양명** ⇨ **목공휘(穆孔暉)** ⇨ **남대길(南大吉)** －－－양명의 及門弟子

◆ 유괴(劉魁) ⇨ **우시희(尤時熙)** －－－二傳弟子
⇩
맹화리(孟化鯉) －－－三傳弟子

◆ 서월(徐越) ⇨ **장후각(張後覺)** (三傳弟子)
⇩
맹추(孟秋) －－－4傳제자

＊ 양동명(楊東明) －－양명의 肯綮와 王門의 同調를 받음
↑ ↓
(鄒元標, 馮從吾, 呂坤, 孟秋, 耿定向, 張元汴, 楊起元 등
泰州王門과 論學)

ⓢ 월민왕문(粤閩王門) 제자의 계보

－－ 중국 廣東, 福建 지방출신 위주의 왕문 학자

○ **설간(薛侃)** ⇨ 주탄(周坦)
○ ＊ 방헌부(方憲夫), 양기(楊冀), 양사명(楊仕鳴), 양작(楊焯), 정일초
(鄭一初), 설상현(薛尙衡) －－(福建人)
＊ 마명형(馬明衡) －－(廣東人)

3) 중국 양명학의 전개와 분류방식의 문제[51]

(1) 『명유학안』의 분류와 그 문제점

중국의 양명학 전개는 양명 생존 당시 제기되었던 전서산과 왕용계 사이의 사구교四句敎 논쟁에서 그 단적인 맹아(萌芽)를 보였다고 할 수 있다. 사구교 논쟁은 왕양명 사상의 중심 이론인 치양지설에 대한 해석의 차이에서 생겨난 것이다. 다른 말로 하면 양명학 속에 내재·결합되어 있던 '본체 중시'와 '공부 중시'의 두 사상적 경향의 분열 또는 구체화라고 할 수 있다. 대체로 이 두 축을 중심으로 중국 양명학은 다양하고 개성적으로 전개된다.

먼저 중국 명나라 말기에서 청나라 초기를 살다 간 황종희는『명유학안明儒學案』에서 양명학을 지역에 따라 일곱 학파로 나눈 바 있다.『명유학안』은 명대의 학자를 총괄하여 그 학파와 계통을 밝히고, 그들의 문집文集·어록語錄에서 요점을 채록採錄한 책으로 중국에서는 유례가 없는 학술사學術史에 대한 체계적 저술이다.

그는 양명학파를 다음의 7개 학파로 분류하고 총 83인을 소개하고 있다(편의상 대표적인 인물을 이름 대신 호로 기재하였다).

---

51) 본 장의 자료는 영남대 최재목 교수가 중간보고용으로 정리한「강화양명학 문화사」중에서 한국, 일본 부분을 제외한 중국 양명학 관련 부분만 발췌하여 게재한 것임.

① 절중浙中학파

서횡산徐橫山(이름은 愛, 자는 曰仁, 1487~1517)

전서산錢緖山(이름은 德洪, 자는 洪甫, 1496~1574)

왕용계王龍溪(이름은 畿, 자는 汝中, 1498~1583)

② 강우江右학파

추동곽鄒東廓(이름은 守益, 자는 謙之, 1491~1562)

구양남야歐陽南野(이름은 德, 자는 崇一, 1496~1554)

섭쌍강聶雙江(이름은 豹, 자는 文蔚, 1487~1563)

나염암羅念庵(이름은 洪先, 자는 達夫, 1504~1564)

왕당남王塘南(이름은 時槐, 자는 子植, 1522~1605)

③ 남중南中학파

주근재朱近齋(이름은 得之, 자는 本思, ?~?)

당형천唐荊川(이름은 順之, 자는 應德, 1507~1560)

당응암唐凝庵(이름은 鶴徵, 자는 元卿, 형천의 아들, 1538~1619)

④ 초중楚中학파

장도림蔣道林(이름은 信, 자는 卿實, 1483~1559)

⑤ 북방北方학파

양진암楊晉庵(이름은 東明, 자는 起修, 1548~1624)

남서천南瑞泉(이름은 大吉, 자는 元善, 1487~1541)

⑥ 월민粵閩학파

설중리薛中離(이름은 侃, 자는 尙謙, ?~?)

⑦ 태주泰州학파

왕심재王心齋(이름은 艮, 자는 汝止, 1483~1540)

나근계羅近溪(이름은 汝芳, 자는 惟德, 1515~1588)

안산농顔山農(이름은 鈞, 산농은 자, ?~?)

하심은何心隱(본래의 성명은 梁汝元, 자는 夫山, 1517~1579)

황종희는 이들 학파 가운데서 강우학파를 양명학의 정통으로 인정하며, 왕용계·왕심재 등이 활약한 '태주학파'(태주는 강소성江蘇省의 지명)를 이단으로 간주하여 배척하였다.

『명유학안』의 이러한 분류 방식은 사상 내용보다도 단순히 '지역'에 따른 것이기 때문에 한계를 지닐 수밖에 없다. 어떤 인물들의 학문을 그 내용으로 꼼꼼히 따지지 않고 단순히 지역이 동일하다고 해서 하나의 학파로 분류할 수 있는지는 아무래도 의문이다.

그리고 황종희가 아래에 나오는 이탁오와 같은 주요 인물을 양명학파에서 제외한 것은 타당하지 않다.

(2) 양명학 좌파와 이탁오

황종희는 「태주학안소서泰州學案小序」(『명유학안』 권33)에서

양명 선생의 학은 태주泰州[왕심재]·용계龍溪가 있고서 천하에 크

게 유행하게 되었고, 역시 그들 때문에 점점 그 전함을 잃어버리게 되었다.

고 하여 양명학 타락의 원인을 왕심재·왕용계에게 돌리고, 그 학풍을 이어받은 이른바 양명학 좌파였던 이탁오를 「태주학안泰州學案」에서 말소시켜 왕문王門, 즉 왕양명 문하로 인정하지 않고 있다.

이탁오(李卓吾)는 본명이 재지載贄로 일반적으로 탁오(卓吾)라는 號로 널리 알려져 있는데, 59세 때 태주 마성현麻城縣 용호龍湖의 지불원芝佛院에서 승려처럼 생활하며 머물렀다. 그러자 정주학자들이 그를 '이단'이라고 비난하며 박해하였다. 이에 그는 속사俗事를 떨쳐버린다는 의미에서 '삭발'을 하였다. 이탁오가 76세 되던 해 장문달張問達은 이탁오를 탄핵해야 한다는 상소문을 올렸다. 그 때문에 이탁오는 감히 어지러운 도를 외치며 세상을 현혹시키고 백성을 속였다는[敢倡亂道惑世誣民] 등의 죄명으로 칙령에 따라 체포되었다. 그는 1602년(신종神宗 30년) 북경의 옥사에서 이발할 때 쓰는 칼로 자살하였는데, 그 이후 유교의 이단자·반역자[反名教論者]로서 널리 알려졌다.

이탁오는 천주泉州의 상인 집안의 자손이었고, 그의 집안은 대대로 회회교回回教, 즉 이슬람교 교도였다고 한다. 이렇게 이탁오의 가문이 회회교를 신봉했다는 사실 때문에 최근의 연구자들은 그의 유교의 권위에 대한 과감한 비판과 도전의 정신이 바로 거기서 발원했던 것이 아닐까 하고 기대감을 갖기도 한다. 하지만 유감스럽게도 이탁오의 저작 중에서 이 점에 대한 근거를 찾기는 어렵다.

이탁오는 '태워버려야 할 책'이라는 뜻의 『분서焚書』와 '산중에

꼭꼭 묻어버려야 할 책'이라는 뜻의 『장서藏書』를 남긴다. 둘 다 '이단의 서'로 불리는데, 그의 사상을 파악하는 데 없어서는 안 될 자료로서 현대에도 여전히 빛을 발하고 있다. 그는 『분서』 권2에서

> 왕심재의 뒤에는 서파석徐波石과 안산농이 있다. 서파석의 뒤에는 조대주趙大洲가 있고, 조대주의 뒤에는 등활거鄧豁渠가 있다. 그리고 안산농의 뒤에는 나근계와 하심은이 있다. 일대一代마다 [학술적으로] 높아져서 일대를 계승해가는 것 같다.

고 하여 양명학의 계열을 파악하고 있다.

한편 이탁오는 왕심재의 아들 왕동애王東崖(이름은 襞, 동애는 호, 1511~1587)로부터 사사받은 적이 있다. 그래서 『속분서續焚書』 권3에서

> 양명 선생 뒤에 태주의 심재 선생이 있으며, 심재의 아들 동애공東崖公은 나의 스승이다. 동애의 학문은 실로 가정교육에서 나왔다. 그러나 심재 선생이 계실 때 친히 월동越東으로 [동애공을] 보내어 용계를 섬기게 했다. 동애는 어릴 때 양명을 친견하였다.

라고 하였다. 이처럼 이탁오의 왕양명에 대한 존숭은 왕심재와 그의 아들 왕동애와 깊은 관련이 있고, 또한 일생 동안 왕용계의 사상에 기울어 있었음을 알 수 있다. 따라서 그가 양명학파, 특히 양명학 좌파의 인물이었다는 것에 대해서는 이론이 없다.

중국사상사를 연구하는 학자들은 일반적으로 이탁오의 반유교적 성향을 양명학 좌파에 연결시켜 파악하고 있다. 그리고 황종희의 「태

주학안」(『명유학안』 권33)에서 단적으로 드러나듯이, 양명학의 유교적 순수성의 보호라는 차원에서 반유교적 성향인 이탁오를 '제거'하고서 양명학의 전승 계보를 만든다. 이탁오와 양명학과의 연속성을 부정하고자 하는 것이다. 그러나 이탁오를 양명학의 계보에서 제외시켜서는 안 된다. 그는 분명히 양명학의 좌파적 흐름을 보여주는 인물이기 때문이다.

이탁오의 사상은 예컨대 한국의 허교산許蛟山(이름은 筠, 자는 端甫, 교산은 호, 1569~1618) 그리고 일본의 요시다 쇼인吉田松陰(1830~1859) 등 동아시아 지식인들에게 영향을 끼쳤으며 그의 자유분방한 사색과 비판 정신은 현대에도 여전히 빛을 발하고 있다. '명대明代 이단의 책'인 이탁오의 『분서』에 보이는 사상적인 논의는 인간이 가진 자연성, 그 순수한 꾸밈없는 마음[心]을 중시하는 입장이었으며, 그것은 그의 '동심설童心說'에 잘 집약되어 있다. '거짓[假]'을 버리고 '참[眞]'을 추구하고자 한 구도의 여정 속에서 행해진 이탁오의 '삭발'과 '자살'은 유교 사회의 우상과 선입견에 대한 집요한 거부의 상징으로서 남아 있다.

(3) 오카다 다케히코의 분류

『명유학안』의 지역적 분류 방식을 벗어나 사상 내용에 따라 분류한 사람은 일본의 대표적인 양명학 연구자 오카다 다케히코岡田武彦(1908~, 현재 큐슈대九州大 명예 교수)이다. 그는 『왕양명과 명말의 유학王陽明と明末の儒學』(1970)이라는 책에서 『왕용계전집』 권1 「무주의현대회어撫州擬峴臺會語」에 근거하여 양명의 양지설을 귀적

歸寂·수증修證·이발已發·현성現成·체용體用·종시終始의 여섯 종류로 나누고 또한 양명학파를 현성파現成派(왕용계, 왕심재), 귀적파歸寂派(섭쌍강, 나염암), 수증파修證派(추동곽, 구양남야)의 셋으로 분류하였다. 나아가 그는 현성파를 좌파, 귀적파를 우파, 수증파를 정통파로 이해하였다. 하지만 수증파를 정통파로 보기보다는 절충파로 보는 것이 좋을 것 같다.

이후 오카다의 이 분류 방법은 동아시아 삼국에서 보편적으로 쓰이게 되었다. 그런데 "과연 양명학에 정통파가 있는가?"라는 문제를 제기하고 단순히 좌파와 우파로만 나누는 경우(야마시다 류지山下龍二의 『양명학의 연구陽明學の硏究』 전개편(1971) 등)가 있다. 최근 학계에서는 이 분류도 널리 사용되고 있다.

이렇게 좌우파로 분류할 경우에는 좌파는 주로 현성파에, 우파는 주로 귀적파에 해당된다. 수증파에 속한 양명학자들은 대체로 우파에 속한다.

(4) 왕용계의 분류

여기서는 양명학의 분열 상황을 훨씬 더 종합적으로 검토할 수 있는 『왕용계전집』 권1 「무주의현대회어」 그리고 『왕용계전집』 권2 「저양회어滁陽會語」를 중심으로 살펴보겠다. 특히 「무주의현대회어」는 오카다 분류의 근거가 된 것이다.

우선 「저양회어」에서 왕용계는 양지의 학은 스승(왕양명)이 스스로 깨달은 것이지만 그 문하에 많은 이설異說이 있다고 지적하고, 특히 다음의 네 가지 설을 소개하면서 그 각각에 대해 비판을 한다.

① 양지만으로는 공허에 빠지기 때문에 반드시 견문에 의해 양지가 발하는 것을 도와야 한다. 양지가 천리에 근거하여 작용하여야만 공허한 앎이 아니다.

▶ 비판: 이것은 종래의 의견을 답습한 것이다.

② 양지는 배우지 않고 아는 것이다. 그러므로 더 이상 치지致知할 필요가 없다. 양지는 그대로 완전무결하므로 욕망을 제거하는 공부는 필요 없다.

▶ 비판: 이것은 한 발 건너뛴 [비약적] 논의[凌躐之論]이다.

③ 양지는 허적虛寂을 위주로 하는 것으로, 명각은 (진정한 깨우침이 아니고) 외계[境]에서 연유한 것에 지나지 않는다.

▶ 비판: 이것은 (양지의 본체인 허적만을 강조하여) 스스로 그 작용을 막아버린 이론이다.

④ 양지는 명각明覺을 위주로 하는 것으로, 허적은 공허에 떨어지는 것[沈空]이 된다.

▶ 비판: 이것은 (양지의 작용인 명각만을 강조하여) 스스로 그 본체를 잃어버린 이론이다.

위의 네 가지 설은 각각의 내용으로 볼 때 ① 양지견문설良知見聞說, ② 양지당하원성설良知當下圓成說, ③ 양지허적설良知虛寂說, ④ 양지명각설良知明覺說로 볼 수 있다.

왕용계는 이 네 가지 설이 모두 공부와 본체(혹은 체와 용)의 어느 한쪽에 치중하고, 한 측면만을 고집한다고 비판한다.

이어서 「무주의현대회어」에 나타난 여러 가지 양지설을 소개해보

자. 용계는 앞의 「저양회어」에서 지적한 것과 똑같이 여기서도 스승이 양지의 가르침을 편 이후 그 문하에 견해가 분분했음을 말하고, 다음의 여섯 가지 설 각각에 비판을 붙이고 있다.

① 양지는 각조覺照가 아니다. 귀적에 근거할 때 비로소 얻어질 수 있다. 거울이 물건을 비추듯이 밝은 본체가 적연히 있으면서 미추[姸蚩]를 저절로 변별해낸다. 비추는 것에 구애받으면 밝음은 도리어 흐려진다.

▶ 비판: 고요함은 마음의 본체이다. 고요함은 비춤을 용으로 한다. 공허한 앎을 지키며 비춤을 잊는 것은 용에 어긋난다.

② 양지는 현성現成한 것이 아니다. 수증修證에 의해 비로소 완전해진다. 금이 광석 속에 있는 것과 같이 불로 단련하지 않으면 금은 완성되지 않는다.

▶ 비판: 인의仁義의 심은 본래 완전히 갖추어져 있다. 감응의 신묘함[感觸神應]은 배우지 않고서도 능한 것이다. 양지가 수행에 의해 비로소 완전해진다는 것은 그 본체를 변형시키는 것이다.

③ 양지는 이미 발한 것에서 가르침을 세운다. 아직 발하지 않은[未發] 상태가 무지無知라는 뜻은 아니다.

▶ 비판: 양지는 본래 아직 발하지 않은 중[未發之中]이다. 무지이면서 알지 못함이 없다. 양지 이전에 또 미발을 구하는 것은 공허에 떨어지는 견해가 된다.

④ 양지는 본래 무욕이다. 직심直心으로 움직이면 도가 아닌 것이 없다. 욕심을 없애는 수행을 더할 필요는 없다.

▶ 비판: 옛사람이 가르침을 세운 것은 원래 유욕을 위해서 세운 것
이다. 욕을 없애는 것은 바로 무욕의 본체로 돌아가기 위한 것이
며 더할 것이 없는 것이다.

⑤ 배움에는 주재主宰가 있고 유행流行이 있다. 주재는 성을 세우는 것
이다. 유행은 명命을 세우는 것이다. 양지는 체용體用으로 나누어진다.
▶ 비판: 주재는 유행의 체이며 유행은 주재의 용이다. 체용은 일원이
므로[體用一原] 나눌 수가 없다. 나누면 떨어져 나간다.

⑥ 배움은 순서를 귀히 여긴다. 구함에는 본말이 있지만 얻음에는 내
외가 없다. 치지致知로 시종始終을 나눈다.
▶ 비판: 구함은 얻음의 원인이고, 얻음은 구함의 결과이다. 시종일관
하므로 나눌 수가 없다. 나누면 흩어지게 된다.

이것은 앞의 「저양회어」의 분류와는 약간의 차이가 있다.

오카다의 분류를 따른다면 「무주의현대회어」의 내용은 ① 귀적설,
② 수증설, ③ 이발설, ④ 현성설, ⑤ 체용설, ⑥ 시종설로 볼 수 있
다. 다만 오카다의 견해 가운데서 현성설은 내용상 '무욕설無欲說'
로 바꾸는 것이 좋을 것 같다.

결론적으로 「저양회어」와 「무주의현대회어」를 짝짓게 되면 양지당
하원성설＝현성설, 양지허적설＝귀적설의 관계가 성립하고 전자는 좌
파, 후자는 우파에 해당할 것이다. 그리고 수증설은 이 둘을 절충하는
이른바 절충파에 해당할 것이다(좌파＝현성파, 우파＝귀적파, 절충파
＝수증파). 보다 많은 구체적 논의가 진행되어야 하겠지만 일단 좌파·
우파·절충파라는 세 축으로 양명학파를 분류하면 무난할 것 같다.

4) 주요인물의 생애와 주요사상, 저서

(1) 양명의 스승과 친구

① 누량(婁諒, 1422~1491)

양명의 첫 번째 스승인 누량(婁諒)의 자(子)는 극정(克貞)이고 호는 일재(一齋)로 광신(廣信) 상요(上饒) 사람이다. 양명은 18세 때 처음 일재를 뵙고 그를 따라 배웠으나 당시의 학풍(學風)은 격물(格物)을 위주로 하였기 때문에 이 배움은 훗날 양명 자신이 완성한 양지학과는 그리 상간(相干)되지 않았다. 다만 '성인은 반드시 배워서 이를 수 있다'는 일재의 말은 양명이 자신의 치양지교를 완성하는 데 많은 정신적 위안을 주었다. 일재(一齋)는 어릴 적부터 성인이 되는 배움(學)에 뜻을 두고 사방으로 스승을 구하다가 임천(臨川)에 오강재(吳康齋)가 있음을 알고 그를 찾아가 배웠다. 22세에 향시에 합격하고 성도훈도(成都訓導)가 되었으나, 곧 그만두고 돌아와 저서를 짓고 후학을 가르침에 힘썼다. 저서로는 『성일록(成日錄)』40권과 『삼례정와(三禮訂訛)』가 있으며, 일재의 학문 요지는 '방심을 잘 수습하는 것(收放心)'을 거경(居敬)하는 문(門)으로 삼고, '하사하려(何事何慮)'하고 '물망물조(勿忘勿助)'하는 것을 거경(居敬)의 요지로 삼았다는 데 있다.

② 진헌장(陳憲章, 1428~1500)

진헌장의 자는 공보(公甫)이고 호는 석재(石齋), 백사(白沙)로 신회(新會)사람이며 양명의 스승이다. 22세 때 회시(會試)에 합격한 뒤 국자감에 들어갔고 그 뒤 오강재(吳康齋)에게 배웠다. 귀가한 후로는 과거에 뜻을 버리고 양춘대(陽春臺)를 지어 그 가운데 정좌(靜坐)하면서 수년간 집 밖 출입을 하지 않았다. 그러나 집안이 어려워지자 다시 경사(京師)로 나아갔고 이로 인해 문인(門人)들이 더욱 많아졌다. 만력(萬曆) 초에 공묘(孔廟)에 종사(從祀)되었다.

백사(白沙)의 학은 '치허(致虛)로서 근본(本)을 세우고', '정좌(靜坐)로서 공부하는(用力) 방법'으로 삼았는데, 이것은 마음을 허령(虛靈)하게 하여 누(累)를 끼침이 없게 함으로써 심체(心體)를 드러내고, 일상의 모든 행동(日用酬酢)도 자연스럽게 이루어지도록 하려는 것이다. 또 백사는 '심(心)과 리(理)'를 중시하고 '성즉리(性卽理)'를 말하지 않았으며, 아울러 양지양능(良知良能)을 자각(自覺)함을 중시하고 치지격물(致知格物)을 말하지 않았다. 이렇게 백사의 학(學)은 정좌(靜坐)함으로써 마음의 심체(心體)를 함양(涵養)하고 본심(本心)을 자각(自覺)함으로써 일상생활의 실천으로 삼았는데, 백사의 이러한 '마음(心)과 자각(自覺)을 언급함을 중시하는 것'은 뒤에 양명(陽明)이 자신의 치양지교(致良知敎)를 완성하는 데 도움이 되었다. 저서로는 『白沙子全集』이 있다.

③ 담약수(湛若水, 1476~1560)

담약수의 자는 원명(元明)이고 호는 감천(甘泉)이며 광동(廣東) 증성(增城)사람으로 양명의 친구이다. 감천은 백사(白沙)에게 배웠으며 나이 30세에 진사(進士)하고 편수(編修)로 뽑혔는데, 이때 양명이 이부(吏部)에서 강학하였으므로 여중목(呂仲木)과 더불어 양명과 화목하게 지냈다. 가정(嘉靖) 초에 시독(侍讀)이 되고 남경국자제주(南京 國子祭酒)로 옮겨 심성도설(心性圖說)을 짓고 선비들을 가르쳤으며, 남경이예병삼부상서(南京吏禮兵三部尙書)를 끝으로 관직을 사퇴하였 는데 평생 자신의 족적이 이른 곳에는 반드시 서원을 건립하여 백사 (白沙)를 종사(從祀)하였다. 가정 39년에 95세의 나이로 별세하였으 며 저서로는 『心性圖說』, 『語錄』, 「求放心篇」 등을 묶은 『천옹대전집 (泉翁大全集)』이 있다.

감천의 학문은 '어느 곳에서나 천리(天理)를 체인(體認)하는 것'을 종지(宗旨)로 삼았다. 성(性)은 천지만물(天地萬物)의 본체를 말한 것이고, 심(心)은 이 본체의 주체를 말한 것이라 하여 심성(心性)은 둘이 아닌 하나이며, '심체(心體)는 곧 성체(性體)'이다. 또 이 성체 (性體)가 천지만물의 초월 근거가 되는 것을 일러 천리(天理)라 하 였다. 심성(心性)은 하나이므로 사람들의 초심(初心), 진심(盡心)이 곧 천리(天理)이며, 이 천리를 체인하는 공부는 계신공구(戒愼恐懼) 함에 있다고 하였다. 따라서 감천은 사람들이 수시로 초심(初心)을 확충하고 함양(涵養)하면 천리는 항상 우리들의 마음에 있게 되고, 또 온 마음속에 천리가 유행하게 된다고 하였다. 이렇게 보면, 감천 (甘泉)의 이른바 '어느 곳에서나 천리(天理)를 체인(體認)하는 것'과 양명의 치양지(致良知)는 비록 그 방법에 있어서는 비록 서로 다르 지만, 이 사람은 모두 성현이 되는 길을 모색하고 있다는 점에서 공 통된 성격도 가진다.

<표 5) 王陽明의 師友52)

婁　諒 (1422～1491) - -(師) ⇧ 陳獻章(1428～1500) - -(師) ⇦ 王陽明 ⇨ 湛若水(1467～1560) - -(友) **(1472～1528)**

(2) 왕양명

[그림 1] 王陽明像53)

---

52) 본 표 5)는 王陽明의 사우(師友) 관계를 도표로 정리한 것이다.
53) 유명종, 『왕양명과 양명학』(화성, 청계출판사, 2002), [그림2]王陽明象
　　(머리말 앞)에서 그림을 스캔한 것임.

① 왕수인(王守人, 1472~1528)

절강성 여요(餘姚)사람으로 자(字)는 백안(伯安)이며 자호(自號)는 양명자(陽明子)로 학자들은 그를 양명 선생이라 불렀으며 명대(明代) 철학의 대표인물이다. 명(明) 헌종(憲宗) 성화(成化) 8년(1472년)에 절강성 여요(餘姚)에서 출생하여 18세 때 누일재(婁一齋, 婁諒)를 만나 성학(聖學)에 뜻을 두었고, 28세에는 회시(會試)에 합격하여 형부 주사(刑部主事)에 임명되었으며 34세 되던 1504년에는 담감천(湛甘泉)과 친교를 맺었다.

명(明) 정덕(正德) 원년(元年)인 1506년, 환관 유근(劉勤)으로 인해 투옥되고 마침내 용장(龍場)의 역승(驛丞)으로 좌천되어 이듬해인 1508년(37세) 용장에 도착하였는데 이곳에서 양명은 격물치지(格物致知)와 심즉리(心卽理)의 이치를 깨달았다(龍場悟道). 또 다음 해에는 석원산(席元山)에게 지행합일설(知行合一說)을 논하고, 귀양서원(貴陽書院)에서 강학(講學)하였으며, 유근이 주살(誅殺)된 후에는 다시 남경으로 돌아와 42세 되던 1513년에 존천리거인욕(存天理去人欲), 사상마련(事上磨鍊)을 주장하였다. 1518년(47세)에는 『고본대학(古本大學)』, 『주자만년정론(朱子晚年定說)』, 『전습록(傳習錄, 卷上)』을 간행하였고, 2년 후인 1520년(49세)에는 치양지설(致良知說)을 제창(提唱)하였다. 치양지에 대한 양명의 가르침은 후학들에게 사상적으로 큰 영향을 끼쳤으며 이로 말미암아 절중(浙中), 강우(江右), 태주파(泰州派)등 여러 왕문의 학파들이 출현하게 되었다.

양명의 저서로는 후학들이 편집한 『왕문성공전서(王文成公全書)』가 있으며, 그중에서도 전습록(傳習錄)과 대학문(大學問)은 왕양명의 사상을 가장 잘 드러낸 중요한 저작이다.

② 왕양명 가계약도(王陽明 家系略圖)

○ [왕람(王覽)]－－三傳－－[왕희지(王羲之)]－－23世－－[왕수(王壽)]－－5世－－

－－[왕강(王鋼)]－－[왕언달(王彦達)]－－[왕여준(王與準)]－－[왕세걸(王世傑)]－－
(山陰으로 옮김)

－－**[왕천서(王天敍)]**－－－**[왕 화(王華)]**－－－**[왕수인(王守仁)]**
(餘姚로 옮김: 祖父)　　　(父, 龍山公)

※ **왕람**(王覽)－－－37世－－－**왕양명**(王陽明)
진광록대부
(晉光綠大夫)

[그림 2] 王守仁像[54)]

[그림 3] 餘姚 龍泉寺 王守仁 講學處[55)]

---

54) 유명종, 『왕양명과 양명학』(화성, 청계출판사, 2002), [그림2]王守仁象에
　　서 스캔하여 재인용한 것임.
55) 위와 같은 책, p.206에서 스캔하여 재인용한 것임.

(3) 양명 연보초록(王陽明 年譜抄錄)

(표 6)[56]

연도 (연호)	나이	주요사항
1472(成化 8년)	1세	浙江 餘姚에서 출생
1489(弘治 원년)	18세	婁一齋를 만나 聖學에 전념
1492(弘治 5년)	21세	鄕試합격
1499(弘治 12년)	28세	會試합격, 觀政工部에 임관
1504(弘治 17년)	33세	山東鄕試 고시관이 됨
1505(弘治 18년)	34세	湛甘泉과 친교를 맺음
1506(正德 원년)	35세	武宗 즉위, 劉瑾에 의해 하옥, 龍場 좌천
1508(正德 3년)	37세	봄 龍場도착, 格物致知와 心卽理를 깨침
1509(正德 4년)	38세	席元山에게 知行合一을 논함, 貴陽書院에서 강학
1510(正德 5년)	39세	劉瑾 誅殺, 양명 귀양에서 풀려 돌아옴
1513(正德 8년)	42세	存天理去人欲, 事上磨鍊을 주장
1518(正德 13년)	47세	「古本大學」, 「朱子晚年定說」, 「傳習錄－上」간행, 徐愛 사망
1519(正德 14년)	48세	寧王(영왕) 宸濠(신호) 반란
1520(正德 15년)	49세	致良知說 주장
1522(嘉靖 원년)	51세	世宗즉위, 龍山公 사망
1523(嘉靖 2년)	52세	陽明의 心學이 배격당함
1525(嘉靖 4년)	54세	顧東橋에게 拔本塞源論 설명
1527(嘉靖6년)	56세	廣西의 田恩, 田州 정벌
1528(嘉靖7년)	57세	思・田 평정 후 歸家 도중 南安에서 사망

---

56) 유명종, 『왕양명과 양명학』(화성, 청계출판사, 2002), p.74의 내용을 일
부 생략하고 정리하여 인용한 것임.

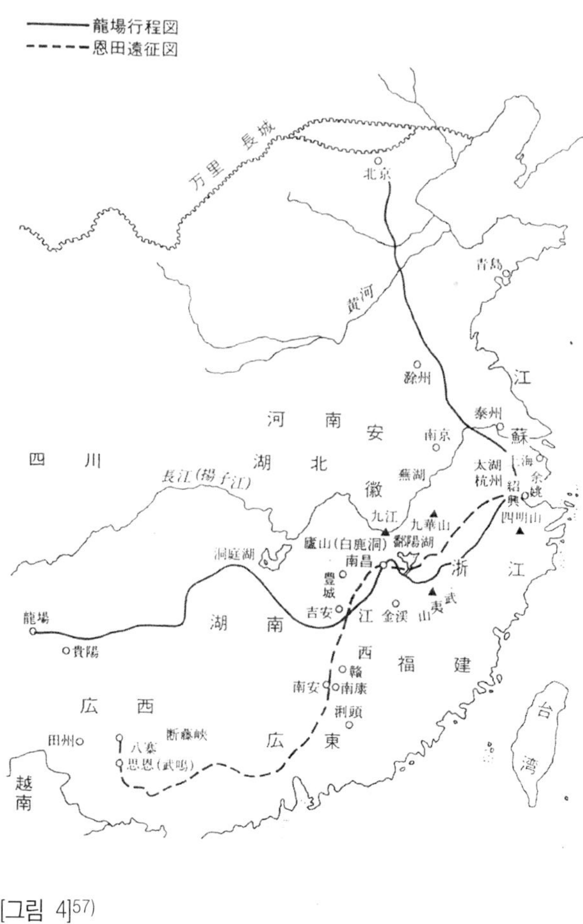

[그림 4]57)

---

57) 유명종, 『왕양명과 양명학』(화성, 청계출판사, 2002), p.76 [그림4]를 스
캔하여 재인용한 것임. 이 그림은 왕양명의 강학 및 활동지역과 왕문 7
개 학파 제자들의 출신지역 등을 살펴볼 수 있는 좋은 그림 자료이다.

5) 왕문후학(王門後學)

① 절중 왕문학파(浙中王門學派)

㉠ 서애(徐愛, 1487~1517)

서애의 자는 인(仁)이고 호는 횡산(橫山)이며 여요(餘姚)의 마언(馬堰) 사람이다. 명나라 헌종(憲宗) 성화(成化) 23년에 태어나 22세에 벼슬하여 남경병부원외랑(南京兵部員外郎), 남경공부랑중(南京工部郎中)이 되었으나 30세에 고향으로 돌아와 어버이를 모시다 그 다음해인 무종(武宗) 정덕(正德)12년에 세상을 떠나니 이때 그의 나이가 겨우 31세였다. 저서로는 『橫山遺集』이 있다.

서애는 양명의 매서(妹婿)로서 수많은 양명의 제자 중에서 가장 먼저 양명에게 제자의 예(禮)를 올렸고, 훗날 남중(南中)에서 양명과 함께 근무하면서도 밤낮으로 양명을 스승으로 극진히 모셨다. 그러기에 양명은 일찍이 서애를 자신의 안연(顔淵)으로 여겼으며 그의 사후 여러 강석(講席)에서 지난날 자신이 서애와 주고받았던 문답을 떠올리며 아쉬워하였다. 서애가 처음 양명의 가르침을 접했을 때는 양명의 가르침이 선유(先儒)들과는 서로 다른 점을 발견하고 양명학을 쉽게 받아들일 수 없었으나 차츰 양명의 학에 익숙해지고 몸소 실천함을 통해서, 비로소 공문(孔門)의 적전(嫡傳)이 바로 양명학에 있음을 믿게 되었으며, 이후 사문(師門)에 대한 뜻을 더욱 돈독히 하고(篤志) 그 학문을 좋아하여(好學) 스승의 뜻을 더욱 계발(啓發)시키고 이를 이해해 나갔다. 따라서 황종희(黃宗羲)는 서애의 이러한 독지호학(篤志好學)의 정신을 진학(進學)의 모범으로 보아 절강 왕문(浙江王門)의 가장 앞에 그를 배열함으로써 양명학 내에서의 횡산(橫山)의 위치와 중요성을 강조하였다.

ⓛ 전덕홍(錢德洪, 1497~1574)

전덕홍은 명(明) 효종 洪治10년(1497년) 절강성 여요(餘姚)에서 출생하였으며, 자(子)는 홍보(洪甫), 호(號)는 서산(緖山)이다. 25세 때, 마침 신호의 난을 평정하고 월(越)로 돌아가던 양명을 따라가 치양지교(致良知敎)의 원숙한 학문 경지를 배우고 체험하게 된다. 그 뒤 전서산은 양명이 양지(良知)를 종지(宗旨)로 삼아 문인들에게 제시했던 사구교(四句敎)에 대해, 사유(四有)를 정본(定本)으로 삼음이 스승인 양명의 뜻을 올바르게 이은(師承) 것으로 보고 왕용계의 사무설(四無說)에 반대하고 그와 대립하였으나, 이 논쟁은 뒤에 양명에 의해 하나로 회통(會通)되었다(天泉證道). 전덕홍은 '위선거악(爲善去惡)이 격물(格物)'이라는 구절로부터 사구교(四句敎)를 해석하기 시작했으며, 또 의(意)가 발동되는 곳에서 선악(善惡)이 형성된다고 보았다. 따라서 물(物)은 의(意)가 존재하는 것을 말한 것이므로, 공부(工夫)는 반드시 의(意)를 성실히 하는 성의공부(誠意工夫)를 주로 할 것을 주장하였다. 따라서 그는 사유(四有)를 중시하고 성의(誠意)의 학문을 주장했다고 요약할 수 있다.

전서산은 39세 이후 국자감승(國子監丞)과 형부호광사주사(刑部湖廣司主事) 등의 관직을 지내기도 했으나 오래지 않아 금의(錦衣)에 의해 투옥되었고, 출옥 후의 30여 년 동안 그는 재야에서 강학(講學)을 통한 학문연구에만 힘쓰다가 만력(萬曆) 경술(庚, 1574년) 10

월에 세상을 떠나니 이때 그의 나이가 79세였다. 특별히 남겨진 그의 저술은 없으나 『王龍溪先生全集』권20 속의 王畿撰, 「緖山錢君行狀」과 『明儒學案』, 卷11「浙中學案1」, <錢緖山傳>에서 간략히 전덕홍에 관한 행적과 그의 학문 세계를 엿볼 수 있다.

ⓒ 왕기(王畿, 1498∼1583)

왕기의 자(字)는 여중(汝中)이며 절강성 산음(山陰)사람이다. 별호(別號)는 용계(龍溪)였는데 이로 인해 학자들은 그를 용계 선생이라 불렀다. 효종(孝宗) 홍치(洪治) 11년(1498년)에 태어나 신종(神宗) 만력(萬曆) 11년(1583년)에 세상을 떠났으며 86년의 삶을 살았다.

왕기는 양명의 사구교(四句敎)에 대해 사무(四無)를 주장하였는데, 그에 의하면 무(無)는 심체(心體)의 무선무악한 경지(境地)로 일체의 작위(作爲)나 집념(執念)이 배제되어 있는 화경(化境)이며, 그러기에 여기에서 모든 것은 자연유행(自然流行)하게 된다고 하였다. 또 양지심체(良知心體)는 선천적으로 우리들 앞에 현성(現成)되어 있는 것이고 명각(明覺)에 의해 드러나므로, 현성양지의 본래 면모를 드러내려는 노력은 반드시 선천정심공부(先天正心工夫)로 귀결된다고 보았다. 따라서 그가 주장한 선천정심(先天正心) 공부는 선천적인 심체(心體)에서 출발하고 무(無)에 근거를 두면서, 양지심체(良知心體)를 잘 보전하여 천기(天機)가 항상 자연스럽게 유행되도록 함에 그 중점이 있었으므로, 공부(工夫)는 자연스럽게 '본체가 바로 공부(卽本體卽工夫)'인 돈오(頓悟)로 나아가게 되었다.

한편, 왕기는 양명학의 정통을 계승했다고 자처한 전덕홍의 학통과는 달리 인간의 욕망을 긍정하고 형식화한 유교 규율을 부정하는 왕학

좌파(王學左派)의 길을 열었으며, 현실의 인간을 있는 그대로 긍정하는 현성양지설(現成良知說)을 내세워 마음의 본래모습은 무선무악(無善無惡)이기 때문에 그것으로 인한 모든 인간의 행위도 무선무악이라고 주장하였다. 저서로는 『왕용계선생전집(王龍溪先生全集)』(1588년)이 있다.

ⓔ 계본(季本, 1485~1563)

계본의 자는 명덕(明德)이며 호는 팽산(彭山)으로 명나라 헌종 성화(成化) 21년(1485년) 지금의 절강성 소흥(紹興)지방인 월(越)의 회계(會稽)에서 태어났다. 어릴 적에는 먼저 왕사여(王司輿－文轅문원)를 스승으로 삼아 배웠으나 뒤에는 왕양명에게 배웠다. 팽산의 학은 한마디로 양지심체가 가지는 '주재(主宰)의 의미를 귀하게 여기고 자연(自然)의 뜻을 싫어하는 것(貴主宰而惡自然)'이다. 즉 그는 심체(心體)의 주재(主宰)와 자연(自然)의 뜻을 이(理)와 기(氣), 그리고 양(陽)과 음(陰)으로서 나누어 말하였다. 즉 이(理)와 양(陽)은 주재(主宰)이며, 기(氣)와 음(陰)은 자연(自然)이라는 것이다. 따라서 자연은 이(理)를 따르는 이름이고, 또 '이(理)가 따를 수 있게 되는 것은 척약(惕若)을 주재(主宰)함에 있다'고 하였다. 다시 말하면, '두려워하고 삼가 함(惕若)'이란 바로 '이(理)가 두려워하고 삼가는 것'이며 이것이 곧 자연(自然)의 주재(主宰)라고 하였다. 그러므로 자연(自然)은 '주재(主宰) 중의 자연(自然)'이며, 마땅히 주재(主宰)를 위주로 한다고 하였다. 이것은 팽산이 왕기(용계)가 양지심체의 자연의 뜻을 강조한 것에 대해 양지심체란 자연(自然)이 아닌 오히려 주재(主宰)의 뜻임을 강조한 것이다.

계본(季本)은 33세에 급제하여 여러 관직을 두루 거치고, 그 벼슬이 장사지부(長沙知府)에 이르렀으나 이를 버리고 고향으로 돌아가 치군유용(致君有用)의 학문에만 전념하다 명나라 가정(嘉靖) 42년(1563년)에 세상을 떠나니 이때 그의 나이가 79세였다. 계본의 저서로 현재 단행본으로 남겨진 것은 없고 다만 황종희(黃宗羲)의『명유학안(明儒學案)』권13, 절중학안(浙中學案)三, 계본전(季本傳)에 그의 사상이 간략히 서술되어 있다.

② 강우 왕문학파(江右王門學派)

㉠ 추수익(鄒守益, 1491~1562)

추수익의 자(字)는 겸지(謙之)이고 호(號)는 동곽(東廓)이며 강서성 안복(安福)사람이다. 명나라 효종 홍치(洪治) 4년에 태어났으며, 9세 때 이미 나흠순(羅欽順)이 그를 기특한 아이라 여겼다 한다. 동곽는 21세 때 회시(會試)와 정시(廷試)를 거쳐 벼슬길에 나갔으며, 29세에 양명을 경대(虔臺: 강서성 길안)에서 만나 서로 여러 날을 담학(談學)하던 중 홀연히 격치(格致)가 바로 신독(愼獨)임을 깨닫고 양명에게 제자의 예(禮)를 올리게 된다. 추수익의 학(學)은 '양지를 종지(宗旨)로 삼고 경(敬)으로써 근본을 삼았는데(以良知爲宗, 以敬爲本)' 이는 스승인 양명의 양지 본의(本義)를 잃지 않은 것이다. 즉 수익은 양지가 동상(動相)과 정상(靜相)을 드러내지 않으므로 동과 정으로 나눌 수 없다 하였고, 또 양지는 스스로 그 주재(主宰) 작용을 드러내며 스스로 옳고 그름을 알기 때문에(知是知非) 천연(天然)한 일정(一定) 법칙이 있다 하였는데, 이것은 양명의 '양지가 곧 천리

(良知卽天理)라는 의미를 벗어나지 않은 것이다. 추수익은 또한 계구(戒懼)가 양지를 지키는 기본공부라 하여 경(敬)으로서 자신을 닦는 수양을 말함으로써 양명이 주장한 치양지 공부를 느끼고 체득(體得)하려고 하였다. 이렇게 추수익은 양명에게 제자의 예(禮)를 올리고 그 문하에서 배운 이후 평생 양명의 치양지학(致良知學)을 잘 이해하고 이를 실행함에 어긋남이 없었다.

동곽은 출사(出仕) 후 남경국자감제주(南京國子監祭酒) 등 여러 관직을 두루 거치고 明나라 세종 가정(嘉靖) 41년에 세상을 떠났는데 이때 그의 나이는 72살이었다. 현존하는 저서로는 『동곽선생문집(東廓先生文集)』이 있다.

ⓒ 구양덕(歐陽德, 1496~1554)

구양덕의 자는 숭일(崇一)이며 호는 남야(南野)로 강서성(江西省) 태화(泰和) 사람이다. 28세 때 관직에 나아간 후 용진서원(龍津書院)을 만들어 학문을 논하고 정부우(丁父憂), 추수익(鄒守益), 섭표(聶豹), 나홍선(羅洪先) 등과 만나 서로 학문을 강론하기를 즐겼으며, 특히 훗날 서계(徐階), 섭표, 정문덕(程文德) 등과 함께 영제궁(靈濟宮)에 모여 양지의 학을 논할 때에는 사방에서 모여든 사람들이 천여 명에 달하여 數 百年 이래 볼 수 없을 정도의 성황을 이루었다. 남야(南野)는 기품이 온순하고 순수했으며, 또 실천을 중시하고 공허한 이야기(虛談)를 즐겨하지 않았으며 일생 동안 학문을 강론하는 것으로 자신의 소임을 삼았다. 따라서 그를 따르는 학자들은 모두 양명의 치양지설(致良知說)을 욀 수 있을 정도였으며 당시 천하의 반은 모두 남야의 문인이라 할 정도로 일생 동안 양명학의 전파에 노력한 학자였다.

학문적으로 구양덕은 왕양명의 덕성(德性)과 견문(見聞)의 지(知)에 대한 견해, 즉 '양지는 견문으로 인해 있는 것이 아니고, 견문도 양지의 작용이 아닌 것이 없다'는 주장에 대해서, '즉용견체(卽用見體)'의 방법으로 양지(良知)의 작용에 견문의 지(知)를 묶어 지행합일의 관점으로 자신의 견해를 주장하였으나, 다른 한편으로는 '내 마음은 배우지 않고도 능하고, 사려하지 않아도 아는 본체로서 견문의 지식과 혼돈될 수 없다'라 함으로써 양명의 가르침을 벗어나지 않은 올바른 이해도 가지고 있었다. 또한 남야는 나흠순(羅欽順)이 양지를 지각(知覺)으로 보는 관점에 반대하고, 지각과 양지는 같은 이름의 서로 다른 실체임을 주장함으로써 나정암과 사이에 상호간 열띤 논쟁을 벌인 바 있다. 남야는 명(明) 가정(嘉靖) 33년 59세의 나이로 세상을 떠났으며, 현존하는 저서로는 『남야구양선생집(南野歐陽先生集)』이 있다.

ⓒ 나흠순(羅欽順, 1465~1547)

나흠순의 호는 정암(整庵)이며 강서성(江西省) 태화(太和)사람이다. 명나라 헌종(憲宗) 성화(成化) 원년(1465년)에 태어나 29세에 정시(庭試)에 합격하고 한림원 편수가 되었으며 그 후 비교적 순탄한 관리생활을 하였으나, 부친의 죽음과 더불어 벼슬을 버리고 만년에는 고향에 기거하면서 독서궁리(讀書窮理)와 저술에만 몰두하다 명나라 세종 가정(嘉靖) 26년(1547년)에 나이 83세의 일기로 세상을 떠났다.

정암(整菴)은 리일분수(理一分殊)의 철학을 바탕으로 양명학을 비판함으로써 이학(理學)적 측면을 강화하였는데, 그에 의하면 이(理)

는 기(氣)를 떠나 있지 않고, 리일(理一)은 분수(分殊)를 떠나 있지 않음으로, 리일(理一)을 체득(體得)하기 위해서는 반드시 분수(分殊)에 대한 앎을 점진적으로 축적하는 격물궁리(格物窮理)의 공부를 거쳐야 한다고 하였다. 다시 말하면, 정암은 격물궁리(格物窮理)의 외형적 공부를 통해서 양명학에서 내향적 공부의 심화로 인해 발생되는 체(體)와 용(用)의 혼돈을 극복하려 하였다. 또한 양명학이 마음(心)만을 논하고 형이상(形而上)의 실체인 성리(性理)에 대해서 전혀 알지 못한다고 비판하면서 왕양명, 담약수(湛若水), 구양덕 등과 논변을 주고받았으며, 나아가 정암은 자신의 저서인 『困知記』에서는 '양지를 지각(知覺)의 작용에 불과하다'고 하여 '지각과 양지는 같은 이름의 다른 실체'라는 구양덕(歐陽德)과 논쟁하였다. 현존하는 저서로는 『困知記』6권이 있다.

　㉣ 진구천(陳九川, 1494~1562)

　진구천의 자는 유준(惟濬)이고 호는 죽정(竹亭)이며 강서(江西) 임천(臨川) 사람인데, 후에 명수산(明水山)에 살게 되면서 호를 명수(明水)로 바꾸었다. 죽정은 명나라 효종 홍치(弘治) 7년(1494년)에 태어나 21세 때 진사(進士)하고 태상박사(太常博士)가 되었다. 그 후 여러 명산(名山) 등을 주류(主流)하면서 강학(講學)하고 이르지 않은 곳이 없었으며, 만년에는 비록 들을 수 없었으나 학문함을 게을리 하지 않았다.

　명나라 무종(武宗) 정덕(正德) 10년, 진구천은 나이 22세 때 처음 용강(龍江)으로 왕양명을 찾아가 뵈었으며, 양명과 담약수(湛若水)가 서로 논했던 격물설(格物說)에 관해 듣고는 담약수의 구설(舊說)을 몹시 좋아하였다. 특히 담약수가 왕양명과 함께 논한 진심(盡心) 1장에 이르러서는 마침내 죽정은 자신의 마음속에 품고 있던 의혹을 버리게 되었다 한다. 죽정은 그 뒤 산속에서 생활을 하면서 몸소 대학구본(大學舊本)을 필사해 그것을 읽은 후, 주자의 격물설이 잘못되었음을 깨달았으나 양명이 논한 '의(意)가 있는 곳에서의 물(物)'에서의 물(物)의 뜻과 '격물치지의 공(功)'에 대한 의미를 잘 이해하지 못했다. 따라서 구천은 스스로 세 번의 공부에 있어 변화를 겪으면서, 마침내 양지(良知)와 격물치지(格物致知)의 공(功)을 체오(體悟)하게 되었다. 구천(九川)은 명나라 세종(世宗) 가정(嘉靖)41년에 세상을 떠났는데, 이때 그의 나이는 69세였으며, 현존하는 저서로는『陳明水先生集』이 있다.

　ⓜ 섭표(聶豹, 1487~1563)

　섭표의 자는 문울(文蔚)이며, 호는 쌍강(雙江)으로 강서성 영풍(永豐) 사람이다. 명나라 헌종 성화(成化) 23년에 태어나 31세에 진사가 되었고, 34세 때는 학교를 일으키고 인재를 기르는 일에도 힘썼으나, 40세에야 비로소 월(越)지방으로 가서 양명을 뵙고 '성인(聖人)이 됨은 실현 가능하다는 것'을 깨닫게 된다. 그러나 53세 이후에 섭쌍강은 양지의 체(體)를 허적(虛寂)으로 귀결시킴으로써(致虛) 왕양명의 가르침과는 서로 다른 견해를 주장하게 된다. 즉 쌍강은 '양지심체(良知心體)가 미발(未發)의 중(中)이므로 이를 잘 지켜서 잃어버리지 않아야만 천리(天理)의 이치(理)를 잘 드러낼 수 있다'고 하였고, 또 당시의 학자들이 현성양지(現成良知)에 대해 언급하기를 즐겨하고 공부(工夫)에 대해서는 오히려 꺼려한다고 보고 이에 '양지를 이발(已發

의 明覺)과 미발(未發의 寂體)로 나누고 미발적체(未發寂體)의 양지를 중시'함으로써, 즉 '미발의 적체(寂體)가 이발(已發)의 명각(明覺)을 주재(主宰)한다'고 주장함으로써 주정귀적(主靜歸寂)을 주장하였다. 따라서 섭표는 주정귀적(主靜歸寂)이 치지(致知)의 유일한 공부이며, 이것 이외의 다른 공부란 있을 수 없다고 단정함으로써, 이후 왕기(왕용계)와 치지(致知)에 관한 논변(論辨)을 시작하게 된다. 행장(行狀)에 의하면, 쌍강(雙江)은 명(明) 세종(世宗) 가정(嘉靖) 42년에 77세의 나이로 세상을 떠났으며, 현재 남겨진 그의 저서로는 『雙江聶先生文集』이 있다.

ⓑ 나홍선(羅洪先, 1504~1564)

나홍선의 자는 달부(達夫)이며, 호는 념암(念菴)으로 길수(吉水) 사람이다. 명나라 효종 홍치(洪治) 17년에 태어났으며 본래 예장(豫章)사람이나 선대(先代)에 3번 이사하여 길수 사람이 되었다. 26세에 진사(進士)하여 여러 관직을 두루 거친 다음, 55세 때 그 직위가 병부주사(兵部主事)에 이르렀다. 念菴의 학(學)은 섭표(聶豹)와 마찬가지로 양지(良知)를 이발(已發)과 미발(未發)로 양분하고 이를 토대로 주정귀적(主靜歸寂)을 주장함에 있다. 또 양지의 지(知)는 단지 지각(知覺)이며, 이 지각에는 양(良)과 불량(不良)이 있으므로 반드시 '그 양(良)됨을 구해서 주재(主宰)로 삼아야 한다'고 주장하였고, 또 치지(致知)는 고요함(寂)을 구하는 것(求寂), 즉 고요함(寂)으로 되돌아가는 것(歸寂)이라 하였다. 이런 까닭에 念庵은 항상 밝은(常明) 지(知)를 '고요하면서도 은밀함으로 통하는 것(常寂而通微)'이라 보고, 이를 '잘 거두고 통섭하며 보존해야 할(收攝保聚)' 공부로 생각하였다. 기록에 의하면, 나홍선은 61세 때인 명(明)나라 세종(世宗) 가정 (嘉靖) 43년에 세상을 떠났으며, 현재 남겨진 그의 저서로는 『염암 선생문집念菴羅先生文集』이 있다.

　⊗ 황굉강(黃宏綱, 1492~1561)

　황굉강의 자는 정지(正之)이고, 호(號)는 낙촌(洛村)이며 강서성 우 현(雩縣) 사람이다. 명나라 효종 홍치(洪治) 5년에 태어났으며 15세에 향시(鄕試)에 합격하고 건대(虔臺)로 가서 양명에게 배웠다. 이후 그 는 '반구자심(反求自心)'하고 '정밀정진(精密精進)'한 양명의 고제자 (高弟子)로 양명을 대신하여 초학자(初學者)들을 지도하기도 하였으 나, 양명의 가르침에 대해 잘못된 오해를 하기도 하였다. 즉 낙촌은 '의념(意念)의 선(善)이 양지'라고 생각하였는데 이는 왕양명의 치양 지교에 대한 체오(體悟)상의 오해에서 비롯된 것이며, 또한 왕양명의 사구교(四句敎) 중의 '선이 있고 악이 있는 것이 의(意)의 움직임이 다(有善有惡意之動)'라는 구절에 대해서도 잘못된 이해와 체득을 하 였다. 따라서 그는 양지를 단지 지각(知覺)과 의념(意念)으로만 이해 했으며, 사구교(四句敎) 또한 올바른 가르침(定本)이 아니라고 여겼는 데, 이는 양명의 고제(高弟)로서 사문(師問)의 가르침을 오해한 것이 라 할 수 있다.

　『명유학안(明儒學案)』 권19에 있는「황굉강전(黃宏剛傳)」에는 굉강 이 명(明) 세종(世宗) 가정(嘉靖) 40년 5월에 졸(卒)했으며 이때 그 의 나이는 70세였다고 한다.

◎ 유문민(劉文敏, 1493~1572)

유문민의 자는 의충(宜充)이고 호는 양봉(兩峯)이며 강서성(江西省) 안복(安福) 사람이다. 명나라 효종 홍치(洪治) 6년에 태어났으며 어려서부터 자질이 소박하고 성실하였다. 23세 때 종제(從弟)인 유방채(劉邦采)와 함께 공부하면서 천지 사이에 자립(自立)해 있는 까닭을 생각하며 밤마다 잠을 이루지 못하였다 한다. 이때 이미 양명의 전습록을 읽고 그 내용을 좋아하였으나 오직 동정(動靜)을 이해하고 깨닫는 것만은 원만하지 못하여 월(越)에 들어가 양명에게 배움을 청하게 되었다. 유문민은 그의 나이 80세 때, 자신의 학을 '허(虛)로써 종지(宗旨)를 삼는다(以虛爲宗)'고 하였는데, 이때 양봉이 말하는 허(虛)는 비록 지체(知體)를 말하지만 그 중점은 생생(生生)에 있었으며, 단지 양지의 절대성을 드러내려는 것이었다. 그런데 양봉이 '허(虛)로써 종지를 삼는다'고 함은 양명이 '치양지를 종지'로, 또는 '사구교(四句敎)를 종지로 삼은 것'과는 차이가 있었다. 섭표(聶豹), 나홍선(羅洪先)이 귀적(歸寂)을 말한 이후로 많은 후학들이 그들의 견해를 따랐는데 유문민도 그 영향을 깊이 받았으며, 그 결과, 이발(已發)의 치중(致中)이 바로 미발(未發)의 치화(致和)라는 관점에서, 미발로써 이발을 통섭(統攝)한다는 뜻인 '발(發)과 미발(未發)은 본래 두 가지 치지(致知)가 아니다(發與未發本無二致)'는 주장을 하게 되었다.

유양봉(劉兩峯)은 목종(穆宗) 융경(隆慶) 6년 5월에 세상을 떠났으며 이때 그의 나이는 83세였다. 특별히 남겨져 있는 저술은 없으며 『明儒學案(명유학안)』권19, 「유문민전(劉文敏傳)」에 그의 주장에 관한 기록이 약간 남아 있다.

㉒ 유방채(劉邦采, 정확한 생졸연대 미상)

유방채의 자는 군량(君亮)이고 호는 사천(師泉)이며 강서성(江西省) 안복(安福)사람이다. 어릴 적부터 '성인되는 것에 뜻을 두고(希聖爲志)' 과거에 뜻을 두지 않았다. 뒤에 종형(從兄) 문민(文敏)과 함께 월(越)로 가서 양명을 찾아뵙고 제자(弟子)라 칭(稱)하였다. 유방채는 자질이 영민(頴敏)하고 실천함에는 준엄하였다. 세종 가정 7년 가을에 독학(督學) 조연하의 강권에 억지로 향시에 응해 합격하고 수녕교유(壽寧敎諭)가 되었고 뒤에 가흥부동지(嘉興府同知)가 되었으나 관직을 버리고 고향으로 돌아갔다.

사천(師泉)은 양명의 급문(及門) 제자나 특이하게도 그의 심의지물(心意知物)을 대한 견해는 귀적(歸寂)으로 귀결되었다. 치지(致知)의 방법에 있어서도 섭쌍강(聶雙江)과 나염암(羅念菴)이 주장한 바와 같은 귀적(歸寂)으로 나아가 지선지악(知善知惡)의 지(知)를 이발(已發)의 지각(知覺)으로 간주함으로써 의념선악(意念善惡)이 서로 뒤섞여 주재(主宰)함이 되지 못하고, 의지할 수도 없게 되어 반드시 귀적(歸寂)으로 상명상조(常明相照)하여야만 하였다. 따라서 유사천(劉師泉)의 심의지물(心意知物)은 귀적(歸寂)으로써 치지공부(致知工夫)를 삼아 마침내 성의격물(誠意格物)의 공부로 하여금 그것이 가능하게 하는 초월적 근거를 없애버림으로써 양명의 치(양)지와는 다르게 되었다. 또한 사천은 현재양지(見在良知)를 믿지 않고 오성수명(悟性修命)의 공부를 중요하게 여겼다. 즉 그는 성(性)과 명(命)을 먼저 드러내고 이를 오성수명(悟性修命)에 귀결시켰다. 성(性)은 무작위(無作爲), 무성취(無聲臭), 무불용(無不容) 등의 성격으로 오묘함을 이루고 있으므로 이는 단지 깨달을 수 있을 뿐(悟) 닦는다고(修)

말할 수 없다고 하였고, 반면에 명(命)은 '가히 쓰일 수 있는 것, 즉 닦을 수 있는 것이라(修) 생각하여 오성(悟性)이요 수명(修命)이라 하였다. 나아가 사천(師泉)은 상지(常知)가 의념(意念)에 빠지지 않음으로써 체(體)를 세울 수 있다고 하였는데, 이것은 양지의 밝음(明)으로써 체(體)를 세우는 것으로 '양지로써 체를 세우고(立體) 성을 깨닫는(悟性) 것'이며 '항상 움직여서(常運)하여 의념(意念)이 되지 않음'으로써 쓰임에 이르러는(致用) 공부가 될 수 있다고 하여, 체(體)를 세움으로써(立體)로서 쓰임에 이르러는 입체치용(立體致用)을 주장하였다. 유방채의 현존하는 개인 저서는 없으며, 강우학자 중 유일하게 생졸연대(生卒年代)가 분명하지 않은 학자이기도 하다. 따라서 『명유학안(明儒學案)』, 유방채전(劉邦采傳)에는 단지 그의 개략적 사상 개요와 86세에 세상을 떠났다는 기록이 남아 있을 뿐이다.

③ 태주 왕문학파(泰州王門學派)

㉠ 왕간(王艮, 1483~1540)

왕간의 자(字)는 여지(汝止)이고 호(號)는 심재(心齋)이며 태주의 안풍장(安豊場 / 江蘇省 泰縣) 사람이다. 명나라 헌종(憲宗) 성화(成化) 19년에 태어났으며 처음 이름은 은(銀)이었으나 양명이 간(艮)으로 바꾸어 주었다. 38세 때 처음 양명을 만나 감화를 받고 제자의 예를 올렸으며, 양명 사후에(46세) 고향으로 돌아와 '백성들의 일상생활 자체가 곧 도(道)'라고 하여 누구나 쉽게 접할 수 있는 학문과 실천을 설파하였다.

왕간은 양지가 절대유일한 지(知)이며 현재(現在) 되어 있어 이를 알기 위한 어떠한 배려나 사색도 필요하지 않다고 하였으며, 양지천성(良知天性)의 유행도 본래 생동적인 천지조화(天地造化)의 오묘한 작용(妙用)과 같이 자연스러운(自然) 것이므로 이것은 어떠한 인위적인 요소도 가감되어 있지 않는 자연스러운 하늘의 법칙(自然天則)이라 하였다. 심재(心齋)는 또한 이 현성양지와 관련하여 낙(樂)과 학(學)을 논하였는데, 이른바 즐거움(樂)이란 현재(見在)한 양지천리의 자연스런 흐름(流行)을 깨닫고 이를 통해 편안하고 즐거움을(安樂) 自得한 심경을 말하는 것이며, 배움이란 이 즐거움의 경지를 체득하기 위한 생명의 승진(昇進)과정을 의미한다. 즉 학(學)이란 사욕의 속박을 양지(良知)로 자각하고 벗어나 양지심체(良知心體) 본래의 즐거움으로 되돌아가려는 것이므로, 낙(樂)과 학(學)은 상생(相生)과 생성(相成)의 관계를 이룬다. 아울러 심재는 격물(格物)로써 수신(修身)의 가르침을 논한 회남격물(淮南格物)을 주장하였는데 이것은 곧 '자신을 이루고 물을 이루기(成己成物)' 위한 과정으로 설명된다. 즉 격물(格物)의 출발점은 수신(修身)이며, 또 이로부터 추기급인(推己及人), 추기급물(推己及物)하여 자신과 물(物)을 함께 이루어나가는 것이 바로 王艮의 淮南格物論의 요지가 된다.

기록에 의하면, 심재는 58세 때인 명나라 세종 가정(嘉靖) 19년에 세상을 떠났으며 저서로는 『王心齋先生全集』이 있다.

ⓒ 왕벽(王襞, 1511~1587)

왕벽의 자는 종순(宗順)이고, 호는 동애(東崖)로 왕심재(王心齋)의 중자(仲子)이다. 양명의 배려에 따라 용계(龍溪)와 서산(緖山)에게서 20여 년 동안 가르침을 받았으며, 부친인 왕심재가 회남(淮南)에서 강연했을 때(講席) 그를 곁에서 도왔고, 아버지 심재가 별세하자 그 자리를 이어 강학(講學)을 계속하고 여러 군(各郡)을 돌며 교학(敎學)하였다.

왕벽의 학은 왕기가 중시한 현재양지(見在良知)의 가르침을 계승하고, 아울러 부친인 왕간의 평상(平常), 자연(自然), 쇄탈(洒脫), 낙(樂)의 경지(境地)를 채택하여 특수한 풍격(風格)을 형성하였다. 즉 왕벽은 양지(良知) 감응(感應)의 유행(流行)으로 현재양지를 말하고 이를 평상, 자연, 쇄탈, 낙(樂)의 경지라 하였는데, 이것은 수양하고 깨닫는(修悟)의 경계(境界)이면서도, 또한 왕벽(王襞)의 강학 중점이기도 하였다. 왕벽은 77세에 별세하였으며 그에 관해서는 『동애왕선생유집(東崖王先生遺集)』이 전해져 온다.

ⓒ 왕동(王棟, 1503~1581)

왕동의 자는 융길(隆吉)이고 호는 일암(一菴)으로 태주(泰州)의 강언진(姜堰鎭) 사람이다. 왕동이 68세 때 그의 문인인 이정(李梴)과 나눈 여덟 항목의 <誠意問答> 속에 나타나는 의(意)에 대한 관점은 독특한데, 그는 의(意)를 일반적인 의로 보지 않고 '정해진 방향성(定向性)이라는 기능을 부여하였으며, 이 정향성은 전일(專一)함과 서로 연관되어 행위의 내재적 구조를 구성하는 것으로 주의(主意)라 불렀다. 또 의(意)가 마음(心), 즉 양지(良知)를 주재(主宰)한다고 하였으며, 그러므로 '마음의 허령함 가운데는 확실히 주재하는 것이 있는데 이를 일러 의(意)라 한다(自心虛靈之中, 確然有主者, 而名之曰意耳)'라 하였다. 나아가 일암(一菴)은 중용의 신독(愼獨)으로 성의(誠意)를 말하기도 하였는데, 이때 신(愼)을 성(誠)이라 하고 독

(獨)을 의(意)라 하였다. 또 독지(獨知)의 지는 양지를 가리키고, 이것은 의(意)에 의해 주재(主宰)된다고 하였다. 일암(一菴)의 유저(遺著)로는 『역설(易說)』, 『사당기사(祠堂紀事)』, 『왕일암선생유집(王一菴先生遺集)』 등이 있으며, 79세에 세상을 떠났다.

ⓔ 서월(徐樾, 생졸연대 미상未詳)

서월의 자는 자직(子直)이고 호는 파석(波石)이며, 강서성(江西省) 귀계(貴溪) 사람이다. 어릴 적에는 양명에게 사사(師事)했으며 성장한 뒤에는 심재(心齋)에게서 배웠다. 서월은 그 학을 안균(安鈞)에게 전수했는데 이로써 태주학파의 학풍은 크게 변하게 된다.

ⓜ 임춘(林春, 1498~1541)

임춘의 자는 자인(子仁)이고 호는 동성(東城)이며, 양(揚)의 태주(泰州) 사람이다. 집안이 가난하여 어릴 적에 왕간에게 고용되어 일했으나, 심재가 그의 지혜로움을 알아보고 자기 자식과 함께 공부를 시켜 35세에 회시(會試)에 일등으로 합격하고 관직에 나아갔다. 그의 학문(學)은 왕심재와 왕용계에게서 배웠고, 공부를 시작한 이후로부터 죽을 때까지 그는 강론과 학문연구(講學)를 게을리 한 날이 없었으나, 형천(荊川: 당순지唐順之)은 동성(東城)의 학문이 '문제에 집중해 그것을 해결해 내는 방법(膠解凍釋)을 알지 못한다'고 비판하였고, 황종희도 이 형천의 비평을 바탕으로 임춘의 학문이 '태주학파의 본류(本流)에는 들어가지도 못하고 오히려 태주파의 폐단으로 나아갔다'고 하였다. 동성은 44세에 세상을 떠났으며 현존하는 그의 저서는 없다.

ⓑ 안균(安鈞, 생졸연대 미상未詳)

안균의 자는 산농(山農)이며, 길안(吉安) 사람으로 명나라의 가정(嘉靖)과 융경(隆慶) 사이의 학자였다. 황종희(黃宗羲)는 그의 『명유학안』에서 안균이 처음 유사천(劉師泉)을 따라 배웠으나 뒤에는 다시 서파석徐波石(서월徐樾)에게 사사(事師)함으로써 태주학(泰州學)의 전함을 얻었다고 하였다. 안균은 '임자연(任自然)을 근본'으로 삼았는데, 이는 '마음(心)이란 만물에 두루 작용하나 헤아릴 수 없고, 성(性)도 밝은 구슬과 같이 오염되지 않아서 볼 수도 계구(戒懼)할 수도 없으므로, 평상시에 우리는 단지 이 성(性)을 따르기만 하면 된다는 것'이 바로 '자연(自然)에 맡겨 버리는 것(任自然)'이라고 하였고, 또 이렇게 성(性)을 따라 행하고 순수하게 자연에 맡겨버리는 것을 그는 도(道)라 지칭하였다.

ⓒ 조정길(趙貞吉, 1508~1576)

조정길의 자는 맹정(孟靜)이며, 호는 대주(大洲)로 촉(蜀)의 내강(內江) 사람이다. 서월(徐樾)의 제자로 '중(中)'의 뜻을 논한 바 있는데, 이는 스승인 서월이 일찍이 정이천(程伊川)이 정의한 '중(中)'에 불만을 갖고 내린 해석을 서월이 다시 계승한 것이다. 즉 서월과 조정길은 이천이 언급한 중(中)이 '중체(中體)의 중(中)'이 아닌 '어떤 상태를 표시하는 말(狀詞)'이나 '성질을 드러내는(狀性)의 의미'로만 설명된 것임을 지적하고, 이에 중(中)을 중체(中體)로서 이해하고 깨달음으로써 중용의 본래 뜻과 합치되는 이해를 하려 하였다.

대주는 명(明)나라 만력(萬曆) 4년, 나이 69세에 세상을 떠났으며 시호는 문숙(文肅)이다.

◎ 하심은(何心隱, 1517~1579)

하심은의 본명은 양여원(梁汝元)이며 자는 주건(柱乾)이고 호는 부산(夫山)으로 강서성(江西省)의 길주 영풍(吉州永豐) 사람이다. 어릴 적에 생원(生員)이 되었고, 안균(安鈞)에게 배웠는데 이때 그는 왕간(王艮)의 학문에 대한 기본을 이해할 수 있었다 한다. 또 부산(夫山)은 스승인 안산농의 '자연에 맡기고 따른다(任自然)'는 사상을 계승하여 이를 적극 실천하였으며, 나아가 '일이 곧 배움이고, 배움이 바로 일'이라는 정신으로 교육과 경제에 힘써 가족과 제가(齊家)함을 중시하였다(人己一體). 나아가 스승과 친우들을 숭상하고 함께 강론하며 배우기를(講學) 중히 여겼으며, 이러한 광범위한 사우(師友) 관계를 통해 천하에 자신의 이상을 실현하려 하였다. 또한 그는 감성의 의욕(意慾)으로 실제의 재기(才氣)를 부린다는 뜻인 '의(意)로 기(氣)를 부린다(以意使氣)'고 주장하였는데 이를 두고 황종희는 '맨손으로 용과 뱀을 잡으려 하였다(赤手以搏龍蛇)'고 하였다. 그러나 하심은의 사상에서 가장 주목해야 할 것은 그의 인욕에 대한 긍정인데, 그는 욕(欲)이 인간성 본연의 욕구이며, 만족되도록 해야 하는 것이라고 하였다.

부산은 44세 때 장거정(張居正)을 업신여기고 그 다음 해에는 술수로 재상 엄숭(嚴嵩)을 제거하고 보복이 두려워 하심은이라 개명(改名)하고 사방으로 피해 다녔으나, 호광(湖廣)에서 붙잡혀 참살당함으로써 63세의 생애를 마쳤다. 저서로는 『원론원강(原論原講)』1편이 있으나, 오늘날 전해지는 것으로는 『찬동집(爨桐集)』이 있다.

ⓩ 나여방(羅汝芳, 1515~1588)

나여방의 자는 유덕(惟德)이며 호는 근계(近溪)로 강서성(江西省) 남성(南城) 사람이다. 39세에 관직에 나아가 태호지현 탁형부주사(太湖知縣擢刑部主事)를 지냈으며, 강학(講學)으로 그를 따르는 사람들이 매우 많았으나 한 번도 스스로를 스승으로 간주(自居)하지 않았다. 나근계(羅近溪)의 학문은 태주학파의 전통적인 자연(自然), 쇄락(洒落), 낙(樂) 중시의 풍격(風格)을 가지고 있었으며, 광경(光景)을 단절하는 것을 중시하였고, 지체(知體)와 인체(仁體)를 하나로 보고 이로부터 생성변화(生化)와 만물의 일체(萬物一體)를 주장하였다. 또한 적자심(赤子心)을 중시하고 이를 기초로 학문을 전개하였는데, 이 적자심은 인간 시초의 천연(天然)한 양지양능의 마음이며 그 실천이 효제자(孝弟慈)가 된다고 하였다. 나아가 근계는 신독(愼獨)에 대해서는 심체(心體)인 양지에 대한 경외(敬畏), 확충(擴充)이 신독이라 하였다. 다시 말하면, 천(天)의 명명(命名)인 양지(良知)를 자상하게 살피고 조심해 다스리며, 자기의 마음을 수양하고 완성하는 공부가 바로 근계가 말하는 신독(愼獨)이 된다.

태주학파의 전승(傳承) 관계로 볼 때, 근계의 학문은 본래 안산농(顔山農)에서 왔고, 또 산농은 일찍이 왕심재(王心齋)의 문인(門人)인 서파석(徐波石)에게 배웠음으로 근계(近溪)의 학(學)은 왕심재의 학문이 세 번 전해져 내려온 것이고(三傳), 이를 왕양명으로부터 따져보면 네 번째로 그 배움(學)이 전승된 것(四傳)이라 할 수 있다.

나근계는 74세로 세상을 떠났으며 현존하는 그의 저서로는 『우단직전(盱壇直詮)』, 『근계자명도록(近溪子明道錄)』, 『우단나근계선생전집(盱壇羅近溪先生全集)』이 있다.

ⓩ 주여등(朱汝登, 1547~1629)

주여등의 자는 계원(繼元)이며 호는 해문(海門)으로 절강성(浙江省) 승현(嵊縣) 사람이다. 명나라 효종 홍치(弘治) 9년에 태어났으며 18살 때 제생(諸生)이 되었고, 24세 때 왕용계에게 배우면서 양명의 학문에 대해 알게 되었다. 31세 때인 만력(萬曆) 정축축(丁丑年)에 벼슬하여 공부둔전주사(工部屯田主事)를 지냈으며, 백성들의 미풍양속을 위해 향약을 강의하고 '사예도설(四禮圖說)'을 새겨 가르쳤다. 그는 남도강회(南都講會) 때, 허경암(許敬菴)과 양명의 '천천중도(天泉證道)'를 두고 토론하여 허경암의 구체(九諦)에 반대하여 구해(九解)로서 자신의 생각을 주장하였다. 해문(海門)에 의하면, 본체란 유(有)와 무(無)의 일체(一體)이며, 마음(心)도 또한 유무 일체(有無一體)의 사려(思慮)·지식(知識)과 떨어져 있지 않는 마음이어서, 천지(天地)·만사만물(萬事萬物)은 모두 마음속의 사물이라 하였다. 또 천(天), 성(性), 도(道), 교(敎)는 모두 동일한 본체의 서로 다른 이름이며, 본연의 선(善)함을 가진 성(性)은 무선무악(無善無惡)의 지선(至善)한 것이고, 이것이 기질(氣質)이나 물욕(物慾)에 가려졌을 때 그 본연(本然)을 회복한다는 것이 바로 '어린아이의 마음(赤子心)'을 회복하는 것이라 하였다. 나아가 무선무악한 마음(心)과 의(意), 지(知), 물(物)은 일체(一體)이므로 공부(工夫)는 '이러한 무선무악한 선(善)을 드러내는 것'일 뿐이라 하였다. 따라서 해문은 자신이 왕용계의 사무설(四無說)과 왕양명의 사구교(四句敎)를 올바르게 이해하였다고 생각하였다.

해문은 83세의 나이로 세상을 떠났으며 그의 저서로는 『동월증학록(東越證學綠)』이 있다.

㉠ 이지(李贄, 1527~1602)

이지의 본래 성은 임씨(林氏)였고 이름은 재지(載贄)였으나, 과거에 합격한 뒤로 성(姓)을 이씨로 바꾸었다. 그리고 뒤에 다시 목종(穆宗)의 휘(諱)를 피하여 이름을 지(贄)로 고쳤다. 호는 탁오(卓吾) 또는 굉보(宏甫), 온릉거사(溫陵居士)라 불리었으며, 복건성(福建省) 천주부(泉州府) 진강(晉江) 사람이다. 1552년에 과거에 급제한 후 남경국자감박사(南京國子監博士) 등 여러 벼슬을 역임하였으나, 54세 이후 관직을 버리고 호북성(湖北省) 마성(麻城)에 은거하며 저술과 강학(講學)에 힘을 쏟았다. 이탁오는 천리(天理)의 제거와 개체성의 원칙을 부각시키는 동심설(童心說)을 주장하였고, 나아가 하늘이 한 사람을 낳으면 그곳에는 반드시 그 사람의 역할이 있다고 하는(天生人用說)을 통해 한 개체를 이익의 각도에서 개체가치를 인정하고자 하였다. 또한 정감(情感)을 대담하게 드러내고 허위를 꾸미지 않으며, 주체의 본성(本性)을 따라 감으로써 성(性)에 거슬리게 할 필요가 없다고 하였다. 따라서 이탁오는 양명의 양지설을 동심설에 근거하여 확충하고 이를 개조해 나갔음을 알 수 있다.

이탁오는 76세이던 1602년 북경 통주(通州)의 감옥에서 자살함으로써 생을 마쳤으며, 저서로는 『焚書』, 『續焚書』가 있다.

④ 남중 왕문학파(南中王門學派)

㉠ 황성증(黃省曾, ? ~1540)

황성증의 자(字)는 면지(勉之)이고 호는 오악(五岳)이며, 소주(蘇州) 오현(吳縣)사람이다. 6살 때 이미 이아(爾雅)를 해석 통달하였으

며, 명나라 무종(武宗) 정덕(正德) 14년에는 월(越)에 들어가 양명에
게 학문을 묻고 『회계문도록(會稽問道錄)』 10권을 지으니, 동곽(東
廓), 남야(南野), 심재(心齋), 용계(龍溪) 등이 서로 바라만 볼 뿐 그
내용에 반대하지 못했다고 한다. 양명은 오악(五岳)의 필력이 웅장하
고 예리함을 알고 자신의 곁에 두고자 했으나 끝내 뜻을 이루지 못
하였다 한다. 오악은 세종 가정(嘉靖) 10년 춘추(春秋)로 향시(鄕試)
에 일등으로 합격하고 벼슬길에 나아갔으나 곧 늙으신 어머니를 염
려하여 그만두었고, 모친 사후 이듬해에 병으로 세상을 떠났다.

오악(五岳) 학문의 특징은 '정식(情識)을 주(主)로 하고 공부(工夫)
에 힘쓰지 않는다'에 있었으나, 정식(情識)의 유행(流行)만을 쫓음으
로써 양지(良知)가 가지고 있는 본연의 생기(生機)와 자연명각(自然
明覺)의 성격, 그리고 시비판별(是非判別)의 능력 및 주재(主宰)의
의미를 모두 없애 버리게 됨으로써, 자연스럽게 선문(禪門)의 풍격
(風格)에 깊이 빠져버렸다는 비난을 면치 못하였다. 따라서 황종희도
그를 평가하여 '정식(情識)으로써 양지(良知)를 삼음으로써 양명(陽
明)의 뜻을 잃어버렸다'고 혹평하였다. 저서로는 『오악산인집(五嶽山
人集)』이 있다.

ⓒ 주득지(朱得之, 생졸연대 미상未詳)

주득지의 자는 본사(本思)이며 호는 근재(近齋)로, 남직예 정강(南
直隸靖江: 오늘날의 강소성 수강江蘇省 綏江) 사람이다. 양명에게
배웠으나, '예전에 들었던 것(舊聞)과 이목(耳目)으로 보고 들은 것
을 마음에 남겨두지 않고, 저절로 융합되도록 함(自融)으로써 깨닫게
한다'고 주장한 것은, 근재가 양명보다는 오히려 노자(老子)의 '소박

함으로 되돌아가려는(樸歸)’ 생각과 가까웠다고 할 수 있다. 또한 근재는 격물(格物)을 ‘사람들이 원래 지니고 있는 맑고 밝은 마음(淸明心)으로 예전의 견문(舊聞)에 얽매이거나 새로운 견문에 가로막힘이 없도록 하는 것’이라 하였고, 수양공부에 있어서도 ‘사람들로 하여금 청명한 마음(淸明之心)의 경지와 순일(純一)한 지기(志氣)를 잃지 않도록 함’에 있다고 하였다. 이렇게 근재가 격물로부터 언급하고 있는 수양공부는 ‘마음의 맑고 밝음을 회복하여 그 본연의 순박함을 잃지 않고, 사물과 접했을 때는(應事接物) 양지의 묘용(妙用)을 잘 체현(體現)해 내는 것’이었다. 따라서 ‘청명한(淸明) 마음의 순박함을 잃지 않는 것’ 이외에 다른 공부는 그에게 필요가 없었다고 할 수 있다. 현존하는 근재의 저술로는 『參玄三語(참현삼어)』가 있다.

ⓒ 사탁(査鐸, 생졸연대 미상未詳)

사탁의 자는 자경(自警)이며 호는 의재(毅齋)로 영국(寧國)의 경현(涇縣: 오늘날의 안휘성 경현) 사람이다. 명 세종(世宗) 가정(嘉靖) 14년 벼슬에 나아가 신종(神宗) 만력(萬曆)초에 관직이 광서부사(光西副使)에 이르렀으나 질병으로 사직하고 고향으로 돌아와 수서서원(水西書院)을 수선한 후 왕용계(王龍溪)와 전서산(錢緖山)의 학문을 강의하였다. 의재는 용계와 서산에게 배워 그의 학문은 왕양명 치양지교(致良知敎)의 종지(宗旨)를 잘 지켰으며, 특히 양지의 즉적즉감(卽寂卽感)의 성격을 잘 드러내면서 격물(格物)을 논하였다. 즉 의재는 양지진체(良知眞體)의 유행(流行)은 ‘적(寂)이면서도 감(感)이며, 또 감(感)이면서도 적(寂)’인 적감(寂感)이 혼연히 일체가 된 것이라 하고, 그 공부(工夫)로는 ‘적(寂)할 때에 허적(虛寂)을 잘 보임(保任)

함으로써 적(寂)으로서 감(感)이 되게' 하고, 또 '감(感)할 때에는 잘 확충(擴充)함으로써 적(寂)이 되도록 해야 한다'고 하였다. 이렇게 의재(毅齋)는 양지 유행(流行)의 무잡(無雜)함을 잘 따르는 것이 격물(格物)이라 하였는데, 이런 이유로 인해서 강우왕문(江右王門)의 섭쌍강과 나념암이 주장한 '귀적설(歸寂說)'에 반대하였다. 또한 의재는 건지(乾知)와 곤작(坤作)으로 양지(良知)를 진체(眞體)와 실용(實用)으로 설명함으로써, 양지를 주재(主宰)와 실천(實踐)의 의미로 분석해 이해하였는데, 이것은 그가 양지가 도덕법칙의 창조원리이면서 다른 한편으로 도덕행위의 실현원리가 됨으로 이해하였음을 뜻한다.

ⓒ 당순지(唐順之, 1507~1560)

당순지의 자는 응덕(應德)이고 호는 형천(荊川)이며, 강소성(江蘇省)의 무진(武進) 사람이다. 33세에 진사(進士)하여 여러 관직을 거쳤으나 동남(東南) 왜란에 이르러 병부(兵部)로 옮겨가 군무(軍務)에 힘썼다. 형천(荊川)의 학문은 처음에 문장과 서예의 모방에 집착했으나 점차 이들을 자신의 것으로 소화해내고 체득하여 마침내 저술로 유편(儒編), 좌편(左編), 우편(右編), 문편(文編), 패편(稗編) 등 다섯 편을 지었는데, 그 내용은 자신의 유저인 『형천선생문집(荊川先生文集)』 속에 들어 있다.

형천(荊川)의 학문은 대부분을 왕용계(王龍溪)로부터 얻은 것이어서, 천기(天機)로 종지(宗旨)를 삼고 무욕(無欲)으로 공부(工夫)를 삼았다. 형천은 양지본심이 '적(寂)이면서도 감(感)하는 것(卽寂卽感)'은 양지가 '스스로가 寂하고 感하는 것(自寂自感)이어서 여기에는 어떠한 조작(造作)이나 가차(假借)가 있을 수 없다'고 하고 이를 일러 천기(天機)라 하였다. 또 이 천기는 양지천리(良知天理)가 가진 자연명각(自然明覺)의 뜻을 잃지 않은 것으로 여기에서는 의도적으로 적(寂)이나 감(感)을 구할 수 없다고 하였다. 그러므로 형천은 자호(慈湖)가 '무의(無意)로 종지(宗旨)를 삼은 것'에 대해 비평하여 '무의로 적감(寂感)의 뜻을 구하는 것도 또한 유의(有意)이므로 이것도 여전히 조작(造作)'이라 하였고, '스스로 본심을 깨달아 이 무의(無意)의 뜻에 도달됨이 없도록 하는 것이 바로 진정한 무의(無意)라'고 하였다. 나아가 '사람들은 자신들의 형각(形殼)으로 인해 욕(欲)이 일어남을 면할 수 없으며, 이 욕(欲)으로 인해 양지본심이 가려져 본체가 자연스럽게 드러나지 못하게 된다'라 하고 '생각(念)이 일어날 때 욕(有欲)을 따르지 않고 욕심의 근원을 깨끗이 씻어내면, 양지본체는 자연스럽게 드러난다'고 하였는데, 이것이 바로 당순지가 무욕을 공부로 삼은 까닭이다.

⑤ 초중 왕문학파(楚中王門學派)

㉠ 장신(蔣信, 1483~1559)

장신의 자는 경실(卿實)이며 호는 도림(道林)으로 초(楚)의 常德府(오늘날 호남성 常德) 사람이다. 명나라 가정(嘉靖) 11년에 벼슬길에 나아가 호부주사(戶部主事)를 시작으로 여러 관직을 거쳤으나 노년에는 병으로 고향으로 돌아가 도화강(桃花岡)에 정사(精舍)를 짓고 후학들을 가르쳤다. 도림은 처음에는 스승을 따라 배우지 않고 자신과 같은 초중왕문(楚中王門)인 기암재(冀闇齋)와 함께 서본(책)을 통해 공부하였으나, 뒤에 양명이 도림의 시를 보고 그를 부르자 기암재와 함께 양명을 찾아가 뵈었다. 황종희는 도림이 여러 번 담감천(湛甘泉)에게 사사(師事)하였으므로 그의 학문은 담감천의 영향이 가장 크다고 하였다.

도림(道林)의 학은 '기로서 근본을 삼았는데(以氣爲本)', 마음(心)은 기(氣)를 부리고 기는 마음을 싣고 있으면서 심기(心氣)가 혼연히 서로 융합되어 하나가 되어 구체적인 생활 속에서 실천된다고 하였다. 그리고 도림은 '심(心)이 또한 기(氣)이며, 마음은 기(氣)이면서 이 생생의 마음(生生之心)이 바로 천명의 성(天命之性)'이라 함으로써, 기(氣)로서 심(心)과 성(性), 명(命), 도(道) 등을 말하였다. 따라서 종합 형태인 이 기(氣)와의 관계에서 심(心)을 보면, 기(氣)가 스스로 생생불식(生生不息)하고 오목불이(於穆不已)하면, 마음(心)도 또한 자연히 생생불식하고 오목불이하게 되므로, 결국 이 심(心)과 기(氣)인 우리의 육신은 혼연일체(渾然一體)가 되고, 나와 다른 사람 간의 구분도 있을 수 없으며, 물(物)과 나(我) 사이에도 다름이 있을 수 없다고 하였다. 한편 이 기(氣)로 말미암아 마음(心)이 생겨나고, 기(氣)의 거침없는 유행(流行)과 마음의 정령(精靈)한 감통으로 말미암아 인(仁)을 드러나게 되며, 이로부터 또 '생생의 마음(生生之心)'이 '천지의 성(天地之性)'을 드러내게 된다고 하였다. 그러므로 도림이 주장하는 '기로서 심을 말하고', '성(性)을 통섭하여 기(氣)로 돌아가며', 아울러 '기(氣)의 가장 빼어남(精靈)과 인연해서 심(心)의 기(氣)가 오목불이(於穆不已)함'을 말하며, 또 '심(心)이 끊임없이 두루 작용함(周流不息)을 밝힘으로써 물(物)과 더불어 서로 감통(相感) 되는 것' 등등을 주장하는 것은 성(性)에 대한 관점에서의 약간의 미흡함을 빼고는 도림의 견해가 거의 양명이 말하는 양지의 허령불

매(虛靈不昧)의 뜻과 합치되는 것이라 할 수 있다.

도림은 77세에 세상을 떠났으며 그와 함께 초중왕문(楚中王門)으로 지칭되는 대표적 학자는 암재 기원형(闇齋 冀元亨)과 유관시(劉觀時)가 있다. 현존하는 도림(道林)의 저서는 『蔣道林先生文粹』가 있다.

⑥ 북방 왕문학파(北方王門學派)

㉠ 목공휘(穆孔暉, 1479~1539)

목공휘의 자는 백잠(伯潛)이고 호는 원암(元菴)이며 산동성(山東省) 당읍(堂邑) 사람이다. 명나라 효종 홍치(弘治) 17년 왕양명이 산동에서 시험을 주관했을 때 일등으로 향시에 합격하고 다음해에 관직에 나아갔다. 원암은 젊어서부터 이학(理學)에 전념했으나 그 학문이 선학(禪學)에 흐른 것은 사문(師門)의 단련을 제대로 받지 못한 탓이라 할 수 있다. 그는 '사물은 마음에 드러나지 않음(事物不著於心)'을 주장하였는데 이것은 '거울이 사물을 비추는 것은, 사물을 따라와 비추는 것이 아니므로 사물은 거울에 나타나지 않는다'고 하고, 마찬가지로 '사람의 마음도 사물에 응할 때 마찬가지로 사물이 따라와서 응하는 것이 아니므로, 사물은 자연히 마음에 드러나지 않는다'고 하였다. 그러나 이 주장은 불가(佛家)의 소위 경지(境地)에 들어가는 것과 비슷하게 설명하고 있으나, 양명이 언급한 양지는 본래 도덕의 주체이며, 사물의 시비에 감응하고, '적(寂)하면서도 감(感)하고, 감(感)하면서도 적(寂)하는 것'으로서 적감(寂感)이 하나이며, 공화(功化)가 무궁한 것이므로, 원암이 설명하는 것처럼 '거울이 사물을 비추는 것과 같은 것'으로 동일하게 설명될 수 없다고 할 수 있다. 따라서 원암이 '사물은 사람의 마음에 드러나지 않는다'는 것은 곧 그가 양지의 적감(寂感)을 불가(佛家)의 관점으로 잘못 이해했음을 뜻한다.

원암은 세종 가정 12년에 병으로 관직을 버리고 고향으로 돌아갔으며 61세에 세상을 떠났다. 『명유학안』에 기록된 그의 주장 이외에 따로 현존하는 저서는 없다.

　ⓒ 맹추(孟秋, 1525~1589)

맹추의 자는 자성(子成)이며 호는 아강(我疆)으로 산동성(山東省) 임평(茌平) 사람이다. 어려서부터 모시(毛詩)를 읽고 성학(聖學)에 뜻을 두었으며, 21세 때는 읍인(邑人) 장굉산(張宏山)이 왕양명의 치양지에 대해 강의한다는 것을 듣고 크게 기뻐하며 찾아가 제자의 예(禮)를 올렸다. 45세 때 독학(督學) 추선(鄒善)과 첨헌(僉憲) 주이(周怡) 등이 공원(貢院)에서 강학하였을 때, 아강(我疆)이 가장 많은 문답에 대해 이해하고 천지만물일체(一體)의 이치도 잘 드러내었으므로 두 사람은 아강의 뛰어남을 극찬하였다. 태학(太學)에 들어가서는 천하의 선비들과 같이 천선암(天仙菴)에서 강학하였는데, 이때 맹운포(孟雲浦)를 만나 친구처럼 지냈고 다음 해에 순천(順天) 향시(鄕試)에, 그리고 그 다음해에는 관직에 나아가 정사(政事)의 여가에는 학생들을 모아 양지(良知)의 학(學)을 강론하였다. 아강의 학은 양지현성(良知現成)을 위주로 하였는데 이것은 양지를 잘 보임(保任)함으로써 양지의 자연허령명각(自然虛靈明覺)과 자연변화(自然變化)함을 지키는 것이었다. 아강은 '자연자재(自然自在)한 심체(心體)는 본

디 밝고 맑아서(淸明澄徹) 일체의 사물들이 모두 감응하게 된다'고 하였고, 또 이 양지심체는 발동하면 스스로 천칙(天則)이 있게 되므로 억지로 극치공부(克治工夫)를 할 필요가 없으므로 당하즉시(當下卽是), 자연자재(自然自在)로 체인(體認)할 것을 가르쳤다.

아강(我彊)은 57세 때 버슬을 버리고 고향으로 돌아가 남화당(南華堂)을 짓고 기거하면서 고금의 서적을 열람하고 저술(著述)에만 전념하다 65세의 나이로 세상을 떠났다. 그의 저서로는 『孟我彊先生集』이 있다.

ⓒ 우시희(尤時熙, 1503~1580)

우시희의 자는 계미(季美)이고 호는 서천(西川)이며, 하남성(河南省) 낙양(洛陽) 사람이다. 약관(弱冠)의 나이에 하남(河南) 향시(鄕試)에 합격한 후 전습록(傳習錄)을 읽고 느낀 바가 있어 이후로 사장(詞章)을 멀리하고 성학(聖學)에 뜻을 두게 되었다. 나이 40세 이르러 비로소 유괴(劉魁)에게 나아가 사사(師事)하였고 주득지(朱得之), 전덕홍(錢德洪), 하천(何遷), 당추(唐樞), 주이(周怡), 황기(黃冀) 등과 서로 학문을 닦고 양명의 언행(言行)에 대해 연구하였다. 서천(西川)의 학은 '공부(工夫)로서 본체(本體)를 삼음'에 있었는데, 이는 '스스로 닦고 스스로 체증(自修自證)'하면 공부가 이르는 곳이 곧 본체라고 하였다. 이에 서천은 공부를 특히 중시하였고, 또 기(幾)와 미(微) 위에서 찰식(察識)하는 공부를 중시하였다. 즉 의념(意念)이 아직 형성되지 않고 선악도 여전히 발동되지 않은 기(幾) 위에 찰식(察識) 공부를 행함으로써 (의념意念이 발동하는 곳에서의 성찰省察을 통해) 양지본체를 체현(體現)해 내려는 것이 서천(西川) 공부의 중점이다.

서천(西川)은 46세 때 노모(老母)를 봉양하기 위해 관직을 버리고 고향 낙양으로 돌아간 후, 다시 공직에 나아가지 않고 양지학에 관한 강학(講學)에만 힘쓰다가 78세의 나이로 세상을 떠났다. 그의 문인(門人)으로는 맹아강(孟我疆)과 더불어 한때 이맹(二孟)으로 불렸던 운포 맹화리(雲浦, 孟化鯉 1545~1597)가 있는데 그가 쓴 『존문록(尊問錄)』 속에 서천(西川)의 견해를 보여주는 내용이 수록되어 있다.

⓹ 양동명(楊東明, 1548~1624)

양동명의 호는 진암(晉菴)이고 하남성(河南省) 우성(虞城) 사람이다. 33세에 진사(進士)하여 관직이 형부시랑(刑部侍郎)에 이르렀으나, 곧 그만두고 고향으로 돌아가 강학(講學)에만 힘썼다. 『명유학안(明儒學案)』에는 그가 일찍이 제유(諸儒)들과 더불어 학문을 논하여 양명의 인정을 받았다고 기록되어 있다.

진암의 학문은 성(性)을 논하는 것을 주(主)로 하였는데, 그가 주장한 성(姓)은 '기질(氣質) 속에 들어있는 것', 즉 '기질의 성(氣質之性)이 바로 나의 성(性)의 진체(眞體)'가 된다고 하였다. 즉 진암은 태극본체(太極本體)가 바로 기질의 성(氣質之性)이며, 이 기질지성의 영묘(靈妙)함과 조리(條理)가 곧 기질의 리(氣質之理)라 하였다. 즉 기(氣)는 이미 기질의 리(理)로써 사물을 생성(生成)하고 스스로 생생(生生)의 인(仁)을 가지며, 스스로 갖고 있는 조리(條理)로 말미암아 이(理)의 선(善)함과 성(性)의 선(善)함을 말할 수 있다고 하였다. 따라서 '기질이 성(性)'이라 할 때, 이 기질지성(氣質之性) 속에서 의리의 성(義理之性)을 체인(體認)할 수 있으므로 진암은 '기질(氣質) 밖에 성(性)이 없다'고 주장하였다.

양동명은 77세에 세상을 떠났으며, 현존하는 그의 저서로는 『산거공과(山居功課)』가 있다.

⑦ 월민 왕문학파(粤閩王門學派)

㉠ 설간(薛侃, 생졸연대 未詳미상)

설간의 자는 상겸(尙謙)이고 호는 중리(中離)이며 광동성(廣東省) 게양(揭陽) 사람이다. 명나라 무종(武宗) 정덕(正德) 12년 벼슬길에 나갔으며, 공(贛)에서 양명에게 4년간 배웠다. 양명 사후에 구양덕(歐陽德)과 설위(設位)하여 곡(哭)했고, 세종 가정(嘉靖) 15년에는 강절(江浙)지방의 청원서원(靑原書院)에서 나홍선(羅洪先)을 만나 학문을 논했으며, 그 후 광동성 영복사(永福寺)에서 강학(講學)하면서 당시 양명학을 의심하던 사람들에게 그 부당함을 반박하였다. 현존하는 저서로는 그의 문인(門人)들이 중리(中離)의 언설(言說)을 묶어 기록한 『연기록(研幾綠)』이 있다.

중리(中離)는 양지심체를 '스스로 존재하고 스스로 비추며(自存自照)', '항상 밝으며 항상 깨닫는(常明常覺)' 것이라 하여 양지의 자연명각(自然明覺)을 설명하였고, 양지심체는 본래 '스스로 맑고(自靜)', '스스로 통하며(自通)', '스스로 능하다(自能)'고 하나, 장애로 인하여 그렇게 되지 못하므로 '오염되지 않고(無染)', '집착하지 않고(無執)', '해를 끼치지 않으면(無累)', 양지는 비로소 스스로 맑아지고 통(通)하고 능(能)하게 된다고 하였다. 즉 중리는 무염(無染), 무집(無執)과 무누(無累)로 양지심체(良知心體)를 회복하고 드러낼 수 있다고 하였다.

6) 주요 중국양명학자 저서 목록 및 조사 판본

王守仁,『王陽明全書』, (臺北, 中華書局, 1985)

曹　端,『曹月川集』, 淸　康熙49년　刊本

薛　瑄,『敬軒薛先生文集』, 明　弘治16년　刊本

吳與弼,『康齋先生文集』, 明　嘉靖5년　刊本,

陳憲章,『白沙子全集』, 明　萬曆40년　刊本

湛若水,『泉翁大全集』, 明　嘉靖19년　刊本

徐　愛,『橫山遺集』, 明　弘治13년　刊本

王　畿,『王龍溪先生全集』, (臺北, 廣文書局, 1987)

王　畿,『王龍溪先生語錄』, (臺北, 廣文書局, 1986)

鄒守益,『東廓鄒先生全集』, 明　刊本

歐陽德,『歐陽南野先生文集』, 明　嘉靖37년　刊本

聶　豹,『雙江聶先生文集』, 明　隆慶6년　刊本

羅洪先,『念菴羅先生文集』, 明　嘉靖43년　刊本

王　艮,『王心齋全集』, (臺北, 廣文書局, 1987)

王　襞,『東崖王先生遺集』, 明　萬曆　刊本

王　棟,『王一菴先生遺集』, 明　天啓4년　刊本

羅汝芳,『肝江羅近溪先生全集』, 明　萬曆46년　刊本

羅汝芳,『肝壇直詮』, (臺北, 廣文書局, 1987)

羅汝芳,『近溪子明道錄』, (臺北, 廣文書局, 1987)

黃省曾,『五嶽山人集』, 明　嘉靖　刊本

唐順之,『荊川先生文集』, 四部叢刊本

蔣　信,『蔣道林先生文粹』, 明　萬曆5년　刊本

孟　秋,『孟我疆先生集』, 明　萬曆　刊本

楊東明,『山居功果』, 明　萬曆　刊本

黃宗羲, 『明儒學案』, (臺北, 世界書局, 1987)

4. 한국 양명학

1) 한국 양명학의 수용과 배척

조선의 개국과 함께 불교를 억제하고 유교를 숭상하는 이른바 억불숭유抑佛崇儒 정책이 제도화되면서 학술, 사상계는 급속히 정주학(程朱學) 일변도로 단순화되고 경직화되었다. 이로써 정주학 외에 다양한 사상의 자유로운 개화를 기대하기 어렵게 되었다.

조선 시대 양명학을 받아들인 사람 중의 하나인 장계곡(張谿谷, 이름은 維, 계곡은 호, 1587~1638)은 '조선 유학사의 총론'으로 간주되기도 하는 『계곡만필(谿谷漫筆)』에서 이러한 상황을 다음과 같이 지적한 바 있다.

> 중국의 학술에는 갈래가 많아서 정학正學[유교]·선학禪學[불교]·단학丹學[도교]이 있고, 또 정주학을 배우는 자가 있으며, 육씨陸氏[상산학]를 배우는 자도 있어 [학문하는] 길이 한 가지가 아니다. 그런데 우리나라는 유식·무식을 논할 것 없이 책을 끼고 글을 읽는 사람이라면 모두 정주를 욀 뿐이니 다른 학문이 있다는 것은 듣지 못했다.

해방 후인 1948년 국학대학장과 초대 감찰위원장을 지내다가 6·

25 때 납북된 국학 연구가 정인보(鄭寅普, 자는 經業, 호는 爲堂·薝園, 1892~?)는 『양명학연론陽明學演論』에서 "조선에는 양명학파가 없고 오직 주자학파뿐이라 따로 주자학파라는 이름도 없었으며, 책상 위에 양명학 관련 책이 놓인 것만 보아도 이단사설(異端邪說)로 몰았다"고 조선의 학문 상황을 개탄한 바 있다. 이와 같이 정주학 일색이던 학문 분위기에서 그것을 위협할 요소를 지닌 사상을 연구하기란 참으로 어려웠다.

이미 조선의 개국 이념으로 표방된 억불숭유 정책 자체에 이를 예견케 하는 잠재적 틀이 형성되어 있었음은 더 말할 나위가 없을 것이다. 더욱이 조선 중기 정주학의 충실한 계승자이자 조선 성리학의 수준을 최고도로 끌어올렸다고 평가받는 이퇴계李退溪가, 현상윤玄相允이 『조선유학사(朝鮮儒學史)』에서 지적한 대로, 양명학을 "급선봉으로 배척한"(제일 앞장서서 배척한) 이후 그의 반양명학적 태도가 후계자들에 의해 의식적이든 무의식적이든 하나의 모델로서 전승되기에 이르렀다. 이렇게 영남학파 내부에서 고조되어 가던 양명학 배척의 열기는 구한말의 영남 유학자에 이르러서 다소 완화된다.

조선 시대의 정주학자들은 대체로 양명학을 육상산 → 진백사 → 왕양명으로 이어지는 학문으로 인식하고, 또한 육상산·진백사·왕양명의 학문이 모두 본심(本心)을 학문의 핵심으로 하는 선학(禪學)과 같은 것이라고 간주하여 혹독한 비판의 대상으로 삼았다.

조선 시대의 양명학은 이러한 정주학 일변도의 학문 풍토로 인해 커다란 제약을 받으면서 수용되고 전개되었기 때문에 활발하고 자유로운 사상적 전개와 개화는 애초부터 기대할 수 없었다. 다만 몇몇의 학자들에 의해 그 맥이 겨우 유지되었을 따름이다. 그러므로 조선에서 양명학이 융성하지 못했던 것은 결코 양명학 자체에 결함이 있거나 가치가 없기 때문이 아니라 유학 내부의 사상적인 구속과 배척에 기인한 것이었다. 이는 한마디로 당시 유학 사상계의 편협성을 보여주는 대표적인 사례라고 할 수 있다.

종래 조선에 양명학이 전래된 시기에 대해서는, 첫째 홍치재(洪耻齋, 이름은 仁祐, 자는 應吉, 치재는 호, 1515~1554)의 『치재일기(耻齋日記)』 계축癸丑 6월 18일조를 근거로 한 1553년(명종 8년)설, 둘째 『서애집(西厓集)』의 「양명집후(陽明集後)」를 근거로 한 1558년(명종 13년)설, 셋째 이퇴계의 「전습록논변(傳習錄論辨)」을 근거로 한 이퇴계 당시설이 있다.

그런데 근래 위의 여러 설과는 달리 오종일(吳鍾逸)은 「양명전습록전래고(陽明傳習錄傳來考)」라는 논문을 통해 박눌재(朴訥齋, 이름은 祥 혹은 詳, 자는 昌世, 눌재는 호, 1474~1530)의 『눌재집(訥齋集)』과 김십청헌(金十淸軒, 이름은 世弼, 자는 公碩, 십청헌은 호, 1473~1533)의 『십청헌집(十淸軒集)』을 근거로 양명학의 전래 시기를 중종(中宗) 16년(1521년) 이전으로 추정하였다. 그는 『눌재집』「연보」 48세조의

왕양명 수인守仁의 『전습록』을 변척하다. 양명의 문자가 동쪽[조선]으로 왔는데, 조선의 유학자[東儒]들은 그것이 어떤 내용인지 알지 못하였다. 그러나 선생[박눌재]이 『전습록』을 보고 선학이라고 변척하여 김십청金十淸[김세필]과 수창酬唱한 삼절시三絶詩가 있다.

는 부분과 『십청헌집』 권2에서 양명의 『전습록』을 논한 시 3수, 『십청

헌집』권4의 『전습록』 전래에 관한 내용을 인용하고 나서, 이러한 『전습록』 변척의 화답시(和答詩)가 오간 때가 '1521년 여름'으로 '이해에 양명학이 조선에 전래'되었다고 보고 있다. 그때에 박상은 40세, 김세필은 49세, 왕양명은 50세였다. 정덕 13년(1518년, 양명 47세) 8월, 양명의 『전습록』이 설간에 의해 강서성 건주(虔州)에서 초각(初刻), 간행되었는데 그 무렵에 양명학이 조선에 전래된 것이라고 오종일은 보고 있다. 이와 같이 '양명 문자(陽明文字)'(『전습록』)의 전래와 양명 학술에 대해 논평하는 것[評論陽明學術者](『십청헌집』「부가선기문(附家先記聞)」에 나오는 말)을 근거로 한다면, 양명학의 초전은 1521년 이전으로 볼 수 있을 것이다.

그러나 양명학은 명대에 성립할 당시부터 주자학과는 사상적 입장이 확연히 달랐고, 조선에서도 주자학 계열에서는 이미 주자·육상산 사이의 이른바 '아호(鵝湖) 논쟁'을 통해 당시 양명학의 선구로서 간주되던 육상산 심학에 비판적인 입장을 확립한 터였다. 따라서 이러한 사실을 체득하고 있던 조선의 주자학파가 양명학을 그대로 받아들이기는 어려웠을 것이다. 더욱이 퇴계가 양명학을 배척한 이후로 양명학은 수용되는 과정에서부터 주자학의 정통적 위치와 입장에 의해 비판과 제약을 받게 되었다.

이미 언급한 대로 퇴계는 양명학이 조선에 전래된 후 전통적인 주자학의 견지에서 그것을 '급선봉으로' 배척하였다. 그는 양명학의 대표적 저술인 『전습록』의 각 조목을 들어가며 그 내용을 비판한 「전습록논변」을 지었을 뿐만 아니라 역시 주자학의 견지에서 양명학 및 진헌장의 시를 비판한 「백사시교변(白沙詩教辯)」, 「백사시교변전습록초전인서기후(白沙詩教辨傳習錄抄傳因書其後)」, 「초의려선생집부백사양명초후 복서기말(抄醫閭先生集附白沙陽明抄後復書其末)」 등 4편의 논문을 쓰기도 하였다. 이것은 모두 『퇴계집』 권41「잡저(雜著)」에 실려 있다.

퇴계 이후 조월천(趙月川, 이름은 穆, 자는 士敬, 월천은 호, 1524~1606), 유서애(柳西厓, 이름은 成龍, 자는 而見, 서애는 호, 1542~1607), 박남계(朴南溪, 이름은 世采, 자는 和叔, 남계는 호, 1631~1695), 한남당(韓南塘, 이름은 元震, 자는 德昭, 남당은 호, 1682~1751) 등도 양명학을 비판하였다. 이러한 양명학 배척 태도는 단지 재야 사림의 사론私論에 그치지 않았다. 명나라에서 왕양명을 문묘에 종사從祀하자는 의논이 있었던 것을 계기로 조정의 유신(儒臣)들 사이에서도 그것이 공론으로 되었던 것이다. 조선과 중국의 유학자 사이에서도 양명학을 둘러싼 논쟁이 벌어지기도 하였다.

이러한 상황에도 불구하고 양명학이 전래된 초기부터 벌써 깊이 이해하고 있던 사람들이 있었다. 서애가 『선조실록(宣祖實錄)』 27년 7월 17일조에서 "현재 남언경(南彦經)에게서 배운 사람은 양명을 많이 숭상한다"고 지적한 대로 남동강(南東岡, 이름은 彦經, 자는 時甫, 동강은 호, 1528~1594)과 그의 문인인 경안령(慶安令) 이요(李搖)가 바로 그들이다. 남동강은 서화담(徐花潭, 이름은 敬德, 자는 可久, 화담은 호, 1489~1546)의 문인으로 이퇴계와 교유하며 학문을 토론하였던 인물이다. 『퇴계집』에는 퇴계가 남동강의 편지에 답한 「답남시보서(答南時甫書)」 9통과 「정재기(靜齋記)」가 들어 있는데, 그 내용을 보면 간접적으로나마 남동강의 양명학설을 엿볼 수 있다. 또 경안령 이요에 대해서는 상세한 것을 알 수 없지만, 일반적으로 그의 양명학에 대한 신념은 1594년(선조 27년)에 있었던 선조와의 대담에서 엿볼 수 있다고 평가된다.

2) 한국 양명학의 대성자 정하곡

양명학은 허교산, 장계곡, 최지천(崔遲川, 이름은 鳴吉, 자는 子謙, 지천은 호, 1586~1647) 등에 의해 명맥이 이어지다가 정하곡(鄭霞谷, 이름은 齊斗, 자는 士仰, 하곡은 호, 1649~1746)에 이르러 집대성됨으로써 그 절정을 이룬다.

하곡은 중국이나 일본의 양명학자들 못지않은 많은 저작을 남긴 학자이며, 이른바 한국 양명학을 대표하는 인물이다. 그는 '한국 양명학의 집대성자' 혹은 '한국 최대의 양명학자'로 불리며 일찍부터 주목을 받아왔다. 실로 그는 조선 시대의 양명학 전개의 중심에 위치하며, 그로 인해 강화도(江華島)를 중심으로 하는 이른바 '강화학파'가 창시되어 근대까지 양명학이 계승될 수 있었다. 하곡은 61세 되던 해(1711년) 8월, 경기도 안산(安山)에서 강화도로 이거(移居)하는 것을 계기로 많은 후학들을 양성한다. 여기에서 하나의 학파로서의 기초가 마련되어 그 후 이른바 '강화학파(江華學派)'가 형성되었던 것이다.

한국 양명학의 대성자인 하곡의 생애는, 윤남한이 『조선 시대의 양명학 연구』에서 지적한 대로 주거지의 3변(三變), 즉 경거(京居, 출생~40세까지) → 안산(安山, 41~60세까지) → 강화(江華, 61~88세 서거까지)로 나누어 이해할 수가 있다. 우리는 흔히 하곡 정제두라고 하면 한국 양명학의 대성자로서 양명의 심성론을 전개한 인물 정도로 이해한다. 그런데 하곡은 양명학자로서는 드물게 우주론·천문학·기상학 등의 자연학(自然學)에도 조예가 깊었던 인물이다. 그의 자연학이 본격적으로 나타나는 것은 강화에 은거하는 만년의 학문기에 해당한다.

하곡의 생애 및 학문의 변화 과정

시기 내용	초 년	중 년	만 년
생애의 삼변	京居期 (출생～40세까지)	安山期 (41～60세까지)	江華期 (61～88세서거까지)
학문의 삼변	程朱說期	王와 王學說期	禮說·服制說, 天文·星曆, 氣數論·經世論期
비 고		• 王學으로의 轉化期: 24～33세 • 王學의 表明 및 專治期: 34세～	• 왕학의 병폐 지적(83세), • 朱·王學의 연계 혹은 程朱學으로의 회귀(?)

3) 강화학파의 형성과 전개

하곡의 아들 정후일(鄭厚一)과 하곡의 문인들, 즉 이광신(李匡臣), 이광사(李匡師), 이광명(李匡明), 심육(沈錥), 윤순(尹淳), 이진병(李震炳), 정준일(鄭俊一), 송덕연(宋德淵), 최상복(崔尙復), 이선협(李善協), 신대우(申大羽), 이광려(李匡呂), 성이관(成以觀), 오세태(吳世泰), 이선학(李善學), 김택수(金澤秀) 등이 초기에 강화학파를 이룬 인물들이다. 이들에게서 철학, 문학, 역사 등 다양한 학문이 꽃피게 되며, 이 점에서 강화학파는 다양한 각도에서 주목을 받기에 충분하다.

이후에 이들의 학문은 가학家學으로 전승되어, 정후일의 학문은 그의 사위인 이광명 그리고 고손 정문승(鄭文升)·정기석(鄭箕錫, 6대손) · 정원하(鄭元夏, 7대손) 등으로 계속 이어졌으며, 신대우의 심학은 아들 신작(申綽) · 신현(申絢)에게 계승되었다. 강화학파에서는 이씨(李氏) 문중이 핵심을 이루는데, 그 가운데 양명학과 관련된 주요 인물은 이광신 · 이광려 · 이광사 · 이광명이다.

이광려의 학문은 정동유(鄭東愈)에게로, 이광사의 학문은 아들 이긍익(李肯翊)과 이영익(李令翊)에게, 이광명의 학문은 양아들 이충익(李忠翊)과 이면백(李勉伯) · 이시원(李是遠) · 이지원(李止遠)에게 이어졌다.

이시원의 심학은 다시 이상학(李象學) · 이건창(李建昌) · 이건승(李建昇)에게 이어졌으며, 이지원의 학문은 이건방(李建芳) · 정인보에게 이어졌고, 정인보의 학문은 연희전문학교 제자인 민영규(閔泳珪)에게 이어졌다. 이렇게 강화학파의 학통은 현재까지도 계승되고 있다고 할 수 있다.

※ 하곡이 파악한 양명학과 주자학의 同異점

이미 지적한 것이기도 하지만, 주자학과 양명학의 대립점은 이렇다. 간단히 말하면 인간이 어떤 판단을 내리고 행동을 할 때에 그것이 올바르고 좋은 것의 근거를 주체의 마음[心]에서만 구하는가 아니면 마음의 바깥에 객관적으로 존재하는 이치[理]를 전제로 하고, 이를 따르는 한계 내에서 마음에서 구하는가 하는 차이이다. 결국 인간 마음의 존재 방식을 어떻게 이해하는가의 문제였다. 주자학은 사물과 인간의 이치를 하나하나 이해해가는 방식으로 마음에 도달한 반면 양명학은 마음이 이치라는 것을 자각한 다음, 사물과 인간의 이치를 설명하는 방식으로 마음에 도달한다. 예컨대 주자는 태양을 가린 구름의 문제에서 구름에 대한 이치에 중점을 두고 그것을 하나

하나 해결해가면 밝고 환한 태양의 실체를 만난다는 식으로 풀어간 반면에 양명은 밝고 환한 태양의 실체를 깨닫게 되면 구름은 문제가 되지 않는다는 식으로 풀어갔다. 이것을 도식적으로 표현하면 주자 는 도문학에서 존덕성으로 나아갔고, 양명은 존덕성에서 도문학으로 나아갔다는 이해도 가능할 것이다.

이러한 이해를 접어두고 접근하더라도 하곡의 주자학, 양명학을 파악하는 방식은 매우 탁월하다. 그는 『하곡전집(霞谷全集)』「민언 휘에게 답하는 편지[答閔彦暉書]」에서 이렇게 말하고 있다.

> 주자는 뭇사람들이 [곧바로] 하나의 본체 되는 곳[一體處]을 얻지 못하는 데서 길을 잡았다. 그러므로 그 이론은 먼저 만 가지로 갈라 진 곳[萬殊處]에서부터 들어갔다. 양명은 성인의 하나의 본체 되는 곳 [一體處]에서 길을 잡았다. 그러므로 그 학문은 하나의 근본되는 곳 [一本處]에서부터 들어갔다. 하나는 말단에서 근본으로 갔고[自末而之 本], 하나는 근본에서 끝으로 간[自本而末] 것이다. 이것이 그 서로 갈 라지는 바이다. 그 한 가지만을 위주로 하고 다른 한 가지를 없애지 않 은 것은 둘 다 마찬가지이다. 잘 배우지 못한다면 이 두 가지의 폐단 역시 모두 없을 수 없고, 만약 두 파의 학문을 잘 이용한다면 역시 같 은 한 가지 길로 돌아가 서로 크게 멀어지지 않을 수도 있는 것이다.

그는 이와 같이 스스로의 견해에 입각하여 주자학과 양명학의 이 론 구성에 보이는 특질을 개괄하고 있다. 나아가 그는 "이른바 왕 씨(王氏)의 설도 역시 나름대로 본원이 있습니다. 비록 정주(程朱)와 는 같지 아니하나 그 본지[指]는 정주와 다를 것이 없습니다. 그러나 한두 가지 점에서 자세히 살펴보아야 할 것이 있습니다. ……수백 년간 여러 선비들이 분분하게 말이 많았던 것도 실로 이 때문입니다”
라고 말한다. 정주학과 양명학이 내용상 다르다는 점은 인정하나, 주
자학은 ‘만수(萬殊)[末]에서 일체(一體)[本]로’ 가는 데 반해 양명학
은 ‘일본(一本)[本]에서 만수로’ 가는 이론 구성을 하고 있어 근본
취지에서는 양자 사이에 큰 차이가 없다는 말이다.

4) 한국의 반양명학의 문맥과 양명학 연구조건

동아시아에서 한국 양명학이 갖는 위치, 양명학의 현대적 의의를
살펴보는 것은 결국 양명학의 현재성, 가능성을 더듬는 일일 뿐만
아니라. 한국 또는 동아시아라는 한 ‘지역’에서 ‘지성’의 편린들을
발굴하고 발굴해내는 일이다.

지금부터 한국 양명학, 그 불우한 지성사의 초상에 쌓인 먼지를
털고 새로운 연구를 하기 위한 일종의 각서(覺書)로서 ‘조선 시대에
양명학이 비판되었던 몇 가지 주요한 이유’만을 지적해두고자 한다.

(1) 조선시대 양명학 비판의 주요이유

① 억불숭유(抑佛崇儒)가 조선의 개국 이념이었고, 체제교학(體制
敎學)이 주자학이었던 점

고려에서 조선으로의 사상적인 연속·불연속 문제에 이미 유불(儒
佛) 논쟁이 잠재되어 있었고, 그 재판(再版) 혹은 재연(再燃)으로서
주륙(朱陸) 논쟁, 그리고 주륙 논쟁과 관련한 양명학 비판의 문맥이

내재되어 있었다. 그리고 조선 시대에 과거 제도와 주자학이 사회의 근본적 틀을 유지하였던 점은 양명학의 수용에 큰 걸림돌이 될 수 있었다. 더구나 상산학과 양명학이 불교적 색채가 짙어 선학과 다름이 없는 것으로 인식되었다는 점, 육상산과 왕양명이 주자 교학의 비판자로 인식되었다는 점은 '육왕학(陸王學)＝선학＝위험한 사상'이라는 도식이 형성된 것이라 볼 수 있다.

중국 근세 사상사에서 대표적인 불교 배척론자임을 자처하는 주자는 「중용장구서(中庸章句序)」에서 "이단의 설이 날로 새로워지고 달로 성해져서는 노자와 불가의 무리가 나와 더욱 이치에 근사하여 참된 것을 크게 어지럽히게 되었다[異端之說日新月盛, 以至於老佛之徒出, 則彌近理而大亂眞矣]"며 진리를 어지럽히는 노불(老佛)의 폐해를 심각하게 여겼다. 주자는 이른바 '겉으로는 유자(儒者)이지만 속으로는 불자(佛者)[양유음석陽儒陰釋]'인 자들의 저술을 홍수와 맹수에 비유하면서까지 그러한 흐름을 필사적으로 저지하고자 하였다. 주자학이 국가 권력에 의해 그 정통성을 보장받으면서 선(禪) 또는 선적(禪的)인 유자들에게는 모두 이단이라는 딱지가 붙게 되고, '선(禪)'이라는 명칭은 정통에 반항하는 '발칙'한 자들을 가리키는 대명사가 되었다. 이렇게 해서 중국 근세 사상사에서는 '선'이라는 딱지가 붙은 사람은 곧바로 위험한 사상을 가진 사람으로 간주되었다. 게다가 자신의 사상이 선(禪)과 얼마나 다른지 논증하는 것이야말로 자신이 진정한 유자임을 과시하는 좋은 방법이 되기도 하였다. 이처럼 그들은 양명학의 이단성을 강조하려고 한 나머지 그것을 쉽사리 선에 일치시키는 폐단을 범하였다. 이는 지나친 단순화의 오류이다. 왜냐하면 양명학은 선과는 또 다른 특징을 가지고 있었기 때문이다(이상은 아라키 켄고(荒木見悟), 『불교와 양명학(佛敎と陽明學)』, 6쪽 참조). 이러한 지적을 참고로 하면, 조선의 유학사에서 퇴계의 학맥을 잇는 후계자들의 양명학 비판도 주자와 마찬가지라는 지적을 벗어날 수 없다.

② 영향력 있는 학자였던 퇴계의 양명학 비판이 이단 배척(양명학 비판)의 주요 모델이자 선입견을 형성한 주요 자료였던 점

퇴계의 학문이 이학(理學)이긴 하지만 그 근저는 심학(心學)으로서 무의식적으로 이미 양명학과 소통될 소지가 충분히 있었다. 그런데 그는 당시에 정통 학술(국교(國敎)인 주자학)과 이단 학술(불교 등)을 구별하여 전자를 보호하고 후자를 변척(辟斥)해야 할 필요가 있는 사회적인 위치에 있었다. 그래서 선학과 유사하며 주자학에 비판적인 양명 심학과 자신의 심학 사이에 분명한 선을 그었던 것이다.

③ 양명학 비판서인 명대(明代) 진건(陳建, 1497~1567)의 『학부통변(學蔀通辨)』이 조선에 전래되어 널리 읽혔기 때문에 충실한 양명학 연구에 앞서 이미 육왕의 심학에 대한 비판적 선입견이 형성되어 있었던 점

퇴계의 이학(異學, 육왕학 등)에 대한 배척의 관점은 그의 독자적 사색에 의해 확립된 것이 아니다. 다시 말해서 그의 사상적 시야는, 그것이 중국의 사상적 판도와 꼭 일치되는 것은 아니라 하더라도, 일단 중국 사상계의 변천 예컨대 중국 정주학자들의 반양명학 관련 서적의 출판 유통 등과 같은 요인들에 따라 민감하게 영향을 받은 것이었다. 퇴계가 양명학을 비판한 것은 대체로 그의 나이 60세(1561년) 이후의 일이었다.

(2) 퇴계의 양명학 변척 논문 간행 도표[58]

순서	논문명	『퇴계집』의 게재순서	저작연도	내 용
1	抄醫閭先生集 附白沙陽明抄 後 復書其末	5	53세(1553년, 명종8년)	賀醫閭의 글을 草하여 白沙·陽明抄의 뒤에 붙여두고 靜坐之學이 자칫하면 禪學에 흐르게 된다는 것을 보이려고 한 것
2	白沙詩敎辯	2	53세경으로 추정	陳白沙의 설과 아울러 吳草廬의 "立造神妙"說을 비판한 것
3	白沙詩敎傳習 錄抄傳 因書其後	4	53세경으로 추정	백白白沙는 순전히 禪學을 하는 사람이 아닌데 陽明은 학술이 완전히 틀리고 心性도 좋지 않아 천하를 어지럽히는 사람이라고 痛罵한 것
4	傳習錄辯	3	66세(1566년, 명종21년)	王陽明의 『傳習錄』(현행본 상권 해당)의 주요 부분을 조목조목 열거하여 비판한 것
5	心經後論	1	66세	『心經』을 평생 尊信하여 『四書』와 『近思錄』 못지않게 중시해 왔고 또 거기서 깨달은 바가 있어 작성. 吳草廬와 程篁墩의 잘못을 지적하고 주자학과 육학의 다른 점을 분명히 한 것

---

58) 도표 및 설명은 최재목, 「퇴계의 양명학관에 대하여 — 퇴계의 독자적 심학 형성 과정에 대한 일 시론」, 『퇴계학보』113집, (퇴계학연구원, 2003. 6. 25.)에서 옮겨 실은 것임.

　퇴계는 ①「白沙詩敎辯」, ②「傳習錄辯」, ③「白沙詩敎傳習錄抄傳 因書其後」, ④「抄醫閭先生集附白沙陽明抄後 復書其末」(이것은 『퇴계집』 권41, 「雜著」에 실려 있는 순서임) 등의 글과, 李湛, 南彦經, 鄭惟一, 金就勵, 李珥 등에게 보낸 편지를 통하여, "직접, 간접으로 육왕학을 비판하고 이에 감염되지 않도록 경고"*하였다. 이 가운데서 퇴계가 양명학을 본격적으로 비판한 것은 ②와 ③이다. 먼저 ②가 지어진 것은 퇴계가 66세(1566년, 명종21년) 되던 해이다. 같은 해에 그는 ⑤「心經後論」도 짓는다. 그리고 53세(1553년, 명종8년)에 ④를 짓고, 그 정확한 시기는 알 수 없지만, 아마도 ④와 비슷한 시기에 ①과 ③도 지었을 것으로 보인다.

　* 신귀현, 「「전습록변」과 육왕학 비판」, 『퇴계 이황』(서울: 예문서원, 2002), p.137.

(3) 명대, 조선 양명학 변척서 간행시기 도표[59]

學制	明			明朝의 刊年差	朝鮮			主從事者
	主從事者	事 項	刊 年		刊 年	東傳과 刊年差	東傳期	
程朱官學體制	(程敏政)	『心經附注』 (贊陸學書)	1492년 (弘治5년)	74	1566년 (嘉靖45년 / 明宗21년)	29	1537년 (嘉靖16년 / 中宗32년)	
	(王陽明)	古本『大學』 '正學論' 제기	1518년 (正德13년)		1592년 壬辰倭亂			
		'朱子晚年定論'						
		『傳習錄』		75	1593년 (萬曆21년 / 宣祖26년)	70	16세기 초	
	朝廷	'大禮議論爭' 朱王의 '正學論爭'	1521년 (正德16년)					
	朝廷	제1차陽明學 · 傳習錄禁止	1522년 (嘉靖1년)					
	湖南人 詹陵	『異端辨正』 出刊(江西)	1525년 (嘉靖4年)	26	1552년 (嘉靖31년 / 明宗7년)	1	1551년 (嘉靖30년 / 明宗6년)	朝廷
		王陽明 사망	1528년 (嘉靖7년)					
	朝廷	제2차陽明學 · 傳習錄禁止	1529년 (嘉靖8년)					
	江西人 羅欽順	『困知記』 2차初刊(江西)	1534년 (嘉靖13년)	26	1560년 (嘉靖39년 / 明宗15년)	7	1553년 (嘉靖32년 / 明宗8년)	朝廷
		『困知記』 2차重刊	1535년 (嘉靖14년)		陽明學 비판론 성립 시기 『傳習錄辯』 (이황66세 / 1566년)			李滉
		『困知記』 二卷三刊	1537년 (嘉靖16년)					

學制	明			明朝의 刊年差	朝鮮			
	主從事者	事 項	刊 年		刊 年	東傳과 刊年差	東傳期	主從事者
程朱官學體制	朝廷	제3차陽明學·傳習錄 禁止	1537년 (嘉靖16년)		1571년 (陵慶5년 / 宣祖4년)			
	廣東人 陳建	『學蔀通辨』 出刊(南閩)	1548년 (嘉靖27年)	25	1573년(萬曆1년 / 선조6년) 3월경 조정에서 판각 권장	?	?	朝廷
	羅欽順	『困知記』 續四卷 公刊	1549년 (嘉靖28년)					
	朝廷	陽明學·傳習 금지령 해제	1567년 (隆慶1년)					
		王陽明 文廟에 從祀	1584년 (萬曆12년)					

59) 위 도표는 鄭德熙, 「陽明學의 性格과 朝鮮的 展開」, 13～14쪽의 것을 수정·보완한 것임.

도표 및 설명은 최재목, 「퇴계의 양명학관에 대하여-퇴계의 독자적 심학 형성 과정에 대한 일 시론」『퇴계학보』113집, (퇴계학연구원, 2003. 6. 25.)에서 옮겨 실은 것임.

퇴계가 양명학을 정식으로 비판한 1553～1566년의 시기에는 명의 양명학 비판서적이 조선 관부에 의해 출간되어 이미 세간에 유포되고 있던 상태였다. 당시 明의 조정에서는 ① 1522년(嘉靖1年), ② 1529년(嘉靖8年), ③ 1537년(嘉靖16年)의 세 차례에 걸친 陽明學과 傳習錄의 禁止令이 내려졌다. 또한 시기를 같이하여 官學派에 의해 양명학 비판서가 간행되었다. 詹陵(?～?)의 『異端辨正』(1525年刊), 整庵 羅欽順(1465～1547)의 『困知記』(初刊 / 1534년, 重刊 / 1535년, 三刊 / 1537년), 淸瀾 陳建(1497～1567)의 『學蔀通辨』(1548年刊)이 그것이다. 이 서적들은 1528년 왕양명이 죽고 난 뒤 양명학이 세력을 잃고 있는 틈에 세간에 널리 유포되었다. 이 서적들은 조선에도 유입되어 官府에 의해 출간된다. 즉 1551년에 전래된 『異端辨正』은 1552년에, 1553년에 전래된 『困知記』는 1560년에 각각 간행되었다. 그런데 『學蔀通辨』은 언제 조선에 전래되고 또 간행되었는지 불확실하다. 다만 『學蔀通辨』의 유포시기를

1) 강화학파 관련 학술 문화사 연표

서 기	조선왕조	국내 역사적 동향	해외 역사적 동향	
1469	9대 성종		중 국	일 본
1473		김세필(金世弼) 출생		
1474		박상(朴祥) 출생		
1483			장신(蔣信), 왕간(王艮) 출생	
1487			서애(徐愛), 섭표(聶豹), 남대길(南大吉) 출생	
1489		서경덕(徐敬德) 출생		
1491			추수익(鄒守益) 출생	
1492			정민정(程敏政)의『심경부주(心經附注)』간행	
1494	10대 연산군			
1496			전덕홍(錢德洪), 구덕(歐德) 출생	

추정할 수 있는 자료가 없는 것은 아니다. 예컨대, 당시 조선 최고의 博覽家로서 중국의 희귀한 신간도서를 신속하게 입수하던 사람으로 유명한 柳希春(자는 仁仲, 호는 眉巖. 1513~1577)의 『眉巖集』권16에 수록된 「經筵日記」에는, 1573년(선조6년, 癸酉) 3월 17일 "강의가 끝난 뒤 左相들이 進言하는 가운데", 왕양명의 학문을 비판하고『學蔀通辨』의 斥王에 대해 높게 평가하면서 "마땅히 校書館으로 하여금 판각하게 하고, 또한 호남과 영남에서도 그렇게 하도록 해야 한다"라고 한 언급이 있다. 이때(1573년)는 『學蔀通辨』이 간행된 지 25년이 되던 해이다. 그리고 당시에 『學蔀通辨』이 막 전래되어 독해되던 때이며 각지에 판각을 권장하는 시점으로 추정된다.

서 기	조선왕조	국내 역사적 동향	해외 역사적 동향	
1497			진건(陳建)출생	
1498			왕기(王畿) 출생	
1501		이황(李滉) 출생		
1504			나홍선(羅洪先) 출생	
1506	11대 중종			
1507			당순지(唐順之) 출생	
1511			왕벽(王襞) 출생	
1515	12대 중종	홍인우(洪仁祐) 출생	나여방(羅汝芳) 출생	
1517			양여원(梁汝元), 서애(徐愛) 사망	
1518			『傳習錄』초각고본『대학』, 주자 만년정론 제시	
1521			대례의논쟁(大禮議論爭)	
1522			왕시식(王時植) 출생 제1차 양명학 · 전습록 금지	
1524		조목(趙穆) 출생		
1525			첨릉(詹陵) 『이단변정(異端辨正)』 간행	
1528		남언경(南彦經)출생		
1529			제2차 양명학 · 전습록 금지	
1530		박상(朴祥) 사망		
1533		김세필(金世弼) 사망		
1534			『곤지기』2차 초간	
1535			『곤지기』2차 중간	
1537			『곤지기』2권 삼간 제3차 양명학 · 전습록 금지	
1538			당학징(唐鶴徵) 출생	
1540			왕간(王艮) 사망	
1541			남대길(南大吉) 사망	
1542		유성룡(柳成龍) 출생		

서 기	조선왕조	국내 역사적 동향	해외 역사적 동향	
1545	13대 명종			
1546		서경덕(徐敬德) 사망		
1548			양동명(楊東明)출생 진건(陳建)『학부통변(學蔀通辨)』出刊	
1549			나흠순(羅欽順)『곤지기(困知記)』속사권(續四卷) 간행	
1553		퇴계의「초의려선생집부백사양명초후 복서기말」,「백사시교변」,「백사시교전습록초전인서기후」		
1554		홍인우(洪仁祐)사망	구덕(歐德) 사망	
1559			장신(蔣信) 사망	
1560			당순지(唐順之) 사망	
1561				
1562			추수익(鄒守益) 사망	
1563			섭표(聶豹) 사망	
1564			나홍선(羅洪先) 사망	
1566		퇴계의「심경후론」「전습록변」		
1567	14대 선조		진건(陳建) 사망 (陽明學·傳習금지령 해제)	
1569		허균(許筠) 출생		
1571		이황(李滉) 사망		
1574			전서산(錢緒山) 사망	
1579			양여원(梁汝元) 사망	
1583			왕기(王畿) 사망	하야시 라잔 (林羅山) 출생
1584			왕양명 문묘에 從祀	
1585				
1586		최명길(崔鳴吉)출생		

서 기	조선왕조	국내 역사적 동향	해외 역사적 동향	
1587		장유(張維) 출생	왕벽(王襞) 사망	
1588			나여방(羅汝芳) 사망	
1592				
1594		남언경(南彦經)사망		
1595				
1598				
1604				
1605			왕시식(王時植) 사망	
1606		조목(趙穆) 사망		
1607		유성룡(柳成龍) 사망		
1608	15대 광해군			나카에 도쥬(中江藤樹) 출생
1615				
1617				후치 코잔(淵岡山) 출생
1618		허균(許筠) 사망		야마자키 안사이(山崎闇齋) 출생
1619			당학징(唐鶴徵) 사망	쿠마자와 반잔(熊澤蕃山) 출생, 후지와라 세이카(藤原惺窩) 사망
1622				야마가 소코(山鹿素行) 출생
1623	16대 인조			
1624			양동명(楊東明) 사망	
1627				이토 진사이(伊藤仁齋) 출생
1628				
1629		윤증(尹拯) 출생		
1631		박세채(朴世采) 출생		

서 기	조선왕조	국내 역사적 동향	해외 역사적 동향
1633			
1636			
1638		장유(張維) 사망	
1642			
1647		최명길(崔鳴吉)사망	
1648			나카에 도쥬(中江藤樹) 사망
1649	17대 효종	정제두(鄭齊斗)출생	
1654			
1656			
1657		이재(李栽) 출생	하야시 라잔(林羅山) 사망
1659	18대 현종		
1663			
1665		양득중(梁得中)출생	미야케 세키앙(三宅石庵) 출생
1666			오규 소라이(荻生徂徠) 출생
1669			미와 싯사이(三輪執齋) 출생
1670			
1674	19대 숙종		
1675			
1680			다자이 슌다이(太宰春台)출생
1682		한원진(韓元震)출생	야마자키 안사이(山崎闇齋) 사망
1683			

서 기	조선왕조	국내 역사적 동향	해외 역사적 동향
1685			야마가 소코(山鹿素行) 사망,이시다 바이간(石田梅嚴) 출생
1686			후치 코잔(淵岡山) 사망
1691			쿠마자와 반잔(熊澤蕃山)사망
1695		박세채(朴世采) 사망	
1697			
1698			
1700		이광신(李匡臣) 출생	
1701			
1705		이광사(李匡師)출생	이토 진사이(伊藤仁齋) 사망
1706			
1707		전국적으로 대동법 시행	
1709			
1714		윤증(尹拯) 사망	
1715			
1718			
1720	20대 경종	이광려(李匡呂) 출생	
1723			미우라 바이엔(三浦梅園)출생
1724	21대 영조		
1725		탕평책 실시	
1728			오규 소라이(荻生徂徠) 사망
1730		이재(李栽) 사망	

서 기	조선왕조	국내 역사적 동향	해외 역사적 동향
1731		이종휘(李種徽), 홍대용(洪大容) 출생 이광사(李匡師)는 봄에 강화도에서 하곡의 실학을 들음.	
1732			
1734			
1735		신대우(申大羽) 출생	
1736		이긍익(李肯翊) 출생	
1737		박지원(朴趾源) 출생	
1738		이영익(李令翊) 출생	
1742		양득중(梁得中) 사망	
1744		이충익(李忠翊) 출생 이광신(李匡臣) 사망	미와 싯사이(三輪執齋), 이시다 바이간(石田梅巖) 사망
1745			
1746		정제두(鄭齊斗) 사망	
1747			다자이 슌다이(太宰春台)사망
1750		박제가(朴齊家) 출생, 균역법 실시	
1751		한원진(韓元震) 사망	
1752			
1759			
1760		신작(申綽) 출생	
1765			
1771			
1772			사토 잇사이(佐藤一齋)출생
1775			
1776	22대 정조	규장각 실시	

서 기	조선왕조	국내 역사적 동향	해외 역사적 동향	
1777		이광사(李匡師) 사망		
1778				
1780		이영익(李令翊) 사망		
1781				
1782				
1783		이광려(李匡呂), 홍대용(洪大容) 사망		
1784				
1785		대전통편 완성		
1786		이종휘(李種徽) 사망		
1787				
1788		정문승(鄭文升) 출생,『농서(農書)』		
1789				미우라 바이엔 (三浦梅園)사망
1790		이시원(李是遠) 출생		
1793				오시오 츄사이 (大鹽中齋)출생
1797				요시무라 슈요 (吉村秋陽)출생
1798				
1799				
1800	23대 순조			
1801		신유박해		
1805		박제가(朴齊家), 박지원(朴趾源) 사망		야마다 호코쿠 (山田方谷)출생
1806		이긍익(李肯翊) 사망		
1807				하야시 료사이 (林良齋) 출생
1808		정동유(鄭東愈) 사망		

서 기	조선왕조	국내 역사적 동향	해외 역사적 동향
1809		신대우(申大羽) 사망	요코이 쇼잔(橫井小楠) 출생
1811		홍경래의 난	사쿠마 쇼잔(佐久間象山) 출생
1812			
1813		정기석(鄭箕錫) 출생	
1814			
1816		이충익(李忠翊) 사망	
1825			
1826			
1827			사이고 다카모리(西鄕隆盛) 출생
1828		신작(申綽) 사망	
1829		이상학(李象學)출생	
1830			요시다 쇼인(吉田松陰) 출생
1831			
1832			히가시 타쿠샤(東 澤瀉) 출생
1834	24대 헌종		
1835			
1837			오시오 츄사이(大鹽中齋)사망
1839		기해박해	
1840			
1844			
1845			
1848			
1849	25대 철종		하야시 료사이(林良齋) 사망

서 기	조선왕조	국내 역사적 동향	해외 역사적 동향	
1850		김택영(金澤榮) 출생	태평천국의 난	
1852				
1853		이건창(李建昌) 출생		
1856				
1859		박은식(朴殷植)출생		요시다 쇼인(吉田松陰), 사토 잇사이(佐藤一齋) 사망
1860		최제우 동학 창시		
1861		이건방(李建芳)출생 김정호, 대동여지도 제작		
1863	26대 고종			
1864				사쿠마 쇼잔(佐久間象山) 사망
1866		이시원(李是遠) 사망 병인박해, 병인양요		요시무라 슈요(吉村秋陽)사망
1867				
1868				메이지 유신(明治維新)
1869				요코이 쇼난(橫井小楠) 사망
1871		신미양요		
1875		정문승(鄭文升) 사망		
1876		강화도 조약 체결		
1877				야마다 호코쿠(山田方谷), 사이고 다카모리(西鄕隆盛)사망
1878				
1879		지석영, 종두법 실시		

서 기	조선왕조	국내 역사적 동향	해외 역사적 동향	
1880		신채호(申采浩) 출생		
1881		신사 유람단 및 영선사 파련		
1882				
1884		갑신정변		
1885		배제학당 설립		
1888		이상학(李象學) 사망		
1889		정기석(鄭箕錫) 사망		
1891				히가시 타쿠샤 (東 澤瀉) 사망
1892		정인보(鄭寅普) 출생		
1894		동학 농민 운동, 갑오개혁	청·일 전쟁	
1895		을미사변		
1896		아관 파천		
1897		대학제국 성립		
1898		이건창(李建昌) 사망	청, 무술개혁	
1899				
1900				
1904		한·일 의정서 맺음		러·일 전쟁
1905		을사조약		
1907	27대 순종	국채보상운동		
1910		국권 피탈, 박은식 『왕양명선생실기(王陽明先生實記)』 저술		
1911		『소년』지에 『왕양명선생실기』 게재	신해혁명	
1912		토지 조사사업 시작	중화민국 성립	
1913				
1914		대한 광복군 정부 수립		

서 기	조선왕조	국내 역사적 동향	해외 역사적 동향
1917			
1918			
1919		3·1운동, 대한민국 임시정부 수립	5·4운동
1920		김좌진, 청산리 대첩	
1925		박은식 사망	
1926		6·10만세 운동	
1927		김택영(金澤榮) 죽음	난징에 국민정부 수립
1929			
1931			만주 사변
1932		이봉창, 윤봉길의거	
1936		신채호(申采浩) 사망, 손기정, 베를린 올림픽 대회 마라톤 우승	
1937			중·일 전쟁
1939		이건방(李建芳) 사망	
1940		일제의 민족 말살 정책 강화	
1950		정인보(鄭寅普) 사망	

2) 하곡의 생애 및 학문의 변화 과정

시 기 내 용	초 년	중 년	만 년
생애(거주) 의 삼변	京居期 (출생~40세까지)	安山期 (41~60세까지)	江華期 (61~88세 서거까지)
학문의 삼변	程朱說期	王學說期	禮說·服制說, 天文·星曆, 氣數論·經世論期
비 고		• 王學으로의 轉化期: 24~33세 • 王學의 表明 및 專治 期: 34세~	

3) 강화학파 저술 표

인 명	생몰연대	주요저서	관련 국내사건 및 인물
항재(恒齋) 이광신(李匡臣)	1700~1744	『의주왕문답(擬朱王問答)』	홍재(弘齋) 민옥(閔鈺)· 조진빈(趙震彬)과 함께 수학
원교(圓嶠) 이광사(李匡師)	1705~1777	『두남집(斗南集)』 『동국악부(東國樂府)』 『원교집선(圓嶠集選)』 『원교서결(圓嶠書訣)』	신해(辛亥, 1731) 봄에 강 화도에서 하곡의 실학을 들음
월암(月巖) 이광려(李匡呂)	1720~1783	『이참봉집(李參奉集)』	性靈主義 詩文의 특색

인 명	생몰연대	주요저서	관련 국내사건 및 인물
연려실(燃藜室) 이긍익(李肯翊)	1736~1806	『연려실기술(燃藜室記述)』	
신재(信齋) 이영익(李令翊)	1738~1780	『서결(書訣)』	
완구(宛丘) 신대우(申大羽)	1735~1809	「산해소(山海疏)」 「서정보(西征譜」 「오일기(五日記)」 「심도지(沁都志)」 「직일기(直日記)」	수산(修山) 이종휘(李種徽), 월암(月巖) 이광려(李匡呂), 신재(信齋) 이영익(李令翊)
초원(椒園) 이충익(李忠翊)	1744~1816	『가설상하(假說上下)』	
현동(玄同) 정동유(鄭東愈)	1744~1808	『주영편(晝永編)』 上下	
석천(石泉) 신 작(申 綽)	1760~1828	『시차고(詩次故)』 『하곡유집(霞谷遺集)』 편집 『노자지략서(老子旨略序)』 『시흥체전술금(詩興替傳述鈫)』	
초천(蕉泉) 정문승(鄭文升)	1788~1875	『농서(農書)』	
도정(都正) 정기석(鄭箕錫)	1813~1889		

4) 강화학파와 士禍 및 당파와 연관성 도표60)

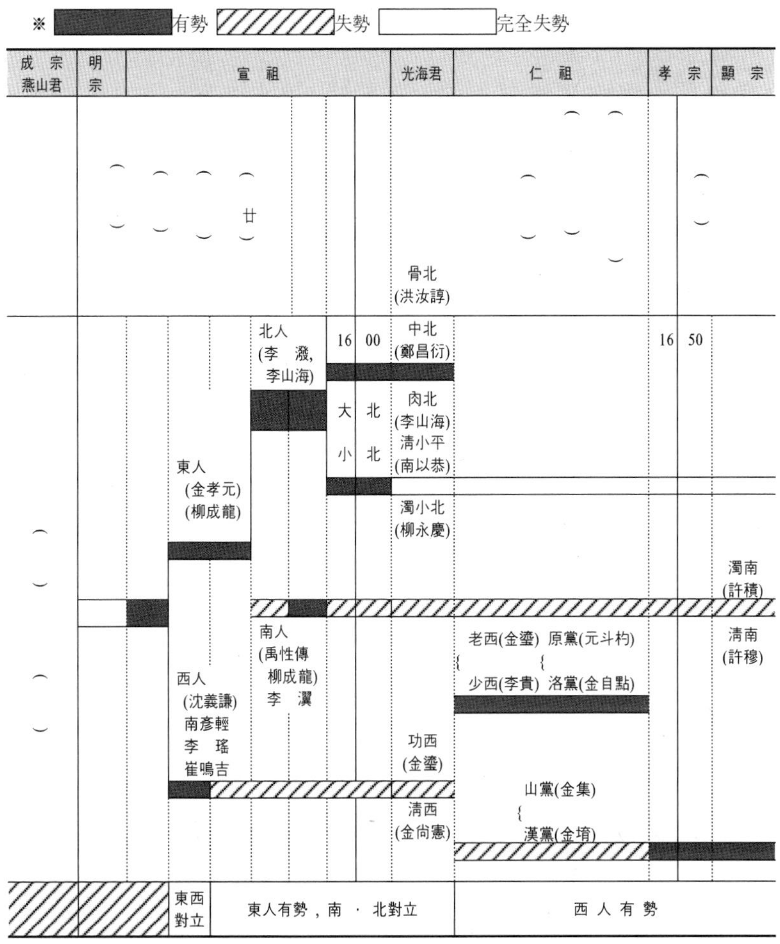

---

60) 이 표는 鄭德熙, 『陽明學對』韓國的影響』, (臺北: 文史哲出版社, 中華 75年), 121~122쪽을 약간 수정하여 옮겨 실은 것이다.

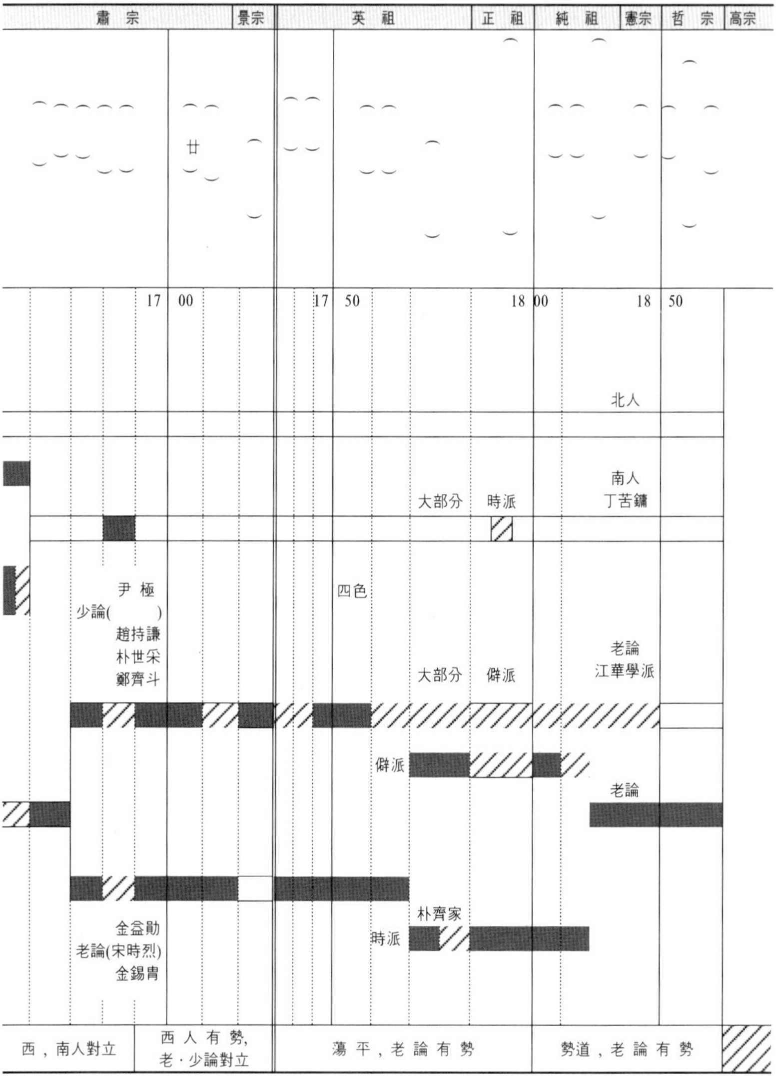

肅宗　景宗　英祖　正祖　純祖　憲宗　哲宗　高宗

廿

17 00　　17 50　　18 00　　18 50

北人

南人
丁若鏞

大部分　時派

尹　極
少論(　　)
趙持謙
朴世采
鄭齊斗

四色

大部分　僻派

老論
江華學派

僻派

老論

朴齊家
時派

金盆勛
老論(宋時烈)
金錫胄

西 , 南人對立
西人有勢, 老·少論對立
蕩平 , 老論有勢
勢道 , 老論有勢

5) 李氏 德原君派

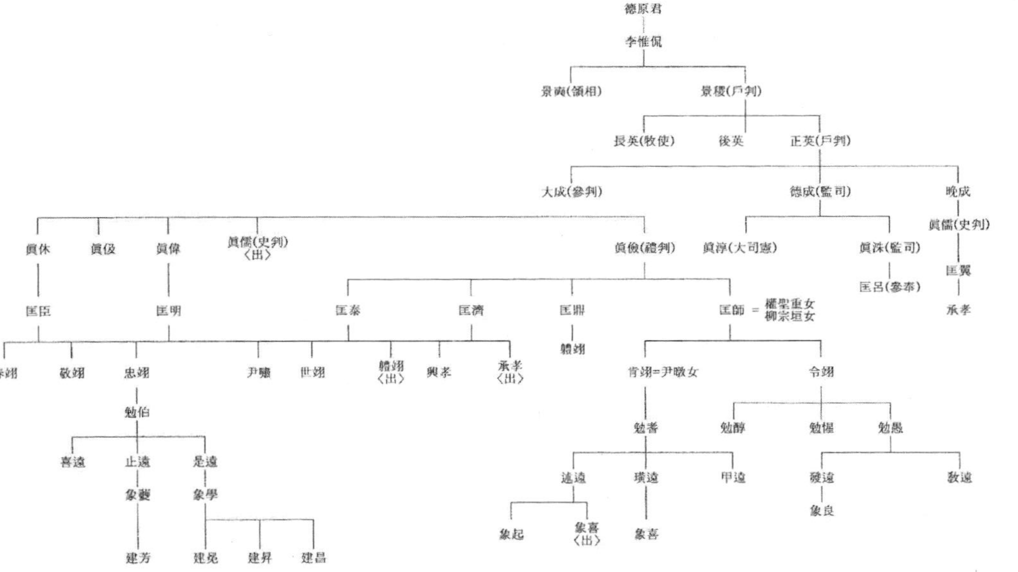

6) 주요 인물들의 생애와 사상, 저서[61]

(1) 김세필(金世弼, 1473~1533)

본관 경주, 자 공석(公碩). 호 십청헌(十淸軒)·지비옹(知非翁). 시호 문간(文簡). 1495년(연산군 1) 사마시를 거쳐, 식년문과에 병과로 급제하였다. 수찬(修撰)·지평(持平)에 올랐다가, 1504년 갑자사화에 연루되어 거제도에 유배되었다. 중종반정으로 풀려나와 응교(應敎)로 기용되고, 부제학(副提學)·광주목사·전라도관찰사를 지냈다.

대사헌(大司憲)·이조참판을 거쳐, 1519년(중종 14) 사은사(謝恩使)로 명나라에 다녀왔다. 그해 겨울 기묘사화 때 조광조(趙光祖)가 사사(賜死)되자, 중종의 과오를 규탄하다가 유춘역(留春驛)에 장배(杖配)되었다. 1522년에 풀려났으나, 고향으로 내려가 십청헌을 짓고 후진을 교육하였다. 그 공로를 인정받아 이조판서가 추증되고 충주의 팔봉서원(八峰書院)에 배향되었다. 문집에 『십청집』이 있다.

---

61) 이 자료는 http://www.naver.com/, http://kr.yahoo.com/ 백과사전,
鄭良婉·沈京昊 共著, 『江華學派의 文學과 思想』, 서울: 韓國精神文化研究院, 1999.
鄭良婉·沈慶昊 共著, 『江華學派의 文學과 思想, 1』, 성남: 韓國精神文化研究院, 1993.
鄭良婉, 『江華學派의 文學과 思想, 2』, 성남: 韓國精神文化研究院, 1993.
沈慶昊, 『江華學派의 文學과 思想, 3』, 성남: 韓國精神文化研究院, 1993.
등을 참조하였다.

(2) 박상(朴祥, 1474~1530)

본관 충주. 자 세창(世昌). 호 눌재(訥齋). 시호 문간(文簡). 1496년 (연산군 2) 진사가 되고, 1501년 식년문과에 급제, 교서관정자(校書館正字) 등을 지냈다. 사가독서(賜暇讀書) 후에 헌납(獻納)이 되어, 종친의 중용(重用)을 반대하다가 왕의 노여움을 사서 하옥되었으나, 재신(宰臣)들의 상소로 풀려났다. 그러나 한산군수로 좌천되고, 다시 종묘서령(宗廟署令)·임피현감(臨陂縣監) 등을 지냈다. 1511년(중종 6) 수찬(修撰) 등을 거쳐, 담양부사 때 중종반정으로 폐위된 단경왕후(端敬王后) 신씨(愼氏)의 복위를 상소, 중종의 진노를 사서 오림역(烏林驛)에 유배되었다.

1516년 풀려나 의빈부도사(都事)·순천부사 등을 지내고, 모친상으로 사직하였다. 1521년 상주·충주의 목사(牧使)를 지내고, 1526년 문과중시(文科重試)에 장원, 나주목사가 되나 신병으로 낙향하였다. 청백리에 녹선되고, 문장가로 이름을 떨쳐 당대의 사가(四家)로 칭송을 받았다. 이조판서가 추증, 광주 월봉서원(月峰書院)에 배향되었다. 문집 『눌재집』이 있다.

(3) 서경덕(徐敬德, 1489~1546)

당성(唐城), 자 가구(可久), 호 화담(花潭)·복재(復齋), 시호 문강(文康)이며 부위(副尉) 서호번(徐好蕃)의 아들이다. 화담이라는 호는 그가 송도의 화담에 거주했으므로 사람들이 존경하여 부른 것이다. 가세가 빈약하여 독학으로 공부를 하였고, 주로 산림에 은거하면서 문인을 양성하였으며, 과거에는 뜻을 두지 않았다.

조식(曹植)·성운(成運) 등 당대의 처사(處士)들과 지리산·속리산 등을 유람하면서 교유하였으며, 1544년 김안국(金安國)이 후릉참봉(厚陵參奉)에 천거하였으나 출사하지 않았다. 학문경향은 궁리(窮理)와 격치(格致)를 중시하였으며, 선유의 학설을 널리 흡수하고 자신의 견해는 간략히 개진하였다. 또한 주돈이(周敦)·소옹(邵雍)·장재(張載) 등 북송(北宋) 성리학자의 학문에 많은 관심을 보였다.

단편 논저로는 <원리설(原理說)>, <이기설(理氣說)>, <태허설(太虛說)>, <귀신사생론(鬼神死生論)> 등 네 편이 있는데, 이들 논저에는 '이(理)'보다는 '기(氣)'를 중시하는 주기철학의 입장이 정리되어 있다.<태허설>에서는 우주의 근본원리를 태허 또는 선천(先天)이라 하고 태허에서 생성 발전된 만상(萬象)을 후천(後天)이라 하였으며, <귀신사생론>에서는 인간의 죽음도 우주의 기에 환원된다는 사생일여(死生一如)를 주장하여 기의 불멸성을 강조하고, 불교의 인간 생명이 적멸한다는 논리를 배격하였다.

대표적 문인으로는 허엽(許曄)·박순(朴淳)·민순(閔純)·박지화(朴枝華)·서기(徐起)·한백겸(韓百謙)·이지함(李之函) 등이 있으며, 그의 학문은 남북분당기에 북인의 사상을 형성하는 데 큰 영향을 주었다.

황진이·박연폭포와 함께 개성을 대표한 송도3절(松都三絶)로 지칭되기도 하며, 황진이의 유혹을 물리친 일화는 시조작품으로도 전해질 만큼 유명하다. 노장사상으로 대표되는 도가사상(道家思想)에도 관심을 보여 도가의 행적을 기록한 『해동이적(海東異蹟)』에는 그의 도가적인 성향이 소개되었다. 그의 학풍은 조선 전기의 사상계의 흐름이 주자성리학 일색만이 아니었던 분위기를 보여주며, 그의 문인들 중에서 양명학자나 노장사상에 경도된 인물이 나타나는 것은 주목할 만하다.

한편, 북한에서는 그의 주기철학을 유물론의 원류로 평가하여 그의 철학을 높이 평가한다. 개성의 숭양서원(崧陽書院)과 화곡서원(花谷書院)에 제향되었으며, 문집으로는 『화담집(花潭集)』이 있다.

(4) 이황(李滉, 1501~1570)

본관 진성(眞城). 초명 서홍(瑞鴻). 자 경호(景浩). 초자 계호(季浩). 호 퇴계(退溪)·도옹(陶翁)·퇴도(退陶)·청량산인(淸凉山人). 시호 문순(文純). 경상북도 예안(禮安) 출생. 12세 때 숙부 이우(李)에게서 학문을 배우다가 1523년(중종 18) 성균관(成均館)에 입학, 1528년 진사가 되고 1534년 식년문과(式年文科)에 을과(乙科)로 급제하였다. 부정자(副正子)·박사(博士)·호조좌랑(戶曹佐郎) 등을 거쳐 1539년 수찬(修撰)·정언(正言) 등을 거쳐 형조좌랑으로서 승문원교리(承文院校理)를 겸직하였다.

1542년 검상(檢詳)으로 충청도 암행어사로 나갔다가 사인(舍人)으로 문학(文學)·교감(校勘) 등을 겸직, 장령(掌令)을 거쳐 이듬해 대사성(大司成)이 되었다. 1545년(명종 즉위) 을사사화(乙巳士禍) 때 이기(李)에 의해 삭직되었다가 이어 사복시정(司僕寺正)이 되고 응교(應敎) 등의 벼슬을 거쳐 1552년 대사성에 재임, 1554년 형조·병조의 참의에 이어 1556년 부제학, 2년 후 공조참판이 되었다. 1566년 공조판서에 오르고 이어 예조판서, 1568년(선조 1) 우찬성을 거쳐 양관대제학(兩館大提學)을 지내고 이듬해 고향에 은퇴, 학문과 교육에 전심하였다.

이언적(李彦迪)의 주리설(主理說)을 계승, 주자(朱子)의 주장을 따라 우주의 현상을 이(理)·기(氣) 이원(二元)으로 설명, 이와 기는 서로 다르면서 동시에 상호 의존관계에 있어서, 이는 기를 움직이게 하는 근본 법칙을 의미하고 기는 형질을 갖춘 형이하적(形而下的) 존재로서 이의 법칙을 따라 구상화(具象化)되는 것이라고 하여 이기이원론(理氣二元論)을 주장하면서도 이를 보다 근원적으로 보아 주자의 이기이원론(理氣二元論)을 발전시켰다.

그의 학풍은 뒤에 그의 문하생인 유성룡(柳成龍)·김성일(金誠一)·정구(鄭逑) 등에게 계승되어 영남학파(嶺南學派)를 이루었고, 이이(李珥)의 제자들로 이루어진 기호학파(畿湖學派)와 대립, 동서 당쟁은 이 두 학파의 대립과도 관련되었으며 그의 학설은 임진왜란 후 일본에 소개되어 그곳 유학계에 큰 영향을 끼쳤다.

저서에 『퇴계전서(退溪全書): 修正天命圖說·聖學十圖·自省錄·朱書記疑·心經釋疑·宋季之明理學通錄·古鏡重磨方·朱子書節要·理學通錄·啓蒙傳疑·經書釋義·喪禮問答·戊辰封事·退溪書節要·四七續編』이 있고 작품으로는 시조에 『도산십이곡(陶山十二曲)』, 글씨에 『퇴계필적(退溪筆迹)』이 있다.

(5) 조목(趙穆, 1524~1606)

본관 횡성(橫城). 자 사경(士敬). 호 월천(月川)·동고(東皐). 이황(李滉)의 문인. 1552년(명종 7) 생원시(生員試)에 합격, 성균관(成均館) 유생(儒生)이 되었다. 1571년(선조 4) 이조의 추천으로 동몽교관

(童蒙敎官)·공릉참봉(恭陵參奉)에 임명되었으나 사퇴, 후에 성균관의 천거로 집현전참봉(集賢殿參奉)이 되었다가 곧 사직했다.

1576년 봉화현감(奉化縣監)을 거쳐 1594년(선조 27) 군자감주부(軍資監主簿)로서 일본과의 강화를 반대하는 상소를 하였고 이듬해 장악원정(掌樂院正)으로 전임, 1601년 사재감정(司宰監正)을 거쳐 공조참판에 이르렀다. 집안이 가난했으나 평생을 학문 연구에만 뜻을 두어 대학자로 존경을 받았다. 문장과 글씨에 뛰어났으며 예천(醴泉)의 정산서원(鼎山書院), 예안(禮安)의 도산서원(陶山書院), 봉화의 문암서원(文巖書院) 등에 제향되었다. 문집에 『월천집(月川集)』, 저서로 『곤지잡록(困知雜錄)』이 있다.

(6) 남언경(南彦經, 1528~1594)

의령(宜寧). 자 시보(時甫). 호 동강(東岡). 서경덕(徐敬德)의 문인. 1566년(명종 21) 학행(學行)으로 천거되어 지평현감(砥平縣監)에 기용되고, 1573년(선조 6) 양주목사(楊州牧使)를 지냈다. 지평(持平)·장령(掌令)을 거쳐 전주부윤이 되었다가, 1589년 정여립(鄭汝立)의 모반사건으로 탄핵받아 파직되었다.

1592년 여주목사(驪州牧使)에 다시 기용되어, 이듬해 공조참의(工曹參議)를 역임하였다. 이요(李瑤)와 함께 조선 최초의 양명학자(陽明學者)로서 이황(李滉)을 비판했다는 주자학파의 탄핵으로 삭탈관직되었다. 양근(楊根)의 미원서원(迷源書院)에 배향되었다.

(7) 최명길(崔鳴吉, 1586~1647)

본관 전주. 자 자겸(子謙). 호 지천(遲川). 시호 문충(文忠). 영흥부사 기남(起南)의 아들. 이항복(李恒福)과 신흠(申欽)에게 배웠고 조익(趙翼)·장유(張維)·이시백(李時白)과 교유하였다. 20세 때인 1605년(선조 38) 한 해에 사마시의 생원, 진사시와 문과를 모두 통과하고 승문원을 거쳐 예문관에 들어가는 가장 화려한 경로로 정부에 진출하였다. 광해군대에 북인의 권력독점이 심화되던 중 1614년(광해군 6) 병조좌랑에서 삭직되었으며, 북인의 독주가 선조비인 인목대비(仁穆大妃) 유폐에 이르게 되자 이귀(李貴)가 중심이 된 반정계획에 참여하였다. 그 후 김류(金) 계열과의 연합을 통한 반정이 성공하자 이조좌랑이 되고 그해에 이조참판과 비변사 제조까지 승진하였으며, 정사공신(靖社功臣) 1등 완성부원군(完城府院君)에 녹훈되었다.

여러 관직을 거치며 이괄의 난과 정묘호란의 극복에 공헌하고, 1632년(인조 10) 이후 예조·이조·호조의 판서와 예문관·홍문관 대제학을 역임하였다. 1636년에는 병조판서가 되었으나 나아가지 않았고, 이조판서에 다시 올라 병자호란에서 강화를 주관하였다. 난중의 일처리로 인조의 깊은 신임을 받음으로써 1637년 우의정과 좌의정을 거쳐 이듬해에는 영의정에 올라, 대청·대명 외교의 복잡한 문제에 대처하고 개혁을 추진하면서 국정을 주도하였다. 일찍 사이가 벌어진 김류·김자점(金自點) 세력과의 경쟁으로 1640년에 일단 물러났다가 2년 후 다시 영의정이 되었지만, 임경업(林慶業)을 통해 승려 독보(獨步)를 명나라에 보내 비공식적 외교관계를 유지한 일이 발각되어 1643년에 청나라에 끌려가 수감되었다가, 1645년 소현세자

일행과 함께 풀려났다.

사상은 당시의 대세인 신유학을 바탕으로 하였지만 성리학 원론이나 번다한 예설 자체에 대해 관심을 크게 보이지 않았고 명분론 일변도로 흐르지도 않았다. 또한 양명학(陽明學)에 호감을 보이고 그 소양을 몸에 익혀 장유 등과 더불어 그 사상을 후대에 이어준 매우 중요한 인물로 평가된다. 인조반정 때 길흉을 점쳐 거사 시기를 정했을 만큼 점술을 인정받았으며 풍수지리나 병법에도 뛰어났다. 다양하고 현실적인 사상은 실제 생활과 정치에 반영되었다. 사족들에 대해 청군에 끌려갔던 부녀들과 혼인관계를 계속 유지할 것을 외롭게 주장하였고, 늦게 생자를 얻었으나 그전에 조카를 양자로 삼은 것을 취소하지 않고 그대로 후사로 삼도록 특별히 청해 조정의 허락을 받았다. 또한 동료 공신들의 경제적 비리행위를 규탄하고 개혁을 촉구하는 데 거리낌이 없을 정도로 강직하였다.

1624년 이괄의 난에는 무신이 아닌데도 위험 속에서 홀로 임진강을 건너 원수 장만(張晩)을 찾아갔고, 계책을 세워 안현(鞍峴) 전투를 승리로 이끎으로써 반란 진압에 결정적인 계기를 마련하였다. 병자호란 초기에 청나라의 기동대가 들이닥쳤을 때는 자원하여 목숨을 걸고 적장에게 침략을 항의함으로써 인조와 백관이 남한산성으로 피신할 시간을 벌었다. 병자호란 후에도 스스로 청나라를 왕래하면서 대청 외교에서 패전국으로서 겪는 온갖 어려움을 당당한 자세로 해결하여 나갔다. 그의 이러한 성격은 주로 정적들이 편찬한 『인조실록』에서도 곳곳에서 높이 평가되었다. 구체적인 정책은 외부의 압력에 굴하지 않고 개혁을 추구하되 시세의 변화에 따라 변통하는 방향으로 추진하였다. 후금 및 그 뒤의 청나라에 대해서는 유연한 외교

관계를 유지하여 충돌을 피하고 우리의 입장을 지키자는 주장으로 일관하였다.

병자호란 때는 "싸우자니 힘이 부치고 감히 화의하자고 못하다가 하루아침에 성이 무너지고 위아래가 어육(魚肉)이 되면 종사를 어디에 보존하겠느냐"는 입장에서 강화를 주장하였지만, 자신이 쓴 항서를 찢는 척화파 김상헌(金尙憲)의 행동에도 의미가 있다고 인정함으로써 독단에 빠지지 않았다. 또한 인조가 대원군 신분인 생부 정원군(定遠君)을 왕으로 추존하는 정책을 펼 때 대부분의 사림들이 공과 사의 분별을 내세워 반대하였으나 임금의 입장을 존중하는 소수 의견에 가담하여 탄핵을 받았다. 그러나 항상 임금만을 따른 것은 아니어서 1646년 인조가 소현세자빈을 처형할 때는 공포 분위기 속에서도 일반 사류들과 함께 그녀를 용서할 것을 주장하였다.

1625년(인조 3)에 관직체계·토지제도·군사제도 전반에 대한 개혁안을 제출한 데 나타난 개혁 의지는 병자호란 후 국정을 주도할 때 실행에 옮겨졌다. 정치운영에 대해서는 관인들 사이의 분란 가능성을 줄이고 재상의 권한을 확대함으로써 정치의 효율성을 증대시키고, 민생에 대해서는 호패법(號牌法)을 실시하여 민간의 부담을 균등히 하려는 것이었다.

주화론으로 대표되는 그의 사상과 정책은 성리학적 명분을 중시하던 시대 분위기에 밀려 인조 말년 이후 거의 모두 부정되고 자신도 소인배나 불길한 인물로 폄하되었다. 그러나 국가와 민생을 위해 개인의 위험을 돌아보지 않는 헌신과 복잡한 문제들을 풀어간 공로에 대한 찬사도 계속되었다. 그의 정치적 입장은 손자이자 숙종대에 영의정을 지낸 소론의 지도자인 최석정(崔錫鼎) 등을 통해 후대로 이어졌다. 문집으로 『지천집』과 『지천주차(遲川奏箚)』가 있다.

(8) 박세채(朴世采, 1631~1695)

조선 중기 학자·정치가. 자는 화숙(和叔), 호는 현석(玄石)·남계(南溪), 본관은 반남(潘南). 명문세족의 가계(家系)로 중요 관직에 나아가 정치에 참여하였으며, 정치현실의 부침에 따라 수난을 겪기도 하였다. 1649년 진사가 되어 성균관에 들어갔으나 성균관 생활 2년 만에 과거공부를 포기하였다. 그는 원래 이이(李珥)의 『격몽요결(擊蒙要訣)』로써 학문을 출발하였으며, 이이를 존경하였다. 이 무렵 이이·성혼(成渾)의 문묘종사문제가 제기되었는데, 그가 유직(柳稷)의 문묘종사 반대 상소에 대해 비판하는 글을 내었다. 이에 대한 효종의 비답(批答) 속에 선비를 박대하는 글이 있으므로 이에 분개하여 과거시험의 뜻을 버리고 학문에 전념할 것을 결심하였다. 1659년 천거로 익위사세마(翊衛司洗馬)가 되었는데, 자의대비(慈懿大妃)의 복상문제(服喪問題)가 크게 거론되자 기년설(朞年說)을 지지하여 서인 측에 동조하였다. 1674년 숙종이 즉위하여 남인이 집권하자 서인 측은 추죄(追罪)를 받게 되었고, 그는 관직을 삭탈당한 뒤 유배생활을 하며 6년간 학문에 전념하였다. 1680년 경신대출척이라는 집권층의 변화에 따라 다시 등용되어 사헌부집의·이조판서 등을 거쳐 우참찬에 이르렀다. 1684년 회니(懷尼)의 분쟁을 계기로 『황극탕평론(皇極蕩平論)』을 발표하여 파당적 대립을 막으려 하였으나, 끝내는 소론의 편에 서게 되었다. 1689년 기사환국 때에는 관직에서 물러나 야인생활을 하며 윤증(尹拯)·정제두(鄭齊斗) 등 학자들과 서신 교류를 하고, 양명학에 대한 비판과 유학의 도통을 밝히는 저술을 하였다. 1694년 갑술옥사 이후 우의정·좌의정을 거치며 소론의 우두머리가 되었다. 이와 같이 박세채는 국내외로 어지러운 시기에 태어나 수난을 거듭하는 생활을 보냈다. 17세기 청(淸)나라가 등장하는 역천패리(逆天悖理)의 위기적 상황과 관련한 그의 학문적 특징은 첫째 정치적으로 존주대의(尊周大義)의 입장과 붕당의 탕평론, 둘째는 학문의 계통을 분명히 하고 수호하는 일, 셋째 이단(異端)을 비판하고 배척하는 일, 넷째 사회규범으로서 예학(禮學)을 일으키는 일이라 할 수 있다. 저서로『범학전편(範學全編)』,『시경요의(詩經要義)』,『춘추보편』,『남계독서기』,『대학보유변(大學補遺辨)』,『심경요해(心經要解)』,『학법총설(學法總說)』,『양명학변』,『남계수필록(南溪隨筆錄)』,『사례변절(四禮變節)』 등이 있다.

(9) 한원진(韓元震, 1682~1751)

조선 후기 학자. 자는 덕소(德昭), 호는 남당(南塘). 본관은 청주(淸州). 1717년(숙종 43) 학행으로 천거받아 영릉참봉(寧陵參奉)이 되었고 1721년(경종 1) 부수(副率)에 임명되었으나 신임사화(辛壬士禍)로 노론이 실각하자 사직하였다. 1725년(영조 1) 경연관(經筵官)에 뽑혀 영조의 총애를 받았으나 소론을 배척하다가 탕평책에 어긋난다 하여 파면되었다. 권상하(權尙夏)의 문인으로 강문팔학사(江門八學士)의 한 사람이고 심성론 논쟁에서 이간(李柬)을 중심으로 한 낙론(洛論)의 인물성동론(人物性同論)에 반대하여 인성과 물성이 다르다고 주장한 인물성이론(人物性異論)을 대표하였다. 또한 이이(李珥)의 학통을 계승해 기발이승일도설(氣發理乘一途設)의 입장을 고수하였으며, 1741년 『주자언론동이고(朱子言論同異考)』를 저술, 송시열(宋時烈)이 착수한 것을 50년 만에 완성한 한국 성리학사상의 거작을 남겼다. 그 밖의 저서에 『남당집』(38권), 『경의기문록(經義記聞錄)』, 『이락연원록(伊洛淵原錄)』 등이 있다. 이조판서에 추증되었다.

(10) 허균(許筠, 1569~1618)

조선 중기 문신·문학가. 자는 단보(端甫), 호는 교산·학산(鶴山)·성소(惺所)·백월거사(白月居士). 본관은 양천(陽川). 누이는 난설헌(蘭雪軒)이다. 1597년 문과에 급제한 후 여러 벼슬을 거쳐 좌참찬(左參贊)에 올랐으나 관직생활은 3번이나 파직당하는 등 파란의 연속이었다. 그는 시문(詩文)에 뛰어난 천재이며, 출중한 재능을 지녔으나 서얼차대(庶孽差待)의 벽에 걸려 불우한 일생을 보내던 스승 이달(李達)을 통해 사회적 모순을 발견하였고 이것을 계기로 사대부 계통의 문인보다는 서얼출신 문인들과 어울렸다. 이로써 인간주의적·자유주의적 사상을 키우면서 당시 사회제도의 모순을 과감히 비판하였고, 불교의 중생제도(衆生濟度) 사상, 서학(西學)과 양명좌파(陽明左派) 사상 등을 받아들여 급진적 개혁사상을 갖게 되었다. 1618년(광해군 10) 하인준(河仁俊)·김개·김우성(金宇成) 등과 반란을 계획한 것이 탄로나 처형되었다. 최초의 국문소설인 『홍길동전(洪吉童傳)』은 봉건체제의 모순과 부당성을 폭로한 그의 개혁사상을 잘 나타내고 있으며 국문소설의 효시가 되었다. 한편 한문학에서 당대 제일의 문장가였으며, 또한 시·비평에도 안목이 높아 『국조시산(國朝

詩刪)』등 시선집을 편찬하고, 『성수시화』등 비평작품을 썼다. 그
밖의 작품으로 사회의 모순을 비판하는『성소복부고』,『교산시화』,『학
산초록』등이 있다.

(11) 유성룡(柳成龍, 1542~1607)

조선 중기 문신. 자는 이견(而見), 호는 서애(西厓). 본관은 풍산(豊
山). 이황(李滉)의 문인이다. 1564년(명종 19) 사마시에 합격하고, 66
년 별시문과에 급제하여 승문원권지부정자(承文院權知副正字)가 되
었다. 1569년(선조 2) 성절사 서장관으로 명(明)나라에 다녀와 부수찬
·지제교로 경연검토관·춘추관기사관을 겸한 뒤 사가독서를 하였다.
그 뒤 이조좌랑·검상·응교를 거쳐 1578년 사간이 되고 다음해 직
제학·동부승지·지제교로 경연참찬관·춘추관수찬을 겸하고 이조참
의를 거쳐 1580년 부제학에 올랐다. 1582년 대사헌에 승진하여 왕명
으로 <황화집서(皇華集序)>를 찬진하고 1583년 경상도관찰사로 임
명되었다. 다음해 예조판서로 동지경연춘추관사·제학을 겸하였으며
1585년 왕명으로 <정충록발(精忠錄跋)>을 지었다. 1589년 대사헌·
병조판서·지중추부사를 지냈으며 그해 정여립(鄭汝立)의 모반사건으
로 기축옥사가 있자 관직을 사퇴하였다. 1590년 우의정에 오르고 광
국공신 3등으로 풍원부원군(豊原府院君)에 봉해졌다. 1591년 우의정
으로 이조판서를 겸하고 이어 좌의정에 올랐으며, 왜란이 있을 것을
대비하여 형조정랑 권율(權慄)을 의주목사에, 정읍현감 이순신(李舜
臣)을 전라도좌수사에 천거하였다. 1592년 4월 일본이 침입하자 병조
판서를 겸하고 도체찰사로 군무를 총괄하였다. 이어 영의정이 되어

왕을 호종하였으나 평양에 이르러 나라를 그르쳤다는 반대파의 탄핵을 받고 면직되었다. 의주(義州)에 이르러 평안도도체찰사가 되어 1593년 이여송(李如松)과 함께 평양을 되찾고, 이어 충청·경상·전라 3도의 도체찰사가 되어 파주(坡州)까지 진격하였다. 이해 다시 영의정에 올라 4도 도체찰사를 겸하여 군사를 총지휘하였는데 이때 군대양성·화기제조 및 성곽수축을 건의, 군비확충에 노력하였다. 10월 선조를 호위하고 서울에 돌아와 훈련도감을 설치할 것을 요청하였다. 1598년 명나라 경략(經略) 정응태(丁應泰)가 조선이 일본과 연합하여 명나라를 공격하려 한다고 무고한 사건이 일어났는데, 진상을 변명하러 가지 않는다는 북인의 탄핵을 받고 관작(官爵)을 삭탈당하였다. 1600년 복관(復官)되었으나 나가지 않고 은거하였다. 1604년 호성공신 2등이 되고 다시 풍원부원군에 봉해졌다. 도학·문장·글씨·덕행으로 이름을 떨쳤고 특히 영남 유생들의 추앙을 받았다. 안동 병산서원(屛山書院)에 배향되었다. 저서에 『서애집』, 『신종록』, 『징비록』, 『운암잡기』, 『상례고증』, 『무오당보』, 『침경요의』 등이 있고, 편저에 『대학연의초』, 『황화집』, 『구경연의』, 『정충록』, 『효경대의』 등이 있다.

(12) 장유(張維, 1587~1638)

조선 중기 문신. 자는 지국(持國), 호는 계곡(谿谷)·묵소(默所). 본관은 덕수(德水). 김장생(金長生)의 문인이다. 1605년(선조 38) 사마시를 거쳐 1609년(광해군 1) 증광문과에 급제하여 이듬해 겸설서(兼說書)를 거쳐 주서·검열 등을 지냈다. 12년 김직재(金直哉)의 무옥

(誣獄)에 연루되어 파직되었다가, 1623년 인조반정에 가담하여 정사공신 2등에 봉해지고, 봉교를 거쳐 예조·이조의 낭관을 지냈다. 1624년(인조 2) 이괄(李适)의 난 때 공주(公州)로 왕을 호종(扈從)한 공으로 이듬해 신풍군(新豊君)에 봉하여졌고, 그 뒤 이조참판·부제학·대사헌 등을 지냈다. 1627년 정묘호란이 일어나자 강화(江華)로 왕을 호종했으며, 그 뒤 대제학으로 동지경연사(同知經筵事)를 겸임했다. 1629년 나만갑(羅萬甲)을 신구(伸救)하다가 나주목사(羅州牧使)로 좌천되고, 이듬해 대사헌·좌부빈객(左副賓客)·예조판서·이조판서 등을 지냈다. 1636년 병자호란 때 공조판서로 최명길(崔鳴吉)과 함께 강화론을 주장했다. 1637년 예조판서를 거쳐 우의정에 임명되었으나 사퇴하고, 그 뒤 신풍부원군(新豊府院君)에 봉해졌다. 천문·지리·의술·병서·글씨에 능통했고, 특히 문장에 뛰어났다. 저서에 『계곡만필』, 『계곡집』, 『음부경주해(陰符經注解)』 등이 있다.

(13) 정제두(鄭齊斗, 1649~1736)

조선 중기 양명학자. 자는 사앙(士仰), 호는 하곡(霞谷). 본관은 연일(延日). 윤증(尹拯)·박세채(朴世采)에게서 배우고 최석정(崔錫鼎)·민이승(閔以升) 등과 교유하였다. 1668년(현종 9) 별시문과 초시에 급제하였으나, 24세 때부터 벼슬을 단념하고 강화도에 은거하면서 학문연구에만 전념하였다. 1680년(숙종 6) 학행으로 김수항(金壽恒)의 천거를 받아 사포서별제(司圃署別提)에 임명된 이래 30여 차례 요직에 임명되었으나 대부분 사직하고 대사헌·이조참판·성균좨주(成均祭酒)·우찬성·원자보양관(元子輔養官)을 잠시 지냈을 뿐 학문연구에 평생을 바쳤다. 처음에는 주자학을 공부했으나 권위주의적이고 이론에만 치우친 주자학에 대한 반성적 자각에서 20여 세 때부터 양명학에 심취하였다. 양명학을 이단시하던 당시의 풍토 속에서 사우(師友)로부터 양명학을 버리도록 수차 종용받았으나 확고한 신념으로 이를 연구·발전시켜, 한국 최초로 양명학의 사상적 체계를 완성하고 양명학파를 수립하였다. 또한 주자학도인 최석정·민이승 등과 심즉리(心卽理)·치양지(致良知)·지행합일(知行合一)·친민(親民) 등 양명학에 관한 문제를 놓고 논쟁을 벌임으로써, 양명학과 주자학의 본격적인 토론을 전개하였다. 그러나 왕학우파(王學右派)의 경향을 견지하여 상당히 보수적인 태도를 취했으며, 정주학에도 접근하여 주(朱)·왕(王)을 절충하려는 경향마저 드러냈다. 그는 양명학뿐만 아니라, 경학·예설·천문·성력(星曆)과 경세론까지 폭넓게 연구했으나, 기성 정주학의 권위에 밀려 제대로 계승·발전되지 못하고 후손들과 소론 일부 세력들에 의해 가학(家學)으로 이어졌다. 저술로는 『학변(學辨)』, 『존언(存言)』, 『삼경차록(三京箚錄)』 등 다수가 있는데, 이들은 1930년대에야 공개된 『하곡집』에 망라되어 있다. 시호는 문강(文康).

(14) 이광사(李匡師, 1705~1777)

조선 후기 서화가. 자는 도보(道甫). 호는 원교(圓嶠)·수북(壽北). 본관은 전주(全州). 1755년(영조 31) 나주괘서사건(羅州卦書事件)에 연좌되어 회령(會寧)에 유배되었다가 진도(珍島)로 이배되어 그곳에서 죽었다. 윤순(尹淳)에게 글씨를 배워 진·초·예·전서에 모두 능했고, 그의 독특한 서체인 원교체(成嶠體)를 이룩했다. 그림도 산수·인물·초충(草蟲) 등 여러 분야에 뛰어났다. 인물화는 남송원체화풍(南宋院體畫風)을 보이며, 산수화는 간결하고 담백한 남종화(南宗畫)의 특징을 나타낸다. 저서로 서예이론서인『원교서결』,『원교집선』등이 있고, 그림은『고승간화도』,『산수도』등이 있으며, 글씨로는『영의정이경석표』등 다수가 있다.

(15) 이종휘(李種徽, 1731~1786)

조선 후기 학자. 자는 덕숙(德叔), 호는 수산(修山). 본관은 전주(全州). 백부(伯父) 정걸(廷傑)이 윤증(尹拯)의 문인인 관계로 그 학통을 계승했으며 소론파인 신대우(申大羽)·홍양호(洪良浩)·조중진(趙重鎭)과 교유가 깊었다. 음보(蔭補)로 공주판관(公州判官)을 지내고 양명학적(陽明學的) 관점에서 사학(史學)을 연구, 사학과 경학(經學)이 표리(表裏) 관계에 있다고 보았다. 육왕(陸王)의 심학(心學)이 가진 역행실천(力行實踐)의 면을 높이 평가했으며, 정주학(程朱學)을 알기 위해서도 육왕학의 연구는 필요하다고 하였다. 뒤에 신채호(申采浩)는 그의 사학연구가 김부식(金富軾) 이후 사가(史家)의 노예사상을 갈파한 것이라고 평가했다. 저서로『수산집』이 있다.

(16) 이재(李栽, 1657~1730)

조선 중기 학자. 자는 유재(幼材), 호는 밀암(密庵). 본관은 재령(載寧). 경상북도 영양(英陽) 출신. 아버지 현일(玄逸)과 숙부 휘일(徽

逸)・숭일(嵩逸) 밑에서 수학했다. 주부(主簿)를 지냈으나 사직하고 학문에 전념하였다. 영남학파의 학통을 계승하여, 주리적 입장에서 이이(李珥)의 이기혼륜설(理氣渾淪說)을 반대하고 이기분개설(理氣分開說)을 주장하였다. 그의 학문은 이상정(李象靖)・남한조(南漢朝)・유치명(柳致明)에게 이어졌다. 저서에 『밀암집』, 『주서강록간보(朱書講錄刊補)』 등이 있다.

(17) 양득중(梁得中, 1665~1742)

조선 후기 문신・학자. 자는 택부(擇夫). 호는 덕촌(德村). 본관은 제주(濟州). 윤증(尹拯)의 문인이다. 1697년(숙종 20) 남구만(南九萬)의 천거로 효릉참봉이 되었고, 그 후 사재감주부(司宰監主簿)・공조좌랑 등에 올랐으나 병으로 부임하지 않았다. 1706년 회인현감을 거쳐 세자익위사(世子翊衛司)의 익위・위수(衛率)・익찬(翊贊), 김제군수, 사헌부의 지평・장령・집의 등을 지냈으며 34년(영조 10) 동부승지 겸 경연참찬관이 되었다. 영조에게 탕평책을 건의했으며, 『명대의변(明大義辨)』에서는 송시열(宋時烈)의 북벌론이 집권 방편을 위한 것이라고 비판했다. 또한 실사구시(實事求是)만이 정치의 폐단을 척결할 수 있다고 하여 실학을 정치에 반영토록 건의했다. 저서에 『덕촌집』이 있다.

(18) 신작(申綽, 1760~1828)

조선 후기 학자. 자는 재중(在中), 호는 석천(石泉). 본관은 평산

(平山). 양명학자 정제두(鄭齊斗)의 외증손이다. 일찍이 과거에 응시, 급제하였으나 벼슬을 단념하고 일생을 학문에만 전념하였다. 가학(家學)으로 양명학을 전수하고 실학에 힘썼는데, 특히 고경학(古經學)에 몰두하여 고증학적 방법으로 경서를 주해하여 일가를 이루었다. 그리하여 정약용(丁若鏞)·김매순(金邁淳)·홍석주(洪奭周) 등과 함께 당시의 대표적 경학자로 손꼽혔다. 『시차고(詩次故)』, 『역차고(易次故)』, 『상차고(尙次故)』 3부작은 경학연구 성과를 대표한 것으로서, 특히 ≪시차고≫는 시경연구의 전문성을 발휘한 역저이다. 그 밖의 저서로 『석천유고(石泉遺稿)』, 『춘추좌씨전례(春秋左氏傳例)』, 『노자지략(老子旨略)』 등이 있다.

(19) 이건방(李建芳, 1861~1939)

조선 말기 양명학자. 자는 춘세(春世). 호는 난곡(蘭谷). 경기도 강화(江華) 출생. 1885년(고종 22) 진사에 합격하였으나, 고향에서 노모를 봉양하며 학문에 전념, 양명학을 공부하였다. 1910년 국권피탈 후 재종형 건승(建昇)과 정원하(鄭元夏)·홍승헌(洪承憲) 등과 함께 독립운동을 하기 위해 만주(滿洲)로 망명하던 중 조선 양명학의 학풍을 계승시키기 위해 국내에 남아 후진을 양성하기로 결심하였다. 조선총독부에서 경학원대제학에 임명하였으나 단호히 거절하였다. 독립운동가 이회영(李會榮)과 교섭 중 1926년 순종이 죽자 만세운동을 계획하다가 발각되어 중지당했다. 그의 학문은 중국에까지 알려져 광둥대학[廣東大學(광동대학)]의 초빙 교섭을 받기도 하였다. 정인보(鄭寅普)·최남선(崔南善)·박한영(朴漢永) 등이 그의 문하에서 배웠다. 저서로『난곡존고(蘭谷存藁)』가 있다.

(20) 이충익(李忠翊, 1744~1816)

조선 후기 학자. 자는 우신(虞臣), 호는 초원(椒園). 본관은 전주(全州). 소론(少論)의 집안에서 태어나 노론(老論)의 배척을 받고 귀양살이하는 아버지를 따라 평생을 떠돌면서 보냈다. 정제두(鄭齊斗)의 양명학(陽明學)을 계승, 연구하였으며 유학(儒學) 이외에 노장(老莊)·선불(禪佛)에도 해박하였다. 이지(李贄)의 절가순진(絶假純眞)에서 영향을 받아 가(假)와 진(眞)을 엄격히 구별했으며, 공맹(孔孟)이 인의(仁義)에 가탁(假托)함으로써 인의에 화가 미침을 지적하였다. 일진무가(一眞無假)를 학문의 참모습으로 강조하고 학술의 원융(圓融)과 회통(會通)을 소원으로 하였다. 해서(楷書)와 초서(草書)에 능하였고, 저서로『초원유고(椒園遺稿)』가 있다.

(21) 박지원(朴趾源, 1737~1805)

조선 후기 문신·학자. 자는 중미(仲美), 호는 연암(燕巖). 본관은 반남(潘南). 서울 출생. 16세에 처삼촌인 영목당(榮木堂) 이양천(李亮天)에게 글을 배우기 시작하여 20대에 이미 뛰어난 글재주를 보이게 되었으며, 30대에 세상에 널리 이름이 알려지게 되었고, 박제가(朴齊家)·홍대용(洪大容)·유득공(柳得恭) 등과 사귀었다. 과거에 뜻을 버린 채로 곤궁한 생활 속에서 학문과 저술에만 전념하다가 1780년(정조 4) 팔촌형인 금성위(錦城尉) 박명원(朴明源)이 청(淸)나라의 진하사절(進賀使節)로 베이징[北京(북경)]에 갈 때, 사행(使行)을 따라 중국 북부와 남만주 일대를 돌아보게 됐고 이때 청나라 문물과의 접촉은 그의 사상체계에 큰 영향을 주었다. 이 연행(燕行)을 계기로 하여 충(忠)·효(孝)·열(烈) 등과 같은 인륜적인 것이 지배적이던 전통적 조선사회의 가치체계로부터 실학(實學), 즉 이용후생(利用厚生)의 물질적인 면으로 가치체계의 변화를 가져오게 되었다. 연행 뒤 『열하일기(熱河日記)』를 지어 이용이 있은 다음에 후생이 있고, 후생이 있은 다음에 도덕을 바로잡을 수 있다고 하였으며, 백성에게 이롭고 나라에 도움이 되는 것이라면 비록 이적(夷狄)에게서 나온 것이라 할지라도 그것을 취하여 배워야 한다고 주장하였다. 한편 1786년 음사(蔭仕)로 선공감감역(繕工監監役)이 되어 늦게 관직에 들어서서 사복시주부(司僕寺主簿)·한성부판관(漢城府判官)·면천군수(沔川郡守) 등을 거쳐 1800년 양양부사(襄陽府使)를 끝으로 관직에서 물러났다. 문장가로서 뛰어난 솜씨를 보여 정아(精雅)한 이현보(李賢輔)의 문장과 웅혼(雄渾)한 그의 문장은 조선시대 문학의 쌍벽으로 평가되고 있다. 희화(戲畵)·풍자(諷刺)의 수법과 수필체의 문장들은 문인으로서의 역량을 잘 나타내 주는 작품의 특징이라고 할 수 있다. 『열하일기』, 『허생전』, 『양반전』 『호질(虎叱)』, 『민옹전(閔翁傳)』, 『광문자전(廣文者傳)』, 『김신선전(金神仙傳)』, 『역학대도전(易學大盜傳)』, 『봉산학자전(鳳山學者傳)』, 『과농소초(課農小抄)』 등이 대표적인 작품이다. 1910년(순종 4) 좌찬성에 추증되었다.

(22) 박제가(朴齊家, 1750~1805)

　　조선 후기의 실학자. 자는 차수(次修)・재선(在先)・수기(修其), 호는 초정(楚亭)・정유・위항도인(葦杭道人). 본관은 밀양(密陽). 소년 시절부터 시・서・화에 뛰어나 문명을 떨쳐 19세를 전후하여 박지원(朴趾源) 등 북학파들과 교유하였다. 1776년(정조 즉위년) 이덕무(李德懋) 등과 함께 『건연집(巾衍集)』이라는 사가시집(四家詩集)을 내어 청(淸)나라까지 문명을 떨쳤다. 1778년에는 사은사 채제공(蔡濟恭)을 따라 청나라에 가서 청나라 학자들과 교유하였다. 한편 정조는 서얼들의 누적된 불만을 무마시키려는 정책의 일환으로 1777년 서얼허통절목을 발표하고, 1779년에는 규장각에 검서관직(檢書官職)을 설치하여 박제가를 비롯한 서얼 출신 학자들을 검서관으로 임명하였다. 박제가는 이후 13년간 규장각 내・외직에 근무하였고, 1786년에는 <구폐책(救弊策)>으로서 신분적인 차별 타파와 상공업 장려를 주장하였다. 1790년 두 번째 연행(燕行)길에 오르고, 돌아오는 길에 압록강에서 왕명을 받고 원자(元子: 뒤의 순조)의 탄생을 축하한 청나라 황제의 호의에 보답하기 위해 군기시정(軍器寺正)으로 연경에 파견되었다. 1801년(순조 1) 네 번째 연행길에서 돌아오자마자 동남성문의 흉서사건에 혐의가 있다 하여 유배되었다가 1805년 풀려났으나 곧 죽었다. 저서로는 『북학의(北學議)』, 『정유집』, 『정유시고』, 『명농초고(明農草藁)』 등이 있다.

(23) 홍대용(洪大容, 1731~1783)

조선 후기 실학자. 자는 덕보(德保), 호는 홍지(弘之). 본관은 남양(南陽). 당호(堂號) 담헌(湛軒)으로 널리 알려져 있다. 유학자 김원행(金元行)의 문인으로, 북학파(北學派) 계열 실학자 박지원(朴趾源)·박제가(朴齊家)·이덕무(李德懋)·유득공(柳得恭) 등과 친분이 깊었다. 1765년(영조 41) 서장관(書狀官)인 작은아버지 억(檍)의 수행관으로 베이징[北京(북경)]을 방문, 중국학자들 및 독일계 선교사들을 만나 서양문물에 대한 견문을 넓혔다. 귀국 후 과거에 여러 번 실패한 뒤, 1774년 음보(蔭補)로 벼슬에 나가 세손익위사시직(世孫翊衛司侍直)·영천군수 등을 지냈다. 유학보다도 군국(軍國)·경제에 관심이 깊었고, 신흥 상공인의 입장에서 사회개혁사상을 폈다. 그는 조선시대 제1의 과학사상가로 수학의 원리 적용, 천문, 측량도구에 대한 해설을 담은 『주해수용(籌解需用)』을 저술하였고, 천체·기상 해설서 『의산문답(醫山問答)』에서는 지구의 자전을 주장하였다. 한편 농촌에서 양반관료의 농민에 대한 횡포를 막기 위해 균전제(均田制)·부병제(府兵制)를 주장하였고, 신분제도 개혁을 위해 과거제를 폐지하고 공거제(貢擧制)에 의한 인재 등용 및 신분에 관계없이 8세 이상 모든 아동을 교육시켜야 한다는 혁신적 개혁사상을 주장하였다. 그의 이러한 사상은 근대 개화사상에 밑거름이 됐으며 박지원·박제가 등에게 이어져 북학파의 선구를 이루게 되었다. 그 밖의 저서로 『담헌설총(湛軒說叢)』이 있으며, 편저로 『건정필담(乾淨筆談)』, 『담헌연기(湛軒燕記)』, 『임하경륜(林下經綸)』, 『사서문의(四書問疑)』, 『항전척독(抗傳尺牘)』, 『삼경문변(三經問辨)』, 『심성문(心性問)』, 『계

방일기(桂坊日記)』 등이 있다.

(24) 신채호(申采浩 1880~1936)

조선 말기·일제강점기의 역사가·언론인·독립운동가. 호는 단재(丹齋). 본관은 고령(高靈). 충청남도 대덕(大德) 출생. 18세 때 전학부대신 신기선(申箕善)의 문하에서 수학하다 그의 천거로 성균관에 입학하였고, 1901년 향리 부근의 문동학원(文東學院) 강사로 신규식(申圭植) 등과 계몽운동 및 신교육운동을 전개하였다. 1905년 성균관 박사가 되었으나 관직에의 뜻을 버리고 장지연(張志淵)의 초청으로 ≪황성신문(皇城新聞)≫의 기자·논설위원으로 활동하였다. ≪황성신문≫이 무기정간되자 이듬해 양기탁(梁起鐸)의 천거로 ≪대한매일신보≫의 주필이 되었다. ≪대한매일신보≫를 통하여 배일사상(排日思想)과 독립정신을 고취하는 논설·역사관계논문 등을 발표하면서 ≪을지문덕전(乙支文德傳)≫ ≪이충무공전(李忠武公傳)≫ 등을 쓰고, ≪이태리건국삼걸전(伊太利建國三傑傳)≫을 역술하였다. 한편 양기탁·이동녕(李東寧)·안창호(安昌浩) 등과 함께 항일비밀결사인 신민회(新民會)에 참여하였고 논설을 통하여 국채보상운동(國債報償運動)을 지원하기도 하였다. 1910년 국권이 피탈되자 중국을 거쳐 러시아령 블라디보스토크로 가서 윤세복(尹世復) 등과 광복회(光復會)를 조직, 부회장으로 활동하였다. 1913년 상하이[上海(상해)]로 가서 동제사(同濟社)에 참여하여 활동하면서 문일평(文一平)·조소앙(趙素昂)·박은식(朴殷植) 등과 박달학원(博達學院)을 설립하여 교육에도 힘썼다. 이듬해 만주로 가서 펑톈청[奉天城(봉천성)] 화이

런현[懷仁縣(회인현)]의 동창학교(東昌學校) 교사로 재직하면서 ≪조선사≫ 집필에 전념하였다. 1919년 베이징[北京(북경)]에서 대한독립청년단을 조직, 단장이 되었고, 같은 해 대한민국임시정부 수립에 참여하여 임시정부 의원이 되었다. 한성정부(漢城政府)에서는 평정관(評定官)에 선임되었고, 이어 전원위원회(全院委員會) 위원장 겸 의정원의원에 선출되었으나 이승만(李承晩)의 노선에 반대하여 사임하였다. 1922년 의열단장(義烈團長) 김원봉(金元鳳)의 초청으로 상하이로 가서 이듬해 <조선혁명선언(朝鮮革命宣言)>을 작성하였고, 다시 베이징으로 돌아와 한국고대사 연구에 전념하였다. 1928년 무정부주의 활동과 관련, 체포되어 1930년 다롄[大連(대련시)] 지방법원에서 10년형을 선고받고 뤼순[旅順(여순)] 감옥에서 복역 중 병사했다. 주요 저서로는 『조선상고사』, 『조선상고문화사』, 『조선사연구초』 등이 있다. 1962년 건국공로훈장 복장(複章)이 추서되었다.

(25) 김택영(金澤榮, 1850~1927)

조선 말기 학자. 자는 우림(于霖), 호는 창강(滄江), 당호는 소호당주인(韶護堂主人). 본관은 화개(花開). 개성(開城) 출생. 소년시절부터 고문(古文)과 한시(漢詩)를 공부하여 시문에 능하였다. 42살 때에 성균진사(成均進士)가 되었고, 1894년(고종 31) 김홍집(金弘集) 내각의 편사국주사(編史局主事)로 기용되어 주로 역사 편찬에 참여하였다. 대표적인 것으로 『증보동국문헌비고(增補東國文獻備考)』, 『역사집략(歷史輯略)』, 박지원(朴趾源)의 문집인 『연암집(燕巖集)』이 있다. 1905년 을사늑약(乙巳勒約) 체결에 비분하여 중국으로 망명, 중국 양쯔강[揚子江(양자강)] 하류 난퉁[南通(남통)]에서 생활하면서 창작활동 및 한문학(漢文學)에 대한 정리 평가와 역사 서술에 힘썼다. 『여한문선(麗韓文選)』 및 박지원·신위(申緯)·황현(黃玹)·이건창(李建昌) 등의 시문집과 『여한역대소사(麗韓歷代小史)』,『한사경』,『신고려사(新高麗史)』 등의 역사서가 그의 손을 거쳐 한묵림서국(翰墨林書局)에서 출판되었다. 한문학사의 종막을 장식하는 대가로서 그의 시는 호방하고 화려하며 신운(神韻)을 중시하는 경향을 띠었으며, 중국 망명 이후에는 주로 우국적(憂國的)인 시작품을 많이 썼다.『문안중근보국수사(聞安重根報國讐事)』가 유명하고 시문집으로 편집하여 간행한 『창강고(滄江稿)』와 『소호당집(韶護堂集)』이 있다.

(26) 박은식(朴殷植, 1859~1925)

조선 말기·일제강점기 사학자·언론인·독립운동가. 자는 성칠(聖七), 호는 백암(白巖). 본관은 밀양(密陽). 황해북도 황주(黃州) 출생. 성리학과 과거공부를 하다 안태훈(安泰勳, 安重根의 아버지)과 사귀고, 정약용(丁若鏞)의 제자인 신기영(申耆永) 등에게서 학문을 배웠다. 1885년 향시에 특선하여 1888년 능참봉이 되었으나, 그 뒤 개화사상에 뜻을 두어 1898년 독립협회 회원이 되었다. 같은 해 ≪황성신문(皇城新聞)≫이 창간되자 장지연(張志淵)과 함께 주필이 되었으며, 1905년 창간된 ≪대한매일신보≫의 주필을 맡기도 하였다. 다음 해 서우학회(西友學會)를 조직하고, 기관지인 ≪서우(西友)≫의 주필이 되었다. 1908년 서우학회와 한북흥학회(漢北興學會)를 통합하여 서북학회(西北學會)가 창립되자 그 활동을 주도하였고, 월간지 ≪서

북학회월보≫의 주필을 맡았다. 1911년 만주로 가서 역사서의 집필에 열중하여 『동명성왕실기(東明聖王實記)』 등을 지었다. 그 뒤 상하이[上海(상해)]에서 1864~1911년까지의 한국근대사를 일제의 침략 과정 전개 및 항일투쟁의 탄압에 역점을 두어 서술한 『한국통사(韓國痛史)』를 완성하였다. 저서로 『대동민족사(大東民族史)』, 『단조(檀祖)』, 『발해태조건국지(渤海太祖建國誌)』, 『조선고대사고(朝鮮古代史考)』, 『안의사중근전(安義士重根傳)』 등이 있다.

7) 한국 양명학 관련 참고자료

李　滉, {增補 退溪全書(1－4)} (서울: 成均館大學校　大東文化研究院, 1971 영인본).

李　滉, {국역 퇴계전서} (서울: 퇴계학연구원, 1992).

朱　熹, {朱子語類} (北京: 中華書局, 1986).

王守仁, {王陽明全集} (上海: 古籍出版社, 1992)

陳獻章, {陳獻章集} (北京: 中華書局, 1987).

中江藤樹, {藤樹先生全集} (東京: 岩波書店, 昭和 15).

陳　建, {學部通辨} ({續修四庫全書} (上海: 上海古籍出版社, 1995) 所收 영인본).

金世弼, {十淸軒集}(한국문집총간18 所收 영인본).

鄭齊斗, {霞谷全集} (서울: 여강출판사, 1988).

程敏政, {心經附註}, 崔重錫 譯註, (서울: 國學資料院, 1998).

國史編纂委員會, {朝鮮王朝實錄} (서울: 探求堂, 1967) 권22.

權五鳳, {李退溪家書の總合的硏究} (京都: 中文出版社, 1990).

김종석, {퇴계학의 이해} (서울: 일송미디어, 2001).

吉田公平, {陸象山と王陽明} (東京: 硏文出版, 1990).

高橋進, 安炳周·李基東 역, {李退溪와 敬의 哲學} (서울: 新丘文化社, 1985).

다카하시 도루, {다카하시 도루의 조선유학사}, 이형성 편역, (서울: 예문서원, 2001).

戴瑞坤, {中日韓朱子學與陽明學} (臺灣: 文史哲出版社, 中華民國 91).

신귀현, {퇴계 이황} (서울: 예문서원, 2002).

이병도, {한국유학사} (서울: 아세아문화사, 1987).

이상은, {퇴계 이황}, 예문동양사상연구원·윤사순 편저, (서울: 예문서원, 2003).

이완재, {공자에서 퇴계까지} (대구: 이문출판사, 2001).

鄭寅普, {陽明學演論} (서울: 삼성문화재단, 1972).

張立文, {退溪哲學入門}, 李允熙譯, (서울: 社團法人 退溪學硏究院, 1990).

阿部吉雄, 『퇴계와 일본유학}, 김석근 옮김, (서울: 전통과 현대, 1998).

최재목, {나의 유교 읽기} (부산: 소강출판사. 1997).

최재목, 『동아시아의 양명학}(서울: 예문서원, 2001).

최재목, 『내 마음이 등불이다: 왕양명의 삶과 사상』(서울: 이학사, 2003).

현상윤, {조선유학사}, (서울: 현음사, 1986).

6. 일본 양명학

1) 開祖 나카에 토쥬와 토쥬학파

일본에서 처음으로 자기의 문제의식에 입각하여 양명학을 선택적으로 수용하고 전개한 사람은, 흔히 일본 양명학의 개조(開祖)로 불리는 나카에 토쥬이다. 그는 평생 동안 일본인으로서 체득한 심성을 구사하여 자기 나름대로 개성 있는 양명학의 체계를 수립하였다.

토쥬 이후 일본 양명학은 쿠마자와 반잔(熊澤蕃山), 미와 싯사이(三輪執齋), 사토 잇사이(佐藤一齋), 오시오 츄사이(大鹽中齋)에게로 이어졌다. 이노우에 테츠지로(井上哲次郞)는 『일본 양명학파의 철학(日本陽明學派之哲學)』(1900년)에서 이와 같이 이어진 일본 양명학의 계보를 '일본 양명학파의 철학'으로 통일하여 표현하면서, 이를 '일본 고학파의 철학' 및 '일본 주자학파의 철학'과 대비하였다. 그 후 이 계보는 일본 양명학파의 계보를 더듬는 하나의 표본이 되었다.

그러나 일본 양명학의 계보를 가장 먼저 정리한 사람은 오시오 츄사이였다. 츄사이는 "이 땅에서 토쥬(藤樹)·반잔(蕃山) 두 선생 및 미와(三輪) 씨 이후로 양지(良知)의 학문이 끊어져버렸다"(『일본 사상사대계(日本思想史大系)』46 「사또 잇사이(佐藤一齋)·오오시오 츄사이(大鹽中齋)」, 634쪽)고 하여 일본 양명학의 계통 단절을 언급하였다. 그리고 나서 그는 "[나카에 토쥬] 선생은 이 땅에서 양명학

의 개종(開宗)이다"(같은 책, 「洗心洞箚記」 下)

오늘날 토쥬를 일본 양명학의 개조로 보는 데에는 이론이 없다. 그런데 무로마치(室町) 시대에 양명을 직접 만난 인물이 있었다. 고잔(五山)의 선승(禪僧)인 료우안 케이고가 그 사람이다. 료우안은 1510년 막부(幕府)의 명을 받아 명나라에 들어갔던 사람이다. 그는 이듬해인 1511년에 수행원 22명을 이끌고 북경에 도착했는데, 그때 명의 무종은 그를 불러 육왕산(育王山) 광리사(廣利寺)에 머물게 하고 금란가사(金襴袈裟)를 하사하였다. 료우안은 거기에 머물면서 당시 관료였던 양명을 만난 적이 있다. 그것은 양명과 그의 제자 서애가 사명(四明)을 유람하고 나서 영파에 이르렀던 1513년의 일이었다. 같은 해 5월, 료우안은 귀국하면서 양명으로부터 「송일본사료암화상귀국서(送日本使了庵和尙歸國序)」를 받았다.

한편 에도(江戶) 유학의 비조로 일컬어지는 후지와라 세이카(藤原惺窩)는 토쥬 이전에 이미 『양명문록(陽明文錄)』을 읽은 적이 있다. 그가 읽은 『양명문록』은 임진왜란 때 조선에서 가져간 것으로 보인다. 세이카는 명대 임조은(林兆恩)의 설을 취해 서술한 『대학요략(大學要略)』에서 양명의 격물(格物) 해석을 따르는 등 양명학의 영향을 받은 듯한 흔적을 보이고 있다. 그러나 그는 평생 주자학을 신봉한 학자였으므로 양명학 연구자로는 볼 수 없다.

이와 같은 사실들을 고려해볼 때 양명학을 자각적으로 수용하고 본격적으로 연구한 인물은 역시 나카에 토쥬가 최초였다고 할 것이다.

일본 양명학의 개조이자 '오우미(近江) 성인(聖人)'으로 널리 알려진 토쥬는 오늘날 시가현(滋賀縣) 다카시마군(高島郡) 오가와(小川) 촌(村)에서 태어났는데, 택지에는 등나무[藤樹]가 있었다고 한다. 오스번(大洲蕃)에서 치사(致仕)하고 탈번(脫藩)하여 귀향한 후에도 이 등나무 밑에서 제자들과 함께 학문을 했기에 제자들이 그를 '토쥬(藤樹)' 선생이라 부르게 되었다고 한다. 그는 죽을 때도 이 등나무 밑에서 죽었다고 한다.

일본 양명학사에서 토쥬가 차지하는 위치는 그의 사상을 정점으로 하여 '토쥬학파'가 성립한 것만 보아도 충분히 짐작할 수 있다. '토쥬학파'는 토쥬서원(藤樹書院)학파, 반잔(蕃山)학파, 코우잔(岡山)학파, 아이즈(會津) 토쥬학파, 오스(大洲) 지방의 토쥬학파, 이세이(伊勢) 지방의 토쥬학파, 에도(江戶) 지방의 토쥬학파, 사카(大阪) 지방의 토쥬학파, 쿠마모토(態本) 지방의 토쥬학파 등으로 분화되었다(자세한 내용은 최재목, 『동아시아의 양명학』, 예문서원, 1996, 147~148쪽 참조 바람).

2) 양명학 연구조건과 융성의 기반에 대한 검토

일본의 신유학에는 주자학, 양명학, 고학古學과 같은 주된 사상의 흐름이 있다. 이러한 흐름을 여기서 자세히 언급할 수는 없다. 그런데 이들 신유교의 갈래를 통틀어 특징적인 것은, 예컨대 조선 시대의 신유교가 친주자학적 경향을 띠거나 주자학의 틀이 큰 방향에서 유지되는 형태로 전개되었던 것에 비해 일본의 신유교는 반주자학적 경향(어쩌면 주자학 파괴적인 경향)으로 전개되었다는 점이다. 종래 '일본 신유교의 특징'을 조선의 그것과 비교, 대비하여 몇 가지로 나누어서 언급한 것을 보면 다음과 같다(미나모토 료엔(源了圓), 박규태·이용수 옮김, 「한국어판 서문」, 『도쿠가와 시대의 철학사상』, 예문서원, 2000 참조).

1) 중국 주자학을 충실하게, 경우에 따라서는 그 이상으로 엄격히 받아들인 조선의 유학과 대조적으로 일본에서는 과거 제도를 채용하지 않았다.
2) 『문공가례(文公家禮)』를 제도로서 수용하지 않았다.
3) 경험적 합리주의 측면을 강조하고, 주자학을 그 내부에서부터 파괴함으로써 성립하는 고학파(古學派)와 같은 것이 있고, 후에 이것이 양학(洋學)과의 결합을 시도한다.
4) 과거 제도의 결여라는 제도적인 부정적 측면이 사상 학문의 자유와 문화의 다원화라는 긍정적 측면을 낳았다.

이 가운데서 4)의 요소는 조선에 비해 양명학이 쉽게 정착될 수 있던 기반이기도 하다. 이러한 배경 속에서 일본의 양명학은 관학으로서의 제 역할을 하고 있던 주자학과는 달리, 나카에 토쥬 이후에 재야의 학문으로서 민간에 널리 퍼져 서민의 교육과 교화에 큰 역할을 하였다. 특히 막부 말기 명치 유신기(明治維新期)에는 천황을 섬기는 이른바 근왕(勤王, 勤皇·尊王)의 실천가들을 길러내는 원동력이 되었고, 명치 이후 기독교(프로테스탄트)나 자유민권운동이 발전하는 데에도 크게 공헌하였다. 그 후 소화(昭和) 시대에는 민족주의, 황국(皇國) 사상과 강한 결속을 보였고 1945년 패전 후에는 정계 재계의 수뇌부 인사들을 위한 제왕학(帝王學)이 되는 등 중국과 한국의 양명학에서는 보기 드문 전개 양상을 보이며 오늘에 이르고 있다.
그런데 '일본의 양명학 연구의 조건들'(이에 대해서는 요시다 코

우헤이(吉田公平), 「양명학 연구의 오늘날의 과제(陽明學硏究の今日的課題)」, 『양명학이 묻는 것(陽明學が問いかけるもの)』, 硏文出版, 2000년, 34~36쪽 참조)은 아래와 같이 열거할 수 있다.

1) 과거가 실시되지 않아, 특정 교학에 구애받지 않을 수 있었다.

2) 무관(武官)인 무사(武士), 즉 사무라이는 문관(文官)을 겸하면서 유학과 병학兵學을 연구하였다. 게다가 왕양명은 문관이자 무관이었다는 점 때문에 일본의 무사 계급은 양명학에 쉽게 친숙해질 수 있었다.

3) 불교가 제도권의 사상이었던 점, 즉 억불숭유의 틀이 사회에 작용하지 않았기에 비무사(非武士) 계층인 승려(僧侶)나 정인(町人)이 무사와 함께 더불어서 학문을 할 수 있었다.

4) 정치와 학문이 분리되어 영위될 수 있었던 당시 일본의 사회적 분위기 때문에 당쟁과 학화(學禍)의 연계 소지가 줄어들게 되었다. 예컨대 일본 양명학의 시조 나카에 토쥬처럼 무사일 때는 무사로서 학문을 닦을 수 있었으며, 무사를 그만두고서는 자유롭게 자신의 학문에 몰두할 수 있었다.

5) 토쿠가와(德川) 막부가 기독교 이외에는 사상 탄압을 하지 않았다. 그러나 일본에서도 양명학을 이단으로 보고 양명학 금지령을 내린 적은 있었다. 토쿠가와 막부는 1651년 경안(慶安)의 난을 일으킨 유이 쇼세츠(由井小雪)를 양명학의 신봉자로 인식하였기 때문에 나카에 토쥬의 제자 쿠마자와 반잔(熊澤藩山)을 채용하고 있던 비젠(備前) 오카야마번(岡山藩)의 번주(藩主) 이케다 미츠마사(池田光政)에게 양명학을 가르치지 못하도록 경고장을 보냈다. 그리고 중국 명나라가 망한 것은 양명학자들의 반란 때문이라 보고 양명학 신봉자들을 가장 많이 채용하고 있던 쿠마모토번(熊本藩)에 양명

학 금지령을 내리고(1669년, 22명 파면), 나카에 토쥬가 처음 학숙(學塾)을 열었던 아이즈번(會津藩)에도 금지령을 내렸다(1683년). 그러나 민간의 학자들은 자유롭게 양명학을 연구할 수 있었고, 이후 1790년 정통 주자학 이외에 학문 교육을 금지하는 이학(異學) 금지령이 내려진 다음에도 양명학은 면면히 지속되었다. 그리하여 토쿠가와 말기에도 소수이긴 하나 양명학자가 번교(藩校)의 교관직을 지키고 있었다.

이렇게 보면 일본의 양명학이 한국과 다른 것은 결국 사회의 분위기나 정치적·문화적인 여건 등의 '기층적(基層的)인 것'의 차이 때문이라고 할 수 있다. 여기서 말하는 '기층적인 것'이란 사상이 영위되던 다원적(多元的)·중층적(重層的)인 '자리'를 말한다. 물론 그 '자리'가 단순히 그대로 사상 내부로 연결된다는 뜻은 아니지만, '자리'가 밝혀져야 거기에 놓여 있던, 거기서 움직였던 사상가의 '자세'와 '눈' 그리고 '마음'의 자리매김이 가능하다는 것이다. 그러므로 '자리'에 대한 규명은 '자세'와 '눈' 그리고 '마음'에 대한 1차적인 자리매김이다. 사상 그 자체의 논리와 특질·독자성에 대한 이해·해석, 즉 2차적인 자리매김은 이러한 일차적인 자리매김과 별개(별도)의 차원에서 이루어질 수 있다. 하지만 분명한 것은 1차적인 자리매김 없는 2차적 자리매김은 불가능하거나 아니면 매우 공허할 수 있다는 점이다. 적어도 동아시아 사상사는 이러한 1·2차적 자리매김을 동시적으로 충족시킬 때 가능하다고 본다. 물론 이 기층적인 것도 고정된 어떤 것이 아니라 가변적인 것이다. 일본 유교의 기저라는 것을 보다 선명하게 밝히려면 동아시아의 이러한 기층적인 차원의 논의를 포함한 '비교'나 '대비'의 길로 나아가야 한다.

3) 일본 양명학 전개 도표

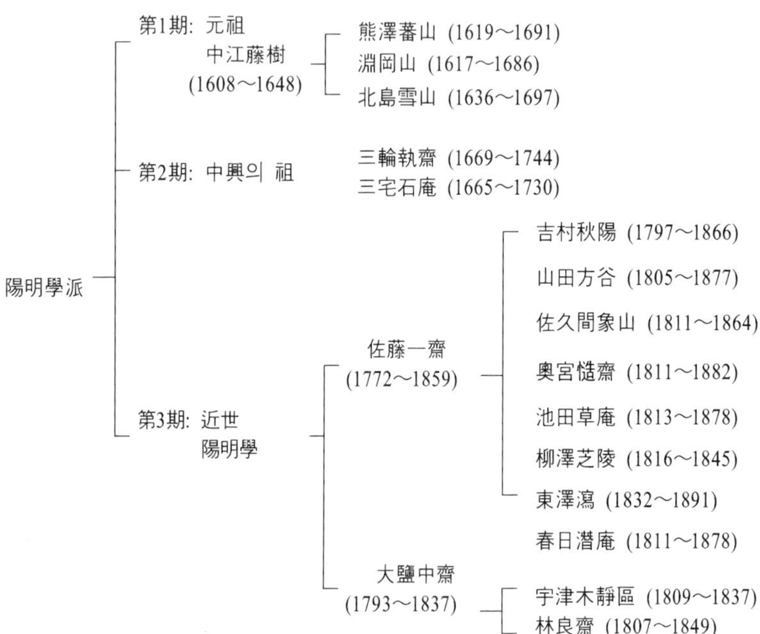

陽明學派
第1期: 元祖
中江藤樹
(1608~1648)
熊澤蕃山 (1619~1691)
淵岡山 (1617~1686)
北島雪山 (1636~1697)
第2期: 中興의 祖
三輪執齋 (1669~1744)
三宅石庵 (1665~1730)
第3期: 近世
陽明學
佐藤一齋
(1772~1859)
吉村秋陽 (1797~1866)
山田方谷 (1805~1877)
佐久間象山 (1811~1864)
奧宮慥齋 (1811~1882)
池田草庵 (1813~1878)
柳澤芝陵 (1816~1845)
東澤瀉 (1832~1891)
春日潛庵 (1811~1878)
大鹽中齋
(1793~1837)
宇津木靜區 (1809~1837)
林良齋 (1807~1849)

4) 일본 유학 관련 도표

학파 년대	朱子學派	陽明學派	古學派 古文辭學派 水戶學派	國學派
17세기 전반	후지와라 세이카 (藤原惺窩,1561~1619) 하야시 라잔 (林羅山,1583~1657)	나카에 토쥬 (中江藤樹,1608~1648)		
17세기 후반	야마자키 안사이 (山崎闇齋,1618~1682) 기노시타 쥰안 (木下順庵,1621~1698)	구마자와 반잔 (熊澤蕃山, 1619~1691)	야마가 소코 (山鹿素行, 1622~1685) 이토 진사이 (伊藤仁齋, 1627~1705)	게이추 (契沖, 1640~1701)
18세기 전반	사토 나오가타 (佐藤直方,1650~1719) 아라이 하쿠세키 (新井白石,1657~1725)	미와 싯사이 (三輪執齋, 1669~1744)	오규 소라이 (荻生徂徠,1666~1728) 이토 토가이 (伊藤東涯,1670~1736) 다자이 슌다이 (太宰春台,1680~1747)	가타노 아즈마마로 (荷田春滿,1669~1736)
18세기 후반	미우라 바이엔 (三浦梅園,1723~ 1789)			가모노 마부치 (賀茂眞淵,1697~1769) 모토오리 노리나가 (本居宣長,1730~1801)
19세기 전반		사토 잇사이 (佐藤一齋, 1772~1859) 오시오 츄사이 (大鹽中齋, 1793~1837)	아이자와 세이시사이 (會澤正志齋, 1781~1863) 후지타 토고 (藤田東湖, 1806~1855)	히라타 아쓰타네 (平田篤胤, 1776~1843) 이쿠다 요로즈 (生田萬, 1801~1837)
19c 후반		사쿠마 쇼잔 (佐久間象山, 1811~1864) 요시다 쇼인 (吉田松陰, 1830~1859)		오쿠니 다카마사 (大國隆正, 1792~1871)

5) 일본 양명학 관련 주요저서 목록

(1) 中江藤樹

『大學啓蒙』, 『孝經啓蒙』, 『論語鄕黨啓蒙翼傳』, 『大學解』,
『大學蒙注』, 『中庸解』, 『四書合一圖說』, 『明德圖說』,
『持敬圖說』, 『翁問答』, 『鑑草』, 『文武問答』, 『捷徑醫筌』,
『神方奇術』

(2) 淵岡山

『岡山先生示敎錄』, 『岡山先生示敎錄追加』

(3) 熊澤蕃山

『集義和書』, 『集義外書』, 『大學或問』, 『大學小解』,
『中庸小解』, 『論語小解』, 『孝經或問』, 『易經小解』,
『孟子小解』, 『三輪物語』, 『源氏外傳』

(4) 三輪執齋

『標註傳習錄』, 『傳習錄筆記』, 『日用心法』, 『四書敎義』,
『大學俗解』, 『孝經小解』, 『神道臆說』, 『古本大學講義』,

『執齋雜著』

(5) 佐藤一齋

『言志四錄』,『古本大學旁釋補』,『大學摘說』,『中庸欄外書』,
『論語欄外書』,『孟子欄外書』,『易學啓蒙』,『小學欄外書』,
『近思錄欄外書』,『白鹿洞揭示問』,『愛日櫻文詩』

(6) 大鹽中齋

『洗心洞箚記』,『古本大學刮目』,『儒門空虛聚語』,『增補孝敎彙註』

(이상훈・최재목)

Ⅳ. 조선시대 양명학 비판 자료

1. 조사의 범위와 목적

吳鍾逸은 1521년 이전 王陽明(1472~1528)이 생존했을 때 이미 『傳習錄』初刊本이 전래되었다고 한다. 訥齋 朴祥(1474~1530)의 연보에 「변왕양명수인전록(辨王陽明守仁傳錄)」이란 것이 있고, 十淸軒 金世弼(1473~1533)의 十淸軒集에 「우화눌재(又和訥齋)」라는 三絶詩에 '陽明老子治心學'이란 글이 있음을 근거로 하여 중종 16년(1521) 이전에 양명학이 전래되었다고 보고 있다.

十淸軒은 己卯士禍가 일어나서 趙光祖가 賜死되던 1519년(중종 14)에 謝恩使로 명나라에 가서 그 이듬해에 돌아오면서 많은 명나라의 서적들을 가지고 왔으니 아마도 그때 陽明의 傳習錄도 가져왔을 것이다. 그러나 訥齋 朴祥에게 화답한 三絶詩에서 십청헌은 陽明이 孔孟과 조금 차이가 있음을 또한 의심한다고 말하고 또 陸象山을 배우면 병폐가 많다고 하고 陽明學이 禪學이라고 비판하는 것 같으니 訥齋 朴祥의 시는 온전히 전해오지 않아서 자세히 알 수 없으나 양명학은 조선에 들어온 수입 초기부터 십청헌에 의해 비판을 받았음을 알 수 있다.

이어서 退溪 李滉(1501~1570)이 「傳習錄論辯」 및 「白沙詩敎傳習錄抄傳。因書其後。」 등에서 陸象山・陳白沙・王陽明을 비판하여서 조선의 程朱學者들이 陸王學을 비판하는 데 가장 큰 영향을 미치게 된다. 따라서 퇴계의 高弟子인 西厓 柳成龍(1542~1607) 등이 양명학을 적극 비판하게 된 것은 당연한 것이었다.

　그러나 조선에서 양명학을 처음 수용하여 배우고 찬성한 학자는 퇴계와 서신으로 학문을 논변했던 東岡 南彦經(1528~1594)이었으며 조선 王室의 宗親인 慶安令 李瑤는 그의 제자였다. 이요는 선조에게 양명학이 좋다고 찬양하고 선조도 이에 감동하고 인정하였다.

　그 후 양명학에 대한 중요한 비판으로는 조선의 대표적 양명학자인 霞谷 鄭齊斗(1649~1736)의 스승이자 少論 領袖 중의 한 사람으로서 좌의정에까지 이르렀던 南溪 朴世采(1631~1695)의 「王陽明學辨」이 있으며 老論 領袖인 宋時烈(1607~1689)의 門人인 南塘 韓元震(1682~1751)의 「王陽明集辨」 등이 있다.

　英·正祖때 南人계통의 實學者인 星湖 李瀷(1681~1763)은 『星湖僿說』의 「知行合一」에서 知先行後說을 주장하면서 陽明의 知行合一說을 비판했고 順菴 安鼎福(1712~1791)은 「答權旣明書」에서 朱子의 格物致知說을 지지하고 陽明의 心卽理說을 비판했고 茶山 丁若鏞(1762~1836)은 「致良知辨」에서 陽明의 致良知說을 비판했다. 그러나 星湖나 茶山은 또한 다른 한편으로 陽明의 學說을 引用하고 認定하기도 했다.

　이상은 조선시대의 중요한 양명학비판을 고찰해보았는데 그동안 양명학 비판자료들은 단편적으로 연구 인용되어 왔다. 이에 본 조선시대 양명학비판자료 조사는 위의 대표적인 양명학비판자료 외에 十淸軒으로부터 韓末의 李石亭에 이르기까지 주요한 양명학비판 자료들을 망라하고 또한 양명학과 밀접한 관계에 있는 陸象山·陳白沙에 대한 비판과 함께 陽明의 首弟子인 龍谿 王畿 및 復所 楊起元과 같은 중요한 陽明學者들에 대한 비판도 포함시켜서 조선시대 程朱學者들의 학문적 입장과 陽明學 및 陽明學派에 대한 이해의 한계를 알아보고 陽明學 및 陽明學派에 대한 批判論의 이해와 반성을 통하여 陽明學 내지 朝鮮時代 陽明學派의 特徵과 意義에 대한 올바른 연구 이해에 이바지하도록 하려는 것이 본 조사의 범위와 목적이 되겠다.

2. 수록의 방법과 내용

　본 조선시대 반양명학적 양명학비판자료 조사는 주로 각 학자들의 문집 가운데서 양명학을 비판한 부분 이외에 양명학자와 주고받은 서신 등 양명학과 관계가 되는 부분도 수집하여서 직접적인 양명학 비판뿐 아니라 양명학자 와의 학문적 관계도 이해하는 데 참고가 될 부분까지도 수록하도록 하였다. 또한 양명학을 비판한 부분도 직접적으로 양명학을 언급한 일부분만을 단편적으로 떼어내는 것이 아니라 가급적이면 문장 전체를 수록하여서 그런 양명학 비판이 나오게 된 앞뒤 상황과 문맥을 파악하는 데 도움이 되도록 했다. 또한 그 양명학을 비판한 학자 자신이 지은 글만이 아니라 다른 사람의 글이라도 그 학자가 양명학을 비판 반대했음을 언급한 글은 수록하여서 참고가 되도록 했다.
　또한 본 양명학 비판자료에서는 양명학을 지지 찬동하는 학자의 글은 당연히 배제하였으며 양명학을 한편으로 비판하면서 또 한편으

로는 양명의 학설을 인용하여 인정하는 학자 - 예를 들면 星湖 李
瀷과 茶山 丁若鏞과 같은 실학자들 - 의 경우에도 그 학자의 양명
학설에 대해 지지하는 글은 빠뜨리고 비판하는 성격의 글만을 수록
할 수밖에 없었다. 바로 그와 같이 양명학을 전면적으로 비판 반대
하는 학자 - 예를 들면 退溪 李滉 - 뿐 아니라 양명학설을 부분적
으로 비판하는 학자의 글도 수록하게 되어서 본 자료집의 제목을 조
선시대 反陽明學 자료집이 아니라 조선시대 陽明學批判 자료집으로
정하게 된 것이다.

각 양명학 비판자료는 十淸軒으로부터 李石亭에 이르기까지 저자
의 시대순으로 배열하였으며 먼저 그 양명학비판문을 쓴 저자와 그
양명학비판문의 제목과 그 양명학비판문이 실린 서명과 권수 쪽수
등의 출처를 표로서 작성하여 제시하고 그 아래에 양명학비판 원문
을 수록하는 형식으로 하였다. 원문 안에 있는 주는 본문보다 2포인
트 작은 파란색 글자체로 (   ) 안에 입력하여 검정색 글자로 된
본분과 구별되도록 했다.

본 조선시대 양명학비판자료는 주로 민족문화추진회에서 발행한
韓國文集叢刊에 들어 있는 각 학자들의 문집에서 인용되었으며 韓
國文集叢刊에 들어 있지 않은 학자들의 문집은 다른 데서 발행된
문집 가운데 가장 완비된 판본에서 인용하도록 하였다.

3. 조선시대 양명학 비판 자료

1) 십청헌(十淸軒) 김세필(金世弼)
[1473년(성종 4)~1533년(중종 28)]

저 자	십청헌(十淸軒) 김세필(金世弼)
제 목	「又和訥齋」
출 전	『十淸先生集』, 卷二 「七言絶句」, 一~二面, 韓國文集叢刊 18(民族文化推進會 1989. 5.), 221면.

陽明老子治心學。出入三家晚有聞。道脈千年傳孔孟。一毫差爽亦嫌云。

紫陽人去斯文喪。誰把危微考舊聞。學蹈象山多病處。要君評話復云云。(蹈。一作到。)

木鐸當時餘響絶。一編傳習亦多聞。前頭取舍吾心孔。(二字缺。) 西河學僭云。

　　　(此三詩。論王陽明傳習錄。來詩。有却恐人驚異所云之句。)

저 자	여호(黎湖) 박필주(朴弼周) [1665~1748]
제 목	「贈資憲大夫。吏曹判書兼知經筵, 義禁府事, 弘文館大提學, 藝文館大提學, 知春秋館, 成均館事, 世子左賓客, 五衛都摠府都摠管。行嘉善大夫。吏曹參判兼同知經筵, 義禁府, 春秋館, 成均館事, 五衛都摠府副摠管十淸金先生諡狀」
출 전	『十淸先生集』, 卷四 「附錄」, 十三面, 韓國文集叢刊 18 (民族文化推進會 1989. 5.), 267면.

先生之學甚博。而尤好易與中庸。前後凡兩朝天。多購二書之箋註以來。非用功之篤。其如是乎。其以廣州牧承召。進講易學啓蒙者。可知其造詣超絶。有非他人所及矣。王陽明文字東來未久。人莫知其爲何等語。而先生早已覰破其爲禪學。與朴訥齋祥。有酬唱三絶句。若是者。皆足見先生所學之正矣。

2) 눌재(訥齋) 박상(朴祥)
[1474년(성종5)~1530년(중종25)]

저 자	미상(未詳)
제 목	「敍述」
출 전	『訥齋先生集附錄』, 卷二 「敍述」, 二二面, 韓國文集叢刊 19 (民族文化推進會 1989. 5.), 106면.

王陽明(守仁)文字。東來未久。東儒莫知其爲何等語。先生與金十淸(世弼。公碩。)見其傳習錄。斥謂禪學。有酬唱三絶。 (先生詩。有

曰却恐人驚異所云之句。而餘皆逸。十淸和詩曰。紫陽人去斯文喪。
誰把危微考舊聞。學蹈象山多病處。要君評話復云云。)

3) 퇴계(退溪) 이황(李滉)
[1501년(연산군7)~1570년(선조3)]

저 자	퇴계(退溪) 이황(李滉)
제 목	「答南時甫(彥經)」(丙辰年)
출 전	『退溪先生文集』, 卷十四 「書」, 一~三面, 韓國文集叢刊 29 (民族文化推進會 1990. 3.), 363~4면.

去春一書後。欲嗣修問。此間往來京師人。率由金遷路。未遇便
風。未果也。伻來辱書兼兩詩。承悉近況。前日心恙。正因憂患而
作。今歷時旣久。事往境新。如何。尙未快豁耶。滉暮齒重病。理宜
日衰。比前相從之時。又不啻倍甚。鬚髮種種。神疲眼暗。諸證迭
侵。頃者。再蒙恩召。適添暑毒。委頓不運。不得已再上辭狀。懇乞
鑴罷。物情深非之。謗議沸騰。將獲大譴。幸賴天鑑矜察。下旨溫
諭。已替玉堂。仍付僉知。雖在野朝銜。大非分義。此則無如之何。
天涵微物。得遂屛退。感怍無窮。細讀來喩。知所患亦非偶然。攝治
誠不可忽。皆滉素所身歷。其說略具別紙。應吉一家事。聞之怛然忍
涕。諸友皆無恙。深荷見喩。以慰遐思。但拙跡如此。死者無以恤
孤。存者無時會合。爲可歎耳。

別 幅

心氣之患。正緣察理未透而鑿空以强探。操心昧方而揠苗以助長。不覺勞心極力以至此。此亦初學之通患。雖晦翁先生。初間亦不無此患。若旣知其如此。能旋改之。則無復爲患。惟不能早知而速改。其患遂成矣。滉平生病源。皆在於此。今則心患不至如前。而他病已甚。年老故耳。如公靑年盛氣。苟亟改其初攝養有道。何終苦之有。又何他證之干乎。大抵公前日爲學。窮理太涉於幽深玄妙。力行未免於矜持緊急。强探助長。病根已成。適復加之以禍患。馴致深重。豈不可慮哉。其治藥之方。公所自曉。第一須先將世間窮通得失榮辱利害。一切置之度外。不以累於靈臺。旣辦得此心。則所患蓋已五七分休歇矣。如是而凡日用之間。少酬酢。節嗜慾。虛閒恬愉以消遣。至如圖書花草之玩。溪山魚鳥之樂。苟可以娛意適情者。不厭其常接。使心氣常在順境中。無咈亂以生嗔恚。是爲要法。看書。勿至勞心。切忌多看。但隨意而悅其味。窮理。須就日用平易明白處。看破敎熟。優游涵泳於其所已知。惟非著意非不著意之間。照管勿忘。積之之久。自然融會而有得。尤不可執捉制縛。以取其速驗也。見喩涵養體察。吾家宗旨。天理人事。本非二致。善矣。但悟之一字。力主言之。此則蔥嶺帶來頓超家法。吾家宗旨。未聞有此。然則向所謂强探助長之患。恐依舊未免也。滉於此病。身親諳悉。言之無疑。其攝養之道。則於身尙未見效。猥言殊愧。但同病相愛。同患相捄。不得不云云。願勿以人而棄言。則於公不能無補也。晦菴書。見成七冊。無窮事業。都在其中。但一味力不能趁。而光陰不留。恨不從數十年前做此工夫。願公以滉爲戒。毋以一眚故。中年自廢。以貽晚悔也。盛

詩古風。意趣深長。絶句不無可疑。效顰寫呈。千里一笑。士炯已入
妙香。公往踵之。以遂壯遊之志。堪羨堪羨。自此益遠。明春還後。
枉顧固未卜。苟無替問字。幸甚。

<table>
<tbody>
<tr><td>저　자</td><td>퇴계(退溪) 이황(李滉)</td></tr>
<tr><td>제　목</td><td>「答南時甫」(戊午年)</td></tr>
<tr><td>출　전</td><td>『退溪先生文集』, 卷十四「書」, 三〜四面, 韓國文集叢刊 29
(民族文化推進會 1990. 3.), 364면.</td></tr>
</tbody>
</table>

自往關西。信絶經年。今玆履端伊始。忽奉珍翰。具審中間遊歷言
旋曲折之詳。喜倒不自勝。又承舊患頓爾消釋。從此可見新功。尤切
欣幸。滉年時宿恙作止無定。本以稟薄早衰。齒髮日邁。去秋以來。
眼昏特甚。全不辨物。無精力可及於書冊。雖於日間。時見一斑半
點。終是多間斷。不爲已有。奈何奈何。來喻所云悠悠泛泛。其能濟
事之嘆。在左右未必然。而在滉則實有之。每深惕懼。昔年與君及應
吉諸人相從之日。切偲之益甚多。僕暮年作意之功。專藉於是。而不
數年間。死別生離。無復前日之事。鄕間雖多有儒士。率爲世習所
奪。尋常無與論此事。令人心緒日孤。安得不馳懷於吾同人標格耶。
此間所居深僻。雖有泉石。無登望之勝。近別卜一處。頗得景致。欲
造一間書屋。以宴坐終老。但苦無財力。未必其能就與未。假使得
就。不得與如契右者同之。將誰與共樂耶。詩中故略道之。他不能
悉。惟冀益膺新休。進學自愛。

저　자	퇴계(退溪) 이황(李滉)
제　목	「答南時甫」
출　전	『退溪先生文集』, 卷十四「書」, 四～五面, 韓國文集叢刊 29 (民族文化推進會 1990. 3.), 364～5면.

遊山錄。極荷不鄙。遠示發蔽。幸莫大焉。往者。得見洪應吉遊山錄。以爲東國無復有與此山爭衡者。今見是錄。其雄壯奇詭。殆過於彼。乃知天下之大觀無盡。而公獨何修得兼此偉事耶。井蛙之見。不出戶而知方域之大。公之惠我。不已厚乎。欲依戒奉還。恩恩數朝。猶有未究。少留。容得謄寫。與應吉錄同置几几。時時寓目。以資臥遊之樂。是計。他時奉納後。其首尾之闕。請須補完。以畢稀勝。懇祝懇祝。都下舊遊。杳絶音耗。今報安信。如見其人。但未知其能無變其初否。金伯獻。不獨青年可惜。聞其不免有失於厥終。此尤可歎耳。應吉女于歸得所。想亦喜動於泉下也。來詩古雅。理趣俱到。其得於遊觀所養者如此。深可嘉尚。懶廢之人。猶被挑興。趁韻添和。累篇呈似。以發一笑。孔明不當出之論。向見金孝先亦有此論。然僕之左見。有異於此。孔明命世之才。身存漢存。身死。漢猶延十年之後而乃亡。使萬世之下。明大義如日月。其出豈可謂誤耶。惟四皓。但知溲溺之辱爲可避。不知虐后橫戚之請爲可恥。輕出爲客。隨入侍宴。至於高帝怪問而後。乃知其爲四皓焉。則雖有定國本之功。其爲枉尋直尺。亦已甚矣。況初旣染迹如此。後若產，祿之計得成。而四人不死。則杜牧所謂四皓安劉是滅劉者。安所逃其鈇鉞哉。故聊因雅句之意而及之。不知高明以爲如何。

저 자	퇴계(退溪) 이황(李滉)
제 목	「答南時甫」
출 전	『退溪先生文集』, 卷十四「書」, 五〜七面, 韓國文集叢刊 29 (民族文化推進會 1990. 3.), 365〜6면.

　朝日書來。適有鄕親。久離忽逢。喜敍之外。更有及期措置事。單奴終日無暇。未卽修報。殊失情事。愧愧。示喩縷縷。足見近日用力進步親切點檢處。所以每得公書。不覺心開眼明。而益知自檢之疎鹵也。無容力之地。爲安排所碍。不可遏之機。爲習累所蔽。凡公所以自說病痛者。皆說我病痛處。然則吾何有針藥於公耶。此則公之言過也。至言湛一淸明之體。上下與天地同流。是固如此。但公於此。發得似太早。又云。所謂用力者。無意而已。無欲而已。夫無意無欲。乃聖者事。一超恐難到此地位。詳此段語意。微有禪味。得無看白沙傳習。未免有少中毒耶。延平所謂太極動而生陽。不可作已發看。此言僕看未破。今於公所引證處。亦未契悟。幸以數語曉釋。以去蒙蔽。如未可率爾語諭。當俟後日面論也。子路問鬼神。子曰。未能事人。焉能事鬼。吾輩於民彝天顯。有多少未了處。那敢眇眇茫茫。說鬼說神。但格物之學。亦不可判幽明爲二途。而偏廢其一。專莫之講。故姑因來諭所擧先儒說論之。程子所謂道有來。但去尋討者。其意非謂眞有。蓋以爲有亦不可。以爲無亦不可。當付之有無之間之意耳。而花潭則以爲眞有。其物聚則爲人。物散則在空虛。迭成迭壞。而此物終古不滅。此與一箇大輪迴之說何擇歟。此非僕敢作妄語。固先儒所以議橫渠者耳。若孔子之答宰予禮記之言。容有不能盡醇。但朱子旣取此言於中庸章句。又自有洋洋生活等語。此則誠有可疑者。

淺見不及聖賢處。正在此等。今當因其所可知。以漸求其不可知之
妙。恐不當援其近似。附會以證師門之差說也。餘在別幅。

人或譏滉交儒生之非。滉本一寒儒。儒而交儒有何罪。但不當妄交
耳。然此言深可畏。公亦不可不知。

저　자	퇴계(退溪) 이황(李滉)
제　목	「答南時甫」
출　전	『退溪先生文集』, 卷十四 「書」, 七～十面, 韓國文集叢刊 29 (民族文化推進會 1990. 3.), 366～7면.

皇極書觀物內篇。未知所欲見者。謂何件耶。僕去年。借得閔景說
新貿來內外篇合十餘冊。豐城朱隱老所註。其註華而少實。正所謂隔
壁聽隔靴爬者。然以得見爲幸。略抄其類例未半。已而又借得余本所
註外篇四冊。以余視朱。不啻霄壤之懸。乃捨朱而抄余。第恨余註又
多落張。而兩書與性理大全。章節先後。參互錯入。竟難歸定。且其
義玄奧。其數試以算驗。或合或違。去冬今春間。以此送了許多日
子。而卒未窺其藩籬。徒耗減病人精力。追思悚然自笑。且自覺力
盡。未了抄寫。而遽還朱註全帙於閔公。今獨留余註四卷。但余註。
公與應吉曾所借覽。必非謂此。故只僕所抄二冊子呈上。此僕私所便
閱。非其書之本。不可以示人。又恐看此等難解之書。必極用心力。
實有妨於患證。須深戒勿强。幸幸。鬼神之理。非聞見之知。料度之
想所及。屢示辱訪。無以爲對。試以來示所擧兩條言之。果似不同。

然朱子以屈中又有伸。爲鬼之有靈。非必謂鬼以旣屈之氣。轉回來形現爲靈也。但言方屈之氣而亦有靈。其靈處謂之屈中之伸。可也云爾。豈可與氷水凝釋。一往一回。如輪之周轉之說。比而同之哉。因思花潭公所見。於氣數一邊路熟。其爲說未免認理爲氣。亦或有指氣爲理者。故今諸子亦或狃於其說。必欲以氣爲亘古今常存不滅之物。不知不覺之頃。已陷於釋氏之見。諸公固爲非矣。然溷前以爲氣散卽無。近來細思。此亦偏而未盡。凡陰陽往來消息。莫不有漸。至而伸。反而屈。皆然也。然則旣伸而反於屈。其伸之餘者。不應頓盡。當以漸也。旣屈而至於無。其屈之餘者。亦不應頓無。豈不以漸乎。故凡人死之鬼。其初不至遽亡。其亡有漸。古者。事死如事生。事亡如事存。非謂無其理。而姑設此以慰孝子之心。理正如此故也。由是觀之。孔子答宰我之問。亦無可疑矣。以眼前事物言之。火旣滅。爐中猶有熏熱。久而方盡。夏月。日旣落。餘炎猶在。至夜陰盛而方歇。皆一理也。但無久而恆存。亦無將已屈之氣。爲方伸之氣耳。左見大意如此。未知公意以爲如何。如未中理。亟望提諭。以破懵惑。痰盛頭重。援禿亂草不成字。林監司送律。亦以病未及膽送。亦不足煩聽。但其中。有無計酬恩重。難圖發學懵。野僧思遠錫。羈鳥憫深籠。此兩句爲實錄。而人之見者。不甚會意耳。

別　紙

此學全藉朋友切磋之力。吾鄉士友有志者。多緣事故。未能專心於此事。殊闕警益。塊坐山樊。日有鈍滯之憂。每思前日洛中相從之樂。而不可得。正如來喩所云也。但向來所講。大率多墮於渺茫汗漫之域。近讀晦菴書。窺得親切意思。方知其誤。蓋此理洋洋於日用者。只在作止語嘿之間。彝倫應接之際。平實明白。細微曲折。無時無處無不然。顯在目前。而妙入無眹。初學舍此。而遽從事於高深遠大。欲徑捷而得之。此子貢所不能。而吾輩能之哉。所以徒有推求尋覓之勞。而於行處。莽莽然無可據之實矣。延平曰。此道理全在日用處熟。旨哉。言乎。

<table>
<tr><td>저　자</td><td>퇴계(退溪) 이황(李滉)</td></tr>
<tr><td>제　목</td><td>「答南時甫」</td></tr>
<tr><td>출　전</td><td>『退溪先生文集』, 卷十四「書」, 十〜十三面, 韓國文集叢刊 29 (民族文化推進會 1990. 3.), 367〜9면.</td></tr>
</table>

人回辱書。備審別後北觀南遊。探歷旣富。滯煩頓快。祠隱靜謐。讀書有味。甚慰甚善。所云謹獨爲日用親切工夫。此固爲確論。又須見得此理流行。無物不有。無時不然。故吾之用工。亦當無時無處而不用其力焉。蓋謂酬酢處旣常戒謹。而於獨處尤當加謹耳。非謂可忽於彼而只謹於此也。大抵大學一書。一擧目。一投踵。而精粗本末都在此。人患不用其力耳。苟作之不已。不患不到聖賢地位。而今吾輩滅裂如此。無怪於不得力。見朱先生嘗以門人讀大學者無得力爲歎。是則可怪也。需劍巖號額。意思則好矣。然晦菴甚愛廬山。東坡甚愛羅浮。而皆不以爲號。豈不以彼實不與於我。我不可强挽而屬我作號也耶。則遠取劍巖。反不如近取月嶽。猶是爲公往來瞻仰之切也。如何如何。節要書二冊。領得。三冊。如示爲佳。蟬聲一條。喩意似

當。然作歇後看。則爲歇後語。作緊切看。則豈非緊切語耶。鳴鶴一稱於周易。而爲感應故事之名言。飛鳶一稱於魯頌。而爲變著故事之名言。其中。皆有無窮好意味。蟬者。物之至淸至潔。而爲大賢因物懷人之所稱。所懷之人亦大賢。以此作懷人故事之名言。其間好意思爲如何耶。嘗見禪家者流。稱述其祖師之言。苟有一段譬喻。無不稱揚。至於詩人墨客。剽掠誇說。擬以爲故事名言。若吾程朱諸賢說話。如菽粟如布帛。切於人之日用。而人反不知其貴。況知稱揚而爲故事名言耶。他人不知。不須言。到公亦不知其貴。而以爲歇後語。何耶。大抵節要書。歸重在於學問。則所取皆當以訓戒責勵之意爲主。然一向取此。則不幾於使人拘束切蹙。而無寬展樂易願慕興起底意思耶。故其間雖不係訓警之言。如此條之類。亦多取之。所以欲見大賢尋常言動游息之際。向人應物之頃。興緖情味之爲如何。而目想心追。則宛然若與一時及門諸人。陪侍從容周旋酬應於一堂之上。或時遇此景此物此人此事。怳若聆其謦欬。睹其儀刑。而不覺有悟悅欣適之意。則其所以助發其慕古嚮道進進無已之心者。爲益豈少耶。書之末端菖蒲安問之類。所取亦猶是也。公意竟以爲何如耶。所論朱子敬一段。語意甚當。而答太輝言所辭。亦殊爲痛快。太輝尙自是而不服耶。太輝亦不易得底人。其病如此。令人失望。奈何奈何。承柳判書失攝。至於解職。無任憂戀。與吾兄契款甚厚。滉亦累忝僚分。今之來也。意甚拳拳。悶其病深而有難於世議也。今所諭兩相之言之意。若判書不屑於心。安得聞此而又轉以喩及乎。感佩深矣。往謁判書。毋忘爲致謝意懇懇。九龍新硯。能發墨潤墨。又能不滲液。而其色則想古所稱端溪猪肝色。正如此色。眞是佳品。而始發於今。乃知天地間至寶不終祕。必有發現之時也。但看公筆法。近覺殊進。何不留此供臨池之興。而贈我眼花閣筆之老。終歸於無用耶。日對几案。遠擬象德。意多紙盡。不能具悉。臘去春回。惟珍衛加重。時惠一字。以慰病悰。滉拜枕草草。

聞士炯得官。可賀。但近年。朋友稍稍皆從此路去。其爲祿隱之計。則反覺此一路甚好。只恐志業不修。則遂成汚下。無復拔之期也。如何如何。如公猶未忘情於此事。觀士炯之志。正古人所謂長沙時已不如南康時者。今又汨之以俗務。能保其不變乎。幸公深勸其毋自墮坑落塹而自謂得計也

저 자	퇴계(退溪) 이황(李滉)
제 목	「答南時甫」
출 전	『退溪先生文集』, 卷十四「書」, 十三〜五面, 韓國文集叢刊 29 (民族文化推進會 1990. 3.), 369〜70면.

近鄭子中。過宿溪莊。頗談左右春夏間動靜。頗以慰懷。今復黃仲擧見訪。投以惠札。因云數次款接。怳若承眄開襟。幸荷幸荷。滉宿痾自分與之同生死。非如退之送窮復延。第一衰甚昏倦。時於文字裏。覷得義理。雖有一餉間欣悅。終是精力擔著不得。深恐難成己物耳。節要書。人或有意取看。看未了一二卷。輒已生厭色。無一人入得意味研過數卷者。今示留意如此。此必非勉强外爲。深賀深賀。其末二卷。在朴君處。曾已見還。今在許國善處。若欲之則就國善索取爲佳。其見在几間三卷。國善欲看則送付。仍囑以覽訖還于弊居。庶

無失去也。所云白沙構齋之人。許欲考示。幸幸。其條非在詩敎。乃
在文集欲末處。自下泝看。則度猶在十餘板以上也。太輝所云。雖不
敢輕議。然花潭何敢望白沙耶。白沙雖亦虛蕩入禪窟去。其人品超邁
爽徹。詩亦高妙。花潭。其質似朴而實誕。其學似高而實駁。其論理
氣處。出入連累。全不分曉。原頭處如此。下學處。可以類推。其詩
文。好處好。不好處亦多。若擬於白沙。恐失其倫也。大抵近世諸
人。於其師門。務極推尊。更不論當與不當。欲以之誇耀世俗。其用
意不公如此。衆人且不可欺。況後世。豈無具眼人能覷破眞贗者耶。
甚可畏也。故古人尊敬師門。非不至也。五峯知言駁處。南軒不諱。
龜山之言。苟涉佛老處。晦菴不隱。南軒。五峯之門人。晦菴。龜山
之源流也。非徒龜山。雖延平之言。有少差。晦菴亦不回護者。此理
至公。著一毫私意不得耳。松堂之理學。亦有可疑處。而其門人推
尊。似恐過實。嘗妄有一說。今不知所置。不得送上耳。太輝好執己
見。聞吾言。想大訶怪。須勸其平心熟思。毋但爲一時計。如有所
言。詳以報來。惟照察。無計覿面。臨紙依依。不宣。

저　자	퇴계(退溪) 이황(李滉)
제　목	「答南時甫」
출　전	『退溪先生文集』, 卷十四「書」, 十五～六面, 韓國文集叢刊 29 (民族文化推進會 1990. 3.), 370면.

示喩怳惚前後存之極難者。僕正自墮落於其中。何能爲公謀耶。然
公旣知私意私欲之爲害。但當隨時隨事。力加克治之功。勿忘勿助。

敬義夾持。無少間斷。此最緊切工夫。朱子曰。若知其病而欲去之。
則卽此欲去之心。便是能去之藥。又曰。勿倚靠他人。勿等待後時。
正謂此也。莊子鋩刃不鈍之說。信奇。然借彼善喩之辭。悟我觀物之
妙則可。若謂周亦有見於不忘不助之學則不可。蓋彼之離世遺物。墮
肢體。黜聰明。乃是忘之之極致。何可以是同於吾敬學乎。至於天之
穿之等語。僕看莊子已久。不記爲何義。大抵吾道自足。何必匍匐於
異學。而援引求合乎。向者。公欲看莊子。吾意謂汎觀以資博耳。今
覺已中其毒如此。異學移人之易。深可畏。千萬切戒之。

저　자	퇴계(退溪) 이황(李滉)
제　목	「答南時甫·張甫(彦紀)」(甲子年)
출　전	『退溪先生文集』, 卷十四「書」, 十六面, 韓國文集叢刊 29 (民族文化推進會 1990. 3.), 370면.

所喩留意晦菴書。甚善。其或有難曉處。亦固不免。蓋先生文字如
靑天白日。本無纖翳。只義理淵深微奧。學者用意未深。用工未熟。
猝難得入處多矣。要當把作久遠功夫。到眞積力久。看如何耳。許尹
近得其書。無事在官。期以欲一相見。已告以遠道不可任意之意辭之
矣。所喩諸說。果於鄙意亦可疑。蒙兩君見囑云云。未免各有小辨
說。他日而精之還。欲以呈兩君耳。不意而精。取其中一說。送于許
尹。尹大示峻卻。觀此氣象。似難與爭鋒。然所怪者。道理只是平坦
如大路。必欲舍之而側入榛莽中。何耶。歲除。惟冀履兹慶。不宣。

저　자	퇴계(退溪) 이황(李滉)
제　목	「答南張甫」(乙丑年)
출　전	『退溪先生文集』, 卷十四 「書」, 十六〜七面, 韓國文集叢刊 29 (民族文化推進會 1990. 3.), 370〜1면.

示喩少連辱身之說。所疑果然。然此所謂辱。乃身處困辱之辱。非道屈玷辱之辱。古之聖賢。不避嬰身於困辱。正所以謀伸其道。與枉道屈辱之辱相反。何害之有。無極而太極。前後書來說。皆得之。或人所謂無窮極之說。朱子已嘗非之。今何可更襲其謬耶。然極之爲義。非但極至之謂。須兼標準之義。中立而四方之所取正者看。方恰盡無遺意耳。無可無不可。亦說得無差。但所謂胡氏之說有不同處。未知指何而言。故未敢臆對。滉舊病新患。無有平時。今日正苦寒痰。强作此書。書不成字。言不盡意。惟因粗入精。據一推十。可也。去冬書所云五六條。皆嘗有說。而精。早晚必以呈似。謹拜。

저　자	퇴계(退溪) 이황(李滉)
제　목	「心經後論」
출　전	『退溪先生文集』, 卷四一 「雜著」, 十一〜六面, 韓國文集叢刊 30 (民族文化推進會 1990. 3.), 410〜2면.

滉少時。遊學漢中。始見此書於逆旅而求得之。雖中以病廢。而有晚悟難成之嘆。然而其初感發興起於此事者。此書之力也。故平生尊

信此書。亦不在四子近思錄之下矣。及其每讀至篇末也。又未嘗不致
疑於其間。以爲吳氏之爲此說也何見。篁墩之取此條也何意。其無乃
有欲率天下歸陸氏之意歟。旣而又自解。以爲朱子之學。大中至正。
無墮於一偏之弊矣。猶自謂有浮泛之失。力戒門人以收斂著實工夫。
自今而遡求之。其從遊之士。私淑之徒。或未能深體此意。流而爲口
耳之習者不少。二公生於其後。而任斯道捄流弊之意切。不得已而爲
此言。是亦朱子之意耳。亦何傷之有哉。所可疑者。草廬之爲陸學。
當時已有其議。後世公論。亦多云云。又未知篁墩之爲人與爲學畢竟
何如耳。頃者。橫城趙士敬。因讀皇明通紀。錄示其中篁墩公事實數
三條。然後略知篁墩之爲人與爲學乃如此。於是。慨然而歎。怒焉而
傷者。累月而猶不釋也。蓋其三條內。其一。賣題事也。而此事梗
槩。曾於孤樹裒談。見之矣。公與劉健齊名。而嘗偶言健短於詩。健
銜之。此獄之成。健爲之也。滉以爲賂賣之事。稍知自好有廉隅者不
爲。而謂以公之賢。求古人心學。負天下重名而爲之乎。況彼時。健
方入閣用事。安知其誣構發劾者。不由於承健風旨而然乎。其二。汪
循之論。謂公於勢利二字。未能擺脫得去。此未知所指爲何事。若果
有實事之可指。則是自不免上蔡鸚鵡之譏。其於心學之傳。固難議
爲。不然。吾恐循也徒見斯人曾被賣題之累。因以勢利目之也。則其
事之虛實。旣未的知。又安可以是爲斯人之定論乎。其三則陳建論公
道一編說也。其說云。篁墩欲彌縫陸學。乃取朱陸二家言語。早晚一
切顚倒變亂之。矯誣朱子。以爲早年誤疑象山。晚年始悔悟。而與象
山合。其誤後學甚矣。因爲之著學蔀通辨，　編年考訂。以究極同異是
非之歸云。噫。信斯言也。篁墩其果誤矣。其爲學。果有可疑者矣。
蓋嘗思之。朱陸二氏之不同。非故有意於不同也。此儒而彼禪。此正

而彼邪。此公平而彼私狠。夫如是。安得而相同耶。孔子曰。博學於
文。約之以禮。子思曰。尊德性而道問學。孟子曰。博學而詳說之。
將以反說約也。二者之相須。如車兩輪。如鳥兩翼。未有廢一而可行
可飛者。此實朱子之說也。吾儒家法。本自如此。老先生一生從事於
斯二者。纔覺有一邊偏重。卽猛省而痛改之。故其見於書尺往復之間
者。互有抑揚。此乃自用吾法。而自相資相救。以趨於大中至正之道
耳。豈初年全迷於文義之末。及見象山然後始悟。而收歸本原乎哉。
余未見道一編。未知其爲說如何。然執書名而捫陳語。其必謂道一而
無二。陸氏頓悟而有一。朱子早二而晚一。苟如是。則是陸無資於
朱。而朱反有資於陸矣。斯不亦謬之甚耶。昔。程允夫欲援蘇而附於
程。有蘇，　程之室之語。朱子斥之曰。是無異雜薰蕕氷炭於一器之
中。欲其芳潔而不汚。蓋亦難矣。愚謂篁墩之欲同二家。殆亦同歸於
允夫之見矣。向使朱子眞有晚同之實。則陸氏之死也。與人書何以歎
其平日大拍頭胡叫喚。而遽至此哉。又何以憂其說頗行於江湖間。損
賢者之志。而益愚者之過哉。<u>象山</u>62)嘗告其門人曰。朱元晦如泰山喬
嶽。惟恨其自是己見。不肯聽人說話。(不能盡記本語。大意如此。)
是則二氏之平日未嘗有一語相許以道同也。而後人欲牽合附會。强使
之同歸。豈可得耶。其見旣誤。則其心亦苟。至以是著爲成書。將以
誤天下後世之人也。殊不知已往之迹。一定而難易。是非之明。無時
而可欺。其所勤苦而僅就者。適足以見吾心之罅隙。而來天下之譏
議。由是觀之。賂賣之獄。雖曰誣陷。而勢利之誚。恐或有以自召之
也。此滉所以歎傷累月。而猶未釋者也。或曰。如子之言。心經其不

---

62) 象山: 一本。象山上有又字。

足尊信乎。曰。是則不然也。吾觀是書。其經則自詩書易以及于程朱
說。皆聖賢大訓也。其註則由濂洛關閩。兼取於後來諸賢之說。無非
至論也。何可以簀墩之失。而竝大訓至論。不爲之尊信乎。曰。其他
固然矣。至於末章之註也。旣以朱子說。分初晚之異。63) 以草廬之說終
焉。此正與道一編。同一規模議論也。子何譏斥於道一。而反有取於
此註耶。曰。徒務博文。而少緩於約禮。則其弊必至於口耳之習。故
朱子於當時。其憂之戒之之切。誠有如此註所引十二條之說。其門人
之述行狀。又云。晚見諸生繳繞於文義。始頗指示本體云云。則尊德
性以捄文義之弊。非簀墩之說也。乃朱子之意固然也。簀墩於此。但
不當區區於初晚之分耳。若其遵朱子之意。贊西山之經。註此於篇
終。欲以捄末學之誤。實亦至當而不可易也。況只引朱說而補以諸儒
發明朱說之條。未嘗一言及於陸氏之學。以爲朱子晚悔而與此合。如
道一編之所謂乎。故滉竊以謂今之學者。當知博約兩至。朱子之成
功。二功相益。吾儒之本法。以此讀此經此註。而不以簀墩道一編之
繆。參亂於其間。則所以爲聖爲賢之功。端在於此矣。其尊之信之當
如何哉。許魯齋嘗曰。吾於小學。敬之如神明。尊之如父母。愚於心
經亦云。惟草廬公之說。反復研究。終有伊蒲塞氣味。羅整菴之論得
之。學者當領其意而擇其言。同者取之。不同者去之。其亦庶乎其可
也。皇明嘉靖四十五年歲丙寅孟秋日。眞城李滉。謹書。

---

63) 異。：一本。異字下有而字。

<table>
<tr><td>저　자</td><td>퇴계(退溪) 이황(李滉)</td></tr>
<tr><td>제　목</td><td>「心無體用辯」</td></tr>
<tr><td>출　전</td><td>『退溪先生文集』, 卷四―「雜著」, 十六～二十面, 韓國文集叢刊 30 (民族文化推進會 1990. 3.), 412～4면.</td></tr>
</table>

滉爲學淺陋。惟知謹守先儒定本之說。白直加工。而猶未通解。此外幽深玄妙之論。實未暇及也。故前此朋友間。雖有以心無體用一句來問者。曾不以是入思議。今得金而精所示蓮老書。專以此句。敷衍爲說。要相辯質。其立意奧邃。未易窺測。姑以所聞先儒心有體用之說明之。而其說皆有所從來。其以寂感爲體用。本於大易。以動靜爲體用。本於戴記。以未發已發爲體用。本於子思。以性情爲體用。本於孟子。皆心之體用也。蓋人之一心。雖彌六合亘古今。貫幽明徹萬微。而其要不出乎此二字。故體用之名。雖未見於先秦之書。而程朱以來諸儒所以論道論心。莫不以此爲主。講論辯析。惟恐不明。而陳北溪心說。尤極言之。何嘗有人說心無體用耶。今蓮老之言曰。心固有體用。而探其本則無體用也。滉聞程子曰。心一而已。有指體而言者。有指用而言者。今旣指其有體用者爲心。則說心已無餘矣。又安得別有無體用之心爲之本。而在心之前耶。又曰。動靜者。實理也。體用者。虛說也。道理本無體用。而以動靜爲體用也。滉謂道理有動有靜。故指其靜者爲體。動者爲用。然則道理動靜之實。卽道理體用之實。又安得別有一道理無體用者爲之本。而在動靜之先乎。又曰。體字起於象上。用字起於動上。動之前何嘗有用。象之前何嘗有體耶。又引邵子本無體之說曰。無體則無用可知。滉謂體用有二。有就道理而言者。如沖漠無眹而萬象森然已具。是也。有就事物而言者。

如舟可行水。車可行陸。而舟車之行水行陸。是也。故朱子答呂子約
書曰。自形而上者言之。沖漠者固爲體。而其發於事物之間者爲之
用。若以形而下者言之。則事物又爲體。而其理之發見者爲之用。不
可槩謂形而上者爲道之體。而天下之達道五爲道之用。今以舟車之形
象爲體。而以行水行陸爲用。則雖謂之象前無體。動前無用。可也。
若以沖漠爲體。則斯體也不在象之前乎。以萬象之具於是爲用。則斯
用也不在動之前乎。以此觀之。蓮老所謂體起於象。用起於動。只說
得形而下事物之體用。落在下一邊了。實遺卻形而上沖漠無眹體用一
源之妙矣。惟其滯見於形象之末。故謂象前無體。而引邵說以證之。
殊不知邵子所謂無體者。只謂無形體耳。非謂無沖漠之體也。認體旣
不得該徧。則認用之不得該徧。不待言而可見矣。嗚呼。沖漠無眹
者。在乾坤則爲無極太極之體。而萬象已具。在人心則爲至虛至靜之
體。而萬用畢備。其在事物也。則卻爲發見流行之用。而隨時隨處無
不在。(呂子約謂當行之理爲達道。而沖漠無眹。爲道之本原。朱子非
之曰。須看得只此當然之理沖漠無眹。非此理之外。別有一物沖漠無
眹也。)　故程先生旣說體用一源。而又必有顯微無間之云也。夫以體
用二字。活非死法。元無不該。妙不可窮如此。以此揆之。豈可徒以
體字起於象上。而象之前未嘗有體乎。豈可便謂用字起於動上。而動
之前無用乎。豈可以太極爲聖人之所强名。而謂之爲無體用乎。(朱子
於太極圖說解。反復以體用二字明之。)　況人心莫知其鄉。孟子只謂
心之周流變化神明不測之妙。得失之易而保守之難如此。正是說此心
之用發見於事物之間者。苟以謂心無體用。則不知於此何從而有此用
乎。故滉常以爲聖賢之書未易讀。義理精微未易窮。相傳宗旨。未可
輕改。立論曉人。未可輕發。爲學。莫把作高奇玄妙想。且當依本分

名理上。做切近低平明白底功夫。研窮體驗。積之之久。自然日見其
高深遠大而不可窮處。乃爲得之。今此所論。本欲極其高妙而言心。
而乃反滯體用於形器。歸心性於茫昧。非但於自己學問有害。使後生
相倣效一例。學爲虛談。其流弊斯文不少。故不得不盡底蘊以言之。
不知蓮老見之以爲何如也。

　嘗聞昔賢有議論過高者。亦未免此等病痛。如楊龜山極言道之高
妙。而謂仁義不足以盡道。此卽莊,　列小仁義。而以道爲窈冥昏默之
說也。胡五峯極言性之高妙。而謂善不足以言性。此慮善之卑近累
性。而反墮於告子湍水東西之說也。胡廣仲極言動靜之妙。而謂動靜
之外。別有不與動對之靜。不與靜對之動。此與今所論象之前何嘗有
體。動之前何嘗有用之說。言雖異而意則同。蓋一則以動靜爲粗淺。
故指其前無對者。以爲動靜之妙。一則以體用爲粗淺。故指其前無體
用者。以爲道之妙。亦以爲心之妙。殊不知其所謂妙處只在一體一用
一動一靜之間。此外別無妙處也。善乎朱夫子之破胡說曰。不與動
對。則不名爲靜。不與靜對。則不名爲動。愚亦曰。既指靜爲體。則
更無可指爲無體處。既指動爲用。則更無可指爲無用處矣。故合三賢
之說。而觀其病處。蓮老之病可知矣。

<table>
<tr><td>저　자</td><td>퇴계(退溪) 이황(李滉)</td></tr>
<tr><td>제　목</td><td>「非理氣爲一物辯證」</td></tr>
<tr><td>출　전</td><td>『退溪先生文集』, 卷四一 「雜著」, 二十～三面, 韓國文集叢刊 30
(民族文化推進會 1990. 3.), 414～6면.</td></tr>
</table>

孔子曰。易有太極。是生兩儀。周子曰。太極動而生陽。靜而生陰。又曰。無極之眞。二五之精。妙合而凝。

今按孔子，　周子明言陰陽是太極所生。若曰理氣本一物。則太極卽是兩儀。安有能生者乎。曰眞曰精。以其二物故。曰妙合而凝。如其一物。寧有妙合而凝者乎。

明道曰。形而上爲道。形而下爲器。須著如此說。器亦道。道亦器。

今按若理氣果是一物。孔子何必以形而上下分道器。明道何必曰須著如此說乎。明道又以其不可離器而索道。故曰器亦道。非謂器卽是道也。以其不能外道而有器。故曰道亦器。非謂道卽是器也。(道器之分。卽理氣之分。故引以爲證。)

朱子答劉叔文書曰。理與氣決是二物。但在物上看。則二物渾淪。不可分開各在一處。然不害二物之各爲一物也。若在理上看。則雖未有物。而已有物之理。然亦但有其理而已。未嘗實有是物也。又曰。須知未有此氣。先有此性。氣有不存。性卻常在。雖其方在氣中。然氣自氣性自性。亦自不相夾雜。至論其徧體於物。無處不在。則又不論氣之精粗。而莫不有是理焉。(今按理不囿於物。故能無物不在。)不當以氣之精者爲性。性之粗者爲氣也。(性卽理也。故引以爲證。)

今按朱子平日論理氣許多說話。皆未嘗有二者爲一物之云。至於此書。則直謂之理氣決是二物。又曰。性雖方在氣中。然氣自氣性自性。亦自不相夾雜。不當以氣之精者爲性。性之粗者爲氣。夫以孔周之旨旣如彼。程朱之說又如此。不知此與花潭說。同耶異耶。滉愚陋滯見。但知篤信聖賢。依本分平鋪說話。不能覰到花潭奇乎奇妙乎妙處。然嘗試以花潭說。揆諸聖賢說。無一符合處。每謂花潭一生用力於此事。自謂窮深極妙。而終見得理字不透。所以雖拚死力談奇說妙。未免落在形器粗淺一邊了。爲可惜也。而其門下諸人。堅守其誤。誠所未諭。故今亦未暇爲來說一一訂評。然竊見朱子謂叔文說。精而又精。不可名狀。所以不得已而强名之曰太極。又曰。氣愈精而理存焉。皆是指氣爲性之誤。愚謂此非爲叔文說。正是爲花潭說也。又謂叔文若未會得。且虛心平看。未要硬便主張。久之自有見處。不費許多閒說話也。如或未然。且放下此一說。別看他處道理尙多。或恐別因一事。透著此理。亦不可知。不必守此膠漆之盆。枉費心力也。愚又謂此亦非爲叔文說。恰似爲蓮老針破頂門上一穴也。且羅整菴於此學。非無一斑之窺。而誤入處正在於理氣非二之說。後之學者。又豈可踵謬襲誤。相率而入於迷昧之域耶。

저 자	퇴계(退溪) 이황(李滉)
제 목	「白沙詩敎辯」
출 전	『退溪先生文集』, 卷四一 「雜著」, 二三面, 韓國文集叢刊 30 (民族文化推進會 1990. 3.), 416면.

不得師傳口授。終無自悟之理。吳草廬亦云。提耳而誨之。可使不識一字之凡夫。立造神妙。

滉按草廬此言。亦禪家頓悟之機。聖門無此法。

저 자	퇴계(退溪) 이황(李滉)
제 목	「傳習錄論辯」(傳習錄。王陽明門人記其師說者。今擧數段而辯之。以該其餘。)
출 전	『退溪先生文集』, 卷四一「雜著」, 二三~九面, 韓國文集叢刊 30 (民族文化推進會 1990. 3.), 416~9면.

徐愛問在親民。先生以爲宜從舊本。何。先生曰。傳中作新民之新。是自新之民與在新民之新不同。下面治國平天下處。皆於新字無發明。如君子賢其賢而親其親。小人樂其樂而利其利。如保赤子。民之父母之類。皆是親字意。親民。猶孟子親親仁民。親之。卽仁之也。百姓不親。舜使契爲司徒。敷五敎以親之。堯典。親九族。至平章協和。便是親民。孔子言安百姓。安百姓便是親民。說親民。便兼敎養意。說新民。便覺偏了。

辯曰。此章首曰。大學之道在明明德者。言己之由學以明其德也。繼之曰。在新民者。言推己學以及民。使之亦新其德也。二者皆帶學字意。作一串說。與養之親之之意。初不相涉。陽明乃敢肆然排先儒之定論。妄引諸說之彂髴者。牽合附會。略無忌憚。可見其學之差而心之病矣。由是求之。種種醜差皆是此病。略擧數條於後。

愛問至善只求諸心。恐於天下事理。有不能盡。曰。心卽理也。天下又有心外之事。心外之理乎。愛曰。如事父之孝。事君之忠。其間有許多理在。恐亦不可不察。先生歎曰。此說之蔽久矣。且如事父不成。去父上求箇孝的理。事君不成。去君上求箇忠的理。都只在此心。心卽理也。此心無私欲之蔽。卽是天理。不須外面添一分。以此純乎天理之心。發之事父。便是孝。發之事君。便是忠。只在此心去人欲存天理上用功。愛曰。如事父溫凊定省之類。有許多節目。亦須講求。曰。如何不講求。只是有箇頭腦。只是就此心去人欲存天理上講求。如講求冬溫也。只是要盡此心之孝。恐怕有一毫人欲間雜。講求夏凊亦然。只是講求得此心。此心若無人欲。純是天理。是箇誠於孝親的心。冬時自然思量父母的寒。便自要去求箇溫的道理。夏時自然思量凊的道理。亦然。這誠孝的心。便是根。許多條件。便是枝葉。須先有根。然後有枝葉。不是先尋了枝葉。然後去種根。

辯曰。本是論窮理工夫。轉就實踐工效上袞說。

鄭朝朔問至善亦須事物上求箇是當。方是至善。曰。若只溫凊之節。奉養之宜。可一二日講盡。用甚學問思辨。惟於溫凊時。也只要此心純乎天理之極。奉養時。也只要此心純乎天理之極。此非有學問思辨之功。將不免於毫釐之謬。若只些儀節。求得是當。便謂至善。卽如今扮戲子扮得許多溫凊奉養的儀節。是當。亦可謂之至善矣。

辯曰。不本諸心而但外講儀節者。誠無異於扮戲子。獨不聞民彝物則。莫非天衷眞至之理乎。亦不聞朱子所謂主敬以立其本。窮理以致其知乎。心主於敬。而究事物眞至之理。心喩於理義。目中無全牛。內外融徹。精粗一致。由是而誠意正心修身。推之家國。達之天下。沛乎不可禦。若是者亦可謂扮戲子乎。陽明徒患外物之爲心累。不知民彝物則眞至之理。卽吾心本具之理。講學窮理。正所以明本心之體。達本心之用。顧乃欲事事物物一切掃除。皆攬入本心袞說了。此與釋氏之見何異。而時出言稍攻釋氏。以自明其學之不出於釋氏。是不亦自欺以誣人乎。彼其徒之始明者。不覺其墮坑落塹於邪說。乃曰言下有省。亦可哀哉。(徐愛。字曰仁。陽明門人。實紀是言者。此條末有曰。是曰。愛言下有省。)

徐愛問知行合一之說曰。人有知父當孝兄當弟者。卻不能孝不能弟。是知與行。分明是兩件。曰。此已被私意隔斷。不是知行的本體了。聖賢敎人知行。正是要復那本體。大學說如好好色云云。

辯曰。陽明謂今人且講習討論。待知得眞了。方做行的工夫。遂終身不行。亦遂終身不知。此言切中末學徒事口耳之弊。然欲救此弊。而强鑿爲知行合一之論。此段雖極細辯說。言愈巧而意愈遠。何也。其以見好色聞惡臭屬知。好好色惡惡臭屬行。謂見聞時已自好惡了。不是見了後又立箇心去好。不是聞了後別立箇心去惡。以此爲知行合一之證者似矣。然而陽明信以爲人之見善而好之。果能如見好色自能好之之誠乎。人之見不善而惡之。果能如聞惡臭自能惡之之實乎。孔子曰。我未見好德如好色者。又曰。我未見惡不仁者。蓋人之心發於形氣者。則不學而自知。不勉而自能。好惡所在。表裏如一。故才見好色。卽知其好而心誠好之。才聞惡臭。卽知其惡而心實惡之。雖曰行寓於知。猶之可也。至於義理則不然也。不學則不知。不勉則不能。其行於外者。未必誠於內。故見善而不知善者有之。知善而心不好者有之。謂之見善時已自好。可乎。見不善而不知惡者有之。知惡而心不惡者有之。謂之知惡時已自惡。可乎。故大學。借彼表裏如一之好惡。以勸學者之毋自欺則可。陽明乃欲引彼形氣之所爲。以明此義理知行之說則大不可。故義理之知行。合而言之。固相須竝行而不可缺一。分而言之。知不可謂之行。猶行不可謂之知也。豈可合而爲一乎。且聖賢之學。本諸心而貫事物。故好善則不但心好之。必遂其

善於行事。如好好色而求必得之也。惡惡則不但心惡之。必去其惡於
行事。如惡惡臭而務決去之也。陽明之見。專在本心。怕有一毫外涉
於事物。故只就本心上認知行爲一。而㝩合說去。若如其說。專事本
心而不涉事物。則心苟好好色。雖不娶廢倫。亦可謂好好色乎。心苟
惡惡臭。雖不潔蒙身。亦可謂惡惡臭乎。陽明亦自知其說之偏。故以
不分知行爲知行本體。以分知行爲私意隔斷。然則古聖賢爲知行之說
者。皆私意耶。至如知痛已自痛。知寒已自寒。知饑已自饑。其爲說
亦可謂巧矣。然痛與饑寒。乃身心所值之事。緣境而得名者耳。非義
理知行之稱也。知疾痛而處得其道。方可謂疾痛之知行。知饑寒而處
得其道。方可謂饑寒之知行。若但痛而謂之行。則所行者血氣耳。非
義理也。若但饑寒而謂之行。則所行者人心耳。非道心也。且痛而知
痛。饑寒而知饑寒。塗人乞人與禽獸皆能之。若是而可謂之知行。何
貴於學問爲哉。夫以知痛痒識饑飽爲性。此本出於告子生之謂性之
說。陽明所見。正慣於此。故信口說出。以飾其辯。然而其說但可施
於形氣之欲。而不可喩於義理之知行。故於孝於弟。不曰知孝已自
孝。知弟已自弟。但曰人之稱孝稱弟者。必已行孝行弟。則與前後語
意。不相諧應。終言古人所以旣說知又說行處。未免只依舊分作兩箇
說。蓋道理本如此。終㝩合不得故也。

저　자	퇴계(退溪) 이황(李滉)
제　목	「白沙詩敎傳習錄抄傳。因書其後。」
출　전	『退溪先生文集』, 卷四一 「雜著」, 二九～三一面, 韓國文集叢刊 30 (民族文化推進會 1990. 3.), 419～20면.

滉謹按陳白沙，　王陽明之學。皆出於象山。而以本心爲宗。蓋皆禪學也。然白沙猶未純爲禪。而有近於吾學。故自言其爲學之初。聖賢之書。無所不講。杜門累年。而吾此心與此理。未湊泊脗合。於是舍繁求約。靜坐久之。然後見心體呈露。日用應酬。隨吾所欲。體認物理。稽諸聖訓。各有頭緒來歷。始渙然自信云。此其不盡廢書訓。不盡鑠物理。大槩不甚畔去。但其悟入處。終是禪家伎倆。故雖自謂非禪。而其言往往顯是禪語。羅整菴已言之。而其高弟賀克恭。亦謂其師有過高之意。後學從其善而改其差。可也。至如陽明者。學術頗忒。其心强狠自用。其辯張皇震耀。使人眩惑而喪其所守。賊仁義亂天下。未必非此人也。詳其所以至此者。其初。亦只爲厭事物之爲心害而欲去之。顧不欲滅倫絶物如釋氏所爲。於是創爲心卽理也之說。謂天下之理只在於吾內。而不在於事物。學者但當務存此心。而不當一毫求理於外之事物。然則所謂事物者。雖如五倫之重。有亦可無亦可。刬而去之。亦可也。是庸有異於釋氏之敎乎哉。持此而揆諸聖賢之訓。而不合則又率以己意。改變經訓。以從其邪見。乃敢肆爲詖淫邪遁之說。畔道非聖。無所畏憚。欲排窮理之學。則斥朱說於洪水猛獸之災。欲除繁文之弊。則以始皇焚書。爲得孔子刪述之意。其言若是。而自謂非狂惑喪心之人。吾不信也。使若人者。得君而行其志。則斯文斯世之禍。未知其孰烈於秦也。邪說之陷人。一至於此。可勝

嘆哉。

又按朱子晚年。見門弟子多繳繞於文義。果頗指示本體。而有歸重
於尊德性之論。然是豈欲全廢道問學之功。泯事物之理。如陽明所云
者哉。而陽明乃欲引此以自附於朱說。其亦誤矣。況入大學者先小
學。欲格物者務涵養。此固朱子之本意。而見於大學或問與答吳晦叔
書。若此類甚多。不啻丁寧反復。三致意焉。何嘗使人逐虛外而忘本
原哉。其或流於口耳者。乃末學之自誤耳。今特患其末弊。而厚誣其
本正。已復背正趨邪而欲矯之。此豈知道君子之所爲哉。

저 자	퇴계(退溪) 이황(李滉)
제 목	「抄醫閭先生集。附白沙, 陽明抄後。復書其末。」
출 전	『退溪先生文集』, 卷四十一「雜著」, 三一〜二面, 韓國文集叢刊 30 (民族文化推進會 1990. 3.), 420면.

滉按靜坐之學。發於二程先生。而其說疑於禪。然在延平, 朱子。
則爲心學之本原而非禪也。如白沙, 醫閭。則爲厭事求定而入於禪。
然醫閭比之白沙。又較近實而正。至於陽明。似禪非禪。亦不專主於
靜。而其害正甚矣。今故錄白沙, 陽明於延平答問後。而終之以醫閭。
以見靜學之易差而不可忽也。

滉既爲此說。而頗自覺語意之疎。後得豐城楊廉伊洛淵源錄新增。
見其於明道錄下。引朱子答張元德書所論明道敎人靜坐之說。而廉自
爲之辯曰。按靜坐之說。明道嘗擧以告上蔡。而伊川每見人靜坐。亦
嘆其善學。但伊川又謂才說靜。便入於釋氏之說。不用靜字。只用敬

字。則已慮靜之爲有偏矣。惟明道他日。復謂性靜者可以爲學。則夫朱子獨言明道敎人靜坐者豈非靜。在明道則屢言之。在伊川則雖言之。而復不以爲然乎。要之。明道言靜。卽敬字之義。伊川恐學者未悟。故加別白焉。其後如龜山。如豫章。如延平一派。皆於靜中。觀喜怒哀樂未發氣象。而上蔡亦謂多著靜不妨。此豈非明道之敎乎。至和靖。始終一箇敬字做去。豈非伊川之敎乎。楊公此論。與鄙說相發。而辨析完密。今備錄於此。以自考飭。

저 자	퇴계(退溪) 이황(李滉)
제 목	「得其正正其心。分體用之說。心不在焉。在軀殼在視聽之辯。」
출 전	『退溪先生文集』, 卷四十一「雜著」, 三二〜五面, 韓國文集叢刊 30 (民族文化推進會 1990. 3.), 420〜2면.

按朱公遷曰。伯兄克履云。大學經言正心。是兼體用言。傳言所以正心之道。是專以用言。蓋制於外。所以養其中。雲峯胡氏則曰。在正其心此正字。說正之之工夫。蓋謂心之用。或有不正。不可不正之。不得其正此正字。是說心之體本無不正。而人自失之者也。羅整菴困知記。又謂此章所謂不得其正者。似只指心體而言。章句以爲用之所行。不能不失其正。乃第二節事。似於心體上欠卻數語。蓋心不在焉以下。方是說應用之失。胡, 羅二說。異於朱說如此。又按。徽菴程氏曰。章句曰。用之所行。或失其正。或問曰。此心之用。不得其正。未嘗言體之不正也。唯經之或問有曰。不得其本然之正。曰。心之本體。物不能動。而無不正。或者遂執之。以爲正心乃靜時工夫。

如中庸未發之中。太極圖之主靜。而經之所謂定靜安也。傳之心不在
焉。乃心不在腔子裏時也。殊不知聖人敎人。多於動處用功。格致誠
正修。皆敎人用功於動者。定靜安。亦非但言心之靜也。若靜時功
夫。戒愼恐懼而已。不待乎正其所不正也。聖賢之動。固主乎靜。元
亨誠之通。固主乎利貞誠之復。而誠正修云者。正誠通之事。旣誠正
而修矣。始有誠復之明。(明字誤。)若當誠意之後。厭動而求靜。收視
反聽曰。吾將以正心。此乃異端之事。非吾儒事也。況心不在焉。亦
曰。心不在視則視而不見。心不在聽則聽而不聞。豈靜在腔中之謂
哉。或問所謂本然本體。亦指此心之義理而言。孟子言本心。亦指仁
義之心而言。豈一於靜之謂乎。滉謂人心未發之前。體之不偏。固可
謂之正。已發之後。用之各當。獨不可謂之正乎。故章句。以用說不
得其正之正字。朱克履所謂專以用言者。正得其意。徽菴所譏或者之
說。卽雲峯, 整菴之意。其中胡氏之說。雖有精采。有警發人處。然傳
者之意。未必然也。徽菴力辨或說之誤當矣。則雲峯, 整菴。皆爲誤
矣。但以愚見。竊恐徽說亦不能無病。蓋不當引誠之通復爲證也。且
以或人心不在腔子裏之說爲非。而必曰。心不在視聽則不見不聞。此
亦恐偏也。蓋未有心不在腔裏。而能在視聽之理也。惟是或人意。只
謂靜在腔子中。而不知通看主內應外之理。則果爲誤耳。

　心在。或云在軀殼內。或云在視聽上。竊謂當通看。蓋心在軀殼。
方能在視聽上。乃主於內而應於外。非兩在也。若心不在軀殼。則未
有能在視聽上之理。心已逐物而不能主宰故也。故明道先生曰。與其
是內而非外。不若內外之兩忘也。細玩本意及章句心有不存之說。此
乃直指心失主宰之時而言其病耳。初非戒人不能操心而致此病也。故
章句。只以心有不存。則無以檢其身。直解正意而繼之曰。是以。君

子必察乎此。而敬以直之。然後云云。至是。方推本文言外之意。使
人加省察操存之功。以求免夫心失主宰之病。章句之精審如此。不可
徑以不著意操存之說解之也。

　在軀殼之說。再按通考。吳季子曰。攫金而不見市人。心不在市人
也。聽古樂唯恐臥。心不在古樂也。當食而失匕箸。心不在匕箸也。
由是觀之。欲修身者。其可不收斂此心而使之在吾方寸間乎云云。以
此證之。上所謂主於內應於外之說。當益信矣。

저　자	퇴계(退溪) 이황(李滉)
제　목	「答南時甫」
출　전	『退溪先生續集』, 卷三 「書」, 二三面, 韓國文集叢刊 31 (民族文化推進會 1990. 3.), 130면.

　朝寒病縮。悵念僉契。方在憂患中。忽奉珍札。始知應吉大孝。回自
山所。無任慰紓。詮聞自大夫人以下。持喪多有過禮。因是未免致有傷
患。滉意至爲未安未安。僉君皆達禮盡孝。不當偏執。以越聖戒。竊恐
尊闈所患。得無因是而致。伏乞千萬賜探芻言之意。傳告應吉僉位。而
勉之何如。且告應吉。觀古人雖在服中。講學往來書簡。未嘗廢也。近
以未葬前故。滉亦不敢率煩。此後。雖在廬所。望勿廢相問也。

4) 미암(眉巖) 유희춘(柳希春)
[1513년(중종8)~1577년(선조10)]

저　자	미암(眉巖) 유희춘(柳希春)
제　목	「經筵日記」(辛未)
출　전	『眉巖先生集』, 卷十六「經筵日記」, 十六~二二面, 韓國文集叢刊 34 (民族文化推進會 1990. 3.), 449~52면.

辛未(冬。以湖南方伯被召。爲大司憲。來參講席。)十一月二十九日。午初二刻。上經筵廳。知事鄭惟吉, 承旨李堅亦參。經筵官講或問第十二章。講釋未精。上皆改正之。希春昔年侍講時所釋之語。上多記而用之。如則字釋ᄒ면初無某事釋원간之類。其篤信如是。不勝感激。希春亦改正講官誤處。講畢。希春進啓曰。臣觀察全羅一道。以朝廷淸明之故。守令之縱恣貪虐者。罕得聞之。雖以公事之不能。爲之殿最。其實守令不如權臣當國之時。但邦本不可不救者有二事。漕軍水軍。是也。漕軍叚。羣山法聖二倉漕運。在前以水軍兵船添運。自乙卯倭變以後。水軍則專委防禦。漕軍則加設漕船。當番則元漕船下番。加設漕軍遞受。故漕軍間一年漕運上江。自正月至七八月。長在海路。不顧家事。全廢農桑。多致流亡。弊及一族切隣。稅多之年。則一年再運。其苦倍於水軍。又漕船。三年則改槊。又三年再改槊。又三年改造。改槊改造之際。材木曳運牛價。船匠粮料報施。船中什物。其價甚多。靡費之苦。十倍他軍。以故閑丁一爲漕軍。則如就死地。百計窺避。愁怨盈路。今聞大臣有救弊之策。上曰。漕軍敗

船。刑問多傷。可憐。頃見兵曹公事。請以冬月當番水軍捧布。以給
漕軍。希春又啓曰。水軍之所患者。大典載各浦大猛船，　中猛船，　小
猛船若干。今則自乙卯以後。禦敵所用板屋船，　防排船夾船等爲緊。
而無軍仍存。船亦依數造作。作之三四年後。腐朽不用。有弊而無
益。此在廟堂大臣處置。各浦水軍。以方物納于水營者。紅小鹿皮，
結弓獐皮等是病。臣竊觀濟州江豚化鹿。其産不窮。地無虎豹豺狼。
獐鹿蕃盛。其島在大海之中。而水不中煮鹽。土人貴鹽。今若各浦冬
月入番水軍一二名除出。捧鹽一石或十斗。官送濟州。俾易獐鹿皮。
則庶乎兩便。上曰。濟州雖我國之地。乃海外孤島。如此事如何。臣
對曰。百聞不如一見。此事其實兩相便利。希春又曰。在前各浦領
船。以水軍差定。凡萬戶支供。浦中用度。如白紋席，狗皮，眞麴，眞
油，牛筋角，魚膠，弓絃，人情木。監，兵，水使公狀紙價乙。莫不捧
上。不勝支當而逃避。頃年兵曹事目內。領船除良。鎭撫以士牌定體
對答。軍人蘇復節良中。新設立領船乙。軍人以定體侵勞更良申明事
目。吏，　兵房鎭撫當懲事。監司，　水使處下諭何如。又曰。今年農事
稍稔。故各官報。年分等第。只有下之下。而無下之中處。臣令更
覈。若有下之中處。更定爲白有在果。田稅太乙。戶曹太黃豆備納。
民甚艱苦。純色常太以代納。便當。又司瞻寺納奴婢身貢。作米木綿
一疋良中。去庚午年。正米七斗式。今年十斗式。戶曹爲公事。所謂
十斗者。如田稅米一樣。必十二斗乃納。每一疋定米八斗則適中。上
曰。頃日。戶曹此公事防啓矣。臣曰。戶曹。乃有司恤經費之常事。
上語承旨曰。今此啓辭。悉爲公事。下該司更議施行。臣之敷陳民
瘼。上辭氣甚和。應答如響。藹然有家人父子之風。自歎海隅孤蹤。
何以得此非常之寵。不勝感泣。

十二月初三日。以晝講。特進官兵判朴永俊同寓內藥房。午初二刻。上經筵廳。承旨李忠綽， 校理鄭餀， 修撰李友直同入侍。講中庸十三章或問。上釋時釋固字本來則字ㅎ면。如此之類。皆從希春前日之說。希春曰。前日十二章或問。程子引孟子云。必有事焉而勿正心處。聖賢特恐學者用力之過。而反爲所累。故以下句解之。此所云聖賢。乃指程子。非指孟子也。上覽之曰。此說良是。予前日亦誤認以爲孟子也。講畢。臣進曰。頃者入侍之臣。以文廟從祀升黜。累以爲請。而未蒙允許。臣聞大明高皇帝黜楊雄。而以董仲舒從祀。世宗朝撰五禮儀。亦以此改正。蓋我朝文章節義之士。則往往多有之。而金宏弼， 趙光祖。獨能學聖賢之道。體之於身。又能興起斯文。丕變士習。此二人。公論皆以爲宜先從祀。又中朝嘉靖中。黜荀況馬融劉向賈逵何休王弼戴聖王肅杜預。而以王通， 歐陽修， 胡瑗， 楊時， 李侗，胡安國， 陸九淵， 蔡沈， 眞德秀從祀。此時王之制。且不無意。請從之。上曰。久遠之事。豈可輕易更定。姑徐之。希春曰。漢高祖過魯。祀孔子。宋太祖至武成王廟。以白起殺降。卽命撤其從祀。大明高皇帝黜楊雄。而以董仲舒從祀。此皆英主之高識。唐明皇雖追封孔子爲文宣王。而其前冒祖老子。尊爲玄元皇帝。尊太公爲武成王。宋哲宗雖以子思從祀。却以王安石配享孔子。皆涇渭不明者也。惟宋理宗。淳祐辛丑正月。手筆詔云。孔孟歿後。聖學不得其傳。至我朝周敦頤， 張載， 程顥， 程頤。眞見實踐。千載絶學。始有指歸。中興以來。又得朱熹。精思明卞。表裏混融。中庸， 大學， 語， 孟之書。本末洞澈。孔子之道。益以大明于世。朕每觀五臣論著。啓沃良多。其令學宮。列諸從祀。以示予崇獎之意。尋以王安石謂天命不足畏。祖宗不足法。人言不足恤。命罷從祀。理宗他事。雖未盡善。惟此一事。

逈出千古。今之從祀升黜。若可緩而實急。乃轉移人心世道之機也。
上曰。王通獻太平策於弑逆之隋文。其去楊雄。亦無幾耳。希春曰。
楊雄以漢臣事王莽。王通以野人獻策於弑逆之人。固爲不知人。但不
用而退爾。上曰。隋文用則必爲之臣矣。上又曰。吳澄當黜無疑。以
宋之進士。臣事胡元。大節不足觀也。李忠綽曰。吳澄。人未有非之
者。至大明丘濬。始著論非之。上曰。丘濬亦不足取也。希春曰。丘
濬雖博識多才。而心術不正。陳獻章以賢士至朝。濬爲太學士。媢嫉
而逐之。嘗立論譏宋之諸儒。不事世務。與晉之淸談無以異。此與鄭
丙陳賈譏道學何異。上曰。中朝取捨。未必盡當。希春曰。嘉靖皇帝
不父視正德皇帝。其時阿世之臣。以歐陽修濮王議。謂濮王當稱皇
考。遂建議從祀。以司馬光濮王議。失父子之倫爲譏。而請斥從祀。
光之議非失也。上曰。司馬光寬宥曹操。盛稱僞定一時之功。夫曹操
自謂吾爲周文王。又弑伏后。眞大賊也。而光之議如此。此不正矣。
希春曰。光資質純粹。而欠淸明。故所見不透澈耳。李友直曰。從祀
升黜。誠若柳希春之言。館中之意亦然。李忠綽曰。吳澄之學。亦宗
陸九淵。嘗有詩云云。希春曰。嘉靖中。中朝士大夫。皆宗陸氏之
學。故以九淵從祀。非正論也。上曰。朱子曰。江西頓悟。若不闢。
此道無由得明。希春曰。臣嘗觀九淵文集。以觀書窮理之儒。爲不及
於楊墨。至詆爲異端之甚。此蓋暗譏朱子之學也。九淵性傲而拗。陸
九淵, 吳澄, 王守仁。皆江西人。大抵江西人。皆能文章。才氣秀拔。
而性倨傲執拗。其土風然也。又論溫公盛稱曹操平定中夏之功曰。蓋
秦之混一六國。曹操之平定中夏。皆所謂以暴易亂。何足道哉。又
曰。頃日。臣伏聞上教以爲漕卒敗船者。例施三次之刑。此爲冤悶。
此誠惻隱欽恤之盛意也。然殺人啓覆時。造意者斬首。而加功者絞。

若助力於殺人。則固爲加功。若其主被人凌辱。而奴婢憤激。或爲主
所令。以穢物納口汚面打頰之類。豈可謂加功於殺人。上曰。此指羅
州罪囚也。果然其主令之。雖死亦從之矣。近必三覆。可以分揀減死
矣。希春曰。其魁在逃。宜令監司。令隣邑守令捕之。

<table>
<tr><td>저　자</td><td>미암(眉巖) 유희춘(柳希春)</td></tr>
<tr><td>제　목</td><td>「經筵日記」(癸酉)</td></tr>
<tr><td>출　전</td><td>『眉巖先生集』, 卷十六 「經筵日記」, 三四～四七面, 韓國文集叢刊 34 (民族文化推進會 1990. 3.), 458～65면.</td></tr>
</table>

　　癸酉正月十二日。午初三刻。上經筵廳。遂進講禹貢雷夏旣澤。至
厥木惟條。因山海經神龍之怪誕。遂言佛氏之說凡三變。其初釋迦名
瞿曇。以迦維王嫡子。不容於繼母。入山苦行。厭此理之充塞。爲不
生不滅之計。其於人也。以天堂地獄。誘脅以福罪。漢明帝初迎佛
法。止有四十二章經。辭甚鄙俚。中國好佛而覺其陋者。從而增加
之。至晉, 宋間。惠遠, 道林等。相與講說經義文詞。至梁武帝時。僧
達摩又來自西域。見其說已窮。創爲直指人心見性成佛之說。以爲人
心至善。不用辛苦修行。敎人用工於內面。是時。儒者之學。只有記
誦之陋。詞章之華。不足以治心。故爲彼所勝。然其實虛空而無實。
至二程出。倡明四書之道。朱子又益闡明而光大之。程朱以後。儒者
有識。絶口不談釋氏。只有愚民迷惑沒溺。治此之道。但當厚民生明
敎化。使此重則彼輕。不當遽爲撤毀寺社之事。故南軒治郡。先爲毀
祠廟。朱子以爲未當。又按朱子大全答張敬夫書。論鄕約曰。其實難

行。蓋呂氏之約。乃與一鄉同心同志之士爲之。非可通行於天下一國
也。蓋事雖好。而有精微曲折。非窮理。不能知也。講畢。與都承旨
朴承任，修撰禹性傳。進榻前陳曰。近來日候寒凜。伏聞明日文昭，延
恩殿視膳。請勿爲。聖候不快。恐有傷也。上是時。感冒時令之餘。
故臣等云然。上曰。新歲未行。故欲爲。希春等曰。待日溫。念後爲
之。亦未晚也。希春曰。臣爲校書提調。頃日宋史旣以求得善本。然
後印出。今則儒林咸願印出。朱子大全。請印何如。上曰。當印。但
校書官員校正未精。印出多誤。今則卿爲提調。必精校矣。卿學問超
出無等。希春曰。往在中廟癸卯年間。嘗印朱子大全。而其時校書之
員。多草率不精。識者恨之。今則得李滉校正之字。做以愚臣管見。
合衆長而正之。然許多冊。豈能盡精乎。又陳曰。心經附註。李滉有
跋尾數張。議論精切。請於心經之板本添刻。以示學者。又陳曰。文
臣能漢語。堪爲御前通事者至小。故國家必預爲之培養。在世宗朝。
聞中朝名士謫遼東。至遣申叔舟， 成三問等。往學漢語吏文。在中廟
朝。崔世珍，尹漑等以善漢語。中廟勸獎而責任之。其重之也如是。今
只有金啓一人。而又差東萊府使。承文提調。率多嗟惜。臣嘗謂金啓
曰。君若衰老。誰可代君爲御前通事者。答曰。註書李準曉解華語。
可以當御前之任。天使之語。通使之來傳未畢。準已解於其初。如此
之人。宜差書狀， 質正官。累次赴京。則自然慣熟矣。上顧李準曰。
注書能解漢語。誠足嘉也。須益勉。準起謝。禹性傳請奇大升賜祭。
上不應。上曰。昨日白虹貫日。必有其應。希春引胡寅論漢文帝地震
之說以對之。二十一日。罷漏而起。早朝上經筵廳。領事朴右相淳，
同知事姜參判士尙， 大司諫崔顒， 掌令申點同入參。以領事所啓。差
退時刻。講濰淄其道。希春曰。孟子曰。禹之治水。順水之道也。朱

子以爲順水之道。凡天下之理。善善惡惡是是非非。皆天理也。反理
之說。是謂拂人之性。今聞皇朝謝廷傑欲以王守仁配享孔廟。至爲朱，
陸道同之說。變亂黑白。此甚邪說。胡澤之疏。雖涉狂妄。然有愛君
先事進戒之意。昔程伊川爲崇政殿說書。急於致君。多有論諫。孔文
仲以愚直之人。爲蘇軾所欺。其彈章曰。上德未有嗜好。而每戒以無
好酒色。上意未有信向而每戒以勿用小人。朱子歎其先事防微納忠之
盛心。胡澤之語雖妄。而有愛君豫防之意。此不可不知也。講畢。以
九州圖進獻于榻前。上受而看玩。臺諫亦進而啓事。臣希春曰。館中
上箚。上答以當留念。今月之初。上箚答辭。亦稱納誨之誠。凡在玉
堂。孰不感激。但凡受言之道。必悅而繹。從而改。乃爲盡善而有
效。譬如悅一良藥。服之則有效。撫玩而不服。則終無其效。伏願痛
察焉。掌令申點以京人將弓角，魚膠。潛賣胡人。請於鐵嶺，磨天嶺
置關。以點考禁物而出入之。希春進曰。鐵嶺則所由之路有三處。若
設關於磨天嶺。則可以制其出入矣。許世麟曰。自端川至吉州有一
嶺。李景明曰。磨天亦有小徑。皆不可不防矣。希春曰。野人歸順
者。服事大國。至受還上。初無不順之心。往往因邊將不中生怨。或
軍官土豪等侵擾生事。此不可不戒勅六鎭守令也。臣又言。伏聞朝膳
未進。至於午鼓。不勝驚悶。大抵人夕食猶或可闕。而朝畫不可闕
也。侵晨進白粥。暢胃氣生津液。此乃養生經驗之方也。伏願施行
焉。二月初四日。午後入玉堂。夕。政院以避正殿坐簷下。早朝寒冷
未安。取稟。上命退朝講于畫初刻。上御夜對于丕顯閣。臣希春，副
修撰李誠中，承旨鄭惟一入侍。希春講厥土赤埴草木漸包以下二段。語
及氣質之說。上曰。氣質緣何不同。臣對曰。有稟父祖之氣。有稟山
川之氣。然有萬不同。上曰。誠如此言。氣質之性。變化甚難。雖賢

人君子。亦未免氣禀之病。希春曰。凡人莫不有氣禀之所長。亦莫不有氣禀之所短。君子之學。貴能變化其氣質。古人云。教人當教其所短。用人當用其所長。蓋驥騏驊騮。一日馳千里。而捕鼠則不如貍鼪。是故。人君當因其所長而授任。則必得其效矣。上曰。明道先生自謂已無畋獵之好。後十年。見獵者。不覺有喜心。信乎氣質之病常存也。臣對曰。此乃變化氣質之善者也。蓋童穉時好獵。後知道而絶嗜好。及十年之後。暮歸偶見田獵。不覺有喜心。而不肯往從。此乃隨事省察而誠之於思者也。鄭惟一曰。朝臣固多不事其事。信有罪矣。上亦以爲無賢才可用。每有乏人之歎。其實未嘗無人。堂下官陞堂上。則銓曹擬望矣。自通政而陞嘉善。自嘉善升正二品。自正二品升一品。必待上旨。今者多滯。此人才之所以不盡用也。上曰。頃日。命銓曹擬判書之望。銓曹以爲人皆被推考。只餘一人。遂不擬望。希春曰。臣頃見赴京書狀官聞見事件。大明皇帝經筵讀四書，近思錄，性理大全。皆切於道理之書。但聞今讀左傳。左傳之書。去古未遠。雖多法言。然以成敗禍福爲是非。議論不正。不足以明治道。惟朱子所修綱目。實史中之經。爲人君而明此書。足以明德威之柄。燭治亂之源。爲人臣明此書。足以守經事之正。達變事之權。至矣盡矣。但四書三經傳註下。朱子文語莫不備載。而綱目未有所錄。劉友益書法。謹嚴精確。尹起莘發明。發越條暢。而亦未免瑜中之瑕。其他徐昭文，注克寬諸說。亦多可論。臣不揆眛陋。有志于此。昔在中廟。臣爲修撰。進講綱目。有志於此。而未之起草。仁廟朝。亦爲修撰。亦有志而未暇。但其時學識。比今尤淺陋。假使撰成。亦未堪觀。到今遭遇聖明。雖些少文義之間。有所陳論。豈若修正此書。以爲經筵之補也哉。臣請得閒退二三年。卒成此志。上不應。蓋然臣

言。而又惜其去也。希春又陳曰。臣爲校書館提調。外館本板四書三
經。或有誤字。唐本元不差誤。請依唐本改正。書于紙頭。上曰。直
改正其字。何必書于紙頭。臣又陳頃者校書館。以鑄字印韵會。漸漸
考見。則鑄字只有行用俗字。而韵會皆古文。點畫不同。又館中有木
板而字小。老眼多不便。請以館捧上字作木。新書大字開板何如。上
曰。如此則好矣。語畢。臣等退伏于坐。內侍以銅盤盛肴果。置六臣
之前。承傳色持宣醞銀鍾賜酒。其鍾可盛二葵花。希春黽勉飮之。僅
吸其半而退坐其下。五臣亦畢受飮。宣醞畢。又賜巡杯三度畢。禮當
懷肴果。而希春大醉甚困。僅取四分之一入袖。伏地而退。

初五日。午初三刻。以晝講上經筵廳。特進官姜暹，沈守慶，承旨
鄭惟一下番。李誠中同入。希春講嶧陽孤桐。因傳中草木之生。以向
陽爲貴曰。萬物莫不向陽而邃茂成實。非特山南向陽。雖一樹一林。
南枝好而北枝不好。人君南面而聽政。亦莫不以向陽爲貴也。上曰。
向陽。蓋取文明之義。臣對曰。天下莫光明於日。向南則近日光故好
也。草木庶類。莫不以向陽爲好。惟蘘荷一茱。必依陰乃好。此所謂
陰中陽。陽中陰也。上曰。禽獸之中。惟鵂鶹夜行。此亦稟陰氣者
也。臣曰。蘘荷稟陰弱之氣。鵂鶹稟陰戾之氣者也。又論孤桐之出於
嶧陽等物而言曰。不特物爲然。人材亦有生出之地。不出之地。然不
可執一而論。魯雖云君子之多。至於季氏，陽虎之徒。豈其謂善乎。
大抵道理。沙中有金。玉中有石。要須精擇。臣又進曰。昨夜。面承
聖旨。經書板本誤字處。依唐本當改正。誠上敎允當。臣以爲若避諱
代書之字。當書於紙頭。上曰。此說是矣。板本之誤。乃後來之訛。
非朱子之本避諱代用。朱子當日所爲。今當錄於紙頭。又姜暹等議西
邊征討事。希春更進曰。征討之事。如臣迂疏書生。固不能知。但歷

考古今。興兵大事。所當審愼。而不可輕擧。崔浩輔佐元魏。征伐四克。然其言曰。興國之君。先修人事。次盡地利。後觀天時。故萬擧而萬全。去歲。農事不實。今年。西方又有災變。至作放炮之聲。當此之時。其不可擧兵明矣。邊將介胄之士。不忍小憤。例請征討。此不可從也。上曰。仁信智勇嚴。闕一不可爲將。是誰語。希春對曰。孫武及岳飛語也。昔成廟朝。許琮。名臣也。深處弓知介。殺邊將羅嗣宗于也春江邊。成廟赫怒。遣許琮征之。琮到鍾城。遣邊上二人。往覘虜所在遠近。其時釁隙已著。探者不敢深入。只入三日程而還曰。虜在三日程。琮不議副元帥以下。直下令曰。持三日糧。行十餘日程。軍卒多飢死。以此觀之。智在將尤緊急也。上曰。大臣等必有所議。大槩兵不可輕擧。又曰。此擧不至大段征討。乃小小擧也。臣對曰。釁不必大。雖小亦有禍結之理。臣謫居六鎭。慶興府使因民乏食。越豆滿江。侵奪彼地於伊應巨島耕種。胡人結怨。作賊于厚羅島，棘城堡等處。兵連禍結。此亦可戒也。語畢退。

二十五日。以入侍朝講。罷漏詣闕。擁蘘而行。入自光化門。至賓廳側依幕。與獻納鄭彦信相對。尋上經筵廳。右相朴淳，　同知經筵姜士尙，　副提學許曄，　承旨李仲虎入侍。講禹貢荊州。講畢。希春與鄭彦信。趨進啓曰。愼嬪納穀給慶尙綿布事。自上命給一半。是已知其未安。而臣下之進言者。辭不達意。誠未上孚。至今未能回天。此臣下之罪也。蓋此一事。大有後弊。不可不杜其門。上曰。此非今日創爲之事。乃追償昔年之所納。有何妨乎。臣對曰。臣聞牟利之徒。蠹附於先王後宮。欲受嶺南綿布。以貿倭物。此實無窮之幣。願聖上燕閒之時。深思可否。凡應天變之道。不在於此。在乎念慮政事莫非光明正大而已。又啓曰。數十年來。權姦當國。紀綱解弛。人多玩法。

至今猶有此習。京畿僉使，　萬戶等。棄鎭來家。留連累日。令軍卒供饋貽弊。臣等風憲之官。固當隨所聞痛治。京畿監司。亦兼水軍節度使。亦宜戒飭之。又刑曹主治盜賊。而往往失之寬縱。蓋捕盜之將。張小以爲大。多過於嚴。刑曹主於分辨。或失於失出。二者皆過也。盜賊亦有差等。有强有竊。有捕盜將不實者。不實者。固當開釋。的實者。亦往往縱舍。夫縱舍盜賊。乃害及良民。此亦不可不戒。鄭彦信言捕盜多虛張。而刑官無分辨之事。上曰。此二說皆有理。希春曰。凡事不可過。亦不可不及。貴得其中。上曰。中爲貴。旣畢退。

三月十七日。罷漏。以朝講特進官。詣迎秋門外。待開門而入。至經筵廳。左議政朴淳，　知經筵金貴榮，特進官刑參朴大立，　承旨李仲虎，司諫申點，掌令朴應福，修撰柳成龍，趙廷機與希春同入侍講。講畢。柳成龍曰。今之田連阡陌者。皆豪勢拒貢賦之徒。小民納貢賦之田至小。希春曰。田結之貢賦。託豪勢而不納者。世罕有之。但爲富不仁者。志欲兼竝。隣田之接壤者。侵奪而抑買。此正可惡而當治者也。左相等更迭進言。語及王守仁自聖無忌。詆訾朱子。中國好怪者。從而和之。陳建著學蔀通辨。此實闢異端之正論。宜令校書館開板。又於湖嶺亦然。上曰。王守仁亦有材氣建功業。臣希春進曰。正守仁資性狠戾。彊愎不遜。謂五常有亦可無亦可。剗而去之亦可。又稱秦始皇焚書。以爲合於孔子刪述之意。又毀朱子著書立言曰。慘於洪水猛獸之災。其爲邪說甚矣。上曰。謂之邪。無乃過乎。對曰。守仁當初厭事物之干心。而爲乖僻之論。然言之不正至於此。與王安石雖非貪邪。而引用匈邪。排擯忠直。而卒爲亂政小人何異。又陳臣爲校書館提調。觀內訓皇華集之印。其不精之罪。固在下人與監校官。然墨則不可不改。蓋國家於忠淸，　全羅，　慶尙三道所産處。分定松煙墨十二邑而印冊。戊辰年。戶曹爲年匈救民。減除十年之墨。今之印冊。皆以七八年所納樓上庫霾雨變色之墨。是以熹微。請自今徵納如常。上曰。此言是矣。

四月十二日。與吏曹判書朴忠元，　右尹朴謹元。俱入經筵廳。左相朴公入參。講罷。修撰柳成龍陳世宗，　成廟，　中廟培養人才。士林屢經斬伐銷鑠之變。願留意培養焉。講畢。義禁同知朴公陳罪囚金彭孫似涉疑獄。乞垂哀務。希春進而陳曰。小臣爲義禁同知。亦略知此事。蓋彭孫初爲顯陵守護軍。爲戶首。金山守爲奉足。及康陵之移。山守爲戶首。彭孫爲奉足。於是憤疾切骨。嫁禍於山守。失火之日。自陵出來十里間。遇黃萬石自京下歸而供招。乃以厥明日。自京歸陵。違端昭著。此所以累次刑訊而不已也。人以爲非放火處所捉。在所當分揀。臣以爲不可輕釋。朴左相進曰。彭孫違端大矣。但在律則非放火處所捉。在上斟酌毫髮之間耳。希春曰。頃日內訓第二卷分所宜也分。本公字之誤也。上敎以爲宜考女敎本文。臣退考弘文館上方氏女敎。則果分字。內訓既有誤字。請內入件數。更加印何如。上曰。非但內入之件。頒賜之件。亦小加更添印也。希春又陳頃日請開學䔍通辨之板。至於數處。上敎以爲煩。二三處開板。固煩。一處開板。無妨。朴左相從而贊之。上曰。書冊愈多。而人愈不學。故以爲不急耳。又陳六書附錄上卷。有數處當修補。乞下其冊。

二十日。朝講。與左相朴淳，　三宰元混，　吏參姜士尙入講畢。臺諫所啓後。希春進陳曰。臣頃爲雜科試官。譯陰陽醫術。臣所未詳。然大概不爲無人。惟律學。人命所關。至爲不輕。而傳習者甚小。問其故。曰。得食之路不裕。故人不樂爲。又律文釋之者。亦有誤處。律文和姦杖九十。刁姦杖一百。彊姦死罪。人皆未曉刁姦之義。世宗朝。天使倪謙來。世宗遣成三問，　申叔舟。往從之遊。三問問曰。律文所云刁姦。何謂也。倪謙答曰。姦夫引歸姦女於他人之家。謂之刁姦。蓋刁卽引也。引置他家。故加重於和姦。而律學解頤釋之云。刁卽刁斗之義。以音樂眩惑女之心目而姦之。失其大義矣。臣愚以爲宜有勸獎之方。使之興起於律學。上曰。勸獎之方如何。臣對曰。業精者則有升授六品之法。上曰。大典載錄乎。臣對曰。有之。臣又曰。嘉靖辛丑。全州判官具壽延。以其記官酗酒打同僚。高懸於樹。去其所踏之瓦。中廟下問其罪如何。政院檢律。乃以故殺人者當斬爲對。其實官員之於下人。於人慮怯去處。以金刀。或以大杖。重傷致死者。是爲濫刑。而罪止杖一百徒三年。國朝大典。又加永不敍用而已。故殺人斬。只謂兩下相殺。與官員臨下。大不同。其時中廟遣史官。臣希春收議于三公。乃傳曰。初疑濫刑。其府官吏罪不至死。今乃如是耶。其時三公。亦不能明辨以對。後刑曹照律。卒坐濫刑之罪。蓋律學不明。故人未曉法也。頃日。奉常寺官員姜說。以直宿軍士之慢。笞二十。後偶然致死。臣爲大司憲。問其罪于同僚。皆云決罰不如法。當坐不應爲事理重。杖八十之罪。義禁府堂上意。亦如此。爲檢律所誤執。以濫刑啓而受罪。說則今已病死矣。豈有臀笞二十。死於幸限之外。而至坐濫刑之罪乎。律文若於臀腿受形去處。依法決罰。邂逅致死者勿論。當臀與他處。迥然不同。上曰。雖臀。若不當打而過打。亦豈不爲濫乎。臣對曰。雖臀。若用大杖。或不當打而打。致死則豈不爲濫刑。臣爲全羅監司時。務安縣監琴應夏因軍士願代父受杖百致死。臣以濫刑啓之。而受濫刑之罪矣。旣畢退。

5) 서애(西厓) 유성룡(柳成龍)
[1542년(중종37)~1607년(선조40)]

저 자	서애(西厓) 유성룡(柳成龍)
제 목	「讀陽明集有感二首」
출 전	『西厓先生文集』, 卷二「詩」, 十六~八面, 韓國文集叢刊 52 (民族文化推進會 1991. 4.), 46~7면.

陽明。與朱子學背馳。大要只在於致知格物四字上。別立意見。朱子謂人心之靈。莫不有知。天下之物。莫不有理。使人卽物窮理。以致其知。陽明則以爲理在吾心。不可外索。其論學。一以良知爲主。昔孟子論理義之悅心。必以耳目爲喩。蓋就人之所易知者以明之也。夫目。固足以見天下之色。然天下無色。則目何有見。耳固足以聽天下之聲。然天下無聲。則耳何所聽。口固足以辨天下之味。然天下無味。則口何所辨。斯固合內外之道。不可專以在內者爲是。而在外者爲非也。然使爲陽明說者聞此。必曰。人但可求明於目。目明則天下之色。不難見也。但可責聰於耳。耳聰則天下之聲。不難聽也。但可使口不爽。口不爽則天下之味。自可辨也。今捨其目與耳與口。而役役焉求明於色。求聰於聲。求辨於味。則色與聲與味。其能自明自聰自辨乎。斯言一出。天下靡然莫有容喙者矣。然目雖有見而常人之見。不如離婁。耳雖有聽而常人之聽。不如師曠。口雖有辨而常人之辨。不如易牙。斯乃先覺之所獨得。而學之所以爲貴也。若捐去書冊。暝目一室。但事於本心良知之間。則雖一時凝定之力稍若有得。

而所謂三千三百。致廣大盡精微者。終不能如聖人矣。吁。嘉定以
後。末學之弊。已極於口耳出入之間。陽明其亦矯枉而過直者歟。不
然。無乃禪家所謂改頭換面。以籠駕一世者耶。二篇意。各有所在云。

　陽明每說心爲理。理在吾心不在書。人雖有口能知味。(指良知)　味
辨熊魚始不疎。(指卽物窮理)　道有萬殊歸一法。地分胡越儘吾廬。(物
我一理)　如今天下懷襄甚。怊悵何人更鑿疏。

右闢陽明說

　嘉定年間末學弊。尋枝摘葉儘無窮。徒聞姬轍周天下。不顧明堂盡
日空。燭幽莫忘徑寸鑑。行船須倚半帆風。看他擾擾昏昏地。一念回
光便見功。

右救俗學且自警

저　자	서애(西厓) 유성룡(柳成龍)
제　목	「知行合一說」
출　전	『西厓先生文集』, 卷十五「雜著」, 五～六面, 韓國文集叢刊 52 (民族文化推進會 1991. 4.), 289면.

　王陽明合知行爲一。力詆朱子之說。其意云何。知行之說。自傅說
始。所謂非知之難。行之惟艱者是也。中庸以知行分三等。生知學知
困知爲知。安行力行勉行爲行。其說又加詳矣。孔子曰。知及之。仁
不能守之。雖得之。必失之。然則孔子固亦以知行爲二矣。大學格致
爲知。誠正修爲行。推而上之。惟精惟一。精是知。一是行。又較分
明。程朱說有來歷。有着落。斷斷乎不可易。王氏深惡其說。必欲合

之者。未知其如何也。詳王氏之意。盖懲俗學之外馳。於是一以本心
爲主。凡所着心講求者。皆以爲行。盖矯枉而過直者也。子夏曰。博
學而篤志。切問而近思。仁在其中。程子曰。學要鞭辟近裏着己而
已。博學而篤志。切問而近思。何以言仁在其中耶。學者要思得之
了。此便是徹上徹下。此與王氏之說。意則相近。而立言平正。無新
奇創立之病。此固程子之言。而非王氏之所及也。

저　자	서애(西厓) 유성룡(柳成龍)
제　목	「象山學與佛一樣」
출　전	『西厓先生文集』, 卷十五「雜著」, 十五〜六面, 韓國文集叢刊 52 (民族文化推進會 1991. 4.), 294면.

庚午辛未間。余以修撰在玉堂。愛象山之論。因抄出警語作一冊。
出入自隨。每疑朱子攻象山。未免太過。雖口不敢言。而心嘗疑之。
其後余遭憂。守制于金溪山中。有老僧持佛經及大慧語錄證道謌等書
見示。閒中搜閱幾盡。其機軸運用。皆與象山學相出入。特象山改換
頭面。文以儒說耳。自是。於朱子之論。一向篤信。不敢有疑云。

저 자	서애(西厓) 유성룡(柳成龍)
제 목	「王陽明以良知爲學」
출 전	『西厓先生文集』, 卷十五 「雜著」, 十六面, 韓國文集叢刊 52 (民族文化推進會 1991. 4.), 294면.

虛靈。心之體。知覺。心之用。所具之理。乃仁義禮智。卽所謂性
也。若以虛靈知覺爲性則不可也。釋氏之學。所以彌近理而大亂眞。
正以認心爲理也。惟其如是。故雖自謂體徧塵沙。圓妙無方。而於天
敍物則。顧不能察儒釋之分。惟此而已。大學言致知在格物。知者。
心之知也。物者。物之理也。朱子釋之曰。人心之靈。莫不有知。天
下之物。莫不有理。惟於理。有未窮。是以其知有未盡也。斯固合內
外之道也。王陽明專以致良知爲學。而反詆朱子之論爲支離外馳。正
釋氏之說也。夫心雖虛靈。而已屬於氣。其淸濁粹駁。厚薄昏明之
稟。有萬不齊。今使不識一字之凡民。兀然無爲。靜攝心神。而求其
發而中節如聖人。吾知其必不能也。假使恍然之間。似有所得。斯乃
心之光景。其於三千三百精微蘊奧。固惘然莫知。與堯舜精一執中之
學。正相背馳。何可以此而議朱子哉。

<table>
<tr><td>저 자</td><td>서애(西厓) 유성룡(柳成龍)</td></tr>
<tr><td>제 목</td><td>「王陽明 」</td></tr>
<tr><td>출 전</td><td>『西厓先生文集』, 卷十五「雜著」, 二五面, 韓國文集叢刊 52
(民族文化推進會 1991. 4.), 299면.</td></tr>
</table>

昔人見有困於火者。卻敎投水。水火雖異。而其爲殺人則同。陽明欲救宋末文義之弊。而專爲本心之說。不知其流弊。反有甚於文義也。

<table>
<tr><td>저 자</td><td>서애(西厓) 유성룡(柳成龍)</td></tr>
<tr><td>제 목</td><td>「書陽明集後」</td></tr>
<tr><td>출 전</td><td>『西厓先生文集』, 卷十八「跋」, 六〜七面, 韓國文集叢刊 52
(民族文化推進會 1991. 4.), 347〜8면.</td></tr>
</table>

右陽明文集。余年十七。趨庭義州。適謝恩使沈通源自燕京回。臺劾不檢罷。棄重于鴨綠江邊而去。行橐中有此集。時陽明之文未及東來。余見之而喜。遂白諸先君。令州吏善寫者謄出。旣而藏篋笥中。忽忽三十有五年。壬辰秋七月。倭寇入安東。焚先廬及遠志精舍。家藏文籍。蕩然一空。惟此數卷。獨全於林薄間。余得復見之。不覺泫然以悲。挾與俱行。到堤川。略記梗槩。俾子弟寶蓄之。毋更遺失云爾。癸巳重九前一日跋。

<table>
<tr><td>저　자</td><td>서애(西厓) 유성룡(柳成龍)</td></tr>
<tr><td>제　목</td><td>「次陽明韻。題玉淵壁上。」</td></tr>
<tr><td>출　전</td><td>『西厓先生別集』, 卷一「詩」, 十一面, 韓國文集叢刊 52
(民族文化推進會 1991. 4.), 419면.</td></tr>
</table>

幽居興味與時深。塵事寧容一點侵。竹塢秋聲聞戛玉。江臺月色見鎔金。行藏淚滴登樓眼。精一功慚望道心。浮世已知眞夢幻。晚來長嘯白雲岑。

6) 월정(月汀) 윤근수(尹根壽)
[1537년(중종32)～1616년(광해군8)]

<table>
<tr><td>저　자</td><td>월정(月汀) 윤근수(尹根壽)</td></tr>
<tr><td>제　목</td><td>「文廟從祀議」</td></tr>
<tr><td>출　전</td><td>『月汀先生集』, 卷四「收議」, 二一～四面, 韓國文集叢刊 47
(民族文化推進會 1990. 3.), 231～2면.</td></tr>
</table>

臣竊聞文廟從祀諸賢。以萬經理移咨。將有所陞黜。臣雖未詳其曲折。亦有所見聞者矣。敢陳臆說。以備採擇。中朝陞黜諸人。雖未暇一一歷數。而就其尤著明者言之。則馬融。爲梁冀草奏。殺忠臣李固。所謂戴聖。禮家之宗而身爲贓吏。王肅。魏臣而以女適司馬昭。及毋丘儉文欽。起兵討賊。肅又爲司馬師畫策。以濟其惡。杜預。伐

吳之際。因斫瘿之譏。盡殺江陵之人。此人等罷祀固當。而至於劉
向。嘗上言黃金可成。鑄作不驗。下吏當死。其兄救之獲免。此特其
小過。而至其立朝精忠。照映前史。經傳之功亦不可誣。豈可以小過
而黜祀乎。以至鄭衆, 盧植, 鄭玄, 服虔, 范甯五人。旣有傳注遺經之
功。且無其過。其中鄭玄則朱子謂鄭康成可謂大儒。其推尊之者如
此。此五儒豈可無故而罷祀。只各祀于其鄉乎。王世貞亦謂先朝之黜
漢儒。凜乎斧鉞矣。夫卑漢者。所以尊宋而不知其陷宋儒於背本也。
令訓詁之學不傳。卽明哲如二程朱子亦何所自而釋其義乎。愚以爲若
盧,　鄭等者復其祀於學可也。其言當矣。公伯寮。愬子路于季氏。得
罪聖門。其黜宜矣。而秦冉顏何。千載之後。何以定其爲字畫相近之
誤而幷罷其祀乎。林放。問禮之本。孔子大其問。蘧伯玉。得君子之
稱於聖人。皆聖門所許。豈可幷罷其祀而只祀於本處鄉賢乎。吳澄。
貢擧於咸淳。受宋之恩而身事胡元。其黜當矣。而歐陽脩以配韓愈而
陞祀則猶可。而張璁之必欲以脩從祀者。蓋以濮議之時。脩有爲人後
者爲其所生父猶稱考之說。不幸而爲璁輩之囊橐。追尊至此。如使脩
有知於九原。亦必蹙然於爲璁等所賣。而不安於兩廡之下矣。焉可以
中朝之祀典而苟從乎。又以薛侃之議進陸九淵從祀。朱陸之辨。雖未
易遽言。而我國旣專尙朱子之學。而朱子謂陸子靜分明是禪。今乃進
陸於從祀之列。使與朱子竝列於兩廡之間。未見其可也。臣於嘉靖丙
寅。以書狀赴京時。隨例拜聖於國子監而見之。到今追記。雖未瑩
然。而其時本朝先儒。似只是薛瑄從祀。其後萬曆已丑年赴京拜聖。
則薛瑄之下追入者。又有胡居仁陳獻章王守仁三人。王守仁則卽所謂
致良知之學者也。不論其他。守仁敢以朱子比楊墨。凡尊崇朱子者所
當辭而闢之之不暇。尙安忍使其晏然於兩廡之祀乎。臣又聞議守仁從

祀之時。南北異議。北方則皆主不可祀之論。南方則皆力言可祀。南論人多而盛。雖其論遂行。初非天下公共之論。臣又聞卽今江西人徐卽登。翰林出身。而提學于福建。講學武夷山紫陽書院。力排陸九淵主陽明異端之學。名振中外。凡於福建，浙江學宮屏風。卽■輒以大字書王守仁之過失曰。以虐政殺民。以寶貨殺子孫。以學術殺天下後世。士君子不可有此過■。注脚其下曰。陽明爲大將。征佛狼國大捷。收玉帛■貨。滿載大船。以其長子及家丁四五人。押船回向■■鄉。舟中篙工等謀殺其長子家丁。盡輸其寶貨■■云云。又大書曰。今天下人人皆誦法孔子之學。■■其所以爲孔子之學則不知也。蓋近來一種學術。闊略身心之間。以融通爲妙悟。以頓悟爲知覺。分明出老入釋。問其學則曰孔子孔子。人亦往往以孔子之學目之。其爲害蓋不淺淺也。王守仁從祀蓋出於萬曆以後。雖未及載於會典。旣曰陸黜當從天朝。則此亦未可異同。而倡言力詆者又有如徐卽登者。則又未可謂天下公共之論也。其可苟然而從之乎。張璁以權臣。箝制天下之口。使一時士夫不敢伸其公論而强以行之。兼以陰濟其私。以文其奸。日後必有公論。而其陸九淵，王守仁從祀。蓋出於不尊尙朱學而然也。尤不允衆心。且旣從中朝祀典。則不可就其中一從一違。臣之妄意。我國文廟從祀典式。姑依我國之舊。以待後日之公論。似或無妨。試以吳澄祀黜一事言之。澄之從祀。在於正統。而我國不之知。其黜在於嘉靖。而我國今始知。凡嘉靖以後從祀陞黜。未允於人心者。豈無後日之公論而或有改之。如吳澄之陞黜者乎。此尤可待公論之定而未可一一遽從者也。唯聖明之留神財幸焉。臣謹議。

<table>
<tr><td>저 자</td><td>월정(月汀) 윤근수(尹根壽)</td></tr>
<tr><td>제 목</td><td>「答張翰林維書」</td></tr>
<tr><td>출 전</td><td>『月汀先生集』, 卷五「書」, 四二～三面, 韓國文集叢刊 47
(民族文化推進會 1990. 3.), 261～2면.</td></tr>
</table>

卽今侍候奚若。前日持去史纂懸吐冊。幸還孤如何。左右於陽明。
獨喜其說之超詣。謂其眞足以高出於諸儒之見而多所自得。旣求見全
集而服膺不暇。夫象山譏斥晦庵而竝從孔廟兩廡之祀。議者猶痛水陸
之竝列。至於陽明則過象山不啻倍蓰。其答徐司成書。至以朱子比之
楊墨。其他論議顯斥朱子。其曰是以君子之心常存敬畏。雖不見聞。
亦不敢忽。是其爲言。雖不盡瑩云云。令後學痛心疾首而傷其譏斥。
皇明文人於宋儒。例加詆斥。而弇州猶曰陽明不及講學一事。則其他
勳業足爲一代偉人。惜其因學問而妄加譏詆朱子云。後有徐卽登提學
福建。於每邑孔廟。大書陽明之罪曰。以學術誤天下後世云云。大槪
其意如此。未能記其全文。其議從杞也。南人皆右陽明。北人皆斥陽
明。而南論特盛。强以陽明從杞。而非一世公論也。至今士論痛恨者
多。總之陽明旣立異於朱子。則後學當法伊川所謂佛氏之言當如淫聲
美色以遠之之云。而不可以喜其新異之說而陷溺其中也。若曰。其文
章可觀。則古今文章凌駕陽明者不少矣。奚獨取於陽明之文乎。當左
右無卯酉之任。篤志學問之曰。乃枉費功夫。潛心於可絶之書。甚爲
無益而有害。故敢遂言之。如未相契。幸一言示之。

<table>
<tr><td>저　자</td><td>월정(月汀) 윤근수(尹根壽)</td></tr>
<tr><td>제　목</td><td>「與陸學正(光祖)問答」</td></tr>
<tr><td>출　전</td><td>『月汀先生別集』, 卷一 「朱陸論難」, 一～四面, 韓國文集叢刊 47
(民族文化推進會 1990. 3.), 318～9면.</td></tr>
</table>

侍生尹根壽敬問。海內道學。自朱文公，　陸象山而後。分而爲二。
若眞西山，　許魯齋。宗朱子。若吳草廬則爲陸氏之學者也。又以皇朝
理學名臣言之。薛敬軒，　胡敬齋爲朱子之學。陳白沙，　王陽明爲陸氏
之學。今之世。宗朱子之學歟。師陸氏之學乎。湛若水尙書。師白沙
之學者也。沒後有僞學亂正之語。此言何謂歟。幸望示敎。

凡謂之道學。卽人心也。人心之謂道。亦謂之學。後世學術不明。
外心求道。殊失古先聖宗旨。朱，　陸二先生俱深於學者。但朱學。失
之支離。陸氏。簡易直截。眞有以接孟氏之傳。而我朝王陽明先生唱
致良知之口訣。又象山後一人而已。湛甘泉體認天理之說。亦陳白沙
自然之旨。第師沒之後。聞見太博。反于本體有加增。不免起世人之
疑。謂之爲僞。非也。此實我中朝堯舜以來相傳嫡脈。外此則謂之外
道。異此則謂之異端。如有不同。幸再見敎。

敬承尊誨。開發良多。凡謂之道學卽人心此句。非後學所敢聞命。
此則先儒所謂釋氏本心者也。今以人心爲道學則其所謂人心者。卽堯
舜所謂道心者歟。人心者歟。

舜曰人心惟危。道心惟微。是心非有二。人心卽道心也。危者。高
也大也。謂人之心最高明而光大也。此心卽道。故曰道心謂之惟微。
蓋以此。道心無聲無臭。其體至微也。所謂道學卽人心者。正此之
謂。若釋氏本心之說。亦未可盡非。但以遺棄人倫物理。不可以平治

天下。故吾聖人斥之。若人人眞能得其本心則無往非道。亦無往非學也。幸再詳之。

程夫子所謂性卽理也。此萬世爲學之宗旨也。今日所謂道學卽人心。則常人之心。喜怒哀樂發不中節者多矣。今以人心爲準。而不先窮理。以明所發之中節與否。則竊恐其學胡亂猖狂。卒不免得罪於聖人之門也。陽明之學。高矣妙矣。然其所謂致良知者。終不過認其一心之靈覺。而便謂學在於此。與吾聖人本天之學。大段相反。此正所謂蔥嶺帶來者也。所引惟危之語。又與朱子所釋不同。此尤非後生所敢聞命。聞湛甘泉之釋。正如此耳。

人心卽道者。謂人之本心也。本心。卽本性。卽理也。故曰人心卽道。若常人喜怒哀樂不中節之心。則被私欲所蔽。如何可以言道。我今爲學。只是要先默識我本心。旣悟本心。自然是便知是。非便知非。是卽行。非卽去。此便是窮理之學。窮理者。窮吾心之理也。若舍却本心而窮理於外。則愈窮而愈遠。如之何。可盡性以至於命耶。胡亂猖狂。正謂失此本心。縱使日用間。件件做得好。亦只是狂。未有旣得本心而復至於猖狂者也。所謂聖人本天之學。天卽此心也。故曰盡其心者。知其性也。知其性則知天矣。外心以求天。冥冥漠漠焉耳。豈善求天者哉。

反覆誨示。多荷不鄙。然終與程朱學問。大段相反。異同之論。非立談之間所能究也。請別有所問。伊洛淵源錄所謂六文一管筆。此何語也。九曲櫂歌卒章。漁郎更覓桃源路。除是人間別有天。所謂除是人間別有天。何謂歟。

學問。只要求盡本心。不要求與人異同。眞非立談之間所能究竟。須細心自求。當有自悟處。不必尋求書冊子上去也。六文一管

筆。六文。六書也。書雖有六。總是這一管筆寫出。可見天下萬事
萬物。總只是這一介心也。除是人間別有天。謂人間無別天也。人
間無別天則天只在人間。何必更覓桃源路也。淺見如此。亦無所祖
述。幸理會何如。

저　자	월정(月汀) 윤근수(尹根壽)
제　목	「與陸學正書」
출　전	『月汀先生別集』, 卷一 「朱陸論難」, 四～十三面, 韓國文集叢刊 47 (民族文化推進會 1990. 3.), 319～24면.

　昨蒙不鄙。警誨勤懇。佩服何可忘也。但所謂爲學只是要先默識本
心。旣悟本心。自然知是非。是卽行非卽去者。於鄙意終覺有未安。
所謂默識本心者則然矣。而不繼之以存養窮理之功。而遽日旣悟本
心。則是未嘗有一日涵養致知之功。而忽然而有悟也。夫人之生。固
莫不有本然之心矣。然稟有淸濁之異。而私欲又從而汨之。今欲於一
朝心慮恍惚之間。遽然有悟則吾恐其昏冥眩瞀之際。認欲爲理。認賊
爲子。而其所謂本心者。未必天命之性。而或認其虛靈之光景。便謂
學在於此。則殆古人所謂有見於心。無見於性者。此正是禪家頓悟之
機。吾儒之學。殆不然也。不先致知而明此理。居敬而存此理。直欲
據其頓悟之機。信其一已之見而定天下之是非。則吾所謂是者未必中
於理。吾所謂非者未必悖於理。其所行。終歸於猖狂自恣。無所準則
而已。且以聖門學者言之。宰予之以短喪爲安。是以非爲是。子路之
以正名爲迂。是以是爲非也。彼二子者亦必內揆於心。眞以爲是。而

理有未明。其蔽若此。彼初非鈍根無智之人。而且親炙聖人。日聞善
誘。猶有此失。況乎但據頓悟之機。初無眞實之見。而直任胸臆之所
裁者。其所行之差。不但如是而已也。且所謂人心道心者。心非有二
也。特以理欲而二其名也。人心殆而難安。道心奧而難見。此所以不
得不兩言之。而下文曰惟精者。欲其察乎二者之幾而不雜於人心也。
曰惟一者。欲其一於道心之正而不貳於人心也。今直曰人心卽道心。
則舜禹授受之際。但曰人心已足矣。又何必曰道心乎。但曰執中已足
矣。又何必曰惟精惟一乎。吾恐聖人之言。不如是之贅也。若人心便
是道心。而所謂惟危者。直是高明而光大。則授受之際丁寧之訓。不
過贊歎一箇心之德而已。其所以告戒之意安在乎。且人心旣是高明而
光大。則是無一日從事之功。而已極其至矣。又何事於惟精惟一之功
夫乎。蓋口之欲味。耳之欲聲。目之欲色。四支之欲安逸。此有生之
所不能無者。而是所謂人心也。於其所不能無者而使之有節而不過
者。是所謂道心也。人心雖有生之所不能無者。而不可恃此而爲安。
故曰危。道心雖天命之本有。而每汩於人欲而難見。故曰微。其危字
微字之訓。不旣的確矣乎。今欲將惟危字。强訓以高大則不論其他。
只是字義已不是了。古今之書。曷嘗有以安危之危字。爲高大之意者
乎。況乎光明二字。與危字有何交涉而敢以私意參插衮說乎。今以一
人杌隉之意見。欲破先儒跌撲不破之訓。此甘泉自是之過。而高明又
從而張皇之者。何也。其以朱子爲失之支離。則尤非淺學所敢聞命。
學者於道。知所向然後見斯人之爲功。今於儒者路脈。初未有見。而
眩於陽明誣謗聖賢之言。同聲和之。肆爲異說。則吾恐其無補於身心
之實學。而反有以重得罪於聖賢之門也。至以釋氏本心之學。爲未可
盡非者。殊不可曉。此殆援儒入釋而不自知其非也。蓋具衆理而應萬

事者。心也。釋氏雖自謂惟明一心。而反遺棄事理。則其所謂學者。何學也哉。且所謂不必尋求書冊上者。卽陳白沙吾自握其機。何用窺陳篇之意也。此則雖以賀醫閭之敬信白沙。而猶以其言爲過高。高明乃述其語者。何歟。此爲以書博我者而設則可矣。然當曰不必專求諸書冊。而不當曰不必尋求也。吾儒之學。正當讀書窮理。涵養用敬。兩進其功。乃可以知性存心而入於道。今欲捐書絶學。兀然求心以坐。待其無故。忽而有悟。則不墮於禪學者幾希矣。凡此皆根壽所疑。不敢鄙外於明哲。故敢幷以請。恐未中理。乞賜開喻幸甚。侍生朝鮮國尹根壽再拜。

附陸學正答書

來敎昨蒙不鄙。(止)忽然而有悟也。

默識本心。是學問一頭腦。有此頭腦。方可下致知涵養的工夫。非謂旣悟之後。更無工夫可做也。所謂知是知非。知也。是則行非則去。致知也。今日行是去非。明日行是去非。積而終身。行是去非如此。是何等涵養。夫子曰默而識之。謂默識此本心也。學而不厭。謂致養此本心而不厭也。若無此頭腦而直欲懸空下箇致知涵養的工夫。不知所謂致者。致個甚麼。所謂養者。養個甚麼。

來敎夫人之生。(止)吾儒之學殆不然也。

旣知人人有此本然之心。則其所謂氣稟物蔽。俱非本然矣。而今若默識我本然在此。則此卽是理。外此卽爲欲。此卽是子。外此卽爲賊。又何至于認欲爲理。認賊爲子耶。知其爲理而涵養之則欲自退聽。知其爲子而撫摩之則賊自潛遁。氣稟物欲。消化殆盡矣。何足以

累吾本然哉。夫理一而已矣。自吾身之主宰而言。謂之心。自主宰之
生理而言。謂之性。自生理之無聲無臭而言。謂之命。本心得則性命
卽在是矣。故曰窮理盡性。以至於命。孟氏盡心知性知天之學。正如
此。若曰本心非天命之性。是不識本心者也。若曰有見于心。無見于
性。此無見于心者也。近者學者不識本心。只于人倫事物上。尋個道
理來做。故遂終身由之而不知道。可哀也已。若是于倫物上透悟本
然。又何嫌于頓乎。

　來教不先致知而明此理。(止)不但如是而已。

　致知者致此。涵養者養此。只是一個工夫。非謂致知屬明。涵養屬
存也。中庸曰誠則明矣。明則誠矣。明道曰存久自明。可見存明。非
二功也。故大學說致知。更不須兼搭涵養。孟子說存養。更不須兼搭
致知。分存明者。自後儒始。天下之人心。卽我之心也。天下之是
非。卽我之是非也。欲定是非而舍却本心。是以無星之秤而權輕重。
無寸之尺而度長短。如之何其可也。中理悖理之說。前於理欲。已略
言之矣。幸細心玩之。短喪爲安。予之失此本心也。世豈有旣得本心
之人而復安於食稻衣錦之理乎。正名爲迂。由之失此本心也。世豈有
旣得本心之人而肯以子而拒其父乎。彼二子者。亦未敢眞以爲是。特
狃于一時之見聞。有所疑而質之聖人之前耳。不然則宰予眞短喪而子
路眞與于亂臣賊子之徒矣。寧有是哉。

　來教且所謂人心道心者。(止)又從而張皇之者何也。

　舜禹授受之際。旣曰人心。又曰道心者。慮夫人不知人心之卽道
也。故詳言之。非兩言之也。如兩言之則是心猶有二矣。旣知心非有
二。謂之人心卽道心。非耶。凡吾謂人心卽道心者。無他。只爲世儒
不能默識本心。遂不信自己之心。亦不信天下人之心。外心求道。愈

求愈遠。愈遠愈失。孟子曰道在邇而求諸遠。事在易而求諸難。豈誣哉。如知人心卽道心。則此心卽道。更復何求。此心卽道。道不可名。堯不得已强而名之曰中。此中。非有無之中。非中外之中。亦非中間之中。無形體無方所。其實何可執得。謂之執中者。執而無所執也。舜慮夫人之莫有所執也。故其命禹。直以心法示之。以爲人心本自高大。此心卽道。本自微妙。曰道曰微。卽中也。凡人不能執中。只是未一。不能一。只是未精。誠能日用間。率吾高大之心體而順應。不起一毫念頭。不費一毫氣力。是則行非則去。念念如此。事事如此。時時刻刻如此。這方是精。謂之精者。精純而無息之謂也。惟精則渾是一個天理。非一乎。惟一則無適而非中。非執中乎。到得工夫熟後則亦無所謂中。中尙無。又焉有所謂執耶。故惟危惟微者。是說本體。惟精惟一者。是說工夫。所以復其本體也。豈謂旣高明而光大。便無事于惟精惟一之功乎。口之欲味。耳之欲聲。目之欲色。四支之欲安逸。旣以爲人心矣。又曰。使之有節而不過者。是所謂道心。不知所謂使之者。果孰使之也。如以爲心實使之。則只是一個心矣。孟子曰。口之於味也。目之於色也。耳之於聲也。四支之於安逸。性也。有命焉。苟知其眞爲性命矣。謂之卽道非耶。危訓高大。非敢杜撰。朱文公于危言危行之危。亦以高峻訓之。高峻卽高大也。凡訓釋字義。當會其意。不可拘泥。意得則忘言矣。何一字之是滯哉。若曰以一人之意見而破先儒之訓。則是勝心未除。於道不知隔幾重公案矣。又安有學問之可講也。如或確守先儒未定之訓而不能反求諸心。則是矮人觀場。稚子詫說。而眞僞莫辨矣。終當何所就哉。此一章。甘泉元無此說。膚見如是。亦無所祖述。執事倘肯拋却舊聞舊見。翻然於此潛心焉。於道亦思過半矣。

來敎其以朱子爲失之支離。(止)重得罪於聖賢之門也。

夫道。一而已矣。不容有二。二之則支離矣。今以惟危惟微。分理欲。惟精惟一。分知行。是本體工夫俱有二也。謂之支離。尙得爲過歟。我中朝列聖相傳。自有嫡脈。後儒見道不眞。妄爲箋註。箋註愈多。去道愈遠。遂塗天下萬世之耳目。使學者日流于詞章訓詁而不自覺其非。人心陷溺。世道榛蕪。可慨也哉。我陽明王先生崛起千百載之下。不由師傳。默契道體。特揭致良知三字。以繼往聖而開來學。眞所謂考諸三王而不謬。建諸天地而不悖。質諸鬼神而無疑。百世以俟聖人而不惑者。今執事不能虛心諮訪。以深究其旨。乃狃於傳聞淺見。以陽明爲誣謗聖賢之言。是執事敢於非聖矣。旣不知所謂陽明。又安知所謂朱子耶。其尊崇朱子。亦不過相沿舊聞舊見而無得于身心之實學。明矣。執事如有志於實學。當除却一切矗心浮氣。反求本心。庶幾上進有地。今亦不暇泛論。就如執事今日奉命來朝。其禮當有古典可循。未聞古典中有與中朝問學之禮。今執事勤勤諮問。往復不已。諒自本心發之。固未有先儒促之。亦無古典可循也。此本心。卽是學。但其中語氣欠平則是自蔽其本心矣。倘不自蔽。安事他求。

來敎至以釋氏本心之學。(止)何學也哉。

儒釋之辨。非精義者。未足以及之。吾人之本心。卽釋氏之本心。其心非有二也。但彼遺棄事理。專求本心。則其所謂明心者。尙非眞明矣。吾儒明此心于事事物物之中。廓然大公。物來而順應。雖堯舜之道。亦不過是。若嫌于同釋。遂舍却本心而不學。是因噎而廢食也。可乎。

來敎且所謂不必尋求書冊上云云至末。

吾自握其機。何必窺陳篇。此白沙見道之言。執事當求其機而握

之。此機未握則雖有嘉言美行。非學也。賀醫閭過高之說。豈知白沙
者哉。其曰不必尋求書冊上去者。正對專求書冊者言也。若不能默識
本心而印之書冊則雖窮年卒歲讀書不輟。亦只是終日與聖賢相對也。
余豈欲人捐書絕學。兀然求心以待悟乎。讀書窮理。涵養用敬之功。
前于致知涵養中已言之矣。幸再玩之。大明國子監學正陸光祖敬復。

저　자	월정(月汀) 윤근수(尹根壽)
제　목	「答陸學正書」
출　전	『月汀先生別集』, 卷一「朱陸論難」, 十三面, 韓國文集叢刊 47 (民族文化推進會 1990. 3.), 324면.

伏承專伻辱復。敬悉雅意。爲感實深。異同之論。終未契而不敢再
瀆。伏幸尊照。侍生朝鮮國尹根壽再拜。

附陸學正書

前日面論鄙說。未可送來耶。欲見所論本末敢告。問目在別紙。并
乞照示。執事有志聖學。不特朝鮮之豪傑而已。敬羨。第學有祕訣。
不得師傳口授。終無自悟之理。我大明有聖人焉。德契羲軒。道侔孔
孟。今其人雖往而其徒尚在。則其學亦有未泯者。執事倘能虛心一諮
訪焉。或爲學問之一大禆。如僕矇瞶無知。誠不足以與於斯也。伏惟
高明裁察。不備。中元日具。侍生陸光祖再拜。

<table>
<tr><td>저　자</td><td>월정(月汀) 윤근수(尹根壽)</td></tr>
<tr><td>제　목</td><td>「又答陸學正書」</td></tr>
<tr><td>출　전</td><td>『月汀先生別集』, 卷一「朱陸論難」, 十三～四面, 韓國文集叢刊 47 (民族文化推進會 1990. 3.), 324면.</td></tr>
</table>

屢蒙專价眷惠。手翰還答。感感悚悚。出入有礙。不得再承面誨。臨紙惘然。惟冀以時爲道自重。以慰慕用之懷。示喻所謂學不得師傳口授。終無自悟之理者。此實至論。不敢忘也。且所謂聖人。指誰某耶。中原文獻。必有程, 朱嫡傳。而海外賤迹。末由造函丈而求正。徒切慨歎。若陽明致良知之學則終恐其認氣爲理。無得於道。自以不得聞其學爲幸。而不敢以爲恨也。伏惟照察。朝鮮國尹根壽再拜。

<table>
<tr><td>저　자</td><td>월정(月汀) 윤근수(尹根壽)</td></tr>
<tr><td>제　목</td><td>「與陸學正問目附答」</td></tr>
<tr><td>출　전</td><td>『月汀先生別集』, 卷一「朱陸論難」, 十四～二一面, 韓國文集叢刊 47 (民族文化推進會 1990. 3.), 324～8면.</td></tr>
</table>

前日示敎錄上其日鄙說。亦須送來何如。欲見所論本末耳。問目亦錄在別紙。幸賜一一剖析見敎。千萬是望。家禮題主式先題陷中。父則曰某官某公諱某字某第幾神主。所謂第幾云者。指高曾至禰而稱之耶。若然則奉祀嫡長則高祖稱第一神主。曾祖稱第二。祖稱第三。禰稱第四。而其別子自爲祖者稱第一耶。抑指生時所稱行第耶。且其下

左旁曰孝子某奉祀。以其文勢觀之則其下左旁云者。似指神主之左旁。而家禮圖式。乃書於右旁。何也。且神道以西爲上。則高祖在西禰在東矣。若旁題奉祀。書於右旁則所書奉祀子孫之名。反在祖先之上。於理似或可疑。幸詳訂示敎何如。

陷中神主第幾之說。還指生時所稱行第而言。近世士君子考訂家禮節要。于後式止題曰故某官某公諱某字某神主。而不題行第。於禮亦通。先于中大書祖考神主而後。于下右旁小書孝子某奉祀。先後中下大小之間。尊卑之分昭然矣。又何疑于他耶。其曰神道以西爲上。古禮爲然。若近時士大夫之家多以高祖居中。餘主分昭穆。略如生時所行之禮。似於人情爲協。凡禮也者。因人情而爲之節文者也。人情協。則禮雖先王未之有。可以義起也。議禮君子宜知之。

祭饌魚肉。腥而薦之耶。熟而薦之耶。

祭饌魚肉。有腥而薦之者。有熟而薦之者。腥而薦之者。不純以人道事之也。熟而薦之者。不純以鬼道事之也。此可以見孝子愛親之仁達理之智矣。

初獻之酒。祭之茅上。亞終獻亦皆祭於茅上耶。

家禮節要降神之後。先少傾于茅沙上。謂之祭酒。後置于神主前。謂之奠酒。三獻皆然。不獨初獻爾也。

方今士大夫家。祭四代乎。祭三代乎。

古者祭有分。近時士大夫及士庶家。或廟或祠堂。皆得祭四代。亦順人情之意也。

朱子謂隨俗節祭。不可廢也。今士大夫家四仲時祭及忌祭之外。俗節之祭。用何等時日。幸詳示。

時祭忌祭之外。各方風俗不同。大端三月淸明節。行掃墳之禮。冬至節則祭始祖。此通天下皆然。

凡期而後降服心喪者。古有十一月而練。十三月而祥。十五月而禫。今亦行之乎。

期而小祥。不計閏。十三月始陳練服。再期而大祥。不計閏。二十五月始陳禫服。(按此答。與問目相左。)

橫渠雙牖。左書砭愚。右書訂頑。伊川見之曰是起爭端。改砭愚曰東銘。訂頑曰西銘。是起爭端云者何耶。

砭愚則人有不受其砭者。訂頑則人有不受其訂者。故曰是起爭端。東銘西銘則渾厚而人莫與爭矣。

朱子答袁機仲書有曰。言之不盡。偶得小詩。以寄鄙懷曰忽然半夜一聲雷云云。說得太郎當了。只少箇拄杖卓。一下便是一回普說矣。所謂說得太郎當了只少箇拄杖卓。一下便是一回普說者何意耶。

古詩曰。鮑老當年笑郭郎。笑他舞袖太郎當。若敎鮑老當筵舞。更覺郎當舞袖長。郎當未詳何意。

郎當。卽散闊之意。謂凡事欠拄持也。若有拄杖以拄持之則不至于郎當矣。

古人所稱崔大杜二陳三盧四韓十八歐九之言。只是同姓兄弟姊妹從其所生次第以爲稱號者乎。此通三從有服之兄弟而爲稱號之次乎。抑在一家則雖異姓。亦以兄弟之次通稱乎。

所謂崔大之大以行缺

大全近日因看大學。見得此義甚分明。聖賢已是八字打開了。但人自不領會。却向外狂走耳。八字打開者何意。

八字打開者。卽兩邊分開說。謂說得分明耳。

沒巴鼻。所謂巴鼻者何語耶。

巴鼻。乃土語。有巴鼻則有頭目可見。沒卽無也。無巴鼻。猶言瞽瞳無頭目可見也。

杜撰杜字。何意耶。

杜撰。謂自己胸臆作出。

沒頭腦。何語也。

沒頭腦。卽無頭腦也。

問岳飛若做事。何如張韓。曰張韓所不能及。却是他識道理了。又問岳侯以上者。當時有誰。曰次第無人。次第無人云。何語耶。

次第無人。謂次第數當時之人。無可上于岳飛者。

問或言孝宗於內殿置御屛。書天下監司帥臣郡守姓名。作揭帖字其上。果否。曰有之。孝宗是甚次第英武。甚次第英武者。何語耶。

英謂英明。武謂武斷。次第英武。謂英明武斷。有次第而不淆亂也。

答陳同父書曰。某迂滯之見。書中已說盡。自看一過。亦覺難行。次第八九分是。且罷休矣。萬一不如所料。又須別相度。今亦不可預定耳。次第八九分是。且罷休者。何語耶。

次第八九分是。謂書中所論之事是也。且罷休矣。謂罷休而不行。以其難行也。

先生聞黃叔文之死。頗傷之云。觀其文字議論。是一箇白直響快底人。想是懊悶死了。白直響快者。何語耶。

白直響快底人。謂黃叔文之爲人。乃淸白梗直。響唳輕快之人也。

詠史詩當時一線魯瓠穿。直到橫流破國年。又宋季人憂大瓠穿。所謂魯瓠穿。大瓠穿者。何語耶。

瓠卽匏瓠可食者。其皮不堅易穿之物。

古詩曰碧玉當年未破瓜。功成應在破瓜年。所謂破瓜者。何語耶。

碧玉藏在瓜中。必破瓜而後碧玉可見。故曰功成應在破瓜年。

照拂。何語耶。

照卽照顧。拂卽披拂。

屬猪宋稱。屬猪何也。或云宋太祖亥生。故稱宋祚爲屬猪。此言未知何如。

亥生之說或然。第如此等處。都不必考究。漢武侯讀書。惟觀大義。至今稱爲善讀書。

金源。金稱金源氏者。何也。若曰源頭自金故云金源。則未有稱遼源元源而獨於金稱源。何意耶。

古者有以庶姓爲氏者。以官爲氏者。以字爲氏者。以名爲氏者。如孟氏季氏祭仲氏之類是也。金源氏之說。當取諸此。取源頭之意。故以源名。遂稱爲金源氏。不必深求。

名臣言行錄邵康節傳。康節臨終時所言你道薑生樹上云云。此言何耶。

薑生樹上。此中朝俗語也。昔有二人焉。一人以薑是樹上生的。一人以薑是土生的。二人爭論不決。主樹生者云。如果土生。當輸驢一頭。遂共質于故老。故老云薑是土生的。則輸驢矣。其人云驢雖輸了。畢竟薑還是樹生的。蓋薑本土生。俗語云云。譏人執拗之過也。康節將終。伊川與之永訣云平生學問。正好今日用。康節云道着用便不是。此蓋明告以學問之道矣。伊川復請問學。康節云說道薑不是樹上生。今還生樹上。亦譏伊川之執拗而不信也。(按道着用便不是。乃伊川臨終時言。)

家禮喪禮。加灰隔內外蓋。此言加灰隔於內外蓋耶。抑內字讀作納耶。幸乞示敎。

灰隔有內外板。內灰隔近棺。用薄板爲之中。止取容棺。用瀝靑塗之。乃于外四方。旋下四物。亦以薄板隔之。謂之外灰隔。是內外灰隔。俱用薄板爲蓋。故曰加灰隔內外蓋。

朱子語錄。問明道到處響應。伊川入朝。成許多事。此亦可見二人用處。曰明道從容。伊川都挨不行。問伊川做時似孟子否。曰孟子較活絡。問孟子做時似伊川否。先生首肯。都挨不行。活絡。何語耶。

都挨不行。謂推之有不準也。若明道從容則到處響應。何有不行者哉。活絡。卽流動也。若伊川則執滯而欠流動也。此實明道，　伊川之優劣處。

<table>
<tr><td>저　자</td><td>월정(月汀) 윤근수(尹根壽)</td></tr>
<tr><td>제　목</td><td>「答陸學正問目」</td></tr>
<tr><td>출　전</td><td>『月汀先生別集』, 卷一「朱陸論難」, 二一〜九面, 韓國文集叢刊 47
(民族文化推進會 1990. 3.), 328〜32면.</td></tr>
</table>

本國某道某官或士或民。凡已往見在者。有何異行。孝悌節義。至于能知孔孟心法箕子疇數者。一一記其住居某處姓名實事。

本國僻在海外。地方褊小。但被歷代文敎之治。又蒙皇朝東漸之化。異行孝悌節義之人世多有之。其係開國以後者。竝令所在官司。旌表其門閭。蠲其家丁役。今將孝子五人忠臣五人烈女五人。謹錄如左。餘不能記。

孝子五人

崔婁伯。水原戶長尙翥之子。年十五時。父因獵爲虎所害。婁伯荷斧跡虎。虎旣食飽臥。婁伯直前叱虎曰。汝食吾父。吾當食汝。虎乃掉尾俛伏。遽斫而刳其腹。取父骸肉。納虎肉於瓮。埋川中。葬父廬墓。一日假寐。其父來詠詩云。披榛到孝子廬。情多感淚無窮云云。服闋。取虎肉食之。仕高麗。官至翰林學士。

金自强。本朝星州人。年幼喪父。奉母承順無闕。母喪不用浮屠。一依家禮。比葬。遷父合葬。廬墓三年。服闋。更欲爲父居廬。姻戚牽止。焚其廬。自强伏塚下三日。呼擗不起。姻戚感其孝誠。復爲之結廬。自强又居三年如初。

姜謙(下缺)

金德崇鎭川人。嘗棄官歸養。不離親側。年六十二喪母。哀毀踰禮。父沒廬墓三年。時年七十二。終喪哀慕益切。見父母平昔之座。輒哽咽。晨夕謁墓。朔望必參。時物必薦。有事必告。事聞。命官其子。立碑以旌之。

成守琛慶尙道昌寧人。性至孝。自少稱爲孝兒。丁父憂。哀毀過禮。三年歠粥。躬執祭具。晨起掃塋。焚香拜跪。祁寒溽暑不廢。服闋。每値忌日。哀痛如初喪。朝夕必謁祠堂。出入必告。侍母居貧。奉養極其滋味。天分極高。德器渾成。嘗遊趙光祖之門。其學以反躬切己爲務。隱居坡平山下。自號聽松居士。今王朝屢徵不起。卒贈司憲府執義。

忠臣五人

朴堤上事新羅訥祇王。王弟質倭。王思念。堤上爲王入倭。設計竊遣王弟。倭主怒。威脅欲臣之。命剝脚下皮。刈蒹葭。使趨其上。問曰何國臣。曰鷄林臣。又使立熱鐵上。問曰何國臣。曰鷄林臣。倭主知不屈。燒殺之。堤上妻率三女上鵄述嶺。望倭國哭死。

丕寧子事新羅善德主。百濟來攻。丕寧子拒戰。突陣死。其子擧眞,奴合節相繼奔入戰死。軍士爭進。斬首三千。主聞之泣。禮葬厚賜。

成忠百濟之臣。義慈王與宮人荒淫耽樂。成忠極諫。王怒囚之。成忠不食。臨死上書言必有兵革之事。備陳用兵保守之策。王不省。遂死獄中。及唐,羅兵薄城。國遂亡。王歎曰悔不用成忠之言。

鄭樞淸州人。與李存吾。事高麗恭愍王。王方寵妖僧辛旽。二人以諫官。上疏極論辛旽之罪。王怒召樞等面責。時旽與王對床。存吾目旽叱之。旽不覺下床。王愈怒下獄。尋免死。俱謫外。旽勢益熾。樞常懷憤惋。遂患背疽而沒。位至政堂文學。

李存吾慶州人。事見上。旽之桀驁尤甚。言路塞。存吾退居。憂憤疾革。使扶起曰。旽尙熾乎。旽亡吾乃亡。友席未安而歿。年三十一。存吾歿三月。旽伏誅。王思其忠。贈大司成。授其子職。

烈女五人

崔氏。晉州戶長鄭滿妻也。洪武辛酉。倭寇晉州。崔年少有姿色。抱携諸息。走避山中。賊露刃以脅。崔奮罵遇害。六歲兒啼號屍側。襁褓兒匍匐就乳。血淋漓入口。慘不忍見。後旌門。

裵氏。京山府人進士仲善女也。洪武庚申。倭賊猝至。其夫不在。裵抱乳子走。賊追及江。裵置乳子岸上。走入江。賊注矢日而來。免而死。裵罵賊曰我豈汚賊者耶。賊再發再中。遂歿於江。旌表里門。

林氏完山府人。知樂安郡事崔克孚妻也。倭寇本府。林被執。賊欲汚之。林固拒。賊斷一臂。又斷足。猶不屈。被害。

藥哥。善山府人趙乙生妻也。乙生爲倭寇搶去。藥哥未知存歿。不食肉不茹葷不脫衣服而寢。父母欲奪志。矢死不從凡八年而乙生生還。爲夫婦如初。

性伊。金海府吏許厚同妻也。年二十夫歿。凡朝夕奠具。務欲潔精。別置鼎俎以供。每遇朔望。製時服備時物以祭。祭畢焚之。常恐有强暴之汚。佩刀與繩以自誓曰。刀不能決。繩以縊之。泣血三年。未嘗與人對面。事聞旌閭。

本國自箕子來封九疇。設敎八條爲治。仁賢之化自應神明。士之得心學明疇數。必有名世者。二郡四府之餘。三國分爭。干戈糜爛。文籍散逸。不惟傳道之無人。前人名世者姓名。亦不可得聞矣。新羅統三爲一。高麗五百餘年間。世道尙隆。文風漸開。士多遊學中原。經籍興行。慕華變夷。易亂爲治。詩書之澤。禮義之風。漸復箕子之舊俗。故見稱爲文獻之邦。君子之國。有由然矣。然二代之儒。其歸重終在於言語文章之間。逮于麗末。程朱之書稍稍東來。故如禹倬, 鄭夢周之徒得以參究性理之說。至于國朝。太宗文皇帝頒賜四書五經大全, 性理大全等書。

本國設科取士。必以通四書三經者得與其選。由是士之誦習。無非孔孟程朱之言。然俗習因循而不著不察。或狂簡斐然而不知所裁。其間能超然獨見。慨然發憤。而從事於聖賢之學者往往有之。而亦不多

得。今所擧若干人。皆已往者耳。而見存者非所敢言也。是數子者生
千載之後。處窮海之中。不得親受薰炙於聖賢之門。謂之能知心學固
難矣。然其一生用力於此。則其可不得爲心學者之徒歟。若箕子洪範
朱蔡之說。發明義理。無餘蘊。故沿流遡源而知及之者固亦有焉。其
爲數學則九峯內篇圖說惟存。苑洛子發明亦在。然東方未聞有能明之
者。近世有李純者自謂通其說而作爲註解。亦未知其果無謬也。

崔致遠慶尙道慶州府人也。年十二入唐。僖宗朝登第爲翰林供奉。
從事高駢幕下。作諭黃巢檄。所著桂苑筆耕四六二卷。俱載唐藝文
志。至今從祀文廟。

薛聰慶尙道慶州府人。仕新羅爲學士。以方言解五經口義。啓迪後
學。俾知義理之蘊。至今從祀文廟。

崔冲黃海道海州府人。仕高麗。官至儀同三司。文章節義超出一
世。爲士林領袖。卒後州人立祠祀之。因置書院。以爲士子藏修之所。

禹倬清洪道丹陽郡人。仕高麗。官至成均館祭酒。其君嘗有失德。
倬持藁斧上疏直斥之。人以比唐介云。後退居慶尙道禮安縣。再徵不
起。通經史。尤深於易。程傳始至。無能知者。倬閉門參究乃解。理
學始行。

安裕慶尙道順興府人。仕高麗。累官至中贊。憂學校日衰。建議置
贍學錢。又納其臧獲。爲學校奴婢。吳文章清勁可法。晚年嘗掛晦菴
眞。以致景慕。逐號晦軒。至今從祀文廟。後人又置書院。

鄭夢周慶尙道迎日縣人。仕高麗。官至門下侍中。好學不倦。精研
性理之學。深有所得。爲東方理學之祖。朱子集註之外。演說奧旨。
聞之者頗疑。及得雲峯胡氏四書通。無不脗合。忠義大節。亦當時第
一。至今從祀文廟。後人又置書院。

李穡清洪道韓山郡人。仕高麗。入元朝擢制科第二甲。東還。累官
至門下侍中。以興起斯文爲己任。學者皆仰慕焉。稱爲牧隱先生。

吉再慶尙道善山府人。高麗末爲注書。志操高潔。學問醇正。鄕人
化之。雖庸婦亦以貞烈自守。國初屢召不赴。卒於家。

尹祥慶尙道醴泉郡吏。登第事康靖王。官至左參贊。學問精深。誨
人不倦。近代師儒之最。

金宗直慶尙道善山府人。事康靖王。官至刑曹判書。學問精深。
文章高古。爲一世儒宗。誨人不倦。前後名士多出其門。稱爲佔畢
齋先生。

金宏弼黃海道瑞興府人。窮經三十年。深知義理之蘊。以道學自
任。學者稱爲寒暄堂先生。弘治中擧遺逸。官至刑曹佐郎。正德間恭
僖王加贈議政府右議政。仍命有司。於講道之所立祠祀之。

鄭汝昌慶尙道咸陽郡人。官至縣監。信古好義。學務踐履。與金宏
弼同師佔畢齋先生。志同道合。時人稱爲金鄭。自號一蠹。卒贈左議
政。郡人立書院祀之。

趙光祖漢城府人。事恭僖王。官至司憲府大司憲。天資甚異。絕出
等夷。師事金宏弼。篤信力學。志在明道術淑人心。以率一世。不幸
早卒。

金安國慶尙道義城縣人。號慕齋先生。事恭僖王官至左贊成。研窮
性理之學。爲儒者師範。榮靖王之爲世子也。以少師導迪有功。配享
廟庭。

李彦迪慶尙道慶州府人。性沈靜端愨。孝友忠信。篤好性理之學。
深有造詣。事恭僖王榮靖王今王。其格君陳謨之實。不愧所學。其論
無極太極書四五篇。殆有得於程朱微旨云。

徐敬德京畿道開城府人。隱居花潭。講明性理之學而數學尤精。嘉
靖末。恭僖王屢召不至。終於家。今王朝贈戶曹佐郎。

本國八道。某道民習某業。或士多或農多。某項工藝多。某項商賈
多。出何貨物米布多。近日百姓有何艱苦。或婦女何工作。風化何
如。某處與某處不同。一一詳記。

本國地方凡八道。王京所隸稱京畿。其西曰黃海曰平安。其東曰江
原。其北曰咸鏡。其南曰清洪曰全羅。其東南曰慶尚。畿內士多農
少。清洪，慶尚，全羅土壤饒沃。人民繁庶。士農相半。務本力學。所
在皆然。江原咸鏡土壤磽确。士農俱少。居民專靠魚鹽之利。黃海平
安土壤或膏或瘠。士居農民什分之二。地方一帶瀕於西海。故以魚鹽
爲資。至如工作什器，　商通貨財。八道皆同。而畿內則倍蓰矣。凡爲
士者。不業文學則必事武藝。爲農爲工爲商者。亦無不控弦馳射者。
緣弊邦南鄰島夷。北接山戎。本爲禦敵而然耳。凡市鋪集場行貨。不
用金銀銅鐵。只以麻綿布匹米穀等物。隨其精粗貴賤。上下其直而買
賣相資。凡婦人無貴賤皆以蠶織爲工。而賤者亦有服事農畝井臼者
矣。弊邦軍民近緣倭寇充斥。海賊出沒。東西操備。不遑稼穡。此則
百姓之艱苦也。風化則國學之外。又設鄉校家塾。因置師長。敎以六
藝。此雖小邦世修之政。實是皇朝風化之所及。大略如斯而已。

本國如何取士。凡官員出身有幾途。

本國取士。例於子午卯酉歲。依大比賓興之舉。設文武科各分三

等。文取三十三人。武取二十八人。稱爲出身。又試選儒生。號爲生
員者一百人。進士者一百人。以充國學。廩養焉。如有朝廷恩例則特
設科擧。試取文武士。稱爲別試出身。至如門蔭子弟及屢擧不中者。
才堪吏治則隨才敍用。上自公卿下至州縣。官員無非由此而仕進。

<table>
<tr><td>저　자</td><td>월정(月汀)　윤근수(尹根壽)</td></tr>
<tr><td>제　목</td><td>「附錄」</td></tr>
<tr><td>출　전</td><td>『月汀先生別集』, 卷一「附錄」, 一面, 韓國文集叢刊 47
(民族文化推進會 1990. 3.), 332면.</td></tr>
</table>

退溪先生答柳而見書。今以辱示觀之。京師四方之極。聲名所萃。
士習學術汚舛如彼。不知是天然耶。抑人實爲之。以今云云。揆前日
尹子固問答及魏時亮諸說。陸禪懷襄於天下乃如是。令人浩歎不已。
　柳眉巖日錄戊辰五月二十日。采語錄之釋于尹陸64)問答。錄于川海
錄。陸卽中朝名儒陸光祖也。余常患郎當尢巴鼻。於語難曉。今得觀
此。深喜深喜。

---

64) 陸: 日錄誤作蔡

저 자	기원(杞園) 어유봉(魚有鳳) [1672년(현종 13)~1744년(영조 20)]
제 목	「跋」
출 전	『月汀先生別集』, 卷一「跋」, 一~三面, 韓國文集叢刊 47 (民族文化推進會 1990. 3.), 332~3면.

右月汀先生尹公朝京時。與國子學正陸公光祖論辨朱陸異同說也。蓋皇朝學術。自王陽明, 陳白沙以來。專主陸氏。恣爲荒唐詖僻之說。一世學士大夫靡然從之。而幾有以易天下矣。若我盛朝則名儒蔚然代作。其所講明倡率。一以我考亭夫子爲宗。則吾道正脈。實在於斯。然當時諸老先生雖隱憂深慨於邪說之橫流。中夏之陸沈。而顧辭闕之無路矣。唯公乃以藐然偏邦下价。敢與天朝大人。抗爭痛辨。奮然欲廻狂瀾而返眞源。其志不亦偉矣哉。今讀其說。蓋以聖人本天。釋氏本心二語。下得頂門一針。而剖柝乎人道危微之際。以斥本心良知似是而非者。反復累千百言。明白深切。有足破其窩藏。雖以陸公壁壘之深堅。機鋒之不可當。而殆將退三舍矣。然彼其尊尚異學。峻極于天。至目其人爲大明聖人。則以公孤軍瑣力。亦何能坐收摧陷廓淸之功哉。惟其辭直氣壯。不懾不挫。則亦足暴於天下矣。蓋公雖以文章名世。而早從事性理之學。於濂洛關閩之說。靡不精硏。亦嘗奉使嶺南。謁李文純先生于溪上。論朱陸同異。得其印證。又與栗牛兩先生講磨道義。則淵源所漸。遠矣。故其切於衛道。嚴於距邪如此。是豈掇拾緖餘。徒爭口舌者比哉。然是說不載公集中。故世罕有知者。嘗讀退溪答柳而見書曰。揆前日尹子固問答則陸禪懷襄於天下如是。令人浩歎。始知此說固已見賞於先覺。而至今數百年。迄未有表章而誦說者。是可慨也。乃者公之雲孫得觀甫以其家藏一冊子示余。而懼其

湮沒無傳。要有所發揮。顧此末學淺陋。何足輕重於其間。竊不勝三
復欽歎。書其所得於管窺者如此。若其卷末問答諸說。雜論古今禮
節。旁及零碎文義。而尤詳於方俗人物事例。雖非大義所關。而亦可
以盡公博雅之識云。崇禎再己未建丑旣望。咸從魚有鳳謹書。

7) 목재(木齋) 홍여하(洪汝河)
[1620년(광해군 12)~1674년(현종 15)]

저 자	목재(木齋) 홍여하(洪汝河)
제 목	「題陽明集後」
출 전	『木齋先生文集』, 卷一「詩」, 十八面, 韓國文集叢刊 124 (民族文化推進會 1994. 12.), 339면.

文王周公演義畫。宣聖何緣著工夫。若道晦庵添註脚。十翼可有亦可無。
學問工程有階梯。莫須辛苦說良知。倘敎上乘人人曉。一貫先將語樊遲。

저 자	목재(木齋) 홍여하(洪汝河)
제 목	「題陽明集朱子晚年定論後」
출 전	『木齋先生文集』, 卷六「跋」, 二六~八面, 韓國文集叢刊 124 (民族文化推進會 1994. 12.), 441~2면.

陽明悟解禪旨之後。陽尊晦翁而陰斥之。立言措意。詭巧奇譎。無

所不用其極。然自知不容於天下萬世之公議。則乃取晦翁之說專於尊
德性者。別爲彙類。以爲晚年定論。若以己之學。早有得於孔門正
宗。而晦翁則晚始悔悟。而與己合焉者。則其爲術欲巧而反疏矣。晦
翁教人。隨方立教。互有抑揚。陽明之所彙聚者。卽晦翁平日之所嘗
言者耳。豈可謂晚年之定論乎。若陽明之得力處。昭昭靈靈底境界。
則又晦翁二十歲時。飽經歷者耳。陽明之從事於此。乃在居夷之後。
比之晦翁則已晚矣。反見謂晦翁晚。而矜己之早。豈不誤哉。孔門之
教。雖在顏淵上知之資。必先之以博學。至於曾子。亦必待其隨事精
察。而後告以一貫之旨。則其以下可知矣。故諸弟子之學。有三月不
違者。有日月至焉者。工程階梯。自有一定之序。何嘗不問其高下生
熟。立談之間。便責以上聖地步者哉。晦翁之教。必使學者。下學而
上達。姑先從事於道問學上精思力踐。則乃所以眞尊德性也。及其箋
釋中庸之旨。則乃曰。非存心。無以致知。而存心者。又不可以不致
知也。夫無以云者。急之之辭也。不可以不云者。緩之之辭也。其於
本末輕重。灼然甚明。宜萬世學者之遵守。而不可以錙銖差者也。可
謂深契於孔門心法。若合符節者矣。及見門弟子有繳繞於文義。未達
向上之旨。則痛抑而深警之。至有自誑誑人之說。是所謂謙己誨人之
實耳。陽明喜得其間。而以此暴之於天下。乃以晦翁。眞若誑人者。
然不足以病晦翁。而適所以自病也。則其爲術。不亦欲巧而反疏矣
乎。夫子之言曰。躬行君子。則吾未之有得。信斯言也。孔子非躬行
之君子耶。晦翁之言。亦若是而已。然則晦翁自誑之說。實無是心。
而故爲是以警學者云爾耶。曰非也。正所謂因其近似而以自名。非心
實自聖而故爲是退託者。所以稱於夫子者。乃晦翁之自道也。

8) 남계(南溪) 박세채(朴世采)
[1631년(인조9)~1695년(숙종21)]

저 자	남계(南溪) 박세채(朴世采)
제 목	「答鄭士仰(齊斗)」 (六月 二十五日)
출 전	『南溪先生朴文純公文正集』, 卷二三 「書(問答論事)」, 五~六面, 韓國文集叢刊 138 (民族文化推進會 1994. 12.), 434면.

歸來兩旬。粗安私分。而中間被聖批優異。倍切惶感。第以撕捱之餘。不能遽有辭謝。悶縮如何。前日陳章本末。以明當去之義者。蓋亦不得已也。若以孟子官守言責之說。與夫伊川先生諸表極論出處之意觀之。似無所妨矣。昨閱孟子淳于髡問答。欲以微罪行處集註。以不欲顯君上之失爲言。無乃未遑詳察於此義耶。幸嘿量而回示之。三峯集完呈。幸界季氏送于玉堂也。

저 자	남계(南溪) 박세채(朴世采)
제 목	「與鄭士仰」 (九月 二十九日)
출 전	『南溪先生朴文純公文正集』, 卷二三 「書(問答論事)」, 十八面, 韓國文集叢刊 138 (民族文化推進會 1994. 12.), 440면.

今日鄙人之行。只是來伏城外。承候侍藥輕重。以伸分義之萬一耳。朝議譁然。必以出肅仍參起居之班。爲至當道理。與生所執前有

追還職名之請。後有倒置枉直之譏。不可乘時冒出者。其意不同。未
知於明見以爲如何。幸詳示之。

저　자	남계(南溪) 박세채(朴世采)
제　목	「答鄭士仰」(丁未年)
출　전	『南溪先生朴文純公文正集』, 卷三二「書」, 十五〜六面, 韓國文集叢刊 139 (民族文化推進會 1994. 12.), 129면.

所喩遞遷之禮。實以區區事契之重。不敢直用淺見爲斷。歸來遍考
諸說。別無可以副左右之意者。蓋幼子主祭之文。已如前日奉告。所
謂朱先生答李繼善者。而其答胡伯量曰旣立主祭者。卽祠版亦當改
題。高祖祧去。雖覺人情不安。然別未有以處也。將來小孫奉祠。其
勢亦當如此。可更考之。合二說而觀之。則今日所處非所甚疑。而又
不患於無先儒之定論矣。第聞主祀者未及冠娶。而遽以承適之故。并
祧累世神主。爲尤不安云。然則退溪答奇明彦， 禹景善兩書所謂方講
求古禮。欲遷奉而時未行。及奉安別室。似爲處變之宜者。或可旁
考。猶爲勝於以新主作祔位。全無所稽之說。此亦前日所謂容有可行
者也。然通計別室一家所祭正統恰成七代。雖曰姑待數年。而恐非士
大夫家所宜。惟在參酌處之如何也。

저 자	남계(南溪) 박세채(朴世采)
제 목	「答鄭士仰」(丁巳年 七月 十二日)
출 전	『南溪先生朴文純公文正集』, 卷三二 「書」, 十六面, 韓國文集叢刊 139 (民族文化推進會 1994. 12.), 129면.

所喩云云。誠亦不得已者。第揆以士仰平日莊修之實。愚切不知其
所對也。及讀呂子約所復朱先生語。有曰在朝行聞時事如在水火中。
不可一朝居。使處鄕閭。理亂不知。又何以多言爲。然後始知賢者之
意亦若是焉耳。抑無乃賺取太府丞三字高銜。方稱其快否耶。幸有以
敎之。今日世道固不可爲區區所憂。獨在於吾黨士友名爲讀書而識慮
不遠。無以推見諸行事。不審左右其亦念及於此也。

저 자	남계(南溪) 박세채(朴世采)
제 목	「答鄭士仰」(乙丑年 七月 二十日)
출 전	『南溪先生朴文純公文正集』, 卷三二 「書」, 十六～七面, 韓國文集叢刊 139 (民族文化推進會 1994. 12.), 129～30면.

鄙菆水粗保。第以衰疾侵凌。書冊工夫亦覺抛廢。如是而其免小人
之歸耶。今日名爲儒學者。誠亦未滿世俗之心。然旣經偏黨禍錮之
會。又値師友携貳之厄。殆無餘地可以收拾。如鄙僨敗之蹤。固不足
道矣。若無士仰諸友必能扶持而樹立之。則將置斯文於何所乎。蓋學
問之病。自非大段乖戾流於異端者。其害猶淺。久而後乃崇議論之

病。發於其心。見乎當時。苟非洞見彼此是非。更加參互稱停。以得
其至當者。去就之際。名目遂分。倘或因以助一世之浮議。則其害尤
豈可勝言哉。非不知士仰杜門養疾之外。了無一事也。然身已在城。
家有名宦之士。聞見往還。必有少異於前日者。切乞從此留念愼閟。
庶無日後之病敗。千萬非小望也。未涯相見。略用奉告。此懷良苦。
臨楮增恨。禮詢答在別幅。唯乞垂察。

저 자	남계(南溪) 박세채(朴世采)
제 목	「答鄭士仰」 (丙寅年 十二月 二十七日)
출 전	『南溪先生朴文純公文正集』, 卷三二「書」, 十七〜八面, 韓國文集叢刊 139 (民族文化推進會 1994. 12.), 130면.

歲盡矣。風雪轉盛。未委茲辰侍學調攝並如何。采今年嬰疾甚重。
九朔沈綿。幾死堇蘇。生平親舊罕有相問者。而獨左右再賜勤訊。感
認至意。無以爲謝。第於病中不無私心耿耿。敢略及焉。自鄙蒙幸行
垂二紀。雖是晤對常疏而書信不絶。宜若可以經傳理趣相討論者。竟
亦不遂。嘗記秋曹時。明者指太極解卷面而曰。此一篇都可疑。厥後
解后南坡則乃謂經朱子手者義理無不可曉。又間出入疑信於陽明之
學。如是者且十許稔矣。阻閡黯暗。滾到死域。勢將終不能一聞進學
之餘論者。恐非古人講習之意也。惟心理諸圖承受已久。間被推還。
不敢奉納。初頗艱滯。亦覰其有小開益爾。今詳其義。條貫非不甚晢
而或涉煩蕪。據證非不甚確而或多創新。大體固皆可以有補問學。而
隨處疑晦。似難徧以奉質。抑恐案上無他別本。雖欲刪約歸正而有未

能者。故敢用壁完。亦冀再修之後。得以反復耳。采拙陋之學。重値衰境。每欲略貢愚見。仰備裁敎。適緣病思昏昏。不皇紬繹整煩。以售宿計。想高明必以有諸己而非諸人相訝。臨書增媿而已。

저　자	남계(南溪) 박세채(朴世采)
제　목	「與鄭士仰」(丁卯年 五月 十二日)
출　전	『南溪先生朴文純公文正集』, 卷三二「書」, 十八〜二一面, 韓國文集叢刊 139 (民族文化推進會 1994. 12.), 130〜2면.

比來暑陰。侍學幷福。采切馳慰。茲有一事。不得不仰恩於高明。幸垂深察焉。今日士友中氣品之端良。學業之精專。殆無以踰於士仰者。雖此衰暮怠廢。不克以時奉質所疑而心常自恃。以爲必俾吾道有所歸宿也。不意中間被王陽明所挈。展轉深痼。盆切痛惜。第謂左右爲學不泛。務求本源簡易之法。而偶爾蹉跌於此計。當早晚覰破其淫邪之大致。以返正學也。豈意前日奉誨。乃曰聖學晦菴所論爲一件。陽明所論爲一件。兩家俱通。而晦菴二陽明一。恐此爲勝。且其所言皆主倫常經訓。無一禪佛之味。愚竊聞之。不勝愕然失望。蓋自庚辛以後始知雅意所存如此。豈不欲聲言卞斥。以循古賢之遺矩。而每謂士仰必能善反。非可遽加以不韙之名。遲回泯默者已八年所矣。今則勢不獲已輒忘愚賤。略述先賢之訓。以相啓告。謹以俟賢者之裁處。爲正學爲異端在此一擧。不審左右何以處之也。夫朱陸之卞久矣。其立言制行。兩家文蹟。具在公私邪正之卞。非可相誣。千載在下。孰不明知獨陽明後出。乃敢嗣述而張大之。至以象山爲得明道之傳。而

比朱子於洪水猛獸之禍。狂肆無忌憚。可謂極矣。原其所學。以致良知親民合知行三者爲主。親民合知行之說。退溪先生於傳習錄卞論之頗詳。致良知則朱子嘗論象山曰陸子靜說良知良能四端。不可謂不是。但人便能如此。不假修爲存養。此却不得。譬如旅寓之人。自家不能送他回鄉。但與說云你自有田有屋。大段快樂。何不便回去。那人旣無資送。如何便回去得。又脾胃卑弱。不能飲食之人。却硬要將飯將肉。塞入他口。不問他契得與不喫得。若是一頓便理會得。亦豈不好。然非生知安行者。豈有是理。便是生知安行。也須用學。又曰子靜說良知良能四端根心。只是弄這物事。其他合理會者渠理會不得。却禁人理會。此豈不曉然爲八字打開者歟。蓋象山所言良知良能。雖與陽明致良知之說。必合致知良知二義而一之。以爲其學宗旨者似少異。然其深厭窮格之功。不假存養之實。要歸於一超頓悟之法則無不脗合。決是仙佛家脈絡作用眞實明白。其何得以不爲盡滅人倫經訓有所寬貸耶。然則陽明諸說。退溪，　朱子俱爲之明卞痛斥。拔本塞源。使天下後世不受其毒。而獨士仰深契篤守。欲以彼易我朱子之大敎。苟爲然者。稊稗易秋。鄭聲亂雅。其流之害。適足以自誤而誤人。何貴乎平日讀書而爲學也。當今世衰道喪。人各爲說。乖僻之徒如安命老之類　固不足道。西溪族兄始註莊老。又疑大學論語集註之多誤。蓋嘗自謂得罪名敎。而近年盆加深祕。一向只以科學敎人。豈或自悟而然耶。金生子盆又耽道家之旨。專心精治。人或以爲兼通禪學。近聞其徒頗衆。大抵以淸高遺落爲務。或游名山。或尙古詩。言論擧止。多與常倫不同。新學後生之稍有聰明者擧皆傾心。猶恐不入其中。若此不已。幾何而不爲異端之倡也。況今人未弘道。師友乖裂。世之視學如癘疾然孤危不振甚矣。乃以士仰之賢。又主良知之

學。其弊必益倍蓰。此又何事耶。悼心切骨不知所裁。惟乞左右悚然
感動。痛自悔責。究極彼此本末。一反正學。毋使陽明淫邪之說更熾
於海邦。不至如向來中朝之禍。率天下以歸夷狄則其幸大矣。千萬深
念而亟圖之。

　左右所喜尤在一心理之說。然此與合知行大同小異。已經退陶卞
斥。故茲不別舉耳。

저　자	남계(南溪)　박세채(朴世采)
제　목	「答鄭士仰」(戊辰年　五月　十五日)
출　전	『南溪先生朴文純公文正集』, 卷三二「書」, 二一面, 韓國文集叢刊 139 (民族文化推進會 1994. 12.), 132면.

　春初惠書。殊荷勤念。去冬聞與閔友彦暉會講王學是非。卒之左右
以爲當詳讀近思錄。以求其衷。想今潛誦已久。必有所去就矣。倘可
得聞一二否。記曾見柳西厓雜說。自謂平日甚愛陸象山書。抄錄隨
身。及後偶閱佛書。始知機軸運用盡在其中。遂棄之不學。此言殊
有味。抑未知士仰亦嘗披覽於其書耶。又因兒子聞左右抄陽明學緊
要語爲一冊。幸乞投示。蓋彼此義理固無掩遮相外之道。亦知鄙見
不足以仰備垂採。竊欲知其所取於王學者果在何處。而或得因緣少
獻其疑耳。

저　자	남계(南溪) 박세채(朴世采)
제　목	「答鄭士仰」 (庚午年 六月 二日)
출　전	『南溪先生朴文純公文正集』, 卷三二「書」, 二二～三面, 韓國文集叢刊 139 (民族文化推進會 1994. 12.), 132～3면.

前者奉問。非惟得便甚難。謂宜端陽可以面討多少也。竟以疾故停廢。盒用悵然。昨因貴星至獲承泲書。憑諦霖熱静履珍勝。何慰如之。生親旁姑保。惟是今年恰成六十歲人物。加以精力頓憊。殊非久視底氣象。是成無聞而死矣。媿懼如何。書中承有素欲呈稟者。因鄙行止未定姑止云。使人一喜一慮。不省所言如果於比歲讀書餘暇。深覺舊染之非。破綻無疑。回頭轉胸。求以更講吾家事業。則采雖愚昧。敢不樂聞。而苟或依前膠漆。未分認賊爲子。不免於守殘妬眞之計。則非但鄙見不高。無以折衷諸說。亦不欲於衰疾危綴中。枉作許多閒言語。以致無益而有害也。幸量而處之。每謂左右端明溫粹。一無世俗夾雜浮誕之習。以爲旣已發軔正路矣。是當日將月就。直造聖賢之門庭。殆無所難。而不意於何討得一王陽明。無事生事。反復迷惑。盡棄程朱正脈。而信之已過十年。鄙誠獨滯窮寐憂歎。雖欲救正而其路靡由。但冀早晚開悟。庶幾脫洪流而返眞源者。未知今將何如耳。省壟之行。退在初秋。刮目相對。偕之大道。唯是之俟也。往歲因崔汝和得見所謂理學正宗者。蓋錄王門高弟。厥數頗多。然其中間不無頗覺其誤者。誠以此理終如大路。坦然明白。雖或一時墜坑落塹。而要當有以自解故也。所諭近事。似因鄙爲尤丈素帶而發。亦有誤聞而輕信者。以致如此。然連見尼書。終必不至如人言。恐無可憂耳。

저 자	남계(南溪) 박세채(朴世采)
제 목	「與鄭士仰」
출 전	『南溪先生朴文純公文正集』, 卷三二「書」, 二三面, 韓國文集叢刊 139 (民族文化推進會 1994. 12.), 133면.

夏間謝書。想關照久矣。秋淸氣爽。緬惟進學益勝。區區增想。鄙省壟之行。又退今月。欲於秋夕前往返。蓋家廟正祭在念前也。昨因殷子有事海山。盡取奴馬以去。身亦癗痛再作。竟成差池。惝恨難堪。不徒於僉賢有食言之歎耳。前書率爾奉聞。蓋鄙於左右實有金注之惑。愛之深而憂之切。誠欲於所守王學。拔本塞源。反之正路。而其勢甚阻。不覺言語之衝發。或失左右之意。有不可抑也。頃見彦暉傳高意。今則不比如前云。第未知其能脫然無疑於彼之詖邪耶。曾所欲示者。亦未知果是何書。訖用傾菀。鄙旣不得以時往會。左右又不可西來。東西相望。已過一歲。想亦非久作覲行。目今天災時艱。渺無涯畔。安敢望其再承仰誨。討盡胸裡疑悔也。思之增悵。大叔今在何許。恨未各布。相見時爲及之。

저 자	남계(南溪) 박세채(朴世采)
제 목	「答鄭士仰」(辛未年)
출 전	『南溪先生朴文純公文正集』, 卷三二 「書」, 二四～五面, 韓國文集叢刊 139 (民族文化推進會 1994. 12.), 133～4면.

秋兩復作。未委雅履何似。頃奉西歸後一書。泛用披慰。顧以陽明抄錄爲言。因念此事於左右所關不細。正是吾學薰蕕氷炭之辨。雖爲知舊者。莫如早自忠告而善喻之否。則又不得不處以道不同。不相爲謀之科也。所宜趁相報示。而久困病憂。未遑究心。及到前月間。始克略有考據論述。今以辨說一篇仰呈。不識士仰以爲何如也。蓋高錄二書中抄錄則實周程近思錄之類。非爲王學者不宜枉費。研窮書抄則雖可見其議論大致。而亦難通貫。遂就傳習本文。直討頭腦。意思出來。似皆可得而言者。略如卞說矣。蓋其學以大學窮理之功及朱門以後訓詁記誦之習。深爲斯道之害。而欲以古本大學致良知救之。然觀其所自爲者。不過得之於一箇心體光景依俙髣髴之間。而所以敎人者又皆空言無實。隨人變幻。正類禪家話頭。徒以惑世而誣民矣。又嘗考其行迹。絶無從上聖賢精一克復操存體驗脩德凝道底氣象。雖其發之於文章功業者。亦只是逞氣逞才。傾倒一世之耳目而已。以此易彼。未知其或是。今若論定而曰異學通才則可。而曰醇儒莊士則不可。而況躋之於大賢之域耶。然而其徒稱頌。直配元公。蓋以陽明致良知之說。能變朱門後學之習。如周子太極圖通書。始變秦漢以來俗學之非云爾。誠不滿一哂。但念士仰尊慕其學。爲之纂集成書。一朝見此。得無大加駭然耶。然爲儒爲禪之決。宣在今日。千萬勉之。農隙擬作壟行久矣。適被暑症彌留。今始獲遂。多少唯在奉討。

<table>
<tr><td>저 자</td><td>남계(南溪) 박세채(朴世采)</td></tr>
<tr><td>제 목</td><td>「與鄭士仰」</td></tr>
<tr><td>출 전</td><td>『南溪先生朴文純公文正集』, 卷三二 「書」, 二五～六面,
韓國文集叢刊 139 (民族文化推進會 1994. 12.), 134면.</td></tr>
</table>

今行謂得相討。竭盡底蘊而去矣。竟不能成。此亦天也。賢須自量。勇撤前套。還共此學。則幸於此月內訪我於廣灘。留講數日。庶成平生同志之義也。不然則此後無事源源。只得講世契通慶弔而已。情雖甚戚。義無可爲。蓋朱先生嘗愛楊敬仲之爲人。以其自異之故。終不得與之相長。其義然也。往年鄙亦頗以程子一草一木之語。爲涉太煩。其於上添窮字下添理字之疑。幾如陽明之見矣。近因李君輔兄弟屢質格物訓義。更加研究於諸家。晝思夜度。莫如程朱之說順而且備。故今盡去舊見。無一點疑悔矣。又聞左右以爲禮記諸篇皆完。何獨大學有缺。然吾觀此書之成。出於漢儒掇拾。如曲禮, 內則, 雜記等篇。其失倫次者多矣。特先儒每歸重於大學。故如是再三改正。而不暇旁及於彼耳。烏得以此爲異哉。自庚申相約於楊山。已過十年。天道亦變矣。崇禮敦義之諭。又已甚矣。願士仰一奮大勇。出幽遷喬。回頭轉腦。以爲吾道之光。若失今日則悔之無及。蓋吾家於異學。無幷容交修之理也。

저 자	남계(南溪) 박세채(朴世采)
제 목	「答鄭士仰問 (學)」(庚申年十一月二十八日)
출 전	『南溪先生朴文純公文正集』, 卷四十二 「答問 (講學論禮)」, 十四〜八面 ; 韓國文集叢刊 139 (民族文化推進會 1994. 12.), 348〜50면.

孟子謂授受不親禮也。嫂溺援之以手權也。又有禮食則飢而死。親迎則不得妻。奚趐食色重之說。朱子斷之曰義理與事物。其輕重固有大分。然於其中又各自有輕重之別。聖賢於此斟酌。固不肯枉尺而直尋。 (從利而廢義者) 亦未嘗膠柱而調瑟。 (執一而無權者) 斷之一視理之當然而已。槩以此爲處事之權衡。此實義理至要處也。如牛溪從和一議亦出於此。以爲天下道理。只有不肯枉尺上一句而已。則又安用更說未嘗膠柱下一句耶。古今人國此訟甚多。日者承誨。亦嘗以近日事義理發問。妄意在國存亡爲重。敢以權輕重仰解。然竊謂必明於此義。然後事理可辨也。如陳代所問不見諸侯。係聖賢行道濟時。固可謂之理之重者。不可謂之從利廢義也。其義與得食得妻無異也。如國之存亡。亦可謂之理之重者。不可謂之從利廢義也。其義與得食得妻亦無異也。然則於此也。必主常道。不復行權。則不謂之膠柱可乎。然又歸重存亡。不愼經常者。則又必疑其爲枉尺。如何哉。 (孟子)

從古聖賢所以立言垂敎者。只有義理一道而已。獨孟子於屋廬子之問。乃以禮與食色並擧而互言之。意益分明。但其所以處乎食色者。又莫非主於義理。則是亦一途焉耳。所喻出處存亡二義之不同。恐只是當事與未當事之辨。孔子曰危邦不入。亂邦不居。朱子釋之曰君子見危授命則仕危邦者無可去之義。在外則不入可也。亂邦未危而政刑紀綱紊矣。故潔其身而去之。旣曰無可去之義則其於存國活君之際。苟可以得行權宜者。實無所不用其極。雖以存亡斑之食色之類。而其所關係反有過於禮之輕者。安可以枉尺直尋目之耶。旣曰潔其身而去之則其於去就出處之分。自有不可苟焉者。雖其行道濟時。固亦所謂得妻得食之類。而是則在我之禮不啻不輕。其非膠柱而鼓瑟從可知矣。總之一則周旋危亂之邦。跡近乎徇祿。而其心在於存國活君。其道合於權宜。一則脫屣君臣之間。事近乎亂倫。而其心謹於去就出處。其道合於禮義。則所謂食色與禮。乃所以各適其當事。未當之衷者。又何彼此輕重之可言耶。惟其不然而一切反是。所謂主存亡者終必歸於富貴權利。而所謂主出處者亦將陷於愛身自私。皆有以得罪天理而無所逃矣。如何。

孟子言性善以仁義禮智。其情可以爲善言之。所謂善是就人之性言。如玉雪犬牛之性不得與也。是就本原上言。氣稟不得與也。中庸天命之謂性。程朱謂通人物所得之理而言。猶乾道變化各正性命之謂也。則牛耕馬馳無非是也。中庸所謂性。果與孟子性善之性。若是不同耶。若曰理無不善。物之理亦善。則仁義禮智之善亦可通之物。而事事物物之理。亦皆曰性善可乎。此義理大節。願聞明辨。

中庸論性。就造化上言。故通乎萬物。孟子論性。就吾人上言。故必稱堯舜。然人物之異性。不在於天命之一原。而在乎氣稟之不同。苟或通其一路。則虎狼之於仁。蜂蟻之於義。猶夫吾人者可見也。但所得氣稟各有偏塞。正如孟子所論犬牛之性。則所得之理亦隨而異。若乃以此謂之不能如人性之粹然則可。遂謂其所得天命之性亦皆不善則不可。且如眞氏之論至以博噬踶躅之類皆歸之於氣稟。則萬物之理同稱爲善。尤無疑矣。

私親典禮。時嘗聞以以小宗合大宗之嫌爲證。然喪服父卒然後爲祖

后者服斬。註疏謂君父祖廢疾。受國於曾祖。爲其父祖持斬。此說明
是以私統合尊統。未知此說曾有所辨破者否。 (典禮)

　喪服所謂今君受國於曾祖。蓋指國君有世子世孫廢疾或早卒。而其
子傳統於曾祖者也。若以范鎭所論悼考事較之。果似無異矣。然此喪
服之說。雖未及爲君。猶是其國之世子世孫。又其子得立則非可謂之
小宗也。至於戾太子父子當時武帝雖築思子之臺。終未復其位號。又
其國統傳於昭帝。至昭帝崩而宣帝入承大統。蓋昭帝以天子而稱祖太
宗也。悼考以皇孫而稱考小宗也。故曰以小宗而合大宗。其與儀禮似
同而實異矣。當時朴潛冶全以喪服此文爲稱考之的證。則沙溪力辨其
非是云。

저　자	남계(南溪) 박세채(朴世采)
제　목	「答鄭士仰問 (喪禮)」(乙丑年七月二十日)
출　전	『南溪先生朴文純公文正集』, 卷四二 「答問 (講學論禮)」, 十八〜二 一面, 韓國文集叢刊 139 (民族文化推進會 1994. 12.), 350〜2면.

　從姪之喪。其後事未定。其喪祭之節。齊斗等爲之權行。至於題
主。婦人主祀雖非正禮。旣未立後則無他道理。將以顯辟題主如何。
　大功主人之喪。疏曰妻不可爲主。而子猶幼少。未能爲主。問解亦
曰婦人無奉祀之義。又曰若不得已。或依此題主耶。 (問解兩條皆作疑
辭) 蓋以曾子問及朱子答李繼善者揆之。子則雖以姑幼不可爲主。而
必當卽以其名題主甚明。此所謂大功主人之喪之義也。若只有妻則恐
當用諸親題主攝行。以待立後而不用妻。 (如奔喪父在父爲主以下及家

禮班祔條及喪禮備要題主祝。必先主叔姪兄弟而後別錄皇辟之意。皆可考也。蓋所謂父爲主以下。周以待賓客爲言。與主饋奠者不同。然若無其子則義當通用。雖妻亦然。但謂不可先於男主耳。此與服三年者。其義自異耳。） 其以曲禮祭夫曰皇辟之言。而至於易乾坤之大位。題主奉祀。豈不重難乎。然則曲禮之文。無乃在家諸親皆無。如周元陽所謂祭無男主。故不得已而爲此者耶。然今世俗必不安於諸親攝行而安於妻稱皇辟。恐難抑而行之。此特言鄙人平日之見。量處是仰。

題主雖從其妻。至於虞祔等祭。須依小記諸說主喪者爲之。果爲無疑耶。

雖以皇辟題主者。虞祔諸祭。依小記行之恐當。

小記言大功主人之喪爲之再祭。朋友虞祔而已云。則雖朋友亦爲之祔祭也。然而祔者。是宗子之事。廟中宗事。與喪事有間。元無主人。行之不便。今主喪者於亡者。旣非主祭。於祖廟又屬旁親。則祔祭祝詞文字俱非其宜。未知無主而行祔禮者。其禮如何。且適于某親之祝。見稱於旁屬。得無未穩耶。並乞裁敎。

祔。重祭也。童子賤妾所不得廢。且以朋友而猶爲之祭。況於諸親乎。蓋其爲亡友而行人廟中事者。以有幼子爲之主故也。朱子答李繼善曰兒名攝主告。今雖諸親爲之主喪。所主者乃不過拜跪之節耳。其祝辭則當用皇辟云云。旁親之嫌。恐非所論也。雖或攝行。若先告攝行之意。則餘倣家禮隨宗子所稱之說。斟酌以處之無妨。曾見魯西丈每論人家祔祭。必以使介子某之例。擇其子孫代行宗子之禮。如此然後無不祔之家矣。

家禮卒哭章祝曰。來日隮祔于祖考某官府君。繼之曰此云祖考。謂亡者之祖考也。是蓋本於禮經之文也。祔祭章祝。告祖祝云隮祔孫某

官。其曰孫者。是從祖考稱亡者也。非從主人所稱也。右兩節所稱旣
如是矣。獨於告亡者祝云哀薦祔事于先考適于某考某官府君。其曰某
考。蓋從主人所稱之意也。故備要直作適于顯曾祖考。其不從亡者而
從主人稱曾祖者。大與卒哭章隮祔于祖考之文上文隮祔孫之義相違。
未知何義也。竊念前祝與後祝宜無異同。祔亦當稱祖考者耶。

卒哭章祖考謂亡者之祖考者。誠如來示矣。第於祔祭告舊主祝。已
曰適于某考某官府君。與儀禮所謂適爾皇祖某甫者不同。蓋士虞疏爾
女也。指死者而言。蓋至朱子之世。風氣制度。與三代時不同。難以
直用純古之禮。故改爾皇祖曰某考。於是儀節又從而爲辭曰適于顯曾
祖考云云。此實由於朱子變爾字爲某考而然。非備要之失也。

遷于廳事。是朝後自祖廟遂遷廳事也。非自停柩之處行遷也。備要
乃引丘儀。於其停柩之處略移動之說何也。

堂者中堂也。廳者外廳也。初喪旣殯於中堂。今自廟當遷於外廳。
以示卽遠之義。而人家未必有中外兩所。若是初殯於廳事。則其勢只
得還于舊停之處。略加移動云爾。此乃儀節之意。而備要引之者也。

저　자	남계(南溪) 박세채(朴世采)
제　목	「答鄭士仰再問」
출　전	『南溪先生朴文純公文正集』, 卷四二 「答問 (講學論禮)」, 二一～三面, 韓國文集叢刊 139 (民族文化推進會 1994. 12.), 352～3면.

題主當用諸親爲正之敎。諸親若是宗子則可主無後之喪無疑。今亡
者爲宗子。諸親非宗子也。雖可姑攝祀事。其直主廟中之主。則亦所

不敢。無寧用皇辟之說如何。

示喩敬悉。題主諸親非宗子。又爲遠屬之難安。生亦念之深矣。以此言之。用皇辟之說尤似可用。但有一說。昔年洪參判處厚家之喪。孫死有妻而諸父居喪。興平尉之喪。無婦人而有弟。皆不得立後。及當祥禫改題之節。來問於生。生乃傚退溪答寒岡之意。謂當用諸父及弟代數親屬。改題先代神主。而但闕旁題。(準儀禮稱子不稱孝之義) 且以或姪或兄之主。姑祔祖廟。 (準家禮大祥後吉祭前奉新主之制) 必俟異日立後而始爲改題。並著旁題矣。如此則先相國以上自是士仰之曾祖位。似與彼家無異。雖其下稱顯伯父顯從兄。與彼又似難安者。是亦一條直下以男主攝行祀事之義也。今若書顯皇辟則三年後當改題其先駙馬曰顯舅。猶有可據者。以上諸位則雖欲盡成女主。決然推不去矣。且以直長君旣稱顯辟。則必當遷入正室。必入正室則相國先君勢當遞遷。未立後而先遞遷。又甚不便。以此推之。必先定三年後事。而後可以皇辟題主。如何如何。但有一礙。以從姪題主則準禮練祭之後爲之祥禫。亦無可據之文。鄙意此則當旁照於家禮大祥條下註不須言爲子而祭之義。蓋彼亦服盡而猶主祭故也。鄙見如此。唯在更加細量而審處之。

祔祭魯西所論使子弟代行之禮。是有主而代行之說也。(如答李繼善諸有幼主可攝者曰已無難矣) 今日所禀。乃元無主人之禮也。有幼主。正可行攝。元無幼主。將何以攝。此尤是理窮處也。今下敎曰祝辭則當用皇辟云云。然則此將通虞祔皆當以稱皇辟攝祝耶。然以諸親攝婦人。已非其宜。又況以夫家從叔父而稱使攝之。尤加不便。此與幼主可攝者大不同。其勢難行如何。若果以稱皇辟攝之。則其祝當如何耶。惟退溪答鄭寒岡問。有攝祀事子某敢告之例。此雖爲親子。其無

幼主之變則實爲可據。故將於廟中先祖欲用此例。而惟於祔祭新舊隮
適之辭。俱係旁親。實爲太泛而無當。所以爲難。幸乞更加裁敎。

若曰當稱顯辟則亦無不可攝婦人行事之義。如禮經所謂無女主則男
子拜賓者。足以爲據也。昔者愼齋常言尊行不當用使字。故鄙則嘗答
人問。以爲當用屬字耳。祝辭則亦以孤子本語略爲修用爲善。又若以
攝行言之。恐無廟中祔祭之異。此段最可領悟矣。

改爾皇祖考曰某考之敎聞命矣。然於卒哭章直曰祖考。則未嘗改爾
皇祖之義也。且與隮祔孫之義相應矣。獨於祔祝改之。其或改或不
改。先告與後祝稱號不同。所以爲疑未能釋然也。　(今於此若從爾皇祖
之義如卒哭章祝。則稱祖稱孫。俱係亡者。雖以諸旁親屬告之。無大
泛之嫌而可行耶。)。

祔祭祝。與卒哭果有不同之嫌。然家禮以後至今遵用。如欲反以古
禮參用。又與朱子欲從孤子行祔於練後之說。而不免進行於卒哭後者
異矣。

저　자	남계(南溪) 박세채(朴世采)
제　목	「良知天理說」(七月　二十二日)
출　전	『南溪先生朴文純公文正集』, 卷五五 「雜著 (說)」, 四一～二面, 韓國文集叢刊 140 (民族文化推進會 1994. 12.), 160면.

王陽明曰。吾心之良知。卽所謂天理也。困知記以爲知能乃人心之
妙用。愛敬乃人心之天理也。二說不同。今按伊川論孟子夜氣章曰。
夜氣之所存者。良知也良能也。蓋以良知良能爲仁義之良心也。晦庵

又謂孩提之童。無不知愛其親。及其長也。無不知敬其兄。此良心也。良心便是明德。此一義也。又晦庵云知與意皆出於心。知是知覺處。意是發慮處。又曰知與意皆從心出來。知則主於別識。意則主於營爲。知近性近體。意近情近用。此一義也。二說又不同。如以晦菴心知明德諸訓參之。其訓心曰人之神明。所以具衆理而應萬事者也。其訓知曰心之神明。妙衆理而宰萬物者也。其訓明德曰人之所得乎天而虛靈不昧。以具衆理而應萬事者也。皆言地分體用之大致。而未嘗以天理稱之。獨首二條程朱之說。乃以良知良能爲良心明德。則是亦可以天理言之。第以心知明德三訓及次二條之說揆之。恐天理之目。惟敬愛之類得有其稱。而如大學致知之知。只當還他三訓二條之說而已。何者。知訓既以爲心之神明妙衆理而宰萬物云。則便包知覺之義理。形氣二者。非如愛親敬兄之專出天理。則無事乎整菴之分別其間也。

저　자	남계(南溪) 박세채(朴世采)
제　목	「王陽明學辨」(辛未年　七月　三日)
출　전	『南溪先生朴文純公文正集』, 卷五九「雜著(辨)」, 二九～五十面, 韓國文集叢刊 140 (民族文化推進會 1994. 12.), 217～27면.

古本大學。

今經文下有此爲知本此謂知之至也十字。其下卽繼之以誠意章。其下又繼之以瞻彼淇澳。於戲前王二條。其下又繼之以康誥等三章。止於信下繼之以聽訟章。其下繼之以正心章。此所謂古本大學也。○按

今章句改正古本。本於二程子。但明道於則近道矣下卽繼以康誥。止
於信下繼以古之欲明明德於天下。未之有也下繼以此謂知本等十字及
誠意章。是欲以三綱領八條目。分類相從。雖無經傳之殊。而義亦可
通也。伊川則於未之有也下卽繼以聽訟章及此謂知本等十四字。雖亦
無經傳之分。而其分之之義已著矣。然則章句所以以誠意章退置於正
心章之上者。實原於二程之旨。非朱子所創立者。特以洞見其三綱八
條燦然具備。故不得不以經傳分之。而且以其闕格致之傳。不得不以
二程之意補之而已。但章句以窮至事物之理釋格字。則格致誠正修。
自成知行兩途。爲萬世聖學之規模。此乃異端厭煩趨簡者之大忌。而
陽明之所深惡。故遂乃一以古本大學爲據。蓋以古本無格致之傳訓。
可以隨意立說也。○陽明答羅整菴書曰。大學古本。乃孔門相傳舊本
耳。朱子疑其有所脫誤。而改正補緝之。某則謂其本無脫誤。而悉從
其舊。所謂無所脫誤者。在他則猶或可也。如誠意章之在經文下。傳
首章之在利其利也下者。決知其不然何者。上文旣曰欲正其心者先誠
其意。欲誠其意者先致其知。致知在格物。如以下文例之。則其次當
在正心章之上無疑。然則傳首章之當在經文下。自可推知也。今欲主
張古本。以角立於朱子。而實用鄭氏明其德於天下。却本明德所由先
從誠意始之意。乃曰失在於過信孔子。非故去朱子之分章而削其傳
也。苟爲過信孔子者。何爲不信諸條明白之經文。而獨信一條倒錯之
傳文。遂使一篇之內義理文字。無不散亂乖舛。而格物致知誠意之
旨。又皆重復煩猥不成倫緒乎。然則所謂過信孔子者。必當名爲反古
而實害其道。如此說然後方成其學。而程朱諸賢終亦不得爲深信孔子
者耶。

　大學問。

陽明傳習錄所爲發明格物良知之說。縱橫變幻。疊見層出。使人眩惑。惟所謂大學問者。今見續編之首。而實乃最晚征思田時所爲。稍似完聚。故特擧而論之。其初段以長成之大人。爲與天地萬物爲一體之大人。以新民之新。還作親民之親。　(見退溪文集。下至善同)　以至善爲明德之本體及其所謂良知者。而要皆以一仁字蔽之。其說亦可謂明白通透。足以自主己見矣。但先王之制。必使八歲入小學。十五入大學。則所謂與天地萬物爲一體者。恐不如長成之大人與小子相對者之親切。又況仁者與天地萬物爲一體云者。始見於程子之言。聖人作大學時。恐亦未必有此意也耶。親民之親。還從舊本。而以陽明所釋釋之。亦未爲不可。但明明德之明。新民之新及所謂格致誠正修齊治平者。皆是聖門爲學修己治人之大義。已著於明明德於天下之一言。似與所引諸書有親民之意者不同。而皆不加察。但曰明明德者。立其天地萬物之體。親民者。達其天地萬物之用。未知此果何說也。至於至善。本謂事理當然之極。是蓋兼明明德新民而指其標的極至處而言。雖亦不外於明德新民。而各有所主焉耳。今曰天命之性。粹然至善。其靈昭不昧者。此其至善之發見。是乃明德之本體。而則所謂良知者。然則經文首三句之內。何以先言明德。次言新民。後言至善。不憚其一義而疊說乃至於是耶。況所謂仁者。固擧天下之義理。無所不包。而其於此書。亦當在於不言之中矣。然旣不論本篇所有小學大學之義如向所稱者。而特將篇中初未深論之語。周羅籠罩。以爲一書之大關捩。而自謂其說擴撲不破。豈聖門爲學誠實中正之道。必當如此。而究其始終大致。似是而實非。恐亦不足以誤天下後世也。○其末段大病。在於身心意知物以下兩款。蓋其五者。雖有知行之別。本皆出於明德。故不害其相貫爲說。而至於所謂然欲致其良知。

亦豈影響恍惚而懸空無實之謂以下。則混同錯雜。不成義理。孰謂陽明明白通遠之見。而乃至於此乎。蓋其意不欲以格物爲窮至事物之理。故思必欲於此心之內。求得其所謂物者而格之。遂曰意之所發。必有其事。意所在之事謂之物。格者正也。正其不正以歸於正。然則是其格物也。不唯與致知相配。又必與誠意相連。將使三條而一時俱用其功。然後物可以格。知可以致。意可以誠矣。審如是則經文但曰格物在誠意足矣。而乃曰致知在格物者。又何耶。且其下繼之曰正其不正者。去惡之謂。歸於正者。爲善之謂。則是所謂意者。至此而已誠矣。然則何待於良知之所知。而又何待於意之所發。始無自欺也耶。　(此段。困知記, 學蔀通編下說。各見本書。)　此皆陽明之學。喜合惡離。只欲一反朱子之所爲。是以不求格物於事理之中。而只求於吾心之內。致此一向牽挽向禮之病。不翅彰明較著。由是觀之。孟子所謂不得於言而勿求諸心者。不獨告子一人爲然也。可勝惜哉。大抵格物之義。爲大學最初用功處。而意義艱晦。是故鄭氏以來訓格。司馬氏以扞訓格。率皆未得其衷。而獨二程子用爾雅之義以至訓格。而朱子遂謂之窮至事物之理。其言曰天生蒸民。有物有則。物者形也。則者理也。形者形而下者也。理者形而上者也。　(見江德功書)　然理無形而難知。物有迹而易睹。故必因是物而求之。使是理瞭然心目之間。而無毫髮之差。則應乎事者自無過不及之差耳。　(見垂拱奏劄)　夫然後格物之義昭然可見。如指諸掌矣。陽明雖亦病朱子以用功之要全在一窮字。用力之地全在一理字。若上去一窮字。下去一理字。其可通乎。　(見答顧東橋書)　自以爲得間。而然其義理不惟明白易知如此。苟與彼說之前所云云者較之。其得失是非。判然如水火南北。非可同日而論矣。蓋以章句之指。大義明證。自有本末。以事理言之。知而

後行。乃人心所同然之理。以工夫言之。下學而後上達。又爲聖門不
易之道。以文字言之。主經文而正傳次。詞順而理得。無所深貳。以
訓義言之。易繫之智周萬物。孟子之明於庶物。　(見學蔀通編) 其義皆
理在於物中。與格物之訓少無異同。以比類言之。或問所證文言中庸孟
子三條之外。如論語以文行設敎。以博文約禮敎顏子者。　(見羅整菴答
陽明書)　亦與格物相參。況窮理之義。原於說卦。又自與之相爲表裏者
乎。　(陽明於顧書。亦謂窮理非偏指格物。然此只陽明之說也。)　然則
後之學者。何苦不從程朱之明訓。而改從陽明之異說乎。夫所謂舍舊
從新者。爲其新是而舊非也。今以程朱之說而推之。雖曰卽物而窮其
理。其格物之功。必自吾心已知之理而益窮之。致知之效。又至於吾
心之全體大用。無所不明。內外相資。則正合於致知在格物之義。傳
之萬世而無弊。以陽明之說推之。雖曰求之於吾心。其所以格物者。
要必求意之物而正之。論其用力之端。三條相連。及其旣正之後。致
誠以下。殆無所用。自成乖舛。則大悖於致知在格物之義。行之目前
而難通。其所去就。曉然無疑。然而爲彼徒者。莫知其非。終至以此
而易天下。夫豈無所本之者耶。　(問陸先生不欲伊川格物之說。若以
爲隨事討論則精神易弊。不若但求之於心。心明則無不照。其說亦似
省力。朱子曰不去隨事討論後。聽他胡做。話便信口說。脚便信步
行。冥冥地去。都不管他。然象山解格物之義。不敢有異。而至于陽
明。■轉而遂廢窮格之功。力主良知之學者。其實原於象山所謂不若
但求之於心。心明則無不照之說矣。詳見下文。)

致良知

按陽明高弟錢德洪之言曰。先生之學凡三變。其爲敎亦三變。江右
以來始單提致良知三字。直指本體。是陽明之學。莫過於致良知。茲

繼大學問而論之。誠以陽明諸說。與先儒一切背馳者。以其本書具
在。自可對勘而見其得失。故不復擧論。而惟其肯綮彌近理而大亂眞
處。必當明卞也。蓋致知出於大學。良知出於孟子。今以大學推之。
字書知訓曰從口矢聲。謂知理之速如矢之疾。又曰覺也喩也。識訓曰
知也。覺訓曰寤也知也。古本註曰知謂知善惡吉凶之所終始也。然則
舍識字覺字。無以釋知。故朱子以猶識爲訓。其義順其辭直。非但此
訓爲然。凡天下事理之爲知爲識。皆此類也。　(程子嘗論知覺曰。知是
知此事。覺是覺此理。趙氏曰知是識其所當然。覺是悟其所以然。其
取知而舍覺。亦必有微意矣。)　但其所謂知識者。實出於心。故乃曰
人心之靈莫不有知。又曰知則心之神明妙衆理而宰萬物者。人莫不
有。又曰吾心之全體大用無不明。蓋釋訓則存其常。闡義則擧其本。
理固然也。惟此之故。爲致知格物之學者。必當卽夫事物。因其心所
知之理而窮之。以至於其極。然後所謂全體大用。皆得其明而復其初
矣。今欲舍此不學。而獨守其本心之靈。思以通天下之務。類萬物之
情。則雖以帝堯放勳之德。將不得無詢於四岳。孔子集大成之聖。將
不能無問於老聃，　剡子。則其下此而有氣質物欲之累者。千百其等。
擧將昏亂而莫遂。乖隔而益甚者。可坐而榮也。至於孟子良知之說則
非此之謂也。就其平日所知之理。爲先指出孩提之無不知愛其親無不
知敬其兄者曰良知。程子釋之曰良知者。乃出於天。不繫於人。意趣
益明。以此言之。孟子之意。蓋欲特擧孩提之良知。使人知親親敬長
之道原於其心。可以達天下之義而已。非欲移此二字而爲大學致知之
功也。但大學旣有致知之目。而良知之知。初亦未嘗不在於其中。則
總而論之。若曰此知字非止爲章句所謂已知之理耳。實與孟子所謂良
知相參。其爲大學之學者。尤當深知此義。沿流而溯源。期以窮至於

其極云。則亦將於朱子之說。合而有助矣。今乃不然。必欲嗣述象山
良知良能之說。傳會張皇而不已。抑又何哉。　(問致知格物。朱子曰物
莫不有理。人莫不有知。如孩提之童知愛其親。及其長也。知敬其
兄。以至於飢則知求食。渴則知求飲。是莫不有知也。但所知者止於
大略。而不能推致其知。以至於極耳。又曰孩提之童。莫不知愛其
親。及其長也。莫不知敬其兄。人皆有是知而不能極盡其知者。人欲
害之也。故學者必須先克人欲。以致其知則無不明矣。又曰窮理者。
因其所已知而及其所未知。因其所已達而及其所未達。人之良知。本
所固有。然不能窮理者。只是足於已知已達。而不能窮其未知未達。
故見得一截。不曾又見得一截。此其所以於理未精也。其他所論。亦
多鄭重。以此觀之。陽明良知之說。亦未爲不可。然朱子則雖以良知
爲本。如飢食渴飲之屬。無不幷論。而致知之功。又必在於窮理。陽
明則專以良知爲主。而致知之功。又在於得意之物而正之。其分絶
矣。且聞朱子說象山之學曰。陸子靜說良知良能四端等處。且成片擧
似經語。不可謂不是。但說人便能如此。不假修爲存養。此却不得。
譬如旅寓之人。自家不能送他回郷。但與說云你自有田有屋。大段快
樂。何不便去。那人旣無資送。如何便回去得。又如脾胃傷弱。不能
飮食之人。却硬要將飯將肉。塞入他口。不問他喫得與喫不得。若是
一頓便理會得。亦豈不好。然非生知安行者。豈有此理。便是生知安
行。也須用學。又曰子靜說良知良能四端根心。只是他弄這物事。其
也有合理會者。渠理會不得。却禁人理會。然則陽明良知。不干於大
學致知。而所以嗣述於象山者。昭然可見。所謂不假修爲存養。只欲
一頓理會者。實其學之肯綮也。)　　竊嘗聞之。其曰性者。人所稟於天
之理也。其曰心者。人之神明。所以具衆理而應萬事者也。又曰心者

身之主。又曰心之虛靈知覺一而已矣。其曰喜怒哀樂情也。未發則性也。又曰情者性之動也。其曰知者心之神明。妙衆理而宰萬物者也。其曰明德者。人之所得乎天而虛靈不昧。以具衆理而應萬事者也。其說不一。雖其意致大率相似。而部分名位。各自不同。有不可以毫釐紊。蓋曰性者人所稟之理。心者人之神明。情者性之動。知者心之神明。明德者得乎天而虛靈不昧云者。主意所在。亦略可見矣。今其說曰天命之性。粹然至善。其靈昭不昧者乃良知。　(見上大學問)　是以性而稱良知也。又曰知是心之本體。　(見徐愛錄)　又曰心之虛靈明覺。卽所謂本然之良知。　(見顧東橋書)　又曰良知卽是未發之中。　(見陸原靜書。下同)　又曰能戒愼恐懼者良知。是又以性與心而稱良知也。　(顧東橋書。旣曰心之。又換知以明。又曰本然之良知。最爲近之。然主在虛靈知覺。則猶是屬於心也。其餘心之本體。未發之中是性。能戒愼恐懼是心。未發之中及下道心。亦見困知記。)　又曰道心者。良知之謂。　(見顧東橋書)　是以原於性命之正而稱良知也。又曰良知卽孟子所謂是非之心。　(見大學問)　是以四端善情而稱良知也。　(孟子公都子章。雖有直擧仁義處。然四端乃其主義也。)　又曰義卽是良知。　(見黃修易錄。下同)　是以無適無莫之義。稱良知也。又曰誠是實理。只是一箇良知。是以至誠前知而稱良知也。又曰率性之道是良知。是以曰用當行之路而稱良知也。又曰良知卽是易。　(見黃以方錄)　是以變動不居。周流六虛而稱良知也。又曰先天而天不違。天卽良知。後天而奉天時。良知卽天。　(見黃修易錄)　是以天道而稱良知也。又曰良知一也。以其妙用而謂之神。以其流行而謂之氣。以其凝聚而謂之精。　(見陸原靜書)　是合理與氣而稱良知也。又曰良知是造化底精靈。生天生地成鬼成帝。皆從此出。　(見黃修易錄。下同)　是以陰陽之氣而稱良知也。

又曰人的良知。就是草木瓦石的良知。是以草木瓦石而襧良知也。蓋所謂良知。程子嘗謂之良心。朱子又以爲良心明德。則蓋是亦特舉而先指之耳。然於心性情人道天道物理之際。皆當有卞。不可得以混說矣。況如致知之知。所謂心之神明。妙衆理而宰萬物者。旣爲此心之知覺而主於別識。間亦不免眞妄之錯。則自當因是格物之理。致吾之識。以底于全體大用之功矣。夫豈獨待良知之致。而後乃得大學之道。而陽明一向傅會張皇。務作一欛柄。左右上下。無不以此爲準。有若驚天動地之物。而思以木鐸於天下。故其顚倒乖戾。至於此極。是豈無所蔽而然耶。　(大學三綱八條。井井不紊。而陽明主古本則以誠意爲主。論功夫則以正物爲主。立宗旨則以致良知爲主。未知何謂。蓋不主古本則無以塞程朱之路。不主正物則無以代窮格之功。不主致良知則無以爲求之此心。不假修爲之學。意固有在也。)　夫自吾夫子屢言性命。及至子思。首舉天命之性以爲敎。而孟子又道性善。至程子則曰性卽理也。至朱子則更於易中庸孟子近思錄。發明性理之義。靡不曲盡。而至大學或問格物之傳。歷擧詩書聖賢之言。以究其歸趣。惟象山乃曰心卽理也。　　(見困知記)　陽明又繼而和之曰心卽理也。天下又有心外之事。心外之理乎。(見徐愛錄)　又曰心卽理也。學者學此心也。求者求此心也。(見顧東橋書)　又曰心卽理也。無私則卽是當理。(見陸澄錄)　又曰程子云在物爲理。在字上當添一心字。此心在物則爲理。(見黃以方錄下同〇程子此條。主於心亦善。朱子猶以爲未穩。況若於在上添心字。豈不爲倒次而疊說耶。)　又曰心卽理。只爲世人分心與理爲二。故便有許多病痛。蓋聖學心性之辨。自易孟以來不翅明白。而陽明又乃嗣述象山如此。且心理爲學之說。朱子具論於或問。較益切至。而顧其言又曰心卽性。性卽理。下一與字。恐未免有二。(見陸澄錄)　又曰析心與理爲二。此告子義外之說。(見顧東橋書)　必欲遂其私見。不憚同歸於異端。此殆程子所謂聖人本天。釋氏本心者。其勢不得不然也。至於所謂不思善不思惡。只認本來面目。此佛氏爲未識本來面目者說。本來面目。卽吾聖門所謂良知。隨物而格。是致知之功。卽佛氏之常惺惺。亦是他常存他本來面目耳。(見陸原靜書。下同)　問謂佛氏有常提念頭之說。其猶夫子致良知之說乎。其卽常惺惺。常記得常知得常存得者乎。曰此段說得分曉。此誠出於禪子所謂知之一字衆妙之門者。(見朱子語類)　而陽明猶以知得良知明白。常用致知之說。已不須說爲言。此又他日所謂易簡直截。更無剩欠者。直是爲頓悟之宗旨耳。(陽明雖以致良知爲宗旨。然有單擧良知者。有兼論致字者。蓋單擧者。乃立宗旨之義。所謂爲上根人立敎者也。兼論者。乃以大學致知而言。所謂爲中根以下人立敎者也。然以本來面目。無善無惡之旨觀之。其所謂爲上根人立敎者。又實爲其宗旨也。)　昔者朱子謂金溪學問眞正是禪。敬夫伯恭緣不曾看佛書。所以看他不破。只某便識得。試將楞嚴圓覺之類一觀。亦可粗見。羅整菴嘗論陳白沙之禪。以爲其所擧示曰無學無覺。曰莫杖莫喝。曰金針曰衣鉢曰迸出面目來。大抵皆禪語。孟子於楊墨之淫辭。直欲放而絕之。而白沙顧獨喜其語。每琅然爲門弟子誦之。得無與孟子異乎。欲人之不見疑。其亦難矣。如愚固陋之學。未嘗一窺雜書。固不能爲晦翁之明知陸禪。苟以其大略言之。陽明所擧本來面目諸語之外。如所謂無善無不善。性原是如此。悟得及時。只此一句便盡了。更無內外之間。告子見一箇性在內。一箇物在外。便有未透徹處。(見黃修易錄。下同)　及其晚年所與錢德洪，王畿諸人論學。有曰已後與朋友講學。切不可失我宗旨。無善無惡。是心之體。有善有惡。是意之動。

知善知惡。是良知。爲善去惡是格物。只依我話頭。隨人指點。自沒病痛。及舉佛家實相幻相之說。而曰有心俱是實。無心俱是幻。無心俱是實。有心俱是幻者。(見黃以方錄)　可謂吾無隱乎爾。是似不待白沙屢用禪語而知其學。(理學宗傳王畿傳。文成論學。每提四句爲敎法。德洪謂此是師門定本。一毫不可更易。畿謂夫子立敎。隨時謂之權。法未可執定。體用顯微。只是一機。心知意物。只是一事。若悟得心是無善無惡之心。意卽是無善無惡之意。知卽是無善無惡之知。物卽是無善無惡之物。蓋無心之心則藏密。無意之意則應圓。無知之知則體寂。無物之物則用神。天命之性。粹然至善。神感神應。其機自不容已。無善可名。惡本固無。善亦不可得而有也。是謂無善無惡。若有善有惡則意動於物。非自然之流行著於有矣。自性流行者。動而無動。著於有者動而動也。意是心之所發。若是有善有惡之意則知與物一齊皆有心。亦不可謂之無矣。文成將有兩廣之行。德洪謂曰。吾二人所見不同。何以同㽃。文成晚坐天泉橋上。因各以所見請質。文成曰正要二子有此一問。吾敎法原有此兩種。四無之說。爲上根人立敎。四有之說。爲中根以下人立敎。上根之人。悟得無善無惡。心體便從無處立根基。意與知物皆從無生。一了百當。卽本體。便是工夫易簡直截。更無剩欠。頓悟之學也。中根以下之人。未嘗悟得本體。未免在有善有惡上立根基。心與知物皆從有生。須用爲善去惡工夫。隨處對治。使之漸漸入悟。從有以歸於無。復還本體。及其成功一也。世間上根人不易得。只得就中根以下人立敎。通此一路。畿所見是接上根人敎法。德洪所見是接中根以下人敎法。畿所見我久欲發。恐人信不及。徒增躐等之病。故含蓄到今。此是傳心祕藏。顔子明道所不敢言者。今旣已說破。亦是天機該發泄時。豈容復祕。但吾人凡心未了。雖已得悟。不妨隨時用漸修工夫。不如此不足以超凡入聖。所謂上乘兼修中下也。畿此意正好保任。不宜輕以示人。辜而言之。反成漏泄。德洪却須進此一格。始爲大通。德洪資性沈毅。畿資性明朗。故其所得。亦各因其所近。若能互相取益。始爲善學耳。自此海內相傳天泉証悟之論。道脈始歸於一云。錢德洪傳曰。師門嘗以虛寂之旨立教。聞者閧然指爲佛學。公曰變動周流。虛以適變。無思無爲。寂以感通。大易之訓也。自聖學衰而微言絶。學者執於典要。泥於思爲。變動感通之旨遂亡。彼佛氏者乘其衰而入。卽吾儒之精髓。用之以主持世教。爲吾儒者僅僅自守。徒欲以虛聲拒之。不足以服其心。言及虛寂。反從而避忌之。不知此原是吾儒家常茶飯。淪落失傳以至此耳。譬東晉南宋之君。不能爲王偏守一隅。甘將中原讓人。不復敢與之抗。言及恢復之計者。群然目以爲迂。亦可哀也。詳此二傳辭意。一則備述師門兩教。所謂四有。雖曰用爲善去惡底工夫。與平日致知略同。而終使之漸漸入悟。從有以歸於無。復還本體。是亦一無善無惡而已。一則直述虛寂之義。亂引大易。肆然無忌。揆諸古今聖賢之遺訓。絶無此等議論。其爲禪學。尤不可掩。但正畿傳天泉証悟之說。與傳習錄年譜詳略不同。恐彼有諱避損益處耳。○顧憲成傳。與姑蘇管志道卜無善無惡之說。管之學一貫三教而實主佛氏。憲成謂佛學三藏十二部五千四百八十卷。一言以蔽之曰無善無惡。觀七佛偈了然矣。吾儒何必以此爲學。又謂卜四字於告子易。卜四字於佛氏難。以告子之見性粗。佛氏之見性微也。卜四字於佛氏易。卜四字於陽明難。在佛氏自立空宗。在吾儒陰壞實教也。語語破的。爲一時正學表儀。又其語錄曰。至善者性也。性原無一毫之惡。故至善。陽明先生此說極平正。不知晚來何故却立無善無惡。蓋

顧公出於陽明之後。天下已化而爲王學。故乃爲合朱王之說。其言曰
陽明之所謂知。卽朱子之所謂物。朱子所以格物者。卽陽明之所以致
知。又曰以考亭爲宗。其弊也拘。以姚江爲宗。其弊也蕩。拘者有所
不爲。蕩者無所不爲。與其蕩也寧拘。此所以遜朱子。其兩尊也至
矣。而至於無善無惡之說。攻斥不遺餘力。恐亦可見公議之出於不得
已也。蓋無善無惡。與夫虛寂之說。當時其弊已滋。故門人羅洪先作
良知卞。以爲吾懼言之歸於蕩。顧應祥作致良知說。以爲認欲爲理之
病。以救其弊。羅說固勝。不如顧說之明正。可謂陽明法門第一議
論。而恐無以追補天泉橋上證悟之失也。至於錢德洪釋無善無惡曰謂
之無善無惡者。至善之體。惡固非其所有。善亦不得而有也。又曰至
善之極。謂之無善。孫奇逢曰無善無惡。是無善之可名。正是至善。
張沐曰自周子有無極之說。王子有無善惡之說。而學者之議起。其解
釋擬議。愈出愈奇。其曰至善之極謂之無善無惡。是無善之可名。與
夫以無極而相配者。固亦不無執言矣。至以粹然至善之義。謂之惡固
非其所有。善亦不得而有者。卽上文王畿之說。豈非禪佛之遺旨。而
亦與陽明之自說異矣。大抵王， 錢兩傳語。固無論已。雖以年譜所論
推之。旣曰有。只是你自有。良知本體。原來無有本體。是似以心爲
良知之本體。而所謂原來無有本體者。實乃無善無惡之意也。其下又
有今不教他在良知上實用爲善去惡工夫。只去懸空想箇本體。一切事
爲。俱不著實。是似以知善知惡是良知而言。其於兼論致字之意。較
近平實。而殊非平日立宗旨之義。以其格物爲善去惡之功。本失大學
經傳之旨。然則雖曰致良知。而本末不相應。彼此不相涉。是又將成
何等學術耶。俱不著實。下傳習錄又有養成虛寂。此箇病痛。不是小
小。不可不早說破等語。不無悔吝愼毖之意。而恐亦無以收回無善無

惡心之體。爲善去惡是格物兩件之錯了大頭腦也。）　則又何待於淸瀾
之歷擧詩文以證之乎。　　（見學蔀通編）　中間雖有所謂佛氏著在無善無
惡上。便一切都不管。不可以治天下之語。　　（見陸澄錄）　而不知心體
之尤不可以無善無惡。然則其學之所蔽者深。據此可知也。抑嘗聞
之。染禪之學。莫不出於厭煩趨簡。而終以頓悟爲歸宿。陽明傳譜稱
其二十一歲入京。習爲格物之學。署中多竹。卽取竹一物格之。沈思
不得。至成疾。二十七歲復遵晦菴循序致精之法。然物理吾心。終判
爲二。舊疾復作。三十七歲在龍場。恩一夕大悟。寐中若有神啓。不
覺呼躍。從者皆驚。至此始信聖人之道吾性自足。向之求理於事物者
一切皆誤。証之六經四子。無不脗合。三十八歲始語學者悟入之功。
五十歲始揭致良知之敎。其間出入於古文兵法道釋之窟。無慮數十
年。而卒以此爲廣居安宅者。只是始以厭煩趨簡。而終以頓悟爲主。
所謂若有神啓不覺呼躍者。自可見矣。夫聖賢之所以爲聖賢。雖有生
知學知之別。未有不由學而至。故其所自勉者。率皆兢兢業業。日復
一日。不敢少安焉是以如舜禹之惟精惟一。湯武之以禮制心以義制
事。敬勝怠義勝欲。孔顏之博文約禮。程朱之居敬窮理。皆由於是。
雖以經訓言之。如曰明德則必加明字。又以格致誠正修爲功。如曰德
性則必加尊字。又以致廣大極高明。溫故敦厚爲功。他皆以此而推
之。則以其聰明博達之資。豈不欲直指心性之體。一超至道。而猶不
暇爲者。是非性異於人。必欲厭簡而趨煩。誠以爲學之道。作聖之
功。其理不得不如此。而亦未聞從古聖賢進德修業之際。或有彷彿於
彼之爲者也。今陽明處中國之地。爲吾儒之學。始蓋不勝於一箇厭煩
趨簡之念。務欲自託於禪佛之間。而顧視倫常禮樂之懿。亦有所不敢
離而去之者。遂乃別立門戶。旣以孟子濂溪明道象山爲道統。又以良

知爲宗旨而並於致知。以一心理合知行爲要法。(見退溪文集) 而又稍摘佛氏之微細處。以示異同。(如向所謂不可以治天下。及答陸原靜但佛氏有自私自利之意。及黃修易錄仙家說虛佛氏說無。却於本體上。加却這些予意思在者。) 仍以道德心性之奧而眩之。文章論說之工而亂之。變易經訓。狂肆震耀。不翅加象山數層。此實禪家頓悟漸修之法。而正亦黃勉齋所謂守虛靈之識。昧天理之本。借儒者之言。以文老佛之說者。較然明著。是雖費盡心機。務以掩覆遮藏而終亦無賴。其流之害。遂致海內雲擾風靡。拱手而歸焉。蓋以皇朝儒道不明。薦紳章甫貿貿然莫知其學之僞。馴至于從享文廟。(蓋陽明於程朱性命之說。存省之功。一變舊義。肆然無忌。殆若商鞅之變井田。馬謖之違節度。而懵者乃謂發前賢之所未發。當時整菴，清瀾之外。無一人知其非者。宜乎世道之至此也。) 正如達摩窺中土之無人。西來獨開禪宗矣。可勝歎哉。朱子嘗與江德功論大學曰。蓋不欲就事窮理。而直欲以心會理。故必以格物爲心接乎物。不欲以愛親敬長而易其所謂清淨寂滅者。故必以所厚爲身而不爲家。以至新民知本絜矩之說。亦反而附之於身。蓋惟恐此心之一出而交乎事物之間也。至於分別君相諸侯卿大夫士庶人之學。亦似有獨善自私之意。而無公物我合內外之心。此蓋釋氏之學爲主於中。西外欲强爲儒者之論。正如非我族類。而欲强以色笑相親。意思終有間隔礙阻不浹洽處。若欲眞見聖賢本意。要當去此心而後可語耳。由此而言。蓋以唐宋以來諸賢有志於吾學者。率多內禪外儒。半上落下。而前後情狀。又皆大同小異。德功亦不免爲其中之一人。故茲乃還書責之如此。究其主意。正爲陽明今日準備者。況其無善無惡之宗旨。自底于破綻昭著。門人爲之相正。後儒爲之深斥。終亦無以厚誣萬世。則亦可謂天不容僞。而吾道之一大幸也。

　　朱子晚年定論

　　今見於傳習錄凡三十六條。貽諸二十二人。蓋就文集書尺數十卷。
而采其平日議論。或因事或撝謙。致有媿悔相戒之語者類會之。以爲
晚年定論。苟以諸書意義偶合於己見。姑且諉之曰定論。猶或可也。
若其初晚之分。則歲月事迹具在。非可得以有所矯誣者。陽明亦不得
已於答羅整庵書曰。中間年歲早晚。誠有所未考。雖不盡出於晚年。
固多出於晚年者。此亦可見其遁辭之窮矣。(此事陳氏固已詳論於學蔀
通編。雖不能直攻其學之非。而其於考據精詳。扶正道抑邪說之功。
誠有不可廢者矣。) 蓋其二十二人中。如張，呂，劉，何。林擇之，潘
叔度，　呂子約之徒。皆中年以前相從之人。至於晚歲。作舊久矣。所
引何書語。固不足論。而如黃直卿書所謂定本之說。蓋以其上有大學
定本之語。故欲因此遂其攻斥之志。而不知此乃指其爲學規模。自與
呂東萊書意相符。則未論義理。其文字之掇拾疏誤如此。雖欲帖服天
下後世之議。其可得乎。(陸澄錄士德擧晚年之悔定本及讀得書何益守
書冊泥言語三條。陽明乃稱朱子力量大。一悔便轉。今詳定本外。一
與呂子約，　一與何叔京。皆非晚年人。眞成虛套矣。)　自餘諸人。類
多徒游於晚年者。而此自朱子平日以知行兩途。隨其人品學力。互加
教法。反復抑揚。以趨於大中至正之道耳。亦豈有近於陽明所謂大悟
舊說之非。而後方爲痛悔極艾者耶。然則臨終改經文誠意之訓及與門
人論太極西銘及囑令修禮書者。將不得爲晚年事乎。立論之誣。一至
於此。而其徒尙不覺悟。眞聖人所謂吾誰欺欺天者矣。當時程篁墩亦
作道一編。以爲合朱陸之議。雖其截去首尾。孤行一說。著其所便而
掩其所不便。取快目前者。病源大同。而篁墩則歸重於象山。陽明則

歸重於己見。立義措辭。一遜一肆。自有所不同。則是亦不可不知也。

<table>
<tr><td>저　자</td><td>남계(南溪) 박세채(朴世采)</td></tr>
<tr><td>제　목</td><td>「與鄭士仰 (齊斗)」(十二月 七日)</td></tr>
<tr><td>출　전</td><td>『南溪先生朴文純公文外集』, 卷二「書 (問答論事)」, 四九面,
韓國文集叢刊 141 (民族文化推進會 1995. 12.), 268면.</td></tr>
</table>

國哀罔極。不知所言。采再昨出王十灘。昨朝始克赴哭。病勢復作。悶悶。示喩拜領。尤丈甲寅成服於城外也。采則請行於當初赴哭處而不從。固亦未知其得失孰優矣。蓋尤丈得罪於君父。采得罪於朝論。不無少間。故敢爲少留成服之計。未知於高意果何如也。明日雖蒙歷訪。勢難開口。或得聯枕則稍幸。第不敢必耳。

<table>
<tr><td>저　자</td><td>남계(南溪) 박세채(朴世采)</td></tr>
<tr><td>제　목</td><td>「答鄭士仰」(七月 六日)</td></tr>
<tr><td>출　전</td><td>『南溪先生朴文純公文外集』, 卷三「書 (問答論事)」, 十九～二十面,
韓國文集叢刊 141 (民族文化推進會 1995.12.), 280면.</td></tr>
</table>

鄙辭事撕捱已至三朔。又値聖上侍藥之日。有難一向堅坐不動者。茲出於離此申辭之計。此後去就。愈難決定。殊不知所以自靖也。蓋當初固以批旨循常。爲難承當。而今則旣蒙六七疏不許。自古上下無如此相持之時。若更遲回。以必遽爲期。則於身可謂便矣。其如從古

君臣之義儒者之道何哉。此所以難決也。所寓在新院。松江先山切欲
奉討多少。而未由遂意。幸爲開示一二也。

저 자	남계(南溪) 박세채(朴世采)
제 목	「答鄭士仰」 (庚申年 十一月 二十二日)
출 전	『南溪先生朴文純公文外集』, 卷五 「書 (問答論事)」, 三四～五面, 韓國文集叢刊141 (民族文化推進會 1995.12.), 334～5면.

積雪彌山。馳想一倍。忽奉惠帖。憑諦比日靜履珍勝。慰釋靡量。
示意謹領。顧此固陋。誠不敢率然仰對。第以祭祀一節。實係近來士
夫家通患。不得已昨具一書。以質於尤丈矣。大抵鄙見欲從退栗二先
生以有官無官爲重之說。於今國恤。身有衰服。而當主私祭者。則一
切祭祀。恐不得直行。而雖無衰服者。舍虞卒哭練祥凡喪祭之外。如
吉祭中時祭不可行。忌墓祭亦可從略以行。俾亦少全在下者不敢自同
國家之義。蓋與來示別幅第三條大同少異。未知尤丈果以爲如何也。
幸乞以此轉稟而處之也。

9) 서하(西河) 이민서(李敏敍)
[1633년(인조 11)~1688년(숙종 14)]

저 자	서하(西河) 이민서(李敏敍)
제 목	「讀陽明子」
출 전	『西河先生集』, 卷十三「雜著」, 二四~七面, 韓國文集叢刊 144 (民族文化推進會 1995. 12.), 233~5면.

孔孟歿千有餘年。正道熄邪說作。天下學者不復知有聖人大學之道。存乎上者皆趨一時之功以爲務。處乎下者各就其意之便以爲說。其所以爲務者。不過變詐功利之陋。世主之甘心也。豈不以國可富兵可强。天下國家可平治也。然而由其術者國富矣而患生。兵强矣而亂作。天下每每大亂。其所以爲說者。不過邪遁陂淫之辭。世儒之盡心也。豈不以心可正意可誠。聖人之學可傳也。然爲其說者。心不可得正。意不可得誠。聖人之學卒不可傳也。是以至治未復而大道不明也。至治之未復。大道之不明故也。大道之不明。有二故焉。自私之故也。好異之故也。夫道之大原出於天。天以是與我之謂命。我得以爲人之謂性。命也者。天下之人所同受也。性也者。天下之人所同有也。聖人者盡其性者也。賢人者求復其性而未盡焉者也。人之所同也則非我所得而私者也。堯之爲人。能盡其性。故世謂之聖。舜如堯。禹如舜。湯如禹。文武周公如禹。孔子如周公。亦同謂之聖。然則同乎聖者。是亦聖人而已。尙安求異爲哉。道德仁義。天下之美名也。老子曰我能爲道德。楊朱曰我爲義。墨翟曰我爲仁。夫老聃, 楊, 墨。

亂天下者也。然仁義道德。豈其罪也。患在三人者自私之耳。故其所
謂道德。非吾所謂道德。卽老子之道德也。其所謂仁。非吾所謂仁。
卽墨子之仁也。其所謂義。非吾所謂義。卽楊朱之義也。此非自私之
弊耶。性本善也。荀子異之曰人性惡。楊子又異之曰善惡混。韓子又
異之爲上中下三品。於是乎徒衆而講之。辨說而爭之。旣以自誤。又
以誤後世。此非好異之弊耶。陽明子生絶學之世。遠聖人旣久。天下
釋左袒且屬耳。乃能尋周公仲尼之遺籍。習爲仁義性命之說。以明道
爲任。講學爲事。亦所謂豪傑之士也。然其風流題品之往往出於天下
百年之公者。不能稱其平日自任之重。而竊嘗聞先正篤論之士亦多有
不釋然者。固已疑之。及今得其所自爲說者讀焉。眞不免於向者二者
之弊矣。由其說。眞不可以正人之心誠人之意而不可以傳聖人之學
矣。夫良知之說。一生學術之綱領也。請得以先辨之。其言曰世之君
子。務致其良知則自能公是非同好惡。視人猶己。視國猶家。以天地
萬物爲一體。求天下無治不可得矣。其論亦美矣而實不可也。夫智者
心之用也。聖人之爲學。豈外於此心哉。然堯舜之敎曰人心惟危道心
惟微。惟精惟一允執厥中。蓋不事於精則其微者不著。不事於一則其
危者易肆。然則亦何以能盡此心之全體哉。博學也愼思也明辨也審問
也篤行也。所以求夫精一者也。陽明之意。乃曰一致其良知則其效至
於天下治。彼聖人何故若是其多事哉。子思之論和。必曰發而中節。
孟子之養氣。必曰集義。中節而後可以言和。集義而後可以言浩然。
由陽明之說則未知所中者何節所集者何義也。今夫土之生穀。亦土之
性也。然農者之治穀。必深耕而植其根。浸灌而漑其土。鋤其非種。
以養其苗。去其螟蟊。以遂其實。夫然後始可以言穫也。有人於此
曰由吾之術。不耕不耘。無南畝之苦而歲取禾三百。豈理也哉。君子

之爲學。亦何異於是哉。心其田地也。義理其穀種也。存養省察者浸
灌也。克己閉邪者去芸也。意誠心正者苗之碩。身修者實之茂也。故
阡陌溝澮有一定之法。耕播芸穫有一定之功。生長收藏有一定之時。
爲農者世守之。法善矣功至矣。時得矣。方可謂之善稼。然則王氏之
稼。亦可謂不善矣。助苗長者。猶且不可。況不芸苗者乎。人之放其
心而不知求者。是不耕其田者也。釋老之欲絶聖棄知淸淨寂滅者。是
惡田之蕪而欲並去其苗者也。王氏之欲致其良知。徑造聖人之域者。
是不耕不芸不浸灌不去螟蟊而望其穫者也。惡乎其可也。聖人之學。
微妙精密。不可有毫髮之差。楊朱之無君。墨翟之無父。只是少偏於
仁義耳。而其終至於禽獸。故孟子辭而闢之。不遺其力。王氏之差。
又惡可不闢哉。惜乎。以王氏之才之美。誠能去自私好異之弊。從事
於博文約禮之訓以爲學。其道術。豈不美哉。余於是乎重惜之。

10) 만정당(晚靜堂) 서종태(徐宗泰)
[1652년(효종 3)~1719년(숙종 45)]

저　자	만정당(晚靜堂) 서종태(徐宗泰)
제　목	「書陽明集後」(己未)
출　전	『晚靜堂集』, 第十一 「書後」, 三九~四二面, 韓國文集叢刊 163 (民族文化推進會 1996. 12.), 236~7면.

王伯安曰。言盆詳道盆晦。析理盆精。學盆支離。又曰。記誦辭章
之習。弊之所從來。無亦言之太詳。析之太精者之過歟。是言也。蓋

指朱門末學之弊。而發此奇高憤詭之論。雖有所激而言。而其亂聖學誤後世。噫嘻甚矣。是何得以不辨。夫道體之全。雖極廣大不窮。而其間名理精義纖微曲折。有不可以毫釐差者。此古聖賢之所以旣曰致廣大。而又必曰盡精微。旣曰發育萬物。峻極于天。而又必曰禮儀三百。威儀三千。旣曰寬裕中正。而又必曰文理密察。足以有別。曰精義入神。曰博學而詳說之。其所以示萬世脩德凝道之要。而其教不過如此。則以言理之精且詳。爲爲學之病者。實爲偏枯之見。而況當朱子之時。則其言尤有所不得不然者。蓋周，　程諸先生歿且未及百年。微言寢晦。而異說交作。如游，　楊諸君子論說。猶未免往往淪於空妙之域。而有差失師門之旨者。其他尚何說哉。呂希哲，　張九成諸公之餘瀾。浸濫鼓蕩靡然。至淳熙之際。江西諸子而極矣。或推管，　晏而同聖門。或尊漢，　唐而擬三代。或偏務尊德性。而以問學講讀爲空言。其言理也。遺日用而先性命。其論學也。樂簡捷而厭拘檢。其說經也。務以己意割裂經旨。各自標異。以求其新。平近者必引之使高明。易者必鑿之使深。張眉努眼。肆言奮罵。乖迂側險。變怪百出。有不勝其紛紜者。雖如南軒，　東萊二先生經解諸說。間亦有不得義理之中正。而其流不能無弊者。若此不已。幾何其不至於經理晦而士學舛。充塞仁義。而人不得以爲人也耶。先生以是竊嘗慨然憂歎。自六經以下。至洛關諸書。其義理旨趣。力與諸人悉加論辨。彈擊於往復書尺之間。必求其至當而後已。雖力綿而謗集。不暇恤也。以爲是未足以開後世。又爲之章句傳注。毫分縷解。十竄百易。竭平生之心力。而盡聖言之精蘊。會羣言而折衷。定百世之標準。由是以後。上下數百千年。羣聖賢之書。鉅而義理之大致。細而章句之音讀。深者深。淺者淺。高遠者高遠。易近者易近。明切的當。正大純粹。綱提

領挈。各極其趣。燦然如日月中天而纖微必照。嗟夫。斯理也。聖賢
立言垂訓。以著明之。大小精粗。初無異致。生于累千百年之後。安
有不得其句讀。而能解其意義者。又安有不解其意義。而能會其道理
之深微者哉。言之不詳。則無以發其趣。析之不精。則無以著其蘊。
詳且精焉而後。正學可得以明。邪說可得以息。是以嘗曰樂渾全而忌
剖析。喜高眇而略細微。是今日爲學之弊。又曰。邪僞交熾。士溺於
見聞之陋。若非痛加剖析。使邪正眞僞。判然有歸。則學者將何所適
從而知所向。是蓋先生之志也。身任斯道之重。而繼往開來之責。皆
在先生。則先生可得以已乎。余嘗以爲道學。大明雖無如宋朝。而士
大夫爭尙異學。又無如宋朝。周程之後。若無夫子集成衛正之功。則
吾恐異說侵畔之禍。不特有江西之頓悟。而又不特擧天下參半而與之
相抗。猶能如今日而已也。故嘗私心以爲朱子之功。與仲尼之刪述。
孟氏之闢楊墨。千載同軌。斯言豈過也哉。蓋先生晚年。常以道問學
一邊工夫偏勝。旣自警省。而又深戒學者。其旨微矣。而後學或不能
深領其指。則嘉定以後。末學之繳繞於文義。誠亦不能無弊。然是誠
人自不善學之過也。豈可謂先生之敎。有以啓之乎。其功政在言之詳
且精。而今反以爲過。是猶見江河沈沒而死者。而仍欲咎聖人制舟楫
之功。豈不誤甚矣乎。伯安之攻朱學。雖極力震耀張皇。而要之大意
不出此數語。其賊天下之正學。而流禍千古。實不下洪水猛獸之害。
而每見其語。以朱學比諸洪水猛獸。輒發一笑。而繼之以掩卷太息
也。其他論解處。往往自超詣動人。而其學之原腦宗旨舛駁如此。其
他尙何論哉。偶觀陽明集。因書其所感於心者。如右。

11) 약헌(約軒) 송치은(宋徵殷)
[1652년(효종 3)~1720년(숙종 46)]

저 자	약헌(約軒) 송치은(宋徵殷)
제 목	「陽明論學辨」
출 전	『約軒集』, 卷十「雜著」, 三二~八面, 韓國文集叢刊 164 (民族文化推進會 1996. 12.), 82~5면.

君子之學。以誠意爲主。格物致知者。誠意之功也。

欲誠其意。先致其知。致知在格物者。卽大學工夫次序。而若以格致爲誠意之功。則是初頭闕却格致工夫。與本經不合。

博學審問愼思明辨篤行。皆所謂明善而爲誠身之功也。非明善之外。別有所謂誠身之功也。

學問思辨。所謂明善。而篤行。爲誠身也。合而一之。未穩。明善屬知。誠身屬行。不分知行。亦涉混圇。

格物者。大學之實下手處。徹首徹尾。自始學至聖人。只此工夫而已。

格物。卽就事物。推求其理之謂。大學最初用工處。上面有誠正工夫。不可謂之徹首徹尾。且聖人則已窮理盡性。所謂只此工夫云者。恐未安。

格物者。格其心之物也。(止) 不可以不察也。

事物。外也。心知。內也。天下無理外之物。而其理則具於吾心。卽物而窮其理。則可以推極吾之知識也。心之物。意之物。知之物云者。不免內外混合之病。而又云物之心。物之意。物之知。心意知。
卽在於我。豈屬於物乎。以認物爲外。譏世之儒者。而認物爲內。亦
豈得當乎。

孟子云。是非之心。知也。是非之心。人皆有之。卽所謂良知也。
孰無是良知乎。但不能致之耳。

孟子所謂良知。卽愛親敬兄之謂也。與是非之知不同。而合而一
之。似未安。

易謂知至至之。知至者。知也。至之者。致知也。此知行之所以
一也。

易所謂知至至之。兼知行而言也。與大學致知不同。

良知。一也。以其妙用而言。謂之神。以其流行而言。謂之氣。以
其凝聚而言。謂之精。

旣曰良知。心之本體。卽所謂性善也。又曰。以其流行而言。謂之
氣。未免認理爲氣之病。

理無動者也。(止) 動而未嘗動也。

陽動陰靜而理在其中。豈有靜而無動之理。所謂動而未嘗動者。又
近於蔥嶺之說。

理。無動者也。動則爲欲。循例則雖酬酢萬變。而未嘗動也。從欲
則雖槁心一念。而未嘗靜也。

酬酢萬變。卽心之已發。豈可謂未嘗動乎。且動旣爲欲。則亦豈有
槁心之時乎。

能戒愼恐懼者。是良知也。

戒愼恐懼於不覩不聞之地者。卽學者持敬工夫也。良知。旣是心之
本體。則戒愼。乃持養良知之工夫。謂之是良知者。殊未可曉。

防於未萌之先而克於方萌之際。此正中庸戒愼恐懼。大學致知格物
之功。

中庸之戒愼恐懼。以大學工夫言之。則當屬正心。不可與格致
同論。

樂是心之本體。雖不同於七情之樂。而亦不外於七情之樂。

旣云樂。則便是已發。何可謂之本體乎。且旣云不外於七情。則初
何謂之不同耶。性情之際。殊未分曉。

致知之功。無間於有事無事。而豈論於病之已發耶。

致知者。卽事而窮理。以致吾知也。無事而能致知。卽頓悟法。且
致知。旣兼知行。誠正則只言致知。足矣。何以更言誠意正心乎。

敬畏之功。無間於動靜。是所謂敬以直內。義以方外也。

敬以直內。是無纖毫私意。胸中洞然。義以方外。是見得是處。決
定恁地。不是處。決定不恁地。若如是說。則一敬字盡矣。又何必言
義乎。朱子曰。敬以直內。便能義以方外。非是別有箇義。敬譬如
鏡。義便是能照底。如此說下無病。

知之眞切篤實處。卽是行。行之明覺精察處。卽是知。

眞切篤實。卽是行而不可屬之知。明覺精察。卽是知而不可屬之
行。知行雖不可離。而工夫意義則自別。不可混圇言之也。

有孝親之心。卽有孝之理。無孝親之心。卽無孝之理。有忠君之
心。卽有忠之理。無忠君之心。卽無忠之理。

理之體。具於心。有孝之理。故有孝親之心。有忠之理。故有忠君
之心。此數段論。未免倒說。況雖有忠孝之理。而無忠孝之心者。或
有之矣。豈有無忠孝之心。而仍無忠孝之理乎。

朱子以盡心知性。　(止) 率天下而路也。

知性知天。屬知。存心養性。屬行。殀壽不貳以下。合知行而言。
仁智之盡也。今以知性知天。爲生知安行。存心養性。爲學知利行。
殀壽以下。爲困知勉行。夫盡心。卽知之至。而未有安行底意。養
性。卽誠正工夫。而無學知底意。況殀壽不貳。卽知天之功。修身以
俟。是存養之功。聖賢立言。必以知行兩下。未有以知爲行。以行爲
知。如陽明所論也。盡其心者。雖曰是聖人而後能然。而朱子曰。盡
心也未說極至。只是凡事。便須理會。敎十分周足。無少闕漏處。方
是盡存。也非獨是初工夫。初間固是操守。存在這裏。到存得熟後。
也只是存云。則其不可不等第也明矣。

朱子所謂格物云者。　(止)　皆可以不言而喩矣。

天下之事事物物。莫不有理。而理之體。具於吾心。所謂卽物而窮
其理者。蓋因吾心已知之理而益窮之。以求至乎其極也。所謂纔明
彼。卽曉此者是也。非求理於事事物物。如求孝之理於其親之謂也。
孝之理。在於吾心。豈可求孝於親。而親沒之後。亦豈無孝之理哉。

蓋學之不能以無疑。　(止)　措之於行也。

審問愼思明辨。皆屬於知。未及於行而曰。問卽行也。思卽行也。
辨卽行也。若三者俱兼知行而言。則又何必曰篤行也。其下曰求解其
惑。求通其理。求精其察云。則與求履其實工夫自別。豈可合以論之
乎。蓋窮理力行。如車輪鳥翼。不可闕一。雖非截然不相關涉。而條
理脉絡。自有界分。固不可混合爲一。明矣。

萬事萬物之理。不外於吾心。　(止)　與理而爲二也。

萬事萬物之理。不外於吾心者。固是也。而曰以吾心之於知。爲未
足。而必外求天下之廣云者。未嘗知天下萬物之理。皆具於吾之心。
而其用則散在事物。精粗巨細。必須逐件窮究。今日格一事。明日格

一事。積久用力。自然豁然貫通。而吾心之全體大用。無不明矣。若
只求吾心之良知。而欲窮天下之物。此乃頓悟法。豈能致其知哉。

　論致知格物。正所以窮理。　(止) 亦有是弊哉。

　致知格物。所以窮理云者。豈不然哉。所謂昏闇之士。果能隨事隨
物。精察此心之天理者。乃卽物窮理之事。而乃曰務外而遺內。理卽
散在事物。而所以窮之者。吾之心也。何可曰務外而遺內乎。

　虛靈明覺之良知。應感而動者。謂之意。

　良知。卽性也。而感而動者。卽情也。有所計較者。是意也。此一
段。有認情爲意之病。

　窮理盡性。聖人之成性。　(止) 竝窮理之義而失之矣。

　繫辭之窮理。卽大學之格物。而曰微有分辨者。何也。又曰。窮理
者。兼格致誠正。格物則兼舉致知誠意正心。窮理若兼誠正。則程子
何必曰居敬窮理。大學必曰誠意正心。皆在於格物。而曰致知在格物
云耶。必以知行混合爲一。故其說類如此。

　凡謂之行者 (止) 篤實處便是行。

　學問思辨。專主知一邊。就心上說。篤行。就身上說着實做。學問
思辨者。只是於知上工夫著實去做。未見其爲行也。若以此謂便是行
也。則昏定晨省。先行後長者。亦可謂之知耶。

12) 식산(息山) 이만부(李萬敷)
[1664년(현종 5)~1732년(영조 8)]

저 자	식산(息山) 이만부(李萬敷)
제 목	「白沙要語。陽明語錄辨」
출 전	『息山先生文集』, 卷十四 「雜著: 雜書辨[下]」, 二九~四二面, 韓國文集叢刊 178 (民族文化推進會 1996. 12.), 329~35면.

人爭一箇覺。纔覺。便我大而物小。物盡而我無盡。微塵六合。瞬息千古。生不知愛。死不知惡。尙奚暇銖軒冕而塵金玉耶。

按。此卽釋氏誇詡勝大之說。吾儒家無如此語法。

能以四大形骸爲物。榮之辱之生之殺之。物固有之。安能使吾戚戚哉。

按。君子處仁蹈義。不欲一事之離一時之間。故至於舍生而就義。殺身而成仁。何嘗以四大形骸。强作外物。以要其一榮辱死生乎。

名節。道之藩籬。藩籬不守。其中未有能獨存者也。

按。名節。道中一事也。故道義具全。則名節亦全。道義虧欠。則名節亦虧。今以道爲名節中事。何其小道也。

天下未有不本於自然。而徒以其智。收顯名於當年。精光射來世者也。易曰。天地變化草木蕃時也。隨時屈信。與道翶翔。固吾儒事也。吾志其行乎。

按。道固簡易。非自私用智者所能至。然聖賢之言。明白切近。不若此言之矜忮遠實已。

神理爲天地萬物主本。長在不滅。人不知此。虛生浪死。與草木
一耳。

按。神理者。天地萬物妙用處。是固生生不息。浩浩不竆。然旣云
長在不滅。有似有形一物在天地萬物之上。而不滅者。恐非吾儒所謂
神與理也。

夫學有積累而至者。有不由積累而至者。有可以言傳者。有不可
以言傳者。由積累而至者。可以言傳。不由積累而至者。不可以言
傳也。

按。學之至道雖有難易。然聖賢敎人。則無不欲其積累而進。言之
傳道。雖有淺深。然聖賢立言。則近而遠小而大微而顯。何必不由積
累者爲善學。不可言傳者爲盡道乎。亦豈非以禪會言者乎。

優游自足無外慕。嗒乎若忘。在身忘身。在事忘事。在家忘家。在
天下忘天下。

按。禪家者流。每喜言忘字。此亦本色露處也。

以一念好生之仁。代血戰數萬之兵

按。孟子論推不忍人之心。則可以無敵於天下。陳氏之言。蓋亦此
意也。然立言氣象。自不同。不可不察。

顏子超然有見於卓爾之地。所以遨遊乎聖人之方。而玄同乎聖人之
神者。非可揣摩而得也。故其言曰。夫子步亦步趣亦趣。奔軼絶塵。
而回則瞠乎其後。

按。顏子有見卓爾之地。而初間用功。只在博文約禮。蓋有此實
功。故能見得實地。若謂之玄。則乃老莊所見。非顏子所見之地也。
所引顏子說。見家語。其語意氣象。與論語大別。正家語未純處也。

去耳目支離之用。全虛圓不測之神。

按。耳目之用。何可盡去乎。惟非禮勿視聽已。擇其視而目能明。
擇其聽而耳能聰。則所謂神之用。亦自全於其中。用與體合者也。

以上。白沙要語。

我此論學。是無中生有的工夫。諸公須要信得及云云。

按。想無成有。正是禪家宗旨也。

澄曰。好色好利好名等心。固是私欲。如閒思雜慮如何。亦謂之私
欲。曰。畢竟從好色好利好名等根上起。自尋其根。便見。如汝心
中。決知是無有做刦盜的思慮。何也。以汝元無是心也。汝若於貨色
名利等心。一切皆如不做。刦盜之心。一般都消滅了。光光。只是心
之本體。看有甚閒思慮。此便是寂然不動。便是未發之中。便是廓然
大公。自然感而遂通。自然發而中節。自然物來順應。

按問者可謂切問。而答說亦不無警發人處。惟所謂光光者。亦禪家
消息。蓋其歸宿在彼。雖有此邊一兩句好話。不足貴也。

陳九川往處州。再見先生。問近來工夫。雖若稍知頭腦。然難尋箇
穩當快樂處。曰。爾卻去心上尋箇天理。此正所謂理障。此間有箇訣
竅。曰。請問如何。曰。只是致知。曰。如何致。曰。爾那一點良
知。是爾自家底準則。爾意念著處。他是便知是。非便知非。更瞞他
一些不得。爾只不安。欺他實實落落。依著他做去。善便存惡便去。
他這裏何等穩當快樂。此便是格物底眞訣。致知底實功云云。

按。不於心上察天理人欲之分。惟從知覺所生者做去。則所謂是
者。豈能盡是。所謂非者。未必盡非。或以人欲爲天理者有之矣。大
抵禪學。主心而不知性。故自象山最不喜言性。而陽明所謂其中傑黠
者也。遂創致良知之說。以蓋其頓悟明心之跡。實有未易辨者。向禪

而惡其名者。靡然趨之。可勝痛哉。然釋氏全以靈覺爲得道。其與致良知相去幾何也。

先生曰。我輩致知。只是各隨分限所及。今日良知見在如此。則隨今日所知擴充到底。明日良知又有開悟。便從明日所知擴充到底。如此。方是精一功夫。

按。如此用功。則已無可克。又不必復於禮。幾何不爲肆欲妄行。而自以爲道者乎。

惟乾問知如何是心之本體。先生曰。知是理之靈處。就其主宰處說。便謂之心。就其稟賦處說。便謂之性。孩提之童。無不知愛其親。無不知敬其兄。只是這箇靈能。不爲私欲遮隔。充拓得盡。便完。完是他本體。便與天地合得。自聖人以下。不能無蔽。故須格物以致其知。

按。旣云稟賦爲性。主宰爲心。稟賦者。言其本也。主宰者。言其總也。置其本與總者。而以靈覺爲理之本體。然則性與心。只在無用之位而已。蓋性爲心之體。心爲性之器。而知覺卽心之機也。故知覺處辨其理氣義欲者。聖人之學也。知覺處無辨而直以所覺爲悟者。釋氏之學也。以此觀之。陽明良知之說。亦根於禪。不難知也。惟托重於孟子之訓。而整菴有辨曰。知能乃人心之妙用。愛敬乃人心之天理。以其不待思慮而自知此。故謂之良。近時。有以良知爲天理者。然則愛敬果何物乎。可謂要言不煩而明者矣。

問大學云云。答云云。

按。陽明大學說。以致知爲致良知。以格物爲正物。此其大旨。累千百言。不過文成此言。多不盡錄。而整菴辨之極密。亦不贅焉。

門人問知行如何得合一。且如中庸言博學之。又說箇篤行之。分明

知行是兩件。先生曰。博學。只是事事學。存此天理。篤行。只是學
之不已之意。又問易學以聚之。又言仁以行之。此是如何。先生曰。
也是如此事事去學。存此天理。則此心更無放失時。故曰學以聚之。
然常常學存此天理。更無私欲間斷。此卽是此心不息處。故曰仁以行
之。又問。孔子言知及之。仁不能守之。知行卻是兩箇了。先生曰。
說及之。已是行了。但不能常常行。是爲私欲間斷。便是仁不能守。

　按。中庸易傳論語三說。言異而義同。非徒此也。凡聖賢明訓。兼
舉知行而言者。甚多。不啻明白。而言知一邊。最害於致良知之說。
故率皆抑勒牷賊。以從其意。不顧其不成言語。不成義理。卒不免爲
侮聖言亂聖經之罪魁。可謂異端之無忌憚者。其問者略舉其端。輒爲
其言辯氣焰所沮。不能窮極到底。爲可恨也。若舉三說中間名目始終
條理。更問其節度。未知其答說果復如何耳。

　又問心卽理之說。程子云。在物爲理。如何心卽理。先生曰。在物
爲理。在字上當添一心字。此心在物則爲理。如此心在事父則爲孝。
在事君則爲忠之類。先生仍謂之曰。諸君要識得我立言宗旨。我如今
說箇心則理。是如何。只爲世人分心與理爲二。故便有許多病痛。如
五伯攘夷狄尊周室。都是一箇私心。便不當理。人卻說他做得當理。
只心有未純。往往悅慕其所爲。要來外面做得好看。卻與心全不相
干。分心與理爲二。其流至於伯道之僞。而不自知。故我說箇心卽
理。要使知心理是一箇便來心上做工夫。不去襲義於外。便是王道之
眞。此我立言宗旨。

　按。程子本說曰。在物爲理。處物爲義。謂物各有其理。處是物而
合於理。則爲義。在物爲理者。猶言有物必有則也。處物爲義者。猶
言修道之爲敎也。以心言之。其涵理者心。理非心也。制義者心。義

非心也。若謂心卽理。亦可曰心卽義乎。蓋心者。主宰靈覺者也。其體則性。其用則情。性無有不善。而情動之機。善惡分。故曰道心惟微。人心惟危。必須精一以執其中。精一執中。乃處物爲義之方。而中卽理之至處也。若心便是理。不必分道人。不分道人。又不必精一。今謂自聖人至於常人。其心之所發無有不合於中者。以此言之。非但不識性。亦未嘗識心也。王伯之分。亦由於人心道心。發於道心。則處物盡義而合於理。故爲王道。發於人心。則處物借義而未合於理。故爲伯道。苟以心卽理而惟心所欲。曰。此合理之王道云爾。余恐不止不得爲王道而已。又將爲伯者之罪人之不暇也。然此說亦非陽明所創。象山已言之。又非象山自言。自佛祖以靈覺爲性。作此根本。何足與論於吾儒之學哉。

黃以方問。先生格致之說。隨時格物。以致其知。則知是一節之知。非全體之知也。何以到得溥博如天。淵泉如淵地位。先生曰。人心是天淵。心之本體。無所不該。原是一箇天。只爲私欲障碍。則本體失了。心之理無窮盡。原是一箇淵。只爲私欲窒塞。則淵之本體失了。如今念念致良知。將此障碍窒塞。一齊盡去。則本體已復。便是天淵了。乃指天以示曰。譬如面前見天。是昭昭之天。只爲許多房子墻壁遮蔽。便不見天之全體。若撤去房子墻壁。總是一箇天矣。不可道眼前天是昭昭之天。外面又不是昭昭之天也。於此便見一節之知。卽全體之知。全體之知。卽一節之知。總是一個本體。

按。心量之大。有可以溥博淵泉。而必有積累之功。理無不明。義無不盡。然後可以擴充得盡。是則所謂一節之知與全體之知。雖非異知。而一節之知多而積者。實爲湊成全體之知之方。故曰。盡其心者。知其性也。知其性則知天矣。以夫子之聖。十五志學。至四十不惑。五十方知天命。下聖人者。安能遽有溥博淵泉之知乎。

崇一問。致其良知而求之見聞。似亦知行合一之功。如何。先生曰。良知不由見聞而有。而見聞莫非良知之用。故良知不滯於見聞。而亦不離於見聞。孔子云。吾有知乎哉。無知也。良知之外。別無知矣。故致良知是學問大頭腦。是聖人敎人第一義。今云專求之見聞之末。則是失卻頭腦而已落在第二義矣。近時同志中。蓋已莫不知有致良知之說。然其工夫尙多鶻突者。正是欠此一間。大抵學問工夫。只要主意頭腦是當。若主意頭腦。專以致良知爲事。則凡多見多聞。莫非致良知之功。蓋日用之間。見聞酬酢。雖千頭萬緖。莫非良知之發用流行。除卻見聞酬酢。亦無良知可致矣。故只是一事。若曰致良知而求之見聞。則語意之間。未免爲二。此與專求之見聞之末者。雖稍不同。其爲未得精一之旨則一而已。多聞擇其善者而從之。多見而識之。旣云擇。又云識。其良知亦未嘗不行於其間。但其用意。乃專在多聞多見上去擇識。則已失卻頭腦矣。

按。程朱格致之說。蓋以天下之物。莫不有理。人心之靈。莫不有知。必因其已知者。益窮之以求至乎其極。若但多見多聞。而無得於心。則非所以致知者。以此言之。王氏之說似近。而以其所謂致良知者觀之。卻自徑庭不通。何者。其訓格物曰。格。正也。正其不正。以歸於正。而致吾之良知。夫旣無不正。旣無不知。則無所資於見聞也。又何以多見多聞爲功也。人之所知。固行於見聞酬酢之間。故致知者。亦不可離見聞而爲功。旣不可離。則又何以爲二也。其主意。實欲剗去見聞。自徇心靈。可以一超直入如來地。而姑以是說。以蓋其本色耳。

崇一問。思索亦是良知發用。與私意安排者。何所取別。先生曰。

思曰睿。睿作聖。心之官則思。思則得之。思其可少乎。沉空守寂與
安排思索。正是自私用智。其爲喪失良知一也。良知是天理之昭明靈
覺處。故良知卽天理。思是良知之發用。若是良知發用之思。則所思
莫非天理矣。良知發用之思。自然明白簡易。良知亦自能知得。若是
安排之思。自是紛紜擾攘。良知亦自會分別得。蓋思之是非邪正。良
知無不自知者。所以認賊作子。正爲致知之學。不明不知。在良知上
體認之。

按。虛靈者。心之體。知覺者。心之用。思則因知覺而揣度者。知
覺有邪正。思有當不當。而其體則一而無二。故朱子曰。心之虛靈知
覺一而已。而所以爲知覺者不同。今謂良知之思良知。自知得。安排
之思良知。亦分別得。然則其思者與知別者。有兩心。以相辨別去
取。書與孟子所謂思。果若是乎。呂芸閣與伊川論中。以爲循性而
行。無往而非禮義。伊川謂氣味殊少。夫性是至善之理。循而行之。
則於禮義。若不遠。而伊川

非之。以其無循道之節也。良知雖曰不學而能。苟非生知之聖。
豈遽能無不通無不正。以知性知天而盡其心哉。孟子之意。則蓋擧
人不學知能之一端。欲其知性之本善。而不爲暴棄之歸。豈欲全靠此
爲學乎。

崇一問。寧不了事。不可不加培養。如何云分爲兩事。或鼓舞支
持。事畢則困憊已甚。旣迫於事勢。又困於精力。奈何。先生曰。寧
不了事。不可不加培養之意。且與初學如此說。亦不爲無益。但作兩
事看了。便有病痛。在。孟子言必有事焉。則君子之學。終身只是集
義一事。義者。宜也。心得其宜之謂義。能致良知。則心得其宜矣。
故集義。亦只是致良知。君子之酬酢萬變。當行則行。當止則止。當

生則生。當死則死。斟酌調停。無非是致良知。以求自慊而已。故君
子素其位而行。思不出其位。凡謀其力之所不及。而强其知之所不能
者。皆不得爲致良知。而凡勞其筋骨。餓其體膚。空乏其身。行拂亂
其所爲。動心忍性。以增益其所不能者。皆所以致其良知也。若云寧
不了事。不可不加培養者。亦是先有功利之心。計較成敗利鈍。而愛
憎取舍於其間。是以將了事。自作一事而培養。又別作一事。此便有
是內非外之意。便是自私用智。便是義外。便有不得於心。勿求於已
之病。便不是致良知。以求自慊之功矣。所云鼓舞支持。畢事則困憊
已甚。又云迫於事勢。困於精力。皆是把作兩事做了。所以有此。

　按。存養做事。不可作兩件看之說固是。然其所以不可作兩件者。
只爲一心萬事之本也。萬事一心之用也。故存養深則做事易爲力。做
事當則存養盆深厚。所以動靜交養。體用相資者然也。今以心得其宜
爲集義。是義不涉於事也。以培養之事爲計較。是心無事於養也。然
則義以方外。敬以直內。爲無所用之空言。是豈不作兩件之謂乎。且
以學者言之。所當先事。而不可少忽者存養。而事物之來雖不可不
應。若事之至大至重。吾之力量見識。有所不及。則固當謙遜讓於能
者。若以不能處此事。而自撤培養。夫子何以說漆雕開之不仕乎。

以上陽明語錄。

<table>
<tr><td>저 자</td><td>식산(息山) 이만부(李萬敷)</td></tr>
<tr><td>제 목</td><td>「龍谿王氏 (畿) 南遊會記」</td></tr>
<tr><td>출 전</td><td>『息山先生文集』, 卷十四 「雜著: 雜書辨[下]」, 一～六面,
韓國文集叢刊 178 (民族文化推進會 1996. 12.), 315～7면.</td></tr>
</table>

或問云云。先生曰。老, 佛自有老, 佛之體用。申, 韓自有申, 韓之體用。聖人自有聖人之體用。天下無無用之體無體之用。故曰體用一原。

體用一原。非此之謂也。蓋欲以老, 佛, 申, 韓之體用。同於聖人之體用。其亦誤矣。

或問。白沙敎人。靜中養出端倪如何。先生曰。端卽善端之端。倪卽天倪之倪。人人所自有。然非靜養。則不可見。泰宇定而天光。發此端倪。卽所謂欛柄。方可循守。不然。未免茫蕩無歸。不如直指良知眞頭面。尤見端的云云。

所謂養出端倪。正禪家消息。而良知之說。則又似禪非禪之伎倆也。濂溪言主靜。孟子言良知。陳王所藉重而究其歸趣。奚啻冰炭乎。

友人述上蔡講一部論語。證以師冕一章之義。請問先生曰。一部論語。爲未悟者說。所謂相師之道也。故曰。及階及席。某在斯某在斯。一一指向他說。若爲明眼人說。卽成剩語。非立敎之旨矣。

陽明嘗云。六經皆吾注脚。今此說所祖述也。孔子以生知之聖。讀易。至於三絕韋編。何也。

或曰。人議陽明之學。亦從蔥嶺借路來是否。先生曰。非也。非惟吾儒不借禪家之路。禪家亦不借禪家之路云云。今日良知之說。人孰不聞。卻須自悟。始爲自得。自得者。得自本心。非得之言也。聖人先得

我心之同然。印證而已。若從言句。承領門外之寶。終非自家珍。人心
本來虛寂。原是入聖眞路頭。虛寂之旨。羲，黃，姬，孔相傳之學脈。
儒得之以爲儒。禪得之以爲禪。非有所借而慕。非有所托而逃也。

　王氏之學。本似禪而濟之以權數。蓋非自儒而借禪路。乃以術而假
儒名。所謂不借路者。亦不可謂不知陽明。而推尊良知之說。以爲羲，
黃，姬，孔之學脈。則其中毒於陽明已深矣。蓋不分眞妄善惡。以感
於形氣者爲良知。則佛氏所謂運水搬柴。無非性者是也。終必至於人
欲長而天理亡。孟子本旨。果如是乎。

　洞山尹子。舉陽明夫子語莊渠以心常動之說。有諸。先生曰。然。
莊渠爲嶺南學憲時過贛。先師問子才如何是本心。莊渠云。心是常靜
的。先師曰。我道心是常動的。莊渠遂拂衣而行。末年予與荊川。請
教於莊渠。莊渠首舉前語。悔當時不及再問。因究其說。予曰。雖有
矯而然其實心體。亦原是如此。天常運而不息。心常活而不死。動卽
活動之意。非以時言也。因請問心常靜之說。莊渠曰。聖學全在主
靜。前念已往。後念未生。見念空寂。旣不執持。亦不茫昧。靜中光
景也。又學有天根天機。不可并舉而言。如此分疏。亦是靜存動察之
遺意。悟得時謂是心常靜。亦可謂是心常動。亦可。謂之天根。亦
可。謂之天機。亦可。心無動靜。動靜。所遇之時也。

　莊渠所云靜字。乃禪家本色也。惟陽明不純於禪。而且其爲人也。
喜爲作執誇耀。每於人言下。用迷藏之術。故曰心常動。夫心有體焉
有用焉。豈有所偏靜偏動者乎。正所謂得其半失其半均也。莊渠之始
拂衣而後悔者。何也。惟其心常活之說則似之。而若以活爲常動之
證。又不然。心之爲體雖靜。而不害其活。非必動然後始活。靜時若
無所以活。何以動而能活乎。至於莊渠結語曰。心無動靜。動靜時

也。然則無動靜爲一心。遇時而動靜。又爲一心。心有二也。

或問所論致知格物之義。尙信未及。先生曰。有諸己。方謂之信。子試驗看。日逐應感視聽喜怒。那些不是良知覺照所在。良知卽天。良知卽帝。顧天之命者。顧此也。順帝之則者。順此也。人生一世。只有些件事。得此欛柄入手。方能獨往獨來。自作主宰。不隨人非笑。方是大豪傑作用也。

其言全出於作用是性之義。佛語曰。起心動念。彈指瞬目。所作所爲。皆是佛性。與所謂應感喜怒。皆爲良知者。何異。朱子嘗曰。釋氏棄了道心。取人心之危者。而作用之。王氏良知之說。正亦然矣。或人特一無識之人。而蔽痼猶未深。故不能無疑於其說。而答之者。極其費力張大。欲令人眩惑。不敢復開口陳。白沙亦云。得此欛柄。更有何事。其語法所自來。亦可見矣。

謝子問未發之旨。先生曰。此是千聖秘密藏。不以時言。在虞庭謂之道心之微。不與已發相對。微是心之本體。聖人不能使之著。天地亦不能使之著。所謂無聲無臭是也。若曰微者著。卽落聲臭。非天載之神矣。吾人之學。須時時從此。緝熙保任。方是端本澄源之學。勃然沛然。自不容已。若只從意識見解領會。轉眼還迷。非一得永得也。

子思子首以未發對已發言。蓋心有體用動靜。未發之有時而發。與已發之有時而復於未發者無以異。非徒子思言之。夫子亦嘗言寂然不動。感而遂通天下之故。聖賢公天下之義理。以開示萬古。謂之秘藏者。卽私意根株也。若道心曰惟微。則是已發而未著之謂。果未發也。豈止曰微乎。況無聲無臭者。形容成德極致之言也。初不可證道心之爲未發也。若究言之。道心於未發之中則爲已動。於已發之和則

爲未顯。而無聲無臭之德。自道心擴充而成者。蓋自敬止緝熙。至於
平章協和。無非道心著處。而特其所存者。無聲臭耳。若妄行妄作。
而自以爲道心在於無聲臭之地。其孰信之。

李子問顏子屢空之義。先生曰云云。問曰。然則廢學與見聞。方可
以入聖乎。先生曰。何可廢也。須有箇主腦。古今事變無窮。得了主
腦。隨處是學。多識前言往行。以畜其德。畜德便是致良知。舜聞善
言見善行。沛然若決江河。是他心地光明。圓融洞徹。獨處無礙。所
以謂之大知。不是靠見聞幫補些子。此千聖學脈也。

屢空之說。亦原於何晏。此乃禪家常談也。惟其再問之說。乃其所
難對。而以其自托於吾儒。故不敢直曰廢學。遂以主腦藉口。所謂主
腦者。良知也。以其所謂致此者言之。亦何嘗有資於古今事變前言往
行而畜德也乎。至於聞善言見善行沛然若決江河。生知大聖之事也。
非凡人一朝遽能之。蓋其言比之前數條。則自相矛盾。自相橫決。可
知其爲文餙之辭也。

<table>
<tr><td>저　자</td><td>식산(息山) 이만부(李萬敷)</td></tr>
<tr><td>제　목</td><td>「三山麗澤錄」</td></tr>
<tr><td>출　전</td><td>『息山先生文集』, 卷十四「雜著: 雜書辨[下]」, 六〜十五面,
韓國文集叢刊 178 (民族文化推進會 1996. 12.), 317〜22면.</td></tr>
</table>

遵巖子曰。孔子六十而耳順。此六經中未嘗道之語。不曰目與口
鼻。惟曰耳順。何謂也。先生曰。目以精用。口鼻以氣用。惟耳以神
用。目有開闔。口有吐納。鼻有呼吸。耳無出入。佛家謂之圓通。觀

順逆相對。孔子五十而知天命。能與太虛同體。方能以虛應世。隨聲
所入。不聽之以耳。而聽之以神。更無好醜簡擇。故謂之耳順。此等
處。更無巧法。惟是終始一志。消盡查滓。無有前塵。自能神用無
妨。自能忘順逆。

大舜之聞善言見善行沛然若決江河。卽耳順不踰矩之地。而孟子之
知言。亦是此境也。以此證之。耳順之義明白平實。聖人非特地駕虛
說出諸經所無之言也。問者之意。出於玄虛想。故答說尤欲深微奇
特。而耳目口鼻之所司。氣與精神之分屬。反甚粗淺。無所發明。至
其直解順之義。則乃曰無好醜簡擇。然則善惡無所辨。是非無所別
者。始可謂之耳順乎。

蒙泉祈子請聞過。先生曰。此是不自滿之意。安節自守。每事從
簡。月計不足。歲計有餘。士民日受和平之福。只此是寡過之道。要
人說過。不如自己見過之明。苟有無心之失。不妨隨時省改。今人憚
了改過。非但外難。亦是體面放不下勘破此關。終日應酬。可以灑然
無累矣。

請聞過。可謂切問。而只教以討安便簡約處作活計。與子路喜聞過
之意不同矣。且要人說過。固不如自己見過之明。而其言改過之道。
只在於放下體面。則亦何貴於明辨而篤行歟。

遵巖子曰。荊川隨處費盡精神。可謂潑撒。然自跳上蒲團。便與木
偶相似。收攝保聚。可無滲漏。予則不能及。先生曰。此事非可強
爲。須得其機要。有制煉魂魄之功。始得伏藏。始無滲漏。荊川自謂
得其機要。能煉虛空。亦曾死心入定。固是小得手處。然於致良知功
夫。終隔一塵。蓋吾儒致知。以神爲主。養生家以氣爲主。戒愼恐
懼。是存神功夫。神住則氣住。當下還虛。便是無爲。作用以氣爲

主。是從氣機動處理會。氣結神凝。神氣含育。終是有作之法。

養生家。例以氣爲一物弄得來。今自言其工夫。而以神爲主。是又以神爲一物弄得來。其間豈能以寸乎。吾儒之學。戒愼恐懼者。所以涵養德性之本。德性得養。則自然神淸氣定。況又有省察之功以相資。培本末始終。無一不實。元無所謂還虛之法也。

楓潭萬子問曰。古人通晝夜之道而知。何謂也。先生曰。千古聖學。只一知字盡之。知是貫徹天地萬物之靈氣。吾人日間。欲念慌惚。或至牿亡。夜間。雜氣紛擾。或至昏沉。便是不能通乎晝夜。便與天地不相似。便與萬物不相涉。時時致良知。朝乾夕惕。不爲欲念所擾。昏氣所乘。貞明不息。方是通乎晝夜之道。而知通乎天地萬物。自能範圍曲成。存此謂之存神。見此謂之見易。故神無方而易無體云云。

朝乾夕惕。不爲欲念所擾。昏氣無所乘等語。俱不屬知。雖揷入良知字。而終有所不可强通者。以爲通晝夜操存。則非傳文義。以爲致良知而通晝夜之理。則致良知之本旨。不覺其自失矣。

遵巖子問先師在軍中。四十日未嘗睡。有諸。先生曰。然。此原是聖學。古人有息無睡。故曰向晦入燕息。世人終日擾擾。全賴後天渣滓厚味培養。方穀一日之用。夜間全賴一覺熟睡。方能休息。不知此一覺熟睡。陽光便爲陰濁所陷。如死人一般。若知燕息之法。當向晦時。耳無聞。目無見。口無吐納。鼻無呼吸。手足無動靜。心無私累。一點元神。與先天淸氣相依相息。如爐中種火相似。比之後天昏氣所養。奚啻什百。

天地以晝夜而闔闢。萬物以晝夜而動靜。故隨之象曰。向晦入燕息。卽隨時之義也。君子隨時之義。朝乾夕惕。向晦燕息。所以與天地萬物之理相關焉。旣云隨時。則當寢而寢。當寤而寤。乃理之所當然。特不可耽淫沉昏。以損其志氣。孟子夜氣之說。爲此也。未聞古人以不睡爲教。惟聞釋迦修行時有此節拍。至今其徒誇詡不已。陽明之事。無乃效此歟。世間有一種暴棄底人。或其氣頗壯實。或其神頗清旺。能不困於昏睡。此亦可以先天之氣許之耶。若孔子之終夜不寢。言其致思之切也。周公之坐而待朝。言其救時之急也。非謂如道家之胎息强於不睡也。蓋陽明自多權數。故能用兵制勝。其在軍不睡。安知不爲區畫籌策。而後人之所闡揚。反爲其所誣也耶。

遵巖子問曰。學術不出于孔氏之宗。宗失其統而爲學者。其端有二。曰俗與禪。若夫老氏之學。則固吾儒之宗派。或失於矯則有之。先生曰。異端之說。見於孔氏之書。當時佛氏未入中國。其於老氏尙往問禮。而有猶龍之歎。莊子宗老而任狂。非可以異端名也。吾儒之學。自有異端。至於佛氏之家。遺棄物理。究心虛寂。始失於誕。然今日所病。卻不在此。惟在俗耳。世之儒者。不此之病。顧切切焉惟彼之憂。亦見其過計也已。良知者。千聖之絶學。道德性命之靈樞也。致知之學。原本虛寂。而未嘗離於倫物之感應。外者有節。而內者不誘。則固聖學之宗也。何偏之足病。故曰致知在格物。言格物所以致吾知也。吾儒二氏。毫釐之辨。正在於此。惟其徇於物感之迹。揣摸假借。不本於良知。以求自得。始不免于俗學之支離。不可不察也。

吾儒之於異端。必欲辨之明斥之嚴。何也。誠如所謂不塞不流。不止不行。乃不得已也。惟一種名是而實非者。於異端則陽攻而陰主之。於吾儒則陰害而陽尊之。是故。陽明之徒。外自引托於聖人之道。而最惡據程朱之說。以議其失者。於此問答。亦可見矣。既以老莊謂非異端。而以問禮之事。猶龍之歎。實之。豈非樂其誕而自少者。且以佛爲不當憂。而惟俗學之是病。夫俗學。譬則邦內之民不犖

教者也。敎之治之可也。老佛。譬則夷狄也。盜賊也。不可不毆逐之
滅絶之。而今其取舍若是。又豈是得性情之正者乎。况其所謂俗學。
不止於繳繞文義。離本逐末之輩。實指程朱格物之說而言之。是何異
於擧夷狄盜賊。而纂堯舜者也。

　友人問佛氏雖不免有偏。然論心性甚精妙。乃是形而上一截理。吾
人叙正人倫。未免連形而下發揮。然心性之學。沉埋已久。一時難爲
超脫。借路悟入。未必非此學之助。先生曰。此說似是而實非。本無
上下兩截之分。吾儒未嘗不說虛不說寂不說微不說密。此是千聖相傳
之秘藏。從此悟入。乃是範圍三敎之宗。自聖學不明。後儒反將千聖
精義。讓與佛氏。纔涉空寂。便以爲異學。不肯承當。不知佛氏所說
本是吾儒大路。反欲借路而入。亦可哀也。夫仙佛二氏。皆是出世之
學。佛氏雖後世始入中國。唐虞之時。所謂巢，許之流。卽其宗派。唐
虞之聖學明。巢，許在山中。如木石一般。任其自生自化。乃是堯舜一
體中所養之物。蓋世間自有一種淸虛恬淡不耐事之人。雖堯舜。亦不以
相强。只因聖學不明。漢之儒者。强說道理。泥於刑名格式。執爲典
要。失其變動周流之性體。反被二氏點檢訾議。敢於主張做大。吾儒不
悟本來自有家常。反甘心讓之。尤可哀也已。先師嘗有屋舍三間之喩。
唐虞之時。此三間屋舍。原是本有家常。巢許輩皆其守舍之人。及至後
世。聖學做主不起。僅守其中一間。左右兩間。甘心讓與二氏。及吾儒
之學日衰。二氏之學日熾。甘心自謂不如。反欲假借存活。泊其後來。
連其中間。岌岌乎有不能自存之勢。反將從而依歸之。漸至失其家業而
不自覺。吾儒今日之事。何以異此。間有豪傑之士。不忍甘心於自失。
欲行主張正學。以排斥二氏爲己任。不能探本入微。務於內修。徒欲號
召名義。以氣魄勝之。秖足以增二氏之檢議耳云云。

朱子嘗曰。近世學佛者。本以聖賢之言爲卑近。而不滿於其意。顧天理民彝有不容殄滅者。則又不能盡叛吾說。以歸於彼。於是因其近似之言。以附會之。凡吾教之以物言者。則挽而附之於己。以身言者。則引而納之於心。以苟幸其不異於彼。而便於出入之兩是。(朱子說止此。) 凡陰陽異主者之情態實如是。故此問者借路之說。其意亦然而已。至其答說。則反以佛氏之說。爲吾儒大路。而恨人之不能深造於佛。若咎兩蘇以文義贊佛乘之失。殆所謂索性而無忌憚者也。吾儒之所謂虛所謂寂所謂微所謂密。果與佛氏無異。而又無兩截之分。則佛氏亦有灑埽應對入孝出悌之敎。經禮三百威儀三千之文乎。所謂灑埽應對入孝出悌。三百三千之至實至動至著至費者。即形而下之截。而其必有所以然與所當然。則其形而上之截者。無不具於吾心至虛至寂至微至密之中。此所以吾儒之學虛而實寂而動微而著密而費。而一以貫之者也。彼佛氏。虛則虛而已。寂則寂而已。微則微而已。密則密而已。其下一截者。外之絶之。而欲攬取上一截者。而上下隔絶。道器分離。實不得虛不得寂不得微不得密不得。無有一處近似。然則其借路之意。亦不免南轅適秦之失。況可適楚而自以爲已入秦乎。然其說。本自陽明屋舍之喩而權輿焉矣。今復借其喩而言之。則是屋者本堯舜之所刱也。處天下之中。開文明之都。而宮室之美百官之盛。至周孔而畢備。及夫聖人亡。敎化衰。道學無傳。則是屋也未嘗亡也。而只因人不肯居之。故堂室未免於荒廢。階級未免於頹圮。而彼佛氏者。乘其間而逞其私。別構一屋於深僻山谿之間。自以爲奇特絶妙。而初不知堯舜之屋所在之處。天下之無知識者雖趣之。而其高明士大夫之流。則有不肯顧。於是其徒之稍桀詰者。乃復裝點其榱桷。以混於堯舜之屋。而惟恐其屋之或不似於堯舜。則所謂高明士大夫遂亦匍匐而爲之役矣。何幸。程朱大賢有作肯構肯堂之責。無所不盡。
而數千年荒廢之屋。得復修緝。所由而入之路。亦皆闢開。指示於
人。又明言佛氏之屋之異於是屋。極其懇懇。後之學者。若篤信其
言。勉勉循循。不他不止。則其必有陞堂入室之時。後之儒名禪宗
者。出則復欲由彼之路而入此之室。其甚者。又直入彼之室而謂堯舜
之室在是。又其甚者。訾議堯舜之室。反欲易其結構鋪置之勢。是
故。釋迦之害猶淺。而禪而假儒者之害爲尤甚矣。今旣不知吾儒與老,
佛之屋處地之不同。又不知吾儒所以爲屋亦絶異於老,　佛。故謂三敎
幷容於一屋。若以漢,　唐聖學絶統之時。許其中一間。則其待漢,　唐
可謂太恕不薄。而苟眞有中間守居之人。則左右兩間。自然爲其所
管。雖欲容異類。有不可得矣。而又以許乎二氏。則是何異雜薰,　蕕,
冰,　炭於一器之中也。由此觀之。爲此說者。恐不暇哀人而反爲人所
哀。不止於哀。而終不免任斯文者聲罪而討之也。

저　자	식산(息山) 이만부(李萬敷)
제　목	「嶺南楊氏 (起元) 秣陵記聞」
출　전	『息山先生文集』, 卷十四 「雜著: 雜書辨[下]」, 十五〜九面, 韓國文集叢刊 178 (民族文化推進會 1996. 12.), 322〜4면.

　一友問士希賢。賢希聖。聖希天。爲學必須如此漸進。何如。師
曰。能信自己是眞士。則聖天在我。何以希爲。又一友問曰。何爲眞
士。師曰。識士心。識眞士矣。何爲聖天。師曰。識心。識聖天矣。
　此亦所謂明心之學也。

永寧問。何爲聖而不可知之之謂神。師召永寧。寧應諾。師曰。可知乎。不可知乎。寧且對且頷曰。不可知也。師曰。卻不是不可知之之謂神。不可知卽是良知。夫良者。易直之謂。子首頷時。何等易直。何嘗思慮。旣不慮矣。又誰知之。故孔子曰。吾有知乎哉。無知也。豈不是聖而不可知之之謂神。聖而不可知之之謂神。卽是可欲之謂善。問曰。何欲爲可。師曰。欲明明德於天下者。聖人之眞欲也。此欲一眞天命。人心卽於此立。從心所欲。無不可者。

聖而不可知之之謂神者。言聖人用處神妙而不測。如綏之斯來動之斯和之類。則果聖人自所不知乎。抑人所不知乎。且聖神。雖自可欲之善。擴充以至。而進道有序焉。何可纔欲善而便能神也。此全用頓悟之法。而有不成說者。

師語及克己復禮爲仁。因問永寧疑信何若。對曰。克己之克。先儒訓能明德。羅子發之更詳。如此。方與由己相貫。深合大易自復大學自明之旨。寧無疑矣。第請問其目一節。心竊有疑。師曰。子所疑。得非以禁止之說耶。目者。面目。禮者。本體。勿。猶弗也。不必爲禁止辭。蓋顏子問禮之面目。孔子以當下視聽言動處點之。謂視聽言動。無非本體發現。非此本體。則不能視聽言動。離此視聽言動。亦無從見本體矣。故曰。等閑識得東風面。萬紫千紅總是春。此孔，顏針芥相投。有非俗學所能測者。若以禁止論。乃原憲制私之學。豈孔子所以語顏子乎。言動且不論。比如聲色一交於前。耳目不及掩。當下已視聽矣。禁止工夫。從何以用。聖學原自簡易。不可作煩難。昔賢云。須從根本求生死。莫向支流辨淸濁。吾亦云。須從易簡求仁禮。莫向煩難辨是非。子請勿疑。

以視聽言動。爲禮之面目。以禮爲視聽言動之本。其意將絕其視聽

言動乎。抑將任其視聽言動乎。絶之則不分眞妄。俱絶之矣。任之則
不分眞妄。俱任之矣。釋氏。以運水搬柴爲性。不知運水搬柴非性。
而運水搬柴之合則者爲性。正如此說之。以視聽言動爲禮。不知視聽
言動非禮。而視聽言動之合理者。爲禮也。故克復之幾。只在勿之一
語。而朱子又訓禮以理。然後乃安。此其工夫之密。下語之精。至爲
平實。平實故亦甚簡易。原憲則克伐怨欲不行而止。而顏子所勿者人
欲。所復者天理。又何可比而同之乎。蓋於視聽言動。不分眞妄。皆
以爲禮之面目。則以勿之之工。毫釐必辨者。謂之煩難。無異不知混
眞妄之尤爲煩難。亦可哀也。

友問何生非死。何死非生。生死死生。如何合一。師曰。生死本
一。卻如何合。欲如何合。便已二了。於是命寧歌寒山之詩。詩曰。
欲識生死譬。且將冰水比。水結卽成冰。冰消反成水。已死必應生。
出生還復死。冰水不相傷。生死還雙美。一友曰。美則美矣。其奈輪
迴何。師曰。迷有輪迴。覺無生死。一友因歌曰。覺大士長如是。度
衆生不生死。師曰。華嚴不動智。人人是如此。

輪迴之說。佛氏本爲愚弄下品而設。其徒之自好者。亦多諱之不
說。而其言如此。若使陽明復作。亦必呵禁之不暇矣。如此條者數
說。而錄此一條。以考其學之全出於佛云爾。

吳覺甫曰。先儒嘗云。操心如操鍊兵馬。要得進退如法。又如操舟
舵。要得緩急如意。何也。師曰。子不察耶。可操者兵也。而心非
兵。可操者舟也。而心非舟。凡天下有形之物。皆可以言操。惟心無
形。不可得而操。覺甫曰。何以謂之操則存。師曰。操兵也。心則存
於兵。操舟也。心則存於舟。及舍之。而心復返於無矣。覺甫曰。由
此言之。則心能操物。無物能操心耶。師曰。否。人本無心。因物有

心。心旣因物有心。謂物能操心也亦可。故曰。獨孤臣孽子。其操心
也危。但物能操心。畢竟爲常人言。不爲識者言。識心者心爲萬物
主。其大無對。獨往獨來。無能操者。

此說問答。屢變無所的旨。最後分常人之心識心者之心者。爲其歸
宿也。心若因物而有。則非心主物而乃反物主心也。心又若獨往獨
來。則心與物不相干涉。又何能爲萬物主也。凡心無形。所謂操。固
不若手執有形之物也。然外誘之引。內欲之出也。任其汩亂奔馳。則
天理滅息。若舍之而亡去。故於此焉覺而整之。而使人欲不得肆。天
理無所晦。則亦是操而存者。何必較其形之有無乎。孟子又曰。權然
後知輕重。度然後知長短。又曰。鷄犬放則知求之。放其心而不知
求。皆以操舍而言也。

13) 성호(星湖) 이익(李瀷)
[1681년(숙종7)~1763년(영조39)]

저 자	성호(星湖) 이익(李瀷)
제 목	「王陽明」
출 전	『星湖先生僿說』, 卷九「人事門」, 二三~四面, 『星湖僿說』第四輯 (민족문화추진회, 1978. 10.), 12면.

退溪云。陽明學術頗訧。其心强狠自用。其辨張皇震耀。使人眩惑
而喪其所守。賊仁義。亂天下。未必非此人也。欲排窮理之學。則斥

朱說於洪水猛獸之災。欲除繁文之弊。則以始皇焚書爲得孔子刪述之
意。其言若是。而自謂非狂惑喪心之人。吾不信也。陽明旣斥朱子以
洪水猛獸。皇明之世旣不能不祀朱子。又必並享陽明於一宮。可乎。
退溪之論又如此。東人旣不能不祀退溪。陽明之不可並享。亦明矣。
初陽明從祀議起。北方皆從不可祀之論。南方皆主可祀之論。南方之
人多而盛。其言遂行。非公共之論也。西厓集有云。魯認者壬辰被
虜。入日本。遇浙江人。遂自日本逃至福建。邐迤入武夷山。第五曲
有朱子書院。院長每日率諸生講學行禮。學規甚嚴。晨起擊鍾。諸生
分庭相揖。歌關雎三章。登堂聽講。日晚乃罷。夕又相揖。歌鶴鳴。
日以爲常。令認同衆講席幾數月。臨別。各爲歌詩以贈之。且曰聞朝
鮮以爲中原尙陸子。實不然。陸學間有。此則專崇晦庵之學。須以所
見歸語朝鮮。後認還國傳此事。以此數條推之。陸王之學中國亦不甚
盛。其所尊尙者卽間有之耳。何足爲懷襄天下之慮耶。向者吳京問答
特一時偶然也。明廷旣有從祀之典。則居學者似此酬答理或有之。未
必爲天下之大是非也。余考弇州集。王錫爵學士議陽明從祀云。夫夫
霸儒也。外似儒。而心事禪。其女曇陽大師沮之。學士爲削草云。

저 자	성호(星湖) 이익(李瀷)
제 목	「知行合一」
출 전	『星湖先生僿說』, 卷十八「經史門」, 九～十面, 『星湖僿說』第七輯 (민족문화추진회, 1977. 12.), 5면.

陽明知行合一之說亦有由。然其言曰。凡謂之行者只是着實去做此

事。若着實做學問思辨工夫。則學問思辨便是行矣。學是學此事。問
是問此事。思辨是思辨此事。則行亦便是學問思辨矣。若謂學問思辨
之。然後去行。却如何懸空先去學問思辨得。行時又如何去學得學問
思辨之事。行之明覺精察處便是知。知之眞切篤實處便是行。若行而
不能精察明覺。便是冥行。便是學而不思則罔。所以必須說知。知而
不能眞切篤實。便是妄想。便是思而不學則殆。所以必須說行。原來
只是合一工夫。愚謂學有兼知行而言者。如學而時習之類是也。人有
孝弟。我去學爲孝弟。果是行。見人窮理讀書爲求知工夫。我去學窮
理讀書。亦豈非學乎。學有以身學者。有以心學者。學則皆可謂之
行。然則孝弟之類是身之行也。讀書窮理之類是心之行也。由是而得
至於明察。方是爲知。則疑若行先於知也。然自躬行孝弟而言。則先
知而後行也。固無可疑。若以讀書窮理之心言行。則彼瞢然無識之人
亦何能遽讀書窮理。其能讀書窮理者知之理先通也。或有先知先覺者
導使爲之。或渠能自覺得合當如此。乃能去讀書窮理。豈非知先於行
乎。人謂小學先大學。便是行先於知。余謂小學學于先知者。然後方
得。便是知先於行與此相似。若曰知與行非二物。則思與學之間豈復
有罔殆之失。

<table>
<tr><td>저　자</td><td>성호(星湖) 이익(李瀷)</td></tr>
<tr><td>제　목</td><td>「王陽明」</td></tr>
<tr><td>출　전</td><td>『星湖先生僿說』, 卷十八 「經史門」, 九~十面, 『星湖僿說』第七輯
(민족문화추진회, 1977. 12.), 5면.</td></tr>
</table>

高尙道人者宋徽宗時人。姓劉。名卞功。字子民。數召不出門。知其不可奪。賜號高尙。嘗有言曰。常人以嗜慾殺身。以貨財殺子孫。以政事殺民。以學術殺天下後世。吾無是四者。豈不快哉。明徐卽登者江西人也。提擧福建。講學紫陽書院。力排陽明之學。凡於浙江福建學宮屛風輒書陽明之過失曰。以政事殺民。以寶貨殺子孫。以學術殺天下後世。其下註云。守仁以大將征佛狼國。大捷。收貨寶。舡載。以其長子押歸篙師。計殺其長子。奪其貨寶以逃云云。此其一事也。卽登之言盖用高尙道人語。而只去上一條也。陽明學術雖甚頗僻。其自好則亦不淺矣。虐民瀆貨其有是耶。余觀陽明十家牌法。奸僞無所用。卽必可施者也。然猶近苛覈豪猾。不樂者必歸之虐政。卽登之言或指此類而云耳。

저 자	성호(星湖) 이익(李瀷)
제 목	「丘文莊」
출 전	『星湖先生僿說』, 卷二十 「經史門」, 五五〜六面, 『星湖僿說』第八輯 (민족문화추진회, 1977. 12.), 28면.

余見。明朝二百年間儒紳輩出。如白沙陽明之類皆未免禪味。獨有
薛敬軒爲純正。然余見讀書錄。八九是依樣葫蘆。而少自得處。

14) 남당(南塘) 한원진(韓元震)
[1682년(숙종8)〜1751년(영조27)]

저 자	남당(南塘) 한원진(韓元震)
제 목	「經筵說[下]」 (丙午十月初八日)
출 전	『南塘先生文集』, 卷六 「筵說」, 三二〜四二面, 韓國文集叢刊 201 (民族文化推進會 1998. 12.), 149〜54면.

初八日召對時。講宋史理宗紀。元震曰。眞德秀以濟王宮官。濟王
死後。出世從仕。故後世雖議其出處。亦當世第一人物也。學問淵
博。且有經濟才具。今此所對之說。亦皆切實可行。終不見用。豈不
惜哉。宋之人才至此。雖云衰乏。宰相之才。有眞德秀。將帥之才。
有孟珙。而皆爲小人所間。擯斥不容。國終底於滅亡。誠可痛恨。宋
之邪正混幷。始終皆然。然神宗以前。君子爲主。故小人間或參用。

而亦不能爲大害。自王安石用事以來。小人爲主。君子雖或立朝。旋卽斥逐。南渡以後。秦檜，史浩，韓侂胄，史彌遠，賈似道相繼秉政。君子不得見容。終至於亡國。邪正進退所關如此。此政後王之所當深戒也。上曰。其言然矣。儒臣李秉泰曰。眞德秀所謂當如天地之於萬物。栽培傾覆。付之無心云者。此言尤好。所當加意體念云云。上曰。其言好矣。當留念焉。元震曰。眞德秀所謂無心。儒臣所達無心之說。皆以無私心而言也。心者一身之主宰。安可無也。所可無者私心也。上曰然矣。元震曰。陸九淵資禀甚高。然其學則異端也。其學揮斥致知之功。惟以默坐澄心爲務。默坐澄心。其於本源工夫。不爲無得。而惟其不務致知之功。故於義理無所見。至其行處。不免七顚八倒矣。此卽釋氏之學也。釋氏之學。惟務存養其靈覺之心。而不知有義理。靈覺之心。亦氣質也。氣便有善惡。故從其心之所欲者。不過循其氣質之偏矣。此其所行必至於猖狂自恣矣。陸氏之學政如此。其學甚簡便。故學者之厭煩者皆趨之。搢紳朝士有公故家務之累。聲色貨利之娛。未遑於讀書窮理之功者。亦皆歸之。至皇朝而大盛。王守仁之徒出。而專尙陸學。排斥朱子。旣斥朱學。則其於朱子之言議行事。一切背馳。遂使義理晦塞。人心敗壞。終召夷狄之禍。匹夫不務致知之學。其遺害於天下後世如此。況人主不務致知。其害可勝言哉。此所當深戒也。上曰。因此陳戒。言甚切實。可不留念焉。儒臣金龍慶曰。異端之學。始雖甚微。終貽大禍。不可不早辨而深斥之云云。上曰。其言甚是。陸氏之學。盖主於尊德性。其於尊德性道問學。俱無所得耶。元震對曰。尊德性道問學。如車兩輪。如鳥兩翼。未有廢一而可行可飛者也。尊其德性。則道問學之功益精。道其學問。則尊德性之功益熟。此其工夫交相資益者也。陸氏全廢道問學之功。故所謂尊德性者。亦非眞能存養德性。只是存養氣質之靈明者耳。惟其所存養者。只是氣質。而氣質不能無偏。故所發皆氣之所使。而行處至於七顚八倒矣。上曰然矣。元震曰。小臣旣論陸學之非。請復詳論自古正學異端之辨矣。天地之間。只有理與氣而已。理者純善無惡。氣者有善有惡。主於理者爲正學。主於氣者爲異端。正學異端之辨。只在於理與氣而已矣。老莊以虛靜爲道。此盖有見於氣之太初虛靜者也。故以天地未闢萬物未生之前。混沌虛靜者爲道。而世間萬事是非善惡。本皆自混沌虛靜中出來。故又以是非善惡爲道之全體。而謂不可偏廢。遂欲並存而齊物。實不知混沌虛靜者。乃前天地旣滅之餘一陰之靜。而非眞所謂道也。釋氏以靈覺爲性。此盖有見於氣之運用靈妙者也。故以運水搬柴爲妙道。而不知運水搬柴。乃氣之靈妙者。而非眞所謂道也。荀楊以惡與混爲性。此盖生於末世。見善人少而惡人多。故遂以惡與混爲性。此則只見其氣之末流紛擾者。而不知有性者矣。陸王之宗旨。又不出於釋氏之外。異端之學。大槩如是矣。儒者以理爲性道。而理本無二體。故千聖論性。只是一致。而更無異論矣。異端之學。皆認氣爲性道。而氣則有萬殊。故諸子之言性道。各隨所見而不同。雖其言之不同。其認氣質爲性道則同矣。儒者之學。以理御氣而氣聽命於理。故所行無不合於道矣。異端之學。以氣役理而理反聽命於氣。故所行必至於猖狂自恣矣。理則純善。而氣則淸濁粹駁。有萬不齊。此必須變化氣質然後。可以復其性初。氣質若果盡善。聖賢何以變化氣質爲訓乎。此處政當審察也。上曰。所論可謂通暢矣。元震曰。小臣請復陳義理淵源矣。惟天先出河圖洛書。而聖人則之。伏羲旣畫八卦。則圖書卦畫之中。天地萬事萬物之理。無不具矣。但未有文字耳。義理有綱領條目。大舜始說心。

成湯始說性。至孔子。乃始備言陰陽道器繼善成性之說。義理綱領。於是大著矣。此後聖賢又就孔子所言而條釋之。孟子始分四端而言之。周程諸賢。亦多詳說。至朱子而大備。更無餘蘊。此後朱門末學之弊。務爲精詳。如陳北溪，饒雙峯之說。剖析已甚。反有傷於道體之渾然者矣。於是先正臣李珥出。而力捄分析之弊。以反道體之一。其言曰。發之者氣也。所以發者理也。非氣則不能發。非理則無所發。無先後無離合。如此之言。雖聖人復起。不能易矣。然朱子之論理氣。或曰無先後。或曰有先後。或曰動靜者氣。而理不能動靜也。或曰理有動靜。故氣有動靜。其言雖若相反。而其旨實相貫通。學者迷其言之相反。而昧其指之貫通。終不能以歸一也。於是先正臣宋時烈出而明之。其言曰。有從源頭而言者。有從流行而言者。有從理而言者。有從氣而言者。學者得此一言。庶幾會通於聖賢之言而更無窒礙矣。盖從源頭言。則理氣有先後。從流行言。則理氣無先後。從理而言。則理有動靜。從氣而言。則氣乃動靜。然所謂源頭者。只是指一陰一陽初生處。而亦只在流行中。則此於無先後處。若有先後。而非眞有理先氣後之時也。能動能靜者氣也。而動之靜之者理也。則亦非理氣各有動靜。而理亦眞能自會動靜矣。故理氣須於無先後處。見其有先後。非二物中。見其爲二物。方可以知理氣之妙矣。盖有孔子則不可無朱子。有朱子則不可無李珥。有李珥則不可無宋時烈。而天之生是人。皆不偶然矣。今臣以李珥，宋時烈。直接孔朱之統。其言似誇大。而實不誇大。其所以然者何也。天地之間。西北爲陰濁。而東南爲陽明。故三代以後。治道之休明。道學之盛。皆在東南。泰伯南往荊吳。而宋室南渡。禮樂文物隨遷。朱子又生其地。以接孔子之統。箕子東來我國。而至我朝。大興文明之治。眞儒輩出。而李珥，

宋時烈尤其著者。則其接朱子之統。實非誣也。聖人之智。能見百世
之後。故泰伯，　箕子之去中國也。何處不可往。而必於東南者。蓋其
先知其地之終必爲文明之區也。且朱子以後。中國道統之傳遂絶。夷
狄迭爲入據。三五相傳禮樂文物之所。變爲氈裘之鄉。今天之下。獨
有我國。以一隅偏邦。能保其文明之治。禮樂文物在焉。眞儒代作。
此實天意之所在也。豈偶然而然者哉。臣請復言東方道學之淵源矣。
自箕子東來。八條敷敎。用夏變夷。自是而稱禮義之邦矣。麗末鄭夢
周始爲性理之學。入我朝。先正臣金宏弼繼其學。雖未能大闡義理。
亦是篤實之學也。其門人則先正臣趙光祖也。趙光祖倡明道學。先正
臣李滉沈潛義理。然猶未大著矣。至先正臣李珥。則資禀絶異。近於
生知。不由師承。洞見道體。發前賢未發之旨。傳千載不傳之學。李
珥傳之先正臣金長生。金長生傳之先正臣宋時烈。時烈學宗朱子。義
秉春秋。崇節義闢邪說。其事業之磊落光明。自東方以來。未有盛者
也。宋時烈傳之先正臣權尚夏。尚夏受其衣書之托。主盟斯道三十餘
年矣。至今一脉正論之未泯。義理之不至全晦者。皆其力也。臣於此
又有所慨恨者。我朝道學雖盛。士禍頻作。金宏弼死於戊午羣小之
手。趙光祖死於己卯羣小之手。李滉雖免慘禍。乙巳之禍。其兄瀣死
於杖下。禍及家門。身廢山林。李珥始爲朴謹元，　宋應漑，　許篈之所
齮齕。終爲洪汝諄，　李潑輩之所詆毀。誣謗之言。死後未已。宋時烈
始爲鑴，　穆之黨所仇疾。終遇門墻之變。表裡交搆。卒被慘禍。臣師
亦爲壬寅兇黨之所搆誣。前後君子之禍如此。豈不痛哉。趙光祖有言
曰。我朝士禍不絶。君子欲有所爲。輒爲小人所敗。此乃筵中所陳之
說。不數月而光祖遂被禍。尤可恨也。此等事。殿下不可以不知也。
上曰。所論甚詳矣。今日所講。別無文義之可講。而經筵官因其文

義。詳論理氣之說。義理淵源道學傳授之說。多聞好言。心甚嘉悅。
經筵官進來。元震進伏。上曰。今日得聞理氣之說。義理淵源道學傳
授之說甚詳。予心欣喜。予自謂知經筵官。以今日所陳觀之。亦信其
不虛矣。元震曰。臣從事師門頗久。略有一二所聞。今日所達。皆是
平昔所聞於臣師者。非臣愚淺所及。而過蒙嘉獎。不勝惶恐。上曰。
何日離京往洪川乎。元震對曰。小臣幸蒙恩命。許令隨往老母。則宜
卽發行。而只爲國禫未過。東宮邸下廟見禮亦在不遠。故欲爲過此而
行。尙此遷延。廟見禮若過。則卽當發行矣。上曰。經筵官出往。亦
有辭陛之事乎。儒臣李秉泰曰。以爵秩言之。則無辭陛之規矣。上
曰。雖以爵秩無辭陛之規。豈使予不知乎。去時通于政院。使予知之
可也。元震對曰。微末賤臣之去就。何敢仰煩天聽。而給馬之命。出
於常格之外。如臣微賤。其何敢乘馹於私行乎。既不敢承當。則宜卽
控辭。而行期稍遠。故未及陳疏。將於行時陳疏矣。上曰。乘馹在經
筵官。實不爲過。勿爲過辭。依前下敎。乘馹往還可也。元震對曰。
惶恐不知所達。謹當退。以文字仰達矣。元震退伏。修撰金龍慶啓
曰。忠淸道淸州華陽洞。有萬東祠。卽神宗毅宗兩皇帝祠享之廟也。
廟傍有書院。卽先正臣宋時烈之所享也。本道儒生以先正臣權尙夏配
享書院事。有所疏請。該曹以依施爲宜回啓。而自上以御筆所在。事
體自別。有所持難。不爲允許。盛典有闕。士林缺望。故臣敢以爲
言。權尙夏資稟傑特。道德純備。固非臣等所敢盡知。而先正臣宋時
烈臨歿時。授以衣書。托以斯道。故朱子大全箚疑， 二程全書分類。
宋時烈始工未卒。而權尙夏皆踵成之。神宗毅宗兩皇帝廟享事。宋時
烈有志未就。而權尙夏亦追成之。於此亦可見其師生之相得而授受之
不差矣。肅廟尊禮權尙夏。始終無替。溫宮賜對。際遇之隆。可謂千

載一時。還宮之後。親製詩一絶。以寓敬慕之意。於此又可見其君臣之際矣。宋時烈之大賢而傳之以道。肅廟之聖明而尊尙如此。權尙夏之賢。不待言而可知矣。宋時烈主享之祠。配以宋時烈傳道之人。聖考御筆宣額之所。享以聖考尊禮之臣。事理允當。無如是者。且廟享皇帝。雖是宋時烈之遺意。而成其事者。乃權尙夏也。廟傍建祠。以享宋時烈。盖取一體君臣祭祀同之義也。今不以權尙夏腏食於皇帝廟傍之祠。則豈不爲欠典。而其在神道。亦豈無可憾者乎。以此以彼。權尙夏配享書院。小無可持疑之端。乞依儒生疏請。特賜施行。以慰士林之望。以重斯道之傳焉。上曰。先正道德。予非不知。而溫宮賜對時事。予又親見矣。然御筆所在。事體至重。何可容易變通乎。承旨洪鉉輔曰。御筆所在處。他人則固不可論。至於權尙夏之配享。則似無不可矣。應敎李秉泰曰。殿下或以他人配享。有分於主享之尊重。而有所持難。此則不然矣。雖有配食之人。主享之尊重。小無所分矣。上曰。予亦不以他人之配食。有分於主享之尊重矣。只爲御筆所在。不可輒享他人矣。元震曰。以臣而言此事。若有涉私之嫌。而先正臣宋時烈亦嘗陳疏。以請其師先正臣金長生之從祀文廟。事苟係於天下之公義理。則雖以門生而言師事。亦無所嫌。故臣敢言之。臣師之爲宋時烈之嫡傳。儒臣所達已盡。更無可言者。華陽洞。卽宋時烈晚年講道之所。而臣師從游杖屨。未嘗不在其左右也。臣師旣建皇帝廟於華陽洞。宋時烈書院。始在他處。臣師又爲移建於皇帝廟傍。以應一體君臣祭祀同之義。使臣師又得腏食於華陽洞之祠。則揆以神理。宋時烈不昧之靈。想必忻合如平昔。而兩皇帝在天之靈。亦必嘉悅於陟降之際矣。臣師若終不得腏食。則豈不爲大欠乎。配享又與並享有異。其數雖多。亦不爲有分於主享之尊重。況臣師之於宋時烈。

豈可不使之配食乎。上曰。先正道德。予豈不知。但聖考病患中。親
書華陽， 興巖兩院額宣賜者。意非偶然。今日只當一遵當日處分而已。
豈可容易變通。有所異同於前日哉。

저 자	남당(南塘) 한원진(韓元震)
제 목	「答姜甥」(辛亥年 正月)
출 전	『南塘先生文集』, 卷二二「書 (家中問答)」, 五七~八面, 韓國文集叢刊 201 (民族文化推進會 1998. 12.), 528면.

　或問所論鬼神。固皆以氣言。其論侯氏說下論體物之義曰。物先於
氣。氣先於物云者。物則萬物也。氣指鬼神也。只此尤更明白矣。
　良知良能。一也。王陽明良知。卽天理之說。陷於禪學者。以其認
氣爲理也。良知非天理。則良能何獨爲理耶。盖良知良能。非天理
也。是天理之所發見處也。故以天理人欲對言。則良知良能。固屬天
理邊。而以心性理氣之辨言。則良知良能。是心也氣也。非性也理
也。此處界分。只在毫釐間。精而察之。乃可見矣。記聞錄中。添足
此意。而初本則似無之矣。

저　자	남당(南塘) 한원진(韓元震)
제　목	「伊洛淵源錄箚疑」(丙辰年)
출　전	『南塘先生文集』, 卷二三「雜著」, 十九～二八面, 韓國文集叢刊 201 (民族文化推進會 1998. 12.), 541～5면.

明道先生曰。元豐大臣。皆嗜利者。使自變其已甚害民之政則善矣。不然。衣冠之害未艾也。夫小人之嗜利者。利之所在。不憚反覆。司馬公改新法。則蔡京奉行尤善。章惇復新法。則京又任之爲先。小人之事例如此。小人惟視人主之意所在。紹述熙豐。哲宗之本意也。哲宗欲紹述。則其舊臣之嗜利者。其果以中間自變而堅守不已哉。彼旣不憚誣詆宣仁。則又豈無說於其再變也。朱子每於明道此言。未信其必然。盖以此也。若謂使之自變。則後雖復變其所爲。其追罪君子必輕。衣冠之禍。不至甚重云。則是或有此理。然小人之心。本無可恃。安石，　惠卿本以同事之人。終至於相害。無所不至。則況於本不同者。何所顧哉。若使神宗在。則必自變之矣。神宗自變。則方無後患。神宗之變法。志在爲治。非由於私慾。故久後見其爲害。則又必變之矣。故於晚年深悔之。未及變而崩。此則天也。盖作事者惟觀其心之公私。公者始雖誤入。終可與反正。而私者惟利是趨。不可復與爲善矣。

明道傳後朱子曰。明道說話。渾淪煞高。學者難看。伊川傳後朱子曰。明道之言。一見便好。久看愈好。所以賢愚皆獲其益。兩說似相牴牾。然明道之言。明快中有含蓄意思。明快故一見便好。有含蓄意思故難看。(久看愈好。亦以有含蓄意思。) 聖人之言亦如此。

伊川舟中與父老問答。先生更欲與之言。而父老徑去不顧。先生之所欲與言者何說也。盖欲辨其無心之說也。無心之說。何以爲誤也。
心者一身之主宰。固不可使之無也。謂之無者。不過使之不照不起。
如枯木死灰已矣。心果如枯木死灰。則其何以立大本而應萬事乎。無
心者在危船。固不知其身之危。(心存者知危而心有所主故不動。無心
者初不知其危。則不動亦無可言矣。此父老所以無心爲高也。)　在平
地。亦不知手足之所措矣。不知手足之所措。則亦將倒行逆施而無所
不可矣。若與之言曰。子言無心。無心果是。則子何以不徒涉而必乘
舟乎云爾。彼將無所對而自知其非矣。惜乎。自信之果而不欲聞人之
言。此異端之流。所以不可與入堯舜之道也。

伊川問伯淳加倍之數。曰忘之矣。因歎其心無偏係如此。明道於堯
夫之數。恐只推得其數。未及深造其理。是以忽而忘之也。若達其伏
義作易之本孔子繫傳之旨。是將玩而樂之。不知手之舞而足之蹈矣。
豈至於忽忘之哉。明道嘗思天地萬物。無獨必有對。便至於手舞足
蹈。況易之至理乎。又況加一倍法。卽與無物無對者。同一理也。特
未及深推之。如中夜之所思耳。

二程之門。知康節有未盡其本分。故其論甚輕。所謂放曠所謂空中
樓閣等語。皆然矣。至以亂世奸雄偏伯手段目之。則又似不倫矣。盖
以康節之學。看作占驗小術。以爲知易之數而不知易之理。苟不知理
而徒知術數。則易陷於偏伯奸雄之事矣。其實康節知易之理。故使其
得志。行乎中國。管仲之事。且不爲之。況於奸雄乎。奸雄之說。雖
是戲言。其微意亦有所在。盖謂志豪才雄而溺於術數也。(明道作康節
誌銘。曰志豪才雄。)　知人不盡則論人不盡。大賢猶如此。況餘人乎。
(偏伯手段。上蔡語也。又曰。堯夫精易之數。然二程不貴其術。程門
專以康節爲術數之學。)

伊川門人祭伊川文。有曰洗心去智。格物去意。此言去其私智私意
也。然不道私字。直云去智去意。殆與老莊之絶聖棄智。禪陸之務去
意見無別矣。讀者當活看之。論語毋意。與必固我三字幷言。故不待
道私字矣。

明道先生曰。西銘某得此意。只是須得他子厚筆力。先生嘗有言
曰。仁者與天地萬物爲一體。卽此得其意也。

伊川先生答橫渠先生書曰。虛無卽氣。則無無之語。深探遠賾。豈
後世學者所嘗慮及。然此語未能無過。按張子所與伊川書。今雖不可
攷。其見於正蒙者。有曰氣之聚散於太虛。猶冰凝釋於水。知太虛卽
氣。則無無云云。所與伊川之書。想亦只是此意耳。盖人謂虛空虛無
一物。而虛空之中。皆是氣之逼塞。則所謂虛無者。卽是氣之所存。
而無所謂無者矣。此非凡見常慮所及。故謂之深探遠賾。非後世學者
所及也。然氣之充塞於虛空之中者。雖無一毫空闕之處。無一刻停息
之時。其所以如此者。往過來續。生生不窮。非以一氣長存而聚而
散。散而復聚。如釋氏輪回之說也。張子形潰返原之說。與此水冰凝
釋之譬。俱似有輪回之意。故程子以爲不能無過。然張子之意。豈眞
同於釋氏。特其立語未瑩耳。萬物之形。自無而有。而復歸於無。故
謂之反原。豈眞謂去有所歸。如客之反家耶。其以氣之聚散。比冰之
凝釋。亦姑以聚散比凝釋。猶程子海漚之譬耳。亦豈眞以爲聚者復
散。散者復聚。如冰之凝者復釋而釋者復凝耶。然語之不瑩。實亦由
於見處之未能洒然。則此終不能無過。而亦不可遽以爲同於釋氏也。
學者當活看。(理無有無。而氣則有有無。氣無有無。而形則有有無。
此意至精至微。殆非知道者。不能識也。)

朱子曰。神化二字。雖程子說得。亦未甚分明。惟橫渠推出來。此

指易之神化一故神。兩故化之語。非指過化存神之說也。橫渠過化存
神之說(性性爲能存神。物物爲能過化。)　亦極好。但非孟子之意。故
集註不取之。

伊川言明誠二事。而繼言孟子曰我知言。我善養吾浩然之氣。只我
知言一句已盡。橫渠之言。不能無失。類如此。所謂知言一句已盡。
此語難曉。盖謂知言則盡知天下之言而無不通。橫渠不能如孟子之知
言。故於言有所不知。而其言不能無失云也。盖以孟子之知言。對橫
渠之言不能無失而言。非謂知言一事。包盡上所謂明誠養氣等事也。

楊遵道問伊川。李籲錄明道語大剛直之說。與先生說不同。伊川云
先兄無此言。今觀李錄。文義語勢。似非不解言義而誤錄者。且與今
集註說同。豈明道實有此言而伊川偶未之聞耶。

呂晉伯聞上蔡說仁。悟曰。公說仁字。正與尊人門說禪一般。尊
人。卽佛家世尊。尊者一般語也。上蔡以覺言仁。政如禪家以覺言
性。故晉伯以爲一般。然晉伯只聽得如此。而便自以爲悟。則上蔡自
誤而誤人。其害豈淺淺哉。

龜山誌銘辨儒釋問答末後。但答他若於此見得。許汝具一隻眼。不
肯說破。夫儒釋之辨。乃學者趨向之始。邪正之所由判也。與學者
言。當先辨之。非若孔顏之樂。非深造乎道者。不可得聞。故引而不
發。必待學者用力之深而自有所得耳。當答曰。明道之言。伊川已解
說矣。伊川曰。聖人本天。釋氏本心。所本者不同。故事事是句句
合。而卒不同也。若不達。則曰。天者理也。理有善而無惡。故本於
理者。一於善而不雜於惡。聖人所以合天也。心者氣也。氣則有善有
惡。故本於氣者。爲善爲惡。無所擇焉。異學所以遁天也。釋氏之言
心。與其所以存之之事。無異於儒者。而其所見而存之者。特其精神

知覺之粗耳。非仁義性命之心也。此所以事事是句句同然而不同者
也。惟聖人氣質極其淸粹者。爲能從心而不踰矩。不如是者。安能從
心而無差也。(聖人言性。必本於天故曰本天。釋氏雖言性。亦只是靈
覺故曰本心。)

上蔡對明道擧史云云。及看明道讀史云云。甚不服。後來省悟。却
將此事做話頭。接引博學之士。上蔡此言。也未省悟。只是禪家之
見。終不悟自家之失。明道之言。直是攻上蔡之失。非要做話頭接
人。如禪家模�样也。上蔡之擧史成誦。明道之看史不差。其事雖同。其
心則有公私之分。一是着意。一是不着意。一是爲人。一是爲己也。

胡文定行狀。答曾幾論釋氏之說甚好。然亦有未盡者。只言其不窮
理之害。而不言其所以不窮理者。聖人本天。故窮理盡性。以至於
命。理也性也命也皆天也。釋氏本心。故以其見此靈覺之心而存之者
爲了事。而不復以窮理爲事。盖其所見。止於此心之靈覺。而不及乎
性天之妙也。此其所學之差。由於所見之差也。其論良知良能。在釋
氏殄滅人倫者。如此言之。亦可矣。若陽明之徒所謂致良知者。未嘗
不自以爲致其愛親敬長之本心。則如此言之。彼亦不服矣。然彼之
學。卒與釋氏同歸者何也。以其不爲窮理之學。故其所見。亦止於此
心之靈覺。而不及乎性天之妙。其所云致之者。只是致其靈覺之知。
而非天理之所發也。盖良知良能。卽天理之所發。而不特止於愛親敬
長之端也。凡天下之理。無不知之。而知爲善以去惡者。皆良知也。
故惟窮理者。爲能有此知而能擴充之。苟不窮理。何以知其良知與非
良知也。此禪學之誤。不在於致良知。而在於所致非良知也。盖以形
而上下至精之分言之。則良知非天理。只是天理之所發見者。則以良
知爲天理。固是認心爲理也。然良知旣是天理所發之知。則推此知而

無不盡。亦豈不爲循理之學也。但其所謂良知者。乃是靈覺之知。非天理之所發也。則其所謂致之者。特氣質之用。而所致非良知也。曾幾之說。與象山之學脗合。盖象山以前。已有此學。特至象山而始立門戶矣。(陽明傳習錄開卷第一義。曰心卽理也。論學書曰。心之虛靈明覺。卽所謂本然之良知也。)

胡文定行狀。言以致知爲窮理之漸。此語却倒說。窮理所以致知。致知豈爲窮理之漸耶。

羅豫章飢渴害心之說。祭如在祭神如神在之說。與集註說不同。旣有朱子定論。不知錄此何爲。

陳北溪傳。朱子曰。凡閱義理。必窮其源。如爲人父。何故止於慈。爲人子。何故止於孝。其他可類推。所謂何故者。謂原於性也。性中有仁。故向父而發爲孝。向子而發爲慈。義禮智信之發亦如此。盖萬事本於五性。五性又只是一理。故曰一本而萬殊。

王魯齋傳易象範數說。膚淺傅會。無所發明。改定詩說，大學格致說，中庸誠明說。全不解經旨。心經附註所錄人心道心圖說。亦甚可笑。格致誠明人道心說。曾已有辨。詩之去鄭衛淫奔之詩。又不知聖人之意并存善惡。使人法戒也。若如其說。則人但有法善而無戒惡。凡前世所記惡人之事。皆當刪之。而春秋所書善者無幾。則尤不可讀矣。且文姜之與齊侯會。春秋屢書之。文姜魯先君之夫人。而猶悉書其事不諱。以存天下後世之大戒。則詩之不刪鄭衛之詩。亦此意耳。若以淫奔之詩。謂非夫子所宜存而去之。則春秋之書文姜事。亦將謂非夫子筆而削之耶。

저 자	남당(南塘) 한원진(韓元震)
제 목	「禪學通辨」(丁酉年)
출 전	『南塘先生文集』, 卷二七「雜著」, 十九〜二六面, 韓國文集叢刊 202 (民族文化推進會 1998. 12.), 83〜6면.

釋氏之原初發心。只在於惜生怕死。慨然有超越生死之志。思其術而無他可爲。則乃欲保養其精神知覺。以圖其久存不滅。慮其精神知覺之弊傷消耗。易抵於澌滅者。乃在於事物撓之。耳目受之。則又欲一切屛棄而絶去之矣。吾身之形體。人倫之日用。彼豈全不知其非爲浮根客塵。而旣欲屛棄。則不得不以爲浮根客塵也。吾身之形體。人倫之日用。皆出於天地。則又不可以是天地而非人物。故又不得不以天地爲幻妄也。此其始由於一念之私邪。而其終至於蔑天地殄人物。以自賊其身。惑矣。其亦哀哉。學者不能謹於一念之微。而有所慢忽者。宜亦視此。

釋氏之稱覺皇。猶吾儒之稱太極也。太極理也。理純善。故循是理者。擇善以去其惡。覺者氣也。氣善惡。故循是氣者。爲惡以滅其善。

吾儒以理爲性。理無形象。卽無生滅。故天地人物所受之性。雖隨其形而存亡。若一陰一陽統體之性。則未嘗有存亡也。釋氏以覺爲性。覺者氣也。氣涉形跡。便有生滅。故氣聚成形而覺存。形潰氣散而覺亡矣。彼謂覺性超三界度萬刦而常住不滅者。必不可成之妄見也。

釋氏之敎。有頓悟漸脩。頓悟者。不立文字。直指心性。先悟道而後修行。漸脩者。攝心收念。持戒入定。先脩習以待自悟。二者皆無窮理精義之事。故其所謂悟者。不過靈覺之不昏塞而無分於善惡者也。循此而行者。宜其猖狂自恣。滅絶倫常而已矣。

釋氏三無漏學。戒定慧也。因戒生定。因定生慧。盖謂收攝身心。以入靜定。而靜定之極。明慧自生也。此理非不有矣。亦非無助於心地之工。而但其工夫大體倒置。故畢竟見處暗而行處僻也。豈若吾儒之學。先致知而後正心。先知止而後定靜。持敬之工。貫徹於始終者哉。如人往長安者。須先知長安之所在然後。引車直馳。不失其路。行行指西。終必至於長安矣。彼不先識長安之所在。而徑欲造之者。舉足之初。已蹉却路頭。不北走胡。則南走越矣。終身僕僕於迂路曲迳之中。而不自悟其所往之非長安。哀哉。

釋氏之治心。務要去善惡無記三性。善惡者。遇物感動。有善有惡者也。無記者。無事昏昧。冥然無覺者也。惡與昏者。氣稟之使然。固可去之。善者天理之本然。其又可去耶。

釋氏謂道無揀擇。理絕情謂。又曰靈然不昧者眞覺也。有心覺之者妄覺也。以其稍涉計度而出者。無論眞妄而皆謂之妄。不經意思而發者。無論眞妄而皆謂之眞。苟能擇善而執之。則何害於有心。不能擇善而執之。則亦何貴乎其能覺也。

釋氏以人身爲塵根縛結。世事爲空華隔翳。謂必解脫而後可以成佛。及其背塵合覺。則六用圓通。萬法如如也。其始之謂求道。無論善惡而皆去之。其終之謂得道。無論善惡而皆爲之。善惡皆去。則心之所存者空寂而已。善惡皆爲。則心之所用者顚倒而已。始則殄滅倫常。而終則猖狂妄行。釋氏之本末。止於此已矣。

釋氏之說如非地非水非火非風。卽性之本體。不囿於物者也。卽地卽水卽火卽風。卽性之妙用。不離於物者也。離卽離。非體卽用也。是卽非。卽用卽體也。體含十方。體之無所不具也。用遍法界。用之無所不周也。至如有物先天地。無形本寂寥。能爲萬象主。不逐四時

洞。一月普現一切水。一切水月一月攝。(一月普現一切水。一本散爲
萬殊也。一切水月一月攝。萬殊還他一本也。此佛家語至到處。但所
指以爲月者非眞月也。)

　猗猗菉竹。莫非眞如。粲粲黃花。無非般若等說。與吾儒之言性絶
相似。但其所謂性也體也用也。乃靈覺之妙而非天理之眞也。此所謂
彌近理而大亂眞者也。所謂言言是句句同然而不同者也。高明之士多
附於彼者。皆爲此等說所惑。故特辨之。

　陸，王之徒。未嘗不自以爲誦法孔孟。未嘗不自以爲攘斥佛氏。然其
實援儒以附佛。而就加精彩於佛者之說耳。是以聽者易以惑而闢者難
爲功。吾道之害。於斯甚矣。彼所謂本心也良知也者。其言儒也而其指
佛也。佛氏之眞心妙覺。與吾儒之本心良知。其言何嘗不同。特其所
指有毫釐之差。而其歸有千里之謬矣。吾儒所謂本心。仁義之心也。
良知仁義之端也。佛氏所謂眞心。虛靈之心也。妙覺虛靈之識也。吾
儒之論心。推本於理。故舉心兼舉理。而論性則不混於心。佛氏之論
心。專在於氣。故舉心遺其理。而論性則無分於心。推本於理。故所
謂本心所謂良知。莫非天理之所存。而其發爲盛德懿行。專在於氣。
故所謂眞心所謂妙覺。無非善惡之所混。而其發爲猖狂妄行耳。陸王
之謂本心良知者。特借儒者之言。以喻佛氏之指爾。故其論性。每混
於心。而畢竟歸宿。莫脫於明心見性之旨矣。孟子之論良知。以爲所
不慮而知者。若近乎佛氏之論眞心妙覺。而其指絶不同。盖以人之
愛親敬長之心。根於秉彝之常性。不待學而自能。不待慮而自知。
故謂之云爾。謂之不學。謂之不慮者。所以深明仁義之性。人所固
有。而非假於外也。非謂凡知之不經思慮而發者。無論眞妄。皆爲良
知。如佛氏之所謂眞心妙覺也。其論本心亦如此。何嘗捨仁義而語本

心哉。陸王反竊其言。以文佛氏之說。以助彼之所不及。噫亦痛矣。

　良知卽天理。以吾儒之意言之則可。吾儒以愛親敬長之心。不待謀慮而有知者爲良知。而愛親則仁也。敬長則義也。以陽明之意言之則不可。陽明以靈覺之體昭昭不昧。而自能覺知者爲良知。而靈覺則氣故也。且以形而上下至精之辨言之。則良知形而下者也。天理形而上者也。謂良知卽天理之所發見則可。而謂良知卽是天理則不可。良知果是天理。則孟子安得復言知性知天乎。知性知天。無非良知也。性天旣是理。而知又是理。則安得以理知理而有知覺者果理耶。

　佛氏元不識理字。陸， 王則知有所謂天理也。而其所認得天理者。不過是心之妙氣之精者。則其實無加於彼矣。所加於彼者。只是以氣之實冒理之名。而添一話頭於口頰間耳。

　佛氏之論心。以理爲障。而不識萬理之具於心。則元不識心與理之爲一也。陸， 王之論心。必稱理。則亦稍知其心與理之爲一也。然其所謂理者。旣只認得心之靈妙者。而又不知心之氣稟有淸濁粹駁之雜。故天理固得因其淸粹者而發見。物欲亦必因其濁駁者而萌動矣。故其言動事爲之間。不免善惡之混雜。殆無異於佛徒之猖狂妄行矣。陳北溪所謂守虛靈之識而昧天理之眞(朱子行狀。亦有此語。)者。可謂覈之精切矣。近世又有認靈覺而爲明德。外性善而論本心者。此亦陸，王之類。而又生西敎之別枝矣。靈覺之心。果是純善。則佛氏之存此靈覺而應緣無礙者。將爲聖功之至矣。何以爲異端邪說耶。

　語類曰。達磨面壁九年。只說人心至善。卽此便是。(陸氏當下便是一句本此。) 不用辛苦修行。(見釋氏門時擧錄。) 又曰。吾以心與理爲一。彼以心與理爲二。彼見得心空而無理。此見得心雖空而萬理咸備云云。(見植錄。) 小註。或錄云近世一種學問。雖說心與理一。而不察乎氣禀物欲之私。故其發亦不合理。却與釋氏同病。(此指陸氏。)　又曰。
陸子靜之學。只管說一箇心。本來是好底物事上面。着不得一箇字。(見
陸氏門賀孫錄。下同。)　又曰。子靜之學千般萬副病。只在不知有氣禀
之雜。把許多麤惡底氣。把做心之妙理。又曰。這錯處。只在不知有氣
禀之性。據此諸錄則可見禪陸之本無異指。而其指虛靈而謂至善。外
此心而論氣禀者。又全是禪陸本來底面目也。　(當下便是。見陸氏門卓
錄賀孫錄。○植錄及小註或錄。又見大全答鄭子上書。)

釋氏之學。以心爲本。(程子曰。聖人本天。釋氏本心。)　而又其用
功。專在於坐靜攝心。喚起惺惺。則此於心體靈明之妙。非無見矣。
亦非不能存得此心矣。然其用處却七顚八倒何也。此特由於不知有性
命之眞。而徒恃此心靈明之體。以爲極至耳。心之靈明。卽屬氣質。
而氣質不能無偏。故一切由心造(一切由心造。本佛家語。)者。自不
免於七顚八倒矣。是故苟有見乎釋氏所學之差所蔽之原。則可知心屬
氣質矣。心屬氣質。則可知未發之前。氣質不能純善。而不可恃此爲
大本也。若姑指其靈明之體而謂之善則亦可矣。而至論其氣禀本色。
則決不可謂純善矣。然則指氣質而謂純善。因是氣而論大本者。可見
其爲瞋目扼腕。證本心之餘論也。

저 자	남당(南塘) 한원진(韓元震)
제 목	「王陽明集辨 (幷跋)」
출 전	『南塘先生文集』, 卷二七 「雜著」, 二六～四八面, 韓國文集叢刊 202 (民族文化推進會 1998. 12.), 86～97면.

余於前日未見陽明集。獨於退溪集中。見其有所辨陽明說數條。以爲其學之當辨者。只如此已矣。後又得整菴集讀之。見其有所辨陽明良知說。又以爲其學之當辨者。盡於此已矣。亦不復求見其全集。丙辰秋。始托友人金伯三求見。伯三以其全集見示。於是盡見其爲學本末。而前者之辨。覺其有未盡也。整菴之辨良知。固已捉得其窩贓所在處。然只辨其良知之非天理。而未及乎其所致之非良知。則亦無以極其說之所窮矣。蓋自釋氏而爲陸氏。自陸氏而爲王氏。而辨陸氏難於釋氏。辨王氏難於陸氏。蓋其後出者。其說愈益近理故也。吾道之害。至此而莫甚焉。則此不可以無辨也。故就其宗旨所在處。略爲之辨如左。

心卽理

心卽理三字。卽陽明論理宗旨。自是而爲千言萬語。皆依此一句推演說去。於此知其錯。則可知其無往不錯矣。所謂心卽理者。所謂心卽佛。釋氏本來底面目也。(陽明良知吟曰。箇箇人心有仲尼。又曰。從心所思。是非自別。不作一念謂之睿。此卽心卽佛之說也。) 吾聖門言心。本不如此。帝舜始言心曰。人心惟危。道心惟微。人心旣不可作理看。而謂之道心。以其有非道之心也。心果是理。則心卽是道。又何更名道心耶。孔子曰。回也其心三月不違仁。又曰。七十而從心所欲。不踰矩。心果是理。則心卽仁也。卽矩也。又安有違仁之時。踰矩之患也。心果是理。則凡有心者。從心所欲。無非是理。安有聖凡之不同。而聖人從心。又何待於七十時耶。孟子曰。君子之所以異於人者。以其存心也。以仁存心。以禮存心。此又與孔子不違仁不踰矩之說同矣。獨釋氏陸氏以心爲至善。而吾聖人未嘗如此說。陽明雖不信朱子。獨不信堯舜孔孟耶。

致良知

致良知三字。卽陽明爲學宗旨。而所差在是。學之宗旨旣差。則推之文章事業立身行己。無一不差。亦可知耳。然其所差不在於致良知。而在於所致非良知也。大學致知。亦只致其是是非非善善惡惡之知。則吾聖門之所致。亦未嘗非良知也。但陽明之言良知曰。心之虛靈明覺。卽所謂本然之良知。然則其所謂良知者。卽是釋氏靈覺之知。而非孟子所謂仁義之良知也。致此之知。雖復充天塞地。亦不過爲循氣質之用。而非天理之所行也。其隨氣質之偏而猖狂妄行。七顚八倒。勢自然爾。釋氏之言事事是句句同然而不同。其不同乃在於認覺爲性。陽明之言天理良知之說。亦事事是句句同然而不同。而其不同亦在於認心爲理。認覺爲良知。則其與釋氏同道。又烏可諱得。

知行合一

知行合一。又是陽明論學宗旨。然此之爲說。專出於心術之邪僻。而非如心卽理致良知之說。只坐於所

見之蔽也。本其邪心。好徑欲速。厭煩取便。欲遂盡廢窮理之學。以求其所謂直截簡易者。而不於此別立宗旨。以破前言。則又無以自樹其學。故創爲知行合一之說。以爲知寓於行。不可別去求知的工夫。遂將大學格物致知。亦作行的事。無一句做知底事。其他聖門所說知行工夫明白分言者。亦非不知其然。而一例驅率。以附其說。欲

使天下後世不敢復議其學。其爲無忌憚甚矣。於此只當攻其心術之邪
僻。不可復論其所見之蔽也。

右三說者旣辨。則窩贓破矣。根株拔矣。固無待於盡辨其餘。且其
爲說種種醜差。不勝爬櫛。獨其所著大學問。卽其言議本源所在。不
可放過。所與羅顧二公辨者。又是遁辭知窮者。而人或未察。故并略
辨之。

大學問曰。大人以天地萬物爲一體。是爲明德。

以天地萬物爲一體。仁者之事也。仁之所以爲仁。不在於此。以此
爲明德。自不免於其所嘗譏求之於事物而不求之於吾心者也。(朱子答
胡廣仲書曰。天地萬物。與吾一體。固所以無不愛。然愛之理則不爲
此而有也。)

又曰。明明德。實在於親民。而親民。乃所以明其明德也。又曰。
止於至善。以親民而明其明德。是之謂大人之學。

如斯說也。大學當曰明明德在親民。又當曰大學之道。在止於至
善。在親民。在明明德。(親民之說。已有退溪之辨。故不復論。)

又曰。欲明明德者。騖於過高。失之虛罔空寂。欲親其民者。溺於
卑瑣。失之權謀知術。

不知愛之理爲仁。而以愛之施爲仁。求明德於天地萬物。而不求之
於吾心。則是所謂騖於過高而失之虛罔空寂者也。以明明德爲在於親
民。而親民爲明明德之事。要其工夫做處。只在於親民。而不知親民
之本於明德。則是所謂溺於卑瑣而失之權謀知術也。二氏五伯之
誚。正自道耳。

又曰。人惟不知至善之在吾心。而求之於其外。以爲事事物物。皆
有定理也。而求至善於事事物物之中。是以支離決裂。紛紜錯雜。而

莫知有一定之向。

　吾心之中。萬理咸備。至善之在吾心也。事事物物之上。各有定理。至善之在事物也。此則理之無內外。善亦無內外。而內外眞是爲一事矣。若以在內者爲是而取之。在外者爲非而棄之。則內外便成兩截矣。且天地萬物。皆事物也。事事物物。皆無定理。則是天地萬物。亦皆無理而生矣。吾心之理。又何從而得來耶。事事物物。旣皆有定理。則亦安得不就事物而窮其理也。吾心亦事物也。事物之理不可求。則吾心之理。亦何爲而求之耶。前以明德求之於事物。而不知求於吾心。後以至善求之於吾心。而不知求於事物。是皆本末衡決。內外判異。分離乖隔。不成說話。不成道理矣。

　又曰。不當分本末爲兩物。

　本末果只是一物。則當初製字。何以有此兩字。大學亦何爲幷言本末。

　又曰。身心意知物。只是一物。格致誠正修。只是一事。故曰欲修其身者。必在於正心。欲正其心者。必就其意念所發而正之。欲誠其意。必在於致知。致知必在於格物。

　格物致知。果是一事。格物之外。更無致知之事。故大學曰致知在格物。其他條目。各是一事。各致其功。而特其工夫。相資而相因。故曰欲如此。先如此。又曰。如此而后如此。先后二字。可見其工夫之各致。而亦見其相資而相因也。如陽明說。則當曰修身在正心。正心在誠意。誠意在致知。如言致知之在格物。今不如是。則亦知其不如是矣。

　答羅整菴書曰。大學舊本之傳。數千載矣。今讀其文詞。旣明白而可通。論其工夫。又易簡而可入。亦何所按據而斷其此段之必在於彼。彼段之必在於此。與此之如何而缺。彼之如何而誤。而遂改正補緝之。

此段之所以必在彼。彼段之所以必在此。此之如何而缺。彼之如何而誤者。朱子固皆已明著之矣。陽明之復舊本。只言其明白可通。而不言其如何而明白可通。只言其易簡可入。而不言其如何而易簡可入。則其所云明白易簡者。亦何所按據而斷之耶。亦何不以攻朱子者自反之耶。大抵陽明之復舊本。只要以破朱子之說。本不論其文詞工夫之如何。故於其所言者。亦不復暇顧其通不通成不成矣。然欲以是塗天下之耳目。而使從其說則亦愚矣。

又曰。正心誠意致知格物。皆所以修身。而格物者其所用力。實可見之地。故格物者。格其心之物也。格其意之物也。格其知之物也。

審如是。大學何不曰修身正心誠意致知皆在格物。又何不曰物格則知至意誠心正身修云耶。

又曰。世之儒者。認理爲外。認物爲外。而不知義外之說。孟子盖嘗闢之。

以吾之心。窮物之理。物理旣格。吾知自致。此之謂心外無理。心外無物也。今於物理。禁不使求之。則是眞認理爲外。認物爲外。而所謂義外者也。反以此呵人。豈不可笑哉。

又曰。執事所以致疑於格物之說者。必謂其是內而非外也。必謂其專事於反觀內省之爲。而遺棄其講習討論之功也。必謂其一意於綱領本原之約。而脫略其支條節目之詳也。必謂其沈溺於枯槁虛寂之偏。而不盡於物理人事之變也。

不卽物而窮其理。只此一事。卽不免於四謂之斥矣。然其所謂綱領本原者。亦失之過與矣。語道理則守虛靈之心而昧天性之眞。論工夫則爲良知之所困而無存養之實功。此於綱領本原。果何所得哉。且綱領本原之於支條節目。原只一事也。得則俱得。失則俱失。未有得於

此而失於彼也。故程子論釋氏曰。無義以方外。其直內者。要之其本
亦不是者。政謂此爾。

答顧東橋書曰。若誠意之說。自是聖門敎人用功第一義。但近世學
者乃作第二義看。(顧名璘。)

大學曰。欲誠其意。先致其知。又曰。知至而后意誠。孔子已將誠
意。作用功第二義看了。

又曰。區區格致誠正之說。正與空虛頓悟之說相反。聞者未嘗講究
其詳。遂以見疑。

於己之說。猶責人之未嘗講究其詳。則六經四書聖賢之說。又何禁
人不得講究耶。講究其義而欲傳諸人。於是又有訓釋之事。此皆不得
已也。伏羲畫八卦。未有文字。當時人不待文學而知故也。自是而
後。人有不知也。故文王釋卦義。然而又有不知也。故周公釋爻義。
然而又有不知也。故孔子作十翼。以贊其義。然而又有不知也。故邵
子，　朱子相繼闡明。此皆講究訓釋之事。而皆不得已也。若以朱子之
講究訓釋爲非。則文王，　周公，　孔子之所爲者。亦可非之耶。世運愈
降。人見愈下。故講究訓釋。不得不詳。此朱子之說。所以詳於前聖
也。陽明之釋良知二字。口爛筆禿。不勝支離。責人講究。又不厭其
詳。而獨於朱子之講究訓釋。深排而力詆之。此非私見勝心而何。

又曰。人必有欲食之心然後知食。欲食之心。卽是意。卽是行之始
矣。食味之美惡。必待入口而後知。豈有不待入口而已先知食味之美
惡者耶。必有欲行之心然後知路。欲行之心。卽是意。卽是行之始
矣。路歧之險夷。必待身親履歷而後知。豈有不待身親履歷而已先知
路歧之險夷者哉。

知有食故有欲食之心。知有路故有欲行之心。今反倒說有欲食之心

故知食。有欲行之心故知路。此强說求通而終不通者。陽明亦豈不自
知耶。且欲食欲行。本自屬知。未入口未擧足之前。何遽爲行耶。未
食而先知食之當食。未行而先知路之當行。知之先於行而爲事之始
也。旣食而知其味之美惡。旣行而知

其路之險夷。知之後於行而爲事之終也。此知之一德。終始萬事而
爲德之盛者也。陽明未見此理。偶見得知之終萬事者。而執以爲知行
之合一。亦見其粗率之甚也。事未行而先有知。事已過而知猶在。此
知之所以前後於行而不得爲一事者也。必須纔知當食味。已在口。纔
知當行路。已着足。旣食而知味。味未嘗虛口。旣行而知路。路未嘗
離足。如此。方可爲知行之無先後而合爲一事矣。天下豈有是理哉。
且烏喙之不可食。人不待食之而皆知之矣。若未食之前。不可言知。
則人之食烏喙而死者。將不知戒而顧無一人食之者何也。未食而知其
不可食。亦不過聞人之言。見人之死而得之也。則知之資於聞見。又
可廢耶。彼如曰纔知其不可食。卽便不食。此卽知行之合一云爾。則
此又與前所謂食而後知味者不同矣。而知而後不食。亦無奈於知之先
於行矣。

又曰。專求本心。遂遺物理。此盖失其本心者也。物理不外於吾
心。外吾心而求物理。無物理矣。又曰。晦菴云云。此後世所以有專
求本心。遂遺物理者也。

東橋所謂專求本心。遂遺物理者。正中陽明要害。故抵死自明。而
終亦無以自解於其說。反攘其說。以詈朱子之學。甚矣。其心術之蔽
也。義外之說。口耳之說。功利之說。皆此類耳。

又曰。盡心知性知天者。生知安行。聖人之事也。存心養性事天
者。學知利行。賢人之事也。殀壽不貳。修身以俟者。困知勉行。學

者之事也。

此則經義少失。本不足深辨。然原其心術。亦出於欲。其盡廢窮理
之說。此可惡也。

又曰。卽物窮理。卽就事事物物上。求其所謂定理也。是以吾心求
理於事物之中。析心與理而爲二矣。

易曰。包羲氏之王天下也。仰則觀象於天。俯則觀法於地。觀鳥獸
之文。與地之宜。近取諸身。遠取諸物。於是始作八卦。以通神明之
德。以類萬物之情。此卽所謂卽物窮理也。包羲氏猶然。況學知以下
之人乎。若必求物理於吾心。而不可求於物。則伏羲何不求之於其
心。而求之於俯仰觀察遠取近取耶。且陽明之在南贛。思田一應事目
措置之方。親降手敕。廣詢博訪。纖悉無遺。此亦物理也。何不求之
於其心。而求之於外。若是其勤也。豈其所學到此。有不可恃而急來
抱佛脚者耶。南贛思田事。特一邊方措置之得失。少有知能者。皆可
辦之。猶且資於講究若是。況修身齊家治國平天下之事。不資於講究
而何以哉。

又曰。吾心之良知。卽所謂天理也。致吾心良知之天理於事事物
物。則事事物物。皆得其理矣。致吾心之良知者。致知也。事事物
物。皆得其理者。格物也。

良知與天理對言。則心而非理也。其以良知爲天理者。盖亦心卽理
之說也。然若與人欲對言。則良知卽是天理之所發。而非人欲之所行
矣。故致此良知。亦不失爲循理之學。而但陽明所謂良知。非良知之
眞。故不免爲異端之學耳。且前既以格物爲致知誠意用力處。今又以
格物爲致知之效。則此於自家之說。亦未有一定之見矣。

又曰。學卽是行矣。問卽學也。卽行也。思卽學也。卽行也。辨卽

學也。卽行也。

學有專以知言者。此所謂博學是也。有專以行言者。思而不學之學是也。有兼知行而言者。學而時習之學是也。當觀其所指之如何。不可一例混說。然此不可與陽明說也。聖人旣以生知安行學知利行困知勉行。分知行對說。而又必先言知後言行。則知行之各爲一事而有先後。陽明亦豈不知耶。至於謂學卽行問卽行思卽行辨卽行之說。分明是指東爲西。喚方謂圓。不復問聖言之如何事實之如何。而惟其言之所欲言。則殆不可與言矣。

又曰。萬事萬物之理。不外於吾心。而必曰窮天下之理。則是殆以吾心之良知爲未足。而必外求於天下之廣。以裨補增益之。又曰。隨事隨物。精察此心之天理。

窮天下之理。亦猶窮南贛之事理耳。陽明非不致良知。而南贛之事理。必待求之於南贛之地之人。窮天下之理。亦猶是耳。其謂隨事隨物而精察此心者。亦謂不察之於事物而察之吾心也。然則南贛之事物。亦何不察之於其心。而察之於南贛之事物耶。且陽明亦嘗以食味行路喻之矣。食其味然後。方知其味之美惡。行其路然後。方知其路之險夷。未有舍味與路。直求之於吾心而能知其美惡險夷也。窮天下之理。皆如是耳。

又曰。心者身之主也。而心之虛靈明覺。卽所謂本然之良知也。

陽明之爲禪學。只此一語首實盡矣。凡言良知。皆此之知矣。

又曰。良知之於節目時變。猶規矩尺度之於方圓長短也。規矩誠立則不可欺以方圓。尺度誠陳則不可欺以長短也。又曰。舜之不告而娶。豈舜之前。已有不告而娶者。爲之準則。故舜得以考之何典。問諸何人而爲此耶。抑亦求諸其心。一念之良知。權輕重之宜。不得已而爲此耶。武之不葬而興師云云。

　聖人生知。故不待稽古。學知以下。則必待稽古。若以聖人之不待稽古。謂古訓之不足講究。則亦以皐, 夔, 稷, 卨未嘗讀書。而二典三謨。亦可廢之耶。傅說所謂學于古訓。孔子所謂信而好古。亦皆欺人罔世之語耶。權衡尺度雖在我。輕重長短則在物。故必卽物而權然後。方知其輕重。必卽物而度然後。方知其長短。未有不權不度於物。徒持其在我之權度而能知其輕重長短者也。卽物而權之度之。豈非所謂卽物而窮之者耶。且如舜,　武之權輕重。亦必就其事之輕重而權之。如告而不娶。不告而娶。孰輕孰重。不應懸空搭虛而權之也。就如其說。權其心之輕重。心亦事物也。亦豈非卽物而窮之者耶。理必卽物而窮之。則又豈有內外之異耶。孟子曰。權然後知輕重。度然後知長短。物皆然。心爲甚。孟子何嘗謂物不可以權度。又何嘗謂物之輕重長短。不求之於物而直求之於吾心耶。陽明之辨。極其說。未嘗不窮。大抵如是爾。盖卽物窮理。卽所以致吾之良知也。未有坐守良知而物理自明者。亦未有不務窮理而吾知自致者也。坐守良知而不務窮理。則淪於空寂矣。把箇良知。念念尋討。則又不勝其紛擾矣。空寂紛擾。本心俱亡矣。此其所發狂妄粗暴。絶不似聖賢氣像也。凡爲釋氏之學者皆如此。以其無心地之實功耳。(陸子靜大拍頭胡叫喚。其徒今日悟道。明日醉酒罵人。皆不可謂有心地之功。)

　顧書曰。六經四書所載多聞多見, 前言往行, 好古敏求, 博學審問, 溫故知新, 博學詳說, 好問好察。皆是明白求於事爲之際。資於論說之間。

　此段所答。無非遁辭。多聞多見。孔子本不以爲病。而强以擠之於病。好古敏求。孔子本不以言心。而强以附之於心。多識言行。卽多

聞多見之事也。在子張則旣擠之病矣。在大易。不敢謂病。則又强合
之於行。其他所說。亦皆此類。明者見之。可供一笑。

顧書曰。楊墨之爲仁義。鄉愿之亂忠信。堯舜子之之禪讓。湯武楚
項之放伐。周公莽操之攝輔。漫無印正。又焉適從。且於古今事變禮
樂名物。未嘗考識。使國家欲興明堂建辟雍。制曆律草封禪。又將何
所致其用乎。

此段所答。又專出於口給禦人。尤見其心之不正。自楊墨。至古今
事變。只擧前段舜武之論尺度之喩以自解。此之所辨。亦已見上。今
不復詳。若其明堂辟雍諸事。東橋之引此說。其意要質其事物之理不
可不窮也。非欲聞其傳記之虛實制度之如何。及其緩急之序得失之辨
耳。陽明不答他發問之本意。只以遊辭詭辯。張皇馳騁於所問之外。
而至於封禪之說。又因其間漫錯引。乘勢力攻。此乃避堅攻瑕。兵家
之餘謀耳。顧於問者之本意。何所當哉。大抵所與羅，　顧二公辨者。
無一言能對其說。只恃其談鋒筆勢。慢罵虛喝。要以壓倒取勝。而實
則支辭遁說。左閃右突。前躓後蹶。不勝其有窘窒之態。徒使人窺見
其罅隙。竊議其心術。考其歸則誠愚耳。

右三書旣辨。則其學之當辨者槩擧矣。而此外又有一二緊要可辨
者。幷著之。

傳習錄論延平喜怒哀樂未發前求中之說曰。延平恐人未便有下手
處。故令人時時刻刻。求未發前氣像。使之正目而視惟此。傾耳而聽
惟此。卽是戒愼不覩。恐懼不聞的工夫。又論求中工夫曰。只要去人
慾存天理。方是工夫。靜時念念去人慾存天理。動時念念去人慾存天
理。又曰。戒懼亦是念。戒懼之念。無時可息。自朝至暮。自少至
老。更無無念時。又與黃勉之書曰。念念在良知上體認。終日終夜以

思。亦不爲過。

觀此數說。可見其自朝至暮自少至老。只是已發。更無一時半刻未發存養之時矣。旣無一時半刻未發存養之時。則大本不立矣。大本不立。則何以言學。所謂良知所謂天理。只管作一箇話頭橫在肚裏。念念不忘。此卽與大學之四有所。溫公之一中字。同其爲心病。而實不知其天理之已亡而良知之已梏矣。只此可見其無心地工夫。外旣廢講學窮理之事。內又無操存涵養之功。所謂身心之學者。果做甚事。(所謂正目而視傾耳而聽云者。是原不知未發之爲何事。尤不滿一笑。)

又曰。大學新本。須用添箇敬字。方纔牽扯得向身心上來。若須用添箇敬字。緣何孔門倒將一箇最緊要的字落了。直待千年後要人來補出。正謂以誠意爲主。卽不須添敬字。

陽明未嘗說及敬字。於此又斥敬字之補。只此便見其無操存涵養之功。如自有操存涵養之功。卽自知敬之不可廢矣。帝之命契曰。敬敷五敎。洪範曰。敬用五事。大學曰。穆穆文王。於緝熙敬止。五敎盡人倫之目。五事盡一身之用。文王之所止。又莫非至善。而是皆以一敬字包之。敬之一字。其可少之哉。丹書之訓。夫子之易。又皆以敬義對言。而敬又爲之本。則敬之爲千聖相傳心法之要。此又可見矣。陽明旣廢古訓之講求。又欠自己之實功。所以不識敬字。

又曰。性之本體。原是無善無惡的。發用上。原是可以爲善可以爲不善的。又曰。無善無惡。是心之體。又曰。無善無惡。是爲至善。

陽明論性。一與告子同。大傳孟子言性。皆以善言。陽明名尊孔孟。而其論性。却從告子。不從孔孟。此則所見之蔽而坐於學之不講耳。陽明認心爲性。故其論心性。只是一般。而心之未感於物。善惡未形。故見此以爲無善惡。還又言無善惡是至善。欲以是求合於孔孟。而不知其無善之非善。此所謂遁辭。知其窮也。

又曰。耳原是聰。目原是明。心思原是睿。又曰。滿街人都是聖。

此又釋氏作用是性卽心卽佛之說。然語至於此。狂怪甚矣。

更按陽明答東橋書末。有拔本塞源之論。謂其於朱子之學。拔本而塞源也。噫亦痛矣。斯非所謂人得以誅之者耶。辨異端闢邪說。正須於拔本塞源。則吾請復爲拔本塞源之論也。夫學必主於心。而心則一也。何以有異端正學之別也。亦在乎理與氣之分而已矣。心主於身。性具於心。而心卽氣也。性卽理也。是故治其心而主乎性。以理而宰氣者。吾儒之學。所以本乎天也。本乎心而昧其性。以氣而滅理者。異端之學。所以遁乎天也。釋氏以靈覺爲性。陸氏以人心爲至善。此皆認心爲性而同歸於異端也。至若陽明之學。專以致良知爲主。而所謂良知。卽是釋氏靈覺之知。而非孟子所謂仁義之良知。則亦不過爲循氣質之用而昧天理之眞也。此又得陸氏之心印而傳釋氏之衣鉢者也。學之所主。旣在於氣。則其發之言語文章。見諸勳名事業者。固宜不純於天理而多發於人慾矣。且復就此而論之。陽明嘗論儀，秦之智術。以爲窺得良知之妙用。則其所云良知。固已可見矣。故其事君行己。專任權術。(其大者諫迎佛疏。不答追崇大議。可見也。)　而用兵行師。詭詐無狀。甚至於使其門人殺其家人以要功。欲探人之動靜。則遣其門人作細作。欲掩其迹。則又沒其功而不列。卒使諸人因功獲禍。古之聖人。行一不義。殺一不辜。而得天下不爲。若此之爲。奚啻殺一不辜行一不義而已哉。殆與吳起之殺妻求將。用心無異。而其撫摩民夷。視之如傷。亦其吳公之吮卒耳。彼以良知爲聖人。而聖人良

知之用。果如是乎。其言議之頗僻。則以朱子之學。而比之於洪水

猛獸之禍。以始皇之焚書。而謂得孔子刪詩書之意。其文章之所發。則縱橫捭闔。譸張譎怪。使人不可正視。此皆儀，秦之妙用。子瞻之伎倆耳。(子瞻之伎倆。不但言其文章。子瞻謂湯武簒弒而盛稱。苟或以爲聖人之徒。此等言語。皆似陽明。但陽明比之子瞻。又是斫頭破肚漢耳。)　吾聖人門庭。未嘗有如此規模也。且其平生言行。不能相副。所深詆者。口耳之學。而其在己也。未嘗有一日心地之功。所說良知。不過騰諸口舌文字之間。則自不免爲口耳之學矣。所力排者。功利之學。而其在己也。內而用心操術。外而一毛一髮。無非反道悖義計功謀利之習。則自不免爲功利之學矣。上蔡鸚鵡之譏。烏可免乎。大抵總而論之。其人則孫，吳也。其學則象山也。其辯則儀，秦也。其文則子瞻也。有一於此。亦足以惑世而誣民。況兼是數子之資而有之乎。況勳名事業。震輝人耳目。又能有數子之所未有者乎。以是標擧而揮動一世。其誰不匍匐而歸之乎。是以一喝而遠近響應。再呼而四海雲合。互相推引。曰孔曰顔。扼腕指心。談知說用。言行稱述。不恥功利之鄙術。(門人所記征濠遺事。可見也。)　師友證印。無非狂怪之癡習。(傳習錄。可見也。)　轉相師傳。遍滿天下。遂使義理日晦。人慾橫流。卒致天下大亂。夷狄乘之。而遺毒餘烈。猶至今未已。其爲生民之禍。豈特止於洪水猛獸之溺其身食其外而已哉。噫亦痛矣。不幸其學流入東國。毀經侮聖之習。多傳其心。良知門戶之立。亦有其人。則世道之憂。可勝言哉。盖其爲學。內禪外覇。本源所在。如是已矣。而前後辨者。皆未有探取心肝底劊子手段。故攻之不能得力。使其說愈久而愈行。此又重可恨也。世有仁人君子不恝然於斯者。於吾拔本塞源之論。當不以爲過也。

萬曆三十年壬寅。禮科給事中張問達奏言妖士李贄立言乖僻。所撰

藏書。惑世誣民。謂大道不分男女。作觀音問一書。引士人妻女若
狂。瀆亂倫常。莫此爲甚。詔逮繫獄。火其書。贄尋自經死。贄字卓
吾。泉州擧人。仕至姚安知縣。

　按贄。卽編陽明年譜。批評陽明集者也。爲陽明學者。果如是哉。

附次良知詠韻（四）（第一句皆用陽明本語°）

　箇箇人心有仲尼。自將聞見苦遮迷。而今指與眞頭面。只是良知更
莫疑。

　箇箇人心有仲尼。卽心卽佛一般迷。仲尼七十方從欲。箇箇從心定
可疑。(陽明又曰。從心所思。是非自別。不作一念謂之睿。此皆心卽
佛之說也。)

　問君何事日憧憧。煩惱場中錯用功。莫道聖人無口訣。良知兩字是
參同。

　問君何事日憧憧。念念良知錯用功。徒念何由眞面識。公私邪正認
來同。(陽明以靈覺之知爲良知。而靈覺之知。實有公私邪正之雜。)

　人人自有定盤針。萬化根源總在心。却笑從前顚倒見。枝枝葉葉外
頭尋。

　人人自有定盤針。爲有皇衷降在心。可笑癡禪顚倒見。只從形器下
層尋。(陽明言心卽理。卽是認器爲道。故末句云云。)

　無聲無臭獨知時。此是乾坤萬有基。抛却自家無盡藏。沿門持鉢效
貧兒。

　無聲無臭獨知時。知得錯時錯作基。不識自家眞寶藏。謾誇虛稟學
癡兒。(陽明不知天性之眞。膠守靈覺之知。故末句云云。)

저　자	남당(南塘) 한원진(韓元震)
제　목	「心純善辨證 (示權亨叔)」(癸亥年)
출　전	『南塘先生文集』, 卷二九 「雜著」, 十三～二十面, 韓國文集叢刊 202 (民族文化推進會 1998. 12.), 128～31면.

心純善之說。盖不知心性有理氣之辨也。故此辨專以此爲言。

孔子曰。人能弘道。非道弘人。朱子釋之曰。人外無道。道外無人。然人心有覺。道體無爲。故人能大其道。道不能大其人也。張子釋之曰。心能盡性。人能弘道也。性不知撿其心。非道弘人也。

朱子曰。性猶太極也。心猶陰陽也。太極只在陰陽之中。非能離陰陽也。然至論太極自是太極。陰陽自是陰陽。惟心與性亦然。所謂一而二。二而一者也。(見語類。)　又曰。理之在心。卽所謂性。故邵子曰。心者性之郭郭也。　(見答方賓王書○據朱子此說。則所謂本然之性。氣質之性。皆指理之在心者。可知也。○羅整菴困知記曰。心者人之神明。性者人之生理。理之所在謂之心。心之所有謂之性。)

又曰。心譬水也。性水之理也。才者水之氣力。所以能流者。然其流有急有緩。則是才之不同。伊川謂性稟於天。才稟於氣是也。(見語類。)

又曰。心有善惡。性無不善。若論其氣質之性。亦有不善。(見語類。)

又曰。命便是告箚。性便是職事。心便是官人。氣質便是官人習尙或寬或猛。(見語類。)

又曰。人雖得其形氣之正。然其淸濁厚薄之稟。亦有不能不異者。惟聖人之心。淸明純粹。天理渾然。無所虧闕。(見中庸或問。)

又曰。人之所以爲學者。以吾之心不若聖人之心故也。吾之心。卽與聖人之心無異矣。則尙何學之爲哉。(見答石子重書。)

又曰。聖賢未嘗敎人只守此心。却爲氣質之稟。不能無偏。(見答項平父書。)

又曰。所謂精神魂魄有知有覺者。皆氣之所爲也。故聚則有。散則無。若理則初不爲聚散而有無也。但有是理則有是氣。苟氣聚乎此。則其理亦命乎此耳。(見答廖子晦書。)

又曰。須知心是身之主宰而性是心之道理。乃無病耳。所謂察識此心。乃致知之切近者。此說是也。然亦須知所謂識心。非徒欲識此心之虛靈知覺。乃欲識此心之義理精微耳。(見答姜叔權書。)

又曰。釋氏擎拳竪拂運水搬柴之說。豈不見此心。豈不識此心。而卒不可與入堯舜之道者。正爲不見天理。而專認此心以爲主宰。故不免流於自私耳。前輩有言。聖人本天。釋氏本心。盖謂此也。(見答張南軒書。)

又曰。無善無惡之論。自以爲得性之眞而有功於孟氏之門矣。而不知其陷於釋氏之餘。直以精神魂魄至麤之質。論仁義禮智至微之理也。(見孟子或問。〇據朱子精神魂魄至麤之說。則以氣之靈氣之精爽爲至善者。可見其說之至麤也。)

朱子行狀曰。守虛靈之識而昧天理之眞。借儒者之言而文老佛之說。

勉齋黃氏曰。木之氣盛則金之氣衰。故仁常多而義常少。金之氣盛則木之氣衰。故義常多而仁常少。若此氣質之性有惡也。然方其未發也。此心湛然。物欲不生。則氣雖偏而理自正。氣雖昏而理自明。氣雖有贏乏而理則無勝負。此未發之前。天地之性純粹至善。而子思所謂中也。嘗以是質之先師。答曰。未發之前。氣不用事。所以有善而無惡。至哉言乎。

李公浩問於退溪先生曰。七情猶可謂之有善惡者。以其氣未必純善故也。但未知氣本未純善。則當其未發。謂之善惡未定可也。其謂之純善無惡者何義。答曰。湛一氣之本。當此時。未可謂之惡。然氣何能純善。惟是氣未用事時。理爲主故純善耳。(朱子曰。湛一。是未感物時。湛然純一。是氣之本。攻取。如目之欲色。耳之欲聲。便是氣之欲。)

又曰。程氏心本善之說。朱子以爲微有未穩者。盖旣謂之心。已是兼理氣。氣便不能無夾雜在這裏。則人固有不待發於思慮動作。而不善之根株。已在方寸中者。安得謂之善。故謂之未穩。然本於初而言。則心之未發。氣未用事。本體虛明之時。則固無不善。故他日論此。又謂指心之本體。以發明程子之意。則非終以爲未穩。可知矣。(心之本體。只指其未發虛明者而言。非謂心之氣稟當此時。亦無不善也。)

栗谷先生曰。惟人也得其氣之正且通。而淸濁粹駁。有萬不齊。非若天地之純一矣。心之爲物。虛靈洞澈。萬理具備。濁者可變而之淸。駁者可變而之粹。故修爲之功。獨在於人。(濁者可變駁者可變。承上心之爲物一句而言。則濁者駁者。皆指心而言。可見也。)

又曰。朱子曰心之虛靈知覺。一而已矣。或原於性命之正。或生於形氣之私。先下一心字在前。則心是氣也。或原或生。無非心之發。則豈非氣發耶。心中所有之理乃性也。未有心發而性不發之理。則豈非理乘乎。(先生旣以心之發爲氣之發。而又常以爲淸氣發爲善情。濁氣發爲惡情。則所謂淸濁之氣。皆指心而言。可見也。○朱子栗谷皆以理之在心者爲性。而今謂氣稟之性在心外。豈不誤哉。)

又曰。性理也。心氣也。情心之動也。先賢於心性。有合而言之者。孟子曰。仁人心是也。有分而言之者。朱子曰。性者心之理是也。析之得其義。合之得其旨。然後知理氣矣。

又曰。人之容貌。不可變醜爲姸。膂力不可變弱爲强。身體不可變短爲長。此則已定之分。不可改也。惟有心志則可以變愚爲智。變不肖爲賢。此則心之虛靈。不拘於稟受故也。(此外又有心性情圖說，人心道心圖說。極爲明備而此不盡錄。)

沙溪先生嘗於夜裏呼尤菴而告之曰。爾知心性情意等字乎。心如器。性如器中之水。情如水之瀉出者。貯此水而有時瀉者器也。涵此性而發此情者心也。此心性情之別也。

尤菴先生曰。心是氣而性是理。氣卽陰陽而性卽太極也。

又曰。性一也。搭在淸氣中而其發也善則謂之善。搭在濁氣中而發不能中則謂之惡。皆以已發而言之者也。

遂菴先生曰。氣質云者。指心而言也。太極之理。囿在心中而爲性。故纔說性。便覺非性之本然。所謂生之謂性也。

農巖先生曰。心者無他氣而已矣。專言則聚五行之精英。偏言則屬乎火。屬乎火。故能光明不昧而照燭萬物。聚五行之精英。故能變化無窮而不滯於一方矣。

又曰。中人以下。其氣多濁少淸。至於頑愚之甚。平日所爲至無道者。彼其方寸之中。濁氣充塞。豈復有一分淸明之氣。

吾儒宗旨。以心爲氣。以性爲理。而理則無不善。氣則有不齊。氣之不齊。卽淸濁粹駁之不齊也。非此心之外。復有淸濁粹駁之稟也。故人之智愚賢不肖。皆在於心。而不在於血肉軀殼之身也。然心之虛靈。非如血肉軀殼之局於形質者。故濁者可變而之淸。駁者可變而之粹。此變化氣質。復其性初之工。亦只在於心而不在於他也。以心爲純善者。乃禪家之宗旨也。釋氏其初只說輪回報應因果之說。廣張罪福。以惑愚民。其語心性之妙。以惑高明之士。自達摩始而號爲禪。達摩自西域入來。面壁九年。只說人心至善。卽此便是。不用辛苦修行。(見語類。)　以此立宗旨。其徒推而爲說。則曰卽心卽佛。曰作用是性。(語類曰。作用是性。亦是氣。)　曰運水搬柴。神通妙用。此皆指心之靈覺而言也。朱子論陸氏曰。子靜之學。只管說一箇心本來是好物事。把許多麤惡底氣。把做心之妙理。陽明則曰。箇箇人心有。仲尼曰。心則理也。曰良知卽天理也。其論良知則曰。心之虛靈明覺。卽所謂本然之良知也。釋氏初不知有理字。只見此心昭昭靈靈之體。便以此爲至善。陸氏，王氏雖說理字。而其見得理字。亦不過此靈覺之體耳。自釋氏而爲陸氏。自陸氏而爲王氏。其以心爲宗。一串貫來。自謂得其至善之妙用。而實則循其氣質之粗跡耳。故釋氏之顚倒妙用。應緣無礙。陸氏之徒。今日悟道。明日醉酒罵人。此皆爲靈覺之所使。而王氏之門。見其滿街奔走。都是聖人。亦只是見其靈覺之用耳。論心論性而與同於彼者。其得失可見矣。盖以心爲純善。以心與氣稟爲二者。前未有此論。李公擧發之。今聞其說大行。無人不同。相聚講學。只作禪會。深可憂懼。其說盖以程子心本善。發於思慮。有不善之語爲據。然程子之意。乃指其思慮未發之時。氣不用事而物慾不生者而言。非幷與其心之氣稟而謂之本善也。若幷與氣稟而謂之本善。則程子何以言性出於天。才稟於氣。又何以言聖人本天。釋氏本心乎。羅整菴曰。釋氏之所謂性。覺也。吾儒之所謂性。理也。釋氏有見於心。無見於性。又曰。程子嘗言聖人本天。釋氏本心。此乃灼然之見也。整菴有理氣一物之病。而至論其儒釋之分。則乃專以心性之辨爲言。此亦可見義理之所同然矣。

저 자	남당(南塘) 한원진(韓元震)
제 목	「傳習錄辨」
출 전	『南塘先生文集拾遺』, 卷四「雜著」, 五四〜六五面, 韓國文集叢刊 202 (民族文化推進會 1998. 12.), 410〜6면.

徐愛問。在親民。先生以爲宜從舊本何。先生曰。傳中作新之新。
是自新之民與新民之新不同。下面治國平天下處。皆於新字無發明。
如君子賢其賢而親其親。小人樂其樂而利其利。如保赤子民之父母之
類。皆是親字意。親民。猶孟子親親仁民。親之卽仁之也。百姓不
親。舜使契爲司徒。敷五敎以親之。堯典親九族。至平章協和。便是
親民。孔子言安百姓。安百姓。便是親民。說親民便兼敎養之意。說
新民便覺便偏了。

辨曰。此章首曰大學之道。在明明德者。言己之由學以明其德也。
繼之曰在新民者。言推己之學以及民。使之亦新其德也。二者皆帶學
字意。作一串說。與養之親之之意。初不相涉。

按先生之辨。辭約而理明矣。然陽明所謂下面治國平天下處。皆於
新字無所發明云者。不可以不辨。經曰欲明明德於天下。其使天下之
人。皆自明其明德者。於新之義當乎。於親之義當乎。傳之二章章內
作新民一句。正釋新民之事。所謂作者。於新字義爲襯乎。於親字義
爲襯乎。民之自新。將由其新之耶。抑由其親之耶。傳四章使民無
訟。其新之而使之無耶。抑親之而使之無耶。凡此數者。皆於新字義
則合矣。而未見其於親字義爲近也。以此觀之。則新字爲是。不待下
面所說。而已彰明較著矣。其下齊家治國平天下處。無非所以發明新
字之義也。齊家章所謂好而知其惡。莫知其子之惡者。將欲其知其惡

而使之新之耶。抑欲其知其惡而益親之耶。治國章終始以一敎字言之。新之謂敎乎。親之謂敎乎。至於平天下章絜矩。亦因民之自新而處得其所。使遂其自新之心也。觀章首。先說興孝興悌不倍。而繼之曰是以有絜矩之道云云。則其旨可見矣。然則同好惡。不專其利。雖是養之之事。實亦推新之之道。以及於養也。元非與新之之事不相干也。若所謂親賢樂利。如保赤子民之父母之語。雖於親字義爲近。然一篇大意說及民處。皆是新字義而近。親字義者。不過數語。是將從其多爲是乎。從其少爲是乎。敎養元非截斷爲兩事者。故纔說敎之道。便須隨說養之事。然其題目則當取其主說。不當取其參說也。且傳之釋三綱領。皆出綱領本字。明德傳三引書。皆出明字。新民傳三引古語。皆出新字。至善傳三引詩。皆出止字。程，　朱之改親爲新。非但以新字義通。實據傳文而正之也。若果親字爲是。則傳之釋親民。何不一出親字乎。據經考傳。可見其新字之必是。而程，　朱大賢之處於此者。可謂審矣。未知陽明何所見而敢生異論也。蓋觀陽明之論學。不專是知識有未逮。却先以不同先儒底一箇意思着在胸中。見彼說夜底道理。己必去求晝底道理以反之。見彼說晝底道理。己必去求夜底道理以反之。唯務其角勝而突過焉。故雖於義理白直。不可異同處。必別求一說。以立己見而後已。此其所坐心術邪僻。非如楊墨之徒學仁義而差者也。

　愛問。至善只求諸心。恐於天下事理。有不能盡。曰。心卽理也。天下又有心外之事心外之理乎。愛曰。如事父之孝。事君之忠。其間有許多理。恐亦不可不察。先生歎曰。此說之弊久矣。且如事父不成。去父上求箇孝的理。事君不成。去君上求箇忠的理。都只在此心。心卽理也。此心無私無蔽。卽是天理。不須外面添一分。以此純

乎天理之心。發之事父。便是孝。發之事君。便是忠。只在此心去人
欲存天理上用功。愛曰。如事父。溫凊定省之類。有許多節目。亦須
講求。曰。如何不講求。只是有箇頭顱。只是就此心。去人欲存天理
上講求。如講求冬溫。也只是要盡此心之孝。恐怕有一毫人欲間雜。
講求夏凊亦然。只是講求得此心。此心若無人欲。純是天理。是箇誠
於孝親的心。冬時自然思量父母的寒。便自要去求箇溫的道理。夏時
自然思量凊的道理亦然。這誠孝心便是根。許多條件。便是枝葉。須
先有根然後有枝葉。不是先尋枝葉然後去種根。

辨曰。本是論窮理工夫。轉就實踐功效上衰說。

按天下之理。雖本具於吾心。而物見於彼而後。理形於此。故見父
而後。孝的心方生。見君而後。忠的心方生。未有離君親而能爲忠孝
者也。是以欲事君親者。必先去君親上。講求其事君如此是忠。如此
是不忠。事親如此是孝。如此是不孝。知得分明而後。方能從其忠
孝。不從其不忠孝。而吾心眞能純乎天理矣。盖物必格而後。理明於
內。理必明而後。心可以純乎天理也。此經之必曰物格而后知至。知
至而后意誠心正身修者也。若不就日用事物上。講求其道理。塊然只
守一心字。而欲講求其去人欲存天理。則事物未接之時。吾心之天理
人欲未形矣。如何得講求。若待事物之旣接。吾心之天理人欲旣形而
講求。則是猶待於事物而講求矣。非陽明所謂只就此心講求者也。況
於事物之來。講求其處之之道。尤非陽明之旨也。然則捍拒事物而就
此心。講求天理人欲。吾恐其終不得也。不但不能講求得。抑恐此心
反爲去人欲存天理一句話所繫縛。不能自脫灑。正如大學之四有所。
溫公之一中字矣。尙何望其發之爲孝爲忠乎。若必以就事物。講求其
道理。謂先尋枝葉後去種根而爲不可。則孔子之九思。顔子之四勿。

曾子之三省。皆就日用事物上。講求其理與非理者。亦皆先枝葉後種
根。而不得爲爲學之正門路乎。大抵心卽理一句。是其爲學頭顱。而
全是禪家面目。則其言議是非。自可置之。本不足與辨也。

　徐愛問知行合一之說曰。人有知父當孝兄當弟者。却不能孝不能
弟。是知與行。分明是兩件。曰。此已被私意隔斷。不是知行的本體
了。聖賢敎人知行。正是要復那本體。大學說如好好色云云。

　辨曰。人之心發於形氣者。則不學而自知。不勉而自能。好惡所
在。表裡如一。故纔見好色。卽知其好而心誠好之。纔聞惡臭。卽知
其惡而心實惡之。雖曰行寓於知。猶之可也。至於義理則不然也。不
學則不知。不勉則不能。其行於外者。未必誠於內。故見善而不知善
者有之。知善而心不好者有之。謂之見善時已自好可乎。見不善而不
知惡者有之。知惡而心不惡者有之。謂之知惡時已自惡可乎。故大學
借表裏如一之好惡。以勸學者毋自欺則可。陽明乃欲引彼形氣之所
爲。以明義理知行之說則大不可。至如知痛已自痛。知寒已自寒。知
饑已自饑。其爲說。亦可謂巧矣云云。

　按先生辨說得矣。然以形氣之知行與義理之知行爲不同。則是知行
或有時合一。而陽明之說。亦能得其半矣。恐未然。知好色之可好。
知惡臭之可惡者知也。知其好而求必得之。知其惡而務決去之者行
也。知其好知其惡。與得其色去其臭。決是二事。不可謂纔知其好。
已得其色。纔知其惡。已去其臭也。盖好惡屬心。行屬事。心與事有
內外之辨。故未可便將好惡之心。爲行之事也。大學以如好好色如惡
惡臭爲誠意者。盖謂其好善如好好色。則必其能求得之。惡惡如惡惡
臭。則必其能決去之云也。如有好善而不能求得。惡惡而不能決去

者。亦可謂誠意耶。至如知痛知饑寒之說亦如此。知痛知饑寒。是知也。知痛而求所以安之。知饑寒而求所以飽煖者。是行也。不成說。知痛。已得其所以安者。知饑寒。已得其所以飽煖者。此形氣之知行。而亦不可以合一者也。其以知痛已痛。知饑已饑。知寒已寒爲之行。亦甚踈謬可笑。未見其爲巧也。痛故知痛。非知痛故痛也。饑寒亦然。若以此爲知行。則是行故知。非知故行也。且痛與饑寒。卽外物之觸其形者。是知行的境。非知行的事也。認境爲事。其可謂知類乎。此其爲說。欲巧反拙。欲密反踈。殆不足以瞞過童子也。大抵陽明之傲然自聖。肆爲異說者。盖負其才豪辯博。謂人莫能抗其口而矯其說也。然而不覺其言之踈謬荒誕。無倫不近如此。亦可哀哉。先生所謂義理不學則不知。不勉則不能者。亦似未盡。義理固不學則不知。不勉則不能。然亦有不學而知。不勉而能者。如孟子所謂愛親敬長良知良能是也。盖有是不學而知。不勉而能者。故尤見其人性之必善也。若皆必待學而後知。勉而後能。則於荀子所謂桀紂性。堯舜僞者。何以闢其說哉。

　得其正正其心分體用說辨曰。按朱公遷曰。伯兄克履云大學經言正心。是兼體用言。傳言所以正心之道。專以用言。盖制於外。所以養其中。雲峯胡氏則曰。在正其心此正字。說正之之工夫。盖謂心之用。或有不正。不可不正之。不得其正此正字。是說心之體本無不正而人自失之者也。羅整菴困知記又謂此章所謂不得其正者。似只指心體而言。章句以爲用之所行。不能不失其正。乃第二節事。似於心體上。欠却數語。盖心不在焉以下。方是說應用之失。胡，　羅二說。異於朱說如此。又按徽菴程氏曰。章句曰用之所行。或失其正。或問曰。此心之用。不得其正。未嘗言體之不正也。唯經之或問。有曰不得其本然之正。曰心之本體。物不能動而無不正。或者遂執之以爲正心乃靜時工夫。如中庸未發之中。太極圖之主靜。而經之定靜安也。殊不知聖人敎人。多於動處用功。格致誠正修。皆敎人用功於動者。定靜安。亦非但言心之靜也。若靜時功夫。戒愼恐懼而已。不待乎正其所不正也。聖賢之動。固主乎元亨。誠之通靜。固主乎利貞。誠之復而誠正修云者。正誠通之事。旣誠正而修矣。始有誠復之明。(明字誤。) 若當誠意之後。厭動而求靜。收視反聽曰。吾將以正心。此乃異端之事。非吾儒也。某謂人心未發之前。體之不偏。固可謂之正。已發之後。用之各當。獨不可謂之正乎。故章句以用說不得其正之正字。朱克履所謂專以用言者。正得其意。徽菴所譏或者之說。卽雲峯,整菴之意。其中胡氏之說。雖有精彩。有警發人處。然傳者之意。未必然也。徽菴力辨或說之誤當矣。則雲峯, 整菴皆爲誤矣。但以愚見。竊恐徽說亦不能無病。盖不當引誠之通復爲證也。

　按此章四有所。是無事時係累之病也。四不得其正。是應用處失正之謂也。盖無事時。此心已先係累於物。則後事之來。安能處得其當乎。此所謂源不潔則流不清。形不端則影不直者也。至其用力正之之功。則不在於應用時失正處。而在於無事係累處。所謂端其本淸其源者也。是以章句雖以用之失正。釋不得其正之句。而却以敬以直之。爲正心之方。又於章下以直內。代正心言。則其以正心爲靜時工夫。灼然可見矣。諸儒皆不能見得此意。而唯吾東栗谷先生於聖學輯要。以正心爲戒懼之屬。則可謂獨得朱子之指矣。竊觀諸儒之論。似皆失朱子之指者。盖皆以四有所與四不得其正。作一事看。而又於其上下句歸重不同。所以其言紛紜不一耳。朱, 徽二儒見得四不得正之爲應用失正之事。而牽拽上句以附之。故以正心爲專用功於用上。羅整菴見得四有所之爲係累失體之病。而推挽下句以合之。故以不得其正。
謂指心體而言。皆於朱子之說。各得其半而未得其全矣。胡雲峯則雖
以正其心不得其正。分作兩事。而以正其心。爲正其用。以不得其
正。爲失其體。則是於朱子之說。一切倒置而無一有得矣。若論其
失。則程說爲甚。朱, 胡次之。羅說最勝矣。何以言之。程氏以格致誠
正修。皆爲敎人用功於動。則是明明德者。闕却靜存一段事本領工夫
矣。其可乎。又曰。誠意之後。厭動求靜。而收視反聽曰。吾將以正
心。此乃異端之事。非吾儒事也。言之差謬。一至於此哉。靜之不可
不養。猶動之不可不察。厭動求靜。固是異端。而廢靜務動。亦豈吾
儒事乎。自格物至誠意。旣未有靜養之功。而自誠意以至於治國平天
下。又使不得有一番靜養之時。則學者將何以存心致中而立大本也。
大本不立而能修己治人者。吾未之信也。且一誠其意之後。不可復求
其靜。則古聖賢早已透得誠意一關者。其心將無一刻之靜。而孔子之
敬以直內。子思之戒愼恐懼。皆其初學時一宿過去之蘧廬。而非復平
生持循之功耶。事之無據。言之害道。莫此甚矣。而先生不正其失。
反有取焉。竊不勝其惑。羅氏以正心爲靜存之事。則其大意固已得之
矣。但不得其正一句之解。雖與章句不同。而其過亦有可恕者。盖纔
涉有所。便不得其正矣。何待於應用處乎。朱子之以爲用之失正。反
似拖拽之太長矣。然以傳文考之。則所謂心不在焉者。卽此段有所之
致也。而其三不字。卽其覆說此段不得其正之事也。如修身章以二莫
知。覆說上文親愛等僻焉之事也。章句之以不得其正。屬之於用者。
盖據乎此而非常情之所及也。羅之未達。何足怪乎。朱克履之以經傳
所言正心。謂有兼體用。專言用之不同。且謂專言正心之道者。皆誤
矣。(傳只言心之病。未嘗言正之之道也。)　胡氏之意以爲正其用而存

其體者。亦倒說工夫而非傳者之意也。(傳者之意。在於去其妄動而存
其本體也。) 然二氏皆兼體字說。則不至如程說之大段誤人也。後之學
者取其善而改其差可也。戊子冬日。書于南塘精舍。

15) 순암(順菴) 안정복(安鼎福)
[1712(숙종38)~1791년(정조15)]

저 자	순암(順菴) 안정복(安鼎福)
제 목	「答權旣明書」 (丙戌年)
출 전	『順菴先生文集』, 卷六 「書」, 四~六面, 韓國文集叢刊 229 (民族文化推進會 1999. 12.), 450~1면.

見君與士賓書。不覺欣聳。當此吾道益孤之日。諸君果能與之觀感
箴警。以至於大中至正之域。則何幸何幸。士賓之於君。忠告善道之
意。藹然眞切。今世何嘗有此等事耶。君能聽受。則必當有效。而其
中樞機之戒。尤合於君之病痛。明者亦應知之。玆敢因賓書而論之。
君固有考究過中之弊。讀書有疑。固是美事。小疑則小進。大疑則大
進。實是不易之定訓。然而惟疑之務而靡所底定。則心緖漸紛而實効
難得。愚則以爲讀書雖以自得爲貴。先以自得之意橫在肚間。則其弊
恐於先儒之訓。有洗垢索瘢之嫌。故當依其成訓。讀來讀去。沉潛玩
味之久而疑終未已。則又自以爲我一時粗淺之見。豈有過於前輩者。
是必吾見妄也。又讀之之久而疑終未解。則質之以義理。講之於先

覺。以求其至當之歸。若使吾見不至甚妄。則亦可備一說。不可以此自足。有輕視前輩之習。學之一字。始見于書之說命。其言曰。惟學遜志。懋時敏。學必遜志然後。於古訓與朋友之言。易於虛受。無扞格之患。此萬世學者最初爲學承受之至訓也。竊觀學者若讀數十卷書。稍能講究數件義理而有得焉。則遂欲事事求過于前輩。至若訓詁篇章。斷斷分裂。未免撏撦緼縷之譏。此實痛徵處也。愚觀君與賓書。有不安之意。何者。賓言於君藥石。而君亦受而喜之曰藥石云爾。則君於此當引自己受病處。以示其致感之意。益求其警可矣。而君之書。更以賓友病處。論列以規之。此實古義然矣。而自其皮膜觀之。則有若互譏者然。此於遜志之義。有相背矣。君幸勿以此爲拘拙之見而試入思議也。向日君過時。深以陽明致知之說爲當。其時雖欲以拙見相告。而氣動未果。殆猶爲恨。陽明所以得罪先儒者。以其入頭工夫錯誤故也。朱子以物訓理。而陽明非之曰。理不可別在物上。吾心卽理也。心之所動。莫非良知也。不可分心與理爲二。遂譏朱子以告子義外之學。此豈非太郎當者乎。心之官則思。思主知。朱子釋致知格物。以心之知。格物之理。盖心有知之理。故能窮物理。則吾心所知之理。與散在物上之理。合而爲一。何必直訓心爲理。又以心之所知爲良知。夫人之氣質不同。聖人之心則固皆出於良知之本然。而衆人之心則爲氣所乘。流於偏塞。其心之知。多出於人欲。陽明此說。認人欲爲天理。其流之弊。可勝言哉。陽明年譜。嘗遭其親喪。敎其子弟曰。汝輩心欲食肉則當食肉。欲食而不食。是欺其心也。噫嘻。此何語也。聖人制禮。欲使賢者不得過焉。不肖者企而及之。此所以爲中也。陽明私心自用之弊至於是。可歎。又其釋格物致知。謂致吾之良知。則物各得其正。此亦倒釋經文。自不覺其說之矛盾也。

又倡知行合一之說。以經訓言之。知行何嘗合一。而陽明之騁辯爲此
者。欲破朱子致知之說。而亦不覺其說之混淪無辨。自歸於釋氏之
見。此義公亦見知否。

<table>
<tr><td>저　　자</td><td>순암(順菴) 안정복(安鼎福)</td></tr>
<tr><td>제　　목</td><td>「答權旣明書」(戊子年)</td></tr>
<tr><td>출　　전</td><td>『順菴先生文集』, 卷六「書」, 十四～七面, 韓國文集叢刊 229
(民族文化推進會 1999. 12.), 455～7면.</td></tr>
</table>

　細觀來諭。有未悉愚意者。請畧布之。公書云若一意反觀內省而脫
畧於講討。則未免江西一偏之歸。又云一欲質疑。反陷罪過。又云義
理頭腦處。寧容嘿嘿不言乎。辭氣之間。太涉發露。有不平底氣像。
前日愚書。信筆書報後茫然忘失。未知有何語句。敎公以江西之學。
亦何嘗於義理頭腦處。敎公以嘿嘿不言乎。嘗聞朱子語其門人。以讀
書之法曰。文字寧看得淺。不可太深。寧低看。不可太高。又曰。公
看文字。好立議論。是先以己意看他。却不以聖賢言語來。澆灌胸
中。自後只要白看乃好。愚嘗觀公之讀書。每欲自主議論而必求其深
高。故讀一書得一理。未及加沉潛縝密之功而先自主張。必欲求合於
己意。若或於此不能亟回頭疾旋踵。則膠滯之久。自用勝而欠遜志虛
受之義。未必不爲心術之害而有妨於進德修業之大功矣。當此世衰學
絶。人心陷溺之餘。公輩數人。相携於寂寞之濱滄桑局外。自做冷淡
生活。歌詠先王之遺澤。講論六經之遺旨。是何等大歡喜好消息耶。
是以區區相愛之至。不量自己之有無。必欲其玉成而無一疵焉。前後

盛問之來。不能言下領會而爲巽與之言。此所以愚昧之見。每見阻於
高明者也。昔白樂天作詩一篇。必就問于鄰嫗。嫗曰能解則錄之。曰
不能解則棄之。愚於諸公。若蒙不遇。思欲爲白氏之鄰嫗。公能肯許
否。公每謂大學古本自好。不必改定。又謂格致章自存。不必補亡。
又謂聽訟章似無着落。此非公自得之見。先儒已爛漫言之矣。愚意則
常謂讀章句爛熟。其於朱子本意。一句一字。皆有下落。然後始觀諸
說。觀其議論而已。今無積累專精之工。而客見新義橫在肚間。率爾
曰此是而彼非。其於進學之工。有何益。而公所謂義理頭腦。似不在
此等處矣。愚亦於少時。妄論格致章之不必補曰。經文物有本末之物
字。已是格物之物字。知所先後之知字。已是致知之知字。而接上節
知止之知字。下節末句云致知在格物。又接應上節。觀其文勢。少無
罅漏。此足爲格致之文。不必更爲補傳。此又非先儒之言而所謂自得
者也。後來思之。讀書如此。亦何所益。故只欲屈首於先儒已定之
論。若小兒之受業于師。只當聽受而已。此果鈍滯無才者。依靠掩拙
之計。而亦後學之義。惟其如是耳。然天下之義理無窮。而昔賢之引
而不發者亦多。講磨習熟之餘。如有十分自得。可以質鬼神而無疑
者。則或發之言語。著之文字宜矣。亦何必拘拘爲也。然此豈可易易
者乎。大學之分經傳。自朱子始。而必以傳釋經。自傳之首章止三
章。釋經文首兩節。聽訟章。釋物有本末節。其下諸傳。釋經文之八
條目。其義犁然可觀。而栗谷亦以聽訟章爲未穩。此恐未解朱子釋經
之例也。公又謂身有之身字。當如字讀。不當改以心字。力言不已。
借如公所言。其於文勢文義。有何十分明白不疑者乎。或者謂中庸有
靜存動察之工。而大學則只於動處用工。無靜存之工。此却不然矣。
盖大學論心之書。誠意以上。皆於動處用工。恐其有躁擾不寧之患。

故正心章。必言四有所。言心有此四者。則長在動上而鑑空衡平之
體。不得其正而汨亂之也。故必欲去此有所之心然後。反其本原而得
其正矣。心得其正。主靜之意勝而易流於昏忘。故又以視不見聽不聞
繼之。以戒其無心之患。此二節。正如孟子勿忘勿助之意。而若能如
此。則身之所謂修者。舍是無他矣。或問此章之末。又引孔子操存舍
亡之訓及孟子求放心之語以結之。其意亦可見矣。公必欲以身字讀爲
可。則願爲一通文字以示之。破此迷昧如何。

저　자	순암(順菴) 안정복(安鼎福)
제　목	「天學問答」
출　전	『順菴先生文集』, 卷十七「雜著」, 八〜二八面, 韓國文集叢刊 230 (民族文化推進會 1999. 12.), 141〜51면.

或問。今世所謂天學。於古有之乎。曰有之。書曰。惟皇上帝。降
衷下民。若有恒性。克綏厥猷。詩曰。惟此文王。小心翼翼。昭事上
帝。又曰。畏天之威。于時保之。孔子曰。畏天命。子思曰。天命之
謂性。孟子曰。存心養性。所以事天也。吾儒之學。亦不外於事天。
董子所謂道之大原。出乎天是也。

或曰。吾儒之學。果不外於事天。則子斥西士之學何也。曰。其所
謂事天則一也。而此正彼邪。此吾所以斥之也。

或曰。彼西士之童身制行。非中國篤行之士所能及也。且其知解絶
人。至於天度推步。曆法籌數。制造器皿。若洞貫九重之天。八十里
火炮之類。豈不神異。(我仁祖朝。使臣鄭斗元狀啓。西洋人陸若漢制

火器。能作八十里之火炮。若漢。卽利瑪竇之友。）　其國之人。又能
周行大地。入其國則未幾而能通其言語文字。測量天度。一一符合。
此實神聖之人也。旣爲神聖。則烏不可信乎。曰。是果然矣。然以天
地之大勢言之。西域據崑崙之下而爲天下中。是以風氣敦厚。人物奇
偉。寶藏興焉。猶人之腹臟。血脉聚而飮食歸。爲生人之本。若中國
則據天下之東南而陽明聚之。是以禀是氣而生者。果是神聖之人。若
堯舜禹湯文武周孔是也。猶人之心臟居胸中。而爲神明之舍。萬化出
焉。以是言之。則中國之聖學其正也。西國之天學。雖其人所謂眞道
聖敎。而非吾所謂聖學也。

　或問何謂也。曰。惟此一心。本乎天性。若能操存此心。保有其
性。無忘吾上帝所賦之命。則事天之道。無過於是。何必如西士朝晝
祈懇。赦其舊過。求免地獄。如巫祝祈禱之事。一日五拜天。七日一
齋素然後。可以盡事天之道乎。

　或曰。世有三敎。曰儒曰釋曰道。今西士以天名學。其意何居。
曰。聖人之道一而已。豈有三敎乎。三敎之名。後世俗見之累也。佛
是西方之敎而絶滅倫理。道是世外之敎而無關世道。豈可與儒敎比而
同稱乎。西士之以天名學。意已僭妄矣。盖西域一帶。自古異學蜎
興。佛氏之外。諸敎亦多。觀於傳燈等書。可知矣。西士之言天者。
其意以爲莫尊者天。言天則諸敎豈敢相抗。是則挾天子令諸侯之意。
其計亦巧矣。吾儒之敎則聖人繼天而立。代天工而治天下。叙秩命
討。莫不由天。則是皆天命之流行也。何必以天名學而後。爲眞道聖
敎乎。

　或曰。西士之外。更無言天者乎。曰。墨子有天志篇。其言曰。順
天意者。兼相愛交相利。必得賞。反天意者。別相惡交相賊。必得

罰。三代聖王禹湯文武。順天意而得賞者也。桀紂幽厲。反天意而得罰者也。其事上尊天。中事鬼神。下愛人。天之所愛。兼而愛之。所利兼而利之。此墨子之言天。而兼愛兼利。其大義也。西士忘讐愛仇之說。與兼愛無異。其約身攻苦。與尙儉相同。但其異者。墨子言天以現世。西士言天以後世。比之墨氏。尤爲詭誕矣。大抵西學之言後世。專是佛氏餘論。而兼愛尙儉。墨氏之流。是豈學周孔者所習者乎。今之所謂儒者。嘗斥道佛堂獄之說。墨氏兼愛之論。而至於西士之語。不復卞別。直曰此天主之敎也。中國聖人雖尊。豈有加於天主乎。其猖狂妄言。無所忌憚。至於如此矣。

或曰。耶蘇救世之名也。與聖人行道之意。似不異矣。曰。是何言也。耶蘇救世。專在後世。以天堂地獄爲勸懲。聖人行道。專在現世。以明德新民爲敎化。其公私之別。自不同矣。假使信有堂獄。如彼之說。人在現世。爲善去惡。行全德備。則必歸天堂。去善爲惡。行虧德蔑。則必歸地獄。人當於現世之內。孳孳爲善。毋負我降衷之天性而已。有何一毫邀福於後世之念。程子曰。釋氏超脫死生。專爲一己之私。天學之祈免地獄。非爲一己之私乎。

或曰。古今言天學者。不無其人。於古有鄒衍。於我朝有許筠。願得其實。曰。鄒衍談天。滉洋難測。無所歸宿。不如西士之論天度地毯。鑿鑿符合。筠則聰明能文章。專無行檢。居喪食肉產子。人皆唾鄙。自知不爲士流所容。托迹於佛。日夜拜佛誦經。求免地獄。倡言曰。男女情慾天也。分別倫紀。聖人之敎也。天尊於聖人。則寧違於聖人。而不敢違天稟之本性。以是當時浮薄有文詞。爲其門徒者。倡爲天學之說。其實與西士之學。霄壤不侔。不可比而同稱也。大抵學術之差。皆歸異端。不可不愼也。老佛楊墨。皆必神聖之人。而末梢

終歸於虛無寂滅無父無君之敎。王陽明大倡儒學。而其實異端。是以
其徒顔山農者。以一欲字爲法門。何心隱者。以一殺字爲宗旨。皆曰
我先生良知之學。以心爲師。心之所出。皆良知也。我則從吾心之所
出。末乃與南蠻連結作亂被誅。以此言之。學者當卜於爲學原頭而察
此末流之弊也。

或曰。西士之說。異於是。只是爲善去惡。則有何流弊之可言乎。
曰。是何言也。善之當爲。惡之不當爲。是愚智賢不肖之所同知也。
今有人於此。其人至惡也。然而又有人稱之曰子是善人也。則其人
喜。曰子是惡人也。則其人怒。善惡之別。雖惡人已知之矣。世豈有
爲惡去善之學乎。是以從古異端。皆以爲善去惡爲敎。今此西士爲善
去惡之言。獨西士言之而已乎。吾所憂者。以其流弊而言也。其學不
以現世爲言。而專以後世堂獄之報爲言。是豈非誕妄而害聖人之正敎
乎。聖人之敎。惟於現世。爲所當爲之事。光明正大。無一毫隱曲慌
惚之事。是以孔子不語怪力亂神。怪是稀有之事。神是不見之物。若
以稀有不見之事。言之不已。則人心煽動。皆歸荒誕之域。以其大者
言之。漢之張角。唐之龐勛黃巢。宋之王則方臘。元之紅巾賊。明末
之流賊。皆其流也。其他小小妖賊。稱彌勒佛。白蓮社之徒。在在蝟
興。史傳不誣。至若我英宗朝戊寅。新溪縣。有妖巫英武者。自稱彌
勒佛。列邑輻湊。謂之生佛出世。合掌迎拜。令民盡除神社雜鬼之尊
奉者曰。佛旣出世。豈有他神之可奉者乎。於是民皆聽命。所謂祈禱
神箱神缸之屬。率皆碎破而焚之。不數月之內。自海西及高陽以北嶺
東一道。靡然從之。西士所謂天主之敎。其從化之速。豈過於是乎。
其時自上送御史李敬玉按誅之。而其妖彌月不定。人心之易動難定。
易惑難悟。大抵如是矣。今世爲此學者。其言曰一心尊事上帝。無一

息之停。比之吾儒主敬之學也。又曰飭躬薄食。無踰濫之念。比之吾
儒克己之工也。實爲此學者。雖其門路異而爲善則同。豈不可貴。但
世道巧僞。人心難測。設有一箇妖人。假冒倡言東有一天主降。西有
一天主降。民心瞀於誕妄。以爲實然而風從矣。當此之時。爲此學
者。其能曰我正而彼邪。我實而彼僞乎。自不覺爲聖學之孟賊。亂賊
之嚆矢而甘心焉。哀哉哀哉。

或曰。現世後世之說。可得聞乎。曰。現世者。卽今吾生現在之
世。後世者。死後靈神不滅。善者受天堂萬世之快樂。惡者受地獄萬
世之虐刑是也。

或曰。吾子以現世爲重。果不違於吾中國聖人之敎。無可改評。其
所謂靈神不死及堂獄之說。亦實然無疑乎。曰。是不可以質言於無形
慌惚之事。而以理推之。以經書之所言傳記之所記言之。似不難知
矣。我輩學孔子者也。但以子路問孔子之事言之。子路問事鬼。子
曰。未知事人。焉知事鬼。問死。曰。未知生。焉知死。聖人所答。
糢糊不分明。其不幾於圜圚吞棗乎。子路是聖門高弟。異於新學後
進。今此之問。似當曰人之生。全受天主生養之德。當以事天主爲
工。人之死。雖肉身澌滅。靈神長存。生時善惡。死後靈神。受堂獄
之報。以此明白言之。則豈不痛快乎。設有是事。聖人之意。不過不
語怪神而然矣。況未必可知乎。若然則聖人之學。異於天主救世之
學。聖人法天則豈有違天而行敎乎。此吾所以斥之爲異學也。

或曰。西士之斥現世。不過其學異也。子何斥之甚邪。曰。吾何
甚。但明其不然而已。吾生也。旣生此現世。則當盡現世之事。如上
所云。有何更加之工乎。試以西士之言言之。其言曰今世勞苦世也。
又曰現世暫世也。又曰現世非人世也。禽獸之所本處也。又曰此世禽

獸世也。是以其國有賢士黑臘者恒笑。笑世人之逐虛物也。德牧者恒
哭。哭因憐之耳。此獨西士知之乎。大禹曰。生寄死歸。後人莫不以
此世爲逆旅。則豈長久可戀之物乎。其言則是。而但所謂禽獸世者。
大不然。惟我上帝。造此三界。巍然而天尊於上。頹然而地處於下。
陽氣下降。陰氣上升。氤氳交媾。萬物化生。上帝以其得氣質之最淸
淑者。命之爲人。參爲三才。指天而曰天。指地而曰地。萬物之可畜
者畜之。可殺者殺之。可用者用之。莫非吾人宰成輔相之道。今曰禽
獸之所本處。曰禽獸世者。其果成說乎。其說之妄。不必多卞。而愚
者惑焉何哉。若如西士之說。則其流也必以不生爲善。若使人類盡
滅。則天地之間。空蕩爲禽獸之場乎。

　或曰。西士之言。謂人有三仇。己身一也。以其聲色臭味怠惰放恣
偷佚。闇溺我于內矣。世俗二也。以其財勢功名戲樂玩好。顯侵我于
外矣。魔鬼三也。以其倨傲魅惑。誑我眩我。內外伐我。是言豈不切
實乎。曰。子之惑甚矣。己身爲仇之說。其悖倫大矣。人有此身。則
不無形氣之慾。吾儒克己之說。所以立也。今若以此身之生爲仇。則
此身從何生乎。此身之生。由於父母。是以父母爲仇矣。且旣生此
世。則富貴貧賤窮通利害。勢當然矣。不知所以省察克治之工。而以
世俗爲仇。則君臣之義亦絶矣。若魔鬼之說。尤不近理。人有此形
氣。則形氣之慾。雖聖人不能免。而但聖愚之判。在于過不及之間
耳。是以吾儒克己之工。以自己天性本有之心。治形氣之慾。節之而
不使過中而已。魔鬼誰能見之。假使有之。是外物也。以外物之誘。
而喪自己之性。容或有之。人之不善。由於形氣之慾。豈皆魔鬼之事
乎。其內外致工之術。不同儒者克己之工由於內。西士之言。舍形氣
而謂由於魔鬼。內外緊歇之別。自不同矣。此不足卞也。

或曰。其言曰西國古經。天主闢天地。卽生一男名亞黨，　一女名阨襪。是爲世人之祖。然乎。曰。以理推之。此亦不然矣。天主神權。何所不爲。然而其闢天地也。陰陽二氣。升降交媾。化生萬物。而得其淸淑之正氣者爲人。得其穢濁之偏氣者。爲禽獸草木。今以目前事言之。蝨之化生。由於人乎。由於衣乎。此有澡潔其身。無一點垢膩。着新製衣袴。服未數日。必衣有數箇蝨。袴有數箇蝨。此蝨從何出乎。必是人與衣氣相蒸鬱而生。此非氣化乎。此又有一畚土。無一草根木實。無一虫蟻。而置之空架之上。風鼓雨潤。濕氣壅鬱。亦未幾何。必有草木蟲蟻生于其中。亦非氣化而然乎。氣化以後。因以形化。其類漸繁。人之生。何異於是。大地齊民。皆爲亞黨一人之子孫。其果成說乎。若如其說。則禽獸草木。其初只有一箇物繁生。若此之說。不必深究。亦不足信也。

或曰。爲西學者。有原祖再祖之說。可得聞歟。曰。原祖卽上所云亞黨也。再祖今所稱天主耶蘇也。實義云開闢初。生人無病。常是陽和。常甚快樂。鳥獸萬彙。順聽其命。循奉上帝而已。由人犯天主命。萬物亦反背于人。萬禍生焉。爲其子孫者。相率而習於醜行。又其書所云眞道自證曰。天主生原祖。爲天下萬民之祖。特恩縱之。性善情美。萬理具照。天地萬物。遵若主命。邪魔忌而謀去之。而天主乘此欲試原祖。邪神誘之。失本忘恩。從魔以方命。天主仁慈。轉爲義怒。死得地獄之苦。世世子孫。同受其罰云。噫。是何言哉。上帝造出亞黨。以爲人類之祖。則其神聖可知矣。焉有上帝聽魔鬼之譖。潛使魔鬼試其心之眞僞乎。若使亞黨設有僭妄之心。上帝當更敕勵。使之改革。若賢父之於子。良師之於弟子可也。豈以上帝而有是事乎。爲此言者。其慢天之罪。可勝言哉。假使亞黨有罪。罪止其身而已。亦安有萬世子孫。同受其罰之理乎。先王之政。罰不及嗣。況至萬世而苦其子孫乎。實義。中士曰。善惡有報。不於本身。必於子孫。不必言天堂地獄。西士曰。王霸之法。罪不及胄。天主捨本身而惟胄是報耶。以此條所言言之。則其說自相矛盾。亦甚可笑。或復問再祖之事。曰。其說至繁。難以言旣。姑擧其畧。實義言亞黨自致萬禍。子孫相率以習醜行。淳樸漸漓。聖賢化去。從欲者衆。循理者稀。天主大發慈悲。親來救世。漢哀帝元壽二年。擇貞女爲母。無所交感。托胎降生。名耶蘇。耶蘇卽救世也。弘化西土三十三年。復昇歸天云。據此親來降生之說而言之。則當此之時。天上其無上帝耶。又眞道自證曰。聖經言天主於原祖子孫中。再立一人。爲人類之再祖。又稱天主聖子。無異眞天主。與親來降生之言不同。其學之不可信。有如此者。又曰。耶蘇以萬民之罪爲己任。損己之寶命。被釘於十字架而死云。旣曰上帝親降。又曰無異眞天主云。則敢曰被釘而死。不得考終耶。其愚昧無知。侮慢尊嚴甚矣。此等言語。其可謂十分停當而信從之乎。

　或曰。若子之言。則其說皆妄矣。曰。以我中國言之。邃古之初。所傳言語。率多荒怪。而聖人出然後。皆歸刪黜之科爾。安知西土古初。亦豈無荒怪之語乎。其言曰開闢以後文字。至今皆存。謂之聖經而尊信之。盖有一種神聖之人作。而作爲此等說。勸誘人民。是亦神道設教之意也。但不如我中國聖人之出而能正之耳。(若女媧之鍊石補天。后昇之射中九烏。皆歸剛正之科。)　耶蘇之事。雖甚奇異。亦不過佛氏顯聖顯靈之類耳。此果是上帝眞天主親來而作此等靈怪之事乎。其學之原頭。決是異端無疑矣。

　或曰。三仇之說。果是妄駁。無忌憚之甚也。若以己身爲仇。則是身生於父母。父子之倫已悖矣。以世俗爲仇。則聖人行道致澤之功。
皆歸虛幻。而君臣之倫乖矣。其學以童身爲貴。而七克書有禁婚之
語。則夫婦之倫絶矣。人生此世。以此三倫爲貴。而皆謂之暫世而無
所恤。惟以堂獄爲重。此佛氏之流也。且其魔鬼之說。尤爲荒怪。非
吾儒之所言。則吾子之斥去也宜矣。但西士所謂天學工夫如何。曰。
此已署言於前後。其言曰每朝目與心偕。仰天籲謝天主生我養我。至
敎誨我無量。次祈今日祐我。必踐三誓。毋妄念毋妄言毋妄行。至夕
又俯身投地。嚴自察省本日所思所言所動作。有妄與否。否則歸功天
主。叩謝恩祐。若有差爽。卽自痛悔。禱祈天主慈恕宥赦。其大體如
斯而已。此比吾儒誠身之學。而今爲此學者。等視儒學而謂此爲眞何
哉。且其擧措貌樣。與吾聖訓。同乎異乎。或曰。西士謂佛氏偸其國
之敎。自立門戶。然乎。曰。佛氏釋迦生於周昭王時。天主耶穌生於
漢哀帝時。則先後之別。不容多卞。

或曰。西士言其國。有開闢以後史記。至今皆存。凡三千六百卷。
耶蘇之生。皆預言其期。不若中國史之泯滅不存。虛僞相雜。然乎。
曰。非吾見則不可言其不然。而假使有之。今其書所引經文。卽其語
也。必擇其精者言之。而今使有眼者見之。其與吾中國聖人之語。孰
優孰劣。子若見之。可以知之矣。

或曰。其人專以行敎爲重。越滄溟八九萬里。經唅人戕人之國而不
知懼。罹鮫鱷虎狼之患而不知避。若非所見之的實力量之絶人。能如
是乎。曰。以史考之。姚秦之鳩摩羅什。蕭梁之達摩。皆自大西國。
涉重溟而至。是亦欲行其敎於中國。此何以異是。二僧之所傳。不過
今行佛書。使西士之學。雖欲行於中國。此亦不過其類行之。如今佛
書而已。豈可使吾儒舍周孔之道而從之乎。

或曰。西士之言。自耶蘇之敎行後。至今千七八百年。而化行鄰國。無簒弑之事。無侵伐之害。西國累萬里。至今猶然。中國聖人雖多。代興代滅。則可知中國之敎。不探其本而然也。爲吾儒者聞之。茫然自失。反以中國聖人之敎。謂不及於彼。其果然乎。曰。西域一方。風氣敦厚。人心淳樸。不甚如中國之巧僞。則容或有之。然是皆夸大之語也。嘗觀歷代諸史。漢哀以後。大西諸夷之侵伐幷合者多。史豈誣說乎。是不足取信。且倭國始祖狹野。卽其所謂神武天皇也。立國當周平王之時。至今一姓相傳。其制國之術。封建之法。亦非今中國之所可比。則豈可以此而謂過於中國乎。是皆知天學而然耶。

或曰。耶蘇救世。被釘於架。能震撼天地萬物。而不傷一釘己之人。此非至仁而然耶。曰。此上所謂忘讐愛仇者也。畸人書曰。天主敎士。以德報讐。不以讐報讐。凡讐有兩般。若害我之讐。古君子之若是者多矣。若以君父之讐。而以此爲敎。則其害義大矣。此吾所以謂墨子兼愛之流而此其甚者也。

或曰。西士斥中國之人。不知上帝造此天地萬物。而周子太極圖。言理爲物之原。朱子又曰。天卽理也之說如何。曰。上帝主宰之稱。而爲萬物之總主。吾儒已言之矣。人之稱天有二。一是主宰之天。曰天命之性。曰畏天命之類。是天卽理也。一是形氣之天。是天卽物也。周子之圖。本於孔子太極生兩儀之言。以有主宰而言之則曰上帝。以無聲無臭而言之則曰太極曰理。上帝與太極之理。其可貳而言之乎。其言曰。但聞古先君子敬恭于天地之上帝。未聞有尊奉太極者。又曰。理是依賴者。有物則有物之理。無物則無物之理。有君則有臣。無君則無臣。若以虛理爲物之原。是無異乎佛老之說云。此等言語。其果成說乎。上帝爲理之原。而造此天地萬物。天地萬物不能自生。必有天地萬物之理。故生此天地萬物。安有無其理而自生之理乎。此卽後儒氣先於理之說。不足卞矣。孔子曰。太極生兩儀。又曰。一陰一陽之謂道。道卽理也。若如西士之言。則是幷與孔子而斥之也。爲吾儒者。當明目張膽。排擯之不暇也。

或曰。觀實義畸人等書。西士所言。中士莫不斂衽信從者何哉。曰。此等書。皆西士設問而自作。故如是耳。若與識道之儒士言之。豈有斂衽信從之理乎。

或曰。天主之稱。或有見中國之書者乎。曰。經傳不見。但史記封禪書祀八神。一曰天主祠天。漢書霍去病傳。元狩元年。得休屠王。祭天金人。金日磾傳。休屠作金人祭天主。天主之名。見於此。如淳註曰。祭天。以金人爲主。師古註曰。作金人。以天神之像而祭之。今之佛像。是其遺法。漢武故事曰。昆耶殺休屠王來降。得金人之神。上置之甘泉宮。金人者皆長丈餘。其祭不用牛羊。惟燒香禮拜。上使依其國俗祀之。據此諸說。顏註雖謂之今佛。而以天神二字觀之。與佛異矣。疑以金作天主而祭之。如今爲此學者。爲天主畫像而禮拜之。此古今之變也。凶奴右賢王西通西域。疑得其敎而祭之也。又其書眞道自證曰。耶蘇之生。聖母抱之往聖殿。獻於天主臺前云。則天主之名。已在於漢哀之前。而非耶蘇爲天主也可知。

或曰。列子。商太宰問孔子以聖曰。丘其聖歟。答曰。吾何敢。又問三皇五帝三王。皆曰聖則吾不知。商曰。然則孰爲聖。曰。西方有聖者。不治而不亂。不言而自信。不化而自行。蕩蕩乎民無能名焉。爲佛者以爲指佛而言。然以今觀之。似指天主而言也。曰。列子荒唐之文。何足取信。孔子稱堯曰。蕩蕩乎民無能名焉。與西方之聖同而謂五帝非聖。豈其然乎。

或曰。今聞爲其學者。以敎師爲代父。(天主爲大父。故代天而施
敎。謂之代父。)　設天主位。學者以三尺淨布掛項。以手洗頂。瑪竇
所謂聖水。所以洗心垢者也。又明燭。學者俯伏。盡說從前過咎。以
致悔悟之志。又陳八敎以後不復犯過之意。而又定別號云。此意如
何。曰。此專是佛氏兹子也。佛氏有法師律師。燃臂懺悔灌頂之節。
此何異焉。是以吾以爲其俗爲之。非吾中國習聖人之敎者所可行也。

或曰。利瑪竇言魂有三。生魂覺魂靈魂。草木之魂。有生無覺無
靈。禽獸之魂。有生有覺無靈。人之魂。有生有覺有靈。生覺二魂。
從質而出。所依者盡。則生覺俱盡。靈魂非出於質。雖人死而不滅自
在也。此說何如。曰。吾中國亦有之。荀子曰。水火有氣而無生。草
木有生而無知。禽獸有知而無義。人有氣有生有知有義。故最爲天下
貴也。此語眞西山表出於性理大全中。西士之言。與此大同。而但靈
魂不死之言。與釋氏無異。吾儒之所不道也。

或曰。近有上舍生將參釋奠。其友之爲此學者止之曰。凡假像設
祭。皆魔鬼來食。豈有孔子之神來享乎。人家祭祀亦然。余則雖未免
從俗行之。而心知其妄。故必仰天嘿奏于天主。不得已爲之之意然後
行之。悖禮毀敎。孰甚於此。曰。此亦西士之言。爲其言者曰。祖先
之善者在天。必無來享之理。惡墮地獄者。雖欲來得乎。此與聖人制
祭禮之義不同。吾子悖禮毀敎之憂。信然信然。亦有可笑者。今爲此
學者。揭天主而禮拜禱祈焉。此亦假像則亦一魔鬼也。星湖先生所謂
其種種靈異。安知不在於魔鬼套中者。先生已知其然矣。然則魔鬼之
變幻莫測。亦有假善而惑世者。以愚下民。而西士惑之而尊崇。豈不
可笑哉。聞其說。有僞天主。是亦魔鬼之幻弄也。假稱僞天主。則其
不能依附於假像乎。

或曰。道佛二敎及西士盛稱魔鬼。魔鬼果是何神。而天主不能禁遏。使之行惡耶。曰。其說言厥初天主命生純神。其性絶美。品分九等。以供王令。故曰天神。又有鉅神。傲慢自足。自絶於主。爲惡神之魁。天主使之墮在地獄。名曰魔鬼。天主暫放之。以煉善人之功。以癉惡人之罪。煉善人之功者。謂天主使魔鬼。誘善人使爲惡。以驗工夫之 (以下缺。)

或曰。今聞吾子之言。其爲異端無疑。吾儒明德新民之功。皆以現世而言也。西士爲善去惡之事。皆爲後世而言也。人旣生此現世。則當盡現世之事。求其至善而已。豈可有一毫邀福於後世之意乎。其學之入頭門路。與吾儒大錯。而其意專出於一己之私。吾儒公正之學。豈如是乎。自今當以吾子之言爲正。余聞而笑之。客退而書其問答。爲此文。庶幾或有補於世敎耳。乙巳嘉平日。虞夷子書。

附　錄

或之退也。復問曰。今之爲此學者。多言吾星湖先生亦嘗爲之。其信然乎。余曰。余於丙寅歲。始謁于先生。先生與之談論經史諸說。可謂無所遺矣。末梢至西洋學。先生曰。西洋之人。大抵多異人。自古天文推步。製造器皿。筭數等術。非中夏之所及也。是以中夏之人。以此等事。皆歸重於胡僧。觀於朱夫子說。亦可知矣。今時憲曆法。可謂百代無弊。曆家之歲久差忒。專由歲差法之不得其要而然也。吾常謂西國曆法。非堯時曆之可比也。以是人或毀之者。以余爲西洋之學。豈不可笑乎。余因問洋學有可以學術言之者乎。先生曰。有之矣。因言三魂之說及靈神不死天堂地獄之語曰。此決是異端。專

是佛氏之別派也。當時所聞如此。其後余復有所問。答曰。天主之
說。非吾所信。鬼神之有淹速之別。非箇箇同然也。又曰。七克之
書。是四勿之註脚。其言盖多刺骨之語。是不過如文人之才談。小兒
之警語。然而削其荒誕之語而節略警語。於吾儒克己之功。未必無少
補。異端之書。其言是則取之而已。君子與人爲善之意。豈有彼此之
異哉。要當識其端而取之可也。先生又作天學實義跋。(見上攷文。)
今以先生與余問答之語及此跋文觀之。其果尊信之乎。此不過無識少
輩以其自己之陷溺。幷與師門而實之。可謂小人之無忌憚也。幸以我
今生存。能卜其是非而已。我若已死。則後生輩亦必信其言矣。豈不
爲斯文之大可羞吝者乎。

或又問曰。星湖先生嘗謂利瑪竇聖人也。此輩之藉此爲言者多。其
信然乎。余聞之。不覺失笑曰。聖有多般。有夫子之聖。有三聖之
聖。不可以一槩言也。古人釋聖字曰通明之謂聖。與大而化之之
聖。不同矣。先生此言。余未有知。或有之而余或忘之耶。假有是
言。其言不過西士才識。可謂通明矣。豈以吾堯舜周孔之聖。許之
者乎。近日人多以某人爲聖人。某人余所見也。先生雖有此言。是
不過某人之類耳。豈眞聖人也哉。噫嘻。吾道不明。人各以自己斗
筲之見。自以爲是而不能覺焉。至於誤後生而不知。誠足憐悶。他
尙何言。是日復題。

16) 수산(修山) 이종휘(李種徽)
[1731년(영조7)~1797년(정조21)]

저 자	수산(修山) 이종휘(李種徽)
제 목	「漫筆」
출 전	『修山集』, 卷十四「漫筆」, 三七面, 韓國文集叢刊 247 (民族文化推進會 2000. 12.), 596면.

陽明豪傑之士。所見橫逸不羈。不能潛心屈首於大賢科臼之中。有
凌八區歷九塊之想。到頭只討箇安便法門。黃屋左纛。聊以自娛耳。
使其無詆斥程朱之論。則要亦不失爲大賢之徒。而惜其妄自尊大也。
濂溪學問與程朱工夫煞有異同。而二子猶不敢詆疵。陽明之待紫陽如
紫陽之待濂溪。則猶不爲聖門之罪人也。

저 자	수산(修山) 이종휘(李種徽)
제 목	「漫筆」
출 전	『修山集』, 卷十四「漫筆」, 四一面, 韓國文集叢刊 247 (民族文化推進會 2000. 12.), 598면.

魏晉之後老佛懷襄。聖人之學不絶如線。兩程朱子以空言扶而正
之。於是天下士大夫皆知有孔氏之學。其後陸王之徒又從而亂之。甚
至於詆斥先儒。中原諸君子恰然尊尙之。而正學幾晦矣。噫。三代之後

人亡政熄。陰剝極矣。宋儒之學譬如冬至一畫之陽。今世之人政宜扶而
護之。長養其氣之不暇。惟彼邪詖之說起於吾黨之士。豈不惜哉。

17) 다산(茶山) 정약용(丁若鏞)
[1762년(영조38)~1836년(헌종2)]

저 자	다산(茶山) 정약용(丁若鏞)
제 목	「致良知辨」
출 전	『與猶堂全書』, 第一集 詩文集, 第十二卷 文集「辨」, 十八~九面, 韓國文集叢刊 281 (民族文化推進會 2002. 12.), 258~9면.

　　王陽明以致良知三字。爲法門宗旨。遂以大學之致知爲致。孟子所
云不學而知之良知。重言復言而不知止。謂自家一生得力。只此三
字。察其語深信不疑。欣然自得。百世以俟聖人而不惑。嗚呼。此陽
明之所以爲賢者。而陽明之學之所以爲異端也。凡立一句語爲宗旨
者。其學皆異端也。爲己君子之學也。聖人嘗言之矣。楊氏立爲己二
字爲宗旨。則其敝爲拔一毛不爲而成異端矣。尊德性君子之學也。聖
人嘗言之矣。陸氏立尊德性三字65)　　爲宗旨。則其敝爲弄精神頓悟而
成異端矣。良知之學。何以異是。獨恨夫以陽明之高文達識。曾不知
致與良之不得相屬。而剏千古所無之說。以示天下萬世之人而不疑。
何蔽之至是也。孟子曰人之所不慮而知者。其良知也。程子曰良知出

---

65) 宇: 字

於天。不繫於人。卽良者自然之意也。故不糞而肥。謂之良田。不駷
而馳。謂之良馬。良也者。本善之謂也。夫所謂致者。何謂也。彼不
自來。而我爲之設法以來之曰致也。吾不可自得。而求彼以相助。使
之至曰致也。良知者。旣已良知。何爲致之。余故曰良則不致。致則
非良。旣良而復致之。天下無此事也。孩提之愛其親。豈用意設心而
致之乎。此蒙士之所不肯言。而陽明言之。何蔽之至是也。雖然陽明
則其眞得力於此者也。陽明之性。樂善好勇。凡有善心萌於中。卽銳
意果行而莫之回顧曰此良知也。於是學此者。凡有發於心。不細察徐
究而直行之曰此良知也。陽明資質本善。故以之爲善者多。他人資質
不淸。故以之爲惡者衆。此陽明之能自託於賢者。而其徒之爲羣盜
也。故人於其自得而自樂也。正所以生大患也。吁可畏也。

18) 석정(石亭) 이정직(李定稷)
[1841년(헌종7)∼1910년(융희4)]

저　자	석정(石亭) 이정직(李定稷)
제　목	「論王陽明」[63)
출　전	『石亭李定稷先生遺稿Ⅰ』(김제: 金堤文化院, 2001. 12.), 636∼83면.

　王陽明以朱子之學爲覇道之僞。而自處以王道之眞。其學謂從本源
悟入。而曰致良知者宗旨也。曰知行合一者作用也。其所謂學果與聖
人合。必不當以立異於朱子故。而罪之也。果不與聖人合。則一妄人

也已矣。何足論哉。雖然。其以足於文辭。而所持近乎約。天下之士之喜捷往者。未有不墮於其術。是則可憂。試先以從本源悟入言之。則孔子生知安行之聖人也。然而曰吾十有五而志於學。三十而立。四十而不惑。五十而知天命。六十而耳順。七十而從心所欲不踰矩。[66] 夫孔子豈不知從本源悟入之爲要。而乃爲學之序如是紆緩。至歷五十餘年之多乎。彼之從本源悟入者。謂有心體之自明也。而聖人之心體已自明。將無所不知。若無待乎學矣。然而夫子曰十室之邑必有忠信如丘者焉。不如丘之好學也。[67] 夫忠信心之德也。而夫子於忠信之外又有所謂學者抑何也。又曰我非生而知之者。好古敏以求之者也。[68] 夫孔子自求於心。宜無不足矣。何爲而求之古也。纔求而將無不得矣。又何事乎敏以求之哉。其謂子路曰。女奚不曰。其爲人也　發憤忘食。樂以忘憂。不知老之將至云爾。[69] 夫聖人之心本自和順樂則固也。其發憤忘食。欲何爲哉。籍有之亦漸耳。何至於不知老之將至哉。是則聖人好學。老而彌篤。未嘗自恃其心體之明。可知矣。是以魯論二十篇夫子不以心體示人。而惟曰仁。曰恕。曰忠。曰信。曰禮。曰義。曰知。曰勇。曰恭。曰敬。曰道。曰德已矣。使示人以心體。則一言而衆德舉矣。聖人何不爲其直捷痛快。而乃爲彼煩屑也。豈不以衆德可以言傳。而心體難以直指也。可以言傳者。無人而不可敎也。難以直指者。非中人以上不足與語也。聖人立敎。將爲中人以上而止乎。將爲無人而不敎者乎。必中人以上可以與語。則非聖人敎人之法

---

66) 『論語』, 「爲政」
67) 『論語』, 「公冶長」
68) 『論語』, 「述而」
69) 『論語』, 「述而」

也。審矣。且不獨中人以下可以言傳已也。雖聖人。不先於難以直指
者　而下工焉。故夫子亦自以爲下學而上達。則聖人之學必從卑且近
始焉。亦審矣。夫子之言心始見於孟子。而不過曰操則存。舍則亡。
出入無時。莫知其鄕。惟心之謂與。70) 盖就衆人之心而言之。使之
操而不舍而已也。當孟子時。天下日趨於利。陷溺其本心。故不得已
而言心者。屢矣。其曰仁人心也。71)　曰人皆有不忍人之心。72)　曰不
失其赤子心。73)　其意要使人知其善之具於本心而已。其曰存心。74)　曰求
放心。75)　養心。76)　曰不動心。77)　其意要使人復其本心之善而已。
然而惟恐其言之過高。而致人之誤認。以別有所趨。故曰其爲氣也。
配義與道。無是。餒也。78)　觀其立言。無不平易明白。曰仁。曰善。
曰義。曰道而已矣。是則孟子亦未嘗以心體敎人也。非故不言也。難
乎其直指也。非惟難乎其直指也。雖能直指之。非所以敎人也。非惟
非所以敎人也。天下之義理無窮。雖聖人。不能以直指心體者可一朝
而處得其盡也。彼陽明動稱其學術得於孔子孟子。而孔子孟子之言未
有從本源悟入者。則彼雖文其辭。而强其辯。顧何與於聖人之學邪。
若其致良知說。其原非不出於孟子之言。而孟子則曰人之所不學而能
者。其良能也。所不慮而知者。其良知也。孩提之童無不知愛其親

---

70) 『孟子』,「告子上」
71) 「告子上」
72) 「梁惠王上」
73) 「離婁下」
74) 「離婁下」
75) 「告子上」
76) 「盡心下」
77) 「公孫丑上」
78) 「公孫丑上」

也。及其長也。無不知敬其兄也。79)　夫所謂良知者。其本然之知也。良能者。其本然之能也。其良知之其。其良能之　其。皆指孩提之童也。及其長之長。亦指孩提之童之稍長者也。當時之人不能知愛親之仁。敬兄之義。出於心之本然。故特就孩提之童之所知所能。而立言曰是其所不學所不慮者。而其知愛且敬者以有本然之知也。其能愛且敬者以有本然之能也。若復慮而審。學而進。則其知與能有不可勝言者矣。而今陽明偏擧良知。加一致字。以附於大學之致知。其所以爲說則曰良知。孟子所謂是非之心人皆有之者也。是非之心不待慮而知。不待學而能。是故謂之良知。是乃天命之性。彼其傅會愈巧。而破綻愈甚。何者。孟子曰惻隱之心仁之端也。羞惡之心義之端也。辭讓之心禮之端也。是非之心智之端也。人之有是四端也。猶其有四體也。80)今陽明去其三端。而偏擧是非之心。豈曰天命之性之全者邪。彼之偏擧是非之心者。將以文夫致良知之說也。而孟子之所云良知者。豈遺其仁義禮。而獨指其是非之心之智者邪。孟子曰凡有四端於我者。知皆擴而充之矣。如火之始然。如泉之始達。81)　盖言其不能擴充。則雖本有此四端。而不能如火之始然。泉之始達也。在擴而謂之始也。在充而謂之達也。而陽明之言動必詫其心體曰。是自然靈昭明覺。夫自然之與本然不同。本然者猶曰今雖昏蔽。原夫天之所以與我則非昏蔽者也。若反求而復之。則本然之明將無不徹矣。故不曰如火之然。如泉之達。而必曰如火之始然。泉之始達。其所重在於反求而漸復之。而特以本然推原發端而已。若曰自然。則如火之自然。如泉之自達。焉用

---

79)「盡心上」
80)「公孫丑上」
81)「公孫丑上」

彼始云爾哉。此則陽明所以自恃其心體之如明鏡。無事乎充廣其知
也。心體雖明。自恃。則所照狹且小矣。斯其未得於孟子所云良知與
四端之旨也。又其所附於大學之致知者。與曾子之所言不合。大學曰
欲誠其意。先致其知。其意猶曰不先致其知。則無以誠其意也。又曰
知至而后。意誠。其意猶曰知旣至矣。於是乎意可以誠也。是進學之
序不容不有先後矣。陽明之言曰。於其良知所知之善者。卽其意之所
在之物。而實爲之。無有乎不盡。於其良知所知之惡者。卽其意之所
在之物。而實去之。無有乎不盡。然後物無不格。而吾良知之所知
者。無有虧缺障蔽。而得以極其知矣。夫然後。吾心快然無復餘憾。
而自慊矣。夫然後。意之所發者始無自欺。而可以謂之誠矣。凡此若
干語。其所自許以得孔氏之心印也。而以語夫進學之實。則突然而
來。不先不後。業已入聖人之室矣。夫其良知之善者實爲之。而無有
不盡。則卽此一語爲大學之極功。而誠意正心自在其中矣。惡在其進
學先後之序也。但以本文有曰而後者。故從亦以夫然後云云者重結
之。而於進學之序無所發明。徒爲無用之剩語矣。究其所以如此。則
彼初無下學上達之工。而謂從本源悟入。故不知有自卑升高之階級。
便欲一超而到最上之頂。雖張大其辭。委曲其狀。而罅漏四出。莫之
彌縫矣。曾子之言平易篤實。反覆切至的有次第之分。而陽明之言
曰。其工夫條理雖有先後次序之可言。而其體之惟一實無先後次序之
可分。其條理工夫雖無先後次序之可分。而其用之惟精固有纖毫不可
得而缺焉者。夫彼之謂無可分者。似乎先儒之云理一之渾然也。彼之
謂有可言者。似乎先儒之云分殊之燦爛也。彼雖依俙剿襲爲此影響之
說。而非所以語夫大學致知之學也。若其知行合一之說。其有天質之
明睿而篤厚者。則知之便可行之也。自其未明睿者言之。知猶未焉。

何以行之。自其未篤厚者言之。藉能知之。其肯行諸。且雖明睿而篤
厚者。終是知先於行也。豈可謂知卽是行邪。果知卽是行也。聖人何
以分知行言之邪。孔子曰道之不行也。我知之矣。知者過之。愚者不
及也。82)　此言知者知之過。故自足乎知。而不肯力行也。愚者不及知。
故知之未足。而無由以行也。又曰道之不明也。我知之矣。賢者過之。不
肖者不及也。人莫不飮食也。鮮能知味也。83)　此言賢者賢之過。故自足
乎行。而不必皆知也。不肖者不及行。故行之未足。而無由以明也。明亦
知之謂也。而變知言明者。在人而言之。當曰知。在道而言之。當曰明
也。所貴乎知者。將欲行之也。知而不力行。非也。行而不益知。亦
非也。自其知之過不及而名之。則曰知愚。自其行之過不及而名之。
則曰賢不肖。此其知行之分之不可移易者也。將言知愚之過不及。則
曰道之不行也。將言賢不肖之過不及。則曰道之不明也。此其知行之
功之必當相資也。夫如是而後。其義完足而無弊也。若陽明者。卽夫
子所云知之過者。而不肯行聖人下學之工。遽自居乎上達。而强以知
爲行者也。惟其知之過。故以致良知爲宗旨。謂從本源而入。惟其不
肯下學。故厭博文之煩。謂悟心體以應萬變也。其必以知行合一謂作
用者。惡夫人之目彼以知而已。故加一致字。以準乎大學之致知。而
悻悻然號於天下曰。吾則以知爲行者也。其以朱子謂務外不求內。而
目之以霸道者。見朱子之博於經旨。乃欲反其道。而操其約。以上接
乎堯舜之精一。其志夸矣。其意巧矣。然無於中。而侈於外。其情狀
之不可掩者。不一而足。試且擧之。其論大學也。曰心之本體則性
也。性無不善。則心之本體無不善也。其與薛侃語也。則曰無善無惡

<hr>

82)『中庸』「4章」
83)『中庸』「4章」

者理之靜。有善有惡者氣之動。不動於氣。卽無善無惡。是謂至
善。84)　　夫一人之言。而矛盾如此。此曷故哉。將以爲薛侃之誤錄邪。乃
德洪之錄亦曰。無善無惡是心之體。有善有惡是意之動。知善知惡是良
知。爲善去惡是格物。此與薛侃所錄者。大同而微異。噫。其言之無定
準。至於如此矣。又有曰我這裏接人。原有此二種。利根之人直從本
原上悟入。人心本體原是明瑩無滯的。原是箇未發之中。利根之人一
悟本體。卽是功夫。人己內外一齊俱透了。其次不免有習心。而本體
受蔽。故且教以意念上實落爲善去惡功夫。85)　　彼所謂利根者。猶曰中人
以上也。彼所謂其次者。猶曰中人以下也。聖人教人。雖隨才高下。
不一其術。然其爲善。一也。豈有以無善無惡謂至善者乎。又豈有
曰。利根之人一悟本體。內外齊透者乎。此其說之自佛氏來者。惡可
諱也。其謂蕭惠之言曰。吾自幼篤志二氏。自謂旣有所得後。居龍場
三載。見得聖人之學若是其簡易廣大。始自嘆悔錯用三十年氣力。大
抵二氏之學。其妙與聖人只有豪釐之間。噫。於此可以見其情狀之露
矣。夫二氏之學與聖人不同者。以其不知下學。而遽欲上達。故入工
源頭固自迥別。而陽明乃以爲只有豪釐之間。則其二氏之學之透入骨
髓者已久矣。其與門徒問答也。曰宗旨。曰話頭。曰利根。曰作用云
云之類。無非自佛氏來矣。彼以佛氏之心腹耳目。借儒家之皮膚。以
粧其外。而視儒家大賢。又不滿其眼。其言曰利根之人世亦難遇。本
體工夫一悟盡透。此顏子明道所不敢承當。豈可輕易望人信如是也。
彼之謂利根之人。必顏子明道以上人也。無怪乎不數朱子也。其答羅
整菴書曰。夫學貴得之心。求之於心。而非也。雖其言之出於孔子。

---

84)『傳習錄』上,「薛侃錄」
85)『傳習錄』下,「黃省曾錄」

不敢以爲是也。 86)　　窺其心。又肯居孔子之下者乎。其剛愎自用。不肯下人之病。皆自致其所謂良知者也。嗚呼。其亦可哀也。彼以三十年透入骨髓之佛學。欲變化於三載之龍場。而遽自居於吾夫子七十年之從心所欲。其亦愚之甚矣。惡足辨哉。雖然。以其文之甚辯。而言之足眩人也。是以旣論其大略。使人知其非儒者之學。又撮其言之異於儒者。以辨其似是而實非也。

　陽明之言曰。其良知之體皦如明鏡。略無纖翳。妍媸之來。隨物見形。而明鏡曾無留染。 87) 又曰。明鏡之應物。妍者妍。媸者媸。一照而皆眞。 88) 又曰。妄心則動也。照心非動也。恒照則恒動恒靜。 89) 又曰照心非動者　以其發於本體明覺之自然。而未嘗有所動也。有所動。卽妄矣。 90) 又曰。照心固照也。妄心亦照也。 91) 又曰。妄心亦照者。以其本體明覺之自然者未嘗不在於其中。但有所動耳。無所動。卽照矣。無妄無照。非以妄爲照。以照爲妄也。照心爲照。妄心爲妄。是猶有妄有照也。有妄有照。則猶貳也。貳則息矣。無妄無照。則不貳。不貳。則不息矣。 92)　　辨曰。先儒之言亦有以鏡喩心者。不過借鏡畧譬其虛明而已。其實則聖人之心內外洞達。非鏡之所可得而喩也。惟佛氏之言心。乃可以鏡喩之也。何以明之。夫鏡之爲物也。必障其一面。而後得以反照。若內外洞達。則不能反照。惟佛氏以反照爲見性。故必先斷其情

---

86) 『傳習錄』中,「答羅整庵少宰書」
87) 『傳習錄』中,「又答陸原靜書」
88) 『傳習錄』中,「又答陸原靜書」
89) 『傳習錄』中,「答陸原靜書」
90) 『傳習錄』中,「又答陸原靜書」
91) 『傳習錄』中,「答陸原靜書」
92) 『傳習錄』中,「又答陸原靜書」

根。至以父子夫婦之倫謂之物累。而逃出於其外。所以能翕聚其精神。而有所謂心通之術。此猶鏡之障其一面。而能反照也。若聖人之心。內外洞達。知其人倫之至而已。豈有所謂反照者乎。是以。聖人雖極上達之功。而無彼所謂心通之術焉。其所以致知者。惟於人生彝倫之內。燭其至當之理而已。彼陽明之學。則得於佛氏者。入於骨髓。故動必以知爲心。作爲致良知之術。其以鏡爲喩者。與先儒之言。似同而實異。惟其如是。亦不肯與先儒之言同歸一途。其術常欲自居良知以應萬變。而曰此之謂照也。常欲以其心之不動者自居爲應變之具。而曰此之謂本體明覺之自然者也。又恐其心之照物反動其心。故曰無妄。又恐其心之照物有牽於物。故曰無染。又恐其心之照物也。將以照累照。故曰無照。又恐其心之照物也。將有疑於照與心爲二。故曰不貳。又恐其心照物之溺於靜而不能御動。故曰恒動恒靜。此其微妙之術。卽有得於佛氏之寂照。而爲之基。乃窃取儒家之近似者以文之。而又非盡出於儒家之近似也。夫聖人之敎人。何嘗有如是之術乎。儒家之上達非不亦有明睿之所照。而未嘗以照爲能事。亦未嘗自恃其照。亦未嘗以此照者爲敎人之法也。夫聖人之敎人以致知者。不過曰爲人子。知其當孝。而行其孝。以至於孝之至。爲人臣。知其當忠。而行其忠。以至於忠之至。推是而之於治國平天下。知其當爲。而行其爲。以至於其至而已。焉用彼照心之術爲哉。或曰心猶鏡也。但無塵垢之蔽。則本體自明。物來能照者。其非朱子之言乎。奚獨陽明之言而目以佛氏之寂照邪。曰此吾所謂不過借鏡畧譬其虛明而已者也。況朱子之意以爲。以心識心猶以鏡自照而見夫鏡。故設此譬。而明其不然也。若曰此心自明。自能生照。不當用窮理之工。則非朱子之言之本旨。而陽明之所窃取而文其說也。

陽明之言曰。良知本來自明。氣質不美者。渣滓多。障蔽厚。不易開明。質美者。滓原少。無多障蔽。略加致知之功。此良知便自瑩徹。些少渣滓如湯中浮雪。如何能作障蔽。此本不甚難曉。93)　又曰。良知是天理之昭明靈覺處。故良知卽是天理。思是良知之發用。若是良知發用之思。則所思莫非天理矣。良知發用之思自然明白簡易。良知亦自能知得。若是私意安排之思。自是紛紜勞擾。良知亦自會分別得。蓋思之是非邪正。良知無有不自知者。94)　又曰。良知只是一箇。隨他發見流行處。當下具足。更無去來。不須假借。然其發見流行處。卻自有輕重厚薄。毫髮不容增減者。所謂天然自有之中也。95)　又曰。自己良知原與聖人一般。若體認得自己良知明白。卽聖人氣象不在聖人。而在我矣。96)　辨曰。天命之善者天理之自然也。人性之善者天命之本然也。率性之善者人道之當然也。率性而無不善者人事之必然也。天命之流行而賦於人。未免有淸濁厚薄之不齊者。氣運之不容不然也。人之宜純善。而其發於情也。或未能純乎善者。亦人稟之不齊之不容不然也。其不容不然之形與所謂自然者未易辨焉。是以君子之修己也。就其本然者。知其當然。而行乎其必然。獨於所謂自然者不敢恃焉。何者。使其發於情者果由於純善乎。則不失爲天理之自然也。使其發於情者或未必由於純善乎。則其所謂自然者非天命之本然也。惡得以恃之。非有所不慊乎自然也。蓋自然之眞者。非稟其上智之資。而極其上達之功者。未易識也。今陽明之主良知也。曰自明。

---

93) 『傳習錄』中,「又答陸原靜書」
94) 『傳習錄』中,「答歐陽崇一」
95) 『傳習錄』中,「答聶文蔚二書」
96) 『傳習錄』中,「啓問道通書」

曰自瑩澈。曰自然明白。曰自能知。曰自會分別。曰無有不自知。曰
自有輕重厚薄。曰天然自有。曰體認自己良知。凡此自知云爾者言言
有之。使陽明之良知果得其流行之瑩澈無渣滓者。則未必非禀其上智
之資。而極其上達之功也。其自知云爾者眞莫非天理之自然也。使其
萬一有纖微渣滓　如湯中之雪。則其所云天理之自然者亦必有如湯中
之雪之纖微之不自然矣。惡可恃其自知云爾邪。借使果眞無纖微之不
自然。君子之修已也。惟當爲其當然。不當恃其自然也。況豈可以此
示人之下學者邪。或曰程伯子不云乎。用智則不能以明覺爲自然。夫
如是。陽明之言自然。何不可之有。曰程子之意以爲有意於絶外誘。
而求照於無物之地。病在於欲速。而求其直捷。有非定性應物無累之
道也。夫定性者。存養之至。而得性之本然也。謂之自然。不亦宜
乎。物來順應。內外兩忘。上達之極功也。故曰聖人之常以其情順萬
事而無情。卽所謂明覺之自然也。惟程子於張子始可與語。而朱子所
謂誠意正心以後事也。豈可遽議語於下學致知之工乎。若以明覺之自
然者。恃之以爲致知之術。則凡人之好自用者。皆將曰吾求之吾心。
而覺其自然者也。其禍可勝言邪。

　陽明言曰。朱子所謂格物云者。在卽物而窮其理也。…夫求理於事事物
物者。如求孝之理於其親之謂也。求孝之理於其親。則孝之理其果在於吾
之心邪。抑果在於親之身邪。假如果在於親之身。則親沒之後。吾心遂無
孝之理歟。97)　又曰。知如何而爲溫凊之節。知如何而爲奉養之宜者。所
謂知也。…溫凊之事。奉養之事。所謂物也。98)　辨曰。觀陽明此言。
則其是已而非人。好窘人以辭者也。窘人以辭者。必失乎理。其終亦

---

97) 『傳習錄』中, 「答顧東橋書」
98) 『傳習錄』中, 「答顧東橋書」

自窘而已矣。何以言之。朱子於格物引程子之言。曰至於孝則當求其
所以爲孝。於註格物也。曰物猶事也。以其言事則遺物。言物則兼
事。故曰猶事也。今以程子之言分知與物。則其在於孝之事者物也。
卽陽明所謂溫凊之事奉養之事已是。求其所以孝者知也。卽陽明爲謂
知如何而爲溫凊之節奉養之宜是己。其言未嘗異也。彼奚以難之而
曰。求理於事事物物者如求孝之理於其親之謂也哉。朱子何嘗以卽物
之物指親之身而言之邪。夫以親爲卽物之物者。出於陽明之自撰。則
彼所謂親沒之後。吾心遂無孝之理云者。非自窘也邪。噫。其心術之
微可以知矣。

　又曰。見孺子之入井。必有惻隱之理。是惻隱之理果在於孺子之身
歟。抑在於吾心之良知歟。99）　辨曰。此亦前說之類也。夫見孺子之入
井。而有惻隱之心者。恐其無知而陷死地也。若孺子入井而爲不死。
則也不足以發吾惻隱之心也。設有問者曰。子之所以發惻隱之心者以
其孺子乎。以其將陷死地乎。則陽明以何對之。必亦曰以其陷死地
也。然則惻隱之事雖在孺子之身。而惻隱之理在於吾心。復何疑乎。

　陽明之言曰。晦菴謂人之所以爲學者心與理而已。心雖主乎一身。
而實管乎天下之理。理雖散在萬事。而實不外乎一人之心。是其一分
一合之間而未免已啓學者心理爲二之弊矣。100）　辨曰。心與理雖不可
析而爲二。而亦不容混而爲一。心者人之所得乎天。而爲一身神明之
主。所以通萬理者也。理者天命人事之所以然。而爲人之神明之本者
也。以其同出乎天。故不可析而爲二。以其雖同出乎天。而所以命名
各有攸指。故不可混而爲一。如曰立心勿恒。必不可曰立理勿恒。如

99）『傳習錄』中，「答顧東橋書」
100）『傳習錄』中，「答顧東橋書」

曰人心惟危。必不可曰人理惟危。如曰和順於道德。而理於義。必不
可曰和順於道德。而心於義。如曰理義之悅我心。必不可曰心義之悅
我心。此不必明者而後知之也。此朱子云云之言。一而二。二而一。
質前侯後。萬世而不可易也。乃陽明之學厭博而好約。惡分而喜合。
於心而曰此良知也。於理而曰此良知也。動必曰理之是者吾之良知自
能知之。理之非者吾之良知自能知之。其不合於心者。則雖先儒之
言。斥之謂支離決裂。雖聖人之言。斷之曰不敢以爲是。其故何也。
不知理之於心不容混而爲一。輒自信其心曰。吾之心卽理也。心外無
理。何得以心窮理哉。吾心之所是豈有悖於理哉。噫。其愚之甚矣。
彼夲知之過者。而終歸於愚。聖人云過猶不及。豈不信哉。

又曰。卽物窮理是就事事物物上求其所謂定理者也。是以吾心而求
理於事事物物之中。忻心與理爲二矣。…夫析心與理而爲二。此告子
義外之說。孟子之所深闢也。101)　　　辨曰。卽物而窮其理者。以吾心之
理與物之理同出一原也。雖則一原。而天下之理有萬。不可恃吾心而
不窮也。不窮則不能知。窮之則以漸而知。此之謂下學也。物之理漸
窮。而心之知亦漸通。以漸而久。則至於貫通。此之謂上達也。誠則
形。形則著。著則明者。不其然乎。孟子曰長者義乎。長之者義乎。
言長雖在彼。而所以長之者出於吾心。卽所謂義也。然則彼長者非物
乎。所以長之者非理之自吾心乎。卽物而窮其理者。猶曰卽其長者。
而知其長其長之義也。長其長之義非所謂理邪。此可曰義外邪。此可
不曰格物而致知邪。

陽明之解格物致知曰。欲致其良知。是必實有其事矣。故致知必在

---

101)『傳習錄』中, 「答顧東橋書」

乎格物。物者事也。凡意之所發必有其事。意所在之事謂之物。格者
正也。正其不正。以歸於正之謂也。正其不正者。去惡之謂也。歸於
正者。爲善之謂也。夫是之謂格。102）　又曰。卽其意之所在之物。而
實爲之。無有乎不盡。然後物無不格。103）　辨曰。格物致知誠意正心。無
非所以去惡爲善也。然而大學曰。欲正其心者先誠其意。欲誠其意者
先致其知。致知在格物。讀其辭。而究其義。自有其序之不容紊者
矣。蓋格物致知。所以審善惡之幾也。惟其審之明而後。意之所發好
善而惡惡。此之謂誠意。惟其實能好惡而後。心之所存有善而無惡。
此之謂正心。雖非今日格致。明日誠正。而豈可遽以格致爲誠正乎。
據陽明所言。則其解格致也。曰意之所發實有其事者。卽誠意也。曰
正其不正以歸於正者。卽正心也。此以格致誠正合而爲一也。苟如
是。曾子何不曰物格則知至。知至則意誠。意誠則心正。而却曰物格
而後知至。知至而後意誠。意誠而後心正邪。夫以格致爲誠正之始
者。由博而就約也。以誠正盡包于格致之中者。操約而御博也。由博
就約。下學之序也。操約御博。上達之極功也。曾子之教人平易篤
實。豈不先之以下學。而驟及於上達邪。毫釐差而千里謬正在於此。可不
審哉。

　又曰。凡意念之所發。吾心之良知無有不自知者。其善歟。惟吾心
之良知自知之。其不善歟。亦惟吾心之良知自知之。是皆無所與於他
人者。104）　辨曰。善不善之大者。衆人皆可知之。而過不及之流而爲
不善者。雖君子且未易辨焉。今日意念之發。其善與不善。必吾心之

102）『大學問』
103）『大學問』
104）『大學問』

良知自能知之。則何待乎致知邪。陽明之自信其知。不肯屈受先儒之言者。卽此意。據其膏肓。而莫之醫也己。

其駁朱子之註曰。『大學』格物之訓…如以至字爲義。必曰窮至事物之理而後。其說始通。是其用功之要全在一窮字。用力之地全在一理字也。若上去一窮。下去一理字。而直曰致知在至物。其可通乎。夫窮理盡性。聖人之成訓。見於繫辭者也。苟格物之說而果卽窮理之義。則聖人何不直曰致知在窮理。而必爲此轉折不完之語。以啓後世之弊邪。105)　辨曰。古人文辭至後世而有難解者。故必訓詁而後明。奚獨格物二字乎。執而訾之。何者不然也。如陽明所云正其不正以歸於正。此以八字解一格字。意所有之事謂之物。此亦以八字解一物字。視諸朱子所訓窮至事物之理。孰簡孰繁。而乃欲上去一字。下去一字邪。且正其不正以歸於正者。猶曰擇善也。實爲之而無有不盡者。猶曰盡善也。夫擇善盡善皆亦聖人之成訓見於論語者也。以上而言。宜曰致知在擇善。以下而言。宜曰致知在盡善。曾子何不直曰云云乎哉。若朱子之訓確有可據。上不容去一字。下亦不容去一字。何則格字並包窮字之義。書曰格于上下。非上窮于天。下窮于地邪。夫格于上下。不可但曰致于上下。亦不可但曰窮于上下。必曰格于上下。然後其義始備。惟格物云者亦然。不可但曰窮物。亦不可但曰至物。必曰格物。然後其義乃備也。至於物字。本經不云乎。物有本末。事有終始。夫物之有本末。非物之理邪。事之有終始。非事之理邪。物之理事之理已敍于上節。故其下節曰格物。曰物格。此文辭之上起下承。自然之勢也。訓以事物之理。有何不通邪。噫。陽明不獨

不明乎儒學已也。蔽於强辯。而不自知其並昧文理也。

　其答羅整庵書。論朱子之補傳曰。何所按據。而斷其此段之必在於彼。彼段之必在於此。與此之如何而缺。彼之如何而補。106)　辨曰。大學載於禮記。禮記出於二戴掇拾之餘。古文寫在漆簡。而篇編之久。而朽錯訛脫。勢所未免。特賴掇拾者。就其錯簡。苟順文勢而次之。其脫者無如之何。是以漢儒注經。每患有此。豈獨大學而然哉。兩程先生各有改正。朱子從而加整密焉。今亦不敢阿好先賢。斷其必與曾子之原本無一不合。然至於格致之釋之必缺。晰然無疑。何以見之。夫朱子所謂經者。大學起頭之大致也。所謂傳者。其承接之細目也。起頭之明德者。誠正修之大致。新民者。齊治平之大致。知止云云者。致知之大致。物有云云者。格物之大致也。其以止至善置于明德新民致知格物之間者。正爲誠正修齊治平皆欲其極。而所以底於其極。則必以致格爲先故也。然後以古之欲云云者。總貫申覆。而以自天子云云之兩節結之。此則大學起頭之大致。縝密無罅。彰明較著者。而其下承接之目。惟致格而無釋焉。此非缺脫而何哉。後儒有欲以知止云云。物有云云。並其本云云。聽訟云云者。爲致格之傳。而謂本不缺脫。然此又不然。然則起頭無一言及於致格。而于總貫也。爲遺珠之縷。于承接也。爲無源之流。豈其然乎。此朱子之斷以爲亡而補之也。若以無所按據爲不可信。則夫子何以曰。告諸往而知來者。子思何以曰。百世以俟聖人而不惑。夫來者可知。百世可俟。況按其已著之文。據其必然之理。而定其一二之錯脫者。未必全無按據者乎。

---

106)『傳習錄』中,「答羅整庵少宰書」

又其自言也曰。理一而已。以其理之凝聚而言。則謂之性。以其凝
聚之主宰而言。則謂之心。以其主宰之發動而言。則謂之意。以其發
動之明覺而言。則謂之知。以其明覺之感應而言。則謂之物。107)　辨
曰。以理之渾然者言之。此說大略是矣。而以分之燦然者言之。性不
可謂心。心不可謂意知物也。大抵陽明之言理。有合而無分。宜其以
朱子之窮物理爲務外也。且就其所言而觀之。理之凝聚者非氣質之性
乎。言性而不言本然之善。可乎。此其所以有無善無惡理之靜之說
也。意則非不爲心之發。然直以主宰之發動謂之意。則其說粗矣。當
曰以其理之稟賦而言。謂之性。以其主宰之運用而言。謂之意。

其駁朱子之言有曰。先儒以明德爲本。新民爲末。兩物而內外相
對。不當分本末爲兩物耳。夫木之幹謂之本。木之梢謂之末。惟其一
物也。是以謂之本末。108)　辨曰。大學不曰德者本也。財者末也乎。
德與財可謂之一物乎。何其好駁先儒之言。而不好審其人之將駁已之
言乎。此皆由於自恃良知。喜合惡分者。爲其入髓之病也已。

其門人黃直錄曰。先生曰。衆人只說格物。要依晦翁。何曾把他的
說去用。我著實曾用來。初年與錢友同論。做聖賢。要格天下之物。
如今安得這等大的力量。因指亭前竹子。令去格看。錢子早夜去窮格
竹子的道理。竭其心思。至於三日。便致勞神成疾。當初說他這是精
力不足。某因自去窮格。早夜不得其理。到七日。亦以勞思致疾。遂
相與嘆聖賢是做不得的。無他大力量去格物了。及在夷中三年。頗見
得此意思。方知天下之物本無可格者。其格物之功。只在身心上做。
決然以聖人爲人人可到。便自有擔當了。這裏意思。卻要說與諸公知

---

107)『傳習錄』中,「答羅整菴少宰書」
108)『大學問』

道。109)　　辨曰。觀此錄。始焉失笑。旣而知其所謂良知者。非孟子之所云良知也。程子嘗云。求之情性。固功於身。然一草一木亦皆有理。不可不察。此非求之草木。而察其將然。如異端先知之術也。不過曰察其當然之常理也。朱子從而明之曰。使於身心性情之德。人倫日用之常。以至天地鬼神之變。鳥獸草木之宜。自其一物之中。莫不有以見。其所當然而不容已。與其所以然而不可易者。此亦不過曰。就一物。見其常理之可知者。知其爲人所用之宜而已。夫焉有敎人以窮格竹子。至於三日七日。而勞神勞思者乎。盖彼之良知本有求於先知。故誤會程朱之言。及其格竹而不得焉。則不可不向心體上求其本明。見其有光爍爍者。於是而其徒稱之曰。先生格物如磨鏡使明。未嘗廢照。近世格物之說如以鏡照物。照上用功。噫。未知其鏡明之果如何。而卽所謂窮神知化。不可與入堯舜之道也。顧何與於於大學之格物。而假面肆談邪。

　其論博文約禮曰。禮字卽是理字。理之發見可見者謂之文。文之隱微不可見者謂之理。只是一物。約禮只是要此心純是一箇天理。要此心純是天理。須就理之發見處用功。如發見於事親時。就在事親上學存此天理。發見於事君時。就在事君上學存此天理。110)　　辨曰。此說固是矣。然而學存此天理者。將如何而可存天理邪。陽明之言常喜於理之渾然者。律律反覆。而於分之燦然者。則非惟不肯言。并先儒之言及者。而目之以務外。此豈足爲敎人之法邪。其言曰致吾心良知之天理於事事物物。則事事物物皆得其理矣。假如有問於師者曰。何以則工於文也。師曰。致汝心良知之天理於文。則自可工矣。其人曰。

---

109) 『傳習錄』下,「黃以方錄」
110) 『傳習錄』上,「徐愛錄」

如何而致吾心良知之天理於文也。師曰。汝心之良知自能知之。夫如
是。其人果可言下解悟。而自能工於文邪。

其論知行也曰。學射。則必張弓挾矢。引滿中的。學書。則必伸紙
執筆。操觚染翰。盡天下之學。無有不行而可以言學者。則學之始固
已卽是行矣。111)　辨曰。此陽明之所謂知行爲一者也。何不曰。致汝
心良知之天理於弓矢也。且夫學射者。可張弓挾矢引滿。則能中的
乎。必知其如何而爲張弓之法。知其如何而爲挾矢之法。知其如何而
爲引滿之法。又知其如何而爲中的之法。而後可以發矢矣。雖有知其
如何之法。而不肯用力。則固不能射矣。且雖肯用力。而不肯知其如
何之法者。亦可以進於射乎。

又曰。夫人必有欲食之心。然後知食。欲食之心卽是意。卽是行之
始矣。食味之美惡。待入口而後知。豈有不待入口。而已先知食味之
美惡者邪。112)　辨曰粱肉之美者。不待入口。而已知其當食。烏頭之
毒者。不待入口。而已知其不當食。夫粱肉可待入口。而知其眞味
矣。烏頭亦可待其入口。而知其眞味也邪。

又曰。如知痛。必已自痛了。方知痛。知寒。必已自寒了。知饑。
必已自饑了。知行如何分得開。此便是知行的本體。不曾有私意隔斷
的。113)　辨曰。痛者身之氣血之不和也。人之情豈欲氣血之不和而痛
邪。因有病。而不可奈何也。豈可曰行乎。飢者食之不入腸也。人之
情豈欲食之不入腸而飢邪。因無食。而不可奈何也。豈可曰行乎。夫
行者。人之所欲爲。所可爲。所當爲也。彼痛與飢。惡可曰所欲爲。

---

111)『傳習錄』中,「答顧東橋書」
112)『傳習錄』中,「答顧東橋書」
113)『傳習錄』上,「徐愛錄」

所可爲。所當爲邪。以痛與飢謂之行。則其所謂行者可以知矣。

又曰。今欲去此之蔽。不知致力於此。而欲以外求。是猶目之不明者。不務服藥調理以治其目。而徒倀倀然求明於其外。明豈可以自外而得哉。114)　辨曰。目之不明者。致其自能見之良見。則可以明。而何用服藥哉。藥非外物邪。以倀倀然求明於外者爲非。則捨其自明。而求藥於外者。獨可爲是者邪。

其答薛侃也曰。種樹者必培其根。115)　曰。非是從枝葉上用功做得根本也。116)　辨曰。樹之本在於根。樹之用在於枝葉。原其未形而言之。則有根而後有枝葉。欲達其枝葉者。先培其根。此所謂涵養。體立而用行也。就其有形而言之。則見枝葉。而知其出於根。此所謂致知。卽用而明體也。有形者。中人以下皆見之。而未形者。非中人以上不可以知之。卽其可見之地。而漸明之。以指其不可知。及其用力之久。則中人以下亦可以入於中人以上之域。此聖賢敎人之法也。朱子於此必雙擧而詳言之矣。彼執其一偏之見。而主張之者。明有所未及也。若此二段之說。本不足深辨。而必辨之者。特所以指其偏枯之病也。

其言有曰。大學工夫卽是明明德。明明德只是箇誠意。誠意的工夫只是格物致知。若以誠意爲主。去用格物致知的工夫。卽工夫始有下落。卽爲善去惡。無非是誠意的事。如新本先去窮格事物之理。卽茫茫蕩蕩。都無著落處。須用添箇敬字。方才牽扯得向身心上來。然終是沒根原。若須用添箇敬字。緣何孔門倒將一箇最緊要的字落了。直

---

114) 『傳習錄』中,「答顧東橋書」
115) 『傳習錄』上,「薛侃錄」
116) 『傳習錄』下,「黃省曾錄」

待千餘年後要人來補出。正謂以誠意爲主。卽不須添敬字。所以擧出箇誠意來說。正是學問的大頭腦處。於此不察。眞所謂毫釐之差千里之繆。大抵中庸工夫只是誠身。誠身之極便是至誠。大學工夫只是誠意。誠意之極便是至善。工夫總是一般。今說這裏補箇敬字。那裏補箇誠字。未免畫蛇添足。117)　辨曰。大學曰欲誠其意者先致其知。是致知明居誠意之先。而今陽明則曰。格物致知以誠意爲主。此果合於知至而後意誠者邪。夫大學云者。以其有小學也。小學之工始於敬。大學之工始於誠。誠者不息之謂也。敬者不放之謂也。故敎小學者。先之以敬。自洒掃應對已導之以此。如曲禮云毋不敬。內則所謂抑搔扶持進巾之小節。莫不以敬。敬之工夫略成於小學。故其進於大學也。不須更說敬字。原非遺落而然也。至後世。小學之敎缺。而學者不知有敬。故程子曰未有能致知而不在敬字。非謂其大學之遺落。而正所以補小學之敎之缺也。及其意誠。不須更用敬字。故程子曰。誠則無不敬。未至於誠。則敬然後誠。朱子深得其意。故曰。敬之一字。聖學之所以成始而成終也。盖謂誠意以前。敬在於小學。意誠以後。敬在於誠中也。小學之敬大學之誠。秩然有序。如是其嚴矣。程子之傳朱子之受。的然有據。如是其確矣。而陽明本無小學之工。驟跩上達之境。恃其小慧。動稱良知。肆言而無忌憚。至於侮慢先賢。比於洪水猛獸。原其所由。則素昧乎聖門之有敬也。宜其視之以畫蛇之足也。噫。惡足責哉。

　其駁朱子中庸序中之語曰。道心爲主。而人心聽命。是二心也。天理人欲不並立。安有天理爲主。人欲又從而聽命者。118)　其在黃直所

---

117) 『傳習錄』上,「薛侃錄」
118) 『傳習錄』上,「徐愛錄」

錄曰。良知猶主人翁。私欲猶豪奴悍僕。主人沉疴在床。奴婢便敢擅作威福。家不可言齊矣。若主人服藥治病。漸漸痊。奴婢亦自漸聽指揮。及沉疴脫體。一一整理。誰敢不受約束。

辨曰。以陽明之所駁準陽明之所言。可謂自駁其言也。抑錄之者之誤邪。直以陽明之手書者證之。彼所云正其不正而歸於正者。其所自恃之眞正學術也。不正者必其私欲之蔽者。正之者必其良知之明者也。正之者非爲主乎。爲其所正者非聽命乎。若必曰一心。則不正者何心也。正之者又何心也。且道心固天理也。人欲亦不可不謂之心。彼曰天理人欲不竝立。則道心人心又何可合爲一邪。噫。其亦不察之甚也。彼常喜合而惡分。故每於分之燦爛者强欲合之。以騁其說。驅一時無學厭繁之輩爲之徒。及其私相問答也。不容全無分析。故其言往往自相矛盾。其心術之微卽此可知。而其情狀之露不待覼矣。世之論者或以爲朱子之勍敵。非彼之才識誠有以敵其萬一也。世之無學者常多。有學者常少。故爲其所驅而畜之者常衆焉耳。世又以其文章爲卓拔。然文章之正且眞者。必無罅漏之可爲人所攻者。而彼之機鋒最利者。則罅漏爲尤甚焉。又惡足以眞卓拔哉。

(유철호)

강화 양명학 연구 총서 2

강화 양명학 연구사 Ⅱ

• 초판 인쇄	2008년 7월 21일
• 초판 발행	2008년 7월 21일
• 지 은 이	강화 양명학 연구팀
• 펴 낸 이	채종준
• 펴 낸 곳	한국학술정보㈜
	경기도 파주시 교하읍 문발리 513-5
	파주출판문화정보산업단지
	전화 031) 908-3181(대표) · 팩스 031) 908-3189
	홈페이지 http://www.kstudy.com
	e-mail(출판사업부) publish@kstudy.com
• 등 록	제일산-115호(2000. 6. 19)
• 가 격	47,000원

ISBN 978-89-534-9653-8 94150 (Paper Book)
978-89-534-9654-5 98150 (e-Book)
978-89-534-9649-1 94150 (Paper Book Set)
978-89-534-9650-7 98150 (e-Book Set)